Manfred Kossok

IN TYRANNOS

Manfred Kossok

IN TYRANNOS

Revolutionen der Weltgeschichte

Von den Hussiten bis zur Commune

Edition Leipzig

Kossok, Manfred:
In Tyrannos:
Revolutionen der Weltgeschichte
von d. Hussiten bis zur Commune. –
1. Aufl. – [Leipzig]: Edition Leipzig, 1989. –
464 S.: 335 Ill. (z. T. farb.)
ISBN 3-361-00206-0

Reihe Weltgeschichte
herausgegeben von Walter Markov

Lizenznummer: 600/30/88

Gestaltung: Theo Hesselbarth
Bildpräsentation: Matthias Hahn
Lektor: Christina Müller
Bildlektor: Angelika Böttcher
Hersteller: Gunther Zaspel

Gesamtherstellung: Druckerei Fortschritt Erfurt
Printed in the German Democratic Republic

Bestellnummer: 594 635 0
ISBN: 3-361-00206-0
14800

Inhalt

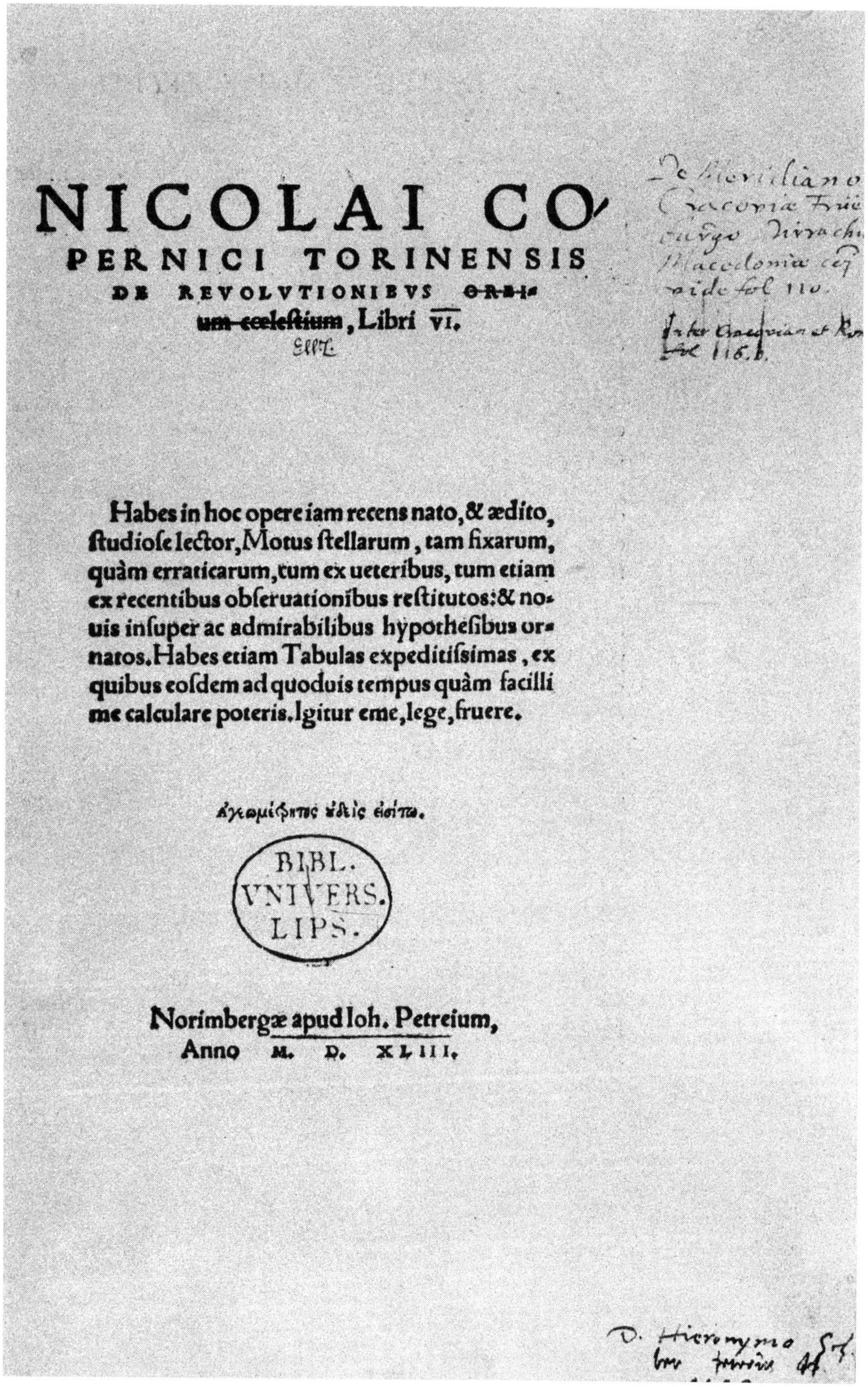

NICOLAI CO-
PERNICI TORINENSIS
DE REVOLVTIONIBVS ORBI-
um coelestium, Libri VI.

Habes in hoc opere iam recens nato, & ædito, studiose lector, Motus stellarum, tam fixarum, quàm erraticarum, tum ex ueteribus, tum etiam ex recentibus obseruationibus restitutos: & nouis insuper ac admirabilibus hypothesibus ornatos. Habes etiam Tabulas expeditissimas, ex quibus eosdem ad quoduis tempus quàm facillime calculare poteris. Igitur eme, lege, fruere.

Ἀγεωμέτρητος οὐδεὶς εἰσίτω.

BIBL. VNIVERS. LIPS.

Norimbergæ apud Ioh. Petreium,
Anno M. D. XLIII.

Titelblatt des Hauptwerkes von Nikolaus Kopernikus »De revolutionibus«. Die handschriftlichen Bemerkungen nebst Streichungen der Worte »orbium coelestium« rühren von Johannes Kepler her, in dessen Besitz sich dieses Exemplar der Erstausgabe von 1543 befand. Universitätsbibliothek Leipzig

1 Von der revolutio zur Revolution

Das Wort Revolution gehört zum historischen und politischen Alltagsvokabular. Es bedurfte jedoch einer auffällig langen Zeit, bis es seine heutige – bei unterschiedlicher Definition und widerstreitender Interpretation – allgemein anerkannte Bedeutung erlangte. In der Geschichte kommt es nicht selten vor, daß Erscheinung und Begriff auseinanderfallen oder – aus späterer Sicht – sogar im Widerspruch zueinander stehen. Für den Revolutionsbegriff scheint dieses Phänomen auf besondere Weise zu gelten. Gesellschaftliche Umwälzungen, die wir heute fast kommentarlos als Revolutionen bezeichnen, hatten für ihre Protagonisten und Zeitgenossen nicht selten einen völlig anderen, subjektiven Stellenwert. Es ging ihnen um Verfassungskämpfe, Bürgerkriege, Verteidigung altständischer Rechte, Abwehr tyrannischer Macht...

Bis in das 18. Jahrhundert fehlte das Wort »Revolution« in den großen Dokumenten gesellschaftlichen Umbruchs. Erst mit der Revolution der Franzosen gewann der moderne »politische« Revolutionsbegriff feste Konturen.

Über viele Stufen wanderte der ursprünglich im Dienst von Astronomie und Astrologie stehende Begriff in die Sphäre des politisch-sozialen Denkens. Sowohl die Anhänger des ptolemäisch-geozentrischen als auch des kopernikanisch-heliozentri-

Der astronomische Revolutionsbegriff

schen Weltbildes verstanden unter »revolutio« die ewige, nach festen Gesetzen erfolgende kreisförmige Bewegung und Wiederkehr der Gestirne. Das im Jahre 1543 erschienene Werk des Kopernikus unter dem Titel »De revolutionibus orbium coelestium« gewann dafür programmatische Bedeutung. »Revolutio«, abgeleitet von revolvere (wiederkehren, zurückkehren, umdrehen), zielte also ganz im Gegensatz zu unserem heutigen Verständnis auf die Wiederherstellung von etwas Gewesenem, das abgeschafft oder in Frage gestellt worden war, ein Phänomen, für das sich inzwischen das Antonym »Restauration« eingebürgert hat.

In der spätmittelalterlichen und frühneuzeitlichen Diktion existierte eine Vielzahl von Begriffen, um die auf Veränderung weisenden Vorgänge zu bezeichnen. Die Skala reichte von »mutatio« und »conversio« über »restitutio« und »renovatio« bis hin zu der besonders populären »reformatio«. Die in die Vorgeschichte des Deutschen Bauernkrieges gehörende »Reformatio Sigismundi« von 1439 schlug mit ihrer Forderung nach Reform (= Wiederherstellung) der kaiserlichen Macht, der Besinnung von Kirche und Klerus auf die urchristlichen Werte und den Anspruch auf Reinigung der entarteten Sitten eindeutig konservative Töne an. Der Kampf um das Neue wurde mit dem Gesicht zur Vergangenheit geführt. Und auch die großen Reformatoren, von Jan Hus und John Wyclif bis Martin Luther, Huldrych Zwingli und Jean Calvin, konnten erst aus der Retrospektive als Revolutionäre begriffen werden. Noch die nördlichen Niederlande begründeten den Bruch mit der Krone Spaniens (1587) allein mit dem Verweis auf die Aufkündigung altverbriefter Privilegien durch die Willkür Philipps II.

Anfänge der »Revolutions«literatur

Im 17. Jahrhundert waren es zwei Ereignisse, die eine erste Welle von »Revolutions«literatur auslösten: die Erringung der Unabhängigkeit Portugals von Spanien (1640) und die Englische Revolution mit ihren Eckdaten 1640, 1660 und 1688. Mit dem Verlagsort Paris erschien 1643 die von François de Grenaille verfaßte Darstellung »De la fameuse révolution d'Estat arrivée en Portugal«, die allerdings ganz im Sinne des astronomischen Revolutionsverständnisses unter »révolution« eben die Wiedereinsetzung der legitimen Dynastie Bragança verstand. Die Revolution war also notwendig, um die Ereignisse auf ihren Ausgangspunkt zurückzuführen. Analog verhielt es sich mit den zeitgenössischen Darstellungen zur Englischen Revolution, wobei die Wertung der Vorgänge natürlich absolut konträr erfolgte, je nachdem, ob sich ein katholischer oder ein protestantischer Autor äußerte. Für die mehrbändige »Histoire des révolutions d'Angleterre« (1693) des katholischen Geistlichen Joseph Dorléans lag das revolutionäre Moment in der 1660 erfolgten Wiedererrichtung der Stuartherrschaft unter Karl II.; die von den Calvinisten hochgelobte »Bill of Rights« (1688) galt dagegen als revolutionär, insofern sie eine »restitutio« der 1640 dem König abgetrotzten Rechte, ja sogar eine Bestätigung der auf die »Magna Charta Libertatum« von 1215 zurückweisenden Parlamentsmacht erbracht habe.

Eine Politisierung des Revolutionsbegriffs im Sinne einer Lösung von der astronomischen Bindung und einer Fixierung auf

Revolutionsverständnis der Aufklärung

gesellschaftliche Veränderungen vollzog sich erst durch die französische Aufklärung, wobei die voranschreitende Säkularisierung des Denkens berücksichtigt werden muß. Der qualitative Sprung bestand eindeutig in der sich vollziehenden Vereinigung von Revolutions- und Fortschrittsbegriff. Damit war jene historische Schwelle erreicht, die das Revolutionsverständnis mit der Entwicklung der Menschheitsgeschichte in aufsteigender Linie verschmolz. Allerdings bedarf es zur Bestätigung dieser These eines Blickes auf die gesamte Aufklärung, da die von einem Enzyklopädisten der zweiten Reihe (Louis de Joucourt) gebotene Definition – »Revolution bedeutet in politischer Hinsicht Wandel, der sich in der Regierung eines Landes vollzieht« – wenig vom Geist der neuen Erkenntnis verriet. Die Grenze aufgeklärter Revolutionsauffassung lag vor allem darin, daß mit dem Fortschritt auch die Revolution als ideelles Phänomen gedeutet wurde. Das von Voltaire geprägte, bald aber zum Gemeinplatz degradierte Bild der »Révolution des esprits« vertrug sich bruchlos mit der Hoffnung auf den »Roi philosophe« und dessen gesellschaftsverändernden Reformgeist – nicht die einzige Inkonsequenz im Denken einer vom Schicksal der Massen wenig tangierten Elite. Weiter ging daneben schon Jean Jacques Rousseau in seiner Erwartung eines Jahrhunderts der Krise und der Revolutionen.

1789 – kopernikanische Wende im Revolutionsbegriff

Das Jahr 1789 und die unmittelbar folgenden Ereignisse erbrachten die kopernikanische Wende im Revolutionsverständnis. Was Voltaire, Fergusson, Holbach, Helvétius, Diderot, Rousseau oder Condorcet vorgedacht hatten, sah sich der härtesten aller denkbaren Proben ausgesetzt. Gleich, ob der klassische Wortwechsel zwischen Ludwig XVI. und dem Grafen Liancourt am Abend des 14. Juli 1789: »C'est une revolte? – Non, Sire, c'est une révolution!« stattgefunden hat oder nicht, der von Louis Adolphe Thiers und Jules Michelet in das Geschichtsbild eingefügte Dialog kennzeichnet auf prägnante Weise das neue Bewußtsein. Dieses entstand nicht ad hoc; es festigte sich im Ergebnis neuer gesellschaftlicher Erfahrungen, die traditionell überkommenen Vorstellungen vom gesellschaftlichen Wandel den

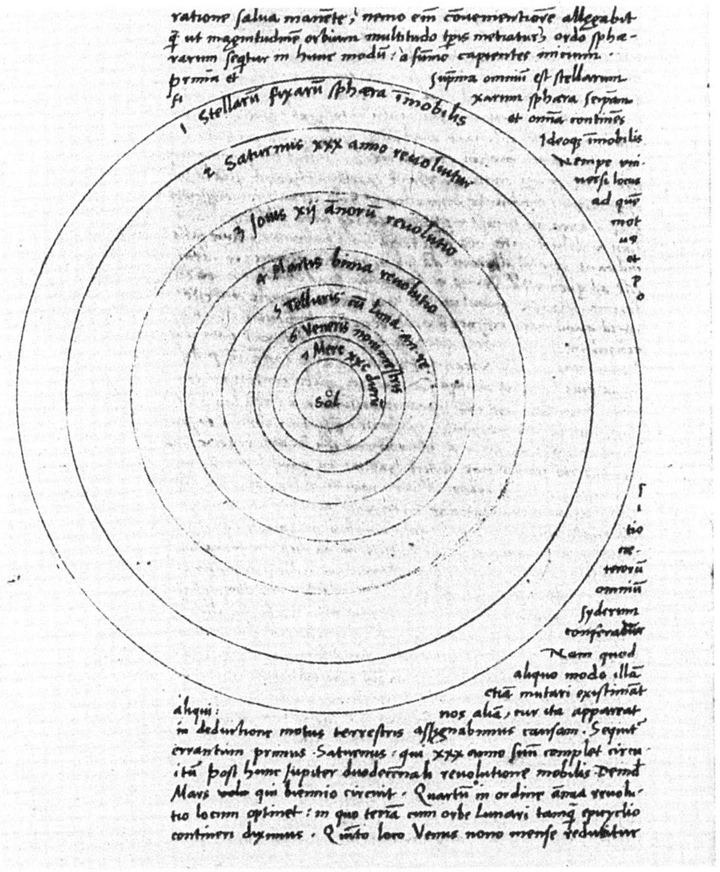

Mit seinem Werk »De revolutionibus« vollzog Nikolaus Kopernikus den Übergang vom geozentrischen zum heliozentrischen System.

Boden entzogen. Für Graf Mirabeau und Camille Desmoulins, die genialen Redner von 1789, handelte es sich um eine »große Revolution«, diese Wertung brauchten die Historiker nicht erst im nachhinein zu erfinden.

Summarisch läßt sich das neue Revolutionsverständnis in folgender Weise charakterisieren:

— Aus der genannten Verbindung von Revolutions- und Fortschrittsbegriff resultiert, daß Revolution nicht mehr Rückkehr zum Gewesenen, sondern Fortschreiten zu einer neuen, höheren Stufe menschlicher Existenz bedeutete. Daß die in die Macht eintretende Bourgeoisie diesen Fortschritt nur als antifeudal und antiaristokratisch, nicht aber als antibürgerlich, d.h. in der Perspektive auch ihre eigene Herrschaft in Frage stellend, verstand, lag in der Logik ihres eigenen Klasseninteresses.

— Die Revolution wurde in ihrer unauflösbaren Einheit von Staats- und Gesellschaftsumwälzung begriffen. Diese Erkenntnis vertiefte auf deutliche Weise sich mit dem Übergang von der konstitutionellen zur republikanischen Phase im Verlauf der Revolution ab 1789.

— Die großen Wellen der Volksbewegung, beginnend mit dem Bastillesturm und der »Grande Peur« und kulminierend in der

Errichtung der Jakobinerherrschaft, ließen die Revolution als Massenphänomen in das Bewußtsein treten. Robespierre zog daraus die Lehre, daß die Revolution nur im Bündnis mit den Volksmassen voranschreiten könne (»se rallier au peuple«), während die äußerste Linke bereits eine Revolutionsauffassung auszuprägen begann, die bürgerliche Grenzwerte deutlich überschritt. Für Jacques Roux war die Revolution ein Unding, wenn sie von ihren Segnungen die Mehrheit zugunsten der Minderheit ausschlösse. Die »Gleichen« schließlich hofften, ihrer Zeit weit vorausgreifend, auf eine neue Revolution, und diese sollte die »letzte« sein.

François Marie Voltaire, der König der Philosophen. Kupferstich von E. Friquet, 1762. Museum der bildenden Künste, Leipzig

— Dem neuen Revolutionsverständnis trat der neue Begriff der »Nation« zur Seite. In seiner programmatischen Streitschrift »Qu'est-ce le Tiers Etat?« hatte der Abbé Sieyès jene Definition vorgegeben, die der Bourgeoisie und dem Volke das Prädikat der Nation zusprach, den parasitären Adel, der in die fränkischen Wälder zurückgejagt werden sollte, aber davon ausschloß. Bald wurde die »Grande Révolution« von der »Grande Nation« ergänzt.

— In ähnlicher Weise verschmolzen die Begriffe »Revolution« und »Volkssouveränität«. Vor allem die jakobinische Verfassung folgte dem Prinzip des Gesellschaftsvertrages. Darüber hinaus enthielten alle Verfassungen der Revolutionszeit die Garantie des Rechtes auf Widerstand, womit das Bürgertum die Revolution und den Bruch überlieferter Legitimität vor der Geschichte und sich selbst verteidigte.

— Obwohl sich Revolution nicht, wie bei einigen Historikern und Soziologen inzwischen in den Vordergrund gerückt, auf Gewalt reduziert, steht doch außer Frage, daß Revolutionen gesellschaftliche Grenzsituationen markieren, in denen die Gewalt eine besondere Rolle spielt. Auch das spezifische Verhältnis von Revolution und Gewalt wurde ab 1789 klar reflektiert. Saint-Just brachte es auf den Punkt: »Das Volk kann mit seinen Feinden nichts gemein haben als das Schwert.«

— Erst die Erfahrungen von 1789 und deren geistige Verarbeitung ermöglichten es, die gesellschaftlichen Umwälzungen der Vergangenheit und die für die Zukunft zu erwartenden als Revolution zu deuten und – wie Desmoulins es tat – die französischen Ereignisse in eine universalhistorische Entwicklungskette zu stellen. In der Geschichte war Frankreich die erste Nation, deren Regierung sich per Dekret für »revolutionär« erklärte (10. Oktober 1793).

Die Epochenwende von 1789 brachte nicht nur den modernen Revolutionsbegriff hervor, sondern auch dessen gleichzeitige Verwandlung in ein Schlagwort, wofür die fast unübersehbare Zahl von Zeitungen, Pamphleten, Flugblättern sorgte. Selbst in

Revolution und Gegenrevolution

die alltäglichen Verrichtungen hielt die »Revolution« Einzug – Mode und Lebensweise nicht ausgenommen. Revolutionsbegriff und Revolutionsmythos traten in Symbiose zueinander. Zugleich wurde zum ersten Mal in der Geschichte der politische Gegenpart als »Contrerévolution« diagnostiziert, ein Begriff, den Georg Forster in die deutsche Lexik als »Gegenrevolution« eingeführt hat.

Neues Verständnis der Reform

Vor dem Hintergrund der neu entdeckten Antinomie Revolution – Gegenrevolution nahm auch der Begriff »Reform« eine veränderte Bedeutung an. Im Unterschied zur einstigen »reformatio« erhielt nun die Reform die Sinngebung von Erneuerung, wenngleich als evolutionäres Fortschreiten gedeutet, das bewußt in Gegensatz zur Revolution trat. Indem dem revolutionären Umbruch das organische Wachstum entgegengestellt wurde – ein Prinzip, das vor allem im konservativen Flügel der Romantik seine geistige Heimstatt finden sollte –, erhielt die Reform zugleich die Aufgabe zudiktiert, eine Revolution zu verhüten oder ihr zuvorzukommen. Die staatspolitischen Konsequenzen einer solchen Funktion formulierte als erster, noch unter dem unmittelbaren Eindruck der Ereignisse von 1789, Friedrich von Gentz in seinen von Edmund Burke beeinflußten Überlegungen zur »Moralität in den Staatsrevolutionen« (1793). Gentz, der sich von einem Rousseau-Anhänger und Enthusiasten der Zäsur von 1789 zu einem Burkianer bekehrte, avancierte an der Seite Metternichs zum Chefideologen der Heiligen Allianz. Sein Anliegen, »mit Maß und Ziel das Alte zu behaupten und den Strom der Zeit . . . in einem geregelten Bette zu erhalten«, mußte er verfehlen. Ohne Zweifel beginnen mit ihm jene Versuche, die in der heutigen Soziologie als »Krisenmanagement« bezeichnet werden.

Es fällt auf, daß der Moment der bewußten Verbindung von Revolutions- und Fortschrittsbegriff zugleich den Ausgangspunkt dafür schuf, die Ablehnung der Revolution oder ihre Kritik auch auf die von der Aufklärung entwickelte Auffassung des Fortschritts auszudehnen, da deren idealistische Verankerung, die im philosophischen System Hegels ihre konsequenteste Ausprägung erfuhr, sichtlich mit der neuen historischen Realität kollidierte. Auf die einsetzende Krise wirkte nicht nur die intelligent vorgetragene Revolutionskritik im Stil von Edmund Burke (»Reflections on the Revolution in France«, 1790), die – ergänzt durch Alexis de Tocqueville – eine Quelle konservativer Gesellschafts- und Revolutionstheorie bis in die Gegenwart abgibt, sondern auch der in den Ergebnissen der Großen Französischen Revolution selbst manifest gewordene Widerspruch zwischen Anspruch und Wirklichkeit, nachdem an die Stelle der Einheit von Freiheit – Gleichheit – Brüderlichkeit eine Gesellschaft mit neuen Antagonismen getreten war.

Eben diese Erfahrung der Unvereinbarkeit von »Idee« und »Interesse« und das Verblassen der »heroischen Illusion« bildeten den entscheidenden Ansatz für die Grundlegung einer wissenschaftlichen Revolutionsauffassung von Karl Marx. Sein Verständnis von 1789 war angereichert, aber auch kritisch gebrochen durch das Prisma der Julirevolution von 1830. Im Unterschied zur Historikergeneration der französischen Romantik (Thierry, Michelet, Mignet) sah Marx in der Französischen Revolution nicht das Nonplusultra des menschlichen Fortschritts, sondern eine epocheprägende Stufe der Weltgeschichte. Da er »die ökonomischen Formen«, d.h. die Basisprozesse der gesellschaftlichen Entwicklung, als »vorübergehende und historische« erkannte, ergab sich daraus der zwingende Schluß, »den historischen und vorübergehenden Charakter der Revolutionsformen einer bestimmten Epoche« hervorzuheben. In dieser Erkenntnis lag der Ausgangspunkt, von dem aus Karl Marx und mit ihm Friedrich Engels in der kritisch-selbstkritischen Auseinandersetzung mit den linken Hegelianern (in den Arbeiten zur »Judenfrage«, in der »Kritik der Hegelschen Rechtsphilosophie«, der »Deutschen Ideologie« und der »Heiligen Familie«) zur Unterscheidung der beiden Grundtypen der modernen Revolutio-

Im Frontispiz des in Berlin von Johann Wilhelm von Archenholz herausgegebenen Journals »Minerva« (Band 1, 1792) findet sich die allegorische Darstellung »Die gegenwärtige Zeit ist schwanger mit der Zukunft«. Sie gibt jene Stimmung wieder, die sich angesichts der revolutionären Ereignisse in Frankreich auch unter deutschen Zeitgenossen ausbreitete. Kupferstich von Johann Wilhelm Meil. Sächsische Landesbibliothek Dresden

nen – der bürgerlichen und der sozialistischen Revolution – in Abhängigkeit von den ihnen zugrundeliegenden unterschiedlichen Produktionsweisen gelangten. Zunächst wurde diese Unterscheidung noch als Gegensatz und historische Abfolge von »politischer« und »menschlicher Emanzipation« begriffen. Ungeachtet der von Hegel entlehnten Diktion waren damit jene Kriterien und Koordinaten festgelegt, die das revolutionshistorische und revolutionstheoretische Verständnis – unabhängig von den sich ständig erneuernden Kontroversen um Begriff und Funktion der Revolution – bis in die Gegenwart bestimmen.

Der Übergang von der Feudalität in die bürgerliche Moderne umfaßte mehr als 300 Jahre. Gemessen an der relativen Ruhelage der vorangegangenen Menschheitsgeschichte setzte in dieser Epoche eine bis dahin nicht gekannte Beschleunigung menschlichen Fortschritts ein. Von Grund auf veränderte sich der Begriff der historischen Zeit. Nicht mehr Jahrzehntausende oder Jahrtausende standen zu Buche, die Prozesse schrumpften auf

Genesis der neuzeitlichen Revolution

Jahrhunderte, Generationen und Jahre, schließlich Tage zusammen. In ihrer Gänze betrachtet, präsentierte sich die Zeit vom Beginn des 16. bis in das 19. Jahrhundert als Epoche einer permanenten Revolution, verbunden mit dem Aufstieg einer neuen Klasse, die daran ging, von Europa aus die ganze Welt ihren Gesetzen zu unterwerfen: das Bürgertum. Wirtschaftliche und soziale Strukturen, Formen der staatlichen Existenz, Kultur und Lebensweise, religiöse und politische Wertvorstellungen veränderten in kurzer Zeit Charakter und Qualität. Neue Bewegungsgesetze der Geschichte entfalteten sich. Erst bei näherer Betrachtung rücken die Kettenglieder und Etappen dieses revolutionären Prozesses sichtbar auseinander, sind Ereignisse, Persönlichkeiten, Episoden deutlicher auszumachen; das Besondere und Einzelne tritt aus dem Hintergrund des Allgemeinen greifbar hervor und wird historischer Reflexion zugänglich.

Im Revolutionszyklus der Neuzeit sind drei Stufen erkennbar: eine Phase der Inkubation, geprägt von den frühbürgerlichen Revolutionen des 16. Jahrhunderts, dann die Phase der Reife und des klassischen Durchbruchs, in erster Linie getragen und geprägt von der Englischen und der Französischen Revolution, und schließlich im Verlaufe des 19. Jahrhunderts das Wachstum in die Breite, verbunden mit einer Universalisierung und Globalisierung des bürgerlichen Fortschritts im Ergebnis jener »Doppelrevolution«, die aus der politisch-sozialen Umwälzung in Frankreich und der industriellen Revolution in England resultierte. Damit war der über ein Jahrtausend alten feudalen Gesellschaftsordnung endgültig der Boden entzogen.

Diese historische Ablösung der feudalen durch die bürgerliche Formation im Weltmaßstab erfolgte in zwei Haupt- oder Grundvarianten gesellschaftlicher Transformation: entweder durch die Revolution oder auf reformerischem Wege. Revolution und Reform waren nie durch eine »Chinesische Mauer« getrennt. Es gab und gibt kein Land, in dem sich die neue bürgerliche Ordnung

Reform und Revolution

nur auf revolutionärem oder nur auf reformerischem Wege durchgesetzt und etabliert hätte. Das im Verlauf der Geschichte wechselnde quantitative und qualitative Verhältnis von Revolution und Reform in der Vielfalt ihrer typologisch-historischen Ausdrucksformen bestimmt den Inhalt der sogenannten Wegeproblematik.

Revolutionen als Ausdruck radikalen gesellschaftlichen Umbruchs gehören zum Gewissen der Weltgeschichte, sie zwingen zum Bekenntnis – dafür oder dagegen. Mit den Worten von John Dunn zum Ausdruck gebracht: »Die wertfreie Betrachtung von Revolution ist für diejenigen, die in einer realen Welt leben, eine logische Unmöglichkeit.« Edgar Quinets am Beispiel von 1789 formulierte beschwörende Forderung nach einem unparteiischen Geist (1867) verblaßte vor anhaltender, sich periodisch erneuernder Diskussion. Bedurfte es eines Beweises dafür, dann hat ihn der »Aufmarsch der Gemüter« anläßlich des 200. Jahrestages der Großen Französischen Revolution erneut geliefert. Jede Generation entdeckt die Revolution(en) auf eigene Weise, stellt – überlieferter Tradition mißtrauend – neue Fragen, so die ungebrochene Wirkung der Ideen selbst vergangener Epochen bestätigend. Große Revolutionen sind Sternstunden der Menschheit, sie fallen nicht in den Schatten von Museen. Daran mag es wohl auch liegen, daß sich von ihnen kaum in der Vergangenheit denken und schreiben läßt, führen sie doch immer wieder auf die Ursprungsfragen nach Sinn und Ziel menschlicher Existenz zurück.

Von der Menschheits- zur Weltgeschichte

Für die Verdichtung der Menschheitsgeschichte zur Weltgeschichte, d. h. für die gegenseitige Durchdringung und Beeinflussung, die Begegnung der Kontinente durch die Teilung der Arbeit zwischen verschiedenen Nationen bis hin zu den vielfältigen Formen der Dominanz und Abhängigkeit globaler Dimension, kommt den neuzeitlichen Revolutionen entscheidende Bedeutung zu. Indem jede epocheprägende Revolution eine Stufe im Formierungs- und Reifeprozeß der bürgerlichen Gesellschaft darstellte, gingen davon die bestimmenden Impulse für die Durchsetzung des Kapitalismus im Weltmaßstab aus. Auch die vorkapitalistische Welt kannte historische Großreiche, die weite Regionen in Asien, dem Nahen Osten, in Nordafrika oder in Mittel- und Südamerika einschlossen. Aber erst mit der Entfaltung des Kapitalismus in Europa entstand im Ergebnis einer Welle von Revolutionen die erste Gesellschaftsformation, deren Dynamik den ganzen Erdball umfaßte. Damit hatte zugleich der historische Fortschritt ein neues Zentrum gefunden, von dem in periodischer Folge – zunächst vor allem mit der gegen Ende des

Christoph Kolumbus landete am 28. Oktober 1492 an der Nordostküste Kubas. Aus: Theodor de Bry, Collectiones peregrinationum in Indiam orientalem et occidentalem. Frankfurt am Main, 1590–1634

15. Jahrhunderts in voller Breite einsetzenden Kolonialexpansion – entwicklungsbestimmende Impulse globaler Dimension ausgingen. Ungeachtet der Dominanz Europas beschränkte sich das historische Geschehen nicht auf eine Weltgeschichte Europas, in deren Optik sich die außereuropäische Welt auf eine Objektfunktion reduzierte. Zum Wesen der Weltgeschichte gehört ihre Unteilbarkeit als Menschheitsgeschichte. Die von den europäischen Eroberungen betroffenen Völker schrieben sich in die Weltgeschichte nicht nur durch ihren anhaltenden und in nicht wenigen Fällen erfolgreichen Widerstand ein, sie taten das ebenso durch ihren eigenen Beitrag zur Geschichte wie durch ihren unmittelbaren oder mittelbaren Einfluß auf Europa selbst. Wie Eric Wolf unter dem bewußt provokatorisch gemeinten Titel »Die Völker ohne Geschichte« (1986) darlegte, ist die Geschichte der Begegnung der Kontinente und damit jenes bis in die Gegenwart anhaltenden Prozesses noch nicht geschrieben. In ihren bemerkenswerten Überlegungen zu Schauplatzwechsel und Pulsation des gesellschaftlichen Fortschritts, in denen sich Elisabeth Charlotte Welskopf mit den Triebkräften und der Wanderung der Zentren historischer Entwicklung in aufsteigender Linie befaßte, ist die programmatische These formuliert: »In jedem Falle sind es die enormen Leistungen der Völker Asiens und Nordafrikas, auch die der Völker Altamerikas, die, zunächst sehr vernachlässigt und in ein europäisches Schema gepreßt, an die Tür der Forschung klopften und nun, eingelassen, eine ungeahnte Fülle von Fragen aufgeben.«

Davon wird auch die neuzeitliche Revolutionsgeschichte berührt. So richtig es ist, daß sich zunächst Europa als die »Mutter der Revolutionen« präsentierte, da hier zuerst und in klassischer

Europäische und außereuropäische Revolution

Weise die Voraussetzungen für die Überwindung der Feudalität gegeben waren und schließlich aus der Krise der spätbürgerlichen Gesellschaft der Durchbruch zur sozialistischen Revolution erfolgte, so ist ebenso unbestreitbar, daß bereits seit dem Ende des 18., vor allem aber im Verlaufe des 19. Jahrhunderts in zunehmendem Maße außereuropäische Regionen, von Amerika bis Asien, von revolutionären Umwälzungen erfaßt wurden, also die bereits angedeutete Universalisierung der Revolution einsetzte. Sie erklärt sich nicht nur durch die Fern- und Folgewirkungen europäischer Vorgänge, in immer stärkerem Maße wirkten und wirken außereuropäische Revolutionen auf Europa zurück. Die »ausgewanderte« Revolution pocht erneut an die Tür ihres Mutterkontinents, die Einheit der Weltgeschichte auf höherer Stufe demonstrierend. Nach 1945 haben in dieser Richtung vor allem der Dekolonisationsprozeß Asiens und Afrikas und der Aufschwung der revolutionären Bewegungen gewirkt.

Das Verständnis der Revolution hängt in erster Linie von ihrer konkreten historischen Bestimmung ab, da es weder Revolutionen »an sich« noch »als solche« gibt. Das für die Ablösung der verschiedenen Gesellschaftsordnungen gültige Prinzip der Historizität trifft ebenso auf die Charakteristik der Revolutionen zu. Aus der Historizität der jeweiligen Revolution ergeben sich für eine Analyse grundsätzliche Konsequenzen:

Formen und Typen

– Jede Revolution ist mit der Herausbildung oder vollen Ausprägung einer neuen Gesellschaftsordnung verbunden. Das bedeutet, eine Revolution bewirkt den Durchbruch eines neuen Gesellschaftssystems, oder sie eröffnet im Prozeß der Konsolidierung dieses Systems eine qualitativ neue Etappe der sozialen und politischen Entwicklung. Diese Veränderung in Charakter und Funktion der Revolution ist deutlich am Beispiel des französischen Revolutionszyklus mit den Etappen 1789–1830–1848–1870 (Septemberrevolution) ablesbar. Für die bürgerlichen Revolutionen der Neuzeit ergibt sich damit die typologische Differenzierung nach dem Kriterium, ob eine Revolution den Übergang zum Kapitalismus eröffnet (»Typ«: Frankreich 1789), unter den Bedingungen einer durch Reformen bereits eingeleiteten

Der deutsche Kosmograph Martin Waldseemüller schuf im Jahre 1507 eine Weltkarte. Er orientierte sich an den Reiseschilderungen des Amerigo Vespucci und gebrauchte dessen Namen als Bezeichnung für den neuentdeckten Erdteil »Ameriga«. Aus: Universalis cosmographia secundum Ptholomaei traditionem et Americi Vespucii aliorumque lustrationes. Straßburg 1507. Castle Library, Wolfegg

Entwicklung auf dem Wege zum Kapitalismus (»Typ«: Deutschland 1848) oder auf dem Boden einer bereits freigesetzten bürgerlichen Gesellschaft stattfindet (»Typ«: Frankreich 1848). Unter diesem Aspekt ist die Dialektik von Einheit und Vielfalt ein unverzichtbarer Ausgangspunkt für das umfassende Verständnis der neuzeitlichen Revolutionen.

— In Abhängigkeit von den welthistorischen Voraussetzungen änderte sich der epochebestimmende Grundtypus der Revolution. Auf die bürgerliche Revolution, die bis an die Wende des 19. zum 20. Jahrhundert die großen Umschwünge des globalen Geschehens bestimmte, so daß mit Recht von »Weltgeschichte im Zeitalter der bürgerlichen Revolution« gesprochen werden kann, folgte mit der Zäsur 1917 der Aufbruch in den proletarisch-sozialistischen Revolutionszyklus.

— Obwohl es sich im Hinblick auf den bürgerlichen und den sozialistischen Revolutionszyklus um antagonistische Gesellschaftsalternativen handelt, die sich im Verlaufe des 20. Jahrhunderts zu einem globalen Systemkonflikt verfestigt haben, ist zwischen den beiden Grundtypen der Revolution der Übergang fließend. Vor allem in den außereuropäischen Regionen, in denen unterschiedlichste Formen wirtschaftlicher und gesellschaftlicher Entwicklung koexistieren und einander durchdringen – Ausdruck des historischen Gesetzes der Gleichzeitigkeit des Ungleichzeitigen und Bestätigung der Tatsache, daß keine Gesellschaftsformation in »reiner Form« existiert (es sei denn in der gedanklichen Abstraktion) –, fanden und finden sich noch immer mannigfaltige Misch- und Übergangsformen, die sich einer abstrakten Typologisierung entziehen. Aus diesem Grund sind vor allem die antikolonialen Befreiungsrevolutionen der Länder Amerikas, Asiens und Afrikas von ihren Anfängen bis in die Gegenwart nicht schematisch an den klassischen Revolutionsmodellen europäischer Provenienz meßbar. Mit Albert Soboul sei daran erinnert, daß es in der Realgeschichte keine Modelle, sondern nur Wege der Revolution gibt. In ihrer Vielfalt illustriert die Revolutionsgeschichte die Alternativität der welthistorischen Entwicklung.

Revolutionen sind die Scharfrichter der Weltgeschichte – aber auch für die Historiker, die sich ihrer zu bemächtigen suchen.

»Estragos de la guerra« (Verwüstungen des Krieges). Radierung von Francisco de Goya, Blatt 30 aus dem Zyklus »Desastres de la guerra«, 1746–1828. Staatliche Kunstsammlungen Dresden, Kupferstichkabinett

Revolution und Geschichtsbewußtsein

Sich der Revolution zuzuwenden bedeutet, am Zeitgeschehen weder vorbeigehen noch vorbeidenken zu können. Revolutionsgeschichte scheint wohl am ehesten jenes Gebiet menschlicher Erfahrung zu sein, das – um mit Jean Jaurès zu sprechen – geeignet ist, aus der Vergangenheit nicht die Asche, sondern das Feuer weiterzutragen. Natürlich ist Revolutionsgeschichte keine »Summa historica«. Historische Existenz umfaßt ungleich mehr im Dramatischen wie im Undramatischen. Geschichtlichkeit besteht nicht nur aus Höhepunkten und Gratwanderungen; die größte Zeit historischen Seins wird noch immer von den »Mühen der Ebenen« bestimmt. Doch sei denjenigen gesagt, für die sich die Hinwendung zu den Revolutionen als eine bequeme und attraktive Beschäftigung mit den Sonn- und Festtagen der Weltgeschichte darstellt, daß auch die Revolution ihren Alltag kennt. Der Historiker mag sie als Sonntage empfinden, die im Strom des Handelns und des Leidens Stehenden hatten und haben zumeist andere Sorgen. Unter den Bedingungen einer in der Geschichte der Völker und Nationen nur selten gegebenen Grenzsituation treten kollektive Massengewalt und die Einmaligkeit des historischen Entscheidungsmoments verkörpernde Persönlichkeiten in eine Symbiose, deren explosive Kraft das Bestehende aus den Angeln hebt und den Grundstein einer neuen Gesellschaft legt. Wenn es die Volksmassen sind – Bauern, Kleinbürger, Plebejer, schließlich Proletarier –, aus deren Energie die großen Revolutionen ihre Schub- und Triebkraft gewinnen, dann sind es gerade auch die Revolutionen, in denen die Massen aus ihrer, ihnen nicht selten von den Historikern zudiktierten, Gesichts- und Geschichtslosigkeit heraustreten: Namen, Aktionen, Schicksale, Selbstüberwindung, Glaube und Zweifel. Für den einzelnen, auch im Ensemble seiner Klasse, Schicht oder Gruppe, ist Geschichte immer konkret; erst mit der Reflexion post festum setzen wertende Distanz und Abstraktion ein.

Plädoyer für »vergessene« Revolutionen

Auch sei betont: Revolutionsgeschichte und Revolutionsverständnis sind nicht auf die »großen« und erfolgreichen Umwälzungen der Weltgeschichte eingrenzbar. Die Mehrzahl der Revolutionen ist, was oft verdrängt wird, gescheitert. Für das Verständnis der neuzeitlichen Weltgeschichte gewinnt aber nicht nur die Frage nach den Gründen für Erfolg oder Scheitern einer Revolution überragende Relevanz. Nicht weniger drängend ist die Frage, warum in bestimmten Regionen der Welt die Möglichkeit einer revolutionären Entwicklungsperspektive über längere Perioden schon im Ansatz steckenblieb. Gerade diese für eine »totale« Sicht auf die Geschichte der Menschheit grundsätzliche Problematik ist aus der Enge eines europazentristischen Geschichtsbildes nicht schlüssig zu beantworten.

Aus der Vielzahl gescheiterter Revolutionen läßt sich kein gesellschaftliches Fiasko in Permanenz ableiten. Einer solchen pessimistischen Sicht der Dinge widersprechen zwei Erfahrungen: Die Unterlegenen haben nicht selten aus ihrer Niederlage gelernt und entscheidende Lehren für die Zukunft gezogen; so wurde die russische Revolution von 1905 zum Präludium des Jahres 1917. Andererseits sahen sich die Herrschenden, ungeachtet ihres vermeintlichen Sieges, früher oder später zur Anpassung an die neuen Bedingungen gezwungen und wurden, wenn auch unter konservativem Vorzeichen, zum »Testamentsvollstrecker der Revolution«; dafür gilt die von Bismarck auf dem Wege einer »Revolution von oben« vollzogene Gründung des Deutschen Reiches bis in die Gegenwart als Paradebeispiel.

So hat die List der Geschichte auch die Revolutionen nicht verschont.

Titelblatt des »Gesprächbüchlin«, gestaltet von Hans Baldung Grien. Das Werk enthält vier Dialoge Ulrich von Huttens aus dem Jahre 1519. Straßburg, 1521. Universitätsbibliothek Jena

2 Wider den Antichrist

Auf eine fast poetische Art umschrieb der niederländische Kulturhistoriker Johan Huizinga das 14. und 15. Jahrhundert in Europa als »Herbst des Mittelalters« (1919); er hatte damit den Idealbegriff gefunden, um der inneren Dualität dieser Epoche Ausdruck zu verleihen. Sein positives Gegenbild fand der »Herbst des Mittelalters« in der heraufziehenden »Morgenröte des Kapitalismus« (Karl Marx). Noch zeigte sich die seit dem Untergang des Weströmischen Reiches gegen Ende des 5. Jahrhunderts eingepflanzte Feudalordnung in ihren Entwicklungspotenzen und Reproduktionsmöglichkeiten nicht erschöpft; indes wuchsen auf allen Ebenen des gesellschaftlichen Lebens Keime neuer Elemente heran, die auf Veränderung der überkommenen

Konturen der Neuzeit

Wirtschafts-, Macht- und Denkstrukturen drängten. Traditionelle Existenzformen und tradierte Wertvorstellungen gerieten aus den Fugen, der Boden bisherigen Lebens kam ins Schwanken, Konturen einer neuen Weltsicht begannen sich abzuzeichnen.

Das Epizentrum des Neuen lag in Ober- und Mittelitalien, darauf folgten das südliche und mittlere Deutschland, die Niederlande (Flandern, Brabant), aber auch das übrige Westeuropa – am frühesten England – wurde davon erfaßt. In den ökonomisch fortgeschrittensten Regionen traf die für den traditionellen Feudalismus kennzeichnende einfache Warenproduktion bäuerlicher und handwerklicher Natur zunehmend an die Grenzen ihrer Entwicklung. Auf vielen Gebieten setzten sich neue Produktionsformen durch: in der Tuch- und Leinenherstellung, im Bergbau, im Schiffsbau und selbst im noch zunftgebundenen Handwerk über den Verlag, es entstanden die ersten Manufakturen. Ihre wichtigste Säule fanden diese qualitativen Veränderungen des Wirtschaftslebens im Aufstieg und in der Blüte der großen Städte; in ihnen konzentrierten sich die Energien des in voller Entfaltung begriffenen Frühkapitalismus. Hauptformen der Kapitalakkumulation blieben der Handel, das Bank- und Wuchergeschäft. Die am stärksten frühkapitalistisch geprägten Stadtstaaten Ober- und Mittelitaliens waren Genua und Venedig – beide in erbittertem Konkurrenzkampf stehend –, Mailand, Florenz, Siena, Perugia, um nur die wichtigsten aufzuführen. Über die Geldanlage in Grundbesitz unterwarfen sich die Städte einen großen Teil des umliegenden Landes; dessen Bauern verloren durch die Halbpacht (Mezzadria) ihre ursprüngliche Selbständigkeit, nicht wenige von ihnen füllten in den Städten das entstehende Proletariat auf. Der Ausgriff auf das Land, kennzeichnend für viele Städte, bedeutete keineswegs zwangsläufig eine »Kapitalisierung« des Agrarsektors, denn nicht selten kam es zu einer »Feudalisierung« des Bürgertums, das um den Anschluß an die herrschende Adelsklasse rang. Gerade die »Insularität« des Frühkapitalismus in einer noch feudalbeherrschten agrarischen Umwelt erklärt, daß die meisten seiner Zentren im Verlaufe des 16. Jahrhunderts verfielen und durch Refeudalisierung aufgesogen wurden.

Das »auf Wolle gebettete« Florenz umfaßte am Ende des 14. Jahrhunderts etwa 90 000 Einwohner. Allein die 200 Werkstätten der Wollzunft (Arte della Lana) beschäftigten 30 000 Arbeitskräfte; so wurde Florenz schon 1378 zum Schauplatz des ersten Aufstandes lohnabhängiger Arbeitskräfte (Ciompi) in der Geschichte. Der angehäufte Reichtum konzentrierte sich in den Händen von Familien oder Compagnien, die ihren Rechnungsbüchern das Motto »Im Namen Gottes und des Gewinns« voranstellten, ein Beispiel, das rasch nördlich der Alpen Schule machte. Von Oberitalien erstreckte sich ein Fernhandel, der den gesamten Mittelmeerraum sowie das übrige Europa umfaßte und bis weit nach Asien und Afrika hineinreichte. Hauptumschlagplätze des euro-asiatischen und euro-afrikanischen Warenumschlags waren Venedig und Genua. Während Venedig sein Monopol im asiatisch-orientalischen Handel mit Erfolg verteidigte, bis das Vordringen der Osmanen (Eroberung Konstantinopels 1453, Blockade des Roten Meeres seit 1517) die Dogenrepublik in die Defensive drängte, verlagerte sich die Hauptexpansionslinie Genuas in Richtung Westen; sein Handel erstreckte sich – ohne Preisgabe der Verbindungen zu den Kornkammern der Schwarzmeerküste – entlang der spanischen und portugiesischen Küste bis Flandern und England; die Kontrolle des aus dem Innern Afrikas an die Küste gebrachten Goldes lag ebenfalls in den Händen von Genuesen.

Der steigende Bedarf an Nahrungs-, Genußmitteln und Luxusgütern (Getreide, Zucker, Gewürze, Seide, Baumwolle, Duft- und Farbstoffe, Drogen, orientalische Gold- und Silberschmiedearbeiten) sowie an Arbeitskräften (Sklaven!) und Geld wirkte als mächtige Triebfeder der Expansion. Bei den frühen Vorstößen über die Meerenge von Gibraltar in den Atlantik

Plus ultra

(»Plus ultra« lautete später das Motto im Wappen Kastiliens) nach Madeira, den Azoren (1432) und den Kanaren (1434) spielte die »Dynamik des Zuckers« eine entscheidende Rolle. Alle wesentlichen Hafenstädte entlang der spanischen und der portugiesischen Küste, bis auf die Höhe von Lissabon und Oporto, besaßen einflußreiche Kolonien italienischer, d.h. vorwiegend genuesischer, Kaufleute und Bankiers; kein bedeutendes überseeisches Unternehmen konnte des oberitalienischen Kapitals entbehren. Es war alles andere denn historischer Zufall, daß Christoph Kolumbus aus dem führenden genuesischen Handels- und Bankhaus Centurione kam, das sich im Gold-, Zucker- und Sklavenhandel engagierte – den drei klassischen Motiven für die transatlantische Expansion am Ende des 15. Jahrhunderts. Zugespitzt schrieb Jacques Heers: »Die Wirtschaft Genuas zeigt bereits alle Formen, alle Charakteristika des modernen Kapitalismus«, was cum grano salis für den gesamten Frühkapitalismus galt.

Als Italiens Wirtschaftsblüte allmählich endete, verlagerten sich die Zentren der ökonomischen Macht: Sevilla, Lissabon, Antwerpen, Amsterdam, daneben Augsburg und Nürnberg, waren einige der wichtigsten Stationen. Die Hauptfolge dieser Entwicklung bestand in der Unterminierung des Feudalsystems durch die rasche Ausbreitung der Ware-Geld-Beziehungen; die überlieferten gesellschaftlichen Strukturen gerieten in Bewegung; Konfliktpotential neuer Qualität häufte sich an. Die Polarisierung zwischen dem Hochadel und dem niederen Adel, der Ritterschaft, deren Dienste – vor allem im Bereich der entstehenden zentralisierten Monarchien: Frankreich, England, mit Abstand auch Spanien und Portugal – nicht mehr gefragt waren, verstärkte sich. In den Städten meldete ein selbstbewußtes Patriziat seinen Anspruch auf Befreiung von landesherrlicher Vormundschaft an, mußte aber seinen dominierenden Status zugleich gegen eine wachsende Opposition der Handwerker und Plebejer verteidigen. Schließlich kam dazu die Masse der Bauern, die sich ständig neuen Forderungen ihrer weltlichen und geistlichen Herren ausgesetzt sah und für die Begleichung der jetzt bestimmenden Geldrente nicht selten in die Fänge des städtischen Wucherers geriet.

Das Bewußtsein einer von Grund auf in Veränderung begriffenen Existenz des Menschen fand seine frühe Resonanz in der

Renaissance und Humanismus

Renaissance und im Humanismus. Beide unauflösbar miteinander verbundenen Ausdrucksformen eines neuen Menschenbildes und Weltverständnisses – der Humanismus stellte die geistige Grundlage der Renaissance dar – hatten ihre Heimat in Italien, erreichten hier ihre Blüte und strahlten auf das übrige Europa aus. Jacob Burckhardt, der große Kulturhistoriker für diese Epoche, schrieb 1860: »Vielleicht reifte hier eine höchste Frucht jener Erkenntnis der Welt und des Menschen, um deretwillen allein schon die Renaissance von Italien die Führerin unseres Weltalters heißen muß.« Es wäre eine zu starke Vereinfachung, Renaissance und Humanismus als »bürgerliche« Phänomene zu bezeichnen, obwohl sie untrüglich die Zeichen des Frühkapitalismus trugen und damit die Merkmale einer Epoche des Umbruchs. Die bleibende Errungenschaft dieser Zeit bestand im neuen Bild des Menschen, im Übergang von der theozentrischen zur anthropozentrischen Auffassung von der Welt. Mit der Entdeckung des Individuums, der Fähigkeit zur freien Entscheidung und des Bewußtseins der unbegrenzten Schöpferkraft setzte sich der Mensch als Maß aller Dinge ein. Das aber hieß Absage an Scholastik und Askese, womit zwar nicht die Religion selbst, aber doch ihre herkömmlichen Formen und seit vielen Jahrhunderten für sakrosankt gehaltenen Institutionen zur Disposition standen.

Buchdruck

Von ungeahnter Tragweite für die rasche Verbreitung und Popularisierung der neuen Ideen wurde der Siegeszug des Buchdruckes, der mit der Erfindung der beweglichen Lettern durch Johannes Gutenberg (um 1450) einen geradezu explosiven Aufschwung nahm: Luthers Übersetzung des Neuen Testaments kam nach sechs Monaten auf dem Markt...

Vorbild der Antike

Die »Rinascità« (Wiedergeburt) – so der vom Zeitgenossen Giorgio Vasari geprägte Begriff – orientierte sich an den Idealen der Antike, das unmittelbar Vorangegangene und als Barbarei Empfundene galt als »Mittelalter«, also das zwischen Antike und »Wiedergeburt« Liegende, Trennende. In Architektur, bildender Kunst, Malerei, im Studium der alten Sprachen (Latein, Griechisch, selbst Hebräisch), in der Rückkehr zu den Quellen (»ad fontes«) – in allem stellte die Antike das Vorbild, wenn auch nirgendwo so gründlich wie eben in Italien, wo der Schutt der Römerzeit immer wieder Skulpturen freigab, die durch ihr Ebenmaß und ihre Natürlichkeit in Erstaunen setzten. Dieses

Um 1450 vollendete Johannes Gensfleisch zum Gutenberg in Mainz seine Erfindung, die Herstellung beweglicher, immer wieder verwendbarer Metalltypen. Damit war der Grundstein gelegt für eine neuartige und rasche Vermittlung von Bildung und Wissenschaft. Buchdruckerwerkstatt. Kupferstich von Galle nach Jan van der Straet (Stradano) aus: Nova reperta, um 1580. Bibliothèque Nationale, Paris

Erbe fand nun bewußte Aufnahme. Selbst die Formen der Geselligkeit, die Tischsitten, Kleidung und Mode, die persönliche Hygiene blieben von der Renaissance nicht ausgenommen. Wer von jenseits der Alpen kam, galt als ein Barbar, und den Gipfel der Unreinlichkeit verkörperte in den Augen der kultivierten Italiener der Deutsche. Der im Auftrag Karls V. durch Frundsbergs Landsknechte im Jahr 1527 in Szene gesetzte »Sacco di Roma« mit seinen bis in die Gegenwart unvergessenen Bildern von Brandschatzung, Plünderung, Vergewaltigung und Massenmord hat dieses Bild noch nachträglich gefestigt. Die neuen Wertvorstellungen der Renaissance und des Humanismus sparten, weit über Kunst, Dichtung und Sprache hinausreichend, auch den Staat nicht aus, über dessen rationale Form auf nationaler Grundlage am intensivsten Niccolò Machiavelli in seinem Werk »Il Principe« (Der Fürst, 1535) nachdachte. Machiavelli trennte die Politik nicht nur von der Religion, sondern auch von der Moral (»Machiavellismus«). Zu den lichtesten Seiten des neuen Menschenbildes gehörte – zumindest in den Kreisen der Oberklasse – die Gleichstellung von Mann und Frau. Manch eine der Damen setzte durch Bildung, Sprachkenntnisse und

Papst Clemens VII. (1523–1534) sah sich bei der Plünderung Roms durch deutsche Landsknechte im Jahre 1527 (Sacco di Roma) dem Spott der Soldateska ausgesetzt. Fast ein Jahrhundert später (1619) erinnerte J. L. Gottfried in seiner »Historischen Chronik« an dieses Ereignis.

künstlerische Fähigkeiten (wie Ippolita Sforza) ihre Hörer in Erstaunen; selbst von den Kurtisanen – nach offizieller Statistik gab es 1490 in Rom 6800 Dienerinnen der Venus – hieß es, daß sie ihre körperlichen Vorzüge, nach dem Beispiel der Imperia oder Isabel de Luna, durch umfassende Bildung besser zur Geltung zu bringen wußten.

Diese »Zeit, die Riesen brauchte und Riesen zeugte, Riesen an Denkkraft, Leidenschaft und Charakter, an Vielseitigkeit und Gelehrsamkeit«, wie sie Friedrich Engels so treffend definierte, besaß natürlich ihre Kehrseite: die demoralisierende Verweltlichung des Papsttums, den maßlosen Tyrannen, skrupellosen Condottiere, den verschlagenen Diplomaten, den gedungenen, auf Dolch und Gift trainierten Mörder, die unüberbrückbare Diskrepanz von Reich und Arm – eine neue Gesellschaft zeigte ihren Januskopf.

Das epochale künstlerische Potential der Renaissance sprengte keineswegs die Grenzen der bestehenden feudalen

Ordnung. Vielmehr standen die meisten berühmten Architekten, Maler, Bildhauer, Dichter und Philosophen im Dienst der Papstkirche oder weltlicher Herren. Ohne ein finanzkräftiges und kunstverständiges Mäzenatentum wäre jene wohl einmalige Phalanx der Dante, Petrarca, Boccaccio, Poliziano, Alberti,

Brunelleschi, Masaccio, Donatello, Verrocchio, Botticelli, Ficino, Pico della Mirandola, Valla, Bramante, Michelangelo, Leonardo da Vinci, Raffael, Tizian, Giorgione, Correggio ... kaum vorstellbar, wahrhaftig eine seit der Antike nicht mehr gesehene Aufreihung von Riesen an Schöpfertum und Denkkraft.

Im Blickpunkt der Humanisten – der Begriff entstammt erst dem 19. Jahrhundert – stand das Interesse für die »humaniora«, worunter man die nicht unmittelbar mit der Theologie verknüpften Geistesdisziplinen verstand: die Kunst der Rede, die Dichtung, die Geschichte und das Studium der alten Sprachen. Obwohl der Humanismus stets eine elitär-antiplebejische Ideologie blieb und seine Bindungen an Adel, Kirche und reiches Stadtbürgertum nicht löste, gewann er in Italien einen stark demokratischen Grundgehalt. Aus der bewußten Hinwendung zur Antike erwuchs eine Wiederentdeckung und erneuerte Wertschätzung der klassischen griechischen Philosophie, insbesondere Platons, wodurch bedeutende »heidnische« Elemente in das christlich geprägte Weltbild einströmten. Insbesondere die zeitweilig mit der griechisch-orthodoxen Kirche geführten Unionsverhandlungen und die Flucht griechischer Gelehrter vor den herandrängenden Osmanen begünstigten die neue Sicht auf das Altertum.

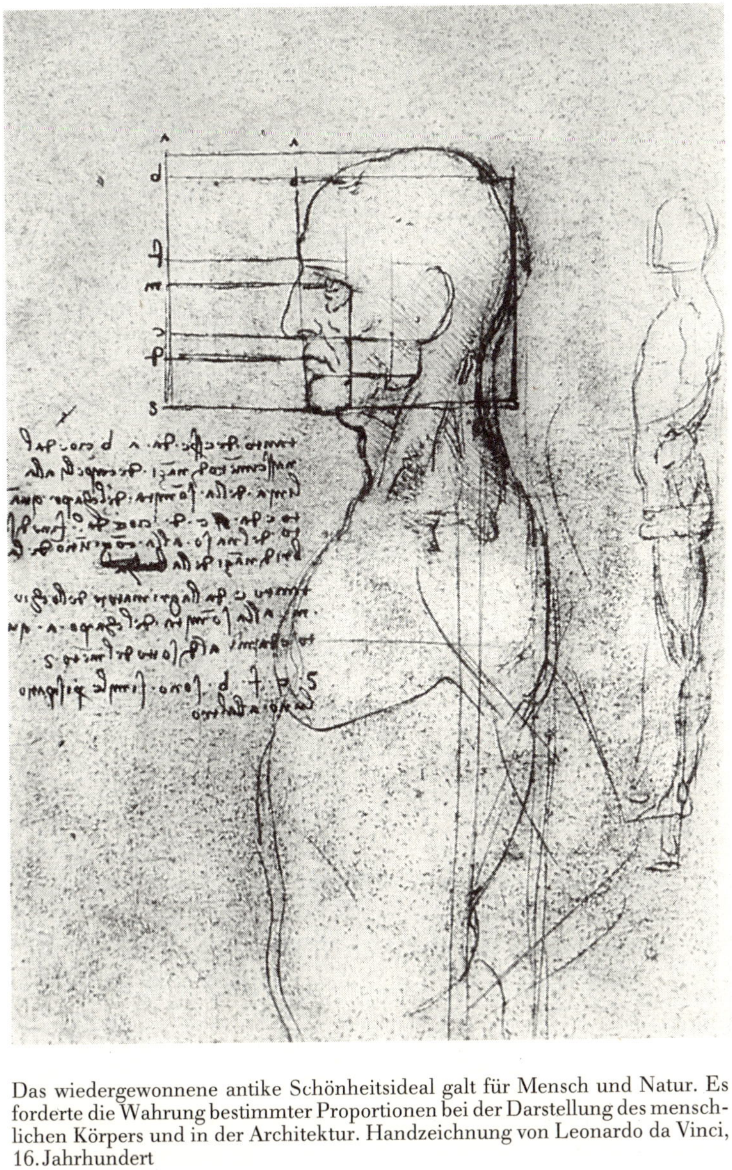

Das wiedergewonnene antike Schönheitsideal galt für Mensch und Natur. Es forderte die Wahrung bestimmter Proportionen bei der Darstellung des menschlichen Körpers und in der Architektur. Handzeichnung von Leonardo da Vinci, 16. Jahrhundert

Ohne sich von der Papstkirche zu lösen, schufen die Humanisten wesentliche Voraussetzungen für ein kritisches Religions-

Humanistische Kirchenkritik

verständnis. Laurentius Valla bewies 1440 die Unechtheit der »Donatio Constantini« (Konstantinische Schenkung), die als historische Begründung für den weltlichen Herrschaftsanspruch des Papstes über das Abendland galt. Der deutsche Humanist Ulrich von Hutten ließ Vallas Schrift 1517 übersetzen und lieferte damit eine gewichtige Rechtfertigung für die Reformation. Wie aus humanistischer Sicht die innere Erneuerung der Kirche vonstatten gehen sollte, begründete Marsilio Ficino in seiner »Restitutio Christianismi« (Wiederherstellung des Christentums) in Gestalt einer Symbiose der Prinzipien Platons und des Apostels Paulus auf der Grundlage einer Laienfrömmigkeit, unabhängig von den scholastischen Kirchenvätern, der Hierarchie und der Sakramente. Aus dem von Ficino im Brief des Paulus an die Römer (N.T. Röm. 1, 21–31) aufgenommenen Gnadenbegriff gewann später Luther den entscheidenden Ansatz für seine Revolution der Theologie. Ähnlich wie Valla dachte Giovanni Pico della Mirandola, dessen Werk »De dignitate hominis« (Von der Würde des Menschen) den Anthropozentrismus des Renaissancehumanismus auf nie übertroffener Höhe zeigte. Von Pico gingen weitreichende Denkanstöße auf den Humanismus jenseits der Alpen aus.

Die Kritik der Humanisten an den historischen Grundlagen, den religiös-theoretischen Widersprüchen und den politischen Praktiken der römischen Kurie schuf – unabhängig von den subjektiven Vorstellungen des einzelnen Autors – wesentliche gedankliche und wissenschaftliche Voraussetzungen für die Reformation. Noch waren die weitreichenden Folgen nicht absehbar. In der Kirche fanden die mittelalterliche Gesellschaft und ihr Weltbild den institutionalisierten und auf einem geistigen Monopol begründeten Ausdruck: die christliche Religion, als deren von Gott eingesetzter Sachwalter der Papst sich präsentierte (»Du bist Petrus, und auf diesen Felsen will ich bauen meine Gemeinde« [In früheren Texten als »Kirche« übersetzt], N.T., Matth. 16, 18), ihre überragende Potenz in Grundbesitz und Finanzwesen, das Gewicht als universal verankerter Machtfaktor und nicht zuletzt ihre soziale Funktion gegenüber den Armen. Die historisch gewachsene unauflösbare Verbindung von Kirche und Feudalität im Geistig-Transzendenten wie im Materiell-Alltäglichen bedeutete, daß eine bis zur letzten Konsequenz getriebene Kritik an religiösen Dogmen und Institutionen die Grundfesten der Gesellschaftsordnung erschüttern mußte, da Religion und Kirche allem Bestehenden die höhere Weihe gaben.

Frühbürgerliche Revolution

In einigen Ländern Europas entlud sich die Summe der religiösen, politischen, nationalen, sozialen und ökonomischen Widersprüche seit dem 14. und 15. Jahrhundert in einer Kette revolutionärer Bewegungen, deren gemeinsamen Ausgangspunkt die Forderung nach einer Reform der Kirche an Haupt und Gliedern bildete. Diese Bewegungen kulminierten im 16. Jahrhundert in der frühbürgerlichen Revolution, deren Hauptschauplätze in Deutschland, Spanien und den Niederlanden lagen. Unter den Historikern der verschiedenen Schulen ist der Begriff der »frühbürgerlichen Revolution« nicht unumstritten. Handelte es sich schon um die historische Entscheidungssituation Feudalismus gegen Kapitalismus? Bestand eine Art von innerfeudalem Problemstau – so verstand Ernst Werner die Hussitenbewegung auch als eine Revolution im Feudalismus für den Feudalismus –, oder ging es darum, den frühen kapitalistischen Entwicklungsansätzen und ihren Triebkräften mehr Bewegungsraum für ihre Freisetzung, obschon noch innerhalb des Feudalsystems, zu schaffen? Die Fähigkeit zur regenerativen Dynamisierung bewies die Feudalgesellschaft mit der Herausbildung des Absolutismus seit dem Ausgang des 15. Jahrhunderts, aber gerade diese Spätblüte des Feudalismus konnte der bürgerlichen Komponente in Wirtschaft und Staatsaufbau schon nicht mehr entbehren. Mußten die frühbürgerlichen Revolutionen zwangsläufig scheitern, eben weil sie »zu früh« gekommen waren, oder gingen von ihnen – auch im Ergebnis ihrer Abwehr – nicht entscheidende Impulse für eine Wandlung überlieferter gesellschaftlicher Strukturen und Normen aus? Die Gegenreformation reduzierte sich nicht auf eine Reaktion zur Wiederherstellung des Status quo ante, sie bedeutete zugleich Erneuerung und Anpassung an eine in Veränderung begriffene Welt: Ebenso stellte der im Ergebnis der deutschen Revolution sich festigende Fürstenstaat eine neue Qualität gesellschaftlicher Entwicklung dar, die allerdings unübersehbar von der Niederlage der bäuerlichen und bürgerlichen Demokratie gezeichnet war. Was also überwog mehr, das Festhalten an der »Tradition« oder die ersten Schritte in die »Moderne«, die ständischen Querelen mit den aufsteigenden Zentral- und Mittelgewalten oder die Revolution »sans phrase«? Die Frage so zu stellen, hieße den Übergangscharakter der Epoche zu ignorieren und die ihr eigenen hybriden Ausdrucksformen. Der historische Schritt vom »Mittelalter« zur »Neuzeit« war kein einmaliger, auf ein Datum oder ein isoliertes Phänomen fixierbarer Akt. Die frühbürgerliche Revolution durchlief von ihren Vorformen des 15. bis zu ihrer Endphase am Ausgang des 16. Jahrhunderts verschiedene Reifestufen, die ein sich veränderndes Kräfteverhältnis im Wechselspiel von feudaler und bürgerlicher Entwicklungskomponente widerspiegelten. Lag nicht gerade in der Vielfalt gegenläufiger Tendenzen die besondere Charakteristik, die diesem Zeitalter eine bis in die Gegenwart nachwirkende Dramatik verlieh?

John Wiclif. Anonymer französischer Kupferstich, 16. Jahrhundert. Ratsschulbibliothek, Zwickau

Frühreformatorische Bewegungen

Der erste frontale Angriff auf die Autorität der Papstkirche ging von England aus. Aus religiösen, politischen und nationalen Motiven erwuchs eine antipäpstliche Bewegung, deren Profil von John Wyclif, einem bedeutenden Gelehrten und anerkannten Theologen, geprägt wurde. Wyclif, der 1372 den Doktorgrad an der Universität Oxford erwarb, ließ sich von der Erkenntnis leiten, daß die Papstkirche im Widerspruch zum »Gesetz Gottes« stünde, die urchristliche Armut preisgegeben habe und der

John Wyclif

Papst der »Antichrist« sei. Für Wyclif bestand die wahre Kirche aus der Gemeinschaft der Auserwählten (Prädestinierten). Hierarchie, Ordination, Heiligen-, Reliquien- und Bilderverehrung galten als Zeichen der Verweltlichung und der Verirrung. Mit besonderer Heftigkeit lehnte Wyclif die Lehre von der Transsubstantiation ab, womit er ein Kernelement der katholischen Dogmen verwarf. Seine Forderung nach Einziehung der Kirchengüter brachte ihm nicht nur die Sympathie der unteren Volksklassen, sondern auch der Krone und des Adels ein. Die Ablehnung der päpstlichen Obergewalt lief auf die Bildung einer Nationalkirche hinaus und bedeutete die Festigung der Krongewalt gegenüber kurialem Machtanspruch. Wyclif verteidigte deshalb auch den englischen König Edward III., als dieser 1366 dem Papst die Lehensuntertänigkeit aufkündigte. Ein ganzes Heer von Wanderpredigern verbreitete Wyclifs Lehren über das Land. Die Stimmung unter den Herrschenden zugunsten Wyclifs schlug um, als 1381 der große Bauernaufstand unter Wat Tyler ausbrach und sie Wyclif als dessen geistigen Anstifter ansahen. Bereits 1382 wurde seine Lehre offiziell verdammt; Wyclif mußte sich auf die Pfarrei Lutterworth zurückziehen, wo er die Vulgata ins Englische übertrug. Wyclifs Anhänger, die Lollarden, erlagen bis 1401 den gnadenlosen Verfolgungen. Das Schicksal Wyclifs, seiner Anhänger und seiner Lehre ließ bereits den für die Adelsklasse aller Länder kennzeichnenden Widerspruch im Verhalten zu reformatorischen Bewegungen, sofern diese zu sozial-revolutionären Konsequenzen führten, deutlich werden. Das Konzil von Konstanz (1415) verurteilte die 45 Thesen Wyclifs und erklärte ihn postum zum Ketzer. Wyclifs Ideen wirkten jedoch weit über England hinaus, sie beeinflußten Jan Hus und erreichten über ihn Martin Luther. So entstand von der frühreformatorischen Bewegung eine geistige Kontinuitätslinie bis zur frühbürgerlichen Revolution.

Sprößlinge böhmischer Adelsgeschlechter, die in Oxford ihre Studien absolviert hatten, brachten Wyclifs Schriften nach Prag. Hier fielen die Ideen des englischen Ketzers auf einen besonders fruchtbaren Boden. In Böhmen hatte sich ein bemerkenswerter Aufschwung in Handel, Gewerbe und Bergbau (Silbergewinnung) vollzogen, der die Basis für die Entstehung eines selbstbewußten Bürgertums abgab, das frühzeitig die Elemente eines tschechischen Nationalbewußtseins ausprägte. Zu Beginn des 15. Jahrhunderts befand sich Böhmen in einer Krisenlage, gezeichnet von wirtschaftlichen Schwierigkeiten, Umtrieben des frondierenden, in rivalisierende Cliquen getrennten Adels und einer wachsenden Opposition gegen die finanzielle Ausplünderung des Landes durch die päpstliche Kurie. In diesem Klima verschmolzen antipäpstliche und nationale Opposition rasch zu einer unauflösbaren Mixtur. Mit König Wenzel IV., der schon als Zweijähriger (1363) die böhmische Krone trug, 1376 zum Herrscher des Heiligen Römischen Reiches gewählt wurde und 1378 die Nachfolge Karls IV. antrat, stand an der Spitze des Landes eine Persönlichkeit, die sich den innen- und außenpolitischen Konflikten nicht gewachsen zeigte. Der eigentlich mehr an der Jagd, an deftigen Gelagen und sonstigen Lebensgenüssen interessierte König erwies sich als unfähig, den doppelten Kampf um die Krone des Reiches und Böhmens durchzuhalten. Als deutscher König abgesetzt (1400), reduzierte sich seine Macht von nun an auf Böhmen, blieb aber auch hier umstritten. Mißgriffe, wie der Sturz des Generalvikars des Erzbistums Prag, Johann von Nepomuk, von der Karlsbrücke und sein Ertrinken (1393), führten nicht gerade zu einer Beruhigung der Gemüter.

Jan Hus

Die antikuriale Strömung fand ihren Sprecher in Jan Hus, der einfachen Verhältnissen entstammte. Seine Lehren, in deren Mittelpunkt die Kritik an der Verweltlichung des Klerus stand, erfaßten – in tschechischer Sprache gepredigt – große Teile der Theologiestudenten und der plebejischen Schichten, ihr nationaler Ton fand auch ein Echo im böhmischen Adel und im Bürgertum. Zu einem Zentrum der religiös-nationalen Auseinandersetzungen wurde die Universität Prag. Immer deutlicher grenzten sich die sächsische, bayerische und polnische »Nation« – summarisch »deutsche Nation« genannt – gegen die böhmische »Nation« ab; besonders deutsche Magister und Studenten wetterten gegen die von Wyclif geprägten Auffassungen Hus' und seiner Parteigänger. Als König Wenzel die Rechte der übrigen »Nationen« zugunsten der böhmischen radikal einschränkte (Kuttenberger Dekret vom 18. Januar 1409), kam es zum Auszug der deutschen Magister und Studenten, die eine neue Universität in Leipzig gründeten. Weil Hus gegen den Ablaß predigte, traf ihn 1412 der Bann Gregors XII.; er zog sich nach Südböhmen zurück und verfaßte hier sein theologisches Hauptwerk »De ecclesia« (Über die Kirche). Mit der Versicherung des freien Geleites vom römisch-deutschen Herrscher Sigmund, Bruder König Wenzels, begab sich Jan Hus nach Konstanz, um sich vor dem Konzil zu rechtfertigen. Seine Hoffnung, die versammelten Bischöfe für seine Lehren zu gewinnen, erfüllte sich nicht. Das Konzil klagte Hus der Ketzerei an und setzte ihn der schärfsten Folter aus; am 6. Juli 1415 starb er auf dem Scheiterhaufen.

Der Märtyrertod des Jan Hus wirkte in Böhmen als auslösendes Moment einer allgemeinen Erhebung gegen die Papstkirche. Ihr national-religiöses Symbol fand die hussitische Bewe-

Hussitenbewegung

gung in der Spendung des Abendmahls in beiderlei Gestalt (sub utraque forma), dem Laienkelch. Die Stärke der reformatorischen Bewegung bestand in ihrer raschen Ausbreitung über das ganze Land und in ihrer Verankerung in den bäuerlich-plebejischen Schichten. Unter diesen Bedingungen schlug der religiöse Dissens in die soziale Auflehnung um. König Sigmund, der seit 1419 auch die Krone Böhmens trug, galt als »Mörderkönig« und suchte vergebens die Hussiten zu unterdrücken. Innerhalb der

Verbrennung des Jan Hus zu Konstanz am Bodensee. Darstellung aus dem Jenaer Kodex. Státní ústav památkové péče, Prag

Bewegung schälten sich zwei Flügel heraus: die gemäßigten Utraquisten, auf deren Seite große Teile des Adels und das Bürgertum standen, und die radikalen Taboriten, so nach ihrem Zentrum im südlichen Böhmen, Tábor, benannt. Die radikalen Auffassungen der Taboriten stellten nicht nur die Dogmen der Papstkirche in Frage, sondern richteten sich ebenso gegen die als ungerecht und gotteswidrig empfundene weltliche Ordnung. Die Reformation gebar Elemente der Revolution.

Die revolutionäre Phase der Hussitenbewegung begann am 30. Juli 1419 mit der Erhebung in der Prager Neustadt, an deren Spitze der Geistliche Jan Želivský stand, wie sein Vorbild Hus ein mitreißender Volksprediger. Seinen militärischen Führer fand der radikale Flügel der Hussiten in Jan Žižka, einem Vertreter des niederen Adels. Unter dem Druck der gemäßigten Kräfte, die sich gegen den Aufstand der Unterklassen wandten und dazu sogar die Unterstützung des im »Herrenbund« vereinten Hochadels suchten, mußten Žižka und seine Parteigänger Prag räumen. Das Zentrum der revolutionären Bewegung verlagerte sich endgültig nach Südböhmen.

Aus der Sicht der Papstkirche bildete die Hussitenbewegung nicht nur ein national-böhmisches, sondern ein internationales Problem. Papst Martin V., aus dem Haus Colonna, der 1418 in Konstanz gewählt worden war und sich gegen zwei Gegenpäpste (»Benedikt XIII.« und »Johannes XXIII.«) durchsetzen mußte, erließ am 1. März 1420 die Kreuzzugsbulle gegen die Hussiten. Von 1420 bis 1431 wurden nicht weniger als vier Kreuzzüge geführt, umgekehrt drangen die Hussiten mit ihren »Kriegsreisen« weit über die Grenzen Böhmens hinaus; innerhalb Böhmens sorgten revolutionäre »Wallfahrten« dafür, daß sich noch zögernde Städte durch das Wort oder das Schwert der hussitischen Sache anschlossen.

Die anhaltenden militärischen Auseinandersetzungen beschleunigten die Differenzierung innerhalb des hussitischen Lagers. Zum Gegensatz zwischen gemäßigten Utraquisten und radikalen Taboriten kam das Ausscheren eines linken chiliastisch-egalitären Flügels aus den Taboriten hinzu, was eine faktische Dreiteilung bedeutete. In der Folge sah sich die äußerste Linke nicht nur von den Utraquisten, sondern auch von den Taboriten

Kampfszene zwischen Hussiten und Kreuzfahrern. Federzeichnung aus der Kuttenberger Bibel, Anfang 15. Jahrhundert. Státní ústav památkové péče, Prag

bekämpft. Die chiliastische Linke nahm die Züge einer Sekte an, die ihre Heilserwartung in libertinischer Sexualität auslebte und schließlich von Žižka geschlagen wurde (Herbst 1421).

Prager Artikel

Ihr Aktionsprogramm formulierte die Mehrheit der Hussiten in den »Vier Prager Artikeln« von 1420 mit den Forderungen:

— Freie Predigt des göttlichen Wortes;
— Anerkennung des Laienkelches;
— Säkularisierung des Kirchengutes und Rückkehr des Klerus zu apostolischer Armut;
— strenge Kirchenzucht im Klerus zur Wiederherstellung einer christlichen Lebensführung.

Es handelte sich um eine Art Minimalprogramm, um die gemeinsame Sache gegen die Kreuzfahrer und König Sigmund zu verteidigen. Innerhalb des hussitischen Lagers hielten die Konflikte an, da die Taboriten die herkömmliche Kirchenpraxis ungleich radikaler umgestaltet wissen wollten; sie verwarfen Zeremonien, Priestergewänder, Heiligenverehrung, Bilder, Reliquien, Beichte, Fasten, den Eid und andere »Verletzungen des göttlichen Rechts«.

Im Oktober 1424 verloren die Hussiten mit Jan Žižka, der wahrscheinlich an der Pest starb, ihre führende Persönlichkeit. Ihm erwuchs jedoch in Prokop »dem Großen« ein ebenbürtiger Nachfolger. Der von Prokop organisierten Streitmacht, die fast ganz Mitteleuropa in Schrecken versetzte, zeigten sich die Kreuzfahrerheere nicht gewachsen. Aus den Niederlagen der Kreuzfahrer, deren letzter Vorstoß im Herbst 1431 scheiterte, gelangten die Gegner der Hussiten zur Erkenntnis, daß ein Ausgleich durch Verhandlungen unvermeidlich sei; das bedeutete die Anerkennung der Hussiten als eigenständigen politischen Machtfaktor durch Kurie und Krone. Auf dem Konzil zu Basel (1431–1449) bildete die »Hussitenfrage« einen der Hauptstreit- und Verhandlungspunkte. In brillanter Weise verteidigte eine Abordnung mit Prokop »dem Großen« an der Spitze die religiösen und politischen Positionen der Hussiten. Mit den »Prager Kompaktaten« (1433) billigte das Konzil zwar den Laienkelch, verwarf jedoch die übrigen Forderungen der »Vier Prager Arti-

Rodrigo de Borgia als Papst Alexander VI. (1492–1503). Fresko von Bernardino Pinturicchio, um 1495. Appartamenti Borgia, Vatikan

kel« von 1420. Mit Geschick wußten die in Böhmen agierenden Vertreter des Konzils die inneren Widersprüche der Hussiten auszunutzen und neu anzufachen. Nicht zuletzt dank beträchtlicher Bestechungssummen kam ein Bündnis zwischen Utraquisten und »Römern«, d.h. den Anhängern der Papstkirche, gegen die Taboriten zustande. In der Schlacht von Lipany (30. Mai 1434) erlitten die Taboriten eine vernichtende Niederlage; Prokop »der Große« und andere Führer verloren ihr Leben.

Mit Lipany endete die erste reformatorische Bewegung, die zusammen mit einer nationalen und antifeudalen Volksbewegung nicht nur die traditionelle Papstkirche, sondern auch das bestehende Gesellschaftssystem in ihren Grundlagen zutiefst erschüttert hatte. Ein neues religiöses Bewußtsein, verbunden mit einem eigenen Nationalverständnis in Sprache, Liturgie und Bildung, die im chiliastischen Egalitarismus aufkommende Vision einer von feudaler Ausbeutung befreiten Gesellschaft, die Revolutionierung des Militärwesens und die europäische Ausstrahlung des Hussitentums bestimmten den historischen Stellenwert der hussitischen Bewegung in der unmittelbaren Vorgeschichte der frühbürgerlichen Revolution. Trotz der Niederlage der Taboriten, deren Reste bis 1452 zersprengt wurden und in der böhmischen »Unitas fratrum« (Brüdergemeinde) aufgingen, überlebte im Utraquismus eine nationalkirchliche Strömung, die ihre Existenz gegen das Papsttum behauptete. Im Ergebnis der durch den Tod Sigmunds (1437) ausgelösten Thronwirren gelang es sogar einem Vertreter des utraquistischen Adels, Georg von Poděbrady, die Herrschaft im Lande zu übernehmen (1448) und sich 1458 von den böhmischen Landständen zum König wählen zu lassen. Jeder Versuch von Kurie und Kaiser, den »Ketzerkönig«, über den 1466 Papst Paul II. den Bann verhängte, zu vertreiben, scheiterte; ebenso ein weiterer »Kreuzzug« unter dem Ungarnkönig Matthias Corvinus.

Mit dem Konzil von Basel, das wegen innerkirchlicher Querelen unter Papst Eugen IV. fehlschlug, vergab die Kirche eine ihrer letzten Chancen, der Krise durch eine »Reform an Haupt und Gliedern« noch rechtzeitig zu begegnen. Das Scheitern der Konzilien hatte um so dramatischere Folgen, als zur selben Zeit das Papsttum den letzten Rest an moralischem Gewicht verlor.

Renaissancepäpste

Seinen Tiefpunkt erreichte das Ansehen der Kurie unter der Herrschaft der Renaissancepäpste; selbst nach modernem jesuitischem Urteil war es »eine Reihe von Päpsten . . ., die zu den unheilvollsten in der ganzen langen Folge gehören« (Ludwig Härtling S.J.). Ihre Kette begann mit Nikolaus V. (1447–1455) und endete mit Clemens VII. (1523–1534). Im Mittelpunkt der päpstlichen Politik stand nicht die seit den Konzilien von Konstanz und Basel drängende Reform der Kirche, sondern das Streben nach Ausbau des Territorialstaates, um eine führende Rolle in Italien und in der internationalen Politik spielen zu können. Diese Tendenz zur Verweltlichung des Papsttums verband sich mit ungezügeltem Nepotismus, Korruption, Verschwendungssucht, gewaltsamer Beseitigung unliebsamer Gegner oder Konkurrenten und einem den Grundregeln christlicher Moral hohnsprechenden persönlichen Lebensstil. Als positiv bleibt zu vermerken, daß einige dieser Päpste als höchst kunstverständige Mäzene wesentlich die Blüte der italienischen Renaissancekultur (Baukunst, Malerei, Skulptur) beeinflußt haben und die humanistische Wissenschaft förderten. Was für die Kunst eine glanzvolle Epoche bedeutete, stürzte die Papstkirche andererseits in die schwerste Krise ihrer fast eineinhalbtausendjährigen Existenz.

Sixtus IV., aus dem Geschlechte der Rovere, pflegte den Nepotismus und den Verkauf von Pfründen im großen Stil. Fünf seiner Neffen erhielten den Kardinalshut; einer dieser Neffen, Pietro Riario, verfügte mit 25 Jahren über vier Bistümer, das Patriarchat von Konstantinopel und ein Jahreseinkommen von 2,4 Millionen Franken, das er mit seiner offiziellen Mätresse durchbrachte, damit aber auch sein Leben verkürzte (er starb mit 28 Jahren). Um seinen Finanzbedarf zu decken, übersteigerte Sixtus nicht nur den Ämterverkauf, seine Ablaßbulle von 1477 machte erst jenen schwunghaften Handel mit den vom Fegefeuer bedrohten Seelen möglich, der Luthers historischen Protest auslöste. Der nachfolgende Papst Innozenz VIII. war der erste, der seine leiblichen Kinder öffentlich präsentierte und ihnen im Vatikan glänzende Hochzeiten ausstattete. Er tat dem »heidnischen« Sultan Bayazid II. den Gefallen, gegen ein jährliches Entgelt von 40000 Dukaten dessen Bruder und Thronprätendenten Djem gefangenzuhalten. Auf Innozenz geht die verhängnisvolle Hexenbulle von 1484 zurück, die der Inquisition die Verfolgung von »Hexen« übertrug. Mit ihrer Schrift »Hexenhammer« (1487) lieferten die Inquisitoren Heinrich Instistoris und Jacob Sprenger die dogmatische Rechtfertigung für einen der furchtbarsten Auswüchse des späten Mittelalters.

Dies alles stellte noch der Borgia-Papst Alexander VI. in den Schatten. Schon als Kardinal mit der verheirateten Römerin Vanozza de Catanei öffentlich liiert, überforderten sein Lebensstil und die beeindruckende Zahl seiner Kinder sogar die Toleranzgrenze der großzügigsten Zeitgenossen. Bestechung und Gewalt brachten Alexander auf den Stuhl Petri. Alexanders zweiter Sohn, Cesare, bereits mit 17 Jahren zum Kardinal gekürt, versetzte mit seiner Eroberungspolitik, die auf die Festigung des Kirchenstaates und dessen Vormachtstellung abzielte, ganz Mittel- und Norditalien in Aufruhr. Unliebsame Gegner wurden gnadenlos aus dem Wege geräumt, auch opponierenden Kardinälen blieb ein solches Schicksal nicht erspart; selbst Alexanders Tochter Lucrezia, die ihrem Bruder kaum nachstand, verlor ihren ersten Gatten durch Cesare, der einen Würger in das Haus schickte. Alexander VI. war – und seine Kinder teilten diese Veranlagung – Erotomane höchsten Grades; gemeinsam mit Cesare und Lucrezia genoß er am Vorabend von Allerheiligen 1501 im Vatikan ein Ballett von 50 Edelkurtisanen der Stadt Rom. Als Alexander starb, blieb ungeklärt, ob er aus Versehen – wie Cesare, der allerdings überlebte – das für einen anderen gedachte Gift getrunken hatte oder der Malaria erlag. Er war derselbe Papst, der im Jahre 1493 in den Bullen »Inter Coetera I und II« die koloniale Aufteilung der Welt zwischen Spanien und Portugal festlegte und unter dessen Pontifikat ein noch junger Bildhauer namens Michelangelo Buonarroti eines der größten Werke der Weltkunst, die Pietà in S. Pietro zu Rom, vollendete (1500).

Florenz der Medici

Zu einem der erregendsten Schauplätze frühreformatorischer Bestrebung wurde am Ausgang des 15. Jahrhunderts das Gebiet von Florenz (Toscana). Ohne die traditionelle patrizisch-republikanische Verfassung (Signorie und Rat der Hundert) formal außer Kraft zu setzen, lag hier ab 1469 die Herrschaft in den Händen der Medici, einer vermögenden Patrizierfamilie, deren Bankgeschäfte über ganz Europa reichten. Gestützt auf einen neu eingeführten gefügigen Senat, gelang es den Medici, ihre fast absolute Macht durchzusetzen. Im Kampf um die Vorherrschaft unter den italienischen Mittel- und Kleinstaaten gerieten sie in den offenen Gegensatz zur Papstkirche, deren Haupt, Sixtus IV., die mit den Medici rivalisierenden Pazzi unterstützte. Nur um Haaresbreite entging Lorenzo de' Medici einem vom Papst und den Pazzi, die den Medici das Privileg auf Verwaltung der päpstlichen Einkünfte abgejagt hatten, inszenierten Mordanschlag, dem jedoch sein mitregierender Bruder Giuliano zum Opfer fiel. Einer der Verschwörer, Erzbischof Salviati von Pisa, der sich nicht rechtzeitig in Sicherheit bringen konnte, endete mit dem Strick um den Hals am Fensterkreuz des Palastes. Die Pazzi wurden systematisch mit Hilfe von Dolch und Gift ausgerottet, jene, denen es gelang zu flüchten, durch ganz Italien verfolgt. Von nun an vermochten weder der päpstliche Bann noch militärische Intervention der Nachbarstaaten Lorenzo de' Medici aus Florenz zu vertreiben. Seine Heirat mit einer Orsini brachte ihm den Rang eines Fürsten ein. Im Bewußtsein der drohenden französischen Expansionsabsichten versuchten die Medici, dem totalen Absinken Italiens zum Objekt des sich abzeichnenden französisch-spanischen Gegensatzes (»Renaissancekriege«, 1494–1559) durch eine Gleichgewichtspolitik gegenzusteuern: »Wollte Gott, es fiele den französischen Königen niemals ein, ihre Kräfte in diesem Lande zu versuchen! Wenn es dazu kommt, so ist Italien verloren.« Lorenzo de' Medici, bald »Il Magnifico« (Der Prächtige) genannt, verband seine persönliche Herrschaft mit einer außergewöhnlichen Förderung von Wissenschaft und Kunst; er zog die bedeutendsten Künstler und Philosophen der Zeit an seinen Hof: Poliziano, Verrocchio, Pico della Mirandola, Ficino, Botticelli; auch der noch junge Michelangelo gehörte zum Kreis der Auserwählten. Mit der »Laurenciana« entstand die erste öffentliche Bibliothek Europas. Lorenzo de' Medici war nicht nur als Mäzen und Staatsmann der wohl bedeutendste Renaissancefürst; er selbst galt als ein hervorragender Dichter.

Die Schattenseite der prallen und prächtigen Renaissancekultur bestand in einer ungezügelten frühkapitalistischen Ausbeutung; dem auf Geldgeschäft, Handel, bürgerlichem Grundbesitz und wohlhabendem Handwerk fußenden Reichtum der Oberschicht (»Popolo grasso«) stand die große Masse der Armen gegenüber, mit einem frühproletarischen Kern, dessen Militanz schon im genannten Ciompiaufstand hervorgetreten war. Nationaler Zwiespalt, soziale Widersprüche, Anfänge eines wirtschaftlichen Niedergangs und politisch-religiöse Gegensätze im Kampf gegen den weltlichen Hegemonieanspruch des Papsttums gaben den Nährboden für die radikal-frühreformatorischen Bestrebungen des Dominikanerpaters Girolamo Savonarola ab.

Girolamo Savonarola

Von religiösen Visionen getrieben, brach Savonarola sein Studium der Philosophie und Medizin ab, um dem Orden der Dominikaner beizutreten (1475). Als Bußprediger durchzog er ganz Norditalien. Auf Empfehlung des großen Humanisten Pico della Mirandola rief ihn Lorenzo de' Medici an das Kloster von San Marco, gewiß ohne zu ahnen, damit den künftigen Erzfeind seiner eigenen Familienmacht in die Toscana geholt zu haben. Als typischer Vertreter des im Mönchtum des 15. Jahrhunderts verbreiteten apokalyptischen Prophetismus predigte er eine streng asketische Lebensordnung, die er nicht allein auf Kirche und Klöster, sondern ebenso auf die weltliche Gesellschaft angewandt wissen wollte. Damit trat er in den offenen Widerspruch zur Papstkirche, deren Haupt, Alexander VI., er wegen seiner allgemein bekannten Sittenlosigkeit und ungezügelten politischen Machtgelüste schonungslos angriff. Lag eine solche Kritik durchaus im Sinne der Medici, so änderte sich das Bild total, als Savonarola auch den »Popolo grasso« von Florenz zur Zielscheibe seiner die Massen aufwühlenden Predigten machte. Über seine Beredsamkeit schrieb Jacob Burckhardt: ». . . in Savonarolas Rede lag jene hohe persönliche Gewalt, welche wohl von da bis auf Luther nicht wieder vorgekommen ist.« Seitdem der von ihm vorhergesagte Sturz der Medici durch den Einmarsch der Franzosen unter Karl VIII. Wirklichkeit geworden war (1494), stand er im Rufe, ein »Prophet Gottes« zu sein. Savonarola begrüßte in völliger Verkennung der für Italien heraufziehenden Tragödie Karl VIII. als Werkzeug Gottes, um das »sündige Italien« zu strafen. Bis 1498 lag die Macht faktisch bei Savonarola und seinen Anhängern. Demokratische Reformen, wie die Tilgung aller Schulden der Armen, das Verbot des Wuchers oder die progressive Besteuerung der Reichen, festigten seine Popularität unter dem einfachen Volke; selbst Vertreter des »Popolo grasso« konnten sich der Faszination seines Wortes nicht entziehen und nahmen das strenge Klosterleben auf sich. Unter dem Motto »Jesus Christus Rex populi florentini« gewann die Macht Savonarolas zunehmend theokratische Züge. Um die gepredigte Sittenstrenge durchzusetzen, sollten alle »Luxusgegenstände« der Vernichtung anheimgegeben werden. Das geschah in Form großer »Opferbrände«: Riesige Pyramiden von Luxusgewändern, »unsittlichen« Büchern (Boccaccio, Petrarca und viele andere), Frauenschmuck, Musikinstrumenten, Karten- und Brettspielen, dazu die Gemälde von freizügig dargebotenen Frauengestalten gingen in Flammen auf. Vergeblich bot ein venezianischer Kaufmann 20000 Dukaten für die Schätze einer solchen Pyramide. Die sozial-revolutionären Konsequenzen des reformatorisch-asketischen Eifers Savonarolas trafen bald auf den Widerstand des in seiner Macht eingeschränkten »Popolo grasso«. Vor dieser Gefahr verblaßte für den Moment sogar der Dauerkonflikt mit dem Papst. Um Savonarola zu isolieren, erfolgte seine Exkommunizierung (1497) unter der Anklage des ständigen Ungehorsams. Savonarola antwortete mit der Forderung nach einem Konzil, um den »Antichrist« Alexander VI. abzusetzen. Als verhängnisvoll für ihn erwies sich, daß die französischen »Befreier« durch ihre Plünderungen und Gewalttaten Reiche wie Arme in eine gemeinsame Widerstandsfront brachten. Da die Franzosen unter dem Druck einer Gegenkoalition Italien räumen mußten, war das Schicksal Savonarolas besiegelt. Dem ungehorsamen Mönch und Ketzer wurde der Prozeß gemacht, und er mußte härteste Formen der Folter erleiden. Gemeinsam mit zwei anderen Dominikanermönchen endete Savonarola durch den Strang; die Leichen der Märtyrer wurden öffentlich verbrannt. Mit spanischer Hilfe stellten die Medici im Jahre 1512 ihre alte Macht wieder her. Kein Bemühen, jedes Andenken an Savonarola auszulöschen, vermochte seine Verehrung als Heiligen durch die Armen von Florenz zu verhindern. Je tiefer Italien im Chaos versank, um so mehr verklärte sich in der Erinnerung das Bild des großen Herausforderers der geistlichen und weltlichen Macht seiner Zeit. – Was in Italien scheiterte, fand nördlich der Alpen seine Vollendung.

Blüte des deutschen Frühkapitalismus

Am Ende des 15. und zu Beginn des 16. Jahrhunderts stand der deutsche Frühkapitalismus auf dem Höhepunkt seiner Entwicklung. Florierender Fernhandel, wachsende Akkumulation von Geldkapital, Aufschwung von Bergbau und Textilherstellung, Ausbreitung des Verlagswesens gehörten zu den hervorstechenden Merkmalen. Die Verbindungen der großen Handels- und Kapitalgesellschaften – die bekanntesten: Fugger, Welser, Hochstetter, Paumgartner, Imhof, Tucher – reichten über ganz Europa und bis nach Übersee. Mit dem »Asiento« von 1528 besaßen die Welser das Monopol des Sklavenhandels für das spanische Amerika, jedoch scheiterte ihr Versuch, ein eigenes Kolonialimperium in Venezuela aufzubauen. Die Fugger beteiligten sich an der Finanzierung der Magalhäesexpedition, und zeitweilig hegten sie koloniale Pläne für das Gebiet des heutigen Chile.

Die alles überragende Macht der Fugger fußte auf ihrer Verbindung zum Hause Habsburg, die ihnen allerdings am Ende zum Verhängnis gereichen sollte. Von 1464 bis 1546 erhöhte sich das Vermögen der Fugger von 100000 auf sieben Millionen Gulden. Sie stiegen zum führenden europäischen Bankhaus auf und besaßen dank kaiserlichen Privilegs die einträglichen ungarischen Kupfergruben. Das Rückgrat der wirtschaftlichen Konjunktur Deutschlands bildete eindeutig der Bergbau, dessen jährlicher Produktionswert bei zwei Millionen Gulden lag. Über den Verlag drang das Kaufmannskapital in das Zunftgewerbe ein und begann dessen starre mittelalterliche Organisationsformen aufzulösen. Trotz dieser voranschreitenden Verbindung von Kaufmannskapital und gewerblicher Produktion bedeutete – wieder mit Ausnahme des Bergbaus – Kapital in dieser Zeit vor allem Handels-, Bank- und Wucherkapital. Im europäischen Handel bildeten deutsche Städte (z.B. Frankfurt am Main, Augsburg, Leipzig) die Drehscheiben der Nord-Süd- und der West-Ostverbindungen. Der Warenverkehr im norddeutschen Raum und zwischen Ost- und Nordsee lag noch immer fast ausschließlich in den Händen der Hansestädte.

Die Schwäche der frühkapitalistischen Entwicklung in Deutschland bestand darin, daß sich das Handels-, Bank- und Wucherkapital in das bestehende Feudalsystem weitgehend einpaßte. Beispielhaft stellt sich diese Interessensymbiose an der engen Verbindung der Fugger mit dem Haus Habsburg dar. Die neuen Kapitalformen beschleunigten zwar die Verbreitung der Ware-Geld-Beziehungen und führten zur Auflösung traditioneller feudaler Formen, ohne jedoch das Feudalsystem als Ganzes aus den Angeln zu heben; im Gegenteil, sie wirkten in gewisser Hinsicht »modernisierend« und damit stabilisierend. Auch bleibt zu beachten, daß die frühkapitalistische Entwicklung nicht das ganze Land erfaßte, sondern – gleichsam »insular« – auf regionale Zentren, die nicht selten gegeneinander gerichtete Sonderinteressen verfolgten, eingegrenzt blieb; ein übergreifender nationaler Markt kam nicht zustande. Mit Italien teilte Deutschland das Schicksal des Fehlens einer starken nationalen Monarchie englischen oder französischen Typs. Die Interessen der römisch-deutschen Kaiser waren primär universaler und nicht nationalstaatlicher Natur: Karl V. repräsentierte das letzte klassische Glied in dieser Kette. An der Basis dagegen festigte der »Bergsegen« die Stellung der fürstlichen Territorialgewalten; d.h. dieselben ökonomischen Triebkräfte, die in anderen Staaten auf eine nationale Zentralisation drängten, begünstigten im Falle des Heiligen Römischen Reiches infolge der spezifischen politischen Machtverhältnisse die territoriale Aufsplitterung (»dezentralisierte Zentralisation«). Ein entscheidendes, letztlich wohl bestimmendes Schwächeelement der frühkapitalistischen Entwicklung und die eigentliche Ursache für ihre

Reversibilität bestand darin, daß sie nicht den Agrarsektor erfaßte. Hierauf aber stützte sich ökonomisch die Feudalgesellschaft. Von den etwa 13 Millionen Einwohnern der deutschen Territorien lebten 90 Prozent auf dem Lande. Gebiete wie Sachsen, wo das Verhältnis Stadt – Land fast eins zu zwei betrug, bildeten die absolute Ausnahme. Während sich in England um diese Zeit bereits die »Agrarrevolution« ankündigte, gekennzeichnet durch die Enteignung der Bauern und den Übergang zur effektiven Großpacht, änderten sich in Deutschland weder die herkömmliche Feudalverfassung noch die Produktionsformen (trotz bestimmter Fortschritte in der Viehzucht, dem Weinanbau und dem Anbau technischer Kulturen: Waid).

Grundzüge der Sozialstruktur

Für die soziale Struktur am Vorabend der Revolution war eine Tendenz zur Polarisierung kennzeichnend, die keine Ebene der Standespyramide ausnahm. Innerhalb der herrschenden Feudalklasse verschärften sich die Differenzierung und der Interessengegensatz zwischen dem Hochadel, d.h. den weltlichen und geistlichen Territorialfürsten, einerseits und dem mittleren und niederen Adel andererseits. Die regionale Zentralisation auf territorialfürstlicher Basis ging in hohem Maße zu Lasten des mittleren und niederen Adels, der seine ökonomische und politische Unabhängigkeit mehr und mehr in Frage gestellt sah. Nur in einigen Regionen, besonders im deutschen Südwesten, vermochte der mittlere Adel seine Position noch zu behaupten, während der niedere Adel, einschließlich der Reichsritterschaft, dem Ruin entgegentrieb und in Gestalt des Raubritters zu einem der Hauptpeiniger der Bauernschaft und zum Plünderer der über das Land ziehenden Kaufleute degenerierte. Feudale Fehden gehörten zum politischen Alltag.

In den Städten lag die ökonomische und politische Lokalgewalt bei den Patriziern, die sich aus Grundbesitzern, großen Handelsherren, Bankiers und reichen Zunftmeistern rekrutierten. Ihr Engagement in der frühkapitalistischen Wirtschaft verband sich in der Regel mit einer konservativen politischen Haltung, die aus dem offenen sozialen Widerspruch zur Masse der übrigen Stadtbevölkerung und der von den Städten beherrschten umliegenden Landgebiete resultierte. Dieses städtische Patriziat hatte sich noch nicht vom Feudalsystem abgenabelt, es war vielmehr ein organisches Element dieses Systems; die Züge einer modernen Bourgeoisie fehlten dem Patriziat weitestgehend. Hieraus erklären sich die Schwäche und am Ende das Versagen der bürgerlichen Hegemonie in der kommenden Revolution. Unterhalb des Patriziats existierte eine breite, obwohl in ihrer Zusammensetzung sehr amorphe bürgerliche Zwischenschicht, bestehend aus weniger wohlhabenden Kaufleuten, Handwerkern und kleinen Unternehmern. Eine besondere Stellung nahm die akademische Bildungsschicht (Geistliche, Juristen, Schreiber, Magister der Universitäten) ein, die sich den Ideen des Humanismus öffnete und in der Reformation oder auch als Sprecher der radikal-demokratischen Kräfte eine entscheidende Rolle spielte. Die Basis der städtischen Sozialpyramide bestand aus der Masse der plebejischen Elemente, vom verarmten Handwerker und Zunftgesellen über die große Zahl der Tagelöhner und die sporadisch auftretenden Lohnarbeiter bis hin zum Lumpenproletariat, einschließlich der Bettlerscharen und der Dirnen.

Die Bauernschaft stellte sich, trotz beginnender struktureller Veränderungen (Herausbildung von wohlhabenden Besitzbauern), als eine noch im wesentlichen geschlossene Masse feudalabhängiger Bauern dar. Ihre härteste Ausprägung fand die Abhängigkeit in der Leibeigenschaft, die um 1500 vor allem in west-südwestdeutschen Gebieten, dem Ausgangspunkt des Großen Bauernkrieges, die Lage der bäuerlichen Bevölkerung bestimmte. Je kleiner der Adelsbesitz war, um so intensiver die Ausbeutung. Ein weiteres Moment der Verelendung der Bauern bestand in der fortschreitenden Erbteilung des bäuerlichen Besitzes und im Raub der Allmende durch die Feudalherren. Die Bauernschaft litt unter einer dreifachen Ausbeutung: Arbeitsleistung für und Zahlungen an den Grundherrn, Abgaben an die Kirche (von denen der besonders verhaßte Zehnt nur einen Teil darstellte), Steuerpflicht gegenüber dem Landesherrn. Viele

Vorboten des Bauernkrieges

zeitgenössische Dokumente weisen aus, daß um die Wende vom 15. zum 16. Jahrhundert das Maß des Erträglichen erreicht und überschritten war. Es bedurfte also keiner besonderen prophetischen Gabe, wenn Johannes Lichtenberger in seiner »Prognosticatio« von 1488 ein Verbündnis der Bauern für 1513 und »eine

Bäuerliches Leben. Kupferstich von Hans Sebald Beham, Blatt 8 aus der Folge »Das Bauernfest oder die zwölf Monate«. Museum und Kunstsammlung Schloß Hinterglauchau, Glauchau

Titelblatt der Flugschrift des Pamphilus Gengenbach »Der bundtschu«, die vom Bauernaufstand im Breisgau berichtet. Die Schrift wurde im Jahre 1514 in Basel gedruckt. Ratsschulbibliothek, Zwickau

neue Reformation, ein neues Gesetz und ein neues Reich« ankündigte, oder Leonhard Ryman mit seiner berühmten »Practica« von 1523 für das folgende Jahr verhieß: »Die Bauern und das gemeine Volk von vielen Orten werden [ein] Verbündnis machen, sich zusammentun und erheben über und wider ihren König, Fürsten und Herrschaften geistlicher und weltlicher Stände, allenthalben zugreifen, rauben und nehmen . . . , also daß zwischen den Reichen und Armen wenig Unterschied gesehen . . .«

Von der großen Mehrheit der abhängigen Bauernschaft hob sich eine schmale Schicht wohlhabender Bauern ab, die – vor allem in Verbindung mit einer marktorientierten Produktion – einen gewissen Reichtum akkumuliert hatten und deshalb an einem Abbau der feudalen Fesseln interessiert waren. Aus ihren Reihen kamen nicht wenige der revolutionären Bauernsprecher.

Bereits im letzten Viertel des 15. Jahrhunderts begann sich der spontane bäuerliche Widerstand in vielfältigen Aktionen zu entladen. Sozialer Protest fand zumeist in mystisch-religiösen Formen seinen Ausdruck. Ein erstes Signal kam 1476 aus dem Taubertal, wo der Hirt und Musikant Hans Böheim, genannt der Pfeifer von Niklashausen, mit seinen Bußpredigten Tausende von Gläubigen anzog. Nach seiner Verheißung sollte es bald weder Papst noch Kaiser und keine Abgaben oder Fron mehr geben. Noch umfassender entwickelte sich ab 1493 die Bundschuhbewegung, die über den Ursprungsort Schlettstadt – bemerkenswerterweise ein Zentrum humanistischer Studien – hinauswuchs und neben Bauern auch Teile der städtischen Bevölkerung erfaßte. Trotz rascher Niederschlagung lebte der Bundschuh 1502 im Bistum Speyer erneut auf; an der Spitze der konspirativ wirkenden Bewegung stand jetzt der leibeigene Bauer Joß Fritz. Der Grundsatz: »Nichts denn die Gerechtigkeit Gottes!« gab das Leitmotiv des Bauernkrieges vor. Im Programm der Verschwörer verbanden sich antiklerikale und antifeudale Forderungen nach dem »alten Recht«, d.h. der Wiederherstellung einer einst existierenden Gleichheit vor den Herren. Auf die Bundschuhbewegung, die um 1513 getilgt schien, folgte 1514 in Württemberg der Aufstand des Armen Konrad, der sich gegen die unerträglichen Steuerlasten wandte. Als Luther seinen Thesenanschlag vorbereitete, ging der unermüdliche Joß Fritz daran, im Westen und Südwesten des Reiches erneut eine Bundschuhverschwörung aufzubauen. Es fehlte nur noch die Lunte, um das bis zum Rand gefüllte Pulverfaß zur Explosion zu bringen. Für die unruhigen Bauern wurde der wiederholt seinen Häschern entkommene Joß Fritz zur Symbolgestalt; er soll als alter Mann zu Beginn des Großen Krieges noch gesehen worden sein . . .

Für die rasche Ausbreitung der Reformation gewann große Bedeutung, daß mit den Bauern auch viele Städte in Bewegung gerieten. Die innerstädtischen Auseinandersetzungen erreichten in den Jahren 1509 bis 1514 ihre größte Ausdehnung und Schärfe; der ursprünglich auf den Kampf der Zünfte gegen das patrizische Stadtregiment eingegrenzte Konflikt erfaßte nun in wachsendem Maße die plebejischen Unterschichten, deren sozial-religiöser Protest in den kommenden Jahrzehnten im radikalen Täufertum (Anabaptismus) seinen Niederschlag fand.

Deutsche Humanisten

Ungleich nachhaltiger als in Italien beackerten die Humanisten in Deutschland den Boden, aus dem die Auflehnung gegen die Papstkirche erwuchs; ihre Kritik förderte ein antirömisch geprägtes Nationalbewußtsein. Zwar fehlte dem deutschen Humanismus der starke Rückhalt eines politisch selbstbewußten Stadtbürgertums, auch von einer Opposition gegen das Landesfürstentum blieb wenig zu spüren, trotzdem minderten diese Schwächen nicht die historische Tragweite des Wirkens. Was den deutschen mit dem italienischen Humanismus verband, war die Hoffnung, die Papstkirche von innen heraus reformieren zu können; nur wenige Humanisten brachen mit der Kirche, die Mehrheit stand Luthers Reformation ablehnend gegenüber, eine Haltung, die auf Gegenseitigkeit beruhte. Jedoch gab es in Deutschland, im Unterschied zu Italien, eine gesellschaftliche Krisensituation, die dem humanistischen Denken ein Echo verschaffte, das rasch über die subjektiven Absichten seiner Autoren hinwegging. In Philosophie, Geschichtsschreibung und Naturwissenschaften brillierten an Lateinschulen und Universitäten, allen voran das Humanistenzentrum Erfurt, Nicolaus von Cues, Mutianus Rufus, Jakob Wimpheling, Willibald Pirckheimer, Johann Agricola, Regiomontanus, Georgius Agricola ... Ein Klima des geistigen Aufbruchs herrschte. Mit überschäumender Begeisterung schrieb Ulrich von Hutten, Ritter und Träger des kaiserlichen Dichterlorbeers, an Pirckheimer: »Oh Jahrhundert, oh Wissenschaften! Es ist eine Lust zu leben, die Studien blühen ..., nimm den Strick Barbarei und geh' in's Exil.« Stolz auf die eigene Nation spach aus den Worten von Conrad Celtes: »Einige freilich rühmen sich, Gallien und Spanien, beide Sarmatien und Pannonien und sogar überseeische Länder durchwandert und geschaut zu haben, ich aber achte nicht geringer an Wert die deutschen Länder sowie die Menschen, die darin wohnen.« Zu denen, die »sogar überseeische Länder durchwandert und geschaut« hatten, gehörten Nikolaus Federmann, der Venezuela für die Welser zu erobern hoffte, und Hans Staden, der zum »ersten Geschichtsschreiber« Brasiliens wurde. An den Fahrten der Portugiesen entlang der afrikanischen Küste nahm ein Edelmann aus Nürnberg, Martin Behaim, teil; er schuf den ersten Globus.

Reuchlinstreit

Neben der überragenden Gestalt des Erasmus von Rotterdam, dessen Leben und Werk die Inkarnation des Humanismus außerhalb Italiens darstellten, stand Johannes Reuchlin; die um ihn entbrannte Fehde bildete ein unmittelbares Vorspiel zu den Ereignissen ab 1517. Reuchlin stammte aus Pforzheim, absolvierte deutsche und französische Universitäten, durchzog Italien, geriet dort unter den Einfluß der Ideen Picos, wurde der bedeutendste deutsche Gräzist und schuf die erste hebräische Sprachlehre (»De rudimentis hebraicis libri tres«, 1503). Als Reuchlin 1510 gegen den Dominikaner Johann Pfefferkorn, einen speichelleckerischen Konvertiten, der alle jüdisch-rabbinischen Schriften verbrannt wissen wollte, das kulturelle Erbe des Judentums vehement verteidigte, gab er den Anstoß für eine breite literarisch-philosophische Auseinandersetzung, die mit seiner Verurteilung durch ein päpstliches Breve endete. Den moralischen Sieg trug jedoch Reuchlin davon. In den »Epistolae obscurorum virorum« (Dunkelmännerbriefe, 1515–1517) gaben Reuchlins Freunde (Crotus Rubeanus, Ulrich von Hutten, Hermann von dem Busche) den Obskurantismus der Dominikaner der Lächerlichkeit preis. Die von Hutten geschriebenen Teile brachten am schärfsten die antirömische Stimmung und die Kritik am moralischen und geistigen Verfall der Kirche zum Ausdruck. Hutten vermochte sich eine Reichsreform ohne vorangehende Kirchenreform nicht vorzustellen.

Titelholzschnitt zum zweiten Teil der »Epistolae obscurorum virorum« (Dunkelmännerbriefe), Speyer 1517

Versuche einer Reichsreform

Die allerorts aufkeimende Unruhe, oft nur um den Preis der offenen Gewalt gebändigt, entging den Herrschenden nicht. Neben die allgemein anerkannte, von der Kurie jedoch blockierte Forderung nach einer Kirchenreform trat in Deutschland der Gedanke einer Reichsreform, um der inneren Krise zu begegnen, aber auch die Abwehrkräfte nach außen, gegen das expansiv auftretende Frankreich, vor allem gegen die drohende

Die vier apokalyptischen Reiter.
Holzschnitt von Albrecht Dürer,
1497/98

osmanische Gefahr zu stärken. Auf dem Frankfurter Reichstag (1485/86) profilierte sich eine kurfürstliche Reformpartei um den Mainzer Kurfürsten und Erzbischof Berthold von Henneberg: Allerdings fußte der Reformgedanke auf dem Dualismus von Krone und Reichsständen, was in der Formel »Kaiser und Reich« den Ausdruck fand. Eine starke Zentralgewalt wurde selbst von den reformwilligen Fürsten abgelehnt, womit jede wesentliche Änderung am bestehenden politischen Machtgefüge illusorisch blieb. Unter Kaiser Maximilian I. beschloß der Reichstag von Worms 1495 vier Reformgesetze:

— Ewiger Landfriede gegen das Fehdeunwesen;
— Bildung eines Reichskammergerichts mit Sitz in Frankfurt am Main;
— Einführung des »gemeinen Pfennigs« als zentrale Steuerauflage;
— Beschluß über »Handhabung Friedens und Rechts« zur Einhaltung der genannten Gesetze.

Dem folgte im Jahre 1500 die Einrichtung eines »Reichsregiments«, bestehend aus 20 Repräsentanten der Fürsten an der Seite des Kaisers. Da jedoch die Fürsten ihre »Libertät« gegen die »viehische Servitut« vor dem Kaiser verteidigten und mit Karl V. bald ein Herrscher den Thron einnahm, dem die nationalen deutschen Interessen fremd blieben, scheiterte die Reichsreform in allen wesentlichen Punkten. Als Relikt blieb das dahinschlummernde Reichskammergericht. Die letzte Möglichkeit, der Krise von oben Herr zu werden, war endgültig vertan.

Die Bündelung der gesellschaftlichen Widersprüche ließ an Kompliziertheit nichts zu wünschen übrig: Bauer gegen Grundherr, Bürger gegen Plebejer, Fürsten gegen Städte und niederen Adel, Kaiser gegen das »Reich«, Universal- und Territorial- gegen Nationalinteresse, humanistisches Denken gegen Scholastik und klerikalen Obskurantismus, das Ganze wehrlos gegen den immer dreisteren Zugriff der Papstkirche. In diese Atmosphäre machtpolitischer Kämpfe, obrigkeitlicher Interessenkonflikte, nationaler Ohnmacht, unerträglichen Elends, apokalyptischer und chiliastischer Erwartungen, geprägt von Wunderglauben, religiöser Hysterie, wiederentdeckter verinnerlichter Frömmigkeit, eines von Renaissance und Humanismus gedanklich geprägten und künstlerisch in Dürer, Cranach, Holbein, Grünewald gipfelnden Diesseitsverständnisses, der Auflösung traditioneller Wertvorstellungen, gepaart mit der verzweifelten Suche nach neuen Fixpunkten, an denen der »geworfene« Mensch Halt finden konnte, schlug Martin Luthers historische Tat, von ihm weder so gewollt noch erahnt, wie ein Blitz ein.

Martin Luther

Martin Luther, geboren am 10. November 1483 in Eisleben, kam aus einer bäuerlichen Familie, die sich dem Bergbau zugewandt hatte und in Mansfeld Anteile an einigen Hütten erwerben konnte. Die Unwägbarkeiten frühkapitalistischen Gewinns reflektierten sich im Schicksal des Elternhauses, was Luthers spätere Kritik an den »Monopolia« und seine – in den Altersjahren aus Desillusionierung und Pessimismus am Menschen und der Welt geborene – antijüdische Mentalität vielleicht mit zu erklären vermag. Der junge Luther war nach des Vaters Willen zum Juristen bestellt, seine Bildungsstationen: Mansfeld, Magdeburg, Eisenach und schließlich die in ihrer Zeit gerühmte Universität Erfurt, wo er 1505 zum Magister artium promovierte. Im selben Jahr erfolgte die entscheidende Wende seines Lebens. Von religiösen Gewissensfragen getrieben, die ihn immer mehr an seiner weltlichen Laufbahn zweifeln ließen, vollzog Luther in Erfüllung eines in großer Lebensgefahr abgelegten Gelübdes den Eintritt in den Augustinerorden (17. Juli 1505). Seine religiöse Überzeugung formte sich unter dem Einfluß Augustins und der späten Scholastik, besonders der Ideen von Wilhelm von Ockham. Religiöses Ringen, zentriert um den gnädigen Gott, verband sich bei Luther mit zunehmender Kritik an den kirchlichen Zuständen. Nach erfolgreicher Promotion zum Doktor der Theologie (1512) übernahm Luther 1513 in der Nachfolge seines Lehrers Johann von Staupitz die Professur an der Universität Wittenberg. Vor allem die Römerbriefstudien, aus denen er die ihn später beherrschende Erkenntnis der Gnade durch den Glauben: »Sola fide« (allein durch den Glauben) gewann, brachten ihn in Widerspruch zu den offiziellen Auslegungen der Bibel. »Die römische Kirche ist gänzlich verderbt und verseucht, ein ungeheuerliches Chaos aller erdenklichen Liederlichkeiten, Lächerlichkeiten, Schlemmereien, Ambitionen und gotteslästerlichen Frevel«, so lautete eine persönliche Notiz von 1516, in die gewiß die Erfahrungen seines Romaufenthaltes von 1510 eingeflossen waren. Zutiefst von der Notwendigkeit einer Reformation überzeugt, verstand Luther darunter keinen Bruch mit den kirchlichen Autoritäten, vielmehr ging es ihm um eine Erneuerung im Sinne der Rückkehr zu den altreligiösen Werten. Als der Bruch dann doch vollzogen wurde, sah er nicht sich als Ketzer, sondern die Anhänger der Papstkirche. Sein subjektiv konservativer Ausgangspunkt zeigte sich auch an der Distanz, die er, trotz gelegentlicher Berührung, den Humanisten gegenüber wahrte.

95 Thesen

Mit seinen 95 Thesen über den Ablaß, die er der Legende nach an die Tür der Schloßkirche zu Wittenberg schlug (31. Oktober 1517), wollte Luther zu einer akademischen Disputation herausfordern, hatte jedoch stattdessen ein Problem aufgegriffen, das die breite Öffentlichkeit seit langem bewegte. Der Hintergrund: Im Jahr 1506 ließ Papst Julius II. für den Neubau des Petersdoms in Rom einen Jubiläumsablaß ausschreiben, den Leo X. 1514 erneuerte. Die deutschen Territorien boten das bevorzugte Feld für die finanzielle Aussaugung durch die Papstkirche. Mit besonderem Geschick vertrieb der Dominikanerpater Johann Tet-

Darstellung des Papstes als Ausgeburt der Hölle. Anonymer Holzschnitt des 16. Jahrhunderts

zel, ein Meister religiöser Beredsamkeit, den Ablaß; ihn begleiteten Beauftragte der Fuggerei, der für geleistete Vorschüsse 50 Prozent des Seelengeldes zustanden. Luthers Thesen stellten den Ablaß (noch) nicht in Frage, kritisierten jedoch in aller Schärfe den Mißbrauch; eben darin bestand der Kernpunkt, der einen Teil der Fürsten, die Mehrheit der Bürger und die Masse der Bauern und Plebejer in eine gemeinsame antirömische Front brachte. Das allgemeine Krisenbewußtsein verdichtete sich um diese, die ganze Nation bewegende Frage. Spontane Nachauflagen der Thesen zirkulierten im ganzen Land , die Ablaßkrämer sahen sich gemieden, die Kurie hätte alarmiert sein müssen. Papst Leo X. glaubte jedoch, es handele sich bei den Querelen nördlich der Alpen um »Mönchsgezänk«, bald überzeugten ihn allerdings die inquisitorischen Dominikaner, daß Martin Luther irre, vermessen auftrete und ein Ketzer sei. Sollte ihm das Schicksal eines Hus und Savonarola beschieden sein, oder konnte er auf andere Weise zum Schweigen gebracht werden? Schon im März 1518 lehnte Luther einen Widerruf ab, in seiner Verteidigung bediente er sich nun der deutschen Sprache – so in der Antwort »Sermon von Ablaß und Gnade« gegen die »Obelisci« des Ingolstädter Theologieprofessors Johann Eck – und sprengte bewußt den engen Kreis eines Gelehrtenstreites. Als der päpstliche Kardinallegat für Deutschland Cajetanus auf Grund der Verurteilung Luthers als Ketzer »in contumaciam« die Auslieferung von seinem Landesherrn Friedrich dem Weisen, Kurfürst von Sachsen, verlangte, lehnte dieser kategorisch ab. Damit stand Kurfürst Friedrich nicht nur im Widerspruch zur Kurie, sondern auch zum Kaiser, der den Bann gegen den rebellischen Mönch gefordert hatte. Luther wurde zu einer Zentralfigur im machtpolitischen Dreieckskonflikt Krone – Kurie – Fürstengewalt. Da Friedrichs Stimme für die anstehende Kaiserwahl ein bedeutendes Gewicht (und finanziellen Wert) besaß, er sogar als möglicher Kandidat galt, war die Kurie zu dem Zugeständnis gezwungen, Luther in Deutschland zu verhören und nicht in Rom, was sicher sein physisches Ende bedeutet hätte.

Für den Moment rückte die nach dem Tode Maximilians I. erforderliche Wahl des neuen Kaisers (1519) die Aufmerksamkeit von Luther ab und ermöglichte ein Stillhalteabkommen, den

Kaiserwahl von 1519

»Schweigevertrag« vom Januar 1519. Um die römisch-deutsche Krone bewarben sich zwei Kandidaten: Franz I. von Frankreich und Karl I. von Spanien, der Enkel Maximilians I. In der Hoffnung, einen schwachen Herrscher zu bekommen, entschied sich die Mehrheit der Kurfürsten für Karl; eigentlich hatten jedoch die Fugger den neuen Kaiser (jetzt Karl V.) gewählt, da sie die notwendigen 852 000 Gulden für den Stimmenkauf aufbrachten – eines der dunkelsten Kapitel in der Geschichte der »deutschen« Kurfürsten. In einem Punkte ging die Rechnung auf: Karl V. waren zumeist die Hände gebunden, um in die deutschen Belange mit der erforderlichen Energie eingreifen zu können. Stets führte er einen Mehrfrontenkampf: gegen den Hauptfeind Frankreich um Besitz in Italien, gegen die universalen Machtansprüche des Papstes, die seine eigene Universalpolitik überkreuzten, gegen die bis in das westliche Mittelmeer vorstoßenden Osmanen, dazu die Obhut über ein von Amerika bis Asien reichendes Kolonialimperium. Er war der erste und einzige europäisch-amerikanisch-asiatische Kaiser. Auch an der »inneren Front« stand Karl V. vor einem Doppelkonflikt: Parallel zur beginnenden Ausbreitung der deutschen Reformation sah er sich in Spanien mit der Revolution der kastilischen Städte und der Handwerkszünfte im Süden des Landes (Comuneros und Germanías, 1519–1523) konfrontiert. Trotzdem sollte es sich erweisen, daß Karl V. nicht jener schwache und anfällige Jüngling war wie angenommen.

In den Jahren 1519 bis 1521 gewann die Reformation an Masseneinfluß. Neue kuriale Angriffe gegen ihn entbanden Luther von seiner Schweigepflicht. Der letzte Versuch für ein Kompro-

Leipziger Disputation

miß scheiterte in der Leipziger Disputation vom 27. Juni bis 16. Juli 1519, in der sich Martin Luther und der gefährlich intelligente Kurialist Eck Auge in Auge gegenüberstanden. Luther, um diese Zeit für sich schon überzeugt, daß die Papstkirche den »Antichrist« verkörpere, ließ sich das Bekenntnis abzwingen, die päpstliche Kirche sei keineswegs göttlichen Ursprungs, selbst die Konzilien könnten irren und nicht alle Thesen Wyclifs und Hus' seien zu verwerfen. Damit hatte Luther den Rubikon überschritten, die Brücken hinter sich abgebrochen. Von nun an galt nur noch die Alternative: voran oder Kapitulation. Luther war weder von Geist noch Statur der Mann zu kapitulieren. Ecks vermeintlicher Sieg auf der Leipziger Pleißenburg sollte sich als der verhängnisvollste Pyrrhussieg der Papstkirche erweisen.

Luthers Unbeugsamkeit brachte ihm neue Verbündete, der wohl bedeutendste und das künftige Schicksal der Reformation mitentscheidende war der Humanist Philipp Melanchthon. Melanchthon, eigentlich Schwarzerd, ein Großneffe Reuchlins, hatte mit zwölf Jahren das Universitätsstudium begonnen und übernahm mit 21 Jahren die Professur für Griechische Sprache an der Universität Wittenberg, wo er auf die Seite Luthers trat, unter den Humanisten eine der Ausnahmen von der Regel. Auch Ulrich von Hutten bekannte sich zu Luther und in seinem Gefolge die Reichsritterschaft, die ihre führenden Sprecher in Franz von Sickingen und Silvester von Schaumburg besaß. Hutten folgte Luthers Vorbild auch im Gebrauch der deutschen Sprache, damit den fast explosiven Aufschwung eines neuen Nationalgefühls zum Ausdruck bringend:

> »Latein ich vor geschrieben hab' –
> das war ein'm jeden nit bekannt,
> jetzt schrei' ich an das Vaterland
> deutsch Nation in ihrer Sprach',
> zu bringen diesen Dingen Rach.«

Reformatorische Hauptschriften

Im Bewußtsein ihn tragender Sympathien verfaßte Luther seine drei programmatischen Hauptschriften: »An den christlichen Adel deutscher Nation von des christlichen Standes Besserung« (August 1520), »De captivitate Babylonica ecclesiae praeludium« (Von der babylonischen Gefangenschaft der Kirche, Oktober) und »Von der Freiheit eines Christenmenschen« (November). Der Appell an den »christlichen Adel«, d.h. an die gesamte Obrigkeit, plädierte für eine radikale Reform der Kirche, sparte aber unter Rückgriff auf die »Gravamina der deutschen Nation« von 1456 den weltlichen Bereich nicht aus. Luther rüttelte an allen Pfeilern des herkömmlichen Kirchen- und Religionsverständnisses: Er forderte die Rückkehr zur Kirche der Armut, verneinte die geistliche und weltliche Autorität des Papstes, verlangte eine von Rom unabhängige Nationalkirche, forderte ein Ende der finanziellen Ausblutung Deutschlands zugunsten Roms und wollte das geistliche wie weltliche Leben von Grund auf erneuert wissen, einschließlich der Entlastung der geplagten Bauern; er verwarf fünf der sieben Sakramente und ließ nur Taufe und Abendmahl gelten (anfänglich noch die Buße). Säkularisation des Kirchengutes, Auflösung der Klöster, Umwandlung der geistlichen in weltliche Herrschaften – das waren weitere Forderungen, die an die materielle Substanz der Papstkirche rührten und bei Fürsten wie Städten nicht ungehört blieben.

Titelblatt von Martin Luthers Schrift »Von der Freyheyt eynisz Christen menschen« gedruckt zu Wittenberg im Jahre 1520. Ratsschulbibliothek, Zwickau

Luther steckte zugleich frühzeitig die Grenze seines Tuns ab. In der Schrift »Von der Freiheit eines Christenmenschen«, die Luthers Sprachgewalt in faszinierender Form zum Ausdruck brachte und ihn auf dem Höhepunkt seiner geistigen Schöpferkraft zeigte, trennte er deutlich die »innere« Freiheit des Gläubigen von der Notwendigkeit, die bestehende Obrigkeit anzuerkennen (»Ein Christenmensch ist ein dienstbarer Knecht aller Dinge und jedermann untertan«). Seine spätere Wende gegen die aufständischen Bauern war also kein »Verrat« an sich selbst oder an der Sache, sie lag in der Konsequenz seiner nie veränderten Grundhaltung.

Angesichts der rasch voranschreitenden reformatorischen Bewegung, die von vielen Anhängern Luthers (Brenz, Bucer, Eberling u. a.) in fast alle deutschen Territorien getragen wurde, vollzog Papst Leo X. den entscheidenden Schritt: Er unterzeichnete

Unter Bann und Reichsacht

die Bannandrohungsbulle gegen den Ketzer (»Exsurge domine«, 15. Juni 1520), die 41 Sätze Luthers als häretisch verwarf, den Widerruf innerhalb von 60 Tagen forderte und Luthers Schriften dem Feuer überantwortete. Der Verurteilte entgegnete mit einer ungeheuerlichen Geste: schriftlich mit dem Text »Adversus exsecrabilem Antichristi bullam« (Gegen die fluchwürdige Bulle des Antichrist), in der Tat durch die Verbrennung der Bannandrohungsbulle und anderer kirchlicher Dokumente vor den Toren Wittenbergs (10. Dezember 1520). Das nationale Echo auf diese Handlung überstieg alles bisher Dagewesene: Ein Mönch hatte die sakrosankte Autorität des Papstes den Flammen übergeben.

Auf Befehl des Kaisers sollte sich Luther für sein Tun vor dem Reichstag zu Worms verantworten und seinen Irrtümern abschwören. Obwohl seine durch die Zusage des freien Geleites gesicherte Fahrt nach Worms einem Triumphzug glich, hing Luthers Schicksal am seidenen Faden. In einer am 18. April 1521 vorgetragenen Rede beharrte er auf seinem Standpunkt, verweigerte den Widerruf und endete mit den Worten: »Gott helfe mir. Amen!« (Das oft zitierte: »Ich kann nicht anders, hier steh' ich!« ist spätere Zutat.) Daraufhin erging das »Wormser Edikt«, das über Luther und seine Anhänger die Reichsacht verhängte; der Reformator und die Seinen galten als vogelfrei. Friedrich der Weise, für den Luther ein politisches Faustpfand in der Durchsetzung der eigenen Interessen darstellte, ließ den an Leib und Leben Gefährdeten »entführen« und verbrachte ihn auf die Wartburg (4. Mai 1521), wo er als »Junker Jörg« zehn Monate weilte. Man glaubte Luther tot, alles schien verloren; verzweifelt schrieb Albrecht Dürer: »O Gott, Luther ist tot, wer wird uns hinfort das heilige Evangelium so klar vortragen?«

Das Jahr 1521 setzte für den weiteren Verlauf der deutschen frühbürgerlichen Revolution eine tiefgreifende Zäsur. Während Luther die Wartburgzeit für die deutsche Übersetzung des Neuen Testaments nutzte und damit ein Werk schuf, das ihn als genialen Wortschöpfer auswies und auf die weitere Entwicklung und Verbreitung der Nationalsprache von tiefgreifender Wirkung sein sollte, drohte die reformatorische Bewegung seinen Händen zu entgleiten; die Jünger eiferten, den Meister zu übertreffen. Diese Tatsache fand ihren beredten Ausdruck in den

Wittenberger Unruhen

Wittenberger Unruhen. Radikale Prediger wie Karlstadt (Andreas Bodenstein), Gabriel Zwilling oder Justus Jonas drängten auf Neuerungen in Liturgie und Kirchenverfassung. Dazu gehörte die Aufhebung des Mönchtums, die Beseitigung des Zölibats, die Reform der Messe – selbst Melanchthon erteilte das Abendmahl »sub utraque« –, die Einrichtung eines »gemeinen

»The Reformation«. Der Künstler hat 15 Reformatoren um einen Tisch gruppiert. Die Vertreter des Papsttums, denen der Teufel zur Seite steht, versuchen vergeblich, die durch die Reformation entzündete Kerze auszublasen. Das Bild ist eine weniger bekannte Variante der gleichen Vorlage. Anonymer englischer Kupferstich. Staatliche Bücher- und Kupferstichsammlung Greiz

Kastens« für die Unterstützung der Armen (als Teil der vom Rat beschlossenen »Ordnung der Stadt Wittenberg«), schließlich kam es zur gewaltsamen Entfernung von Bildern und Heiligenfiguren aus den Kirchen. Die Unruhen erreichten den Siedepunkt, als die »Propheten« Niklas Storch, Thomas Drechsel und Markus Stübner aus Zwickau nach Wittenberg kamen. Luther sah sein Werk durch die »Schwarmgeister« beschmutzt, entstellt und gefährdet, er verließ sein Asyl und griff im März 1522 mit seinen Invocavitpredigten auf unmißverständliche Weise in den Konflikt ein: Die Reformen wurden drastisch eingeschränkt, die radikalen Prediger vor die Alternative gestellt, das Feld zu räumen oder sich zu unterwerfen. Mit der Schrift »Eine treue Vermahnung an alle Christen. Sich zu hüten vor Aufruhr und Empörung« (27. März) steckte Luther erneut die Grenzen gegen jede Radikalisierung ab. Schon war der Moment erkennbar, da die Bewegung, die er ausgelöst hatte, über ihn hinwegschreiten würde.

Die Jahre bis 1524, die den Charakter einer Übergangsphase trugen, brachten eine zunehmende Differenzierung innerhalb der antirömischen Bewegung, wobei sich auf komplizierte Weise die rasche geographische Ausdehnung der Reformation in Deutschland, wie auch darüber hinaus, und die daraus folgende Artikulierung regionaler Sonderinteressen mit einer eindeutigen politisch-sozialen Frontenbildung verbanden. In der weiteren Auseinandersetzung standen sich konkurrierende »Lager« (Gruppierungen, Strömungen) gegenüber:

— die intransigent-katholischen Kräfte;
— die »Partei« der weltlichen Fürsten;
— die städtisch-bürgerliche Opposition, die sich rasch in einen gemäßigt-patrizischen und einen radikal-demokratischen Flügel aufzulösen begann;
— die plebejisch-bäuerliche Bewegung.

Die religiös-politische Revolution nahm unter dem spontanen Druck der Volksmassen den Charakter einer religiös-sozialen Revolution an, wenngleich die Vorstellungen in solcher Richtung noch äußerst unbestimmt blieben.

Hatte Luther der radikal-bürgerlichen Ausdeutung der Reformation in Wittenberg schon eine deutliche Absage erteilt, so

Sickingenfehde

ging er auch gegenüber dem Zug Sickingens gegen das Kurfürstentum Trier (September 1522) auf Distanz. Die Revolte des niederen Adels, dessen soziale Borniertheit und Raubrittermentalität Städter wie Bauern von einer Mitwirkung abhielten, mündete in ein Fiasko. Sickingen starb an einer Verwundung während der Belagerung seiner Burg Landstuhl (7. Mai 1523), Hutten, als Anhänger der Rebellen verfolgt, floh auf die Insel Ufenau im Zürichsee, wo er bald vergessen und qualvoll an einer venerischen Krankheit endete. Seine einstige Hoffnung: ». . . nimm den Strick Barbarei und geh in's Exil«, zeugte in tragischer Weise gegen ihn. Mit den Reichsrittern zerbrach eine der möglichen Säulen im Ringen um eine Nationalmonarchie.

Der Nürnberger Reichstag von 1524 offenbarte die extrem labile und widersprüchliche politische Situation. Selbst in der katholischen Partei standen sich Anhänger begrenzter Reformen im Sinne der »Gravamina« und Fürsprecher eines rigorosen Durchgreifens gegen die »Ketzer« gegenüber. Kaiser und Kurie drängten auf die Verwirklichung des Wormser Edikts, die Fürsten sagten bedingt zu, die von der Reformation voll erfaßten Städte – Straßburg, Nürnberg, Konstanz und viele andere – lehnten strikt ab, das allgemein geforderte Nationalkonzil wurde auf Weisung Karls V. verboten . . . Von schwerwiegender Bedeutung erwies sich das im Juni 1524 zwischen Erzherzog Ferdinand (dem Bruder Karls V.), den Herzögen von Bayern und den süddeutschen Bischöfen abgeschlossene Regensburger Bündnis, das den Grundstein für die bis in die Zeit des Dreißigjährigen Krieges hineinwirkende politisch-konfessionelle Spaltung legte.

Luthers Reformation und das weitere Schicksal der Revolution standen zwischen zwei Feuern: auf der einen Seite die zur Gegenoffensive rüstende katholische Partei, auf der anderen Seite das revolutionäre Lager, das seinen charismatischen Füh-

Thomas Müntzer

rer in Thomas Müntzer fand. Luther – das war die Revolution der Theologie, Müntzer – die Theologie der Revolution.

Was Luther in das Jenseits verlegte, wollte Müntzer auf Erden errichtet wissen. Ihm blieben nicht mehr als fünf Jahre des Ringens um seine die Zeit so unendlich weit übergreifende Vision. Herkunft und Jugend des unerbittlichen Gegenspielers von Luther liegen noch immer im dunkeln, doch darf die Behauptung, er sei armer Herkunft und sein Vater habe am Galgen geendet, inzwischen als Legende gelten. Wie der Mann aussah, von dem der Humanist und spätere Wiedertäufer Melchior Ring meinte, er habe mit seinen Predigten mehr bewegt als Luther durch sein ganzes Leben, wissen wir nur aus Porträtvorstellungen der Nachgeborenen. Vor 1490 in Stolberg geboren, wuchs Müntzer als Sohn einer Handwerkerfamilie heran, die über seine Mutter Anschluß an das Bürgertum von Quedlinburg besaß. Er kam also aus einem Zentrum der frühkapitalistischen Entwicklung, was ohne Zweifel sein Wissen um die Nöte der Ärmsten früh geprägt hat. Erst mit seinem Studium der Theologie in Leipzig ab 1506 wird der Lauf seines Lebens wieder faßbar. Als er 1512 an der Viadrina (Frankfurt/Oder) zum Magister artium promoviert wurde, glänzte er als Kenner der alten Sprachen, der Kirchenväter und antiken Klassiker. Seine erste Begegnung mit Luther fiel – wieder eine Vermutung – in den Winter 1518/19. Obwohl als »Lutheraner« geltend, verfolgte er von Anbeginn einen eigenen geistigen Weg, zu dessen wesentlichen Quellen die Ideen des Mystikers Johann Tauler gehörten. Aus der inmitten der ersten Stürme der Reformation selbst gewählten Einsamkeit eines Beichtvaters im Nonnenkloster Beuditz bei Weißenfels – er soll allerdings den »schönen Maidlein« recht geneigt gewesen sein, ehe er später die entflohene Nonne Ottilie von Gersten ehelichte – kam er auf Luthers Empfehlung als Prediger nach Zwickau (1520). Hier prägte er die ihn endgültig von Luther trennende Lehre vom Kreuz und Geistprinzip aus – nicht der Glaube rechtfertige, sondern der Mensch müsse das Kreuz tragen, bis er den Geist Gottes zu empfangen vermag. Als seine Predigten gegen die »reichen Hansen« zu seiner Entlassung führten, antworteten die seelsorgerisch verwaisten Tuchknappen mit einem Aufstand. Im Boden der frühkapitalistischen Gesellschaftskonflikte und Interessengegensätze trug Müntzers rebellische Saat reiche Frucht. Von Zwickau führte sein Weg in das taboritische Böhmen. Allerdings enttäuschte der »Magister Lutheranus« die gemäßigten utraquistischen Zuhörer in Prag, sein »Prager Anschlag« – mit dem Kernsatz: »Aber am Volke zweifel ich nicht« – zwang ihn erneut zur Flucht. Über Nordhausen, Jüterbog und Halle trieb es den »willigen Botenläufer Gottes« nach St. Johann zu Allstedt (April 1523). Für kurze, zu kurze Zeit fand Thomas Müntzer hier Ruhe, Seßhaftigkeit und auch familiäre Geborgenheit. In rascher Folge erschienen seine wichtigsten theologischen Schriften, von denen einige zugleich politische Traktate waren: »Deutsches Kirchenamt« und die »Deutsch-evangelische Messe«, »Ordnung und Berechnung des Deutschen Amtes zu Allstedt«, »Von dem gedichteten Glauben«, »Protestation und Entbietung«; ihnen folgte 1524, den unwiderruflichen Bruch mit Luther vollziehend, die »Ausgedrückte Entblößung des falschen Glaubens«, die »Hochverursachte Schutzrede und Antwort wider das geistlose sanftlebende Fleisch zu Wittenberg, welches mit verklärter Weise durch den Diebstahl der Heiligen Schrift die erbärmliche [erbarmenswerte] Christenheit also ganz jämmerlich besudelt hat« und – immer noch auf eine Bekehrung der Herrschenden setzend – die »Fürstenpredigt« vom 13. Juli 1524.

Die Herren verstanden die Warnung wohl; als zudem der von Müntzer geführte »Allstedter Bund« an Einfluß gewann, endeten seine Tage in dieser Stadt. Er verließ sie in dem Bewußtsein, daß die Sache des gemeinen Mannes nur mit dem »Schwert Gideons« (A. T., Richt. 7,14) erfochten werden konnte: »Die Herren machen es selber, daß ihnen der arme Mann feind ist. Die Ursache des Aufruhrs wollen sie nicht weg tun. Wie kann das auf die Dauer gut werden?« Es konnte nicht »gut werden«, denn als sich Müntzer nach dem ersten mißlungenen Anlauf endgültig im thüringischen Mühlhausen festsetzte, trieb die revolutionäre Gärung unter Plebejern und Bauern dem Höhepunkt entgegen, ihre frühen Entladungen hatte er im Südwesten Deutschlands schon selbst erlebt, ebenso die gnadenlose Abrechnung der Fürsten, die seinen Predigerfreund Johannes Rebmann im oberrheinischen Grießen nach tapferem Widerstand gefangengenommen und geblendet hatten ...

Die »Zwölf Artikel der aufständischen Bauern« stellten das Kampfprogramm des Bauernkrieges dar. Titelblatt einer der zahlreichen Ausgaben aus dem Jahre 1525

Großer Bauernkrieg

Mit dem Großen Krieg der deutschen Bauern, der im Juni 1524 mit der Erhebung der Stühlinger seinen Anfang nahm, trat die frühbürgerliche Revolution in ihre dritte und entscheidende Phase. Der Bauernkrieg war nicht das Produkt der Reformation, und weder Luther noch Müntzer – wie die päpstlich-katholische Seite bald meinte – trugen »Schuld« an seinem Ausbruch; er speiste sich aus den eigenen Quellen des anhaltenden antifeudalen Widerstandes der bäuerlichen Unterschichten, der in der Kette von Bundschuhverschwörungen unmittelbar an den offenen Aufstand herangeführt hatte. Jedoch sahen die kämpfenden Bauern und ihre Führer im neuen Evangelium die Rechtfertigung ihrer Sache, und es waren am Ende vor allem die radikalen Kräfte des linken Flügels, die aus dem neuen Religionsverständnis ein neues, auf völlige Beseitigung der Feudalordnung abzielendes Welt- und Gesellschaftsverständnis ableiteten. Hatte doch Müntzer in seiner Fürstenpredigt schon prophezeit: Würden die Herren den Forderungen des Volkes nachgeben, dann sollten sie am Tage des Jüngsten Gerichts »gnädiglich« zerbrochen werden, stellten sie sich gegen das Volk, dann sollte mit ihnen so verfahren werden wie Hiskia, Josias, Daniel und Elias es mit den Baalspriestern taten – sie würden alle erwürgt, ohne Gnade. Vor allem aus dem Buch Daniel des Alten Testaments wurde die Erwartung von der Aufrichtung des Gottesreiches auf Erden abgeleitet (A.T., Dan. 2,44: ». . . wird der Gott des Himmels ein Reich aufrichten, das nimmermehr zerstört wird; und sein Reich wird auf kein anderes Volk kommen. Er wird alle diese Königreiche zermalmen und zerstören; aber er selbst wird ewig bleiben.«).

Die lokale Erhebung der Stühlinger Bauern unter Hans Müller von Bulgenbach erweiterte sich rasch zu einem allgemeinen Aufstand; der Funke sprang von Dorf zu Dorf und von Landschaft zu Landschaft über. Schon im Juli öffneten die Bürger des reformierten Waldshut den Bauern die Tore. Im Oktober erfaßte der Aufstand das Gebiet Hegaus. In der anschließenden Bewegung im Breisgau (Winter 1524/25) tauchte zum ersten Mal die Forderung auf, nur noch jene Einrichtungen und Auflagen zu tolerieren, die mit dem Evangelium übereinstimmten, das aber hieß, die Rechtmäßigkeit feudaler Untertänigkeit zu bestreiten. Mit dem Anschluß des Klettgaus hatte sich das erste Zentrum des Bauernkrieges voll herausgebildet. Im Februar/März 1525 formierten sich die ersten bewaffneten Bauernlager, die zum Rückgrat des weiteren Kampfes wurden und wodurch die Organisation der Aufständischen eine neue Qualität erreichte: der Baltringer, Oberallgäuer und der Seehaufe, dazu der Unterallgäuer, der Schwarzwald-Hegauer und der Leipheimer Haufe.

Gegen eine rasche Niederschlagung der Bauernkrieger durch die Fürsten wirkte für den Moment eine Reihe von Faktoren: Einige Adlige hielten die zunächst gemäßigten Forderungen der Bauern für verhandlungsfähig, der Herzog Ulrich von Württemberg versuchte sogar, auf dem Feuer sein eigenes politisches Süppchen zu kochen, der Kaiser war in Italien gegen Frankreich und den Papst gebunden, und der Schwäbische Bund hatte Mühe, seine Gefolgschaften mobil zu machen.

Zwölf Artikel

Ein zweites städtisches Zentrum gewannen die aufständischen Bauern im reichsfreien Memmingen, das ebenfalls zur Reformation übergegangen war und die von der Stadt abhängigen Dörfer aus der Leibeigenschaft entlassen hatte. Hier entstanden die von Christoph Schappeler und Sebastian Lotzek verfaßten »Zwölf Artikel«. Mit ihnen überschritt der bäuerliche Protest den lokalen Horizont. Obwohl aus verschiedenen Quellen gespeist und unterschiedliche Handschriften verratend, handelte es sich um den Versuch, die Vielfalt der bäuerlichen Bedrängnisse gegenüber den Herren auf einen Nenner zu bringen und in eine Form zu gießen. Die Forderungen stellten das bestehende System nicht in Frage, im Gegenteil, sie respektierten es (»Nicht, daß wir gar frei sein, keine Obrigkeit haben wollen; das lehret uns Gott nicht.«), verlangten aber, auf das Evangelium, vor allem auf das 2. und 5. Buch Mose und den Römerbrief gestützt, eine entscheidende Erleichterung der Lasten von ungerechten Steuern und Fronen, insbesondere der von der Bibel nicht gedeckten Leibeigenschaft, darüber hinaus den Zugang zur Allmende und als zentralen Punkt die freie Wahl ihrer Pfarrer. Das »Memminger Modell« sollte für das Ganze verbindlich sein. Speziell die in der Einleitung enthaltene Berufung auf das Göttliche Recht bezeugt nicht nur die soziale Sprengwirkung der Reformation aus der Sicht der bäuerlichen Massen, auf denen die ganze Last der feudalen Pyramide ruhte und die von Generation zu Generation an Schwere gewann (6. Artikel). Sie bot überdies die zeitweilig einigende Plattform sowohl für die gemäßigten, zu ihrem Unheil auf den vermeintlichen Verhandlungswillen der Herren bauenden Kräfte im bäuerlichen Lager als auch für jene radikalen Elemente, denen eine Lösung im gegenseitigen Einvernehmen immer unwahrscheinlicher erschien.

Die Hoffnung auf ein Kompromiß verflog bereits durch das negative Ergebnis der Verhandlungen mit dem Schwäbischen Bund (25. März 1525), der offensichtlich auf Zeitgewinn zielte, um seine Position für die Generalabrechnung zu verbessern. Nun setzte ein Sturm auf die ritterlichen und fürstlichen Herrensitze sowie die Klöster ein. In dieser Atmosphäre der offenen bewaffneten Konfrontation fanden die wesentlich radikaleren For-

Artikelbrief

derungen des »Artikelbriefes« ein breites Echo. Obwohl der »Artikelbrief« nicht aus der Feder von Thomas Müntzer stammte, trug er doch deutlich sein geistiges Gepräge. Der Artikelbrief forderte kategorisch den Anschluß an die »christliche Vereinigung und Bruderschaft«: »Wo ihr aber solches abschlagen würdet, . . . tun wir euch in den weltlichen Bann . . .«, das hieß nicht weniger als den Ausschluß aus der christlichen (menschlichen) Gemeinschaft. Die Ächtung galt den »Schlössern, Klöstern, Pfaffenstiften« und damit allen Institutionen der weltlichen und geistlichen Macht wie ihren Inhabern; diese könnten sich nur dadurch retten, indem sie ihre Privilegien und ihren Reichtum preisgäben und sich als einfache Brüder der Gemeinschaft anschlössen. Es ging nicht mehr um die Reform, Verbesserung oder Vermenschlichung der feudalen Macht-, Besitz- und Abhängigkeitsverhältnisse, sondern um deren Beseitigung. Auf frühere Überlegungen Müntzers, »wie man herrschen soll«, erfolgte im Artikelbrief die Antwort, *wer* herrschen soll.

Der frühe Kapitalismus:
Außer Bankwesen und Orienthandel, die neben Genua vorrangig von Venedig beherrscht wurden, bildete die speziell in Florenz schon in manufaktureller Arbeitsteilung betriebene Wollfabrikation einen der Ausgangspunkte frühkapitalistischer Entwicklung in Italien. Gemälde von Mirabello Cavalori, 1572. Palazzo Vecchi. Studiolo di Francesco I., Florenz

Ketzerverhängnis:
Die Verbrennung des Dominikaners Girolamo Savonarola als Ketzer auf dem Platz vor der Signoria 1498 in Florenz und das analoge Schicksal von Jan Hus auf dem Konzil zu Konstanz im Jahre 1415 zeugen von der Härte und Dramatik der vorreformatorischen Auseinandersetzungen. Gemälde von Fra Bartolommeo, 1498. Museo di San Marco, Florenz

Bergsegen:
Nördlich der Alpen gab – neben dem Fernhandel – vor allem der Bergbau (Silber, Kupfer) die Grundlage der frühkapitalistischen Entwicklung ab. Gemälde von Hans Hesse, 1521. Teil des Bergaltars in der Annenkirche zu Annaberg/Erzgebirge

Frühbürgerliches Selbstbewußtsein:
Das neue Menschenbild der Renaissance trug bereits deutlich bürgerliche Züge. Kaufmann Georg Gisze aus Danzig. Gemälde von Hans Holbein d. J., 1532. Staatliche Museen, Preußischer Kulturbesitz, Berlin (West)

Der letzte Anstoß:
Am Mißbrauch des Ablaßhandels entzündete sich die Reformation. Ablaßprivileg des Kardinalskollegiums in Rom für das Stift zu Cölln an der Spree vom 17. Oktober 1512. Zentrales Staatsarchiv Potsdam

Wider den Antichrist:
Kennzeichnend für den tiefen moralischen Verfall der Kirche war die aufkommende Gleichsetzung von Papst und Antichrist. Streit zwischen Martin Luther und dem Papst. Gemälde eines unbekannten deutschen Meisters des 16. Jahrhunderts. Staatliche Schlösser und Gärten Wörlitz, Museum Gotisches Haus

Das Abendmahl:
Als Symbol der Selbsthingabe Christi am Kreuz spielten die unterschiedlichsten Verständnisweisen des Abendmahls in der Konfrontation von Katholiken und Protestanten eine tragende Rolle, wie auch im Streit innerhalb des Protestantismus (Luther gegen Zwingli). An die Stelle der Apostel hat der Maler die Reformatoren gesetzt. Gemälde von Lucas Cranach d.J., 1565, für einen Reformationsaltar. Kirche zu Mildensee bei Dessau

Der Psalter.

I.

Wol dem der nicht wandelt im rat der Gottlosen/noch trit auff den weg der sünder/Noch sitzt da die Spötter sitzen.

Sondern hat lust zum Gesetz des HERRN/Vnd redet von seinem Gesetze tag vnd nacht.

Der ist wie ein bawm gepflantzet an den wasserbechen/der seine frucht bringet zu seiner zeit/Vnd seine bletter verwelcken nicht/vnd was er machet/das gerett wol.

Aber so sind die Gottlosen nicht/Sondern wie sprew/die der wind verstrewet.

Darumb bleiben die Gottlosen nicht im b gerichte/noch die sunder jnn der Gemeine der gerechten.

Denn der HERR kennet den weg der gerechten/Aber der gotlosen weg vergehet.

(Spötter) Die es fur eitel narheit halten/was Gott redet vnd thut.

b (Gerichte) Das ist/sie werden weder ampt haben/noch sonst jnn der Christen gemeine bleiben/ja sie verweben sich selb/wie die sprew vom korn.

II.

Warumb toben die Heiden/Vnd die leute reden so vergeblich?

Die Könige im lande lehnen sich auff/vnd die Herrn ratschlahen miteinander/Wider den HERRN vnd seinen gesalbeten.

Lasset vns zureissen jre bande/vnd von vns werffen jre seile.

Aber der im Himel wonet/lachet jr/Vnd der HERR spottet jr.

Er wird einest mit jnen reden jnn seinem zorn/Vnd mit seinem grim wird er sie schrecken.

Aber ich

Am Anfang war das Wort:
Die erste Gesamtausgabe der Lutherbibel, verlegt von Bartholomäus Vogel, Moritz Gelke und Christoph Schramm, wurde im Jahre 1534 von Hans Lufft in Wittenberg gedruckt. Die Illustrationen schuf der Monogrammist MS. Staatliche Bücher- und Kupferstichsammlung Greiz

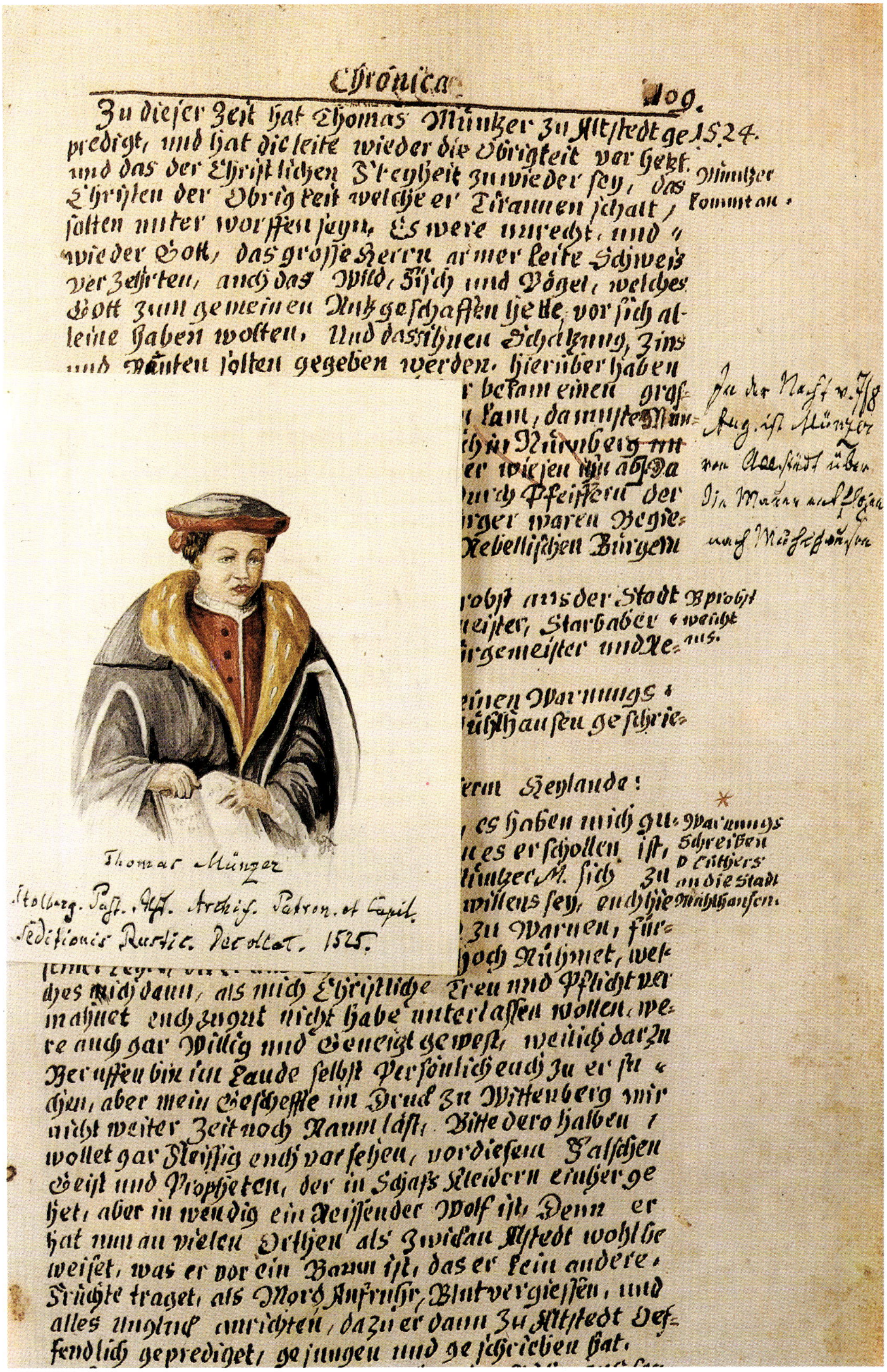
Chronica 109.

Zu dieser Zeit hat Thomas Müntzer zu Altstedt ge- 1524.
predigt, und hat die leite wieder die Obrigkeit verhetzt.
und das der Christlichen Freyheit zuwieder sey, das Müntzer
Christen der Obrigkeit welche er Tirannen schalt / kommt an.
solten unterworffen seyn. Es were unrecht, und
wieder Gott, das grosse Herrn armer leite Schweis
verzehrten, auch das Wild, Fisch und Vögel, welches
Gott zum gemeinen Nutz geschaffen hette, vor sich al-
leine haben wolten. Und das ihnen Schatzung, Zins
und Renten solten gegeben werden. hierüber haben
... er bekam einen graf-
... kam, da muste Mün-
... ich in Nürnberg ...
... er wiesen ...
... durch Pfeiffern der
... rger waren Begie-
... Rebellischen Bürgern

... robst aus der Stadt Probst weicht
... eister, Starbaber aus.
... rgemeister und Re-

... einen Warnungs
... ühlhausen geschrie-

... ern Heylande:
..., es haben mich gu- Warnungs Schreiben
... es erschollen ist, D. Luthers
... üntzer M. sich zu an die Stadt
... willens sey, euch hie Mühlhausen.
... zu Warnen, für-
... doch Rühmet, wel-
ches mich dann, als mich Christliche Treu und Pflicht ver
mahnet euch zugut nicht habe unterlassen wollen, we-
re auch gar Willig und Geneigt gewest, weil ich darzu
Beruffen bin im Lande selbst Persönlich euch zu er su-
chen, aber mein Geschaffte im Druck zu Wittenberg mir
nicht weiter Zeit noch Raum läst. Bitte dero halben /
wollet gar fleissig euch vorsehen, vor diesem falschen
Geist und Propheten, der in Schafs Kleidern einher ge
het, aber in wendig ein Reissender Wolf ist. Denn er
hat nun an vielen Orthen als Zwickau Alstedt wohl be
weiset, was er vor ein Baum ist, das er kein andere
Früchte traget, als Mord Aufruhr, Blutvergiessen, und
alles unglück anrichten, dazu er dann zu Altstedt Öf-
fendlich gepredigt, gesungen und geschrieben hat.

Mit dem Schwert Gideons:
Rasch wuchs die Wucht der reformatorischen Bewegung über ihren Begründer hinaus. Das Bildnis Thomas Müntzers ist der von Georg Andreas Sellmann verfaßten »Beschreibung der Kaiserlich freien Reichsstadt Mühlhausen« von 1794 vermutlich in der zweiten Hälfte des 19. Jahrhunderts beigefügt worden. Aquarell von Karl Achilles nach einem Kupferstich von Benjamin Brühl, 1716. Stadtarchiv Mühlhausen

Das neue Jerusalem:
Zu den radikalsten Verfechtern der Reformation und ihren Märtyrern gehörten die Täufer (Anabaptisten). Ihre Symbolfigur wurde Jan van Leyden. Gemälde von Hermann Am Ring oder Frans Floris, zweite Hälfte des 16. Jahrhunderts. Staatliches Museum Schwerin

Der große Krieg:
Die Schlacht von Gaisbeuren bei Ravensburg (?) im Jahre 1525 ist eine der wenigen überlieferten zeitgenössischen Darstellungen (1528) des Bauernkrieges. Detail der Wappenscheibe des Rathauses der Stadt Überlingen

Aufmarsch der Gegenseite:
Das Konzil von Trient (1545–1563 mit Unterbrechungen) legte den Grundstein für die relative Stabilisierung der päpstlichen Macht. Gemälde von Tizian. Musée du Louvre, Paris

Der Kaiser dreier Welten:
Die Macht des »letzten Ritters« reichte von Europa über Amerika bis nach Asien. Karl V., römisch-deutscher Kaiser (1519–1556), als Karl I. König von Spanien (1516–1556). Gemälde von Barent van Orley, um 1521. Magyar Szépművészeti Múzeum, Budapest

El Rey »prudente«:
Auf ihm lastete das historische Erbe seines großen Vaters, Karls V. Philipp II., König von Spanien (1556–1598). Gemälde von Tizian, 1550. Palais Barberini, Rom

Im Dienste unbedingten Gehorsams:
Am 27. September 1540 bestätigte Papst Paul III. die von Ignatius von Loyola gegründete »Societas Jesu« (Gesellschaft Jesu). Der dem Papst unmittelbar unterstellte und quasimilitärisch aufgebaute Jesuitenorden bildete das Rückgrat der Gegenreformation. Gemälde von Francisco Pacheco. Kathedrale S. Ignacis de Loyola, Sevilla

Im Frühjahr 1525 griff die Erhebung der Bauern auf das Fränkische über; ihre allgemein gefürchtete Speerspitze fand die Bewegung im Taubertaler Haufen. Das Neckar-Odenwälder Gebiet stand unter Kuratel des Hellen Haufens, zu dessen Führern Florian Geyer gehörte, einer der – neben Götz von Berlichingen – wenigen Adligen, die auf die Seite der Bauernrevolution getreten waren und für deren Sache ihr Leben verloren. Ein erster militärischer Erfolg gelang dem Hellen Haufen mit der Erstürmung

Sturm auf Weinsberg

von Weinsberg im April 1525: Graf von Helfenstein, ob seiner Grausamkeit bei den Bauern verhaßt, und 13 weitere Adlige wurden durch die Spieße getrieben – eine Tat, die Adel und Städte in Entsetzen erstarren ließ. Schon einen Tag später schloß sich Heilbronn der »Bruderschaft« an; damit gewann die Bauernbewegung des gesamten Südwestens ein politisches Zentrum. Um diese Zeit erreichte die bäuerliche Erhebung, die zugleich in wachsendem Maße bürgerliche und plebejische Schichten in ihren Sog zog, ihre größte Ausdehnung. Ein Beobachter der Kurie berichtete, daß sich über 300000 Bauern im Aufstand befänden.

Trotz der Heftigkeit der Auseinandersetzung lag der bestimmende Einfluß auf die Bauern noch immer bei den gemäßigten Führern, die an der Hoffnung auf ein Einsehen und Einlenken der Herren festhielten, entgegen allerorts entmutigender Erfahrung. In Georg III., Truchseß von Waldburg und habsburgischer Statthalter in Württemberg, der als Feldhauptmann, d. h. Oberbefehlshaber, an die Spitze des Schwäbischen Bundes trat, fanden die Bauern einen verschlagenen und gnadenlosen Gegner. Meisterhaft beherrschte er die Taktik des Zeitgewinns durch Verhandlungen und Versprechen, um inzwischen den kopflos gewordenen Adel wieder aufzurichten und in eine Front zu bringen. Die ersten Erfolge des Truchseß ließen die innere Schwäche der Bauern, ihre mangelnde Organisation und Ausrüstung, die Querelen ihrer Führer, die tödliche Lokalborniertheit und den naiven Glauben an die Versprechungen der Gegenseite in dramatischer Weise zutage treten. Fast kampflos überrannten die Truppen des Truchseß am 4. April einen Bauernhaufen bei Leipheim, ein gleiches Schicksal traf die Baltringer, die noch im März »Frieden« geschlossen hatten und nun im entscheidenden Moment von den Allgäuern und Seebauern im Stich gelassen

Vertrag von Weingarten

wurden. Und dann kam die Wende von Weingarten: Am 15. April 1525 standen sich 7000 Mann des Schwäbischen Bundes und 12000 Aufständische gegenüber. Der Truchseß begriff das Risiko eines Angriffs auf die in günstiger Position stehenden Bauern und setzte wiederum auf Verhandlungen, die zum Vertrag von Weingarten führten. Gegen das vage Versprechen, über die Beschwerden ein Schiedsgericht entscheiden zu lassen, gaben die Bauern den sicheren militärischen Sieg aus der Hand. Die Bündischen hatten den Rücken frei, um in anderen Gebieten »nach dem Rechten zu sehen«. Die Fürstenpartei begann in die Offensive zu gehen; selbst zwischen katholischen und evangelischen Landesherren wurden bestehende Differenzen zurückgestellt. Im Schwäbischen rüstete der Truchseß, im Hessischen der in der Wahrnahme fürstlicher Interessen mit allen Wassern gewaschene Landgraf Philipp – dessen Beiname »der Großmütige« reinste Blasphemie war, es sei denn, man denkt dabei an sein alle Normen sprengendes Triebleben: Paul Joachimsen nannte ihn »Ehebrecher und Hurer« und »ein echtes Kind seines animalischen Zeitalters« – und im Sächsischen der fanatische Luthergegner Herzog Georg zur »letzten Schlacht«.

Auf dem Höhepunkt des Bauernkrieges im April/Mai 1525 kristallisierte sich neben Schwaben und Franken der mitteldeut-

Aufstand in Thüringen

sche Raum, speziell Thüringen, als das dritte große Zentrum heraus. Im Unterschied zu den anderen Gebieten waren es hier Thomas Müntzer und seine Anhänger, die eindeutig dominierten oder zumindest erheblichen Einfluß besaßen. Aus der fortgeschrittenen frühkapitalistischen Entwicklung dieses Gebietes ergab sich das wesentlich stärkere Gewicht des plebejischen Elements als Träger der religiös-sozialen Radikalisierung. Objektive und subjektive Faktoren gingen im Thüringischen eine besonders wirksame Verbindung ein. Von Mitte April bis Anfang Mai überrannte ein allgemeiner Aufstand die meisten weltlichen und geistlichen Herrensitze zwischen Mansfeld und dem Werragebiet. Das große Ziel, die Verbindung mit den fränkischen Bauern herzustellen und Hessen einzunehmen, wies Thomas Müntzer nicht nur als den ideologisch-programmatischen Führer, sondern auch als Organisator und Strategen der revolutionären Bewegung aus. Obwohl die bäuerlich-plebejischen Massen die Hauptträger waren und die Gewalt »dem gemeinen Manne« sein sollte, hoffte auch Müntzer mit der Androhung des »weltlichen Bannes« Teile des Adels und des Patriziats zur Preisgabe ihrer Macht bewegen zu können: Die feudale Ordnung als Ganzes sollte untergehen, ihre Repräsentanten konnten als einfache Glieder der »Bruderschaft« Rettung finden.

Müntzers Tragödie bestand nicht allein darin, zu früh gekommen zu sein und über seine Zeit hinausgedacht und -gewollt zu haben, er scheiterte an ungleich profaneren Dingen. Selbst im Thüringischen gelang es ihm nicht, die Mehrheit zu gewinnen, was ihm immer wieder Kompromisse abzwang, auch hier wirkte die Lokalborniertheit der Akteure, während Müntzer stets den Blick für die großen Zusammenhänge wahrte. Personifizierter Ausdruck dieses unauflösbaren Dilemmas war der Konflikt mit seinem Gefährten Heinrich Pfeiffer.

Am 28. Februar 1525 gelang es Thomas Müntzer, nach Mühlhausen, an den Ort seines größten Einflusses, zurückzukehren, wo er glaubte, die neue Ordnung aufrichten zu können. Den Entwurf dafür hatte er ja schon im September 1524 mit Heinrich Pfeiffer in die »Elf Mühlhäuser Artikel« gefaßt. Seine Wirkungsstätte fand Müntzer in der Pfarrkirche St. Marien; er pre-

Müntzer in Mühlhausen

digte unter der hinter dem Altar aufgepflanzten »Regenbogenfahne«, dem legendären Banner der letzten Wochen und Tage des großen Krieges; bis 2000 Zuhörer, meist die Ärmsten der Armen, folgten gebannt seinem Worte. Letztlich lassen sich die politischen Verhältnisse im reichsfreien Mühlhausen für die Zeit von März bis Mai als »Doppelherrschaft« bezeichnen. Zwar vermochte der Volksreformator am 17. März 1525 die Einsetzung des »Ewigen Rates« zu erzwingen, der die plebejische Opposition tolerieren und deren politisch-soziale Forderungen erfüllen mußte, aber letztlich doch ein Organ des wohlhabenden Bürgertums blieb, dem sich Heinrich Pfeiffer im Moment der Entscheidung verbunden zeigte. Lokalborniertheit war beileibe keine bäuerliche Eigenschaft, auch die Städte litten daran. Das erfuhr Müntzer, als er einen Zug in das Eichsfeld unternahm: Städte wie Eisenach, Nordhausen oder Sangerhausen verschlossen sich Müntzer im Bewußtsein der sich abzeichnenden fürstlichen Übermacht. An Sympathien mangelte es dennoch nicht, was fehlte, waren das Wissen und der Blick für das Ganze und der Entschluß zur Tat.

Müntzer blieb nur noch das Vertrauen auf seinen rächenden Gott, während die Fürsten lieber auf ihre Geschütze und Reiter setzten. Auch Martin Luther verließ sich nicht auf das von ihm dem Volke gepredigte Evangelium, unter dessen Schutz die Bauern ihr Handeln gestellt hatten und von dessen Geist ihre Gebete und ihre Gesänge am Vorabend der entscheidenden Schlachten erfüllt waren. Luther sah in Thomas Müntzer die Emanation des leibhaftig gewordenen Satans. Als sich die Schwäbischen erhoben, griff er abwägend mit seiner »Ermahnung zum Frieden auf die zwölf Artikel der Bauernschaft in Schwaben« ein: »Denn weltlich Reich kann nicht stehen, wo nicht Ungleichheit ist in Personen, daß etliche frei, etliche gefangen, etliche Herren, etliche Untertanen«; dann folgte im Mai die vernichtende Anklage »Wider die mörderischen und räuberischen Rotten der Bauern«. Jetzt gebot er der Obrigkeit, das Schwert zu führen gegen die vom Erzteufel Müntzer besessenen Bauern: »Drum soll hie zuschmeißen, würgen und stechen, heimlich und öffentlich, wer da kann und gedenken, daß nichts Giftigeres, Schädlicheres, Teuflischeres sein kann, denn ein aufrührerischer Mensch, gleich als wenn man einen tollen Hund totschlagen muß . . .« Und das Gewissen? »Dünkt das jemand zu hart, der denke, daß unerträglich ist der Aufruhr und alle Stunde der Welt Zerstörung zu erwarten sei.« Wie ein Flamberg hieb Luthers mächtiges Wort auf die Abtrünnigen ein. Die im Endkampf stehenden Bauern mag diese Schrift kaum erreicht und an der Gerechtigkeit Gottes irre gemacht haben, für die Fürsten und ihre dreinschlagenden Knechte aber bot sie Rechtfertigung vor dem Tag und der Geschichte. Gewiß lag Luther am Beweis – wie einst Wyclif gegenüber dem Aufstand von 1381 –, nicht der Anstifter zum Kriege gewesen zu sein. Seine Gegner konnte er damit nicht überzeugen, selbst Erasmus von Rotterdam sah den Reformator in der Schuld. Viel empfindlicher traf ihn, daß auch enge Anhänger für diese Abrechnung mit den Bauern kein Verständnis aufbrachten. Ein Widerruf des Unwiderruflichen kam ihm nicht über die Lippen; noch war das Blut der letzten Enthaupteten nicht verronnen, da antwortete er denen, die auf eine Rechtfertigung warteten: »Barmherzig ist Gott nur mit dem, der nicht auf sein Reich pocht, sondern sich der Gnade getröstet.« Um dieselbe Zeit vollzog Luther in zechfroher Runde die Eheschließung mit Katharina von Bora, einer Nonne, der er 1523 mit acht Gefährtinnen selbst aus dem Kloster zur Flucht verholfen hatte, die aber erst auf dem Umweg über einen Nürnberger Patriziersohn zu ihm, der selbst recht freizügig dachte (». . . ich habe drei Frauen zugleich gehabt und so wacker geliebt . . .«), zurückkehrte. Unter den Zeugen der Trauung und des symbolischen Beilagers am 13. Juni 1525 war auch Lucas Cranach; Melanchthon meldete Bedenken an, gehörte aber zu denen, die sich beim großen Hochzeitsmahl vom 27. Juni bei Wildbret und einem »Faß vom besten Torgauischen Bier« ihrer entledigen durften.

Im Mai 1525 rückten Philipp von Hessen, Herzog Georg von Sachsen und Johann von Sachsen, nach dem Tode Friedrichs des Weisen neuer Kurfürst, gegen Thüringen vor. Mit wenigen Anhängern und noch weniger Bewaffnung verließ Müntzer

Das Ende in Frankenhausen

Mühlhausen und zog nach Frankenhausen, wo ihm nochmals Tausende zuströmten. Aber wer konnte das Ende aufhalten? Einer Übermacht dreier Fürstenheere standen am 14. und 15. Mai 1525 8000 zum letzten entschlossene Bauern, Bürger und Plebejer gegenüber, nach tapferem Widerstand starben mehr als 6000 von ihnen, 600 gerieten in die Gefangenschaft, unter ihnen Thomas Müntzer. Graf Ernst von Mansfeld erbat sich Müntzer als »Beutepfennig«. Was ihn erwartete, war die Folter in schwerster Form. Seine letzte Bitte an die Fürsten galt nicht der Gnade für die eigene Person, sondern für das geschändete Volk. Am 27. Mai 1525 – zwei Tage zuvor fiel Mühlhausen – legten Müntzer und Heinrich Pfeiffer, der so lange an seiner Seite gekämpft und seine große Vision doch nicht verstanden hatte, ihr Haupt auf den Richtblock. Zurück blieb eine Frau, die für ihr lebendes und ein noch ungeborenes Kind bat.

Die Niederlage von Frankenhausen und die Einnahme Mühlhausens brachte die unwiderrufliche Entscheidung. Zug um Zug fielen die noch bestehenden isolierten Bauernhaufen den fürstlichen Heeren zum Opfer. Über den Südwesten brach erneut der Truchseß von Waldburg herein. Und noch immer trauten die

Bauern seinen Verhandlungsangeboten; so gelangte Stuttgart am 25. April in seine Hände. Jäcklein Rohrbach, einer der Bauernführer, die Widerstand leisteten, wurde bei lebendigem Leibe geröstet. Vor diesem Hintergrund verblaßte das um diese Zeit entstehende, von Wendel Hipler und Friedrich Weigandt

Programm von Heilbronn

verfaßte Heilbronner Programm zu einem Testament der sterbenden Revolution. In den Forderungen nach Reform des Gerichtswesens, Aufhebung der Zölle, Entlastung von Steuern, Einheit der Maße und Gewichte tauchten die Konturen einer vor allem den Interessen der Bürger entsprechenden Reichsordnung auf, die vage Idee einer Nationalmonarchie. Ein Bauernparlament sollte die erforderlichen Beschlüsse fassen, jedoch endete in den Monaten Juni und Juli der letzte bedeutende bäuerliche Widerstand. Nur Grenzpositionen zur Schweiz – wie Waldhut und Gebiete des Klettgaus – hielten sich bis Dezember.

Im Herzen der habsburgischen Lande, in Tirol, losgelöst von den übrigen Zentren des Bauernkrieges, erhoben sich im Mai 1525 die Freibauern und Bergknappen gegen Erzherzog Ferdinand. Der Aufstand nahm seinen Ausgang vom Bistum Brixen. Am 13. Mai wählten die Brixener Bauern den ehemaligen bischöfli-

Michael Gaismair und der Tiroler Bauernkrieg

chen Sekretär, Michael Gaismair, zu ihrem Obristen; sie gewannen damit eine Persönlichkeit von außergewöhnlicher militärischer, politischer und diplomatischer Begabung für ihre Sache. Ihre Beschwernisse legten die Bauern in 62 Artikeln nieder und ließen sich zunächst auf Verhandlungen darüber ein. Anders dagegen verhielten sich die im entfernten Salzburg aufgestandenen Bauern; sie brachten ihren Gegnern in offener Feldschlacht eine Niederlage bei; aber ihr Triumph war von kurzer Dauer, da Frundsbergs Landsknechte bald den Widerstand erstickten (16. August). Inzwischen hegte Gaismair trotz der zeitweiligen Niederlagen – er selbst konnte dem Kerker im Oktober entfliehen – weitreichende Pläne. Wesentlich von Huldrych Zwingli inspiriert, entwarf Gaismair mit der »Tiroler Landesordnung« das berühmteste Grundgesetz der Zeit des Bauernkrieges. Gaismairs große politische Vision zielte auf die Errichtung einer Republik der Bauern und Bergknappen, ohne Adel und mächtiges Patriziat, deren Aufgabe im Schutz der Armen und in der Lenkung von Gewerbe und Handel bestand. Das aufständische Gebiet sollte aus Habsburg herausgelöst werden und sich in Anlehnung an die Schweiz verselbständigen; selbst an den Beitritt der Republik Venedig und an ein Bündnis mit Frankreich gegen Habsburg war gedacht. Trotz lokaler Erfolge mußten Gaismairs Anhänger im Juli 1526 ihr Kampfgebiet räumen. Gaismair trat in venezianische Dienste; er arbeitete unentwegt für eine antihabsburgische Koalition, bis ein von den Kaiserlichen gedungener Mörder seinem Leben ein Ende setzte.

Die Niederlage der Tiroler durchschnitt den Hoffnungsfaden auf eine Wiederbelebung des bäuerlichen Widerstandes. Sowohl Luthers Reformation, die in ihrer beginnenden landeskirchlichen Ausprägung Frieden mit dem Fürstenstaat schloß, als auch Zwinglis lokal-bürgerliche Reformationsvariante in der Schweiz unterwarfen sich dem Gesetz der bestehenden Obrigkeit. Dagegen fand die radikal-plebejische Komponente für be-

Täuferbewegung und Königreich Zions

stimmte Zeit in der Täuferbewegung ihre Heimstatt. Sie nahm den organisierten Ausgang von Zürich; das äußere Symbol bestand in der Erwachsenentaufe (fälschlich »Wiedertaufe« genannt). Ungleich wesentlicher war die antiautoritäre Grundhaltung der Täufer: Sie lehnten jede geistliche und weltliche Macht, d.h. die institutionalisierte Kirche (gleich ob katholischer oder evangelischer Provenienz) und den Staat ab, ihre Gemeinschaft galt ihnen als eine Gemeinde der Heiligen, deren sittliche Normen der Bergpredigt (N.T., Matth. 5–7, Luk. 6, 20–49) folgten und in apokalyptisch-chiliastische Heilserwartungen einmündeten. Jeder Gläubige trug in sich das »innere Licht«, die Befähigung zur prophetischen Erleuchtung in der Nachfolge Christi. Von Anbeginn sahen sich die Täufer schwersten Verfolgungen ausgesetzt. »Mit unvergleichlichem Mut ertrugen Tausende das Martyrium« (Karl Heussi). Ihre hervorragenden Vertreter fanden die Täufer in Konrad Grebel, der den Kontakt mit Müntzer suchte, Felix Mantz, Balthasar Hubmaier (1528 in Wien verbrannt), Ludwig Hätzer (1529 in Konstanz enthauptet), Jakob Hutter (1536 in Mähren dem Scheiterhaufen übergeben), Melchior Hoffmann (1543 im Gefängnis gestorben). Nach ihrer gewaltsamen Vertreibung aus Zürich verbreiteten sich die Täufer über Süddeutschland, die habsburgischen Lande bis Mähren und Ungarn; sie faßten auch in den norddeutschen Regionen Fuß und schlugen besonders unter den plebejischen Schichten der Niederlande Wurzeln. Mit Zustimmung Luthers legte Melanchthon der Universität Wittenberg 1531 ein Gutachten vor, das aus dem Evangelium die Todesstrafe für die Täufer rechtfertigte. Die Täufer im süddeutsch-habsburgischen Raum versuchten auf der »Märtyrersynode« von Augsburg (August 1527) – nur wenige ihrer Teilnehmer überlebten die einsetzenden Verfolgungen – ein gemeinsames religiöses Grundverständnis zu erarbeiten und sagten für Pfingsten 1528 den Weltuntergang voraus. Die Antwort bestand in einem kaiserlichen Mandat, das alle Täufer mit der Todesstrafe belegte. Unter dem Eindruck der in systematische Ausrottung übergehenden Verfolgung konnte sich innerhalb der Täuferbewegung der revolutionär-aktionistische Flügel gegenüber den pazifistisch-duldenden Kräften durchsetzen.

Ihren letzten Höhepunkt erreichte die Täuferbewegung im westfälischen Münster. Im Februar 1534 erzwangen 500 Täufer vom Rat die Respektierung ihres Glaubens. Aus den Niederlanden kamen Jan Mattijs und Jan Beuckelszoon (Bockelson), ein

Schneider, nach Münster; in der Hoffnung, das neue Jerusalem zu errichten, suchten zahlreiche Täufer in der Stadt Zuflucht, deren Regiment sich bald unter ihrer Kontrolle befand. Innerhalb kurzer Zeit schlossen die Truppen des vertriebenen Bischofs, unterstützt von Einheiten benachbarter Herrscher, den Belagerungsring um die Stadt. Unter den Ausnahmebedingungen von Isolation, Blockade und Weltuntergangserwartung nahm die Täuferherrschaft eigenwillige Züge an: Edelmetall, Wertgegenstände und Geld mußten abgeliefert werden, alles Gut unterstand gemeinsamer Verwaltung. Mit Berufung auf das Alte Testament galten die Vielweiberei und die Bildung von Großfamilien als obligatorisch. Ihren Toleranzgedanken preisgebend, unterdrückten die Täufer jede Form der Opposition, auch die der sich zur Wehr setzenden Frauen. Die sektiererische Entgleisung kulminierte in der Ausrufung von Jan Bockelson zum König des Neuen Jerusalem (Zion). »Jan van Leyden« regierte mit offener Gewalt, wodurch die Basis seiner Herrschaft rasch zerbröckelte. In der Nacht vom 25. zum 26. Juni 1535 eroberten Landsknechte die Stadt, über die Besiegten ging ein Strafgericht ohnegleichen nieder. Kaum einer der Täufer überlebte, die in Gefangenschaft geratenen Führer wurden mit glühenden Zangen gefoltert, erdolcht und in Käfigen, die noch heute eine historische Attraktion Münsters bilden, zur Schau gestellt (Januar 1536). Nach der physischen Ausbrennung des militant-chiliastischen Flügels gingen die Reste des Täufertums fast vollständig in den friedfertigen Mennoniten auf. »Noch unerhört wartet die unterirdische Geschichte der Revolution, bereits begonnen im aufrechten Gang« (Ernst Bloch).

Spanien

Genau einen Monat vor Luthers Thesenanschlag zu Wittenberg landete im Hafen von Tazones an der Küste Asturiens eine aus Flandern kommende Flotte. Ihr entstieg Spaniens neuer König Karl I., den Isabella die Katholische durch Testament zum Nachfolger bestimmt hatte. In Gent geboren und die ganze Jugend in Flandern verbracht, besaß Karl kaum mehr als eine nebelhafte Vorstellung von Spanien; seine Muttersprache war das Französische, von der Sprache seiner neuen Untertanen wußte er nichts. Weder der König noch seine flandrischen Berater und der ebenfalls importierte Hofstaat ahnten, daß das Land am Vorabend einer Revolution stand, zu deren treibender Kraft und Mittelpunkt die Städte Kastiliens wurden.

Der zentrale Ansatz des sich 1519 entladenden Konfliktes lag in der Bestimmung des Kräfteverhältnisses zwischen Krone –

Die Katholischen Könige

Adel – Stadtbürgertum. Erst die Eheschließung Isabellas von Kastilien mit Ferdinand von Aragon im Jahre 1469 hatte die Voraussetzung für die politische Verbindung der beiden größten Teilstaaten der Iberischen Halbinsel geschaffen, der 1516 noch der Anschluß Navarras folgte. Mit dem Doppelregiment der Katholischen Könige (1469–1504) entstand im äußersten Westen Europas ein neues Gravitationszentrum, das sich in weniger als einer Generation zur Weltmacht aufschwingen sollte. Obwohl die kastilisch-aragonesische Personalunion keine nationalstaatliche Einigung im eigentlichen Sinne des Begriffs darstellte, gelang es unter den Katholischen Königen, den Einfluß der rivalisierenden Adelsgruppen, die das Land in ruinöse Bürgerkriege gestürzt hatten, entscheidend zurückzudrängen. Besonders die 1492 erfolgte Eroberung der letzten maurischen Bastion auf spanischem Boden, Granada, hatte das Prestige der Krone gestärkt. Am raschesten schritt der Prozeß der politisch-administrativen Zentralisierung in Kastilien voran. Die Rechte der Ständevertretung (Cortes) wurden eingeschränkt, zwischen 1482 und 1498 tagte sie überhaupt nicht; die reale Macht lag in den Händen des neugeschaffenen Kastilienrates. Mit der Übernahme der drei großen militärischen Orden (Alcántara, Calatrava und Santiago) durch die Krone verlor der Adel ein wichtiges Instrument im Kampf um die Macht. Eine vergleichbare Zentralisierung der Krongewalt in Aragon gelang dagegen nicht. Sowohl bei der Befreiung Granadas als auch bei der Brechung adligen Widerstandes konnten sich die Katholischen Könige auf die bewaffneten Aufgebote der Städte, die Hermandades, stützen. Zugleich sorgte die Einsetzung von königlichen Aufsehern dafür, daß auch die Ambitionen der Städte beschnitten wurden. Damit war der Grundstein für eine Entwicklung gelegt, die unter Karl I. und Philipp II. zur Herausbildung des Absolutismus führte.

Während alle politisch-administrativen Institutionen (Cortes, Räte) für beide Teilstaaten getrennt blieben, schufen sich die Katholischen Könige in der 1478 erneuerten Inquisition die einzige gesamtstaatliche und allein der Krone unterstehende Einrich-

Neue Inquisition

tung. Obwohl eine religiöse Institution, spielte die Inquisition, deren Vollzug in den Händen der Dominikaner und Franziskaner lag, eine außerordentlich wichtige Rolle bei der Brechung jeden Widerstandes gegen die Politik der Krone. In der einsetzenden Verfolgung von Juden und Mauren verschmolzen religiös-dogmatische und wirtschaftliche Motive auf untrennbare Weise. Enteignete Vermögen von »Ketzern« und durch hohe Summen erkaufte Gnadenbriefe der Konvertierten füllten das Staatssäkkel auf. Immerhin konnte Ferdinand von Aragon mit den Einnahmen der Inquisitionskammer von Valencia 1486 eine ganze Flotte nach Süditalien ausrüsten. In der Folge sollte es sich jedoch zeigen, daß die Ausrottung, Vertreibung und Unterdrükkung der jüdisch-maurischen Bevölkerungsgruppen – allein für die Zeit der Katholischen Könige ist von 90000 bis 200000 Vertriebenen die Rede –, die vor allem im Bankwesen, im Handel, im Handwerk und in der intensiven Agrikultur (Bewässerungssysteme) eine hervorragende Rolle gespielt hatten, einen

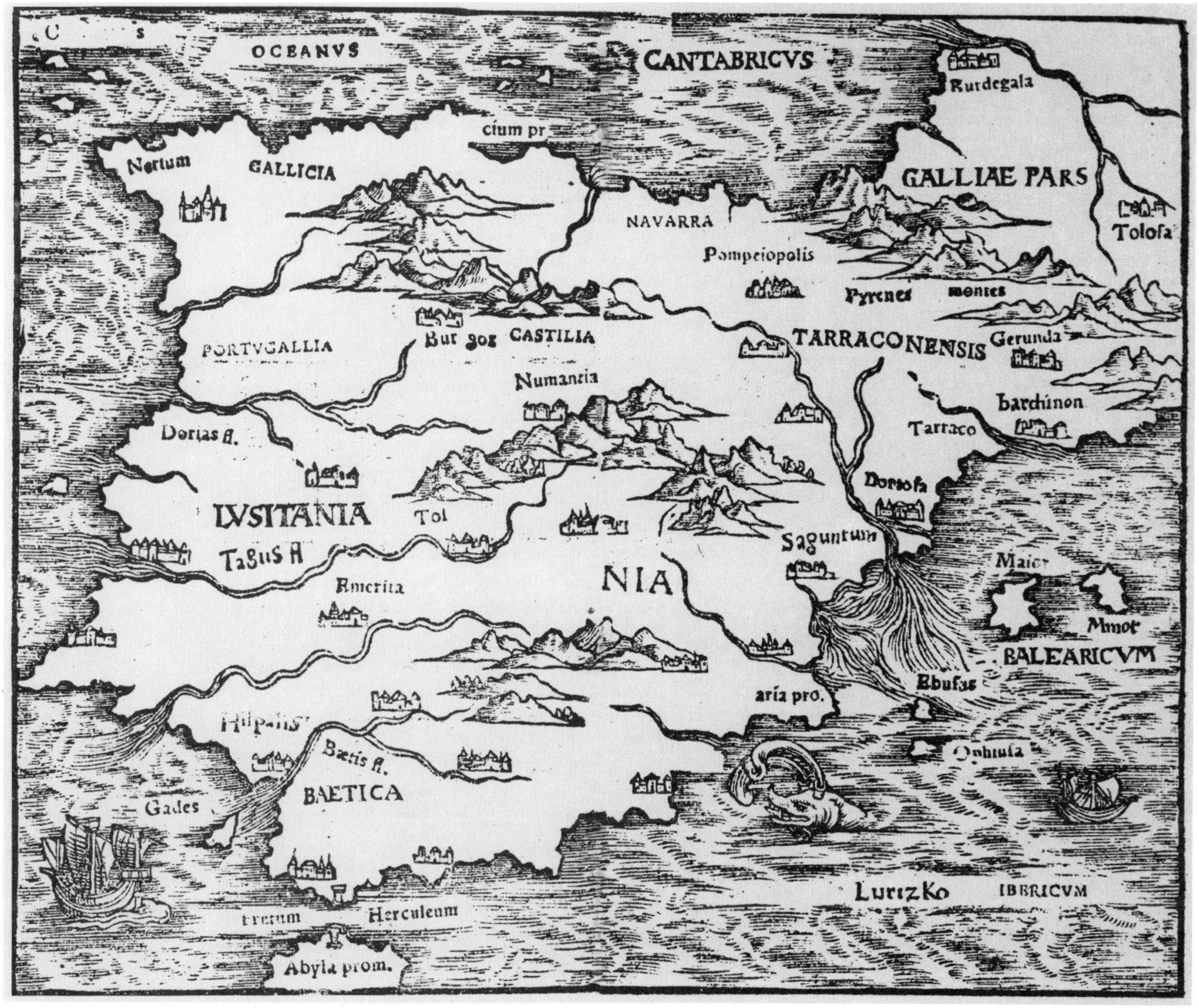

Karte der Iberischen Halbinsel aus der »Schweizer Chronik« von Johann Stumpf, Zürich, 1606. Universitätsbibliothek Leipzig

für Spanien irreparablen Schaden und die verhängnisvolle Schwächung seiner frühkapitalistischen Entwicklungspotenzen bedeutete.

Der Tod Isabellas von Kastilien im Jahr 1504 schien das Werk der staatlichen Einigung Spaniens nochmals völlig in Frage zu stellen. Sofort erhob die vom Hochadel, den Granden, angeführte ständische Opposition das Haupt, um die seit 1469 erlittene Machteinbuße rückgängig zu machen. Völlig unübersichtlich wurde die Situation durch die Wirren an der Spitze des Staates, deren Protagonisten Ferdinand von Aragon, Johanna die Wahnsinnige und Philipp der Schöne waren. Da die legitime Nachfolgerin Johanna, die Tochter der Katholischen Könige, schon erste Anzeichen geistiger Umnachtung zu erkennen gab, hatte Isabella testamentarisch mit der Thronfolge Karls I. zugleich die Regentschaft Ferdinands für die Zeit der Minderjährigkeit Karls verfügt; dagegen schritt Johannas Gatte, Philipp der Schöne, dessen lockerer Lebenswandel nicht unwesentlich zu deren geistiger Labilität beigetragen hatte, mit dem Anspruch auf die Krone ein; er regierte jedoch nur ein Jahr (1506). Obwohl damit erneut Ferdinand die Krone Kastiliens trug, übte die reale Macht ein Regentschaftsrat unter Vorsitz von Kardinal Francisco Jiménez de Cisneros aus, der zugleich an der Spitze der Inquisition stand. Sein Verdienst lag darin, das historische Werk der Katholischen Könige – wenn auch um den Preis von Kompromissen mit dem Hochadel – über die Krisenzeit hinweg gerettet zu haben. Hauptleidtragende dieser Entwicklung waren die Städte, deren wirtschaftliche Blüte von einer starken Krongewalt, innerer Stabilität und einem politisch gezähmten Adel abhing, verbunden mit der Hoffnung einer ihren Interessen entgegenkommenden Wirtschafts- und Steuerpolitik. Sowohl die Förderung als auch der Schutz von Wollverarbeitung und -handel standen im Vordergrund der Interessen großer Städte wie Burgos, Toledo, Medina.

Karl I.

In ihrer Erwartung, in Karl I. einen »nationalen« König zu finden, sahen sich die Städte jedoch bitter enttäuscht. Zu den ersten Maßnahmen des siebzehnjährigen Monarchen gehörte die sofortige Entlassung von Cisneros. An dessen Stelle trat der Erzieher Karls I., Adrian von Utrecht, der bereits seit 1515 die Interessen Karls in Spanien gegen Ferdinand und Cisneros wahrgenommen hatte. Zum Hofstaat des neuen Monarchen gehörte eine ganze Clique von flandrischen Favoriten, die den Cortes den Eindruck vermittelten, unter Fremdherrschaft geraten zu sein. Wilhelm von Croy, Herzog von Chièvres, avancierte zum »Contador Mayor« (Finanzminister), sein gleichnamiger Neffe erhielt mit kaum 16 Jahren die Würde eines Erzbischofs von Toledo und besetzte damit als Fremder das ehrwürdigste Kirchenamt Spaniens, die Cortes erhielten Jean de Sauvage, den Großkanzler Karls I., vor die Nase gesetzt. Was die Cortes vollends in Harnisch brachte, waren die unmäßigen Geldforderungen des Monarchen, vor allem, nach dessen Wahl zum Kaiser des Heiligen Römischen Reiches Deutscher Nation; schließlich galt es, die von den Fuggern vorgeschossenen Bestechungsgelder zu begleichen.

Aufstand der Städte

Das Zentrum der Auflehnung lag in Toledo, dessen Stadtadel über den ganzen Sommer des Jahres 1519 rebellierte. An der Spitze der Bewegung stand Juan de Padilla, ihm zur Seite Don Pero Laso de la Vega, Hernando Dávalos und andere führende Vertreter des adlig-patrizischen Stadtregiments. Padilla erwies sich in der weiteren Auseinandersetzung als der klarste politische und strategische Kopf; mit ihm stand und fiel die Bewegung der Stadtgemeinden (Comunidades). Auf die Forderung Karls I. an Padilla, sich vor ihm zu rechtfertigen, antwortete Toledo mit dem Aufstand und der Konstituierung einer »Junta de Gobierno«. Rasch griff die Bewegung der Comuneros auf andere Städte über (Sevilla, Granada, Valladolid, Burgos, Zamora, Segovia u.a.), nachdem publik wurde, daß Karl I. die Mehrheit der Deputierten der Cortes von La Coruña (April 1520) durch Bestechung und Erpressung dazu bewegt hatte, entgegen dem Auftrag ihrer Städte die neuen Steuern zu bewilligen. Einige der nachgiebigen Cortesvertreter kostete dieses Verhalten den Kopf. Zeitlich fast parallel, aber unabhängig von den Comunidades erhoben sich im Süden des Landes die Germanías (Zünfte) von Valencia und auf Mallorca.

Konfliktebenen

In der Revolution der Comunidades und der Germanías entlud sich eine Vielzahl von Widersprüchen, die regional und zeitlich sehr unterschiedlich wirkten:

— Konflikt Krone – Städte. Die Städte stellten keineswegs die Autorität der Krone in Frage, trotz aller Zweifel an der Legitimität des Herrschaftsanspruchs von Karl I. Allerdings hätte eine Erfüllung ihrer Forderungen eine fast konstitutionelle Einschränkung der Krongewalt zu ihren Gunsten bedeutet, denn es ging um nichts weniger als die Ausweitung der Rechte der Cortes, besonders in Steuerfragen und hinsichtlich des Anspruchs, periodisch und auf eigene Initiative (d.h. nicht auf Einladung des Königs) zusammenzutreten; die Forderung auf Parität der Stände innerhalb der Cortes hieß Stärkung der Städtevertretung gegen Adel und Klerus. Mit der Residenzpflicht des Monarchen – »es ist nicht Spaniens Sitte, ohne König zu sein« – versuchten sie, dem Universalmachtanspruch Karls I. (nach seiner Kaiserwahl als Karl V.) zugunsten des Nationalprinzips einen Riegel vorzuschieben; sie lehnten deshalb auch »Fremde«, d.h. die flämischen Berater, in hohen staatlichen Positionen ab. Aus diesen Forderungen sprach ein stark ausgeprägtes Nationalbewußtsein, das die These widerlegte, es habe sich lediglich um eine Erhebung zur Verteidigung mittelalterlicher Privilegien gehandelt.

— Gegensatz Städte – Hochadel. Zunächst nahm der Hochadel gegenüber dem Aufstand der Städte eine zwar distanzierte, aber nicht offen gegnerische Haltung ein, denn er sah darin nur eine Verlegenheit mehr für die Krone, die am Ende dem Adel zugute kommen mußte. Allerdings ergab sich eine neue Situation, als die Städte die Rückgabe aller seit 1504 dem königlichen Besitz durch den Adel entzogenen Güter und Privilegien einklagten. Mit der politischen und sozialen Radikalisierung der Bewegung und dem Versuch einiger Städte (z.B. Dueñas), sich der Adelsherrschaft zu entziehen, schwenkten die Granden um und erwiesen sich als die entscheidende militärische Kraft zur Niederschlagung der Revolution.

— Antagonismus Patriziat – Handwerker. Diese Konstellation galt vor allem für die Germanías von Valencia und Mallorca, die sich damit nicht nur geographisch, sondern auch in ihrer sozialrevolutionären Zielsetzung deutlich von den Comunidades in Kastilien abhoben. Die Unzufriedenheit der Handwerker, Gesellen, Tagelöhner, kleinen Geschäftsleute aller Art steigerte sich durch den Ausbruch der Pestepidemie von 1519 entschie-

Spanisches Auto de fe. Lodernde Scheiterhaufen galten als Sinnbild der Ketzerverfolgungen in Spanien. Kupferstich von Bernard Picart, 1722. Staatliche Kunstsammlungen Dresden, Kupferstichkabinett

den. Rascher und intensiver als in Kastilien griff im Süden die Bewegung auf das flache Land über. In Verbindung mit dem Anspruch der Handwerkerzünfte, neben städtischem Patriziat und Adel an der Macht beteiligt zu werden, wehrten sich die Aufständischen in erster Linie gegen die erdrückenden und ungerecht verteilten Steuerauflagen. Die die Comunidades kennzeichnende nationale Komponente (Auseinandersetzung um die Stellung der Krone) fehlte bei den Germanías völlig, hier dominierte die politisch-soziale Konfrontation im Kampf um die regionale und lokale Macht. Auf Mallorca, wo der Tuchhändler Don Juan Crespí an der Spitze der Germanías stand, steigerte sich der Machtkampf bis zur physischen Ausrottung des Adels, der daraufhin auf Ibiza Zuflucht suchte. In Valencia konstituierte sich ein »Rat der Dreizehn« (Junta de los Trece), der zunächst sogar die offizielle Anerkennung durch Karl V. fand. Der anfänglich tonangebende gemäßigte Flügel um Joan Llorens wurde schließlich durch die Radikalen um Vicenç Peris abgelöst. Zu den dunklen Kapiteln der Germanías gehörte die barbarische Maurenverfolgung, da die in der Region Valencia verbliebenen Mauren (Mudéjares) den Schutz ihrer adligen Herren genossen und den Germanías indifferent gegenüberstanden. Durch ihren religiösen Fanatismus engten die Germanías ihre ländliche Basis entschieden ein und provozierten einen Massenzulauf der Mudéjares zur Adelspartei.

— Kirchenfrage. Im Unterschied zu Deutschland bestand die Besonderheit darin, daß es in Spanien zwar eine starke Bewegung für eine »reformatio« an der Wende vom 15. zum 16. Jahrhundert gab, um der auch hier verbreiteten Unzahl klerikaler Mißbräuche Herr zu werden, aber es erwuchs – trotz der späteren Existenz krypto-protestantischer Kreise – daraus keine Reformation. Das lag nicht allein an der rigorosen Verfolgung durch die Inquisition, obwohl diese prompt einsetzte. Die erste spanische Übersetzung einer Lutherschrift ist für 1521 nachweisbar, der erste spanische Märtyrer des protestantischen Glaubens, Francisco de San Romano, starb 1542 auf dem Scheiterhaufen. Der Humanist Francisco de Enzinas, genannt Dryander, studierte ab 1541 in Wittenberg und übertrug als Schüler Melanchthons das Neue Testament ins Spanische. Seine Kühnheit, dem Kaiser ein Exemplar zu überreichen (25. November 1543), hätte ihn um ein Haar das Leben gekostet. Für das Verständnis der Kirchenfrage in Spanien zur Zeit der Revolution der Comunidades und Germanías sind jedoch noch andere Aspekte zu beachten. Als Inhaber des Patronats hatten die Katholischen Könige und ihre Nachfolger erheblichen Einfluß auf die Gestaltung der kirchlichen Belange. Faktisch besaß die katholische Kirche Spaniens den Charakter einer Nationalkirche, die völlig den inneren und äußeren Interessen der Krone diente. Bereits 1491 autorisierte Papst Alexander VI. die Katholischen Könige – dieser Titel wurde als Dank für den Kampf gegen Frankreich verliehen (1496) –, in ihrem Herrschaftsbereich eine Kirchenreform durchzuführen. Gründe dafür gab es genug: Das geringe Niveau der Liturgik und der Mangel an Kenntnissen der christlichen Dogmen unter dem niederen Klerus galten als sprichwörtlich; die Klärung der rechtlichen Stellung der Konkubinen und ihrer Kinder stand in jeder Cortesberatung auf der Tagesordnung; daß Laien die Bischofswürde erhielten, war keine Seltenheit; ein unehelicher Sohn Ferdinands von Aragon besetzte als Fünfjähriger den Stuhl des Erzbistums von Zaragoza . . . In Kardinal

Kardinal Cisneros

Cisneros fand sich für die Kirchenreform ein Initiator, dessen Energie gefürchtet war. Als eines der prominentesten Mitglieder des Franziskanerordens neigte Cisneros zu den asketischen Spiritualen, die – entgegen den gemäßigten und weltlich angepaßten Konventualen – auf der strikten Einhaltung des Armutsgelübdes beharrten. Als Kirche der Armen sollten die Klöster und die Kurie wieder das Gesicht dem Volke zuwenden. Beginnend beim eigenen Orden, versuchte Cisneros mit eiserner Hand eine Reform durchzusetzen. Einige seiner Maßnahmen wurden für so streng befunden, daß aus Andalusien 400 Ordensbrüder nach Afrika gingen und zum Islam übertraten. Mit der Reform war der Grundstein für einen Prozeß gelegt, der – flankiert durch die Inquisition – Spanien weitgehend gegen die Fernwirkung von Luthertum und Calvinismus immunisierte.

Francisco González Jiménez de Cisneros. Kupferstich von Gaspard François Edelinck. Staatliche Kunstsammlungen Dresden, Kupferstichkabinett

Hier gilt es auch, das traditionelle Bild eines fanatischen Obskurantismus zu korrigieren. Spanien öffnete sich zu jener Zeit in bemerkenswerter Weise dem Humanismus. Cisneros trug sich mit dem Gedanken, Erasmus von Rotterdam an die neue Universität von Alcalá de Henares zu holen. Anhänger des Erasmus gehörten zum Kreis um Karl I. und prägten die öffentliche Meinung (Luis Vives, Juan de Valdés). Die erste spanische Übersetzung des »Enchiridon militis Christiani« erfolgte schon 1526.

Die Forderungen der Comunidades auf kirchenpolitischem Gebiet wiesen eine unübersehbare nationale Komponente auf:

keine Vergabe kirchlicher Ämter an Ausländer, keine Abführung kirchlicher Gelder nach Rom, Residenzpflicht für Bischöfe; die Inquisition dagegen blieb unangetastet. Mit dem Fortgang der Revolution spaltete sich die Kirche: Die Kirchenoberhäupter und der Orden standen fest auf seiten der Krone und des Hochadels: Dagegen liierte sich ein Teil des niederen Klerus mit den Aufständischen und spielte als Kanzel-, Wander- und Bußprediger eine wesentliche Rolle bei der Mobilisierung des Volkes.

Heilige Junta

Die rebellierenden Städte Kastiliens schlossen sich am 29. Juli 1520 in der »Heiligen Junta« (Junta Santa) von Avila zusammen. An deren Spitze stand als Präsident Pero Laso de la Vega, das militärische Oberkommando übernahm Juan de Padilla. Obwohl die Junta schwor, »im Dienste des Königs und der Comunidades« zu regieren, zögerte sie nicht, die Kronbeamten (Corregidores) abzusetzen und die königlichen Steuereinkünfte für den Aufbau einer eigenen Streitmacht zu verwenden, dazu eine Steuerpolitik nach eigenem Geschmack festzulegen. In Abstimmung mit Karl, der sich zur Annahme der Kaiserwahl nach Deutschland begeben hatte, versuchte Adrian von Utrecht der rebellischen Städte durch eine Politik von Zuckerbrot und Peitsche Herr zu werden. Einige Städte wurden von der besonders verhaßten Verkaufssteuer (Alcabala) und anderen Auflagen befreit; dagegen versank das in seiner merkantilen Blüte stehende Medina del Campo in einem Flammenmeer (21. August 1520). Die auf so grausame Weise an einer der mächtigsten Städte geübte Vergeltung verfehlte ihre abschreckende Wirkung, es schlossen sich im Gegenteil weitere Städte dem Verbündnis der »Heiligen Junta« an.

Mit der Übersiedlung der Junta nach Tordesillas (September 1520) erreichte die Revolution ihren Höhepunkt. Praktisch befand sich damit Johanna, die Königinmutter, in den Händen der Aufständischen; sie ließ sich aber trotz fortwährenden Drängens keinerlei politische Zugeständnisse abringen. Auf Weisung der Junta durfte weder den Anordnungen Adrian von Utrechts noch des Regentschaftsrates, d.h. der Krone, Folge geleistet werden. Damit trat die Macht der Junta an die Stelle der Königsgewalt.

Auf dem Höhepunkt der Bewegung setzte zugleich deren innere Krise ein, geprägt vom wachsenden Interessengegensatz

Burgos gegen Toledo

zwischen Burgos und Toledo. Das vorwiegend im Wollexport nach Flandern exponierte reiche Burgos wollte den völligen Bruch mit der Krone vermeiden, um die weitreichenden Handelsbeziehungen nicht zu gefährden; nicht zuletzt schreckte das reiche Bürgertum von Burgos vor den Tendenzen einer Plebejisierung der Revolution zurück. Die innere Auseinandersetzung um die Machtfrage spitzte sich darauf zu, ob im Namen des Königs oder an dessen Stelle regiert werden sollte. Karl V. nutzte die aufkommenden Konflikte mit Geschick, indem er sich bei einer ganzen Reihe der von den Comunidades formulierten Gravamina kompromißbereit zeigte; er sagte u. a. zu, daß kein Fremder königliche Ämter bekleiden dürfe, der Geldexport verboten und die Mißbräuche kirchlicher Rechtsprechung beseitigt würden; der Regent Adrian von Utrecht erhielt zwei Vertreter des spanischen Hochadels (Fadrique Enríquez und Iñigo de Velasco) an die Seite gestellt, darüber hinaus kündigte Karl seine vorzeitige Rückkehr nach Spanien an. Die vermeintliche Konzilianz des Herrschers verfehlte nicht ihre Wirkung. Eine Reihe von Städten, allen voran Burgos, löste sich von der »Heiligen Junta« und schloß ein königstreues Gegenbündnis (17. Februar 1521). Indessen vollzog sich im Lager der Comunidades eine deutliche Radikalisierung. An die Stelle von Laso de la Vega trat Gonzalo de Guzmán, ein Vertreter des niederen Adels. Von nun an begann sich die Revolution zunehmend gegen die Granden zu wenden, deutlich trat eine antifeudale Stoßrichtung hervor. Erst jetzt fanden Karl und sein Regent Adrian beim Hochadel mit der Forderung nach militärischem Eingreifen Gehör. Das moralische Argument bestand in der Forderung nach Befreiung der Königinmutter. Auf ein Friedensangebot Adrians antwortete die Junta mit der Drohung, den gesamten Regentschaftsrat aufzuknüpfen.

Der hohe Adel Kastiliens handelte im Bewußtsein eines doppelten Vorteils gegenüber der Krone: Ohne die adligen Aufgebote war an einen Sieg über »die Rebellen und Verräter« nicht zu denken, was wiederum bedeutete, daß der Adel sich sein Eingreifen durch neue Konzessionen des Königs bezahlen ließ. Die Krone sollte siegen, aber nicht zu sehr, nicht zu schnell und schon gar nicht auf Kosten des Adels. Adrian von Utrecht erkannte sehr wohl, daß die Granden nicht ohne Eigennutz die Partei des Königs ergriffen: »Ich sehe, die Granden befürchten auf viele Weise, daß ihre Besitzungen sich erheben. Sie wollen Ihrer Majestät dienen und eben damit ihre Häuser retten.«

Eine demoralisierende Wirkung auf die Comunidades hatten zwei Ereignisse: die Eroberung von Tordesillas durch die Aufgebote des Regenten (5. Dezember 1520), die an der sich verzweifelt verteidigenden Stadt grausame Rache nahmen; nur Kirchen und Klöster entgingen der Plünderung – selbst das Maultier der Infantin Catalina wurde vergewaltigt. Auf diese erste Niederlage der Comunidades folgte der Verrat des Juntapräsidenten Pero Laso de la Vega, dem der Moment für einen Frontenwechsel günstig schien. Auch der an die Stelle von Padilla in die militärische Führung eingesetzte Pedro Girón lief kurz danach auf die Gegenseite über. Mit der Zahl der Städte, die in der Junta verblieben, reduzierte sich auch die Gruppe der Persönlichkeiten, die sich fähig zeigten, den Aufständischen neuen Mut zu geben. In diesem dramatischen Augenblick trat neben dem unverwüstlichen Padilla eine zweite Person in den Vordergrund, die bis heute zu den umstrittensten in der Geschichte der frühbürgerlichen Revolution Spaniens gehört: Antonio de Acuña, Bischof von Zamora, ein Mann, der das Schwert nicht weniger gut als das Kreuz zu handhaben wußte.

Bischof Antonio de Acuña

Als Meister der Intrige hatte Acuña erreicht, daß ihn Philipp der Schöne 1506 als Botschafter nach Rom schickte. Da sich seine Hoffnungen auf ein hohes Amt am päpstlichen Hofe nicht erfüllten, nutzte er die Vakanz des Bistums Zamora, um sich auf eigene Faust in den Besitz der Bischofswürde zu bringen. Mit einer Privatarmee von Geistlichen und Bürgern erzwang er sich Zugang zur Stadt und leistete so lange Widerstand, bis Ferdinand von Aragon 1508 die »Legitimität« seines Episkopats bestätigte. Acuña dankte dieses Entgegenkommen damit, daß er für Ferdinand delikate geheime diplomatische Aufträge übernahm. Als ihn der Graf von Alba de Liste, Herr über Zamora, zwang, erneut den Bischofssitz zu räumen, schloß sich Acuña den Comunidades an und kehrte an der Spitze einer Armee von Comuneros als Sieger und neuer alter Bischof in die Stadt zurück. Papst Leo X. versprach, den »zweiten Luther« abzusetzen, aber wie? Die von Acuña geführten, zum großen Teil aus Geistlichen bestehenden Einheiten bildeten zum entscheidenden Teil das militärische Rückgrat der Aufständischen in der Schlußphase der Revolution. Acuña begriff – wie Padilla – die Notwendigkeit eines Zusammengehens mit den plebejischen Schichten. Requiriertes Kirchengut stellte er in den Dienst der Revolution und der Kriegführung, das Eigentum von königstreuen Adligen ließ er beschlagnahmen, neue Truppenkontingente wurden formiert, den Comunidades ergebene Verwaltungen eingesetzt, erforderliche Geldmittel mit allen nur erdenklichen Methoden aufgetrieben. Als der frühe Tod Wilhelms von Croy das Erzbistum Toledo vakant machte, griff Acuña nach dem höchsten Kirchenamt des Landes. Mit einem Heer von Geistlichen und Soldaten kämpfte er sich den Weg nach Toledo frei und nahm, von einer Volksmenge umjubelt, den Stuhl des Erzbischofs in Besitz. Daß die Patrizier und Adligen von Toledo ihm die Anerkennung verweigerten, brachte nur ein weiteres Mal die Differenzen innerhalb der revolutionären Bewegung zum Ausdruck.

Ihren letzten Erfolg erzielten die Aufständischen mit der Eroberung der strategisch bedeutsamen Festungsstadt Torrelobatón am 25. Februar 1521 unter der Führung Padillas. Die Comuneros standen ihren Gegnern nicht nach und gaben die Stadt zur Plünderung frei. Das endgültige Schicksal der Revolution entschied sich knapp zwei Monate später in der Schlacht von Villalar (23. April 1521). Mit Padilla an der Spitze ging das letzte Aufgebot von 6000 Mann gegen eine überlegene und vor allem durch ihre Reiterei beweglichere Streitmacht in den Kampf. Unter dem Banner der Krone standen – im Bewußtsein ihrer an der Wurzel gefährdeten Existenz – die führenden Häupter des Hochadels, die Medinaceli, Haro, Benavente, Alba de Liste, de Castro, d'Osorno, de Miranda, de Cifuentes usw. Die Bilanz bei den Comuneros: 500 Gefallene und 1000 Gefangene. Juan de Padilla, Juan Bravo und Francisco Maldonado gerieten in die Hände der Gegner und wurden 24 Stunden später enthauptet.

Von Torrelobatón nach Villalar

María Pacheco

Das heroische Schlußkapitel der Revolution in Kastilien schrieb eine Frau, María Pacheco, die Witwe Padillas. Nach Villalar kehrte die Revolution an ihre Wiege, nach Toledo, zurück. Nicht weniger als sechs Monate verteidigte sich die Stadt unter der energischen Führung María Pachecos gegen das Heer der Belagerer. Alle humanen und materiellen Ressourcen wurden kompromißlos in den Dienst des Überlebens gestellt. Sonderauflagen trafen vor allem den Besitz der reichen Stadtbürger. Als sich die Hoffnungen auf französische Hilfe zerschlugen, wurde die Kapitulation unvermeidlich (25. Oktober 1521). Jedoch mußte die königliche Seite ehrenhafte Bedingungen zugestehen: Der Status quo im Stadtregiment, das die Comuneros radikal umgestaltet hatten, sollte unangetastet bleiben, María Pacheco behielt ihren Wohnsitz in Toledo, die Krone verzichtete auf die Einziehung des Padillavermögens. Doch schon binnen weniger Wochen änderte sich die Situation. Da Karl V. den Kapitulationsklauseln nicht zustimmte, begann eine Repressionskampagne, um die vorrevolutionären Zustände wiederherzustellen. Der dagegen geleistete Widerstand mündete am 3. Februar 1522 in einen neuen Aufstand, der im Blute erstickt wurde. Die prophetische Warnung María Pachecos: »Seht, Brüder, diese Amnestie ist keine aufrichtige; seht, daß sie euch nicht betrügen ...«, hatte sich auf furchtbare Weise bestätigt. María Pacheco konnte dem Massaker entkommen und floh nach Portugal, sie wurde in Abwesenheit zum Tode verurteilt, ihr Haus machten die Sieger im Namen des Königs dem Erdboden gleich, um die letzte Erinnerung an die Comuneros auszulöschen.

Ende der Revolution

Trotz einer Generalamnestie, die allerdings 200 führende Personen ausschloß, zogen Tausende von Comuneros die Flucht ins Ausland vor. Acuña wurde bei Logroño gefaßt und auf der Feste von Simancas inhaftiert. Sein Fluchtversuch 1526 – nachdem er den Festungskommandanten ermordet hatte – scheiterte. Auf persönlichen Befehl Karls V. starb Acuña unter dem Halseisen. Papst Clemens VII. erteilte dem Monarchen für die begangene Sünde Absolution ...

Die erfolgreiche »Befriedung« der kastilischen Städte machte die Kräfte für den Angriff gegen die Germanías frei: Valencia kapitulierte am 3. März 1522, Peris und andere Führer der Agermanados teilten das Ende Padillas. Sporadisch flammte der Widerstand erneut dort auf, wo der mysteriöse »El Encubierto«

(Der Vermummte) auftauchte, der angeblich ein Sohn der Katholischen Könige (»Don Juan«) sein sollte. Im Mai 1523 fiel »El Encubierto« zwei gedungenen Mördern zum Opfer. Wenige Wochen zuvor (März 1523) mußten die Rebellen von Mallorca ihre Waffen strecken. Ungleich härter als über Kastilien ergoß sich über Valencia und Mallorca eine anhaltende Welle der Repression. Für die Region Valencia lag diese undankbare Aufgabe in den Händen von Germaine de Foix, der Nichte Ludwigs XII. von Frankreich und zweiten Gattin Ferdinands von Aragon. Eigentlich mehr an Banketten, Empfängen und Festlichkeiten aller Art interessiert, dazu berühmt für ihren auserlesenen kulinarischen Geschmack, der allerdings ihr Leben verkürzte (sie starb an Fettsucht), ging Germaine de Foix, die »Königin von Jerusalem« – so der von ihrem Onkel verliehene Ehrentitel – als Henkerin der Germanías in die Geschichte ein.

Deutsch-spanisches Gleichnis

Deutschland und Spanien – zwei frühe Revolutionen an der Schwelle zur Neuzeit, deren Scheitern tiefe Spuren im historischen Schicksal beider Länder hinterließ. Karls V. Idee einer von der »Unitas christianorum« getragenen Weltmonarchie besaß ihre universalpolitische Basis im Heiligen Römischen Reich Deutscher Nation, ihr nationales Rückgrat bildete Spanien. Unabhängig vom konkret-historischen Anlaß und der Fülle von Besonderheiten in Charakter und Verlauf gab es zwischen beiden Revolutionen übergreifende Gemeinsamkeiten:

— Die strategische Position Deutschlands und Spaniens spielte in der Universalpolitik Karls V., die danach trachtete, ein mittelalterliches Herrschaftsmodell in die Neuzeit zu transponieren, eine große Rolle.

— Die antiuniversal-nationale Grundtendenz fand sich in der deutschen wie der spanischen Revolution, im Falle Deutschlands primär antirömisch ausgeprägt, im Falle Spaniens als Protest gegen die Gefahr des nationalen Ausverkaufs zu Lasten der Städte artikuliert.

— In beiden Revolutionen erwies sich die bürgerliche Klassenkomponente infolge ihrer strukturellen Schwäche, regionalen Aufsplitterung und des Zurückweichens vor dem Radikalismus der Unterklassen als unfähig, mit der gebotenen Entschlossenheit die Führung (Hegemonie) zu übernehmen. Weder in Deutschland – trotz ungleich stärkerer Freisetzung des Frühkapitalismus – noch in Spanien besaß das Bürgertum die Reife einer Klasse »für sich«.

— Die Niederlage der Revolution mündete in eine tendenzielle Refeudalisierung der Wirtschafts-, Gesellschafts- und Machtstrukturen ein, die Blüte des Frühkapitalismus schlug um in Stagnation (in Spanien stärker ausgeprägt als in Deutschland).

— Ein wesentliches Ergebnis des negativen Ausgangs der deutschen Revolution bestand in der Stärkung des Landesfürstentums, das den Weg zur nationalen Einheit blockierte und das Bürgertum seiner politischen Kuratel unterwarf. In Spanien dagegen legte die Herrschaft Karls V. zwar wesentliche Grundlagen des Absolutismus, die unter Philipp II. den vollen Ausbau der Zentralgewalt gestatteten, allerdings fehlte dem spanischen Absolutismus jene embryonal-bürgerliche Komponente, die die progressive historische Funktion des englischen und französischen Absolutismus ausmachte. Im Unterschied zu Deutschland konnte Spanien die fehlende Interessensymbiose von Krone und Bürgertum zeitweilig durch den Zugriff zu den internationalen Banken (Ramón Carande: »Carlos V y sus banqueros«) und den Edelmetallfluß aus den amerikanischen Kolonien kompensieren. Jedoch machte das Unvermögen, von der feudalen Schatzbildung zur Akkumulation des Kapitals und seiner produktiven Verwertung überzugehen, eine Öffnung in Richtung der bürgerlichen Entwicklung niederländischen oder englischen Typs unmöglich. Statt dessen flossen die kolonialen Schätze über und um Spanien nach den neuen Zentren der kapitalistischen Produktion.

Sowohl Deutschland als auch Spanien, wenngleich im Falle Spaniens mit zeitlicher Verzögerung bis in den Dreißigjährigen Krieg (Ende der spanischen Vorherrschaft), sanken zum Objekt internationaler Politik herab. Erst im 18. Jahrhundert zeigten sich Ansätze, um den Abbruch und die lange Schwächung der national-kapitalistischen Entwicklung zu überwinden.

Europäische Dimensionen der Reformation

Mit der Niederlage des Bauernkrieges, die das Schicksal aller volksreformatorischen Ansätze besiegelte, wurde die Reformation weitgehend auf ihre religiös-politische Substanz zurückgeworfen. Doch trotz der Zähmung der sozial-revolutionären Weiterungen dürfen die langfristigen Ergebnisse der Lutherischen Reformation nicht unterschätzt werden: Der Bruch mit der Papstkirche und deren Schwächung als geistig-religiöse, politische und wirtschaftliche Universalmacht blieben unwiderruflich; daran änderte – trotz beträchtlicher Teilerfolge – die seit dem Konzil von Trient (Tridentinum 1545–1563) einsetzende und in erster Linie vom neugegründeten Jesuitenorden getragene Gegenreformation und katholische Erneuerung im Kern nichts. Allerdings gelang es der katholischen Kirche, die bis dahin erfolgreiche Ausbreitung des Luthertums aufzuhalten und in einigen Gebieten zurückzudrängen. Um die Mitte des 16. Jahrhunderts war die Reformation bereits ein europäisches Phänomen, verlor jedoch zugleich ihre ursprünglich von Luther verkörperte Einheit.

Huldrych Zwingli

In die Polarisierung zwischen dem gemäßigt-obrigkeitsorientierten Luthertum und der radikal-plebejischen Linken in Gestalt der Täuferbewegung schob sich die Herausbildung von zwei reformatorischen Strömungen, die vorrangig dem bürgerlichen

Emanzipationsanspruch Ausdruck verliehen; auf lokaler Ebene in der Schweiz repräsentiert durch Huldrych Zwingli, mit gesamteuropäischer Dimension gefaßt in die Ideen von Jean Cauvin (Calvin).

Zwingli kam unter dem Einfluß des Erasmus und unabhängig von Luther zur Reformation. Seine Kritik an der bestehenden Kirche wies wesentlich stärkere politische Elemente auf: Die Predigten gegen die Anwerbung und den Verkauf von Schweizer Söldnern an fremde Mächte verschafften ihm in Zürich, wo er seit 1518 als Priester wirkte, großen Zulauf. In der ersten und zweiten Züricher Disputation (Januar und Oktober 1523) brach Zwingli in radikaler Weise mit der Papstkirche und riß den Rat der Stadt mit. Es galt alles als abgeschafft, was nicht seine Rechtfertigung in der Heiligen Schrift fand, das hieß Predigt nur nach dem Evangelium und in der Nationalsprache, Aufhebung des Zölibats und des Fastens, Entfernung der Orgel, Altäre, Reliquien und Bilder, Verbot von Kirchgesängen, Firmung, Prozession und letzter Ölung. Das gesamte Kirchenregiment mit Ehegesetzgebung, Sittenkontrolle und Armenordnung unterstand dem Rat: die ideale, wohlfeile Kirche in den Augen des Bürgertums. Doch auch die Bauern hatten ihren Vorteil. Im Jahre 1525 (Reaktion auf den deutschen Bauernkrieg?) erfolgte die Abschaffung der Leibeigenschaft. Von Luther sah sich Zwingli nicht nur durch den stärkeren Eingriff in das weltliche Leben, in die bestehenden Verhältnisse zugunsten des Stadtbürgertums getrennt, sondern ebenso durch die Lehre der Prädestination, die Calvin noch härter fassen sollte, und die unterschiedliche Auffassung vom Abendmahl. Während Luther im »Abendmahlstreit« (1527/1528) auf scholastische Positionen zurückwich, verteidigte Zwingli »moderne« erasmisch-rationalistische Auffassungen.

Zur selben Zeit stand Zwingli im schweren politisch-religiösen Konflikt mit den katholischen »Urkantonen« der Schweiz, die jegliche Reformatio ecclesiae ablehnten. Der Konflikt entlud sich in militärischer Konfrontation: Die Schlacht bei Kappel (11. Oktober 1531) endete mit dem Fiasko der zwinglitreuen Kantone. Zwingli fiel »tapfer kämpfend« (so eine zeitgenössische Quelle) in der Schlacht, sein Leichnam wurde gevierteilt, dann verbrannt, die Asche in alle Winde verstreut. Trotz des Rückschlages überlebte die Reformation in der Schweiz.

Johannes Calvin

Wie Zwingli, so kam Calvin über den Humanismus (Einfluß von Faber Stapulensis) zur Reformation. Verfolgungen trieben ihn von Paris nach Basel (1534), wo er sein Hauptwerk »Institutio religionis christianae« (1536) herausbrachte, das eine umfassende Darstellung der reformtheologischen Ansichten enthielt. Auf einer Reise durch Genf hielt ihn Wilhelm Farel mit Hilfe einer »furchtbaren Beschwörung« in der Stadt: »Gottes Fluch wird dich treffen, wenn du dem Werk des Herrn deine

Johannes Calvin. Holzschnitt von Balthasar Jenichen, 1574. Staatliche Lutherhalle, Wittenberg

Hilfe versagst und dich mehr suchst als ihn.« Aber sein »Katechismus« (Instruction et confession de foix) provozierte ob der verlangten Sittenstrenge die Opposition von Teilen der Bürgerschaft. Zeitweilig hielt sich Calvin in Straßburg auf. Dort heiratete er die Witwe eines Täufers. Mit seiner zweiten Berufung

Genf: die Gottesstadt

nach Genf (1541) – inzwischen hatten seine Anhänger erneut die Macht übernommen – erreichte sein Einfluß den Höhepunkt. Calvin ging von der Idee der Einheit der kirchlichen und weltlichen Macht aus; demzufolge galten die strengen religiösen Normen auch für das weltliche Leben (Verbot von Theater, Tanz und Glücksspielen). Faktisch nahm die politische Verfassung von Genf theokratische Elemente auf. Die Anhänger Calvins in Genf, der »Cité de Dieu« (Gottesstadt), galten als Erwählte, geprägt von selbstlosem Opfermut, doch gleichzeitig durch unnachgiebige Härte gegen alle, die dem calvinistischen Gottesverständnis nicht folgten. Kernstück der Calvinschen Lehre bildete die Auffassung von der doppelten Prädestination: Den in Barmherzigkeit von Gott Erwählten standen die unwiderruflich von

Gott Verworfenen gegenüber. Bis 1555 gelang es Calvin, jede Opposition gegen seine Herrschaft unter Anwendung drastischer Methoden, einschließlich der Bestrafung mit dem Tode, zu unterdrücken. Symbolischen Ausdruck fand die politisch-religiöse Unversöhnlichkeit Calvins im Opfergang des spanischen Arztes Miguel Servet, des Entdeckers des kleinen Blutkreislaufes. Servet geriet als Antitrinitarier (»De Trinitatis erroribus«, 1531) zwischen die Fronten der religiösen Auseinandersetzung: Katholiken wie Reformierte bekämpften ihn auf gleiche Weise. Sein Werk über das wiederhergestellte Christentum (»Christianismi Restitutio«) und ein vehement geführter Briefwechsel mit Calvin (1545/46) führten zum offenen Bruch. Weder ein Lutheraner noch ein Täufer, sondern ein Häretiker eigener Art, rettete sich Servet, den die französische Inquisition »in effigie« verbrannte, über die Grenze. Auf dem Wege nach Italien kam er nach Genf, wo er die Kühnheit besaß, einer Predigt Calvins beizuwohnen. Der Genfer Reformator erkannte Servet, ließ ihn festsetzen und das über ihn verhängte Urteil vollstrecken: Servet wurde mit seinen Büchern am 27. Oktober 1553 den Flammen übergeben. Obwohl viele Prediger für ein mildes Urteil baten, bestand Calvin auf dem Auto de fe, um der gesamten Opposition in und um Genf eine Lehre zu erteilen. Zu denen, die diesen inquisitorischen Willkürakt nachträglich guthießen, gehörte Philipp Melanchthon.

Verbrennung Miguel Servets

Von der Schweiz griff der Calvinismus über weite Gebiete Europas aus; daran hatte die 1559 gegründete Akademie mit ihrer intensiven Ausbildung von Predigern entscheidenden Anteil. In England (Confession of faith, 1560) und in den Niederlanden (Confessio belgica, 1561) bildete der Calvinismus das geistige Fundament der künftigen bürgerlichen Revolution, da seine ethischen Prinzipien am deutlichsten den aufkommenden »Geist des Kapitalismus«, wie Max Weber schrieb, atmeten.

Eine besondere Dramatik wies die Geschichte des Calvinismus in Frankreich auf. Die französischen Calvinisten – Hugenotten genannt – fanden in der Schwester Franz' I., Margarete von Navarra, eine hohe Gönnerin. Der Calvinismus erfaßte nicht nur Teile des Bürgertums (Zentrum La Rochelle), sondern auch antiabsolutistisch eingestellte Adelsfamilien (Bourbon-Vendôme, Châtillon). Die erste hugenottische Nationalsynode fand 1559 in Paris (Annahme der Confession de foix) statt. Ihren politisch-religiösen Kopf besaßen die Hugenotten in Admiral Gaspard de Coligny aus dem Hause Châtillon. Durch ihren Rückhalt in den großen Adelsgeschlechtern stellten die Hugenotten als religiöse und politische Partei faktisch einen Staat im Staate dar. Während sie sich außenpolitisch auf England orientierten, suchte die »katholische Partei« unter François de Guise Anlehnung an Spanien, was Philipp II. erhebliche Möglichkeiten der Einmischung in die französische Politik bot. Trotz zeitweiliger Ausgleichsversuche (Edikt von St.-Germain, 1562) herrschte ein latenter Bürgerkriegszustand, der sich zur schwersten Krise des französischen Frühabsolutismus auswuchs und am Ende die Einheit der Nation bedrohte (Krieg der »drei Heinriche«: Heinrich III., Heinrich von Guise und Heinrich von Navarra). Die Verfolgung der Hugenotten erreichte ihren grausamen Kulminationspunkt in der von Caterina de' Medici, der Regentin für den unmündigen Karl IX., veranlaßten Bartholomäusnacht (23./24. August 1572), der allein in Paris 4000 Hugenotten, darunter Coligny, zum Opfer fielen. Caterinas Kommentar: »Hugenottenblut riecht gut!«; vom Balkon des Louvre tobte Karl IX. seine pubertäre Jagdlust an fliehenden Hugenotten aus; Papst Gregor XIII. feierte das Massenschlachten mit einem Te Deum und der Herausgabe von Gedenkmünzen . . .

Die Hugenotten

Bartholomäusnacht

Heinrich IV., der 1589 den Thron übernahm und damit an die Stelle der degenerierten Valois das neue Herrscherhaus Bourbon setzte, hatte zwar die Krone mit dem Glaubenswechsel von Calvin zu St. Peter erkauft (»Paris ist eine Messe wert!«). Jedoch sicherte der ebenso fähige wie unorthodoxe König – er besaß bei Regierungsantritt sechs Hemden, brachte es aber auf 56 Mätressen – den Hugenotten im Edikt von Nantes (1598) die bürgerliche Gleichberechtigung und 150 feste Plätze zu; ein fanatischer Katholik ahndete 1610 den »Verrat« Heinrichs durch einen tödlichen Dolchstoß. Mit Heinrich IV. endete einer der wenigen Herrscher in der französischen Geschichte, denen das einfache Volk spontane Sympathien entgegenbrachte: Eine Vielzahl von Legenden, naive Malereien über das Intimleben des Herrschers, die bis heute die geheime Attraktion des Schlosses von Pau ausmachen, und eine Fülle von kulinarischen Rezepten mit dem Zusatz »à la Henri Quatre« geben davon Zeugnis.

Edikt von Nantes

Zur weitausgreifenden europäischen Dimension der Reformation, die den Boden für eine bürgerliche Umgestaltung aufbrach oder zumindest günstige »Umwelt«bedingungen für spätere Transformationsprozesse schuf, gehörten des weiteren die Reformen unter Heinrich VIII. in England, der Sieg der reformatorischen Idee in Skandinavien und der zeitweilig starke Einfluß der Reformation in Ost- und Südosteuropa (Polen, Ungarn). Das waren ebensoviele Pflöcke gegen die Wiederherstellung der habsburgischen Universalmacht.

In Deutschland schrumpfte die von Martin Luther ausgelöste und verkörperte Erneuerung von Glaube und Kirche zur »Fürstenreformation«: Das entstehende Landeskirchentum sicherte den evangelischen Fürsten die politisch-religiöse Gewalt über alle kirchlichen Belange (»summus episcopus«); das hatte zur

In der Nacht vom 23. zum 24. August 1572 erreichte die Auseinandersetzung zwischen Katholiken und Hugenotten ihren Höhepunkt. Der zeitgenössische Kupferstich illustriert zwei Episoden der als Bartholomäusnacht in die Geschichte eingegangenen Ereignisse: links die Ermordung des Admirals Coligny, rechts das Massaker an den Hugenotten auf den Straßen. Státní ústřední archiv, Prag

Folge, daß die Monokonfessionalität des jeweiligen Staatswesens festgeschrieben war, was eine Toleranz nur im Recht auf Auswanderung garantierte. Zunächst gab die Niederlage der Revolution den katholischen Kräften erneuten Auftrieb. Gegen die den evangelischen Besitzstand bedrohenden Beschlüsse des Reichstages zu Speyer (1529) legten sechs Fürsten und 14 Städte

Confessio Augustana

Protest ein (daher »Protestanten«). Die Lutheraner präsentierten auf dem folgenden Reichstag von Augsburg (1530) in Anwesenheit des Kaisers die von Philipp Melanchthon verfaßte Confessio Augustana, das bis in die Gegenwart gültige Glaubensdokument der evangelisch-lutherischen Kirchen. Zwar wurde darin weder die Kritik an den Mißständen der Papstkirche zurückgenommen, noch die zentrale These von der Rechtfertigung allein durch den Glauben preisgegeben, doch stellte die Confessio das Trennende gegenüber der katholischen Kirche zurück. Die Confessio Augustana verkörperte im Vergleich zu den übrigen reformatorischen Bekenntnissen die am weitesten gehende konservative Variante; die vom Kaiser berufenen Theologen antworteten auftragsgemäß mit einer »Confutatio« (Widerlegung). In Erwartung der offenen militärischen Konfrontation mit der kaiserlich-katholischen Partei schlossen sich die protestantischen Stände, die aus der Vereinnahmung des Kirchen-

Schmalkaldischer Bund

gutes erheblichen Gewinn gezogen hatten, im Schmalkaldischen Bund zusammen. Gestützt auf dieses Bündnis gewann der Protestantismus im Heiligen Römischen Reich weiter an Boden, allerdings nicht als nationale, sondern fürstlich-antizentralistische Bewegung. Als Druckmittel nutzten die protestantischen Fürsten selbst das Ringen um die Anerkennung der Kaiserwürde des Bruders Karls V., Ferdinand. In den Jahren 1540/41 scheiterten erneute Gespräche zur religiösen Einigung (Worms, Regensburg); stärker als die dogmatischen, erwiesen sich die machtpolitischen Gegensätze, da die Fürsten der Lutherpartei grundsätzlich gegen die Gewalt von Papst und Kaiser Front machten.

In eine moralische Krise geriet das offizielle Luthertum, als Philipp von Hessen die Rechtfertigung seiner unter Billigung der Ehefrau, Christina von Sachsen, geschlossenen Zweitehe mit dem Hoffräulein Margarete von der Sale durch Melanchthon und Martin Luther erlangte. Karl V. nutzte den »schwarzen Tag« in der Geschichte des Luthertums, um Philipp mit der Peinlichen Halsgerichtsordnung zu drohen. Daraus erwuchs eine erhebliche Schwächung der evangelischen Front. Im Schmalkaldi-

Schmalkaldischer Krieg

schen Krieg (1546/47) erlitten die protestantischen Fürsten in der Schlacht bei Mühlberg (24. April 1547) eine Niederlage. Trotzdem scheiterten die Versuche, mit jeglichem Druck die alte Kirche und die vorreformatorischen Machtverhältnisse wiederherzustellen: Die faktische Pattsituation zwischen der protestantisch-fürstlichen und der kaiserlich-päpstlichen Partei, kompliziert durch den unterschiedlichen internationalen Rückhalt beider Seiten (Bündnis des vom Kaiser abgefallenen Kurfürsten Moritz von Sachsen mit Frankreich), fand ihren Ausdruck im Augsburger Religionsfrieden von 1555, der in letzter Instanz die Kapitulation der kaiserlichen Universal- vor der fürstlichen Regionalgewalt bedeutete. Mit Augsburg erreichte die lutherische Reformation nach dem Grundsatz: »Cuius regio, eius religio« (Wes die Herrschaft, des der Glaube) ihre reichsrechtliche Anerkennung, die einheitliche religiös-kirchliche Grundlage des Reiches war für immer aufgehoben. Der Frieden sollte »ein ewig währender« sein, konnte aber den Dreißigjährigen Krieg (1618 bis 1648) nicht verhindern, der mit der Festschreibung des kleinstaatlichen Absolutismus, gleich, ob katholischer oder reformierter Prägung, einen Tiefpunkt in der Geschichte der deutschen Nation darstellte.

Noch während der Augsburger Verhandlungen entschied sich das persönliche Schicksal Karls V. Der bis dahin mächtigste weltliche Herrscher, der allerdings schon seit 1553 Teile seiner Macht an die Nachfolger abzutreten begonnen hatte, übertrug

Karl V.

seinem Sohn Philipp den größeren Teil seines Weltreiches, während sein Bruder Ferdinand mit der Kaiserkrone das restliche Erbe im Heiligen Römischen Reich erhielt; und das alles in Verbindung mit einer ehrgeizigen Heiratspolitik und in offenem Konflikt mit der Papstkirche unter Paul IV., dem selbst hugenottische Söldner willkommen waren, um Spaniens Übermacht zu verkürzen, und dessen grenzenloser Fanatismus in dem Schwur gipfelte: »Selbst wenn mein eigener Vater ein Ketzer wäre, trüge ich Holz zusammen, um ihn verbrennen zu lassen.« Die Idee der Universalherrschaft war mit der Reichsteilung unwiderruflich zu Grabe getragen. Jene Zeitgenossen, die wie Sir Thomas Gresham in Brüssel am 14. Oktober 1555 die letzte Ansprache des scheidenden Kaisers hörten und den Kniefall Philipps II. vor seinem Vater erlebten, fühlten, Zeugen einer Zeitenwende zu sein.

Karls V. Rückzug in seinen Palast beim Kloster von San Yuste brachte keinen totalen Abschied von der Politik, da beide Nachfolger weder seines Rates noch seiner finanziellen Beziehungen entbehren konnten. Am 21. September 1558 starb der letzte Weltkaiser an schwerer Gicht; sein Leichnam fand später in dem unter Philipp II. erbauten Escorial die letzte Ruhe.

Von Karl V. stets als der eigentliche Erbe gesehen, hatte Philipp eine gediegene politische und diplomatische Ausbildung genossen. Das Gemälde Tizians, das Philipp mit 23 Jahren zeigt, läßt einen jungen Mann erkennen, der sich seiner künftigen Verantwortung durchaus bewußt ist. In vielem seinem Vater gleichend, gab es doch einen wesentlichen Unterschied: Es zog ihn nie aufs Schlachtfeld. An Philipps Seite standen begabte Berater, er war also keineswegs der Mann einsamer Entscheidungen. Zum Anschein seiner menschlichen Vereinsamung trugen gewiß die wenig glückhaften vier Eheschließungen bei. Drei seiner Frauen (Maria Manuela von Portugal, Elisabeth von Valois, Anna von Österreich) starben bei der Entbindung. Maria Tudor verstarb, ohne einen Erben zu hinterlassen. Aus der Ehe mit Maria Manuela ging der Infant Don Carlos hervor, dessen aus geistiger Umnachtung, sexueller Verirrung und zügellosem Machtanspruch geborenen Intrigen Philipp veranlaßten, für seine Inhaftierung und Ermordung (wahrscheinlich durch langsam wirkendes Gift) Sorge zu tragen – eine nach den Prinzipien damaliger Staatsräson keineswegs außergewöhnliche Entscheidung. Diese Affäre, seine spätere Bevorzugung schwarzer Klei-

Das spanische Weltreich unter Philipp II.

dung und der asketische Eindruck des klosterähnlichen Escorial haben das historische Bild des »Rey prudente« mitgeformt.

Nach der Abdankung Karls V. übernahm Philipp II. trotz der damit verbundenen Reichsteilung ein Weltreich. Unter seinem

Zepter standen die spanischen Königreiche Kastilien, Navarra und Aragon (mit Rosellon und den Balearen), in Amerika umfaßten die Besitzungen der Krone die Karibischen Inseln und das Festland von Neuspanien (Mexiko) bis Chile und zum La-Plata-Gebiet, in Asien gehörten die Philippinen (dem Infanten Philipp zu Ehren so genannt) und Molukken dazu, in Afrika wehte das königliche Banner über den Kanaren sowie den festen Plätzen Oran, Bugía und Tunis, schließlich war Philipp König von Neapel und Sizilien, dazu von Sardinien sowie Herr von Mailand; im letzten Moment hatte Karl noch das burgundische Erbe (eben die Niederlande) und die Franche Comté hinzugeschlagen. Überdies war Philipp entschlossen, Portugal seiner Krone einzuverleiben, was ihm 1580 auch gelang.

Ein heterogeneres Gebilde als dieses Weltreich, dessen politisches Zentrum in Spanien lag, ist kaum vorstellbar. Dem Vermächtnis Karls V. folgend, sah Philipp II. das einigende Band in der katholischen Religion, die in den Dienst der universal ausgreifenden Macht gestellt wurde. Damit avancierte Spanien zur Hauptmacht der Gegenreformation. Philipps Politik verhärtete und dogmatisierte sich in dem Maße, wie er seine Herrschaft einem Mehrfrontenkonflikt ausgesetzt sah. Nach innen rückten die Unterdrückung der Kryptoprotestanten und die gewaltsame Lösung des Maurenproblems in den Vordergrund. Rigoros löschte die Inquisition die Zellen protestantischen Glaubens und kappte ihre über Navarra zu den französischen Hugenotten laufenden Verbindungen. Damit war zugleich das Schicksal der Bekenner erasmischer Ideen besiegelt; selbst der Erzbischof von Toledo, Bartolomé de Carranza, entging nicht dem Verdacht der Häresie. An die Grundlagen der absolutistischen Macht rührte der neu aufflackernde Separatismus Aragons, der durch die Umtriebe des in Ungnade gefallenen engsten Beraters Philipps, Antonio Pérez, gefährliche Ausmaße annahm. In englische und französische Dienste überwechselnd, nutzte Pérez seine internen politischen Kenntnisse und sein Wissen um die persön-

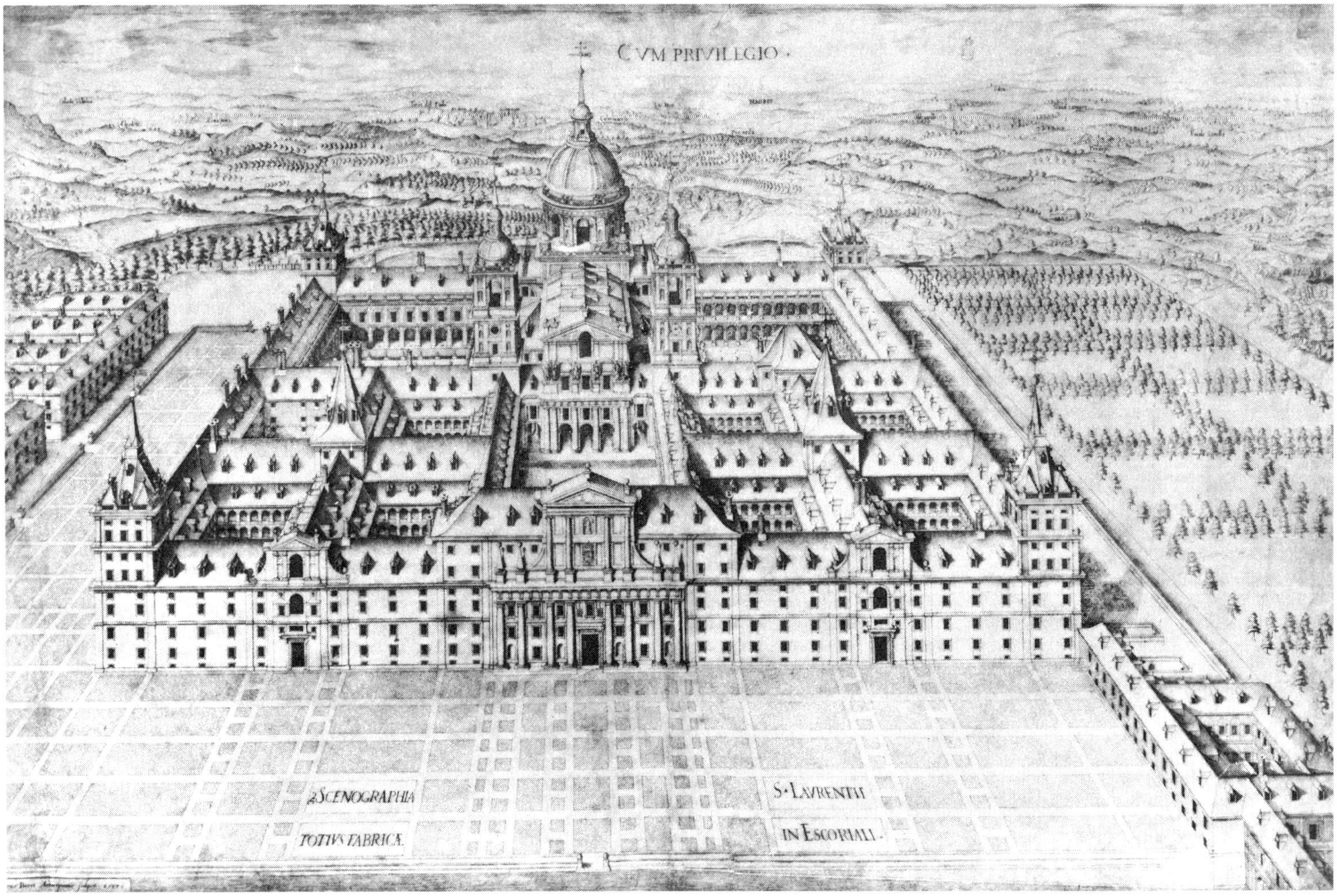

EL Escorial, der klosterähnliche Palast der spanischen Könige, erbaut von Juan de Toledo und Juan de Herrera 1563 bis 1584. Kupferstich von Pieter Perret, 1587

Sieg der »Heiligen Liga« über die Türken 1571 in der Seeschlacht bei Lepanto. Wandgemälde von Andrea Vicentino. National Maritime Museum, London

lichen Schwächen Philipps, um Spanien nicht unbeträchtliche Verlegenheiten zu bereiten. Dafür verfolgte die Inquisition den Abtrünnigen über den Tod hinaus.

Kampf gegen Frankreich und England

Außenpolitisch stand Philipp II. vor einer schier unlösbaren Konfliktsituation, die auf die Dauer die materiellen und humanen Ressourcen des Landes überfordern mußte. Hauptgegner der Vormachtstellung Spaniens und damit Feind Nummer eins in der internationalen Arena war Frankreich. Die anhaltenden Hugenottenkriege boten Philipp die gewünschte Gelegenheit, sich nachhaltig in die inneren Angelegenheiten des Nachbarn einzumischen. Erst mit der Thronbesteigung durch Heinrich IV. stellte sich ein relatives Kräftegleichgewicht her, aus dem im Verlaufe des Dreißigjährigen Krieges Frankreichs Vormacht über Europa erwuchs. Im Ringen um die Wahrung der kolonialen und maritimen Weltgeltung traf Spanien in erster Linie auf England. Der Versuch, das Inselreich zu bezwingen und zugleich in den Schoß der altgläubigen Kirche zurückzuführen, endete mit dem Untergang der »Unbesiegbaren Armada« (1588). Im Mittelmeer stand Spanien den Osmanen gegenüber, deren Korsaren nicht nur große Teile der nordafrikanischen Küste kontrollierten, sondern auch an die Küsten Kataloniens, Aragons und Valencias vorstießen und durch ihre Präsenz den maurischen Widerstand ermutigten. In der Seeschlacht von Lepanto (1571) gelang es, die osmanische Macht im westlichen Mittelmeer zu brechen. Philipps Ruhm als Verteidiger des katholischen Glaubens stand in diesem Moment im Zenit.

Obwohl sich Philipp an die Spitze der Gegenreformation stellte, verweigerte er jegliche Unterordnung unter die päpstlichen Ansprüche. Die Beziehungen zu den Päpsten seiner Regierungszeit (Pius IV., Pius V., Gregor XIII. und Sixtus V.) waren deshalb äußerst konfliktreich und eindeutig von machtpolitischen Überlegungen bestimmt.

Stellung zum Vatikan

Vor dem Hintergrund dieser weltweiten Verwicklungen und den inneren Stabilisierungsproblemen (vom Staatsbankrott bis zur separatistischen Opposition) wird das Interesse Philipps an einer raschen und radikalen Unterdrückung der niederländischen Unruhen begreiflich, zugleich aber auch das Warum des Scheiterns.

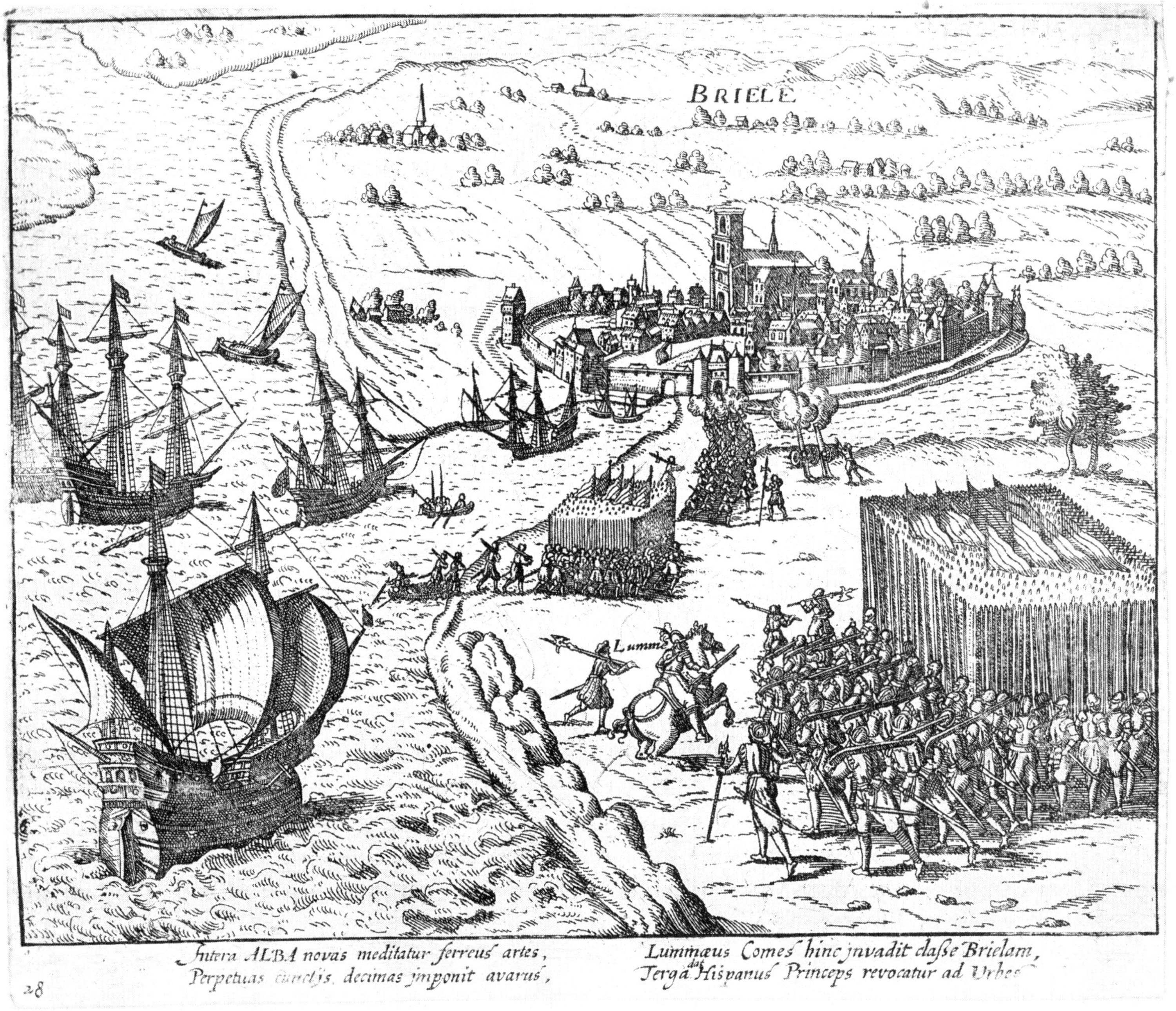

Im Jahre 1572 eroberten die Wassergeusen Briel. Diese Stadt bildete die Ausgangsbasis für die Befreiung der nördlichen Provinzen. Kupferstich von Franz Hogenberg. Rijksmuseum, Amsterdam

3 David gegen Goliath

Seinen Höhe- und Schlußpunkt fand der frühbürgerliche Revolutionszyklus im Unabhängigkeitskampf der Niederlande. Wie bei den vorangegangenen Revolutionen flossen auch im Aufstand der 17 Provinzen – deren größte und reichste Holland war – »Tradition« und »Moderne« in vielfältiger Weise zusammen. Ständische Mentalität und bürgerlicher Geltungsanspruch prägten die Ereignisse über den Zeitraum von drei Generationen. Diese Verbindung scheinbar unvereinbarer Interessen mag erklären, warum manche Historiker zögern, von einer Revolution zu sprechen. Unbestreitbar aber bleibt die Tatsache, daß sich ab 1566 das erste bürgerlich verfaßte Staatswesen der Welt herausbildete, dessen Konsolidierung bis 1648 nicht nur das zeitgenössische Staatensystem Europas in den Grundfesten erschütterte, sondern über Europa hinaus bis Afrika, Asien und Amerika ausstrahlte. Der historische Anspruch des Bürgertums, die Welt nach seinem Willen zu formen und sie seinen Gesetzen zu unterwerfen, gewann hier seine frühe Verwirklichung.

Das burgundische Erbe

Als Maria von Burgund durch ihre Heirat mit Kaiser Maximilian I. 1477 die Niederlande als Teil des »burgundischen Erbes« in den Besitz Habsburgs brachte, ahnte wohl kaum jemand, welche Folgen sich für das Schicksal dieser Region ergeben sollten. Zunächst stand fest, daß der Kaiser die Hand der Tochter Karls des Kühnen gegen erhebliche Konkurrenz gewonnen hatte, vor allem gegen den französischen Mitbewerber.

Historisch betrachtet befanden sich die Niederlande in einer privilegierten Situation. Im Spannungsraum sich überlappender Machtinteressen gelegen (Frankreich, England, deutsche Fürsten), vermochten sie als Pufferzone einen beträchtlichen Grad an Selbständigkeit zu wahren. Als wesentlich gewichtiger für das eigene Profil erwies sich aber die Tatsache, daß diese periphere Region – in gewisser Analogie zu Skandinavien – keiner intensiven und durchgehenden Feudalisierung im Stile der europäischen Kernstaaten ausgesetzt war. Allerdings gilt es, diese Aussage insofern einzuschränken, als die in Struktur und Kultur an Frankreich angelehnten südlichen Provinzen eine wesentlich stärker ausgeprägte Adelsherrschaft und Abhängigkeit der Bauern kannten als die Mitte und der Norden. Die sich im Verlauf der Revolution akzentuierende politische Differenzierung zwischen Süden und Norden besaß also ihre historischen Wurzeln und stellte kein Zufallsergebnis der Ereignisse ab 1566 dar.

Wirtschaftliche, soziale und politische Strukturen

Im Verlaufe des 15. Jahrhunderts hatten sich die Niederlande, neben Oberitalien, zum zweiten Zentrum des europäischen Frühkapitalismus entwickelt. Damit verbanden sich nicht nur die Herausbildung eines leistungsfähigen Bürgertums und eine intensive Urbanisierung, sondern auch die wachsende Einbeziehung erheblicher Teile der Bauern in die Ware-Geld-Beziehung sowie die tendenzielle Verbürgerlichung des Adels. Allerdings blieben die Niederlande noch weit davon entfernt, ein »bürgerliches Land« zu sein. Eine Bourgeoisie im modernen Begriffssinne existierte nicht. Das Stadtregiment lag, soweit nicht Adlige an der Spitze standen, in den Händen eines Patriziats, dessen Interesse sich weniger auf »Emanzipation« und Alleinherrschaft richtete als auf die Möglichkeit, den sozialen Anschluß an den ständischen Adel, dessen Macht und Habitus noch die Wertvorstellungen bestimmten, zu gewinnen. Das von Maximilian I. 1477 zugestandene »Große Privileg« bestätigte die vom Adel beherrschte Ständeverfassung und die weitgehende Selbständigkeit der Teilprovinzen. Kein Statthalter konnte es wagen, ohne Übereinstimmung mit den Spitzen der niederländischen Adelsgeschlechter seine Politik zu realisieren. Die genannte Selbständigkeit der Einzelprovinzen erwies sich zugleich als ein erhebliches Hindernis für das Aufkommen eines bürgerlichen Selbstverständnisses.

Die wirtschaftlichen Grundlagen der frühkapitalistischen Blüte lagen in Handel, Schiffahrt, Fischfang und Tuchproduktion. Von der Dynamik des kontinuierlichen Aufschwungs zeugte die Glanzzeit der Stadt Antwerpen, die etwa 100000 Einwohner besaß, ab 1531 über die erste Börse verfügte und sich stolz »Emporium mercatorum« nannte. In der Tuchproduktion, deren Rohstoff vornehmlich aus England und Spanien (Merinowolle) kam, dominierte noch weitgehend der Verlag, der über die Stadt hinaus auch das flache Land erfaßte. Ihr Zentrum fand die Tuchproduktion in Flandern, wobei in erster Linie die »nieuwe Draperie« das Tempo bestimmte.

Im Gefolge der explosiven Entfaltung frühkapitalistischer Formen und Elemente im städtischen Bereich kam es zu einer krassen Differenzierung in der Sozialstruktur. Das städtische Patriziat sah sich in wachsendem Maße von den in Zünften verbundenen Handwerkern bedrängt, die auf eine Beteiligung am Stadtregiment pochten. Das kleinere Übel wählend, zogen es deshalb nicht wenige Patrizier vor, ihren Frieden mit dem Adel zu machen. Ihrerseits spürten wiederum die Handwerker die Gewalt der aufbrechenden sozialen Frage in den wiederholten Unruhen der frühproletarischen Schichten, der rasch wachsenden Zahl von Bettlern und anderen sozialen Randgruppen. Diese inneren Widersprüche entluden sich auf neue Weise in der Revolution; schwerlich war es ein Zufall, daß die Städte das Hauptschlachtfeld der kommenden Ereignisse abgaben.

Von Hieronymus Bosch bis Pieter Brueghel d. Ä.

Stadt und Patriziat prägten auch die Kultur der Niederlande am Vorabend des großen Konflikts. Schon im Verlaufe des 15. Jahrhunderts begannen sich Literatur und Malerei vom bis dahin dominierenden französisch-höfischen und italienischen Einfluß zu lösen. Das nationale Motiv trat allmählich in den Vordergrund, wobei mittelalterliche Symbolik und neuzeitlich realistische Sicht eine höchst eigenartige Verbindung eingingen. Am stärksten ist das mittelalterlich-phantastische Element noch bei Hieronymus Bosch ablesbar. Seine schwer zu deutenden Bilder legen Zeugnis ab von der bizarren Religiosität einer Übergangszeit. Völlig anders stellen sich dagegen bereits die Werke von Pieter Brueghel d. Ä. dar, der als »Bauernbrueghel« in die Kunstgeschichte eingegangen ist. Mit ihm erfolgte der Durchbruch zu einer realistischen, teils auch derb-naturalistischen Sichtweise, die ausgehend von unverwechselbarer nationaler Verankerung (Bauernhochzeit, Kreuztragung, Winterlandschaft u. a.) auf die geistige Emanzipation der Niederlande hinwirkte.

Neben Italien avancierten die Niederlande auch zu einer Heimstatt des Humanismus. Dessen Hinwendung zur Antike und die durch philologische Gelehrsamkeit möglich gewordene kritische Bibelsicht schufen einen fruchtbaren Boden für die Auflehnung gegen den herrschenden Dogmatismus. Die Kritik an der Erstarrung und Entartung der Kirche fand ihren Ausdruck in mannigfachen Erneuerungsbewegungen, unter denen die »Brüder vom gemeinsamen Leben« besonders breiten Einfluß gewannen.

Erasmus von Rotterdam. Der »Fürst der Humanisten« sah seine Hauptaufgabe in der moralischen Besserung der Menschen durch die christliche Philosophie. Anonymer Kupferstich. Universitätsbibliothek Leipzig

Erasmus von Rotterdam

Auch Erasmus von Rotterdam, König und Fürst der Wissenschaften genannt und mit anderen Attributen geehrt, ging durch die Schule der Brüder. Der führende Kopf des europäischen Humanismus wurde 1469 als illegitimer Sohn eines Geistlichen geboren. Seine »unehrenhafte« Abkunft verfolgte ihn zeit seines Lebens, obwohl er sich rühmen konnte, der Freund, Günstling, Geldempfänger und Briefpartner aller bedeutenden Herrscher seiner Zeit zu sein. Sein Schritt zum Humanismus erfolgte im Ergebnis eines Aufenthaltes in England, nicht zuletzt unter dem Einfluß von Thomas Morus. Ihm widmete er die Schrift »Lob der Torheit« (1509), die zu den streitbarsten Dokumenten des Humanismus gehört. Aus der fast unübersehbaren Fülle seines von einem übermenschlichen Arbeitsvermögen zeugenden Werkes ragen die griechisch-lateinische Neuausgabe des Neuen Testaments, die »Institutio principis Christiani« (1516) und die »Colloquia familiaria« hervor. Das Neue Testament in der Erasmusausgabe brach das Monopol der als unanfechtbar geltenden Vulgata. Auch Martin Luther stützte sich in der deutschen Bibelübersetzung auf den Erasmustext. Die »Institutio« war Karl I. von Spanien gewidmet und erläuterte die Grundsätze christlichen Herrschens, während die »Colloquia« (Gespräche), die eine pädagogische Morallehre enthielten, selbst intimste Lebenssphären nicht ausließen. Gemeinsam mit den Schriften »De civilitate morum puerilium« und »Diversoria« bietet Erasmus einen in seiner Freizügigkeit überraschenden Einblick in die Sitten und Gebräuche der Renaissancezeit: »Ausdruck jener fruchtbaren Übergangszeit nach der Lockerung der mittelalterlichen und vor der Stabilisierung der anderen neuzeitlichen Gesellschaftshierarchie« (Norbert Elias): Erasmus plädierte entschieden für eine von äußerem Pomp entledigte Kirche und forderte die Rückbesinnung auf die wahre (innere) Religiosität. Mit derselben Entschiedenheit verwarf er den Krieg und die nationale Überhebung.

Eine Änderung der Zustände erwartete er jedoch allein von den Mächtigen seiner Zeit. Die Kirchenkritik betrachtete er als Angelegenheit der Gelehrten, die vom Volke, dem Pöbel, ferngehalten werden müsse, um jeglichen Aufruhr zu vermeiden. Als mit der Reformation die Stunde der Wahrheit schlug, verweigerte sich Erasmus, der den Katholizismus zwar erneuern, aber nicht mit ihm brechen wollte. »Ich bin auf meine Ruhe bedacht und will . . . mich unabhängig erhalten . . .« Von der Kirche beargwöhnt, von Karl V. und den Fürsten protegiert, von der Reformation umworben, zog es Erasmus vor, dank vieler fürstlicher Gönner, am Rande der europäischen Wirren sein Gelehrtendasein zu vollenden. Widerwillig, aber letztlich doch, vollzog er den Bruch mit Luther im Streit um die Willensfreiheit des Christenmenschen. Desungeachtet wirkten seine Ideen als Triebkraft der kommenden Ereignisse, denn sie hatten den Boden unwiderruflich aufgebrochen.

Unter der Herrschaft Karls V. änderte sich die Lage der Niederlande in mehrfacher Hinsicht. Das mit Karls Namen verbundene Weltreich besaß seinen politisch-geographischen Schwer-

Wandel der spanischen Macht

punkt nun in Spanien. Mochten dem jungen Prinzen die Niederlande als »Hausmacht« gegolten haben, so erhielt nach 1517 dieses Gebiet den problematischen Rang, als reichste Teilregion des Imperiums das ökonomisch-finanzielle Rückgrat für eine Politik abzugeben, die sich als ein Faß ohne Boden erwies. Die forcierte ökonomische Ausbeutung verband sich mit der Tendenz einer immer stärkeren Ausprägung absolutistischer Machtstrukturen zu Lasten der gewohnten ständischen Ordnung. Während der ständische Adel sich um die Wahrung seiner verbürgten Privilegien sorgte und die historischen Rechte verteidigte, rang das aufstrebende Bürgertum um die Grundlagen seiner wirtschaftlichen Existenz, die unter feudalen Bindungen nicht mehr zu realisieren waren. Der Charakter des spanischen Absolutismus mit der ihm eigenen Schwäche an bürgerlicher Entwicklungssubstanz und die Preisgabe des nationalen zugunsten des universalen Prinzips waren mit den existentiellen Interessen der Niederlande unvereinbar.

Lutheraner, Täufer, Calvinisten

Die antiabsolutistische Opposition fand zunehmend Nahrung in der sich ausbreitenden reformatorischen Bewegung, die in unterschiedlichsten Strömungen und Varianten florierte. Im Gegensatz zum Humanismus, der sich auch in den Niederlanden als eine Philosophie der Elite darstellte, ergriffen die Ideen der Reformation die Massen. Hauptzentren waren die in ein weites Kommunikationsnetz eingebundenen Städte bei deutlicher regionaler Konzentration auf die nördlichen Provinzen.

Schon wenige Monate nach Luthers Thesenanschlag fanden seine Auffassungen in den Niederlanden begeisterte Aufnahme, die den Reformator zu einem enthusiastischen »Sendbrief an die Christen im Niederland« veranlaßte. Die Einwirkungen der lutherischen Reformation wurden jedoch rasch vom Radikalismus der Täufer überflügelt, der beträchtliche Teile der städtischen Unterklassen erfaßte. Wie stark und wie weit dieser über die Niederlande hinauswirkte, bewies sein maßgebender Einfluß auf die genannten Ereignisse in Münster. Allerdings traf der Anabaptismus in den Niederlanden nicht nur auf entschiedene Abwehr durch die Spanier, sondern ebenso durch das einheimische Patriziat, das naturgemäß dem sozialen Gleichheitsgedanken und den utopisch-chiliastischen Gesellschaftsvorstellungen keine Sympathie entgegenbrachte. Die Zahl der verfolgten und nicht selten auf die Scheiterhaufen getriebenen Anabaptisten wuchs unaufhörlich.

Als entscheidende geistige Stütze im Kampf gegen Spaniens Herrschaft sollte sich jedoch der über Frankreich einströmende Calvinismus erweisen. Glaube und Organisation des Calvinismus prägten eine ganze Generation von Märtyrern im Dienste der Freiheit. In den schwersten Momenten der kommenden Revolution bildeten die calvinistischen Konsistorien unbezwingbare Bastionen des Widerstandes.

Mit aller Energie versuchte Karl V., die Niederlande gegen die Verbreitung der Reformation zu immunisieren. Nach Verhängung des Wormser Edikts (1521) erfolgte in Löwen die erste Verbrennung der Schriften Luthers, weitere Städte folgten diesem Beispiel. Erasmus, der geistigen Urheberschaft verdächtigt, flüchtete nach Basel. Mit den Büchern brannten bald die ersten

Ketzerverfolgungen

Opfer der Inquisition. Nicht nur die Bekenner des neuen Glaubens unterlagen der gnadenlosen Verfolgung. Die Todesstrafe drohte selbst jenen, die einen Ketzer nicht denunzierten oder die verbotene Bücher druckten.

Da die Erlasse Karls V. und ab 1555 Philipps II. einer Billigung durch die General- und Provinzialstaaten unterlagen, wurde die

Religionsfrage in dem Maße zur Machtfrage, wie die spanischen Herrscher die Kirchenpolitik als Instrument zur Durchsetzung ihrer absolutistischen Ansprüche benutzten. Als Philipp II. 1559 die Niederlande verließ, um das spanische Erbe anzutreten, war der offene Ausbruch des angestauten Konflikts nur noch eine Frage der Zeit und des zündenden Funkens. Philipp übergab die

Margarete von Parma und Kardinal Granvela

Statthalterschaft an seine Halbschwester Margarete von Parma mit der Auflage, den Geist der Rebellion endgültig an der Wurzel zu treffen.

Margarete von Parma war die Frucht einer Beziehung Karls V. zu einer Tochter der Patrizierfamilie Van der Gheynst aus Oudenaarde. Ihre Regierung erweckte große Hoffnungen, denn Margarete galt wie einst ihr Vater als ein »Kind der Niederlande«, obwohl sich ihre Sympathien vor allem auf Italien richteten. Das Gemälde von Sánchez Coello zeigt eine selbstbewußte Frau, nichts dagegen von den männlichen Zügen, auf die Zeitgenossen hinwiesen.

Spaniens Statthalterin Margarete von Parma. Anonymer englischer Kupferstich. Staatliche Bücher- und Kupferstichsammlung Greiz

Nach calvinistischer Auffassung besaß die Kunst keine Funktion im sakralen Bereich. In Bilderstürmen, wie hier im Jahre 1566, reinigten die Calvinisten die Kirchen gänzlich von Kunstwerken. Zeitgenössischer Kupferstich. Bibliothèque Nationale, Paris

Margarete, zweifellos eine Politikerin von Format, geriet mit ihrer Idee des Ausgleichs rasch zwischen die Fronten: Auf der einen Seite standen die Vertreter des Adels, deren Kompromißbereitschaft zunehmend an Grenzen stieß, auf der anderen Seite fand sie eine Verhärtung in der Haltung Philipps II., die am Ende die offene Konfrontation herbeiführte. In ihrer Politik vor Ort sah sich Margarete durch Kardinal Granvela, vom König als ihr Berater eingesetzt, bevormundet. Der für diffizile diplomatische Missionen unersetzliche Kardinal erwies sich als Stein des Anstoßes für die Adelsopposition und war beim Volke als Inkarnation spanischer Willkür verhaßt. Margarete konnte zwar die Abberufung erwirken, sein Einfluß blieb jedoch auch aus der Ferne spürbar. Die weiteren Ereignisse ließen ihre Tage als Regentin zur Neige gehen.

Bildersturm – Auftakt der Revolution

Die große Wende fiel in das Jahr 1566, von den niederländischen Historikern als »Wonderjaar« bezeichnet. Schon im November 1565 hatte sich der Adel im »Compromis« zusammengeschlossen, um die altständischen Rechte gegen die absolutistischen Ansprüche Philipps zu verteidigen und die Einführung der Inquisition abzuwehren. Jedoch lehnte Philipp – entgegen dem Wunsche Margaretes – jedes Zugeständnis ab. Während der Adel fleißig petitionierte und appellierte, brach die Bewegung an der Basis los. Im August 1566 wurden in Flandern die ersten Klöster überfallen. Rasch breitete sich die Erhebung, die als »Bildersturm« in die Geschichte eingegangen ist, vor allem auf Gebiete mit gewerblicher Produktion aus, d.h. der Schwerpunkt der Unruhen lag in den Städten, das Land blieb weitgehend passiv.

Defensive der Adelsopposition

Durch den spontanen Ausbruch des Volkszornes in eine Entscheidung gezwungen, zog die Mehrheit der Adligen es vor, den spanischen König ihrer Loyalität zu versichern. Ständische Opposition und beginnende Revolution rückten sichtbar auseinander. Diesen Moment nutzte Margarete von Parma, um nun ihrerseits die Krallen zu zeigen und eine Politik der offenen Repression in die Wege zu leiten. Die auf dem »Compromis« fußende Adelsliga wurde militärisch geschlagen, und Margarete setzte fast alle von Philipp verhängten Maßnahmen in Kraft. Gleichsam über Nacht sahen sich die Calvinisten in den Untergrund gedrängt. Graf Egmont und seine Anhänger erneuerten den Eid auf die Krone. Wilhelm von Oranien und andere, die sich versagten, wählten das Exil.

Was als gelungene Befriedung erschien, war aber nichts anderes als die Ruhe vor einem neuen Sturm. Dessen Ausbruch ging

Calvinistischer Gottesdienst in der Kirche zu Stein bei Nürnberg. Das Evangelium besaß für die Gemeinde die Verbindlichkeit eines Gesetzes für die gesellschaftliche Ordnung. Zeitgenössischer Kupferstich. Germanisches Nationalmuseum, Nürnberg

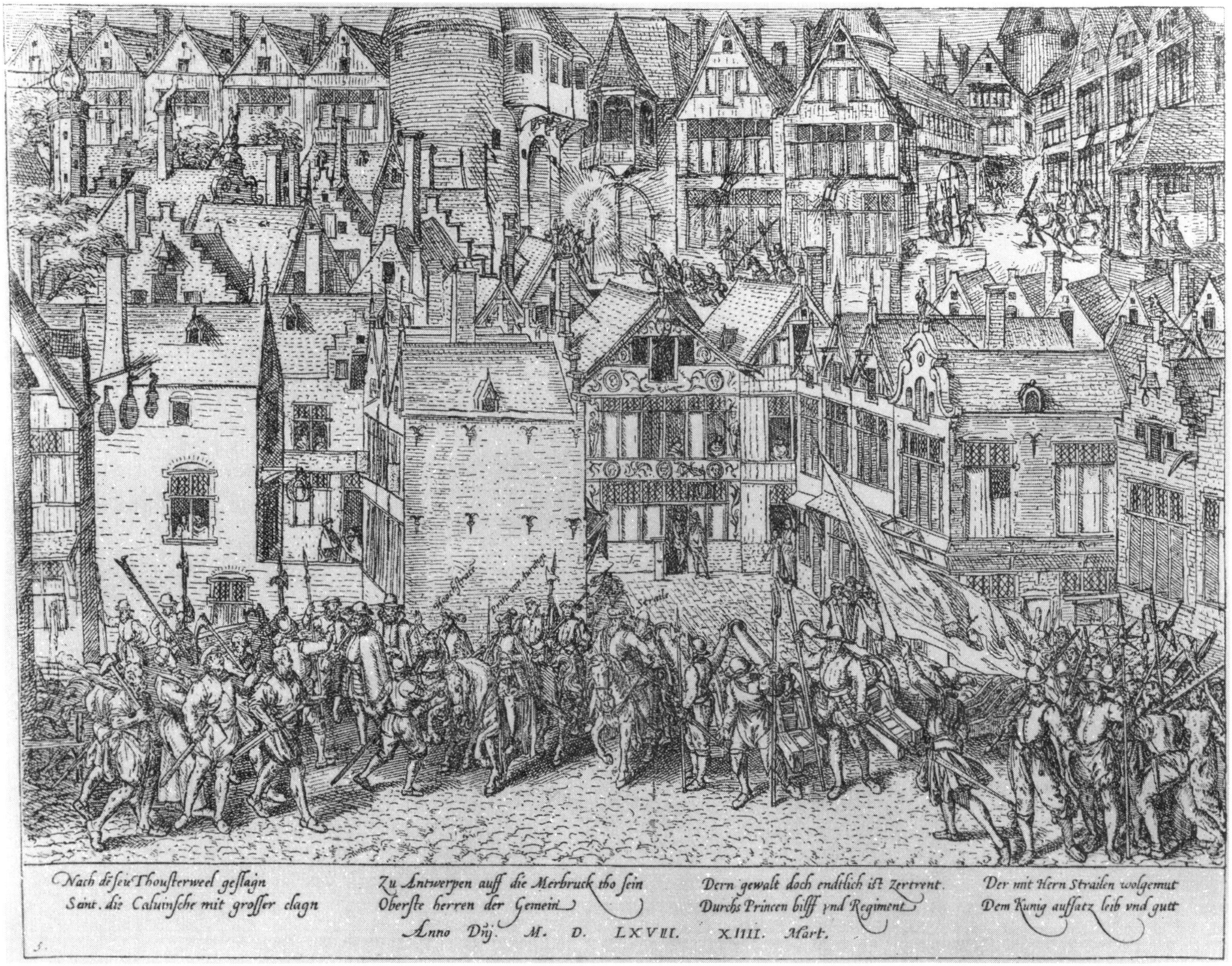

Der Aufstand der Calvinisten zu Antwerpen im Jahre 1568. Kupferstich von Franz Hogenberg. Sächsische Landesbibliothek Dresden

zu einem Gutteil zu Lasten Philipps, der Margaretes Politik des Ausgleichs mit dem ständischen Adel preisgab und stattdessen auf die totale Rekatholisierung und absolutistische Unterwerfung der Niederlande setzte. Das geeignete Werkzeug dafür hoffte Philipp im Herzog von Alba zu finden.

Philipp II. – Herzog von Alba

Nicht zuletzt das enge Verhältnis zwischen Philipp und Alba hat das dunkle Bild des Monarchen in der Geschichte mitbestimmt. So wie Heinrich IV. von Frankreich – man denke nur an Heinrich Manns »Die Jugend . . .« und »Die Vollendung des Königs Henri Quatre« – überlagert von positiven Klischees in die Geschichte eingegangen ist, wird das Bild Philipps bis in die Gegenwart von negativen Klischees erdrückt. Kein Geringerer als Friedrich Schiller hat als Dramatiker (»Don Carlos. Der Infant von Spanien«, 1787) und Historiker (»Geschichte des Abfalls der Vereinigten Niederlande«, 1788) an der Dämonisierung der Person Philipps II. entscheidend teilgehabt. Philipp ist als das gekrönte Haupt der Gegenreformation in die Weltgeschichte eingegangen; stets stand er im Schatten seines großen Vaters. Aber wer denkt schon daran, daß unter Karl V. in den Niederlanden viermal soviele Menschen der Inquisition und den Autos de fe

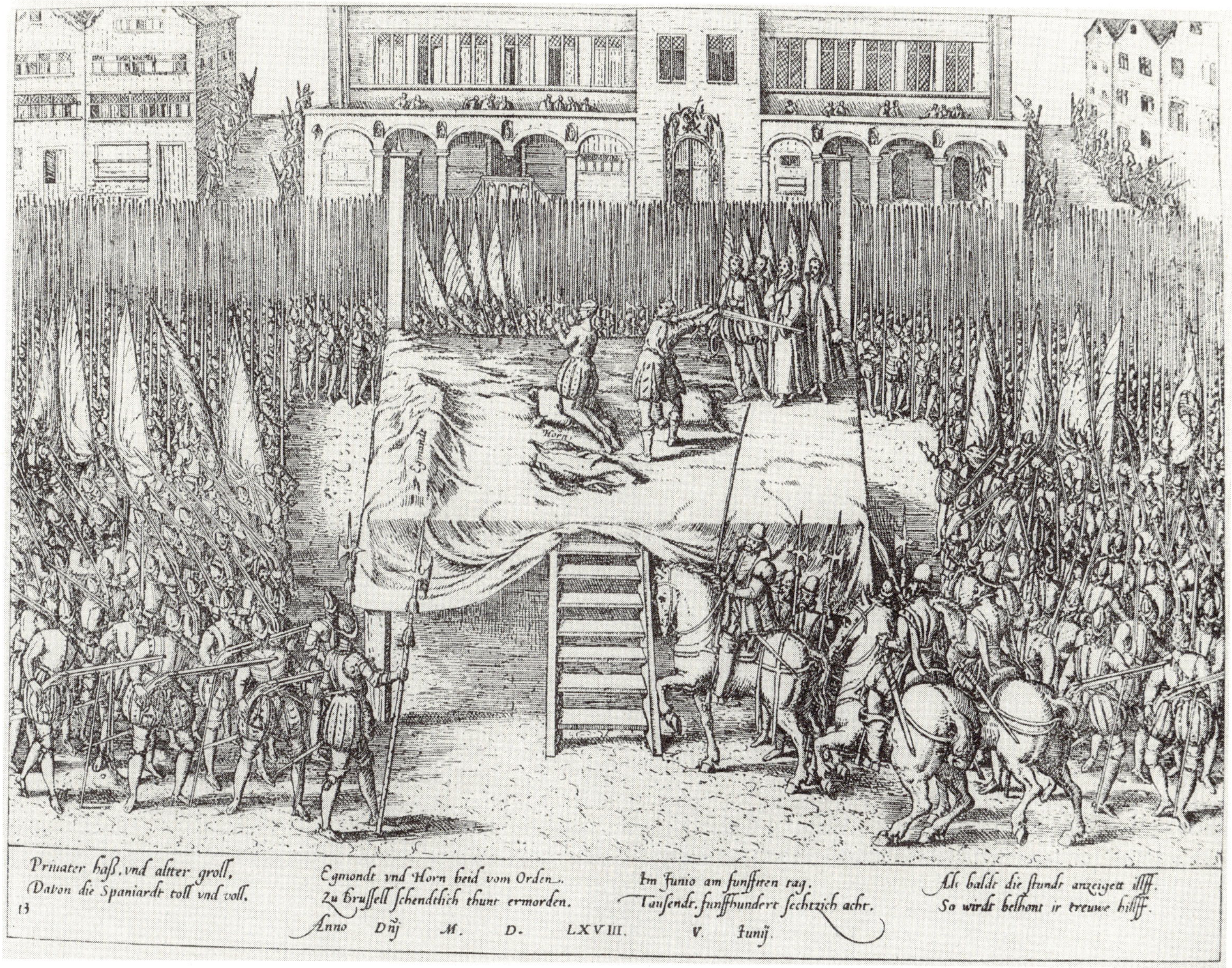

Am 5. Juni 1568 wurden die Grafen Egmont und Hoorn auf dem Marktplatz zu Brüssel hingerichtet. Kupferstich von Franz Hogenberg, nach 1570

zum Opfer fielen wie unter Philipp II.? Gewiß kein Grund zu bedingungsloser Rehabilitierung, aber doch wohl bedenkenswert.

Die Aufgabe, den gordischen Knoten zu durchhauen, fiel eben Alba zu. Wer war der Mann, der in die Geschichte als der ärgste Feind der niederländischen Freiheit einging und der seinem König den Vorwurf machte, er schicke ihn, Reiche zu erobern, die von Ketten überladen seien? Eine Biographie sine ira et studio dieser widersprüchlichen Gestalt fehlt bis zum heutigen Tage.

Fernando Alvarez de Toledo y Pimentel, III. Herzog von Alba, entstammte einem der traditionsreichsten Adelsgeschlechter Spaniens. Bevor er mit 17 Jahren unter Karl V. die militärische Laufbahn einschlug, genoß er eine umfassende humanistische Ausbildung, von der sein späteres Verhalten allerdings wenig erahnen ließ. Daß seine Sitten nicht ganz so streng waren, wie das Porträt eines unbekannten Meisters vermuten läßt, davon zeugte ein außerehelicher Sohn, Don Fernando.

An der Seite Karls V. zeichnete sich Alba auf den wichtigsten Schlachtfeldern aus: bei der Eroberung von Tunis (1535), an der Pyrenäenfront gegen Frankreich, wiederum unter Karl V. bei Mühlberg (1547) und als Befehlshaber in Italien. König Philipp II. nutzte seine Dienste als Brautwerber, militärischer Berater,

Heerführer und Diplomat. Alba verband Loyalität gegenüber dem König mit dem Recht auf offene Meinung als anerkannter Militär, was ihm nicht selten zum Nachteil gereichte.

Mit Albas Eintreffen in den Niederlanden an der Spitze einer kleinen, aber sorgfältig ausgesuchten Armee (8. August 1567) endete Margaretes Politik des doppelten Bodens; die Statthalterin zog sich auf ihre Besitzungen im Königreich Neapel zurück und verabschiedete sich damit endgültig von der großen Politik.

An die Stelle von Flexibilität und Weitsicht bei der Durchsetzung der spanischen Interessen trat nun uneingeschränkte Machtdemonstration. Äußerer Ausdruck der neuen Sachlage, die für Kompromisse und Halbherzigkeiten keinen Raum mehr ließ, war die Einrichtung eines »Rates der Unruhen« unter persönlichem Vorsitz von Alba, im Volksmund bald der »Blutrat« genannt. Seine Aufgabe bestand in der Aufspürung und Aburteilung von Verdächtigen. Traurige Berühmtheit erlangte der »Richter« Hessels, der in den Sitzungen meist schlief und nur im Moment der Beschlußfassung für ein stereotypes »Ad patibulum!« (An den Galgen!) den Kopf erhob.

Hinrichtung Egmonts und Hoorns

Alba war jedes Mittel recht, um die rebellische Provinz zu befrieden. Die Grafen Egmont und Hoorn, die arglos der Einladung zu einem Bankett folgten, wurden gefangengesetzt und mit vielen ihresgleichen hingerichtet. Selbstbewußt schrieb Alba an seinen König: »Gott sei es gedankt, das ganze Land ist ruhig!« – einer der klassischen Irrtümer der Weltgeschichte. In auffälliger Weise zielte Albas Terror gegen den Adel und die städtischen Notabeln. Dieser Versuch, die Opposition ihrer führenden Köpfe zu berauben, bedeutete aber gleichzeitig, die Kräfte auszuschalten, die trotz aller Vorbehalte stets auf einen Ausgleich mit Spanien setzten und um die Eindämmung der Volksbewegung angesichts des Bildersturmschockes bemüht blieben. Es war also Alba selbst, der die Dämme gegen eine Radikalisierung der Bewegung unterhöhlte. Auf religiösem Gebiet wäre das Bürgertum vielleicht Zugeständnissen zugänglich gewesen. Aber daß Alba die ruinöse »Alcabala« (Umsatzsteuer) einzuführen suchte und Zwangsauflagen im Umfang von zwei Millionen Gulden verhängte, brachte das Faß endgültig zum Überlaufen.

Wilhelm von Oranien

Nach dem Märtyrertod Egmonts und Hoorns trat Wilhelm von Oranien, Statthalter der Nordprovinzen Holland, Zeeland, Utrecht und West-Friesland, gemeinsam mit seinem Bruder, Ludwig von Nassau, an die Spitze des Unabhängigkeitskampfes. Kardinal Granvela nannte ihn spöttisch »den Schweiger«. Die praktische Politik des Oraniers brachte den inneren Zwiespalt im Verhalten des Adels deutlich zum Ausdruck. Als Mitglied des Staatsrates und Träger des Goldenen Vlieses verhielt sich Wilhelm von Oranien gegenüber Karl V. und Philipp II. durchaus

Wilhelm von Oranien, der Schweigsame, Graf von Nassau-Dillenburg, Führer im Kampf um die Unabhängigkeit der Niederlande. Kupferstich von Hendrick Goltzius. Staatliche Galerie Dessau, Schloß Georgium

loyal. Nichts deutete auf den künftigen Führer einer Revolution hin. Seine Opposition entsprang rein konservativen Überlegungen, da es ihm darauf ankam, altständische Privilegien gegen den Zugriff des Absolutismus, dazu eines fremdländischen, zu verteidigen. Obwohl in zweiter Ehe mit einer Protestantin verheiratet, blieb Wilhelm ein treuer Katholik, lehnte aber zugleich energisch die Einführung der Inquisition ab. Erst 1573 trat er zum Calvinismus über.

Wilhelms Haltung änderte sich in dem Maße, wie Spanien jedes Entgegenkommen ablehnte und die Bewegung sich mit dem Bildersturm von der Basis her zu radikalisieren begann. Beharrlich bemühte sich der Oranier, die Revolution von der Spitze aus unter Kontrolle zu bringen. Zunächst setzte er auf eine Invasion von außen und auf die Hilfe anderer Mächte (Frankreich, England, deutsche Fürsten); selbst den Preis einer Aufteilung der Niederlande zu zahlen, waren er und sein Bruder bereit. Nach dem Scheitern dieser Politik suchte Wilhelm – nolens volens – das Bündnis mit den Geusen, versäumte aber nicht, sich ihrer rasch wieder zu entledigen. Zu den prominentesten Opfern sollte Guillaume de la Marck gehören, der in das Gefängnis geworfen und in die Verbannung geschickt wurde. Später trat Wilhelm von Oranien über seinen Vertrauten Marnix in Kontakt mit dem auf Alba folgenden Requesens. Schwerlich vorstellbar, daß die Provinzialstände, die ihn zum Regenten wählten, davon wußten. Unter dem Oranier sollte jenes Bündnis zwischen dem Adel und dem reichen Bürgertum des Nordens zustandekommen, das bestimmend für die künftigen Niederlande war.

Nach seinem Bruch mit Spanien bedeutete der Oranier für Philipp II. der Feind Nummer eins; er verhängte die Acht über ihn, womit jeder gläubige Christ aufgefordert war, »den Feind Spaniens und die Pest der Christenheit« zu töten. Doch erst im Juli 1584 sollte Philipp II. die Nachricht in den Händen halten, daß Wilhelm von Oranien einem Attentat erlegen sei. Das hohe Kopfgeld hatte seinen Zweck letztlich nicht verfehlt.

Busch- und Wassergeusen

Auf Albas Gewalt folgte Gegengewalt. An die Spitze des patriotischen Widerstandes traten erneut die Busch- und Wassergeusen, deren Aktionen die Spanier zu Lande und zur See bedrängten und sie mehr und mehr auf die großen Städte zurückwarfen. Zu den berühmtesten Geusenführern gehörte der Adlige Guillaume de la Marck, der einer rauf- und händelsüchtigen Familie entstammte – sein Vater trug den mehrdeutigen Spitznamen »Eber der Ardennen« – und sich der Rache für Egmont verschrieben hatte; bis zum Sieg über die Spanier wollte er sich weder Kopf- noch Barthaar scheren lassen. Auch Wilhelm von Oranien nahm seine militärischen Aktivitäten wieder auf, ohne aber die Spanier damit besonders zu treffen. Während Wilhelm wieder auf Hilfe von außen setzte, mobilisierten die Geusen die inneren Reserven und zwangen den Spaniern einen Erschöpfungskrieg auf. Ihre Kampfmethoden waren kompromißlos; für Gefangene gab es keinen Pardon – wie auch sie keine Gnade erwarten durften –, und die abgeschlagenen Köpfe der Gegner wurden als Trophäen in Heringsfässern hinter den Schiffen hergezogen. Ihren ersten strategischen Erfolg erreichten die Wassergeusen mit der Einnahme der kleinen Hafenstadt Briel (1. April 1572). Bald öffneten sich andere Küstenstädte den Geusen, womit der Unabhängigkeitskampf in eine neue Phase eintrat. Der Schwerpunkt der Revolution lag zunächst in den Nordprovinzen. Nachdem Wilhelms Hoffnungen auf Frankreich in den Blutorgien der Pariser Bartholomäusnacht versunken waren, mußte auch er sich wieder den Geusen zuwenden. Vergeblich raffte Alba nochmals seine Kräfte zusammen, um den rebellischen Norden niederzuwerfen. Trotz Teilerfolgen – Einnahme Haarlems nach sechsmonatiger Belagerung – erreichte Alba das gesteckte Ziel nicht. Jedoch setzte sein ehelicher Sohn und Unterfeldherr Don Fadrique de Toledo ein Denkmal spanischer Barbarei: Von den 4000 Verteidigern Haarlems überlebten nur 1600; sie wurden fast alle gehängt, ihre Kommandanten Riperdá und Lancelot Broderode fanden den Tod durch Erdrosseln, die Stadt konnte ihre Plünderung nur durch einen Tribut von 250000 Gulden abwenden. Da Alba selbst durch die exemplarische Rache an Haarlem und anderen Städten den Norden nicht zu bändigen vermochte und überdies wußte, daß Philipp II. seine Enthebung beschlossen hatte, bat er um seinen Abschied. Erst als Befehlshaber des Heeres, das 1580 Portugal für Spanien eroberte, vermochte er sich zu rehabilitieren.

Geusen-Jetons. Diese zum Teil auf Geusensiegel geprägten Münzen wurden zu Propagandazwecken verwendet. Universitätsbibliothek Leipzig

Sein Nachfolger wurde Luis de Requesens y Zúñiga, der im Moment seiner Ernennung (1573) schon eine steile Karriere hinter sich hatte. Als Vertrauter Karls V. und Page des künftigen

Luis de Requesens

Königs Philipp II. war er in hohe Ämter aufgestiegen, wobei er sowohl hervorragende diplomatische wie auch militärische Fähigkeiten erkennen ließ. Zum Botschafter in Rom ernannt, setzte er im Konklave die Wahl des Spanien zugeneigten und auf die Gegenreformation eingeschworenen Pius V. durch. In der Seeschlacht von Lepanto kämpfte Requesens an der Seite von Juan de Austria. Über den Rang eines Gouverneurs von Mailand – der dortige Erzbischof, mit dem er in Konflikt geriet, exkommunizierte ihn – kam Requesens in die Niederlande, die er von früheren Reisen als Maître de plaisir Philipps II. gut kannte.

Die Umstände, unter denen er Albas Erbe übernahm, waren alles andere als vorteilhaft. Ohne Spaniens Machtanspruch preiszugeben, begriff Requesens die Unmöglichkeit einer Politik des Alles oder Nichts. Faktisch nahm er eine Kompromißpolitik im Stile Margaretes von Parma wieder auf. Dazu gehörten eine Teilamnestie und die Aufhebung des Blutrates. Gleichzeitig forcierte er die militärische Offensive: In der Schlacht auf der Mooker Heide (1574) gelang es ihm, das Heer Ludwigs von Nassau zu schlagen; Nassau selbst fand dabei den Tod. Dagegen vermochte Requesens nicht, der ständigen Attacken der Busch- und Wassergeusen Herr zu werden.

Verteidigung Leidens

Zum Höhepunkt des niederländischen Widerstandes wurde die Verteidigung der Stadt Leiden. Monatelang hielten die spanischen Tercios die Stadt in ihrem Würgegriff. Verluste, Hunger und Krankheit dezimierten die Belagerten. Alle Bürger bis zu den Frauen und Kindern waren in die Verteidigung einbezogen. Nach dem Fall der Stadt Haarlem wußten die Leidener, was ihnen bei einer Kapitulation bevorstand. Als letzte Verzweiflungsmaßnahme durchbrachen sie die Dämme – mit der Flut griffen die Wassergeusen ein, die spanische Armee ging buchstäblich unter. Als Anerkennung ihres Opfermutes erhielten die Bürger Leidens auf eigenen Wunsch die Erlaubnis, eine Universität gründen zu dürfen (1575). Leidens Hohe Schule sollte im 17. Jahrhundert zu einem der bedeutendsten akademischen Bildungszentren Europas aufrücken.

Juan de Austria

Requesens scheiterte aus drei Gründen: wegen der Unbeugsamkeit des niederländischen Widerstandes, der Nichtanerkennung jeglicher Konzessionspolitik durch Philipp II. und infolge der finanziellen Auszehrung Spaniens (Staatsbankrott 1575). Zwar opferte er sein ganzes Vermögen, um die Armee zusammenzuhalten, aber bald vereinigten sich die um ihren Sold geprellten Offiziere und Soldaten in marodierenden Banden. Das desolate Erbe übernahm Juan de Austria, der strahlende Sieger von Lepanto. Ihm oblag es, das gestrandete Schiff wieder flottzumachen. Ehrgeiz brachte er zur Genüge mit. Philipp II. wußte nicht, ob er das Talent seines Halbbruders bewundern oder dessen persönliche Ambitionen fürchten sollte.

Juan, bis heute von Legenden umwoben, war ein »Kind der Liebe« zwischen Karl V. und der attraktiven und sehr den Freuden des Lebens zugetanen Regensburger Kaufmannstochter

Nach dem angeblichen Ausspruch eines spanischen Höflings gegenüber Margarete von Parma »c'est un tas de gueuse« (das ist ein Haufen von Bettlern), griff das aufständische Volk diesen Namen auf. Die Geusen führten die Symbole Bettelnapf, Sack und Krug. Aus: A. Valerius, Gedene-dane, 1622. Rijksmuseum, Amsterdam

Universität Leyden. Aus: Album Amicorum des Joost van Mijnden van Amstel, um 1600. Universitätsbibliothek Leiden

Don Juan de Austria, der Sieger von Lepanto, einer der natürlichen Nachkommen Karls V. Gemälde von Anthonis Moro, 1557. Galleria Nazionale, Parma

Barbara von Blomberg. Auf Weisung des Kaisers wurde Barbara in die Niederlande verheiratet. Nach dem Tode ihres Mannes führte sie dank einer noblen Rente das skandalerregende Leben einer »lustigen Witwe«. Um das Prestige Juans zu schützen, ließ Philipp II. später die Witwe nach Spanien bringen, wo ihr Vergnügungen niederländischen Stils fortan vorenthalten blieben. Juan wuchs zunächst als »Kind einer wichtigen Person« auf, bis Karl V. für eine seriöse Erziehung des auf Falkenjagd erpichten Jünglings Sorge trug. Im Klosterpalast von Yuste diente Juan dem Kaiser als Page, ohne zu wissen, daß er seinen Vater vor sich hatte. Gemeinsam mit Alessandro Farnese und dem Infanten Don Carlos absolvierte Juan seine Studien an der berühmten Universität von Alcalá de Henares. Während Farnese als Musterschüler brillierte, Don Carlos, von beginnender Geisteskrankheit gezeichnet, sadistischen Neigungen nachging, hielt sich Juan an die Dienerinnen im bischöflichen Palais, in dem die drei Freunde logierten.

Seit 1568 bekleidete Juan de Austria den Rang des Oberbefehlshabers der spanischen Flotte. Unter seiner Führung erlebte Spaniens Seemacht ihren letzten Höhepunkt. Nach dem Triumph von Lepanto liebäugelte Juan sogar mit der Krone eines Königs der Griechen. Als Generalvikar von Neapel nicht so recht zufriedengestellt, hoffte er, sich an die Spitze der gegen Elisabeth I. rebellierenden Schotten und Iren setzen zu können, um als Lohn dafür Maria Stuart zur Frau zu gewinnen. Erst auf wiederholte Weisung Philipps begab er sich – als maurischer Diener verkleidet – über Frankreich in die Niederlande.

Juans Regiment über die Niederlande stand unter keinem guten Stern. Als er dort eintraf, besetzten meuternde spanische Einheiten die Zitadelle von Antwerpen und eroberten von dort aus die ganze Stadt (4. November 1576). Das Ergebnis war die in

Spanische Furie

die Geschichte eingegangene »spanische Furie«, der über 7000 Einwohner und unschätzbare Werte zum Opfer fielen. Damit endete zugleich die kommerzielle Vormachtstellung Antwerpens, das seinen Platz an Amsterdam abtreten mußte. Unter dem unmittelbaren Eindruck dieses Schlages schlossen sich die Süd-

Genter Pazifikation – Ewiges Edikt

und Nordprovinzen in der Genter Pazifikation (8. November 1576) zusammen, die allerdings die zwischen Katholiken und Calvinisten, Gemäßigten und Radikalen bestehenden Widersprüche nicht auf Dauer tilgen konnte.

Ohne schlagkräftige Armee war Juan ein Statthalter ohne Macht. Mit dem Faktum der Genter Pazifikation konfrontiert, zielte seine Politik auf die Abspaltung des Südens vom radikalcalvinistischen Norden. Juan erkannte sehr genau die Schwachpunkte des Novemberkompromisses. Da Spanien im Moment ohnehin kampfunfähig war, kostete es ihn wenig, im Ewigen Edikt vom 12. Februar 1577 den Abzug der spanischen Truppen aus den Südprovinzen zuzusagen. Jeder Versuch zur Wiederherstellung der spanischen Macht, auf die auch Juan nicht zu verzichten gedachte, hatte den Bruch dieser Vereinbarung zur Folge, zunächst aber gewann Juan die Unterstützung der

Notabeln des Südens. Wilhelm von Oranien sah seinen Einfluß auf Holland und Zeeland eingegrenzt. Politisch formuliert standen sich »Juanismus« und »Orangismus« gegenüber.

Um die Pattsituation zu durchbrechen, begab sich Juan von Brüssel in die Festung Namur, von wo aus er zum Krieg gegen die Nordprovinzen aufrief und an Philipp II. appellierte, Truppen und Geldmittel zu senden. Hier überschnitten sich Intrigen und Gegenintrigen, was dazu führte, daß Juans Vertrauter am Hofe auf Befehl des Königs ermordet wurde.

Von Philipp II. militärisch und finanziell im Stich gelassen, trug sich Juan de Austria zuletzt mit dem Gedanken, sein Leben als Mönch zu beenden. Im Alter von 33 Jahren, unverheiratet, aber zwei Töchter hinterlassend, starb Juan de Austria in den Mauern von Namur an Typhus. Der Krieg gegen die Niederlande hatte bereits den vierten Statthalter und unzählige Soldaten verschlungen. Wer sollte nun für Spanien in die Bresche springen?

Alessandro Farnese

Auf dem Totenbett hatte Juan seinen besten General, Alessandro Farnese, zum Nachfolger ernannt. Die Geschichte schien sich im Kreise zu bewegen, war doch Alessandro der Sohn Margaretes von Parma aus erster Ehe. Aber mit Farnese trat eine Persönlichkeit auf den Plan, die die Niederlande nochmals schwersten Prüfungen aussetzte.

Ein großer Heerführer und ebenso geschickter Diplomat, was ihm prompt das ständige Mißtrauen seines Königs einbrachte, der ihn als Vollzugsorgan, aber nicht als selbständigen Denker schätzte, setzte Farnese Juans Politik einer Isolierung des Nordens fort. Bei diesem Bemühen kamen ihm die innere Dynamik der Revolution und die in ihr eingeschlossenen Interessengegensätze zugute.

Aufstand im Süden – Diktatur der Städte

Der Herbst des Jahres 1577 markierte wiederum eine Wende im Gang der Ereignisse. Mit der neuen Konfrontation sahen sich alle handelnden Kräfte in die Entscheidung gezwungen. Komplizierte Widersprüche türmten sich auf: der Gegensatz Spaniens zur Gesamtheit der Provinzen, das sich verstärkende Interessengefälle zwischen Nord- und Südprovinzen, die Divergenzen zwischen Revolutionsführung (Generalstaaten) und Revolutionsbasis (städtisch-plebejische Bewegung), die Veränderungen im internationalen Kräfteverhältnis (Spanien – Frankreich – England).

Fast zur selben Zeit, da Juan in Namur Quartier bezogen und den Fehdehandschuh geworfen hatte, war in Brüssel bereits der erste »Rat der Achtzehn« (August 1577), ein Machtorgan der radikalen städtischen Demokratie, zusammengetreten. Zum Zentrum der radikalen Bewegung wurde Gent, wo sich am 1. November ebenfalls ein »Rat der Achtzehn« konstituierte. An der Spitze der Genter Radikalen stand Hembyze, eine schillernde Gestalt, der sich lange als »Spanierfresser« gab, später seinen Frieden mit Madrid machte, um schließlich von patriotischen Bürgern hingerichtet zu werden.

Rat der Achtzehn

Hauptsprecher in den revolutionären Räten waren Handwerker, kleinere Kaufleute, Advokaten, vereinzelt auch Adlige; sie stützten sich auf die Mobilisierung der plebejischen Schichten. Anders gesagt: Die sozialen Widersprüche der frühkapitalistischen Gesellschaft artikulierten sich innerhalb des Lagers der Revolution. Außenpolitisch orientierten sich die Radikalen auf England. Ihr Hauptziel bestand in der Organisation des militärischen Widerstandes gegen die Spanier, woraus in erster Linie die Geusen Nutzen zogen. Eingriffe in das Eigentum (Beschlagnahme von Kirchen- und Klosterbesitz, Zwangsanleihen für Reiche) und Repressivgesetze (Verfolgung von katholischen Priestern und Gläubigen) entsprangen keinem durchdachten sozialen Kampfprogramm, sondern erklären sich aus der Ausnahmesituation des Krieges. Vom Grad der Radikalisierung zeugte das Wiederaufleben des Bildersturms. Teilweise von Gent militärisch unterstützt, griff die radikale Bewegung auf andere Orte über.

Der faktische Bruch zwischen Führung und Basis komplizierte die Situation für Wilhelm von Oranien. Einerseits suchte er den Kontakt mit den Radikalen, um sie gegen die Spanier in die Waagschale zu werfen; andererseits bemühte er sich darum, ihre Unnachgiebigkeit in Glaubensfragen aufzuweichen. Nach harten Auseinandersetzungen gelang es Wilhelm, den Genter Radikalen den sogenannten Glaubensfrieden aufzuerlegen (16. Dezember 1578). Was als Sieg des Toleranzgedankens präsentiert wurde, erwies sich als erster Schritt zur Entmachtung der radikalen Stadtdemokratie. Um ganz sicher zu gehen, verhandelte Wilhelm parallel mit dem Herzog von Anjou, einem Bruder des französischen Königs Heinrich III. Der Herzog hoffte, der englischen Königin die Niederlande als Morgengabe in das Brautbett legen zu können.

Während Orangisten und Radikale ihre Kräfte gegenseitig in Waage hielten und dabei den Hauptgegner Spanien fast aus dem Auge verloren, reifte die Entscheidung von einer dritten Seite heran. Auf den wallonischen Adel gestützt, entfaltete sich im Süden eine konterrevolutionäre Welle, die im Oktober 1578 mit dem Anspruch der Religionsfreiheit für Katholiken (was umgekehrt Verbot des Calvinismus bedeutete) den Glaubensfrieden aufkündigte und zur Aktion schritt. Der Unabhängigkeitskampf nach außen verschmolz von nun an mit dem Bürgerkrieg im Innern.

Unionen von Arras und Utrecht

Die politisch-soziale Polarisierung der Revolution mündete in die offene staatliche Aufspaltung der Niederlande. Die Gegenrevolutionäre des Südens vereinigten sich in der »Union von Arras« (6. Januar 1579), worauf der Norden mit der »Union von Utrecht« (23. Januar 1579) antwortete. Beide Seiten führten nun einen erbitterten Kampf um jene Provinzen, die sich zunächst weder der einen noch der anderen Union angeschlossen hatten. Besonders die großen Städte des Südens bevorzugten die Utrechter Union. Mit der faktischen staatlichen Teilung, auf deren Grundlage die künftige belgische und die niederländische Nation entstanden, zerschmolzen Wilhelms Pläne, König der Niederlande zu werden, noch ehe das Attentat vom 10. Juli 1584 den Schlußstrich zog.

Für Farnese war der Aufstand des wallonischen Adels eine Fügung des Schicksals. Einem Wunder gleich, erhob sich Spaniens erloschene Macht wie Phönix aus der Asche. Die neue Offensive begann mit 24000 Infanteristen und 7000 Reitern. Dazu sicherte sich Farnese durch Vereinbarung den militärischen Beistand der Wallonen. Schritt für Schritt unterwarf er den ganzen Süden. Auch das erneute Eingreifen des Herzogs von Anjou brachte keine Änderung der Lage. Im Gegenteil: Die »französische Furie« wurde vielerorts schlimmer als die »spanische Furie« empfunden. Angesichts der sich im Süden abzeichnenden Niederlage der Revolution zogen die Patrioten des Nordens die

Unabhängigkeit der Nordprovinzen

entscheidende Konsequenz: Am 26. Juli 1581 erklärten die Vertreter der Provinzen Holland, Zeeland, Utrecht, Friesland, Groningen und Overijssel Philipp II. als Herrscher der Niederlande für abgesetzt (»Plakkaat von Verlatinge«). Die endgültige Trennung von Spanien bedeutete zugleich die Konstituierung eines unabhängigen Nationalstaates im Norden.

Farnese dagegen krönte die Reconquista des Südens mit der Eroberung von Antwerpen. An der Seite der Verteidiger Antwerpens standen schottische und französische Calvinisten. Die Belagerung begann im Dezember 1584. Um jede Unterstützung von See aus zu unterbinden, bauten Farneses Pioniere quer durch die Schelde einen Damm, eine militärtechnische Meisterleistung in dieser Zeit. Erneut durchbrachen die Verteidiger die Dämme, aber Farnese hatte vorsorglich Gegendämme aufbauen lassen. Ein großangelegter Ausbruchsversuch mit pulvergeladenen Sprengschiffen an der Spitze (1. Mai 1585) brachte die Spanier bereits ins Wanken, als sich Farnese persönlich an die Spitze des Gegenangriffs stellte. Schließlich am Ende ihrer Kräfte, kapitulierten die Bürger von Antwerpen am 17. August. Die Entsatzflotte aus dem Norden traf zu spät ein, denn Amsterdam sah nicht ohne Wohlwollen den Niedergang seiner mächtigen »Schwester«.

Farnese zeigte sich klug genug, keine Neuauflage der Furie zuzulassen. Er verkündete einen Generalpardon und gestattete den Abzug der Calvinisten. Tausende zogen mit Hab und Gut nach Norden.

Philipp II. ließ den Triumph über Antwerpen pomphafter feiern als den Sieg von Lepanto. Farneses Gedanke, den Schwung der Offensive in die Nordprovinzen zu tragen, blieb unausgeführt, da Philipp II. zu diesem Zeitpunkt bereits den Plan einer Invasion in England verfolgte, der allerdings, wie schon erwähnt, scheiterte. Als Spanien seinen Fehler erkannte und sich wieder konzentriert der niederländischen Frage zuwandte, war es zu spät: Im Jahre 1609 mußte es einen Waffenstillstand mit den befreiten Nordprovinzen eingehen, der de facto auf eine Akzeptierung der Unabhängigkeit hinauslief.

Trotz der Niederlage mochte es scheinen, als habe sich Spanien mit der Behauptung der Mehrzahl der niederländischen Provinzen recht gut aus der Affäre gezogen. Die folgende Entwicklung widerlegte das. Mit jeder Stadt, die im Süden in die

Rekatholisierung des Südens

Hände der Spanier fiel, schritt der Prozeß der Rekatholisierung voran. Die bürgerliche Physiognomie trat sichtlich hinter die wiederhergestellte aristokratische Herrschaft zurück. In den Sog der permanenten Wirtschaftskrise Spaniens hineingezogen, vermochte die »natio belgica« die Auswirkungen eines zwanzigjährigen Krieges nur schleppend zu überwinden. Antwerpens Blüte war endgültig dahin, eine holländische Blockade sorgte dafür, daß die größte Hafenstadt des Südens nur noch den Schatten einstiger Größe aufwies. Die Rekatholisierung, durch gezielte Ausweisung der Calvinisten vorangetrieben, lag vornehmlich in den Händen der Jesuiten, die hier ein Exerzierfeld der Gegenreformation besaßen. Seine Hochburg fand das erneuerte katholische Denken an der Universität Leiden, wo der Staatsrechtler und Historiker Justus Lipsius 1591 den von den Jesuiten effektvoll in Szene gesetzten Übertritt zum Katholizismus vollzog. Ähnlich wie in Spanien endete damit die Tradition des Humanismus; die Ideen des Erasmus galten mehr denn je als der Ketzerei verdächtig. Toleranz und Vernunft traten hinter eine wiederbelebte Mystik zurück. Auch die Naturwissenschaften litten unter dem Druck dogmatischen Denkens.

Moritz von Oranien

Im Verband der unabhängigen Nordprovinzen gab Holland den Ton an. An der Spitze des neuen Staatswesens stand ein Statthalter – nach Wilhelms Ermordung Moritz von Oranien –, der im Auftrag der Stände (Generalstaaten) mit Unterstützung eines Staatsrates regierte. Obwohl nominell eine Republik, existierten wesentliche Elemente einer erblichen Monarchie. Zwischen Adel und Bürgertum entwickelte sich ein heftiger Streit um den weiteren außen- und innenpolitischen Kurs. Ihren Ausdruck fand die zunehmende Polarisierung, die vor allem die Zeit nach dem Waffenstillstand von 1609 prägte, im Gegensatz zwischen Moritz von Oranien und dem Großpensionär und Landadvokaten der Generalstaaten, Johann von Oldenbarnevelt. Gegen die monarchistischen Pläne des Statthalters setzte Oldenbarnevelt auf eine bürgerlich-oligarchische Republik. Auch außenpolitisch überkreuzten sich die Interessen: Moritz war für die Fortführung des Krieges gegen Spanien mit Hilfe Jacobs I. von England, Oldenbarnevelt orientierte auf einen Frieden und auf die Unterstützung Frankreichs. Dieser Konflikt reichte bis in Grundfragen der Theologie: Die im Sinne des Leidener Theologieprofessors Arminius (Arminianer) eine gemäßigte Form der

Remonstranten und Kontraremonstranten

Prädestination bekennenden »Remonstranten« standen den dogmatisch auf Gomarus (Gomarianer) festgelegten »Kontraremonstranten« gegenüber und ergriffen wechselnd in der Auseinandersetzung Partei. Eine nicht unerhebliche Rolle spielte dabei das umstrittene Verhältnis von Staat und Kirche. In den Jahren 1617/18 kam es zur militärischen Konfrontation beider Lager, die mit einem vollen Sieg Moritz' von Oranien und der Kontraremonstranten endete: Am 12. Mai 1618 neigte der greise Oldenbarnevelt sein Haupt vor dem Henker. Diese »zweite Revolution« beendete die inneren Auseinandersetzungen in der Machtfrage und den Streit zwischen Föderalisten und Zentralisten. Mit dem Triumph der Orangisten siegte der autoritäre Zentralismus der Aristokratie über den oligarchischen Republikanismus des Bürgertums. Zugleich erfolgte für die Zukunft eine Konzentration der Kräfte, die die Niederlande zu einer führenden Militär-, Handels-, See-, Kolonial-, Kultur- und Bildungsmacht aufrükken ließ.

Militärreform

Moritz von Oranien war weniger ein genialer Schlachtenlenker denn ein bedächtiger Systematiker in der militärischen Auseinandersetzung mit Spanien. Im Zuge einer Heeresreform modernisierte und disziplinierte er seine etwa 30 000 Söldner umfassende Armee; er schuf kleinere, beweglichere Einheiten, verbesserte die Feuerkraft (Musketen) und erhöhte die technische Kapazität (Damm-, Brücken-, Festungsbau). Gemeinsam mit Turenne wurde Moritz zum Begründer neuzeitlicher Kriegskunst.

Mit dem Kopf Oldenbarnevelts waren auch die Argumente gegen eine Wiederaufnahme des Krieges gefallen. Wie sein Vater Wilhelm träumte Moritz von der Eroberung des Südens. Da aber die Niederlande durch eine ungünstige internationale Konstellation isoliert blieben, lag der Vorteil in dem 1621 erneut aufgenommenen Kriege zunächst auf seiten der Spanier.

Der neue Krieg – Ambrosio Spinola

An der Spitze der spanischen Truppen stand Ambrosio Spinola, mütterlicherseits aus dem genuesischen Geschlecht der Grimaldi stammend, die später Monaco beherrschten. Dank der Ehe mit der schwerreichen Juana Bassadonna war er zunächst

Der Musketier. Kupferstich von Jakob de Gheyn II nach Hendrick Goltzius aus der Folge »Offiziere und Soldaten eines holländischen Infanterie-Regimentes«. Staatliche Galerie Dessau, Schloß Georgium

aller finanziellen Sorgen enthoben und konnte es sich leisten, seinem bankrotten König, Philipp III., eine Armee von 6000 Mann auszustatten, mit der er ab 1603 in den Niederlanden operierte. Ob seiner Verdienste zum Granden und Marqués erhoben, begann Spinola – nunmehr im Auftrag Philipps IV. – nach Ablauf des Waffenstillstandes eine neue Offensive. Sein großer

Eroberung von Breda

Erfolg bestand in der Eroberung von Breda (1625), ein Ereignis, das ganz Europa erregte. Diego de Velázquez schuf aus diesem Anlaß eines seiner berühmtesten Gemälde, und Lope de Vega widmete Spinolas Taten eine Ode. Für die Niederlande komplizierte sich die Lage durch den gleichzeitigen Tod von Moritz, dessen Nachfolger sein Bruder Friedrich Heinrich wurde. Ähnlich seinen Vorgängern fehlte es dem seinem finanziellen Ruin entgegentreibenden Spinola an den Mitteln, den Triumph voll

Zentrum des europäischen Fortschritts:
Karte der Niederlande nebst verschiedenen Stadtansichten, 1658, aus: Atlas des Großen Kurfürsten (Mauritius-Atlas), Karte X. Deutsche Staatsbibliothek, Berlin

Eine Symbolfigur spanischer Herrschaft:
Hernán Alvárez de Toledo y Pimentel, III. Herzog von Alba, wirkte als Statthalter in den Niederlanden von 1567 bis 1573. Gemälde eines unbekannten Künstlers. Staatliche Galerie Dessau, Schloß Georgium

Gleichnis der Bilder:
Der Künstler übernimmt ein biblisches Motiv, um die Greuel der spanischen Herrschaft in den Niederlanden zu verurteilen. Der Bethlehemitische Kindermord. Gemälde von Pieter Brueghel d. Ä., 1567. Kunsthistorisches Museum, Wien

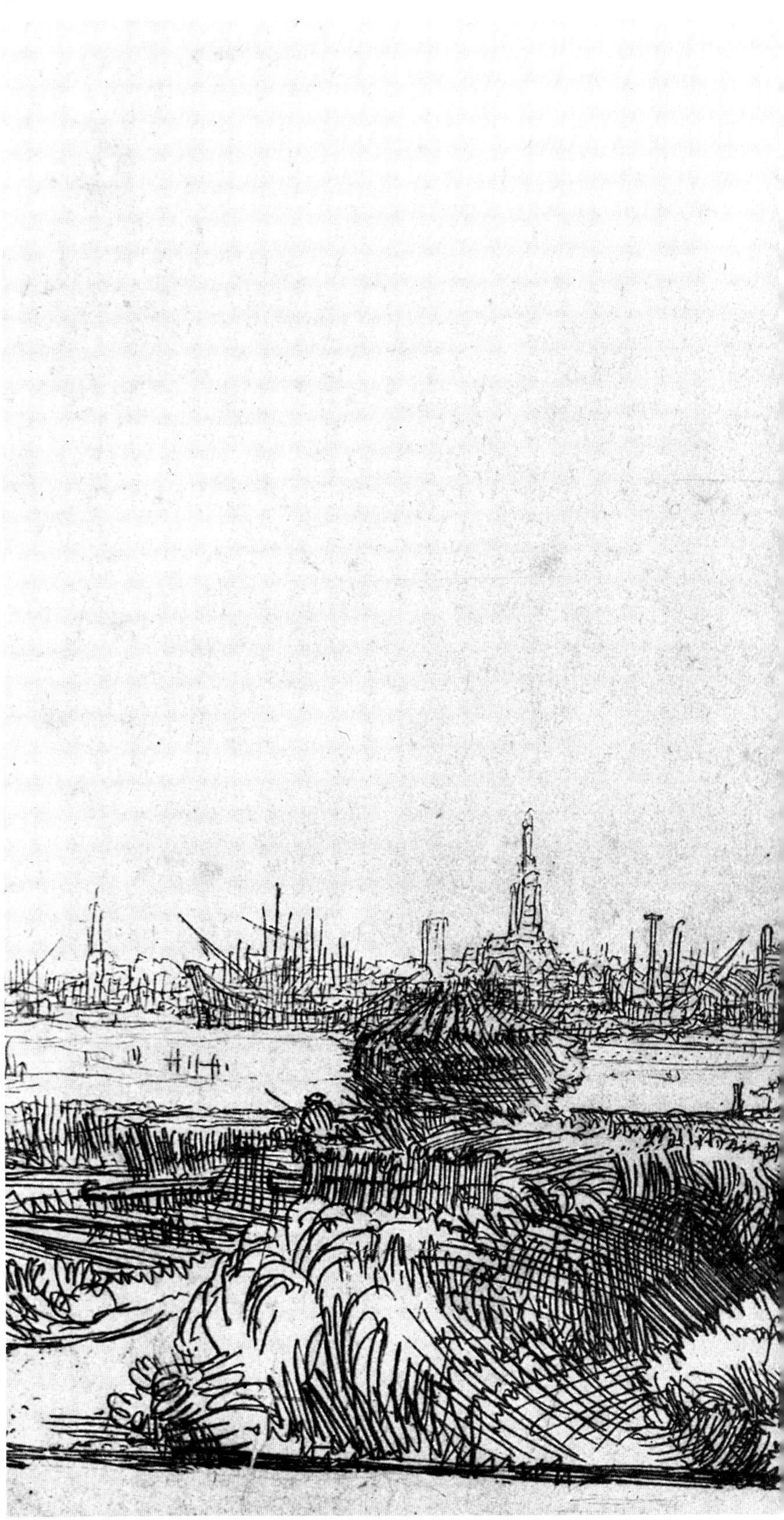

Die neue Handelsmetropole:
Der Verfall Antwerpens wurde zur historischen Chance für die konkurrierende »Schwesterstadt«. Ansicht von Amsterdam. Radierung von Rembrandt Harmensz van Rijn. 1640/42. Museum der bildenden Künste, Leipzig

Hoffnung der Hugenotten: Die Protestanten Frankreichs erwarteten Schutz durch Heinrich IV., den »Hugenottenkönig«, der im Jahre 1589 auf den Thron kam. Seine Vermählung in zweiter Ehe mit der üppig-trägen und extrem eifersüchtigen Maria de' Medici (16. März 1600) symbolisierte zwar den vollzogenen Ausgleich mit der Papstkirche, galt aber vor allem der Tilgung der Schulden, die Heinrich IV. bei Marias Vater, dem Großherzog von Toscana, hatte. Mit dem Gemälde zeigt der große Künstler der südlichen Niederlande, daß er, im Unterschied zu Rembrandt, mit der barocken Fülle in seiner Darstellung dem Geschmack des Adels entsprach. Gemälde von Peter Paul Rubens, 1622/25. Musée du Louvre, Paris

Das Gesicht der neuen Klasse: In den nördlichen Niederlanden gab die Kunst am frühesten der Selbstdarstellung des befreiten Bürgertums Ausdruck. Die Nachtwache (eigentlich: Auszug der Schützengilde). Gemälde (Detail) von Rembrandt Harmensz van Rijn, 1642. Rijksmuseum, Amsterdam

Spaniens letzter Sieg:
Die militärischen Erfolge der Spanier unter Ambrosio Spinola vermochten die Unabhängigkeit der nördlichen Niederlande nicht mehr aufzuhalten. Die Übergabe von Breda – Las Lanzas. Gemälde von Diego Velázquez, 1634/35. Museo del Prado, Madrid

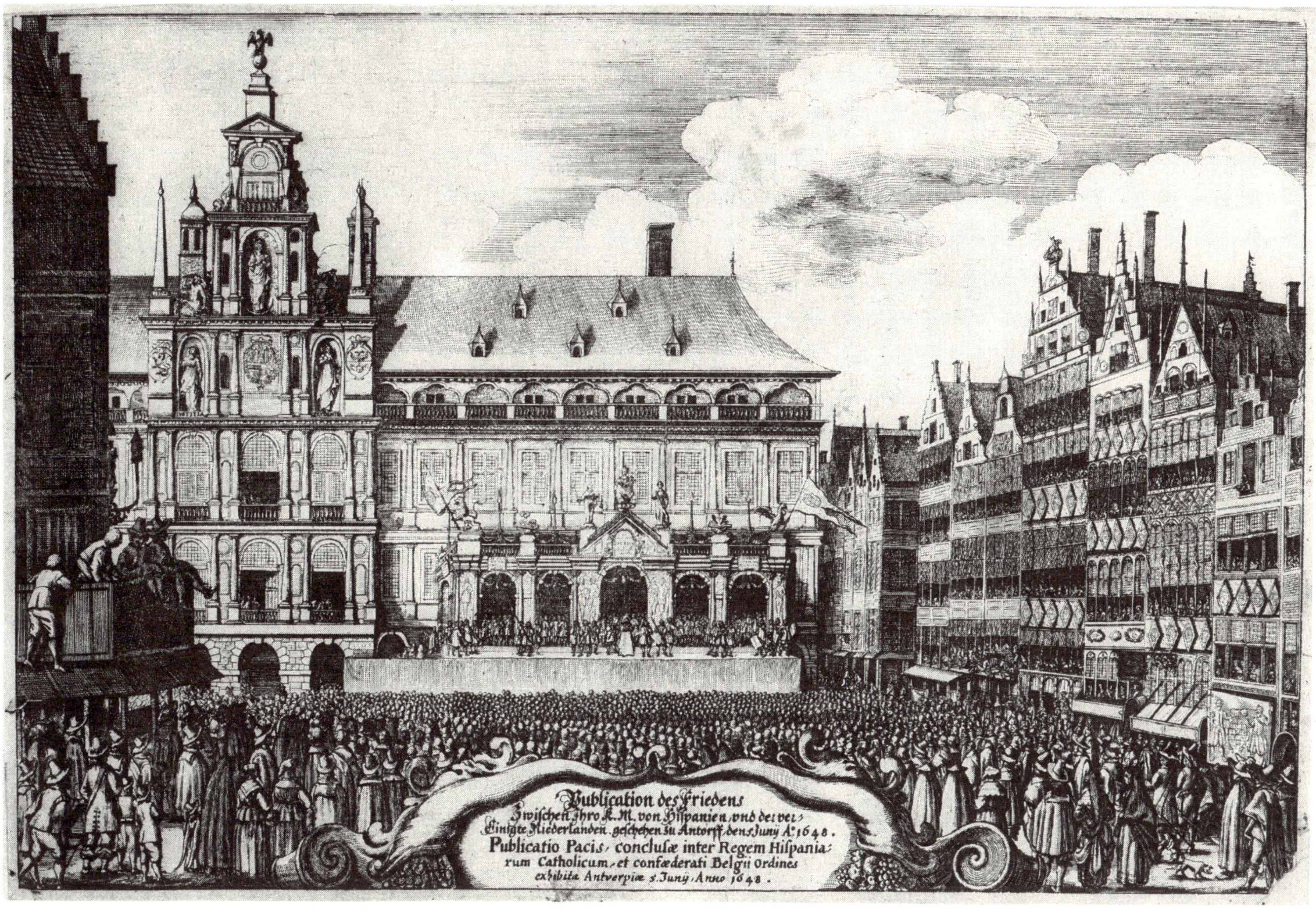

Der zu Münster und Osnabrück im Jahre 1648 geschlossene Westfälische Frieden sanktionierte die Unabhängigkeit der Niederlande. Der Friedensschluß wurde in Antwerpen öffentlich bekanntgegeben. Zeitgenössischer Kupferstich. Historisches Museum, Frankfurt am Main

auszunutzen. Als Sieger, der sein Ziel verfehlt hatte, verließ Spinola 1628 die südlichen Niederlande, um den ebensowenig glückhaften Posten eines Gouverneurs von Mailand zu übernehmen.

Seitdem liefen die Ereignisse von beiden Seiten auf ein Kompromiß hinaus. Spanien, wirtschaftlich bis ins Mark geschwächt, sah seine einstige Vormacht durch die Ereignisse des 1618 ausgebrochenen Dreißigjährigen Krieges und das Expansionsstreben Frankreichs bedroht. Auch England war durch die Krise der Herrschaft Karls I. unberechenbar geworden. Hinzu traten die diplomatischen und finanziellen Machenschaften Gustavs II. Adolf von Schweden, der die Niederlande zur Fortsetzung des Krieges zu ermuntern suchte. Friedrich Heinrich wiederum stand unter dem Druck einer zunehmenden Opposition gegen seine proenglische, stark absolutistisch eingefärbte Bündnispolitik, auch der politisch-religiöse Konflikt zwischen Remonstranten und Kontraremonstranten (Zentrum Amsterdam) flammte erneut auf. Nachdem der »Große Plan«, d.h. die Wiedereroberung des Südens, am Widerstand der realistisch denkenden Generalstaaten gescheitert war, gab es keine ernsthaften Hindernisse mehr für den Frieden von Münster (1648), den bereits der Sohn Friedrich Heinrichs, Wilhelm II. von Oranien, unterzeichnete und der die volle völkerrechtliche Anerkennung der Niederlande brachte.

Das »Goldene Zeitalter«

Nachdem sich der Norden von Spanien losgesagt hatte, besonders aber nach dem Waffenstillstand von 1609, begann ein bis zur Jahrhundertmitte andauernder explosiver Aufschwung, der als das »Goldene Zeitalter« in die Geschichte der Niederlande eingegangen ist. Licht und Schatten, Glanz und Elend, Wagemut und Verbrechen standen in dieser Zeit in krassestem und erschütterndstem Gegensatz zueinander, wovon die Berichte zeitgenössischer Reisender Zeugnis ablegen.

Strukturell kam dem Norden zugute, daß in der Zeit des Mittelalters keine besonders intensive Feudalisierung der Besitzverhältnisse erfolgt war. Dieser Umstand und die Auswirkungen der Revolution begünstigten die Herausbildung einer freien Bauernschaft auf der Grundlage des Pachtsystems.

Ihren eigentlichen Rückhalt aber besaß die Wirtschaft der Niederlande in Fischfang, Handel, Manufaktur und Kreditwesen. Der gesamte Nord- und Ostseeverkehr (Getreidehandel) lag traditionell in den Händen der Niederländer, die mit Erfolg die einst mächtige Hanse ausschalteten. Jährlich bis zu 3000 Schiffe befuhren die östliche Route. Der oft zitierte Satz, daß die Macht der Niederlande auf dem Hering beruhte, ist keineswegs so absurd, wie er klingt. Tatsächlich war die Fischerei, vorrangig der Heringsfang, ein Haupterwerbszweig des Nordens. Paradoxerweise sicherten die Eßsitten der Altgläubigen zur Fastenzeit den calvinistischen Ketzern ihre Hauptprofitquelle.

Ohne den Aufschwung der Manufakturen, die Schiffsbau und Textilproduktion beherrschten, zu unterschätzen, wurde die Dynamik der niederländischen Wirtschaft in erster Linie durch den Handel und die davon untrennbare Kolonialexpansion getragen. Auf den niederländischen Kaufmann konnten selbst die Spanier während des Krieges nicht verzichten. Kaufmannsmillionäre vom Schlage eines de Geer realisierten Handels- und Kreditgeschäfte, die sich über ganz Europa erstreckten. An der 1608 eröffneten Börse von Amsterdam schlug der wirtschaftliche Puls des Kontinents.

Kolonialexpansion

Die am Ende des 16. Jahrhunderts beginnende Kolonialexpansion der Niederlande traf zunächst die Portugiesen. Den Mittelpunkt der Auseinandersetzung bildete das lukrative Gewürzmonopol. Auf Aktienbasis entstand die Ostindienkompanie, der es gelang, den Portugiesen den größten Teil der Molukken zu entreißen. Der zum Generalgouverneur der neuen Kolonien ernannte Jan Pieterszoon Coen wurde zur Symbolfigur für die Grausamkeiten der niederländischen Herrschaft. Bereits 1624 erreichten die Niederländer Taiwan; fast zur selben Zeit (1626) wurde in Nordamerika Neu-Amsterdam gegründet. Die 1621 aus der Taufe gehobene Westindienkompanie eroberte das nordöstliche Brasilien, das jedoch 1661 wieder an Portugal zurückfiel. In der Nachfolge der Spanier und Portugiesen bauten die Niederländer das dritte große Kolonialreich auf.

Staats- und Völkerrecht

Der Machtanspruch der Aristokratie und des großen Bürgertums fand seine Rechtfertigung nach innen und außen in einem neuen Staats- und Völkerrecht, dessen Exponenten Justus Lipsius und Hugo Grotius waren. Lipsius kam den absolutistischen Ambitionen der Orangisten entgegen, ehe er seinen Frieden mit der Papst-Kirche schloß. Als Vertreter des Naturrechts begründete Grotius gegen den spanisch-portugiesischen Monopolanspruch die »Freiheit der Meere« und lieferte damit die Rechtfertigung für die Handels- und Kolonialexpansion der Niederlande. Da Grotius Anhänger Oldenbarnevelts war, erfolgte seine Verurteilung zu lebenslangem Kerker. Er konnte sich aber mit Hilfe seiner Frau durch eine List in das französische Exil retten.

Baruch Spinoza

Staatsrechtliches und philosophisches Denken der freien Niederlande kulminierten im Werk von Baruch Spinoza. Nachdem Spinoza zunächst mit der jüdischen Religion gebrochen hatte und dafür mit dem Fluch der Synagoge von Amsterdam belegt worden war, wandte er sich mit gleicher Konsequenz der Bibelkritik zu. Sein »Theologisch-politischer Traktat« (1670) mußte anonym erscheinen, und sein Hauptwerk »Ethik. In geometrischer Weise behandelt« konnte erst postum herausgebracht werden. Religions- und Gesellschaftskritik bildeten bei Spinoza eine untrennbare Einheit. Die Weigerung, die Bibel zum Maßstab des Wissens zu machen, und sein Bekenntnis zur Vernunft führten Spinoza zu materialistischen Grundpositionen, die den Horizont des in seine politischen Rechte eingesetzten Besitzbürgers weit überstiegen. Spinoza stand auch in der Praxis für seine Ideen ein. Viele Jahre mußte er im verborgenen leben. Er unterstützte Jan de Witt, als dieser, in der Tradition von Oldenbarnevelt stehend, den wiederum scheiternden Versuch unternahm, der Autokratie der Oranier eine Ratsdemokratie entgegenzustellen und dafür erschlagen wurde.

Neben der Philosophie, dem Staats- und Völkerrecht und den an den Universitäten intensiv gepflegten Naturwissenschaften manifestierte sich die Stellung der Niederlande als erste bürgerliche Kultur- und Bildungsmacht am überzeugendsten in der bildenden Kunst und im Buchdruck. Neben Frankreich, Italien und Spanien entwickelten sich die südlichen Niederlande zu ei-

Die großen Maler

nem Zentrum der barocken Malerei. Beherrschende Figur war Peter Paul Rubens. Ausgeprägte Körperlichkeit und intensiv leuchtende Farben kennzeichnen seine Werke, die den Einfluß italienischer Meister (Michelangelo, Raffael, Caravaggio) mit dem Kolorit der Niederlande zu einem eigenen Stil verschmelzen ließen. Religiöse und antike Motive bestimmten das Schaffen von Rubens (Kreuzabnahme, Raub der Töchter des Leukippos), ehe in seinen Alterswerken kleinformatige Landschaftsdarstellungen dominierten (Die flämische Kirmes, Landschaft mit Regenbogen). Als Hofmaler des Statthalters in aristokratischer Umgebung lebend, kam Rubens mit der hohen Politik in enge Berührung. Seine zahlreichen diplomatischen Missionen nutzte er für einen schwunghaften Handel und Schmuggel mit

Kunstwerken. Rubens' Werkstatt war in der Art einer Manufaktur organisiert. Zu seinen begabtesten Schülern gehörte Anthonis van Dyck, der es immerhin zum Hofmaler des englischen Königshauses brachte. Im Unterschied zu Rubens trat bei van Dyck die bürgerliche Sichtweise noch stärker zugunsten des aristokratischen Geschmacks zurück.

Die republikanischen Ideale des Nordens brachte in unübertroffener Weise Rembrandt Harmensz van Rijn auf die Leinwand. Allerdings überforderte sein realistischer und unkonventioneller Stil den Horizont eines an Repräsentation von Reichtum und neugewonnener Macht interessierten Bürgertums. Zeitweilig geschätzt, dann boykottiert und schließlich in Armut vergessen, verkörperte Rembrandt in seiner Person den unverstandenen, weil der Zeit weit vorauseilenden Künstler. Die Sujets der Rembrandtschen Malerei waren weitgespannt: Sie reichten vom Gruppen- und Einzelporträt über tiefreligiöse, dabei stets allgemein-menschliche Motive bis zu profanen Gegenständen des Alltags. Als Sohn eines Müllers am 15. Juli 1606 geboren, kam er durch die Ehe mit Saskia van Uylenburgh in den Besitz eines beträchtlichen Vermögens. In der Zeit seiner Verarmung und Einsamkeit stand ihm die Magd Hendrikje Stoffels entsagungsvoll zur Seite. Ihr Tod und der Tod seines einzigen Sohnes Titus bedeuteten das Ende für Rembrandts künstlerische Existenz.

Um Rembrandt herum wirkte in den Niederlanden eine fast unübersehbare Fülle von Malern, die den aufblühenden Kunstmarkt versorgten und die befreiten Niederlande für die Zeit von mehr als einer Generation zum Weltzentrum der Kunst machten. Zeitgenossen schätzten ihre Zahl auf über 2000. Kunst galt bereits als sichere Kapitalanlage. Prestige und Gewinn reichten sich die Hand. Neben Rembrandt trat Frans Hals hervor, ein Meister des Porträts und zupackend-realistischer, fast schon naturalistischer Alltagsszenen. Über Hercules Seghers, Salomon van Ruysdael, Aert van der Neer, Willem van de Velde, Jan van de Capelle, Nicolas Maes und viele andere reichte die Kette bis Jan Vermeer van Delft und wieder über diesen weiter hinaus . . .

Der Wandel in Sujet und Stil der niederländischen Malerei gibt bis heute zu erkennen, bis zu welchem Punkt das emanzipierte Bürgertum dem Erbe seiner Revolution treu blieb und ab wann es seinen aristokratisierenden und oligarchischen Neigungen nachzugeben begann.

Die für die frühe Neuzeit so charakteristische Kunst des Buchdruckes fand in den Niederlanden die idealsten Voraussetzungen. Das von feudalen und dogmatischen Fesseln weitgehend befreite Lebensgefühl, das mit der Unabhängigkeit verbundene Souveränitäts- und Selbstwertverständnis und die neue Weltoffenheit prägten Druck, künstlerische Gestaltung und Vertrieb des geschriebenen Wortes. Trotz der Strenge calvinistischen Denkens bildeten die Niederlande einen Hort der Gewissensfreiheit, was deutsche, englische, französische und spanische Autoren zu schätzen wußten. Für eine Zeit waren niederländischer und europäischer Buchdruck fast identisch. Ein gut entwickeltes Bildungswesen und ein relativ hoher Grad der Alphabetisierung ermöglichten Auflagen bis zu 50000 Exemplaren. Außerordentliche Bedeutung gewann in der Revolution die Flugblattliteratur. Zugleich präsentierte sich das geistige und künstlerische Werk als eine vom Markt abhängige Ware.

Buchdruck und Verlegerdynastien

Die Geschichte der niederländischen Buchkunst stand im Zeichen von zwei, oft als »Dynastien« verstandenen Familienunternehmen, die aus der großen Zahl ihresgleichen herausragten. Von Frankreich kam Christoph Plantin, bei dem die bekanntesten Humanisten verlegten. Bereits zu Beginn der Unabhängigkeitsrevolution brachte Plantin die polyglotte Bibel (Plantiniana, 1569–1573) heraus. Für den hohen Organisationsgrad der Arbeit zeugte die Beschäftigung von 40 Mitarbeitern in diesem Unternehmen. Berühmte Gelehrte waren als Korrektoren der Texte tätig.

Zu den Lehrlingen Plantins gehörte Louis Elzevier, der später als Buchhändler, Verleger und Auktionator seinen Lehrer und Gönner weit überflügeln sollte. Von großem Nutzen erwies sich die enge Verbindung zu der aufstrebenden Universität Leiden. Die Elzeviers – der Vater und die sein Erbe fortsetzenden Söhne – wandten sich vornehmlich an Gelehrte und das gebildete Publikum. Die vielbändigen »Respublicae variae« behandelten alle Weltregionen, bis hin zu Indien, China und Japan. Die »Dynastie« Elzevier, die eines der glanzvollsten Kapitel der neuzeitlichen Buchkunst Europas repräsentierten, erlosch zu Beginn des 18. Jahrhunderts. Auf der Liste ihrer Publikationen standen Werke von Bacon, Hobbes, Milton, Pascal, Descartes, Erasmus, Corneille, Molière – der geistige Kosmos einer ganzen Epoche.

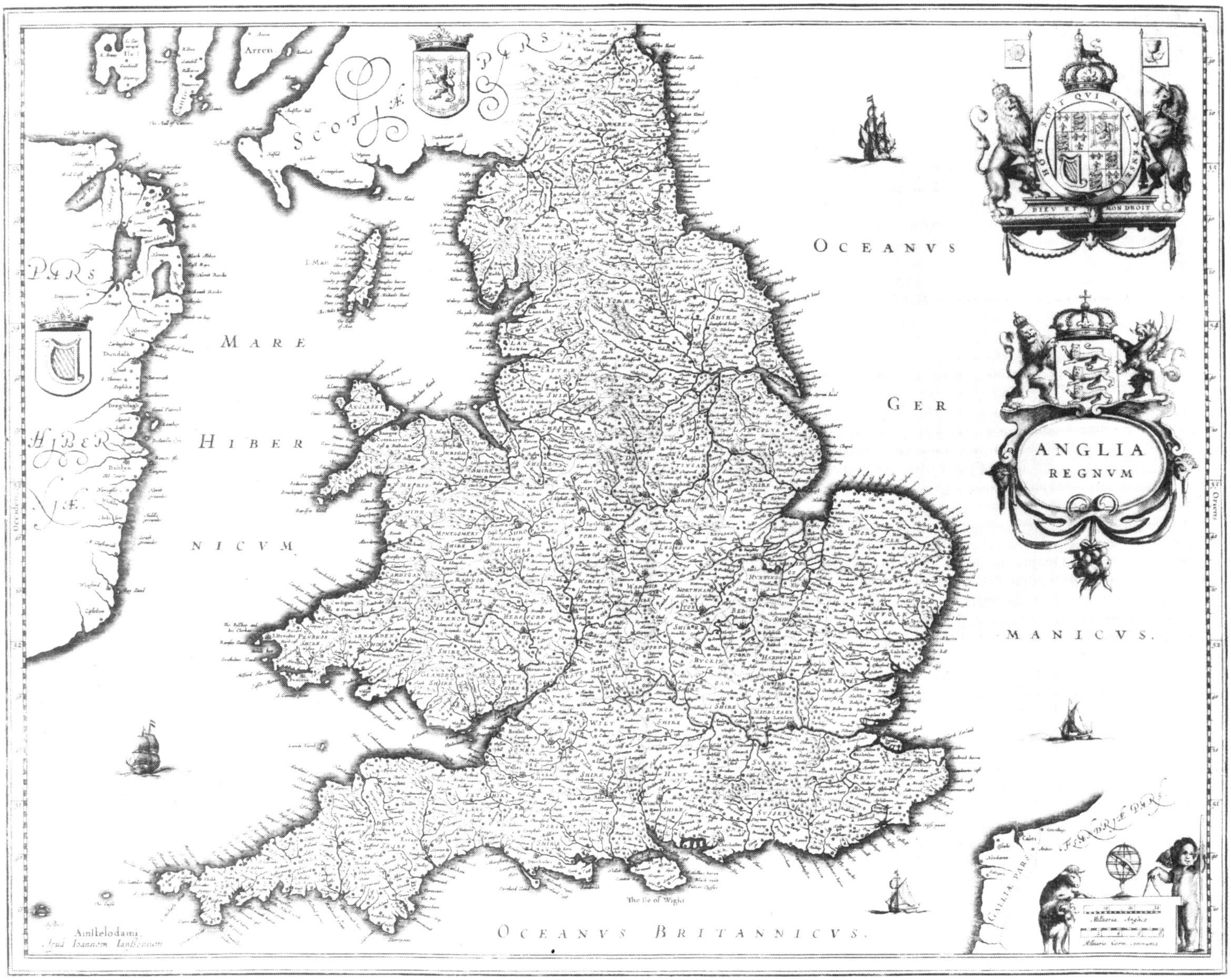

Karte des Königreiches England aus »Novus Atlas, das ist Weltbeschreibung und vollkommene Abbildung aller Welt vornehmer Königreiche, Länder und Provintzen . . .«, Teil 1. Amsterdam, 1644. Akademie der Wissenschaften der DDR. Institut für Geographie und Geoökologie, Leipzig

4 Insel der Gottesstreiter

Fast zur gleichen Zeit, da das seiner Stellung als beherrschende europäische Großmacht entblößte Spanien im Friedensvertrag von Münster die Unabhängigkeit der Niederlande de jure anerkennen mußte, trieb in England die 1640 ausgebrochene Revolution ihrem Höhepunkt entgegen. Sie war die erste Revolution des Manufakturzeitalters, die zugleich eine neue Etappe im bürgerlichen Revolutionszyklus einleitete. Ihre wirtschaftlichen, sozialen, politisch-institutionellen und geistigen Voraussetzungen markierten einen höheren Reifegrad; eine neue Stufe der Weltgeschichte war erreicht. Mit dieser Revolution und der nachfolgenden Entwicklung bis in die Zeit der industriellen Umwälzung in der zweiten Hälfte des 18. Jahrhunderts begann Englands Aufstieg zur führenden Nation des bürgerlichen Zeitalters. In fast allen Sphären des gesellschaftlichen Lebens nahm England von nun an für viele Generationen den Rang eines Musterlandes ein. Seine Existenz und seine kontinuierliche Entfaltung als Wirtschafts-, See- und Kolonialmacht, die Vorbildwirkung seiner politischen Prinzipien – symbolisiert in der Rolle des Parlaments – wurden von den alten Mächten als ständige Herausforderung empfunden. Kardinal Mazarin sah Europas Throne wanken und betrachtete die englische Revolution als »ein Unglück ohnegleichen für Frankreich«. Der bürgerliche Fortschritt besaß in England einen neuen, unaustilgbaren Hort. Auch die Geographie in Gestalt der insularen Lage kam der künftigen »Herrscherin der Meere« zugute, wie schon William Shakespeare in seinem Lob auf das schützende »Silbermeer« (Richard II.) zum Ausdruck brachte.

Nachhaltiger aber wog der Umstand, daß im Ergebnis des Dreißigjährigen Krieges alle tonangebenden Mächte des Kontinents an ökonomischer und finanzieller Auszehrung litten, die – nolens volens – jeden Gedanken an eine Invasion zu purer Illusion werden ließ. Frankreich und sein Erster Minister, Kardinal Mazarin, die sich besonders um eine antienglische Koalition bemühten, wurden überdies durch die Fronde auf die eigenen Existenzsorgen verwiesen. Und Spanien hatte ja seinen Traum, England für die katholische Christenheit wiederzuerobern, schon 1588 versinken sehen.

Auf dem Weg zur Revolution

Die Wurzeln der englischen Revolution reichten weit in das 16. Jahrhundert zurück. Schritt für Schritt vollzog sich auf den Fundamenten der feudalen Gesellschaft die Freisetzung und Entfaltung kapitalistischer Elemente. Von diesem qualitativen Wandel sahen sich auch erhebliche Teile der Adelsklasse betroffen. Die Festigkeit der Herrschaft des Absolutismus hing nicht zuletzt davon ab, wie er es vermochte, diese widerstreitenden Entwicklungslinien in Balance zu halten, d.h. den aufstrebenden bürgerlichen Interessen entgegenzukommen, ohne die Privilegien des Adels preiszugeben. Man mag das als eine Quadratur des Kreises ansehen, indes bezeugt die Geschichte, daß sich vor allem die Herrscher der Tudordynastie (1485-1603) mit beträchtlichem Geschick dieser Aufgabe unterzogen. König in England zu sein bedeutete damals, ein enormes Risiko für Leib und Leben einzugehen. Shakespeares tragisch-verruchte Herrschergestalten zeugen davon. Noch zwischen 1558 und 1688 verlor jeder Herrscher Angehörige oder den eigenen Kopf auf dem Schafott.

Am Vorabend der Revolution war England ein Agrarland, obwohl schon fast 20 Prozent der reichlich vier Millionen Einwohner umfassenden Bevölkerung in den Städten wohnten. Mit etwa 30000 Bürgern stand London weit an der Spitze. Hier sollte auch das Epizentrum der kommenden Revolution liegen.

Agrarrevolution

In der Landwirtschaft vollzog sich eine schleichende Entfeudalisierung. Leibeigenschaft und Hörigkeit, auf dem Kontinent noch verbreitet, gehörten bereits der Vergangenheit an. Am Vorabend der Revolution schrieb ein Zeitgenosse: »Die freien Bauern sind ein Stand, den es fast nur in England gibt.« Wachsende Bedeutung erlangten auch die Pächter. Nicht wenige Historiker sprechen von einer Agrarrevolution und meinen damit den Prozeß der Einhegungen (Enclosures), Trockenlegungen, die Aufhebung von Gemeindeländereien und den Anbau neuer technischer Kulturen, vor allem aber den massenhaften Übergang zur Schafzucht, was England den ersten Platz in Wollproduktion und Wollexport einbrachte. Die sozialen Folgen für die bäuerlichen Unterschichten (Copyholders, Cotters) waren indes schwerwiegend. Es begann eine unbarmherzige Pauperisierung, wofür Thomas Morus in seiner »Utopia« (1516) das Bild von den menschenfressenden Schafen fand. Seit Ende des 16. Jahrhunderts stand England im Zeichen bäuerlicher Widerstandsbewegungen, die bis weit in die Zeit der Revolution hineinreichten. In der wirtschaftshistorischen Forschung gelten eben diese Jahrzehnte als die härtesten für die unterprivilegierten Schichten.

Die massive Enteignung von Kirchenländereien im Ergebnis der von Heinrich VIII. in die Wege geleiteten englischen Reformation begünstigte Teile des königstreuen Adels. Es entstand

Neuadel und Bürgertum

ein Neuadel, dessen Interessen in vieler Hinsicht mit denen des Bürgertums, konzentriert in der Londoner City, konform gingen. Hier lagen die Wurzeln für das spätere historische Bündnis der beiden Klassen in der Revolution.

Um dem Zunftzwang zu entgehen, zog das Handwerk auf das Land. Entscheidende Impulse für die gewerblich-industrielle Entwicklung kamen von den aufblühenden Manufakturen: Wachsende Kohleförderung und Eisenproduktion stellten die Wirtschaft auf neue Grundlagen. Den größten Aufschwung nahmen Schiffahrt und Handel. Die Krone vergab Monopolprivilegien für bestimmte geographische Regionen der Erde. Berühmtheit erlangten die »Merchant Adventurers«; hinzu kamen die Ostindische, die Moskauer und zahlreiche andere Handelskompanien. Die Piraterie stand im Range eines durchaus ehrenwerten und königlich geförderten Gewerbes. Allein im Jahre 1563 sollen etwa 400 englische Piratenschiffe über 600 französische Schiffe im Kanal gekapert haben. Hauptangriffspunkt war das iberische Kolonialmonopol. Auf Sir Francis Drake geht der Ausspruch zurück: »No peace beyond the line«, womit die Nichtanerkennung der von Spanien und Portugal im Vertrag von Tordesillas (1494) mit päpstlichem Segen vollzogenen Aufteilung der Welt gemeint war. Drake, der als erster Engländer die Welt umsegelte, brachte das Bravourstück fertig, durch die nach ihm benannte Drakestraße auf die bis dahin als sicher geltende pazifische Seite des spanischen Kolonialreiches in Südamerika vorzustoßen. Sir Walter Raleigh, ebenso tapfer und intelligent wie skrupellos, kam bis Nordamerika und legte seiner als jungfräulich vermuteten Königin Elisabeth mit »Virginia« den Grundstein des englischen Kolonialreiches zu Füßen. Nachdem sich im Jahre 1588 der Angriff von Spaniens Flotte auf England als katastrophaler Fehlschlag erwiesen hatte, fielen die letzten Hemmungen gegenüber dem iberischen Rivalen.

Parlament

Am Ende des 16. und zu Beginn des 17. Jahrhunderts bestand der Grundwiderspruch in der progressiven Entwicklung der wirtschaftlichen Basis und einem sich darüber erhebenden absolutistischen Staat, der sichtlich hinter den Erfordernissen der Zeit zurückblieb. Eine entscheidende Rolle spielte dabei das Parlament, das seine Rechte auf die Magna Charta von 1215 zurückführte. In dem Maße, wie ökonomisches Gewicht und Selbstbewußtsein von Neuadel und Bürgertum wuchsen, verwandelte sich das Parlament von einem Instrument des Interessenausgleichs im Sinne der Krone zu einer Stätte der Opposition gegen diese.

Elisabeth I.

Elisabeth I. bekam das schon zu spüren. Mit ihr erreichte der Absolutismus den Zenit und überschritt ihn zugleich. Als Herrscherin stand sie ihrem Vater, Heinrich VIII., kaum nach. Ob ihrer illegitimen Abkunft in der Jugend gemieden, von ihrer Halbschwester Maria (»der Blutigen«) als lästige Konkurrentin in den Tower geworfen und knapp dem Schafott entgangen, lernte Elisabeth beizeiten die Kunst des Überlebens in jeder Situation und um jeden Preis. Diese Tugend kam ihr auch im Umgang mit dem Parlament zugute. Außergewöhnliche Belesenheit in humanistischen Schriften und Kenntnis mehrerer Sprachen hoben sie sichtlich über das Gros ihrer Klasse hinaus und machten sie zum »ersten Mann« ihres Landes. In der Begegnung mit der breiten Masse scheute sie sich allerdings nicht, sich vulgärster Ausdrücke zu bedienen. Die »Dialoge« mit dem Volk ließen an Anzüglichkeit wenig zu wünschen übrig. Ihre Berater, so z. B. Sir William Cecil, Lord Burghley, wußte sie gut zu wählen. Sofern sie weiblichen Neigungen nachgab, hatte sie allerdings keine glückliche Hand. Ihr erster Verehrer, Lord Thomas Seymour, starb unter der Anklage des Hochverrats; der spätere Geliebte, Robert Dudley, Count of Leicester, erwies sich als ein Abenteurer ohne Format.

Elisabeth mußte einen Zweifrontenkrieg gegen die katholische Fraktion des Altadels wie auch gegen den aufkommenden Puritanismus führen. Um ihre Stellung zu festigen, setzte sie immer stärker auf die anglikanische Staatskirche. Damit wuchs aber zugleich der Konflikt mit dem Neuadel und dem Bürgertum, die dem gemäßigten Puritanismus (Presbyterianer) den Vorzug gaben. Divergierende machtpolitische und wirtschaftliche Ambitionen fanden ihren Ausdruck in unterschiedlichen religiösen Frontstellungen. Immer mühseliger nur gelang es Elisabeth, von Fall zu Fall ihre Autorität durchzusetzen. Regionale Schwerpunkte der Konfrontation waren das katholische Irland und das protestantische Schottland, das den neuen Glauben dem

Reformator John Knox verdankte. Erhebliche Unruhe erzeugte auch die Kinderlosigkeit Elisabeths und das sich damit aufdrängende Problem der Thronfolge.

Irlands Rebellen wurden zunächst mit dem Schwert niedergehalten. Schwieriger gestaltete sich die schottische Frage, da

Maria Stuart

durch die Krönung Maria Stuarts (August 1561) erneut die Legitimität der Herrschaft Elisabeths zur Diskussion stand. Maria stützte sich auf die intransigente katholische Partei, das aber hieß außenpolitisch auf Frankreich und später Spanien. Diese machtpolitische Konstellation drohte für England zur Existenzfrage zu werden. Allerdings wußte Elisabeth beide Mächte geschickt gegeneinander auszuspielen und auf Distanz zu halten (was auch für die Heiratspläne Philipps II. von Spanien galt). Maria Stuarts politische Fähigkeiten konnten damit bei weitem nicht konkurrieren.

Die am französischen Hofe in Galanterie und Libertinage geschulte Maria, nach dem Urteil eines Historikers »leidenschaftlich, sittenlos, moralisch unbedenklich«, vermochte sich in die altväterlichen Gewohnheiten der Clans auf den unwirtlichen Highlands nur schwerlich zu fügen. Nach dem Tod Franz' II. von Frankreich tröstete sich die junge Witwe schnell mit ihrem Vetter Lord Darnley. Allerdings trug dieser auf zu vielen Schultern, was James Hegsburn, Count of Bothwell, inzwischen Marias neuer Bettgenosse, veranlaßte, den Rivalen ermorden und dabei gleich sein Haus in die Luft sprengen zu lassen. Drei Monate später präsentierte Maria Bothwell als neuen Gemahl . . .

Den allzu häufigen Szenenwechsel Marias nahmen die protestantischen Clans zum Anlaß für einen Aufstand, der Maria zur Flucht nach England veranlaßte. Durch neue Katholikenaufstände beunruhigt, exkommuniziert und um die Unterstützung wissend, die Frankreich, der Jesuitenorden (Gründung des Anglicanum) und Papst Gregor XIII. (gegen die »ruchlose Jesabel«) ihrer Gegnerin erwiesen, hielt es Elisabeth für angebracht, Maria vorsorglich im Tower zu verwahren. Aufgedeckte Mordpläne gaben schließlich die Begründung für die ohnehin ins Auge gefaßte Hinrichtung Marias (1587).

Als schließlich Elisabeth starb, drängten die angestauten Widersprüche bereits ihrer Lösung entgegen. Zunächst schlug die Stunde der Stuarts, die sich aber nicht als fähig erwiesen, das Vermächtnis der elisabethanischen Ära zu wahren. Das goldene Zeitalter des englischen Absolutismus ging mit dem Hinschei-

Jakob I.

den der letzten Tudor unwiderruflich zu Ende. Mit seinem Regierungsantritt vereinte Jakob I. (1603) England und Schottland in Personalunion. Welche Genugtuung für den Sohn der »Märtyrerin« Maria Stuart! Jedoch konnte der Kontrast zwischen Elisabeth und Jakob kaum größer sein. Auf die bei aller Energie stets flexible und beim Volk populäre »Queen Bess« folgte ein Herrscher, bei dem Anspruch und Wirklichkeit sichtlich auseinanderklafften. Seine theologische Gelehrsamkeit verband sich mit Pedanterie, was George Macaulay Trevelyan zu der Bemerkung veranlaßte, er habe »sich ständig als geistiger Sieger« gefühlt. Launenhaftigkeit und mangelnde Entscheidungskraft, gepaart mit Verschwendungssucht, ließen ihn zum Spielball höfischer Kabale werden. Auf den Versuch seines Lehrers, des großen Humanisten George Buchanan, ihm Respekt vor dem Parlament einzuflößen, antwortete Jakob mit der Schrift »The True Law of Free Monarchies« (1598) und dem in Form eines Fürstenspiegels abgefaßten »Basilikon Doron« (1599), worin er das Gottesgnadentum absolutistischer Herrschaft und die Vormacht der Krone gegenüber dem Parlament verteidigte. Deutlicher konnte die Kampfansage nicht ausfallen. Nicht das Parlament, sondern der König warf den Fehdehandschuh in die Arena. Der

Lord Buckingham

König vertraute blindlings seinem Minister George Villiers, den er zum Herzog von Buckingham kürte und ständig mit Ehrungen überhäufte. Buckingham wußte sich auch der Sympathie der Königin Anna und des Kronprinzen Karl zu versichern.

In der Günstlingsgeschichte des 17. Jahrhunderts nimmt Buckingham einen zentralen Platz ein. Als Vertreter einer Allianz mit Spanien und des königlichen Absolutismus trieb er seinen Herrscher in einen Dauerkonflikt mit dem Parlament. Das totale Versagen Buckinghams auf außenpolitischem Gebiet während des Dreißigjährigen Krieges, vor allem in der Idee einer protestantischen Union unter der Hegemonie Englands, schlug nachhaltig auf das Ansehen der Krone zurück. Für die Kaufleute der Londoner City war und blieb Spanien der Hauptrivale. Der König galt solange als ein »guter König«, wie er die politischen und militärischen Voraussetzungen dafür schuf, die Spanier in der Defensive und die Wege nach Übersee frei zu halten. Nichts von alledem geschah unter Jakob I. Im Gegenteil: Der Botschafter Seiner Katholischen Majestät gewann ständig mehr Einfluß auf die englische Politik. Im Friedensschluß mit Spanien (1604) gab England wesentliche Erfolge preis, für die Elisabeth die Grundlage geschaffen hatte. Die Flotte, einst Englands Stolz, verfiel und verfaulte, die Freibeuterei galt fortan als Kapitalvergehen.

Sir Walther Raleigh

Zu den prominentesten Opfern gehörte Sir Walter Raleigh, den Elisabeth I. als Favorit geschätzt hatte, den aber Jakob I. schon bei Amtsantritt als Verschwörer zum Tode verurteilen ließ. Im Tower über Jahre auf die letzte Stunde wartend, konnte Raleigh seine Talente als Naturwissenschaftler, Staatstheoretiker, Dichter und Historiker (»The History of the World«, 1614) voll entfalten.

In der Hoffnung, dem ewigen Finanzdilemma zu entgehen, gab Jakob den passionierten Seeräuber frei, damit er Goldminen für ihn entdeckte. Als das Unternehmen fehlschlug, machte der Henker am 29. Oktober 1618 den Spaniern den Kopf ihres ärgsten Feindes, dessen herbe und energische Züge der Nachwelt durch die Kunst Zuccheros erhalten blieben, zum Geschenk. Mit Raleigh starb die Hoffnung, das legendäre Goldland El Dorado zu finden. Er endete im Hofe von Westminster, nur wenige Schritte von Whitehall entfernt, wo 30 Jahre später Karl I. vor seinem Henker stand.

Die Innenpolitik Jakobs I. zielte auf die völlige Entmachtung des Parlaments. Unbesehen wurden die für Schottland gültigen absolutistischen Regierungsgewohnheiten auf England übertragen. Besondere Aufmerksamkeit widmete Jakob I. der Erhöhung der Macht der anglikanischen Staatskirche, was Altkatholiken und Puritaner gleichermaßen verprellte. Der katholische

Pulververschwörung

Widerstand entlud sich in der »Pulververschwörung« von 1605, die König und Parlament samt den illustren Spaniern in die Luft sprengen sollte. Mit den Pilgervätern, die 1620 mit der »Mayflower« den Atlantik überquerten und den Grundstein für die Neu-England-Kolonien legten, begann der Exodus der Puritaner.

War es Jakob I. noch gelungen, den Konflikt Krone – Parlament in der Schwebe zu halten und sogar die Vormachtstellung des Herrschers zu verteidigen, so sah sich sein Sohn und Nach-

Karl I.

folger Karl I. vor Aufgaben gestellt, die ihn total überforderten. Er besaß die Untugenden seines Vaters in Potenz. Auf dem Gemälde des Anthonis van Dyck schaut auf den Betrachter ein nach der letzten Mode seiner Zeit gekleideter Kavalier hochmütig-gelangweilt herab. Eine Ewigkeit schien vergangen, da die große Elisabeth als Weisheit und im Bunde mit Juno, Venus und Minerva von den Malern verherrlicht wurde. Aber mit dem Mittelmaß der Person wuchs der Anspruch auf Geltung. Toleranz des Parlaments und Sympathie des Volkes waren fortan nicht mehr zu erwarten.

Erzbischof William Laud

In seinen absolutistischen Gelüsten stützte sich Karl I. nach dem gewaltsamen Tod Buckinghams (1628) auf zwei Berater, deren Politik wesentlich zur Auslösung des offenen Konflikts zwischen Krone und Parlament beitrug. An der Spitze der anglikanischen Staatskirche stand William Laud. Zunächst Bischof von London, wurde er 1633 Erzbischof von Canterbury. Laud sah in der Bischofskirche eine unantastbare göttliche Institution. Im Sinne eines klassischen absolutistischen Denkens verteidigte er die unauflösbare Einheit von Thron und Altar. Gegen die Prinzipien der Magna Charta und des Common Law vertrat der fanatische Primus den Anspruch des Gottesgnadentums für den regierenden Herrscher. Alle »Nonkonformisten«, also vor allem die Puritaner, traf der bischöfliche Bann. Geheimer Rat, Sternkammer und Hohe Kommission vollzogen den Willen des allgewaltigen Kirchenfürsten. Zu den prominentesten Verfolgten gehörten Prynne und Lilburne, der künftige Sprecher der Leveller. Der Volksmund nannte Laud recht treffend »William the Fox«. Nicht wenige der Verfolgten suchten ihr Heil auf der anderen Seite des Atlantischen Ozeans. Zugleich wuchs die Kritik im Lande selbst.

Lauds persönliches Geltungsbedürfnis fand seinen Niederschlag in einer nie gekannten äußeren Prachtentfaltung der Kirche. Auch deshalb sahen die Puritaner in ihm einen »Papisten«. Hinzu kam, daß Laud tatsächlich mit Rücksicht auf den Glauben der Gemahlin Karls I., Henriette Maria, der Tochter Hein-

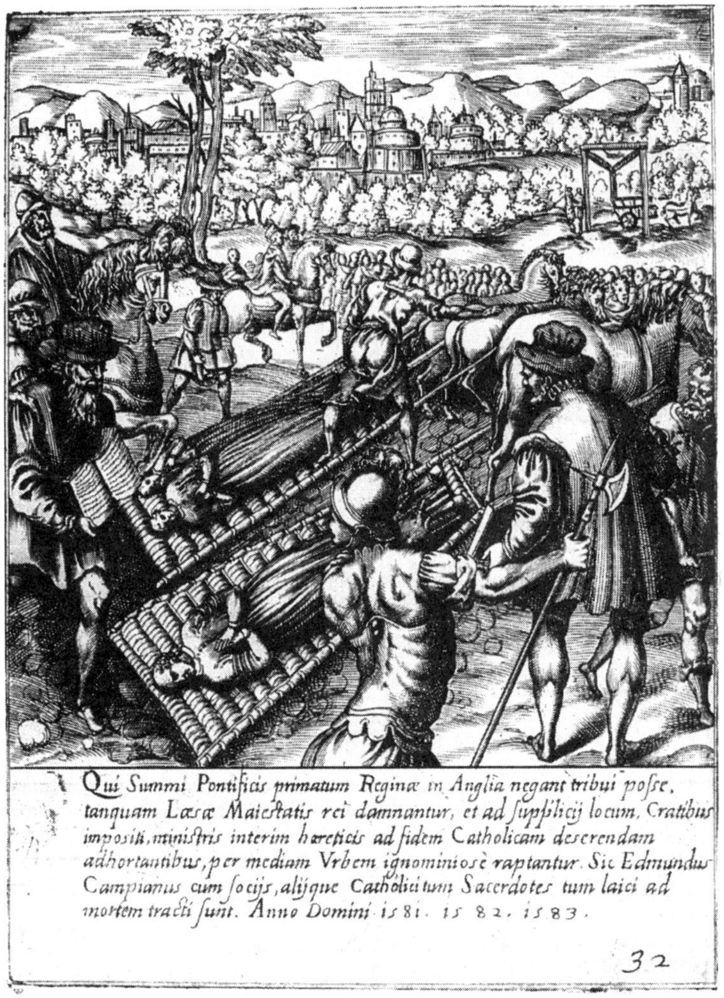

Die katholischen Priester Englands, die der Papstkirche treu blieben, sahen sich schweren Verfolgungen ausgesetzt. Priester werden zum Richtplatz geschleift. Kupferstich von Giovanni Batista de Cavalieri nach Niccolò Circignano. Staatliche Galerie Dessau, Schloß Georgium

Im Jahre 1606 wurden die Anführer der sogenannten Pulververschwörung gegen Jakob I. öffentlich hingerichtet. Radierung von Nicolas de Vischer

richs IV. von Frankreich, zunehmend Zugeständnisse an den Katholizismus machte. Die Opposition fürchtete schon eine schleichende Rekatholisierung Englands.

Wie Laud auf geistlichem Gebiet, so stand Thomas Wentworth, der künftige Earl of Strafford, seinem König als weltlicher

Earl of Strafford

Berater zur Seite. Als einstiger Gegner Karls I. hatte sich Wentworth vom Saulus zum Paulus gewandelt. Seine Sporen verdiente er sich als Vorsitzender des »Rates des Nordens« und ab 1632 als Statthalter (Lord Deputy) von Irland, das er einer autokratischen Willkürherrschaft unterwarf, um die Kasse seines Monarchen aufzufüllen. Diese Politik mündete in den irischen Aufstand von 1641. Das persönliche Vorbild Wentworths war Kardinal Richelieu, dem er in Lebensstil und Machtanspruch nacheiferte. Im Jahre 1639, als die Staatskrise bereits dem Höhepunkt entgegentrieb, holte Karl I. Thomas Wentworth an den Hof. Hier wurde der unglückselige Gedanke geboren, die rebellierenden Schotten militärisch niederzuwerfen, um die unantastbare Autorität der Krone wiederherzustellen. Aber gerade dieser Krieg machte das Maß voll.

Die parlamentarische Opposition – Petition of Rights

Der außenpolitische Zickzackkurs zwischen Spanien und Frankreich, vor allem dessen Erfolglosigkeit, und die Eingriffe in die Rechte des Parlaments mobilisierten die Opposition. Seinen Anspruch, gehört und respektiert zu werden, legte das Parlament 1628 in der Petition of Rights nieder. Das Parlament verfügte über hervorragende Vertreter seiner Interessen. Ausgehend von der Magna Charta begründete der Jurist Sir Edward Croke das Recht auf Widerstand gegen absolutistische Willkür. John Hampden wagte es, den König wegen ungesetzlicher Steuererhebung zu verklagen. Sir John Eliot starb im Tower, weil er sich weigerte, die Willkürakte des Monarchen zu billigen. Andere büßten ihre Ohren ein. So hatte die Revolution schon vor Beginn ihre Märtyrer. Da gab es vor allem John Pym, der 1621 in das Unterhaus einzog. Er war der eigentliche Dorn im Auge des Herrschers. Pym hatte es 1626 fertiggebracht, den Günstling Buckingham unter Anklage stellen zu lassen; außerdem beeinflußte er entscheidend die dem König abgerungene Petition of Rights.

Karl I. glaubte, das Problem auf »französische Manier« lösen zu können, indem er – analog zum Vorgehen Richelieus von 1624 gegenüber den Etats Généraux – das englische Parlament 1629 nach Hause schickte. Die folgende »parlamentslose Zeit« trieb die Krise ihrer Entladung entgegen.

Auf den Versuch, die schottische Autonomie und die Souveränität der eigenwilligen Highland-Clans zu beschneiden, antworteten die Schotten 1638/39 mit erneutem Aufstand. Hinzu trat die religiöse Motivation. Die im »Convenant with God« vereinigten Schotten verteidigten ihre militant-presbyterianische Überzeugung gegen das Ausschließlichkeitsgebot der anglikanischen Kirche. Militärisch in der Defensive und finanziell auf dem Trockenen, blieb dem König nichts denn der Appell an das Parlament. Es waren zuallererst die engsten Anhänger des Königs, die Peers des Oberhauses, die ihn zu diesem Schritt zwangen. Diese »Revolte der Privilegierten« zeigte an, daß die herrschende Klasse keinen Ausweg mehr sah. Vom 13. April bis

Kurzes Parlament

5. Mai 1640 trat zunächst das »Kurze Parlament« zusammen, das Karl rasch wieder auflöste. Es war ein Pyrrhussieg, blieb doch die Finanzmisere der Krone ungelöst.

Ein weiteres Mal mußte der König nachgeben. Die Dämme brachen, denn seit Oktober liefen die Wahlen für das im November 1640 erneut zusammentretende Parlament auf Hochtouren. Die Riege der besten Parlamentarier, Pym, Hampden, Fairfax, Essex, der neu hinzugekommene Oliver Cromwell und viele andere, mobilisierte das ganze Land. Die antiabsolutistische Front gewann nationale Dimensionen. Außerhalb der Mauern des Parlaments geriet das Volk in Bewegung. Die Auflehnung der Bauern gegen Steuerlast und Verelendung erreichte 1640/41 einen neuen Höhepunkt, die Wolken einer englischen Jacquerie zogen am Horizont auf. Besonders bedrohlich aber verhielt sich London, dessen Handwerker, Gesellen und Tagelöhner das Parlament zu radikalen Schritten drängten. Schon die gewalttätigen Demonstrationen anläßlich der Auflösung des »Kurzen Parlaments« hatten viele Parlamentarier nachdenklich gestimmt. Die

Prozeß gegen Erzbischof Laud. Kupferstich von Wenzel Hollar. Staatliche Bücher- und Kupferstichsammlung Greiz

städtische und bäuerliche Volksbewegung, einmal in Gang gekommen, ließ sich nicht mehr bändigen und wurde zu einem der bestimmenden Faktoren für die kommenden Ereignisse.

Langes Parlament

Das »Lange Parlament« bestand bis 1653, in ihm besaß der Neuadel das entscheidende Gremium, um seine Interessen durchzusetzen, die in vieler Hinsicht mit den Ansprüchen der Londoner City konform gingen. So trat das Bündnis von Neuadel und Bürgertum gegen Krone, Staatskirche und Altadel in Aktion. Im Selbstverständnis der Protagonisten ging es um einen Verfassungskonflikt – Königsrecht gegen Parlamentsrecht, Gottesgnadentum gegen Common Law –, damit war aber das Grundproblem jeder Revolution auf die Tagesordnung gesetzt: die Machtfrage.

In der Auftaktphase der Revolution von 1640 bis 1642 lag die Initiative beim einheitlich handelnden Parlament. Noch schien die Person des Königs unantastbar, statt seiner bemächtigte sich das Parlament der verhaßten Berater Laud und Strafford. John Pym lancierte die Anklage wegen Hochverrats. Er, aus altem Landadel stammend, scheute sich nicht, die Plebejer Londons loszulassen, um den König zur Unterzeichnung der Bill of Attainder zu zwingen, die eine Hinrichtung ermöglichte. Am 12. Mai 1641 endete Strafford auf dem Schafott, ihm folgte Laud am 10. Januar 1645. Ahnte der König, daß er sein eigenes Todesurteil gefällt hatte?

Zug um Zug wurden die Fundamente absolutistischer Macht abgetragen. Geheimer Rat, Sternkammer und Hochkommission hörten auf zu existieren. Das Parlament durfte nur noch durch eigenen Beschluß aufgelöst werden, eine Reihe königlicher Privilegien wurde beseitigt und das königliche Heer liquidiert. Die eigentliche Abrechnung mit Karl I. erfolgte in den 204 Artikeln

Große Remonstranz

der »Großen Remonstranz« vom 22. November 1641. Allerdings deutete das knappe Abstimmungsergebnis (159 gegen 148 Stimmen) schon auf Risse im antiabsolutistischen Lager hin. Bereits im vorangegangenen Streit um die Abschaffung der Bistümer standen sich Befürworter und Gegner unversöhnlich gegenüber. Wer konnte garantieren, daß die Aufhebung des Kircheneigentums nicht auch auf den adligen Grundbesitz übergriff? Selbst John Milton, der Parlamentssekretär und große Dichter der Revolution, dem eine Demokratisierung von Kirche und Staat am Herzen lag, warnte vor der »Gefahr durch die Axt«. Immer stärker wurden die politisch-juristischen Auseinandersetzungen im Parlament von den radikal-demokratischen und sozialen Ansprüchen des Volkes überschattet. Aber noch wagte niemand, die lästigen Plebejer nach Hause zu schicken (Pym: »Walte Gott, daß das Haus der Gemeinen auf irgendeine Weise das Volk entmutige . . .«).

Staatsstreich und erster Bürgerkrieg

Karl I. sah in der Spaltung des Parlaments die Gelegenheit, seine Macht durch einen Staatsstreich wiederherzustellen. Am 5. Januar 1642 erfolgte der Versuch, die führenden Männer des Parlaments mit Pym und Hampden an der Spitze zu verhaften. Diese hatten sich aber noch rechtzeitig in die Londoner City abgesetzt, wo sie »unauffindbar« blieben. Sobald der König es wagte, sich in London zu zeigen, umringte ihn eine aufgebrachte Volksmenge. Der Bruch zwischen der Krone auf der einen, dem Parlament und dem Volk auf der anderen Seite war für jeden sichtbar vollzogen.

Erneute Vorschläge, die Rechte des Parlaments anzuerkennen und eine Kirchenreform durchzuführen, lehnte Karl I. ab. Er wechselte in den Norden des Landes, wo er sich auf die feudalen Gefolgschaften seiner altadeligen Anhänger stützen konnte.

Royalisten, Presbyterianer, Independenten

Damit wurde der Bürgerkrieg unvermeidlich: Dem Lager der Royalisten stand das Lager des Parlaments gegenüber. Die Trennungslinie ging quer durch England: Der Norden und der Westen blieben vorwiegend königstreu, der Osten und Süden dagegen, wo Neuadel und Bürgertum dominierten, verfocht die »gute alte Sache« des Parlaments, die leider keine einheitliche mehr war. So verflog die Euphorie des Anfangs rasch. Die Mehrheit der Oberhausmitglieder (Peers) stand auf seiten Karls I., ohne deshalb seine absolutistischen Ambitionen unbesehen zu billigen. Im Parlament wiederum setzte eine gewisse Polarisierung innerhalb der Puritaner ein: Die gemäßigten Presbyterianer, denen große Teile des Neuadels und des wohlhabenden Bürgertums anhingen, sahen sich zunehmender Kritik durch die Independenten ausgesetzt, die ihre soziale Basis in den radikaleren Teilen von Neuadel und Bürgertum, vor allem aber in der Schicht der Freibauern besaßen. Die Kernfrage bestand darin, ob die Revolution in ein Kompromiß mit der Krone versandete oder bis zu Ende geführt wurde; die beiden Strömungen im Puritanismus verkörperten zwei auf die Dauer unvereinbare Auffassungen vom weiteren Gang der Revolution.

Der innerparlamentarische Konflikt trat zunächst in den Hintergrund, da die Königspartei – »Kavaliere« genannt – die militärische Initiative an sich riß. Die Truppen Karls I. besiegten die Parlamentsarmee unter Essex bei Edgehill, besetzten Oxford und stießen auf London vor, das jedoch erfolgreich durch Milizen der Handwerker, Gesellen und Lehrlinge verteidigt wurde. Im Norden dagegen mußten die Anhänger des Parlaments weitere Niederlagen einstecken.

Cromwell und die New Model Army

Erst durch ein Bündnis mit Schottland (Solemne Ligue and Convenant), das die presbyterianische Kirchenverfassung und andere Freiheiten festschrieb, gelang es dem Parlament, die Königspartei in einen Zweifrontenkrieg zu verwickeln. Der militärische Umschwung kam jedoch durch die »New Model Army« zustande. Es schlug die historische Stunde für Oliver Cromwell.

Obschon er bereits seit 1629 dem Parlament angehörte, verdankte Cromwell seinen kometenhaften Aufstieg erst der Revolution. Als Vertreter des kleinen Landadels fand er seine geistige Heimat bei den Independenten. Wiewohl er Cambridge absolviert hatte, lag ihm die Praxis stets mehr als die Theorie; eigentlich war er der geborene Pragmatiker, der es verstand, sich der jeweiligen Notwendigkeit anzupassen. Die besser situierten Mitglieder des Parlaments monierten Heftigkeit und mangelnden Stil seines Ausdrucks. Trotz tiefer religiöser Überzeugung wußte Cromwell Religion und Politik wohlweislich zu trennen: »Religion war nicht das Ding, worum zuerst gestritten wurde«, meinte Cromwell zum Bürgerkrieg. Am Vorbild der schwedischen und orangistischen Reiterei des Dreißigjährigen Krieges geschult, schuf Cromwell die berühmten »Ironsides«, die wiederum den Kern der »New Model Army« abgaben. Diese »Armee der Heiligen« handelte als verschworene Gemeinschaft, religiös motiviert, diszipliniert und opferbereit. Ihre hymnischen Kampfgesänge lehrten den Gegner schon vor der Schlacht das Fürchten. Auch der freie Bauer konnte in Cromwells Armee Offizier werden. Nicht im Parlament, sondern in der Armee fand die Demokratie eine Heimstatt. Cromwell verachtete die talentlosen Adelsoffiziere, »die alten kraftlosen Bierbäuche«: »Mir ist ein Hauptmann im groben Bauernrock . . . lieber als das, was Ihr einen Edelmann nennt, . . . besser einfache Leute als überhaupt keine.« Landsknechtmanieren, wie Kartenspiel, Trunksucht, Fluchen, Frauenjagd, unterlagen härtesten Strafen. Ein neuer Typ des Soldaten, der nicht für schnöden Mammon, sondern aus

Schlachten von Marston-Moor und Naseby

Überzeugung focht, beherrschte das Schlachtfeld. Bei Marston-Moor (2. Juli 1644) retteten die »Ironsides« die schon fast geschlagenen Schotten und befreiten so den Norden. Knapp ein Jahr später siegte Cromwell in der Entscheidungsschlacht von Naseby (14. Juni 1645). Die Kavaliersarmee verfiel der Demoralisierung. Königsschlösser, Adelssitze, widerspenstige Städte wurden im Sturm genommen. Der erste Bürgerkrieg war zu Ende, Cromwell der Held des Parlaments. Die politische Konsequenz bestand aber darin, daß die Armee als Basis der Independenten zum zweiten Machtzentrum neben dem Parlament avancierte. Von nun an hing das Schicksal vom Kräfteverhältnis dieser beiden Institutionen ab. Der Versuch des Parlaments, die Armee nach Hause zu schicken und sich damit der Independenten zu entledigen, mißlang gründlich.

Die Entscheidung im Konflikt Parlament – Armee wurde dadurch aufgeschoben, daß sich die Independenten in ihren eigenen Reihen mit einer neuen oppositionellen Strömung, den Levellern, konfrontiert sahen. Die »Gleichmacher« verfochten radikal-demokratische Prinzipien, die das Eigentumsideal des kleinen Warenproduzenten zum Ausdruck brachten, aber auch Teile der städtischen und bäuerlichen Volksmassen anzogen, die ihre Belange durch die Independenten nicht hinreichend vertreten sahen. Die Leveller rückten die Religionsfrage in den Hintergrund und stellten in erster Linie weitergehende politische Forderungen auf: allgemeines Wahlrecht, jährliche Neuwahl des Parlaments, imperatives Mandat, Handels- und Gewerbefreiheit, Steuerreform, Verbot der Einhegungen . . . Mit Hilfe ihrer »Agitatoren« beeinflußten die Leveller erhebliche Teile der Armee. Außerhalb des Heeres blieb ihre Wirkung ungleich geringer. Das sollte sich als ihre Achillesferse erweisen.

John Lilburne

Führender Kopf der Leveller war John Lilburne. Seit seiner Jugend auf Opposition gegen Karl I. eingestellt, verdankte er Cromwell seine Freilassung (1640). Doch die vielversprechende

John Lilburne im Gefängnis. Zeitgenössischer Kupferstich von M. P. Couche

Karriere als Offizier in den Reihen der »New Model Army« beendete er auf eigenen Wunsch schon nach kurzer Zeit.

Programmatisch legten die Leveller ihren Standpunkt in zwei Dokumenten, »The Case of the Army« und im Verfassungsentwurf »Agreement of the People«, dar. In der Disputation von Putney (Oktober – November 1647) stritten beide Parteien um das »Agreement«. Putney bot in der Geschichte das erste Beispiel einer demokratischen Diskussion in einer regulären Armee! Um das Ärgste zu verhüten, griff Cromwell persönlich ein: Aufrührerische Regimenter beugten sich der noch ungebrochenen Autorität ihres Oberbefehlshabers, es gab exemplarische Erschießungen, der »Rat der Armee« wurde von Levellern gesäubert und politisch entschärft. Damit war der radikalen Opposition das Rückgrat gebrochen. Spätere Revolten (z. B. in London, Burford, Banbury 1649) endeten erfolglos. Unter dem Protektorat befand sich Lilburne in der Verbannung. Nach seiner Freilassung schloß er sich den friedfertigen Quäkern an.

Total unbelehrbar, brach Karl I. 1648 einen zweiten Bürgerkrieg vom Zaun. Wieder war es Cromwell, der in der Schlacht bei Preston (August) die Royalisten vernichtend schlug. Mit aller Konsequenz zog Cromwell aus dem militärischen Erfolg politischen Vorteil. Sein getreuer Mitstreiter, Oberst Pride, vertrieb 40 gemäßigte Presbyterianer aus dem Parlament. Die »gereinigte«

Rumpfparlament

und zum »Rumpfparlament« geschrumpfte Einrichtung gehorchte Cromwell aufs Wort. Obwohl Cromwell jedem Radikalismus abhold war, konnte er den Geist des Aufruhrs in erheblichen Teilen des Volkes, besonders unter den plebejischen Elementen Londons, nicht ignorieren. Herausragendes Opfer wurde der König selbst: Am 27. Januar 1649 verurteilte ein Hohes Gericht »Karl Stuart« unter der Anklage der Tyrannei, des

Hinrichtung Karls I.

Hoch- und Landesverrates sowie des Mordes und des Betruges zum Tode; drei Tage darauf war das Urteil vollzogen. Dem feudalen Europa stockte der Atem.

Die im Verlaufe der Revolution geköpfte Triade Laud – Strafford – Karl I. symbolisierte das Ende des englischen Absolutismus. Was Essex, die graue Eminenz des Parlaments, einst laut gedacht hatte, »mausetot ist am besten«, war eingetroffen.

So markierte das Jahr 1649 in doppelter Hinsicht die Wende der Revolution. Die Hinrichtung des Königs bedeutete den Bruch mit der Vergangenheit, aber zugleich erfolgte die Abwehr jedes Schrittes, der die Revolution über das gesetzte Maß vorgetrieben hätte. Mit der Ausschaltung der Leveller war fast im gleichen Moment der aussichtsreichste Versuch, die Revolution zu demokratisieren, gescheitert.

Auf die Hinrichtung des Königs folgte im Februar 1649 die Errichtung der Republik in Form des Commonwealth. Die Republik aber, das war die Armee, und die Armee, das war Cromwell.

Für Neuadel und Bürgertum hatte die Republik zwei Aufgaben zu erfüllen: Ordnung und Stabilität nach innen, also Beendigung der Revolution, und erfolgreiche Expansion nach außen, wodurch der Konflikt mit Spanien und den Niederlanden vorprogrammiert war. Die Zeit der Zugeständnisse an die Volksbewegung ging unwiderruflich zu Ende. Bereits um 1648 waren

Digger

die Digger, auch »wahre Leveller« genannt, mit Streitschriften an die Öffentlichkeit getreten, die eine radikale Weiterführung der Revolution verlangten. Ihre Kirchenkritik verwarf jeglichen Glauben an Autorität, Himmel und Hölle. Sie verlangten für die Armen das Paradies auf Erden, und zwar sofort. Ihr Grundprinzip bestand in der Forderung nach Gleichheit der Rechte und des Eigentums auf der Basis gemeinsamer Arbeit. Zugleich handelten sie in der Überzeugung, ihr utopisch-chiliastisches Gesellschaftsideal auf friedlichem Wege durchsetzen zu können. Jeder Form der Gewalt schworen sie feierlich ab. Um ein Beispiel der neuen Gesellschaft zu schaffen, begann eine Gruppe von Diggern im April 1649 brachliegenden Boden auf dem Saint-George-Hügel in Surrey bei London unter Pflug und Hacke zu nehmen. Das Ergebnis war leicht vorauszusehen: Die umliegenden Eigentümer, darunter auch einfache Bauern, vertrieben die Digger mit Gewalt. Auch die Gründung von Diggergemeinden an acht anderen Orten scheiterte. Deren hilflose Proteste an das Parlament verhallten ungehört.

Gerrard Winstanley

Ihren geistigen Anführer besaßen die Digger in Gerrard Winstanley. In der Geschichte des utopisch-egalitären Denkens nimmt sein Werk einen bedeutenden Platz ein. Winstanley erträumte eine Gesellschaft der religiösen und geistigen Toleranz, dem Gemeinschaftseigentum verpflichtet, auf der Arbeit aller dazu fähigen Menschen fußend und in ihrer Entwicklung durch den bewußten und sinnvollen Gebrauch der Wissenschaft beschleunigt: »Die Geheimnisse der Natur zu kennen heißt, die Geheimnisse Gottes zu kennen.« Die Digger folgten seinem Gebot: »Teilet die Arbeit, teilet das Brot miteinander, jeder sei dem anderen ein Gleicher.« Seine weit über die Zeit ausgreifende Gesellschaftsvision legte Winstanley im »Law of Freedom« (1652) dar, das er in der vergeblichen Hoffnung auf Schutz seiner Anhänger Cromwell widmete. Fast resignierend schrieb Winstanley: »Du hast die Macht in der Hand . . . ich habe keine Macht.«

In diesen geistigen Auseinandersetzungen der englischen Revolution haben alle Strömungen modernen politischen Denkens – konservative, liberale, radikal-demokratische und sozialistisch-egalitäre – ihren Ursprung.

Nachdem sich Cromwell der Leveller und Digger entledigt hatte, konnte er darangehen, die gewonnene Macht im Umfeld Englands zu demonstrieren. Der erste Schlag galt noch 1649 den

Eroberung Irlands

rebellischen Iren. Cromwell selbst stellte sich an die Spitze der Invasionsarmee. Mit dem Fall der Feste Drogheda, deren Verteidiger ohne die geringste Rücksicht auf christliche Nächstenliebe niedergemacht wurden, begann Irlands Freiheit zusammenzubrechen. Die Grüne Insel verwandelte sich in eine englische Kolonie. Selbst einstige Leveller beteiligten sich an der florierenden Bodenspekulation und der Massenaustreibung von irischen Bauern. Die Tatsache, daß die Unterwerfung Irlands im Zeichen des Puritanismus erfolgte, erklärt das überragende Gewicht der katholischen Religion als Ausdruck des nationalen irischen Widerstandes. Die Unterwerfung Irlands wurde zum Menetekel der Revolution: Dieselben Kräfte, die in England für den historischen Fortschritt wirkten, traten im benachbarten Irland die Rechte eines Volkes mit Füßen. Von nun an sollte die »irische Frage« ihren Schatten auf Englands Politik und Ansehen werfen. So begründete die englische Revolution eines der tragischsten Kapitel der neuzeitlichen Geschichte.

Krieg gegen Schottland

Etwas günstiger entwickelte sich die Situation für die Schotten. Um ihren Anspruch auf Unabhängigkeit zu unterstreichen, hatten die Oberhäupter der Clans den Sohn Karls I. als Karl II. zum König ausgerufen. Cromwell antwortete mit Krieg. In den Schlachten von Dunbar (3. September 1650) und ein Jahr später bei dem weniger historisch als kulinarisch bekannten Worcester zogen die Schotten auf empfindliche Weise den kürzeren. Jedoch hielt Cromwell – im Unterschied zu Irland – die Enteignungen in Grenzen und setzte, nicht ohne Erfolg, auf eine Politik des Ausgleichs und der Interessenfusion.

Für die zeitweilige Stabilisierung der Lage spielte zudem eine Rolle, daß es ohne übergroße Mühe gelang, den royalistischen Widerstand in den nordamerikanischen Kolonien zu brechen.

Von nun an hatte Cromwell freie Hand, um in der übrigen Welt nach dem Rechten zu sehen. Als Hauptstütze der expansiven Außenpolitik diente die Flotte. Ihr talentierter Organisator

Admiral Robert Blake

hieß Robert Blake, als Oberbefehlshaber der republikanischen Flotte (1643) stieg er zum Admiral auf. Seine Taktik, Ausrüstungsprinzipien und Kriegsartikel bildeten für lange Zeit die Grundlage englischer Seekriegführung. Allein von 1649 bis 1651 wurden 40 neue Einheiten gebaut, die in Geschwindigkeit, Manövrierfähigkeit und Bewaffnung den bis dahin führenden niederländischen Schiffen überlegen waren. Unter Blakes Kommando reichte der Aktionsradius der englischen Flotte vom Atlantik bis in den Pazifik und zur Nordküste Afrikas. Blake war Englands Cromwell zur See.

Navigationsakte – Krieg gegen die Niederlande

Am deutlichsten manifestierte sich Englands Anspruch auf maritime Hegemonie in der Navigationsakte von 1651, derzufolge europäische Waren nur auf englischen Schiffen oder auf Schiffen der Erzeugerländer nach England gebracht werden durften, die Einfuhr außereuropäischer Waren war ausschließlich englischen Schiffen gestattet. Dieses Gesetz zielte primär gegen die Niederlande als dem bisher allgewaltigen »Fuhrmann des Meeres«; es symbolisierte aber auch den Primat des nationalen Handelsinteresses gegenüber den Sonderinteressen und Privilegien der verschiedenen Handelsgesellschaften. Adam Smith sah darin eines der weisesten Gesetze Englands; denn die Vormacht im Seehandel bedeutete auch die Vormacht in der Produktion, den Sieg der englischen Tuchindustrie über ihre holländischen Rivalen.

Aus der Weigerung der Niederlande, die Navigationsakte anzuerkennen, erwuchs 1652 der erste Krieg, der 1654 mit dem Sieg Englands endete. Noch im selben Jahr wurden Portugal und Dänemark zu Verträgen gezwungen, die dem englischen Handel freie Bahn schufen. Dank der Öffnung des portugiesischen Marktes galt seitdem der Portwein als Lieblingsgetränk der gehobenen Schichten Englands. Im Ergebnis seiner politischen trat England in eine kommerziell-wirtschaftliche Revolution ein. Von 1643 bis 1653 stiegen die Zolleinkünfte um das Dreieinhalbfache. Dank der Eroberung von Jamaica – 1655 den Spaniern entrissen – erkämpfte England zudem den Rang der führenden Macht im Sklavenhandel.

Cromwells innen- und außenpolitische Erfolge steigerten seine persönliche Macht außerordentlich. Die Konsequenzen dieser Entwicklung bekam das seit Prides »Reinigung« auf knapp 60 Mitglieder reduzierte Parlament zu spüren. Am 20. April 1653 löste Cromwell es mit einer Handvoll Getreuen auf. An dessen Stelle trat für wenige Monate ein »Parlament der Heiligen«, so genannt wegen der fanatisch-sektiererischen Neigungen vieler seiner Mitglieder.

Cromwells Protektorat

Ihren Kulminationspunkt erreichte Cromwells Herrschaft mit seiner Ernennung zum Lord Protector im Dezember 1653. Von nun an war seine Politik durch ein Lavieren zwischen Armeeführung und Parlament gekennzeichnet. Da das Parlament, trotz sorgfältiger Vorauswahl, der Selbstherrschaft Cromwells Grenzen zu ziehen suchte und die Armee drastisch reduzierte, kam es wiederholt zu Konflikten. Als jedoch kompromißgeneigte Parlamentsmitglieder Cromwell 1657 die Krone antrugen, scheiterte dieses Vorhaben am Einspruch republikanisch gesinnter Generale. Zu den letzten großen militärischen Erfolgen unter der Regierung Cromwells gehörte die Eroberung von Dünkirchen am 14. Juni 1658. England stand gerade im Begriff, an der Seite Frankreichs gegen Spanien aktiv in die Kontinentalpolitik einzugreifen, als Cromwell am 3. September 1658 verstarb.

Sein Sohn Richard trat zwar die Nachfolge an, aber ohne über die Fähigkeiten und das Prestige des Vaters zu verfügen. Er wurde bereits im Mai 1659 gestürzt. Was folgte, war der Versuch einer kollektiven Machtausübung der Armeespitze, das Regime der Generalmajore. Die sich rasch auftuenden Cliquenkämpfe boten General George Monk, dem Befehlshaber der schottischen Armee, die Chance, sich als Königsmacher zu präsentieren. Er besetzte London, berief ein neues Parlament ein, dessen royalistische Mehrheit Karl II. aus dem niederländischen Exil zurückholte. Monks Verdienste um die Krone brachten ihm den Titel eines Duke of Albemarle ein.

Karl II. – die Restauration

Von nun an stand England im Zeichen der Restauration. Ihre juristische Grundlage bildeten die Kompromißformeln der Deklaration von Breda (1660). Jedoch blieb die Herrschaft Karls II., wie auch die seines Nachfolgers Jakob II., von einem grundlegenden Widerspruch geprägt: einerseits von der Notwendigkeit, die von der Revolution geschaffenen Realitäten im großen und ganzen anzuerkennen – nur eine Handvoll »Königsmörder« mußte über die Klinge springen, und Cromwell wurde postum am Galgen aufgeknüpft –, andererseits von dem Versuch, den Absolutismus durch die Hintertür wieder hereinzulassen. Erneut gelang die Balance zwischen Krone und Parlament nur auf Zeit. Die Konfliktebenen waren die bekannten: Primat der Krone oder des Parlaments, Orientierung der Außenpolitik, Steuerpolitik, Religionsfrage . . . Mit Ausnahme der Flottenpolitik, in der Karl II. das Erbe Robert Blakes zu hüten suchte, ging ihm politische Brillanz völlig ab. Seine französische Mätresse Louise de Kéroualle, in den Stand einer Herzogin erhoben, interessierte ihn weit mehr. Der geldaufwendige Lebensstil bescherte dem Land den ersten (und bislang einzigen) Staatsbankrott.

Zunächst lag die Führung der politischen Geschäfte in den Händen von Edward Hyde, Earl of Clarendon und Lordkanzler. Er war eifrig und mit teilweisem Erfolg bemüht, die Geschichte auf das Jahr 1640 zurückzudrehen. Während radikale Puritaner (Dissenters) der gnadenlosen Verfolgung verfielen, witterten die vom Parlament beargwöhnten »Papisten« schon Morgenluft. Mitte der sechziger Jahre durchlief England eine kritische Zeit. Zwar wurde der erneute Krieg gegen die Niederlande (1665 bis 1667) gewonnen und Neu-Amsterdam (New York) erworben, doch zugleich litt das ganze Land unter der »großen Pest« (1665), ein Jahr darauf verwüstete eine Feuersbrunst die Hauptstadt London. Ein weiteres Ereignis brachte das Faß zum Überlaufen: Im Juni 1667 drang eine von Admiral de Ruyter geführte niederländische Flotte über die Themse und den Medway bis zum Hafen Chatham vor und zerstörte den Kern der englischen Flotte. Damit war Clarendons Schicksal besiegelt. Auf das kleinere folgte jedoch das größere Übel; fortan lag die Macht in den Händen des »Cabal«ministeriums, so genannt nach den Initialen seiner tonangebenden Mitglieder Clifford, Arlington, Buckingham, Ashley, Lauderdale.

Jakob II., König von England und Schottland (1685–1688). Schabkunstblatt von John Smith nach einem Gemälde von Nicolas de Largillière. Staatliche Bücher- und Kupferstichsammlung Greiz

Während das englische Parlament die Idee von einer protestantischen Union mit Schweden und den in ihrer Macht gekürzten Niederlanden favorisierte, betrieb der auf Absolutismus fixierte König eine Geheimpolitik mit Frankreich, dafür fürstlich von Ludwig XIV. honoriert. Die Quittung war derart, daß sogar die Anhänger des Monarchen in Zweifel gerieten: faktischer Vasallenstatus gegenüber Frankreich, Abtretung Dünkirchens,

Preisgabe der Niederlande und damit möglicher Verlust eines Glacis gegenüber Frankreich, Versprechen der Rekatholisierung des Landes.

Vertrag von Dover

Der Vertrag von Dover (1670), über dessen Geheimklauseln nur die katholischen Kabinettsminister Bescheid wußten, besiegelte den Verzicht Karls II. auf eine eigene Großmachtpolitik. Frankreichs Gesandter Barillon hatte jederzeit das Ohr des englischen Königs. Konnte Cromwells Vermächtnis noch tiefer gedemütigt werden? War die Revolution endgültig vergessen?

Habeas-Corpus-Akte

Zwar erzwang das Parlament in der Folge Zugeständnisse (Habeas-Corpus-Akte, Mai 1669) und eine Korrektur der Außenpolitik; der absolutistische Kurs, nunmehr unter Thomas Osborne, Earl of Danby, hielt jedoch weiter an. In den Auseinandersetzungen gewannen zwei Parteiströmungen zunehmend Profil: die konservativ-adligen Tories und die gemäßigt-liberalen Whigs. Nachdem Karl II. 1681 das Parlament erneut aufgelöst hatte, nutzte er einen 1683 gegen ihn und seinen Bruder inszenierten Mordanschlag, um mit der liberalen Opposition in furchtbarer Weise abzurechnen. Nur der Tod im Februar 1685 hinderte ihn, sein Willkürregime fortzusetzen.

Jakob II. bestieg den Thron als Herrscher auf Abruf. Am Beginn seiner Regierung stand die Niederschlagung des Puritaneraufstandes unter dem Herzog von Monmouth, immerhin ein

Jakob II.

unehelicher Sohn Karls II. Ungezählte »Dissenters« wurden geteert und gehängt. Noch ungehemmter als sein verblichener Bruder setzte Jakob auf Restauration. Besonders eifrig betrieb er die Politik der Rekatholisierung, was die Gefahr einer erneuten Unterordnung unter Frankreich bedeutete. Whitehall und der Vatikan nahmen diplomatische Beziehungen auf, der Jesuit Pretre wurde königlicher Beichtvater. Wieder flossen reichlich französische Subsidien, und als die Hugenotten mit der Aufhebung des Edikts von Nantes 1685 in Frankreich zum Freiwild erklärt wurden, sah die englische Politik zur Seite.

Auf die Nachricht, daß Jakobs zweite Gemahlin, Maria von Modena, einen Thronfolger geboren hatte, entschloß sich die aufgeschreckte Mehrheit des Parlaments zum entscheidenden Schritt. Um den geplanten Staatsstreich mit dem Schein der Legalität zu versehen, erfand man die »Abdankung« Jakobs II. und bat dessen (protestantischen) Schwiegersohn Wilhelm von Oranien, die Krone anzunehmen. Der Machtwechsel blieb en famille.

Mit nicht weniger als 600 Schiffen und 14000 Mann, hauptsächlich Niederländer, Schweden, Deutsche, dazu einer symbolischen Abteilung von Engländern und Schotten, segelte Wilhelm am 12. November 1688 nach der Südküste Englands. Obwohl Jakob II. über mehr als 40000 Mann verfügte, war seine

Glorreiche Revolution

Sache verloren. Es schlug die Stunde der Überläufer; selbst eine der Töchter Jakobs wechselte die Front. In die traditionelle Geschichtsschreibung ist diese Wende als »Glorreiche Revolution« eingegangen.

War das Pendel in den Jahren 1640 bis 1660 nach »links«, dann 1660 bis 1688 nach »rechts« ausgeschlagen, so stabilisierte es sich 1688/89 in der Mittellage.

Nach Jakobs Flucht in das französische Luxusexil auf Schloß Saint-Germain-en-Laye konnte das Parlament am 23. Februar 1689 den einstigen Statthalter der Niederlande als Wilhelm III. zum König von England ausrufen. Er verkörperte den ersten Bürgerkönig der Geschichte, denn das Parlament ließ sich seine

Bill of Rights

hart erkämpften Vorrechte in der historischen »Bill of Rights« festschreiben. Damit war das Erbe von 1640 unwiderruflich gesichert.

Als Jakob 1690 von Irland aus, mit massiver französischer Hilfe, den Versuch einer Rückeroberung machte, unterlag er erneut seinem Rivalen Wilhelm III. Nur eine unbelehrbare, meist von der anderen Kanalseite finanzierte Minderheit von »Jakobiten« setzte den Kampf gegen die neue Ordnung ohne Aussicht auf Erfolg fort.

Ergebnisse der Revolution

Worin bestanden die dauerhaften Ergebnisse der Revolution von 1640 bis 1660?

Am sichtbarsten veränderte sich das Gesicht Englands auf politisch-institutionellem Gebiet. Die Macht lag nicht mehr beim absolutistischen Herrscher, sondern in den Händen des Parlaments, wobei wiederum das »House of Commons« (Unterhaus) gegenüber dem »House of Lords« (Oberhaus) den Ton angab. Parlamentshoheit, Ministerverantwortlichkeit, Schutz der Persönlichkeit, Annahme der Unschuld des Angeklagten bis zum Beweis des Gegenteils, Verbot der Folter, Freiheit der Vereinigung, Versammlung und Meinungsbildung, eine unabhängige Presse (1702 erste Tageszeitung: »Daily Courant«) machten England zum freiesten Land. Aber diese Freiheit hatte ihren Preis: das Eigentum. Man war frei in dem Maße, wie man Besitz erwarb. Der in der Revolution auf 200 Pfund reduzierte Besitzzensus wurde unter der Restauration beträchtlich angehoben und auch nach der »Glorreichen Revolution« nicht geändert. Etwa fünf Prozent der Bevölkerung waren wahlberechtigt; und das System der »rotten boroughs« sorgte für den Löwenanteil des Landadels. Vor der Revolution bestand der Unterschied vorrangig zwischen Privilegierten und Nichtprivilegierten, nach der

Die letzte Herrscherin der Tudor:
Ihre Regierungszeit bildete den Wendepunkt in der Geschichte des englischen Absolutismus. Elisabeth I., Königin von England (1558–1603). Gemälde von Marcus Geeraerts d. J. National Portrait Gallery, London

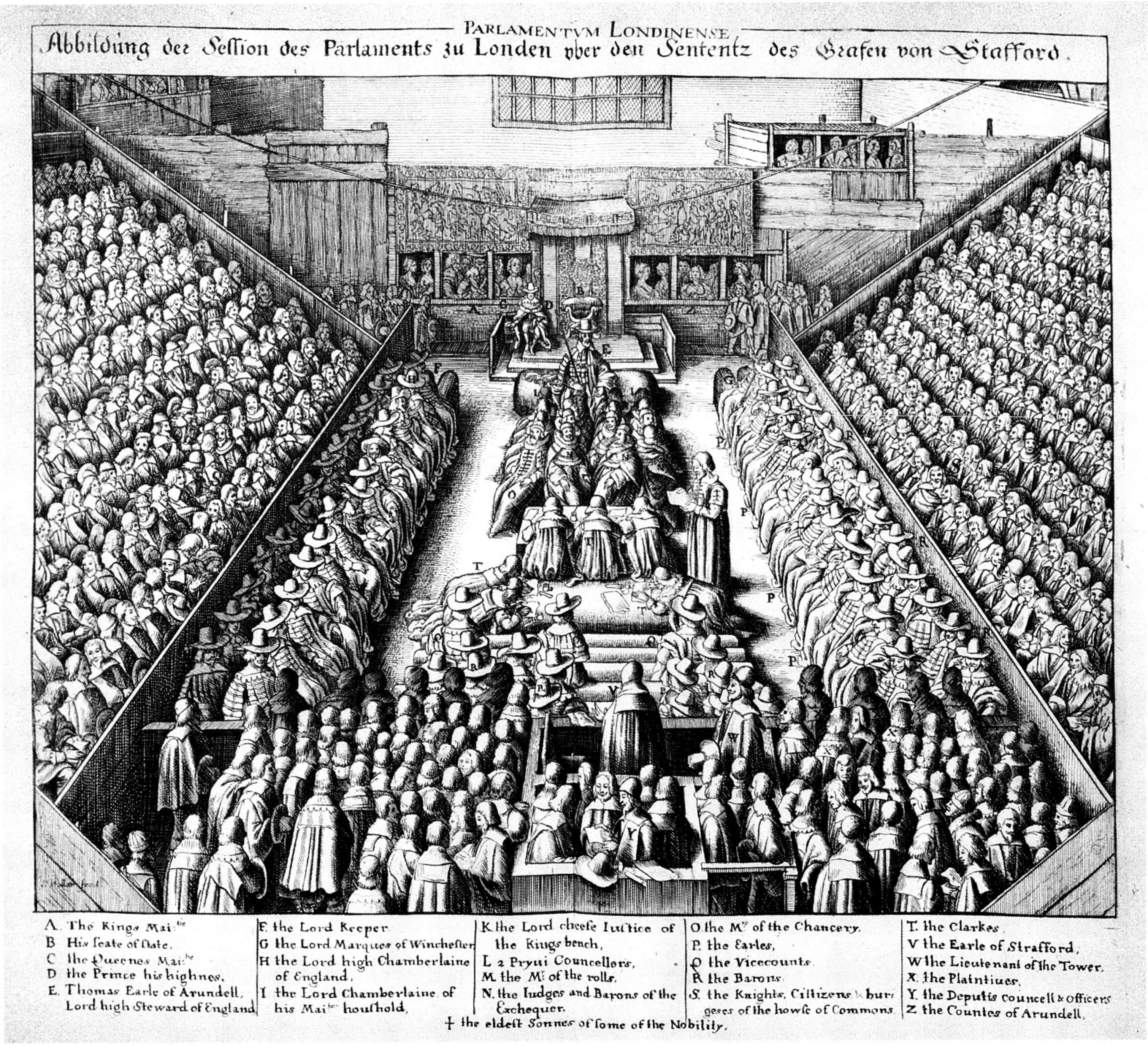

Der Anfang vom Ende:

Ehe der König zur Verantwortung gezogen wurde, fielen seine Hauptwerkzeuge, der Erzbischof von Canterbury, William Laud, und Thomas Wentworth, Earl of Strafford. Der Prozeß gegen Strafford begann am 23. März 1641. Die Darstellung zeigt die Sitzung des Parlaments während der Verhandlung. Kupferstich aus: Theatri Europaei . . ., 4. Teil. Frankfurt am Main, 1679. Sächsische Landesbibliothek Dresden

Der erste Stuart:
Die Konzession des Künstlers an den höfischen Geschmack verdeutlicht trotz allem hinreichend die dandyhafte Mentalität des Herrschers. Karl I., König von England, als Jäger. Gemälde von Antonis van Dyck, um 1635. Musée du Louvre, Paris

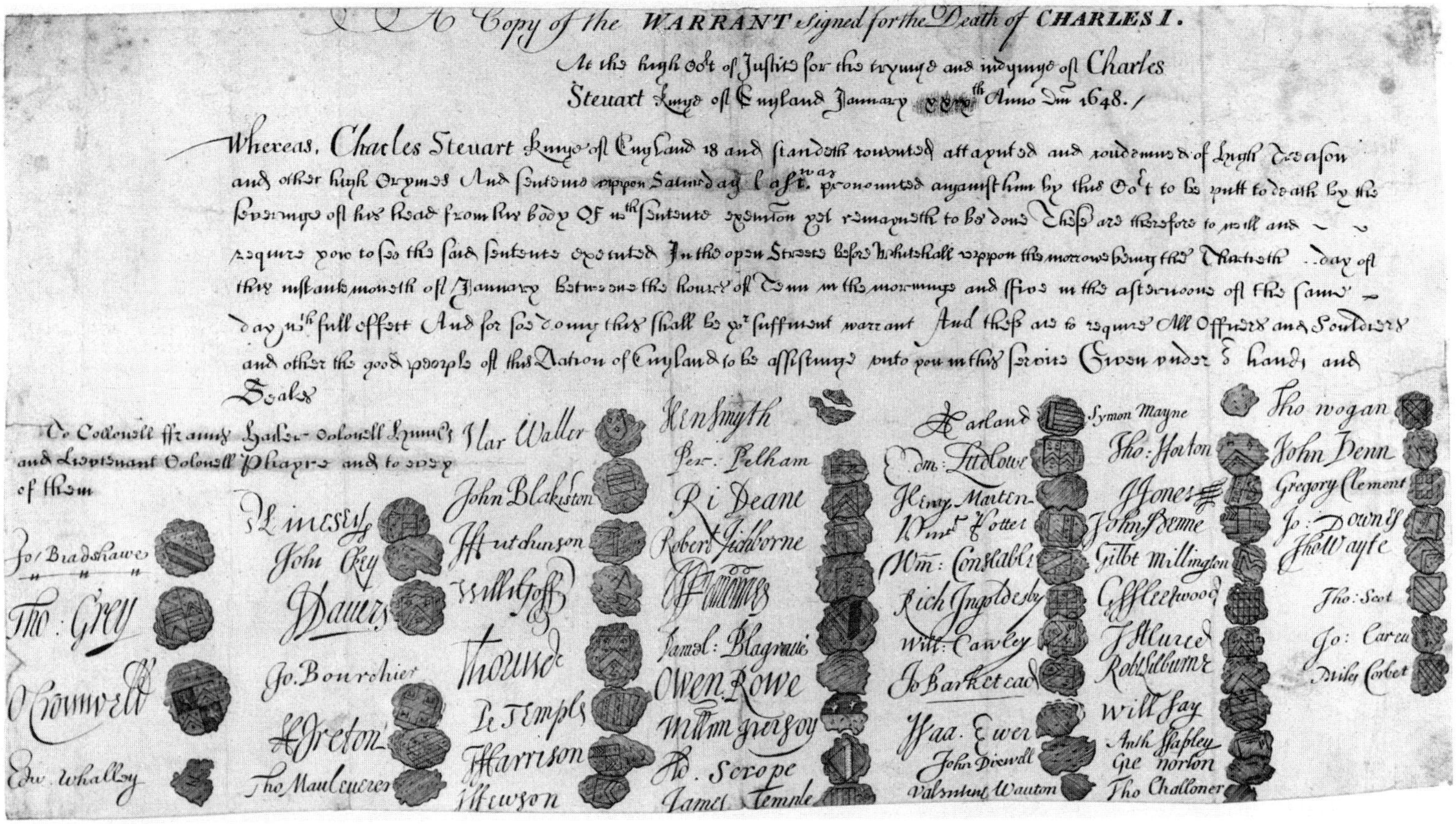
A Copy of the WARRANT Signed for the Death of CHARLES I.

At the high Co[ur]t of Justice for the tryinge and judginge of Charles Steuart Kinge of England January xxix[th] Anno D[omi]ni 1648.

Whereas Charles Steuart Kinge of England is and standeth convicted attaynted and condemned of High Treason and other high Crymes And sentence uppon Saturday last was pronounced against him by this Co[ur]t to be putt to death by the severinge of his head from his body Of w[hi]ch sentence execution yet remayneth to be done These are therefore to will and require you to see the said sentence executed In the open Streete before Whitehall uppon the morrowe being the Thirtieth day of this instante moneth of January betweene the houres of Tenn in the morninge and Five in the afternoone of the same day w[i]th full effect And for soe doing this shall be yo[u]r sufficient warrant And these are to require All Officers and Souldiers and other the good people of this Nation of England to be assistinge unto you in this service Given under o[u]r hands and Seales

To Collonell ffrancis Hacker Collonell Huncks and Lieutenant Collonell Phayre and to every of them

Jo: Bradshawe, Tho: Grey, O Cromwell, Edw. Whalley, M. Livesey, John Okey, J Danvers, Jo. Bourchier, H Ireton, Tho Mauleverer, Har Waller, John Blakiston, J Hutchinson, Willi Goff, Tho Pride, Pe Temple, T Harrison, J Hewson, Hen Smyth, Per. Pelham, Ri Deane, Robert Tichborne, H Edwardes, Daniel Blagrave, Owen Rowe, William Purefoy, Ad. Scrope, James Temple, A Garland, Edm: Ludlowe, Henry Marten, Vincent Potter, Wm: Constable, Rich Ingoldesby, Will: Cawley, Jo Barkstead, Isaa Ewer, John Dixwell, Valentine Wauton, Symon Mayne, Tho: Horton, J Jones, John Moore, Gilbt Millington, G Fleetwood, J Alured, Robt Lilburne, Will Say, Anth Stapley, Gre Norton, Tho Challoner, Tho Wogan, John Venn, Gregory Clement, Jo: Downes, Tho Wayte, Tho: Scot, Jo: Carew, Miles Corbet

Um den Kopf des Königs:
Am 27. Januar 1649 sprach das Parlament das Todesurteil über »Karl Stuart, König von England«. Die Vollmacht zeigt die Unterschriften des Rechtsgelehrten John Bradshaws, Präsident des Gerichtes, Oliver Cromwells, Henry Iretons und 55 weiterer Mitglieder des Gerichtshofes.

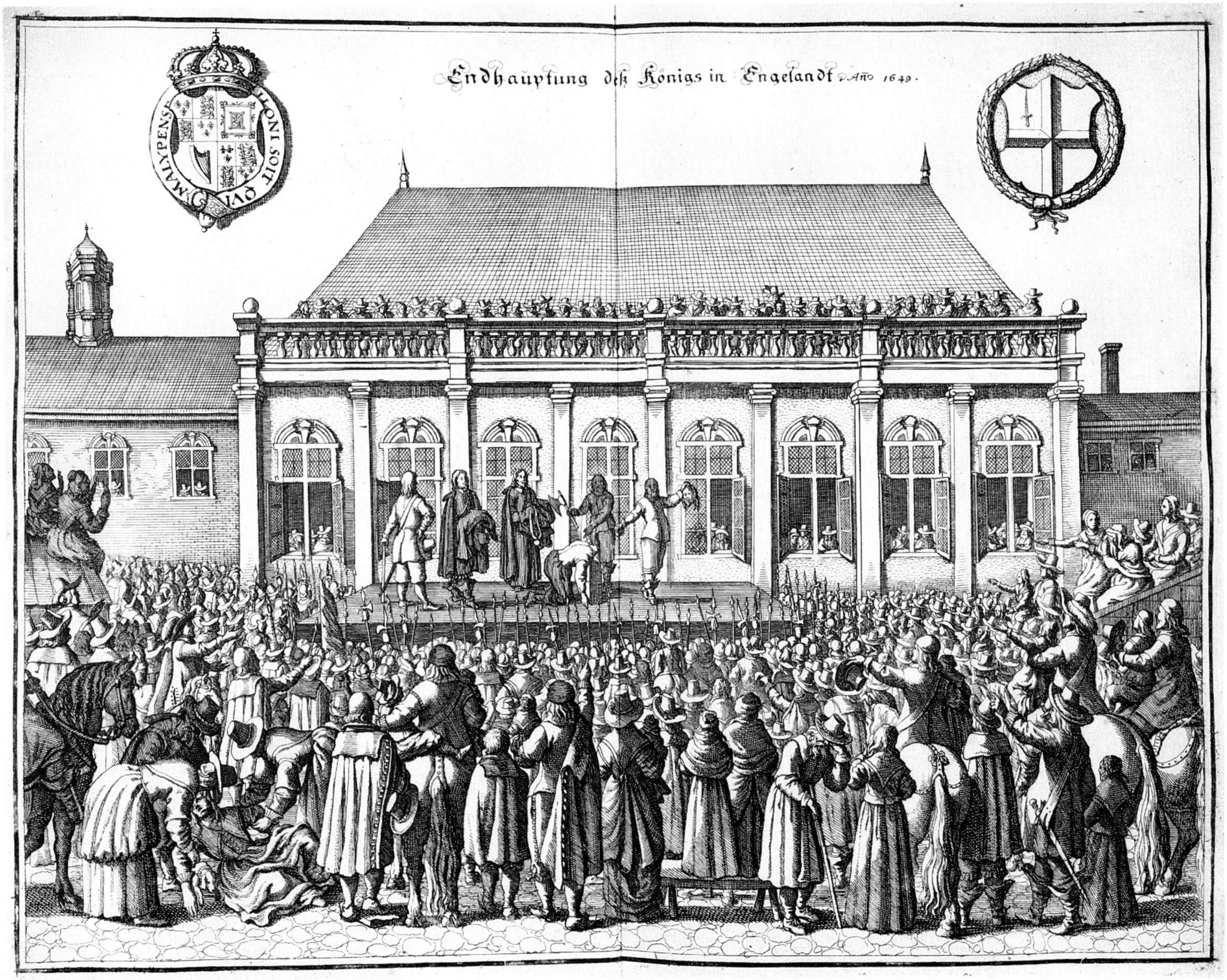

Höhepunkt der Revolution:
Die Hinrichtung des englischen Königs Karl I. fand am 30. Januar 1649 zu Whitehall statt. Der gewaltsame Tod eines Königs in einer Revolution schockierte die Monarchen ganz Europas, Kupferstich aus: Theatri Europaei . . ., 6. Teil. Frankfurt am Main, 1679. Sächsische Landesbibliothek Dresden

Sieg der New Model Army:
Hervorgegangen aus Cromwells »Ironsides« schuf sich die Revolution eine neue Streitmacht, deren soziale Basis die Freibauern bildeten. Schlacht bei Naseby am 14. Juni 1645. Anonymer Kupferstich nach einem Gemälde von Parrocel. Staatliche Bücher- und Kupferstichsammlung Greiz

Revolution und Persönlichkeit:
Der Künstler hielt neben dem Porträt Oliver Cromwells zugleich jene Episode vom 8. Mai 1657 fest, als eine Abordnung des Parlaments dem Lordprotektor die Krone Englands anbot, Cromwell jedoch mit Rücksicht auf die republikanische Stimmung der Militärs ablehnte. Kupferstich von Jacobus Houbraken nach Samuel Cooper. Staatliche Kunstsammlungen Dresden, Kupferstichkabinett

Kampf um die Herrschaft zur See:
Die nördlichen Niederlande waren Englands Feind Nummer eins im Ringen um die Vorherrschaft zur See, im Handel und in der Kolonialexpansion. Erst eine Serie von Kriegen brachte die Entscheidung zugunsten Englands. Eine Seeschlacht zwischen Holländern und Engländern. Gemälde von Ludolf Barkhuysen. Staatliche Kunstsammlungen Dresden, Gemäldegalerie Alte Meister

Krönung Wilhelms III. von Oranien zum König von England in London. Im Jahre 1689 wurden Maria II., Tochter König Jakobs II., und ihr Gatte, Wilhelm III. von Oranien, gemeinsam mit der Krone Englands bedacht. Sächsische Landesbibliothek Dresden

Revolution lag die gesellschaftliche Grenze zwischen den Viel- und den Wenigbesitzenden, zwischen Reich und Arm. Die auf Karl Marx zurückgehende These, die englische Revolution sei eine konservative Revolution gewesen – ein Begriff, der in der Historiographie, mit oder ohne Quellenangabe, Schule gemacht hat –, trifft auf vierfache Weise zu:

— Teile des Adels (Neuadel) handelten im Bündnis mit dem Bürgertum. Es fehlte also jene klassische Konstellation Adel gegen Bourgeoisie, die wesentlich die Dynamik der Französischen Revolution von 1789 prägte.

— Neuadel und Bürgertum besaßen bereits vor der Revolution im Parlament eine politische Basis, die sie gegen die verstärkten absolutistischen Ambitionen seit Karl I. zu verteidigen (»konservieren«) suchten.

— Es gelang dem Parlament zu einem relativ frühen Zeitpunkt, die städtisch-plebejische und bäuerliche Bewegung zu entmach-

ten und damit der Revolution den radikal-demokratischen Stachel zu ziehen.
— Schon nicht mehr konservativ, sondern offen reaktionär war die Politik gegen Irland.

Sozialer Wandel

Die unbestreitbare Tatsache, daß die 1640 eingeleitete Umwälzung vorrangig eine politisch-institutionelle (»staatliche«) und weniger ökonomisch-soziale Revolution darstellte, sollte trotzdem nicht dazu führen, die Veränderungen wirtschaftlicher und sozialer Natur zu gering einzuschätzen. Enteignungen von Royalisten und Zwangsverkäufe ihrer Güter, um die auferlegten »Bußen« zu tilgen, stärkten die Position des Neuadels. Mit der Aufhebung der Ritterlehen war Englands Boden endgültig frei von feudalen Bindungen. Die 1646 vom Parlament erlassenen Aufhebungsgesetze mußte Karl II. ausdrücklich anerkennen. Der Wert des Bodens, der in der Revolution den Besitzer wechselte, wird auf etwa sieben Millionen Pfund geschätzt. Es setzte eine Rotation des Grundeigentums ein, ohne aber die Hegemonie des großen Landbesitzes in Frage zu stellen. Neue Kulturen und Techniken von Bodenbearbeitung und Viehzucht sowie erweiterte Marktproduktion brachten der Landwirtschaft einen rapiden Aufschwung. Zuvor Importland für Getreide, entwickelte sich England zum Exporteur. Selbst Teile der Bauern profitierten von der Revolution, vor allem die Freibauern: Aufhebung des Zehnten und freie Nutzung der Gemeindeländereien gehörten dazu. Die bäuerlichen Unterschichten dagegen litten weiter unter hohen Zins- und Pachtzahlungen und blieben die Hauptopfer der rasch voranschreitenden Einhegungen und Trockenlegungen.

Nach 1640 fielen alle Gesetze gegen die Enclosures; bis 1700 war etwa ein Drittel der Einhegungen vollzogen. Diese forcierte Enteignung großer Teile der Landbevölkerung erklärt die widersprüchliche Haltung der bäuerlichen Schichten gegenüber der Revolution. Viele Bauern wehrten sich gegen die Überreste feudaler Abhängigkeit mit derselben Vehemenz wie gegen die aufkommenden Formen kapitalistischer Ausbeutung. So führten die gefürchteten Keulenmänner (Clubmen) einen Zweifrontenkrieg gegen Royalisten und Parlamentsarmee.

Zweiter Sieger, hinter dem Neuadel, war das Bürgertum. Obwohl dessen unmittelbare politische Einflußnahme sehr begrenzt blieb, profitierte es vom Aufstieg Englands zur führenden Handels-, See- und Kolonialmacht. Der Aufschwung der im Südwesten und Ostanglien konzentrierten Manufakturen wurde vorrangig durch die Expansion der Tucherzeugung getragen. Kleinproduzenten gerieten verstärkt in die Abhängigkeit kaufmännischer Geldgeber. Die noch unter Elisabeth gegründete Londoner Börse (Royal Exchange) fungierte als Puls der wirtschaftlichen Dynamik. Aktiengesellschaften florierten und fallierten. London überflügelte seinen Rivalen Amsterdam. Nach den Plänen von Christopher Wren entstand das durch Brand verwüstete London prächtiger denn je. Im Jahre 1694 öffnete auf privater Grundlage die erste zentrale Notenbank ihre Pforten, der Scheck wurde erfunden, und William Petty, Vorreiter auf dem Gebiet der modernen politischen Ökonomie, entwickelte die wissenschaftliche Bevölkerungsstatistik. Die Vorherrschaft Londons und die damit verbundene »Londonisierung« (Christopher Hill) des Landes konsolidierte die Herausbildung der modernen englischen Nation.

Die Sicht von unten

Und die andere Seite der Medaille? Schon Winstanley hatte erkannt: »Die Reichen erhalten alles, was sie haben, aus der Hand des Arbeitenden.« Es tauchten die ersten Projekte auf, wie die Arbeitslosen durch Selbsthilfemaßnahmen vor Hunger und Elend bewahrt werden könnten (John Belles). Eine Generation später hielt William Hogarth die moralischen Folgen des Plebejerdaseins in satirisch anklagenden Sittenbildern fest. Unmittelbar nach 1688, als die neue Gesellschaft ihre Licht- und Schattenseiten enthüllte, Vision und Wirklichkeit auseinanderrückten, die Utopie durch die Praxis eingeholt wurde, traten sozialkritische Schriftsteller und Pamphletisten vor die Öffentlichkeit, unter denen Jonathan Swift und Daniel Defoe einen hervorragenden Platz einnahmen. Ihren Höhepunkt erreichte diese Entwicklung im Werk von Henry Fielding, der seine Leistung mit dem gesellschaftskritischen Roman »Tom Jones, die Geschichte eines Findlings« (1749) krönte. Das bildungsbeflissene Publikum orientierte sich an dem seit 1711 erscheinenden »Spec-

White's Coffee House in London. Kupferstich von William Hogarth aus der Folge »The Rake's Progress«, Blatt 6, 1735

Quäkerversammlung in Amsterdam. Kupferstich von Bernard Picart aus: Cérémonies et Coutûmes Religieuses . . . Amsterdam, 1720 bis 1737

tator«, der für Generationen die Normen offizieller Moral prägte.

Die Tragik des Widerspruchs von Ideal und Wirklichkeit durchlitt wohl am tiefsten John Milton. Seine großen Streitschriften für die Rechte des Volkes und gegen die Tyrannei der Könige waren unter der Restauration verfemt; nur einflußreiche Freunde retteten ihn vor dem Schafott. Einsam und erblindet gedachte Milton unentwegt der großen Rebellion. In seinem Hauptwerk »The Paradise Lost« (1667), das zu den Perlen der englischen National- und der Weltliteratur gehört, faßte er die Revolution noch einmal in die unvergänglichen Bilder eines gigantischen Kampfes der himmlischen und satanischen Heerscharen; auch »Paradise Regained« (1671) trug die Erinnerung an die Revolution weiter.

Alltagsleben

Mentalität und Tradition sind hartnäckig, trotzdem veränderte die Revolution mit ihren neuen Wertvorstellungen zunehmend auch das Alltagsleben. Obwohl die radikalen Puritaner selbst nach der »Glorreichen Revolution« noch als gemiedene »Dissenters« galten, prägte ihr Bibelverständnis das Verhalten und die Moral großer Teile der Bevölkerung; dazu gehörte der seitdem für England kennzeichnende geheiligte Sonntag. Rückschauend fand die unnachgiebige, bis zur Preisgabe des Individuums sich steigernde puritanische Moral ihren literarischen Niederschlag in Nathaniel Hawthornes Roman »Der scharlachrote Buchstabe« (1850).

Nicht wenige der ihrer heroischen Illusion beraubten und politisch entmachteten Puritaner wichen in ein Sektendasein aus. Besondere Bedeutung erlangten die 1652 von George Fox gegründeten Quäker (eigentlich »Religiöse Gesellschaft der

Quäker

Freunde«). Ihr zutiefst demokratisches Gottesverständnis, fußend auf der Einheit von Glaube und Leben, schloß jede Amtskirche und äußerliche Kulthandlung aus. In der Traditionslinie der Quäker standen bedeutende Persönlichkeiten: William Penn, der in Nordamerika ein auf Gleichheit und Toleranz gegründetes Staatswesen schaffen wollte (»Heiliges Experiment«:

Titelblatt der »Instauratio magna« von Francis Bacon, erschienen in London im Jahre 1620. Der bezeichnende Titel »Die große Erneuerung« charakterisiert deutlich die Hinwendung zur modernen Naturwissenschaft. Universitätsbibliothek Leipzig

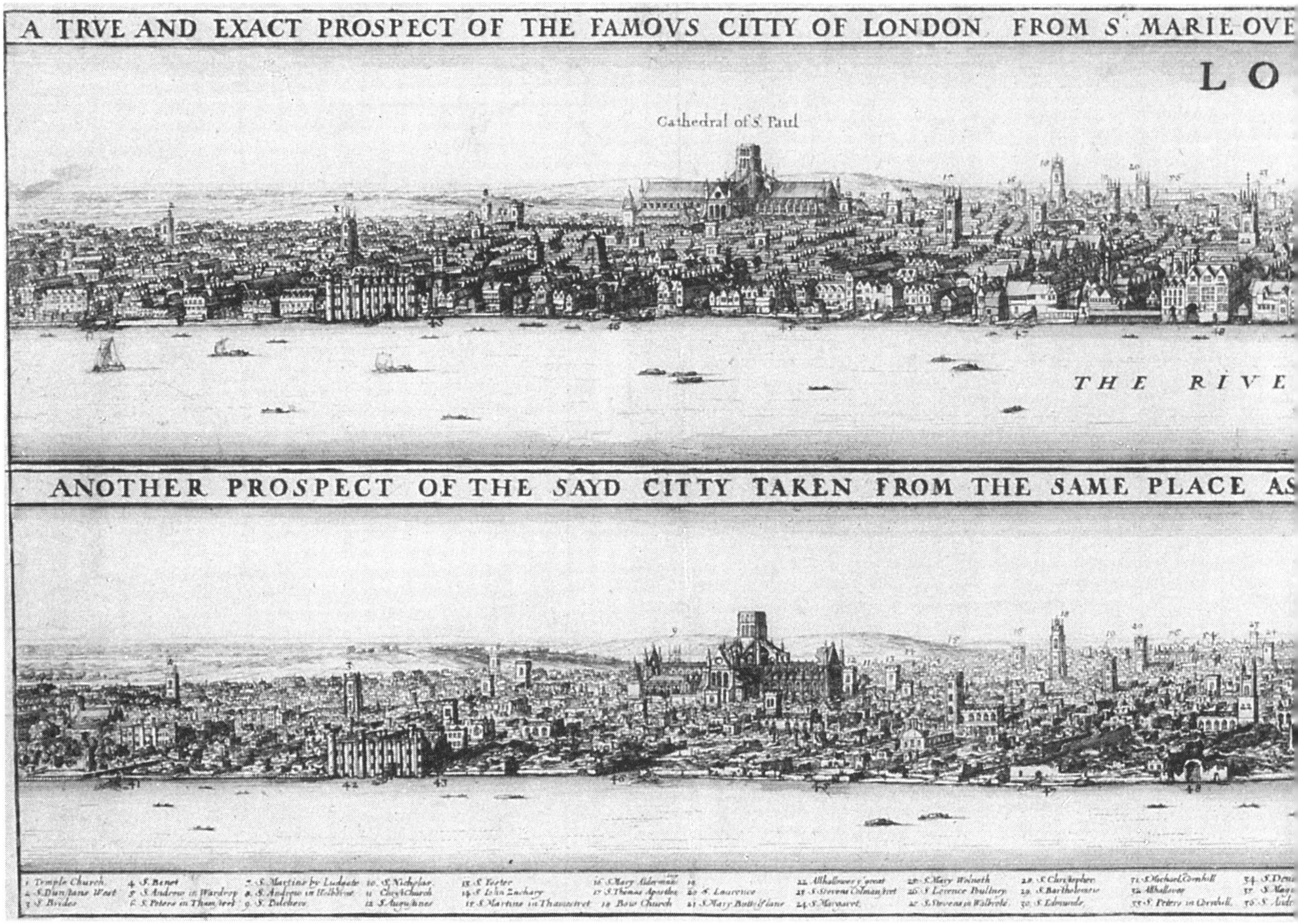

London – Ansicht der Stadt vor und nach dem großen Brand von 1666. Kupferstich von Wenzel Hollar. Staatliche Bücher- und Kupferstichsammlung Greiz

Pennsylvania), der um das Los der Frühproletarier besorgte und schon genannte John Belles oder John Woolman, der für die Befreiung der Sklaven eintrat.

Mit den Fortschritten in der Produktivität, mit technischem Niveau und erweitertem Angebot veränderte sich vor allem für die gehobenen Schichten die Lebensweise. Die körperliche Hygiene verbesserte sich bescheiden, aber doch sichtbar. Nach französischem Vorbild begann man Nachtbekleidung zu tragen. Auch die Qualität der Tageskleidung (Tuche, Baumwollstoffe, Seide) wurde ansprechender, obwohl für den »einfachen Mann« auf dem Lande die grobe Lederkleidung kennzeichnend blieb. Ziegelbauten, gemauerte Kamine, Verwendung von Glas für Fensterscheiben – ein allerdings mit hoher Steuer belegter Luxus – verbesserten die Wohnkultur. Auch das saturierte Bürgertum strebte jetzt nach einem ruhigen Sitz auf dem Lande. Mit dem sich ausdehnenden Kolonialhandel wurden bis dahin exotische Güter wie Tee, Kaffee, Schokolade, Tabak, Zucker, Pfeffer und andere Gewürze billiger und gelegentlich sogar den weniger Begüterten erreichbar. Auf dem Tisch fand sich neben Holz- und Zinngefäßen bald die Keramik. Im Haushalt wurden die Holzutensilien von Kellen, Gabeln und Löffeln aus Metall abgelöst. Die geräuschvollen Eßsitten der Tudorzeit gehörten der Vergangenheit an.

Attraktion und öffentliches Ärgernis zugleich stellten die emporschießenden Kaffeehäuser dar; sie waren der Umschlagplatz für alle Neuigkeiten und galten als Zufluchtstätten der Unmoral, des oppositionellen Denkens und der religiösen Indifferenz. Wiederholte Verbote konnten die Beliebtheit dieser Stätten zwang-

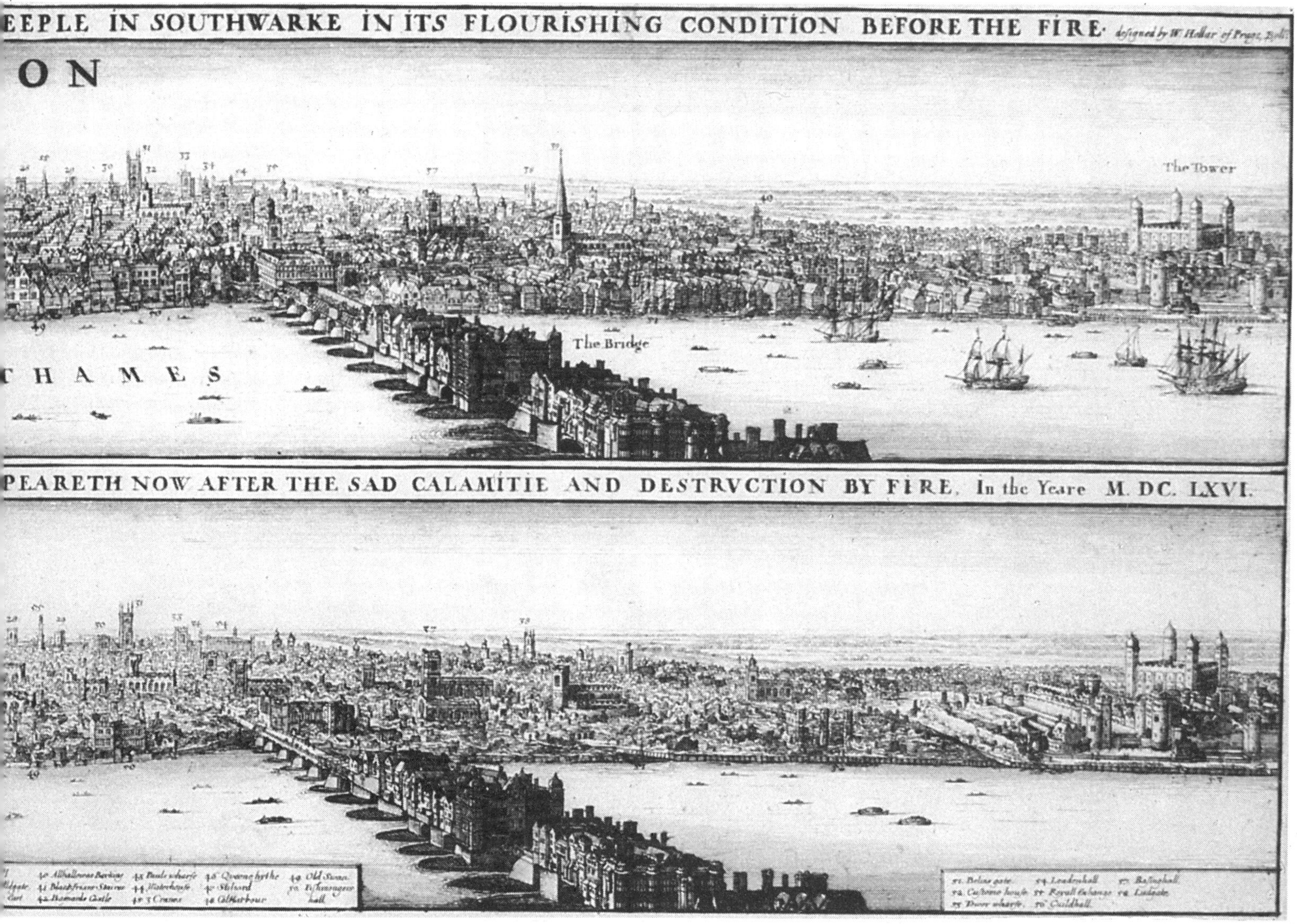

loser Zusammenkunft allerdings nicht schmälern, eher war das Gegenteil der Fall.

Philosophie, Staatslehre, Naturwissenschaften

Die mit der Revolution vollzogene Emanzipation des Denkens ließ England zum Ursprungsland des Rationalismus und der Aufklärung werden. Bereits vor der Revolution vertrat Francis Bacon die Notwendigkeit, Religion und Wissenschaft voneinander zu trennen, und näherte sich auf der Grundlage eines experimentellen Naturverständnisses materialistischen Positionen. In seinen Werken (»Novum Organum Scientiarum«, 1620, Essays, 1597, »Nova Atlantis«, um 1623), die in philosophischer Hinsicht den Bruch mit der Scholastik vollzogen, begründete Bacon, ganz im Sinne der aufsteigenden Klasse, den gesellschaftlichen Fortschritt durch die Anwendung der Wissenschaft. Als engagierter Politiker setzte Bacon die königstreue Position seines Vaters, der Königin Elisabeth als Lordsiegelbewahrer und Kronjurist gedient hatte, fort. In der Stellung eines Obersten Richters, Lordsiegelbewahrers und Lordkanzlers verteidigte er die Herrschaft Jakobs I., jedoch nicht mit dem Anspruch auf Gottesgnadentum, sondern durch Berufung auf das Natur- und Vertragsrecht. Seine ausgeprägte, aber für die Zeit durchaus nicht ungewöhnliche Bestechlichkeit nutzte die parlamentarische Opposition, um sich eines unliebsamen Vertreters der königlichen Interessen zu entledigen (1621). Francis Bacons großer Traum, das Wissen seiner Zeit in einem großen Werk enzyklopädisch zusammenzufassen (»Instauratio magna scientiarum«), blieb unvollendet.

Thomas Hobbes. Anonymer niederländischer Kupferstich. Staatliche Bücher- und Kupferstichsammlung Greiz

Thomas Hobbes

Auf Bacon fußend, aber weit über ihn hinausgehend, schuf Thomas Hobbes ein System philosophischer Anschauungen, das die Erfahrungen der Revolution verallgemeinerte. Von den Denkern der Revolutionszeit gehört er bis in die Gegenwart zu den umstrittensten Persönlichkeiten, wobei auch seine widersprüchliche Entwicklung eine Rolle gespielt haben mag. Als weltoffener und weitgereister Mann verwarf Hobbes schon als Zwanzigjähriger die ihm in Oxford eingepaukte Scholastik. Er ging, im Gleichklang mit seiner Zeit, von der Unantastbarkeit des Eigentums aus, dessen Schutz Hauptaufgabe des (monarchisch verfaßten) Staates sein sollte. Die Rolle des Staates rechtfertigte Hobbes aus der Aufgabe, den für den Urzustand der Menschheit kennzeichnenden Kriegszustand (bellum omnium contra omnes) zu beseitigen. Seine weit über England hinauswirkenden staats- und naturrechtlichen Auffassungen legte er in den Werken »The Elements of Law, natural and politic«, »De cive« (1642) und »Leviathan . . .« (1651) nieder. Von republikanischer Position aus kritisierte James Harrington die Verteidigung der Monarchie durch Hobbes.

John Locke

Die englische Aufklärung erreichte ihren Glanzpunkt mit John Locke. Während Hobbes deutlich die neuadlig-aristokratischen Interessen artikulierte, fühlte sich Locke auf Grund seiner Abkunft und durch sein Engagement an der Seite des Parlaments wesentlich zu den liberalen Whigs hingezogen. Die Vielseitigkeit seines Talents als Arzt, Nationalökonom, Pädagoge, Theologe, Hochschullehrer, Naturwissenschaftler, Diplomat und schließlich Philosoph beeindruckte schon die Zeitgenossen.

John Locke. Kupferstich von Anthony Walker. Staatliche Bücher- und Kupferstichsammlung Greiz

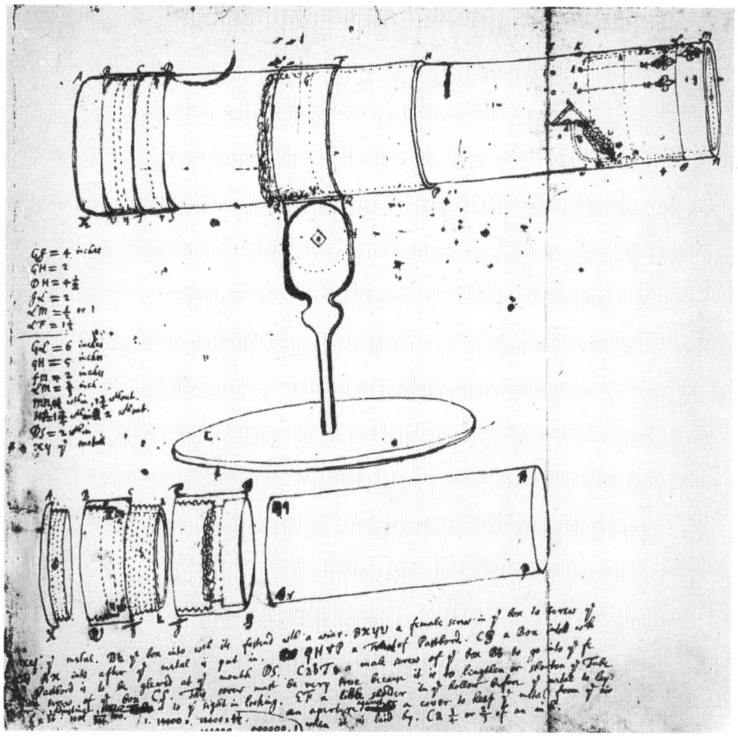

Eigenhändiger Entwurf Isaac Newtons für ein Spiegelteleskop

Sein philosophisches Hauptwerk (»An essay concerning human understanding«, 1690) begründete den Sensualismus. Sein politisches Standardwerk »Two treatises of government« (um 1680 entstanden, 1690 veröffentlicht) enthielt die Parlamentsargumentation für die »Glorreiche Revolution«. Für den durch Vertrag naturrechtlich verfaßten Vernunftsstaat sah Locke, im Unterschied zu Hobbes, den Schwerpunkt der Machtausübung nicht beim Herrscher, sondern beim Bürger, bzw. beim Parlament. Damit war die Idee der Gewaltenteilung geboren, die Montesquieu 1748 in seinem Werk »De l'esprit des lois« (Vom Geist der Gesetze) systematisierte und zur Grundlage des neuzeitlichen Staats- und Verfassungsrechts machen sollte. Als Gegner einer katholischen Thronfolge und der Konspiration verdächtigt, ging Locke 1683 nach den Niederlanden in das Exil, das er 1689 wieder verlassen konnte.

Isaac Newton

Philosophie und Naturwissenschaft fanden ihre geniale Verschmelzung im Werk von Isaac Newton, dem Begründer der klassischen Gravitationstheorie. Mechanik, Optik und Mathematik waren seine Hauptarbeitsgebiete, deren Erkenntnisse er zu einem neuen naturphilosophischen Weltbild verarbeitete (»Philosophiae naturalis principia mathematica«, 1687). Newtons Einfluß auf das Denken seiner Zeit ist kaum zu überschätzen; über England hinaus (ab 1703 Präsident der 1662 gegründeten ersten englischen Akademie, der Royal Society) war er die in ganz Europa anerkannte Autorität (Meinungsstreit und Briefwechsel mit Leibniz). Newtons wissenschaftliche Naturauffassung entzog der Scholastik und Metaphysik jegliche Basis; die von ihm entdeckten und entwickelten wissenschaftlichen Prinzipien beeinflußten die naturwissenschaftlich-physikalische Theorienbildung bis in das 20. Jahrhundert.

Die mit der Revolution erfolgte Entfesselung der materiellen und geistigen Energien schuf die Voraussetzungen für einen welthistorischen Vorsprung Englands, der in der zweiten Hälfte des 18. Jahrhunderts in die industrielle Revolution mündete und das Land in die »Werkstatt der Welt« verwandelte. Um diese Zeit reifte aber die Große Revolution auf der anderen Seite des Kanals heran.

ENCYCLOPÉDIE,

OU

DICTIONNAIRE RAISONNÉ

DES SCIENCES,

DES ARTS ET DES MÉTIERS,

PAR UNE SOCIETÉ DE GENS DE LETTRES.

Mis en ordre & publié par M. *DIDEROT*, de l'Académie Royale des Sciences & des Belles-Lettres de Pruſſe; & quant à la PARTIE MATHÉMATIQUE, par M. *D'ALEMBERT*, de l'Académie Royale des Sciences de Paris, de celle de Pruſſe, & de la Société Royale de Londres.

Tantùm ſeries juncturaque pollet,
Tantùm de medio ſumptis accedit honoris! HORAT.

TOME PREMIER.

A PARIS,

Chez BRIASSON, *rue Saint Jacques, à la Science.*
DAVID l'aîné, *rue Saint Jacques, à la Plume d'or.*
LE BRETON, Imprimeur ordinaire du Roy, *rue de la Harpe.*
DURAND, *rue Saint Jacques, à Saint Landry, & au Griffon.*

M. DCC. LI.

AVEC APPROBATION ET PRIVILEGE DU ROY.

Titelblatt des 1. Bandes der von Jean Lerond d'Alembert und Denis Diderot in den Jahren 1751 bis 1780 in 33 Bänden herausgegebenen großen »Encyclopédie«. Universitätsbibliothek Leipzig

5 Licht und Vernunft

Über das 18. Jahrhundert entfalteten sich die objektiven und subjektiven Bedingungen für die endgültige welthistorische Entscheidung zwischen feudalständischer und bürgerlicher Gesellschaft. Neues und Altes, Blüte und Verfall, Aufstrebendes und Morbides standen in einem komplizierten Wechselverhältnis. Von der Großen Revolution rückschauend, plädierte Saint-Just dafür, diesem Jahrhundert einen Platz im Panthéon einzuräumen. Eine neue soziale Kraft war in den Brennpunkt des historischen Geschehens getreten: die Bourgeoisie. Zum dritten Mal erwies sich Westeuropa als zentrale Nahtstelle zwischen Fortschritt und Stagnation. Knotenpunkt aller Widersprüche des auf

Frankreich: Kreuzpunkt der Widersprüche

dem Kontinent noch dominierenden spätfeudalen Gesellschafts- und Staatensystems bildete Frankreich, es stellte durch das Zusammenfallen aller Krisenelemente das schwächste Glied in der Kette der Feudalstaaten dar. Mit seinem Herausbrechen im Ergebnis der Revolution überwand der bürgerliche Fortschritt seine regionale (Niederlande), insulare (England) und periphere Isolierung (USA).

Deutlicher als in den übrigen Staaten des Kontinents trat in Frankreich der Übergangscharakter der Gesellschaft in Erscheinung: Ökonomische Opulenz der aufstrebenden Bourgeoisie, ein alle Grenzen der Vernunft sprengendes Luxusgehabe der herrschenden Adelsklasse kontrastierten mit einer Massenmisere der unteren Bevölkerungsschichten in Stadt und Land. Quantitativ war Frankreich in der Bevölkerungsentwicklung, seinem ökonomischen Potential, in der Effizienz seiner finanziellen und staatlichen Organisation, dazu auf militärischem Gebiet und in seiner kulturellen Ausstrahlung noch immer eine führende Macht. Diese Stellung entsprang aber mehr dem historischen Trägheitsgesetz als der eigenen Dynamik.

Immerhin hatte sich im Konzert der europäischen Mächte nicht wenig geändert: Frankreich gehörte zu den großen Verlierern des Siebenjährigen Krieges, während Englands Einfluß eindeutig zunahm. Der bourbonische Zwilling Spanien war schon seit dem Erbfolgekrieg (1701–1714) zur Sekundärmacht abgesunken, gemeinsam mit Portugal, das sich durch den Methuenvertrag von 1703 völlig in das Schlepptau Englands begab.

Internationales Kräfteverhältnis

Schweden trat seine Ostseestellung nach dem Nordischen Krieg (1700–1721) an die aufstrebende Großmacht Rußland ab, während Preußen unter Friedrich II. der Aufstieg zur Mittelmacht gelang, fähig, Österreich herauszufordern, und einen Dualismus begründend, der erst im 19. Jahrhundert seine gewaltsame Lösung finden sollte. Was Österreich an Preußen verlor, kompensierte es im Kampf gegen die Türken. Damit war seine Stellung als europäische Großmacht zwar konsolidiert, aber um den Preis der Schwerpunktverlagerung nach Südosteuropa. In Osteuropa ermöglichte die in Polen herrschende Anarchie (»Adelsdemokratie«) den ungebremsten Zugriff Rußlands, Preußens und Österreichs. Als sich der auf den Thron lancierte Exgeliebte Katharinas II., Stanisław August Poniatowski, wider Erwarten rebellisch zeigte, kam es zur Ersten Teilung Polens zwischen den drei Mächten. Ungeachtet der zahlreichen Kriege, Konflikte und sich inner- wie außerhalb Europas überschneidender Interessen der verschiedenen Mächte, schälte sich der Widerspruch zwischen England und Frankreich als das bestimmende Merkmal der internationalen Situation heraus.

Zwar noch immer bewundertes wie beneidetes Vorbild für die anderen absolutistischen Staaten, geriet Frankreich gegenüber dem bürgerlichen England zunehmend ins Hintertreffen. Der Systemkonflikt Feudalismus – Kapitalismus erreichte national wie international das kritische Moment. Die herannahende Revolution war – nicht endenwollende Streitfrage der Historikerzunft – weder der alleinige Ausdruck einer ihre ökonomische Stärke in politische Macht ummünzenden Bourgeoisie noch die bloße »Revolution der Misere«. Erst die dialektische Kombination beider Ebenen löste die große gesellschaftliche Explosion aus. Dabei spielte eine wesentliche Rolle, daß Frankreich von der um 1775 einsetzenden Stagnation der langfristigen Konjunkturphase, die seit dem ersten Drittel des 18. Jahrhunderts die weltökonomische Entwicklung bestimmt hatte, infolge der zunehmenden Reaktions- und Handlungsunfähigkeit der systemtragenden Kräfte (Krone, Adel) besonders nachhaltig betroffen wurde.

Es war nicht nur das massive Anwachsen, sondern primär die neue Qualität der bürgerlichen Produktivkräfte und Produktionsverhältnisse, die den niedergehenden Feudalismus ökonomisch und schließlich politisch in die historische Defensive zwangen. Viele Faktoren erreichten durch ihre Kombination eine neue Sprengkraft. Dazu gehörte die bereits seit dem Ausgang des 17. Jahrhunderts anwachsende Bevölkerungskurve (in Frankreich von 20 auf etwa 26 Millionen; England von 5 auf 10,5; Spanien von 5,5 auf 10,5; Italien von 11 auf 18; Schweden von 1 auf 2; Preußen von 3 auf 6 Millionen Einwohner, trotz der etwa 500000 Opfer der vor allem von Friedrich II. geführten Kriege). Parallel dazu fand eine beschleunigte Urbanisierung statt, obgleich die Masse der Bevölkerung (80–95 Prozent) noch auf dem Lande lebte. Produktion und Kommunikation machten in einigen Gebieten Europas sowie in den nordamerikanischen Kolonien Englands beträchtliche Fortschritte: Die Ablösung des Holzes durch die Steinkohle revolutionierte die Energiebasis, was wiederum einen Aufschwung der Metallurgie (Eisen- und Stahlherstellung) ermöglichte. Entwicklungsbestimmend blieb die Textilfabrikation, nunmehr auf der Grundlage von Baumwollverarbeitung (»King Cotton«) anstelle des traditionellen Leinens. Die wachsende Bedeutung der kolonialen Peripherie (Nord- und Südamerikas, Küstenzone Afrikas, Teilregionen Asiens) zeigte sich an der Intensivierung des Überseehandels und der verstärkt ausgeprägten internationalen Arbeitsteilung zwischen rohstoffproduzierenden und Fertigwaren importierenden Weltteilen (»Dreieckshandel«: Europa – Amerika – Afrika). Die Ungleichheit in der Entwicklung von »Zentrum« und »Peripherie« erreichte eine qualitativ neue Dimension. Nur China und Japan vermochten noch ihre Politik der Abschließung durchzuhalten und waren in den Weltmarkt nicht integriert; gleiches galt für das Innere Afrikas, dessen frühfeudale Staatenbildungen (Monomatapa, Kongo, Uganda) noch nicht von der europäischen Expansion betroffen wurden; ebenso behauptete Äthiopien seine Selbständigkeit.

Wirtschaft, Weltmarkt, Kommunikation

Ohne das traditionelle Handwerk verdrängen zu können, gewann die Manufaktur in allen Ländern an Boden, wobei auffällig bleibt, daß sich die englischen Manufakturen primär auf Massenproduktion (Textilien) einstellten, während die Manufakturen der Feudalstaaten stärker auf die Luxusbedürfnisse der herrschenden Adelsklasse orientiert blieben. Daraus resultierten

»Der Königskuchen«. Satirische Allegorie auf die Erste Teilung Polens im Jahre 1772. Kupferstich von Noël Lemire nach Jean Michel Moreau le Jeune. Deutsche Staatsbibliothek Berlin

wesentliche Unterschiede in Charakter und Umfang der Kapitalakkumulation als Ausgangspunkt bürgerlicher Wirtschafts- und Klassenentfaltung, wodurch sich das Entwicklungsgefälle wiederum innerhalb Europas verstärkte.

In der Landwirtschaft, der ökonomischen Basis des Feudalismus, stellte sich die Lage ungleich widersprüchlicher dar. Noch war allgemein die Dreifelderwirtschaft verbreitet. Während in Osteuropa in erheblichem Maße die härtesten Formen von Hörigkeit und Leibeigenschaft das Dasein der Bauern bestimmten (einen freien Status besaßen sie dagegen in Rand- und Grenzgebieten), existierte in großen Teilen Westeuropas zumindest persönliche Freizügigkeit, aber der Boden blieb mit den traditionellen feudalen Abgaben belegt. Neue Produktionsformen gingen von Flandern, Holland und besonders intensiv von England (»Norfolkwirtschaft«) aus. Fruchtwechselfolge und natürliche

Düngung brachten einen sprunghaften Aufschwung in Pflanzenproduktion und Viehzucht. Während die Gebiete der »neuen Agrikultur« zum Export übergingen, spitzte sich in den Ländern mit herkömmlicher Landwirtschaft das Versorgungsproblem zu; periodische Hungersnöte, so am Vorabend der Französischen Revolution, waren die Folge. Geldrente, Pachtsystem und Marktproduktion führten in Westeuropa, speziell in Frankreich, bereits zu einer sichtlichen Differenzierung der Bauernschaft, während die in weiten Teilen Osteuropas tonangebende zweite Leibeigenschaft die Bauern als homogene Klasse konservierte.

Durch Straßenbau, Anlage von Kanälen und neuen Brücken, Verbesserung der Transportmittel (Mail-Coaches in England), Ausbau des Postwesens intensivierte sich die Kommunikation im nationalen und kontinentalen Maße. Zwischen 1760 und 1800 sank die Reisezeit London–Glasgow von etwa zwölf Tagen auf reichlich zwei Tage; die Nachricht vom Sturz der Bastille brauchte nach Madrid jedoch noch 13. Das 18. Jahrhundert brachte auch den letzten großen Höhepunkt für die zivile und militärische Segelschiffahrt. Größere Tonnage, verbesserte Takelung verkürzten Fahrzeiten und erhöhten das Transportvolumen. Stärkere Bewaffnung bedeutete intensivere Feuerkraft, verbunden mit einer neuen Technik (Angriff in Kiellinie). Gemäß seinem historischen Vorsprung baute England seine Position als führende Handels-, Kolonial- und Seemacht weiter aus.

Wissenschaft und Technik

Symptomatisch für die neuen Tendenzen war die einsetzende Verbindung von Produktion und Wissenschaft (Leibniz: »Theoria cum praxi«), d.h. die Entwicklung der (Natur-)Wissenschaft zur Produktivkraft, ein Prozeß, der allerdings erst im folgenden Jahrhundert im Ergebnis der industriellen Revolution voll ausreifte. Vom Gründungsdatum der Preußischen Akademie der

Chemisches Laboratorium der Universität (Nürnberg) Altdorf, 1682

Landung von James Cook auf Tanna. Kupferstich von John Keyse Sherwin nach William Hodges, um 1775. Staatliche Bücher- und Kupferstichsammlung Greiz

Wissenschaften 1700 ausgehend, umfaßte die Galerie der hervorragenden Naturwissenschaftler, Mathematiker und Technologen Persönlichkeiten wie Leibniz, Berkeley, Fahrenheit, Réaumur, Linné, Lomonossow, Hargreaves, Euler, Lavoisier, den jungen Gauß, die Brüder Montgolfier, Cartwright ... Nach der Renaissance erlebte die europäische Wissenschaft ihre zweite große Blütezeit. Ungeachtet der unterschiedlichen Interessenlage fielen herrschaftliche und bürgerliche Förderung der Wissenschaften für längere Zeit zusammen. Akademiegründungen und Gelehrtenjournale (z.B. die in Leipzig ab 1682 erscheinenden »Acta Eruditorum«) zeugten vom Bemühen um eine Institutionalisierung der Forschung und vom Bedürfnis nach internationaler Kommunikation.

Kolbenlose Dampfpumpe, Neuentdeckung des Porzellans, der Schnellschütze, das Gesetz von der Erhaltung von Masse und Energie, die Spinnmaschine, der Nachweis des Sauerstoffs, das Puddleverfahren oder der mechanische Webstuhl kennzeichnen einige der bahnbrechenden Leistungen, die nicht nur das Wissen um die Natur und die materiellen Grundlagen der Produktion revolutionierten, sondern auch der Aufklärung entscheidende Argumente gegen religiösen Dogmatismus und Altväterglauben lieferten. Das 18. Jahrhundert war die klassische Zeit der Mechanik.

Die heraufziehende historische Wende spiegelte sich auch in einem Konflikt- und Krisenbewußtsein, das seinen Ausdruck in einer völlig neuen Form des Denkens fand: der Aufklärung. Die Geschichte kennt nicht viele Epochen, die in vergleichbarer

Das neue Denken

Weise über Sinn und Perspektive ihrer Existenz räsoniert hätten. Religiöse Motivationen und Ausdrucksformen gesellschaftlichen Handelns, kennzeichnend für das 16. und 17. Jahrhundert, traten im 18. Jahrhundert deutlich vor der allgemeinen Säkularisierung zurück. Kirche und Religion wurden von der gedanklichen Kritik des Bestehenden nicht nur ausgenommen, sie rückten vielmehr in deren Mittelpunkt. Die Trennung von Glaube und Wissen – in den Naturwissenschaften längst vollzogen – griff nun voll auf die gesellschaftlich-philosophische Sphäre über. Als Ausdruck des Emanzipationsstrebens der Bourgeoisie wurde die Aufklärung zu einem Schritt der Selbsterkenntnis und Selbstbefreiung, der über die Grenzen dieser Klasse die gesamte Menschheit tangierte. Obwohl die Aufklärung in ganz Europa und darüber hinaus bis Nord- und Südamerika die beherrschende Ideologie der intellektuellen Elite darstellte, besaß sie vor allem in Frankreich, das im Brennpunkt aller Widersprüche der spätfeudalen Gesellschaft stand, reale revolutionäre Sprengwirkung.

In Abhängigkeit vom Reifegrad der gesellschaftlichen Entwicklung und der Spezifik ihrer Antagonismen übte die Aufklärung, abgesehen von ihren vielfältigen nationalen Varianten, eine unterschiedliche historische Funktion aus. Diese konnte, wie im Falle Englands, das seine Revolution schon vollzogen, die bürgerliche Ordnung institutionalisiert hatte, primär stabilisierender Natur sein (Thomas Hobbes und insbesondere John Locke), in Frankreich dagegen war sie revolutionärer systemsprengender Natur, da sie den Boden für das Heranwachsen der subjektiven Revolutionsfaktoren abgab (am konsequentesten in Rousseaus Idee des Gemeinwillens und der Volkssouveränität artikuliert), in Deutschland und den meisten übrigen europäischen Staaten übte sie angesichts der Schwäche der bürgerlichen Klasse eine kompensatorische Funktion aus, gekoppelt mit dem Verzicht auf praktische politische Einflußnahme. Diese Komponente im aufgeklärten Denken äußerte sich in Ländern wie Deutschland, Spanien oder Portugal in der Nichtexistenz oder weit geringer ausgeprägten Existenz von materialistischen und atheistischen Vorstellungen; auch das Verhältnis zur bestehenden Staatsgewalt wies besondere Aspekte auf. Nicht übersehen werden darf darüber hinaus der unterschiedliche soziale Zugriff.

Obwohl in ihrem revolutionären Kern und in ihrer historischen Funktion bürgerlich-emanzipatorisch bestimmt, wurden auch erhebliche Teile der herrschenden Klasse vom neuen Denken erfaßt (Adelsaufklärung). Zeitweilig vollzog sich auf der Basis aufklärerischer Prinzipien eine Annäherung bürgerlich-intellektueller und adliger Kreise. Das führte zur Herausbildung einer geistigen Elite, die sich als Träger einer kosmopolitischen »Respublica litterarae« (Gelehrtenrepublik) verstand. Diese transitorische intellektuelle Interessenfusion prägte auch das besonders aktive Freimaurerwesen. Von England aus (1717 Gründung der Großloge von London) griff die Freimaurerei auf den Kontinent über. Der in den Logen ausgeprägte Pluralismus (Toleranzprinzip) in Verbindung mit deistischen Tendenzen hatte wiederholte päpstliche Verurteilung zur Folge (1738, 1751). Obwohl auch gekrönte Häupter den Logen angehörten oder mit ihnen sympathisierten, stand die weltliche Macht der Freimaurerei (Joseph II.: »Gaukeley«) letztlich skeptisch bis offen ablehnend gegenüber. In Frankreich kulminierte die Freimaurerei in der Gründung des »Grand Orient« (1773), an dessen Spitze der Herzog von Orléans stand. Von den einander befehdenden »schottischen«,»jakobitischen« und »hannoveranischen« Richtungen öffnete sich die letztgenannte dem Rationalismus und der Aufklärung am weitesten. Anderen Ursprungs, trotz bestimmter Überlappungen mit der Freimaurerei, war der besonders in Deutschland verbreitete, aber auch über dessen Grenzen (so nach Frankreich) wirkende »Illuminatenorden«. Von Adam Weißhaupt im Jahre 1776 gegründet, zeichnete sich der »Orden der Erleuchteten« durch besonders strenge Regeldisziplin, Kampf gegen alle Formen der Intoleranz und strikte Ablehnung des Despotismus aus, was ihm bald Verfolgung und Verbot einbrachte (1785). Zu den hervorragendsten Mitgliedern der Illuminaten gehörten Goethe, Nicolai, der radikale Josephiner Sonnenfels, Herder und Freiherr von Knigge. Allerdings wußten auch abenteuerliche Scharlatane, wie Joseph Balsamo – »Graf« Cagliostro –, die spiritualistische und okkultistische Atmosphäre des Ordens für ihre Umtriebe zu nutzen. Obwohl die Losung »Freiheit – Gleichheit – Brüderlichkeit« freimaurerischen Ursprungs war, so ist doch der Einfluß der Freimaurerei auf die Französische Revolution unmäßig überschätzt worden; das »Freimaurerkomplott« von 1789 entsprang lediglich der Phantasie des Abbé Barruel.

Freimaurerei

Illuminatenorden

Abseits von den verschiedenen Strömungen bürgerlicher und adliger Aufklärung existierten Elemente einer Volksaufklärung, geprägt von der Verbreitung aufgeklärter Prinzipien – wenn auch oft in vereinfachter, vergröberter Form –, unter der Masse der bäuerlichen, städtisch-plebejischen und kleinbürgerlichen Schichten. Kommunikationszentren für diese in der Regel analphabetischen Bevölkerungsteile waren die Kirchen und Schenken, wo niedere Geistliche, fahrende Studenten, Winkeladvokaten und Bohemiens unterschiedlichster Couleur auf ihre Weise die neuen Ideen verbreiteten und nicht selten über den Horizont ihrer Urheber hinaus im Sinne der Erwartungshaltung des Volkes radikalisierten.

Fortschritt und Freiheit

Die bürgerliche Grundsubstanz der Aufklärung äußerte sich in dem mit der Fortschrittsauffassung untrennbar verbundenen neuen Freiheitsbegriff. An die Stelle der feudal konzipierten »ständischen Freiheiten« trat die Forderung nach Freiheit des Individuums. Zwar war das Individuum (»der Mensch«) schon in

Freimaurerversammlung. Das künftige Mitglied erhält die Weihen. Anonyme Radierung, um 1745

der Renaissance »entdeckt« worden, aber erst jetzt wurde es in das Zentrum historischen Geschehens gerückt, worauf die Selbstdarstellung der bürgerlichen Epoche als individualistische Epoche fußen sollte, kulminierend in dem Grundsatz: »Die Freiheit besteht darin, alles tun zu können, was keinem anderen schadet« (Artikel 4 der »Erklärung der Menschen- und Bürgerrechte«). Freiheit bedeutete zunächst Freiheit des Denkens, aber auch des Unternehmens, der Bewegung von Menschen und Gütern, politische und bürgerliche Freiheit. Das ursprüngliche Junktim von Freiheit und Gleichheit löste sich in dem Maße auf, wie die neue Gesellschaft realhistorische Konturen gewann und die ihr innewohnenden Antagonismen immer sichtbarer zutage traten.

Dem aufgeklärten Denken entsprach auch eine neue geographisch-historische Weltsicht, die sich in Philosophie (Voltaire) und Historiographie (Robertson, Raynal) niederschlug. Die Frage nach dem Verhältnis Europas zu den außereuropäischen Regionen, den gemeinsamen Merkmalen des Menschen über religiöse, politische und geographische Grenzen hinweg, war ein zentrales Problem des Meinungsstreites. Das eigene Europabild und der Enthusiasmus für ferne Kulturen, besonders Asiens, deren Rezeption im Rokoko einen ersten Höhepunkt erlebte, standen in einem bemerkenswerten Spannungsverhältnis. Im Artikel »Europe« des Dictionnaire von Trévoux (1732) hieß es: »Europa ist der kleinste der vier Weltteile, aber es besitzt gegenüber den anderen viele Vorteile . . . Die Hauptstadt ist Rom, die großen Städte sind Paris, London . . .« Selbst die französische Akademie gab 1745 eine Definition Europas als einen Kontinent ständigen Wandels, wogegen die übrigen Gebiete in der Stagnation verharrten. Frühes Wissen um das Gesetz der Ungleichheit in der geschichtlichen Entwicklung? Diese eurozentristische Fortschrittsgläubigkeit, die ein Grundelement bürgerlichen Selbstverständnisses werden sollte, kontrastierte auf eigenartige Weise mit dem von Jean Jacques Rousseau entworfenen Bild des »bon sauvage« und seiner Forderung »Retour à la nature«, was die Problematisierung des Fortschrittsbegriffs schon in seiner Entstehungsphase andeutete.

Der am Horizont heraufziehende Umbruch vertiefte den Kontrast zwischen dem Fortschrittsenthusiasmus der Bourgeoisie und der Lethargie der altherrschenden Klasse. Wesentliche Ele-

Literatur, Kunst, Kultur

mente des Bewußtseinswandels sind an Literatur, Kunst und Kultur ablesbar. In den literarischen und künstlerischen Schöpfungen warf das Zeitalter der Großen Revolution seine Lichter voraus. Ein Umschlag der Mentalität, wie er in seiner Intensität nur dem geistigen Aufbruch Europas in der Zeit der Renaissance vergleichbar erscheint, zeichnete sich ab. Historiker unterstreichen sogar die »Verjüngung« der bedeutendsten Akteure in Politik, Kultur und Wissenschaft: Joseph II. trug mit 24 Jahren die Kaiserkrone, Friedrich II. eroberte Schlesien mit 28, Katharina II. war 32 Jahre, als sie den Thron Rußlands bestieg, Voltaire, Diderot und Rousseau standen mit kaum 40 Jahren im Zenit ihres europäischen Ruhmes, Watteau hinterließ mit 38 Jahren ein Werk, das ein eigenes Kapitel der Malerei darstellte, Wissenschaftler, die mit wenig über 20 in die Akademie gewählt wurden (wie z. B. Lavoisier), bildeten keine Ausnahme; James Watt erfand die Dampfmaschine, die ein neues Zeitalter der Technik begründete, mit 28; dazu Wolfgang Amadeus Mozart, das musikalische Wunderkind des Jahrhunderts. Die Generation der Zwanzig- und Dreißigjährigen, die Frankreichs Revolution anführen sollte, hatte also illustre Vorläufer.

Wiederentdeckung der Antike – Klassizismus

Ihre neuen Vorbilder gewann die Klasse der Zukunft im bewußten Gegensatz zu dem bis um die Jahrhundertmitte vorherrschenden spätabsolutistischen Barock und dem überfeinert

Denis Diderot. Gemälde von Dimitri Grigorjewitsch Lewizki, 1773. Musée d'Art et d'Histoire, Genf

dekadenten Rokoko (Jean Antoine Watteau, Jean Honoré Fragonard, François Boucher) aus dem Erbe der Antike. Die beginnenden Ausgrabungen in Pompeji (1748), Winckelmanns »Geschichte des Altertums« (1761) und das gleichzeitig entstandene Gemälde von Anton Raphael Mengs »Der Parnaß« kündeten vom Beginn der »zweiten Renaissance«. Zwar fehlte es nicht an dem Bemühen, den entstehenden Klassizismus in den Dienst des Absolutismus zu stellen (Barockklassizismus, höfischer oder palladinischer Klassizismus), letztlich begannen sich aber die Wert- und Geschmacksvorstellungen des Bürgertums durchzusetzen. Dabei spielte das niederländische und vor allem das englische Vorbild (in der Malerei William Hogarth, Allan Ramsay, am nachhaltigsten Thomas Gainsborough) eine nicht unbeträchtliche Rolle. Die Funktion des Klassizismus als künftiger »Revolutionsstil« brachte in Frankreich als erster Jacques Louis David mit dem Gemälde »Der Schwur der Horatier« (1784) zum Ausdruck, von der Öffentlichkeit als Manifest eines neuen Geschichts- und Gesellschaftsverständnisses begriffen.

Auch die Dichtkunst hörte auf, eine Gefangene der Selbstverherrlichung des Absolutismus zu sein, obwohl die Dramen Molières beweisen, daß selbst die höfisch-galanten Genres kritisch-satirische Töne anschlug. Der Wandel zur offenen Gesellschaftskritik in allen literarischen Gattungen beruhte auf der zunehmenden Verschmelzung mit den Ideen der Aufklärung, die zur selben Zeit in einen Prozeß der Radikalisierung eintrat. Einen Höhepunkt und das Paradebeispiel einer die morbide Adelsgesellschaft geistvoll verhöhnenden und entlarvenden Dramatik bot Beaumarchais' »Der tolle Tag oder Figaros Hochzeit« (1784 aufgeführt), die Mozart als Vorwurf zu seiner Oper nahm und von der Napoleon I. meinte: »Das war die Revolution.« Für Beaumarchais wurde die Revolution allerdings keine satirische Komödie: Als Uhrmachersohn geboren, hatte seine Karriere als Stückeschreiber ihm ein erhebliches Vermögen eingebracht; er verlor es in der Revolution, ging ins Exil, kehrte zurück und starb arm und vereinsamt.

Wie eng Philosophie, Wissenschaft und Dichtung miteinander verschmelzen konnten, dafür steht das Werk des führenden französischen Aufklärers Denis Diderot.

Sturm und Drang

Außerhalb Frankreichs artikulierte sich der literarisch-künstlerische Protest gegen feudale Unterdrückung und herrschaftliche Willkür wohl am konsequentesten im deutschen »Sturm und Drang«. Auch hier probte die Generation der Zwanzigjährigen den Aufstand.

Kaum weniger radikal vollzog sich der Bruch mit dem Alten auf dem Gebiet der Musik. Aus der Tatsache, daß die meisten Komponisten noch im Dienst ihrer Fürsten standen, darf nicht auf musische Apologetik geschlossen werden. Die Zeit, da sich die bürgerliche Musikkultur als Teil absolutistischen Repräsentationsbedürfnisses entfaltete, ging im letzten Jahrhundertdrittel zu Ende. Das Ringen um eine neue »Theorie der schönen Künste« (vorgelegt von Johann Georg Sulzer, 1771–1779) führte zu einer vornehmlich bürgerlich geprägten Ästhetik. Wie um alle anderen künstlerischen Ausdrucksformen, entzündete sich auch um die Musik eine heftige Diskussion. Kein Geringerer als Rousseau äußerte sich mit seinem Lexikon der Musik (1768) zu dieser Thematik und verfaßte für die Enzyklopädie den Artikel »Musik«. Die künstlerisch als überholt und »ausgeschrieben« empfundene italienische oder französische Hofoper wurde im besonderen zum Gegenstand der Auseinandersetzung. Christoph Willibald Gluck setzte der an Absolutismus und Barock orientierten Musikkultur einen neuen Opernstil (»Reformoper«) entgegen: »Iphigenie in Aulis« hatte 1774 in Paris einen überwältigenden Erfolg, rückte ihren Schöpfer aber zugleich in den Mittelpunkt des Streites für und wider die »alte« oder »neue« Musik. Alles in allem: Der Grundstein für den Sieg bürgerlichen Musikverständnisses war gelegt und damit der Ausgangspunkt für eine Entwicklungslinie, die über die Komponistengeneration der Revolution bis zum Dreigestirn der »Wiener Klassik« führte (Mozart, Haydn, Beethoven), geschaffen.

Um seinen Interessen Geltung zu verschaffen, stand dem Bürgertum eine doppelte Option offen. Während die ökonomisch potente und politisch selbstbewußte Bourgeoisie Frankreichs mit der Wende von 1789 ihre Emanzipation auf revolutionärem Wege und damit gegen das bestehende System durchsetzte, dominierte in zahlreichen anderen Ländern des Kontinents eher die Tendenz, den ökonomischen und politischen Aufstieg innerhalb des feudalabsolutistischen Systems und mit dessen Hilfe zu erreichen. Dieses Bestreben nach Emanzipation auf evolutionär-reformerischem Wege war Ausdruck einer defizitären Entwicklung des Bürgertums, die den qualitativen Sprung von der Klasse »an sich« zur Klasse »für sich« weitgehend blockierte. Unter diesen Bedingungen entfaltete sich ab der Mitte des 18. Jahrhunderts eine spezifische Variante absolutistischer Machtausübung:

Aufgeklärter Absolutismus

der aufgeklärte Absolutismus. Grundlage des Reformabsolutismus war der Versuch, das bürgerliche Potential in allen seinen Dimensionen dem Ancien Régime dienstbar zu machen. Es handelte sich beim aufgeklärten Absolutismus um ein gesamteuropäisches Phänomen, das sich von Süditalien (Neapel) bis nach Skandinavien (Dänemark, Schweden) und von Portugal und Spanien bis nach Rußland erstreckte. Schwache Impulse aufgeklärter Herrschaft tangierten sogar das osmanische Imperium.

Was sich unter der aufklärerisch-reformerischen Variante des Absolutismus gegenüber dem traditionellen Absolutismus änderte, waren nicht dessen soziale Basis- und politische Machtstrukturen. Der Primat des Adels als herrschende Klasse blieb unangetastet, eine »Verbürgerlichung« von Gesellschaft und

Friedrich II. König von Preußen (1740–1786). Zeitgenössische Illustration

Staat fand nicht statt. Dagegen erhöhte sich die relative Autonomie der Staatsgewalt, was den Bewegungsraum des jeweiligen Herrschers ausweitete. Zugleich änderten sich die ideologische Motivierung und nicht selten in erheblicher Weise die praktische Zielstellung der Politik. Es setzte sich eine neue, nachhaltig von der Aufklärung geprägte Auffassung vom Wesen monarchischer Herrschaft durch, auch im Sinne des moralischen Selbstanspruchs. Der bei Leopold I., welcher die Toscana zum Musterland aufgeklärter Reformpolitik machte, oder Joseph II. und Friedrich II. besonders ausgeprägte Gedanke, der erste Diener des Staates zu sein, ließ keinen Raum mehr für Gottesgnadentum, sondern leitete sich her aus einem naturrechtlich fundierten Gesellschaftsverständnis. Leopolds »Finalrelation« oder Friedrichs »Antimachiavell« sowie sein »Politisches Testament« geben davon Zeugnis. Die Begegnung des Herrschers (und der herrschenden Klasse) mit der Aufklärung war historische Realität; sie enthielt eine Herausforderung, auf die zu reagieren es unterschiedliche Möglichkeiten gab: vom literarisch-philosophischen Gedankenspiel über ausgeprägten Reformgeist bis hin zu ständisch-aristokratischer Obstruktion. Der große Versuch, eine in rascher Veränderung begriffene Realität noch einmal in die Koordinaten eines dem Untergang entgegentreibenden Systems einzubinden, lief jedoch auf einen unauflösbaren inneren Widerspruch hinaus.

Neue Technik:
Die von Newcomen gebaute atmosphärische Feuer-(Dampf)maschine diente vornehmlich der Entwässerung von Gruben, aber auch der Betreibung von Wasserspielen. Sie gehörte zu den frühen Vorboten der industriellen Revolution. Kupferstich von H. Beighton. 1717. Deutsches Museum, München

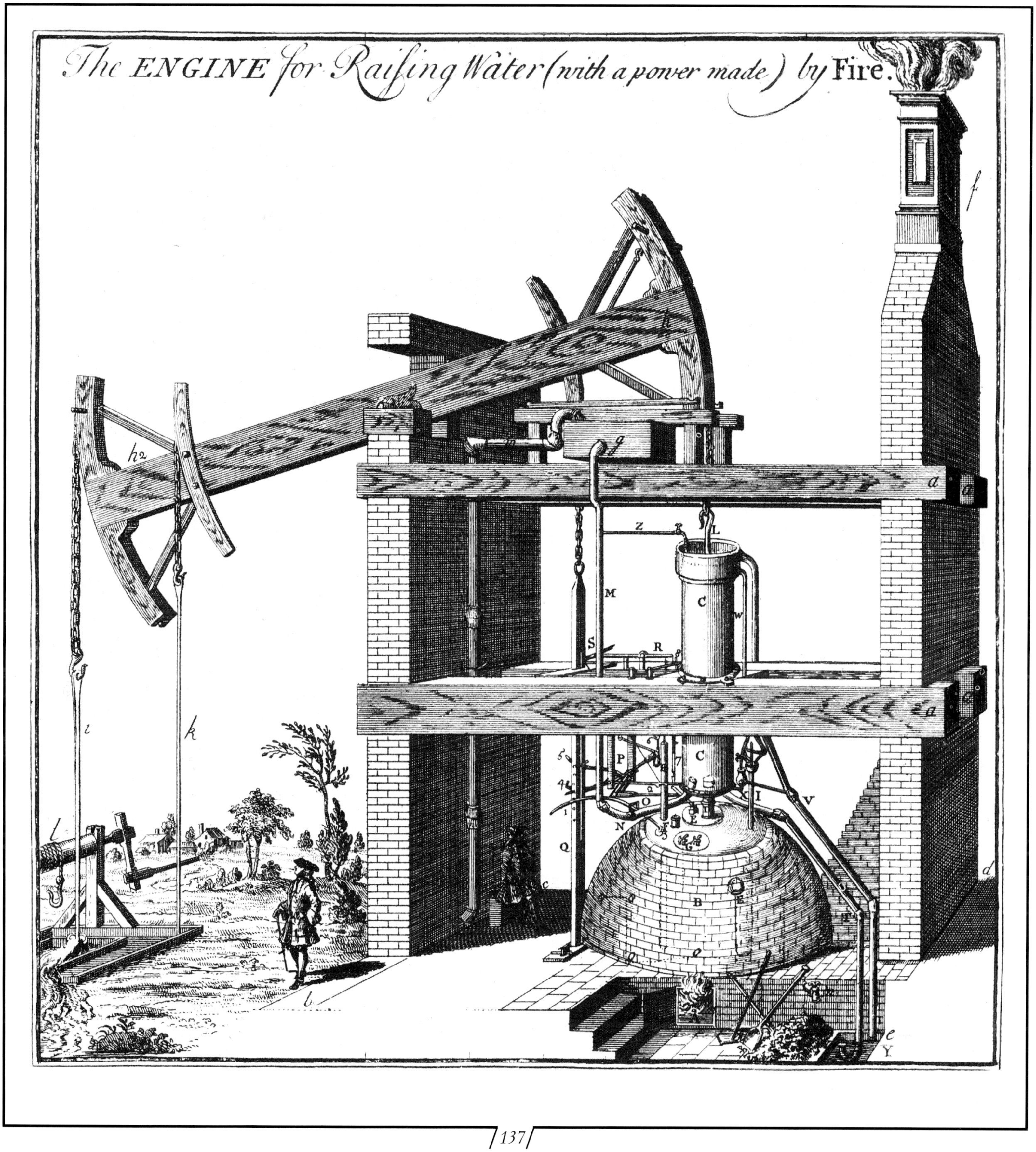
The ENGINE for Raising Water (with a power made) by Fire.

Lebensgefühl des untergehenden Adels:
Venus- und Schäferszenen der Rokokomalerei, nicht selten in Motiv und Farbe mit einem Stich in das Laszive, zeugen von der parasitären Existenz der Aristokratie. Der Triumph der Venus. Gemälde von François Boucher, nach 1734. Nationalmuseum Stockholm

Die Revolution vor der Revolution:
Wie ein Seismograph zeigt die Kunst das Herannahen des großen gesellschaftlichen Bebens an. Das Gemälde »Der Schwur der Horatier« von Jacques Louis David wurde in seinem spartanisch-antiken Symbolgehalt nicht nur als Manifest einer neuen Kunst, sondern auch als Kampfansage gegen das Ancien Régime und seinen politisch-moralischen Verfall verstanden. Musée du Louvre, Paris

Im Kampf um die Freiheit:
In der Schlacht bei Lexington/Massachusetts am 19. April 1775 errang die nordamerikanische Miliz einen Sieg über die britischen Truppen. Kupferstich von Daniel Chodowiecki. Staatliche Kunstsammlungen Dresden, Kupferstichkabinett

Verkaufte Seelen:
England bediente sich in seinem Kampf gegen die werdende Republik auch der von deutschen Fürsten verkauften Soldaten. Am 25. Dezember 1776 gelang den Nordamerikanern unter General Washington bei Trenton ein Überraschungssieg, wobei ein Großteil des hessischen Kontingents zur Übergabe gezwungen wurde. Kupferstich von Daniel Chodowiecki. Staatliche Kunstsammlungen Dresden, Kupferstichkabinett

Recht auf Leben, Freiheit und Glück:

Der Kongreß der 13 vereinigten Staaten erklärte am 4. Juli 1776 die Unabhängigkeit. Im Friedensvertrag von Paris 1783 mußte England diese anerkennen. Kupferstich von Daniel Chodowiecki, 1784. Staatliche Kunstsammlung Dresden, Kupferstichkabinett

Alliierte wider die Natur:

Frankreich erkannte am 17. Dezember 1777 die Unabhängigkeit der Vereinigten Staaten von Amerika an. Es folgten am 6. Februar 1778 Verträge über Freundschaft, Handel und Beistand im Falle eines Krieges. Bis 1785 war Benjamin Franklin erster Gesandter der Vereinigten Staaten in Versailles. Kupferstich von Daniel Chodowiecki. Staatliche Kunstsammlungen Dresden, Kupferstichkabinett

Signale aus der neuen Welt:
Huldigung auf das Bündnis der befreiten 13 Kolonien mit dem absolutistischen Frankreich »für diese den Völkern so nützliche Freiheit«. Medaillons mit den Porträts von Ludwig XVI., Franklin und Washington.

In Farben gedruckter Kupferstich von L. Roger aus: Portraits des grands hommes, femmes illustres, et sujets mémorables de France, gravés et imprimés en couleurs. Paris 1786. Staatliche Bücher- und Kupferstichsammlung Greiz

Soldaten der Revolution I:

1. Amerikanischer Scharfschütze oder Jäger (rifleman)
2. Reguläre Infanterie von Pennsylvanien

Geburt der Union:

Am 14. Juni 1777 beschloß der Kongreß die Annahme der neuen Nationalflagge der Vereinigten Staaten von Nordamerika: 13 Streifen und 13 Sterne entsprechen der Zahl der Bundesstaaten.

Soldaten der Revolution II:

1. Reitende Leibgarde des Generals Washington
2. Die Independent Company, Chief General Washington

Kolorierte Kupferstiche von Daniel Berger, 1783, nach Daniel Chodowiecki, aus: Historisch-genealogischer Calender oder Jahrbuch der merkwürdigsten neuen Weltbegebenheiten für 1784. Leipzig; Berlin. Sächsische Landesbibliothek, Dresden

Ein Genie im Dienste der Revolution: Benjamin Franklin gehörte als Aufklärer, Naturwissenschaftler, Ökonom, Schriftsteller und Diplomat zu den führenden Köpfen der nordamerikanischen Unabhängigkeitsrevolution. Gemälde eines unbekannten Künstlers

Die weitreichenden Reformen des aufgeklärten Absolutismus (Förderung von Handel, Manufaktur, Wissenschaft und Kunst, Erhöhung des Militärpotentials, partielle Bauernbefreiung, Zurückdrängung ständischer Gewalten und ultramontaner Machtansprüche, z.B. durch das Verbot des Jesuitenordens oder die teilweise Säkularisierung von Kirchenbesitz, Justizreform, religiöse Toleranz) zielten eindeutig auf Stabilisierung angesichts akuter Systemkrise. Allerdings war eine solche Stabilisierung auf Dauer nur durch partiellen Wandel, d.h. Anpassungstransformation, zu haben, was bedeutete, daß jede Reform, die diesen Namen verdiente, den Nerv des Systems berührte und eine mehr oder minder »subversive« Wirkung zeitigte. Nach außen war vor allem dem aufgeklärten Absolutismus der großen Mächte eine expansive und aggressive Politik eigen, die am deutlichsten Friedrich II. betrieb. Anspruch und Wirkung traten in der Epoche des aufgeklärten Absolutismus in einen objektiv bedingten, zugleich aber auch subjektiv deutlich erfaßten Spannungszustand. Die historisch relevante Tatsache, daß für den Zeitraum von reichlich einer Generation Aufklärung und Absolutismus eine gewisse Verbindung eingingen, fußte auf der Fähigkeit des Absolutismus, bestimmte Elemente aufgeklärten Denkens zu integrieren, aber ebenso auf dem Umstand, daß die Aufklärung heterogen genug war, solche noch im Sinne des Spätfeudalismus einsetzbaren Elemente aufzuweisen. Aufgeklärter Absolutismus bedeutete selbst in seinen fortgeschrittensten Formen nicht Aufklärung an der Macht, sondern Aufklärung für die Macht und in deren Dienst.

In gewisser Hinsicht läßt sich der aufgeklärte Absolutismus als eine Art von Entwicklungsdiktatur kennzeichnen. Im Gegensatz zu Frankreich mußte der aufgeklärte Herrscher in seinem Machtbereich (noch) nicht den Vorstoß einer zur Klasse »für sich« gemauserten Bourgeoisie parieren, vielmehr lag ihm an der Überwindung ihrer Unterentwicklung, um die ökonomische und die politische Basis des Systems zu dynamisieren. Typologisch bestand ein wesentlicher Unterschied zwischen dem aufgeklärten Absolutismus »herrschaftlichen« und »ministeriellen« Zuschnitts, je nachdem, ob Initiative und Schwerpunkt der Re-

Prince éclairé, Ministre éclairé

formpolitik auf seiten des »Prince éclairé« oder des »Ministre éclairé« lagen. Beispielhaft für den aufgeklärten Absolutismus herrschaftlichen Typs kann die Regierung Leopolds I. in der Toscana, Friedrichs II. von Preußen, Katharinas II. von Rußland und Josephs II. von Österreich gelten; den ministeriellen Typ repräsentierten der Marquês de Pombal in Portugal, Bernardo Tanucci im Königreich Neapel und Johann Friedrich Struensee in Dänemark; eine gewisse Sonderstellung nahm Spanien unter Karl III. ein, den eine ganze Korona höchst talentierter, aufgeklärter Minister umgab (Conde de Aranda, Floridablanca, Campomanes, Jovellanos).

Das Schicksal der aufgeklärten Minister, die das – je nach Umstand – vom unfähigen oder unwilligen Herrscher geschaffene Machtvakuum auszufüllen suchten, endete auf mehr oder

Marquês de Pombal

minder dramatische Weise. Pombal beherrschte Portugals Politik unter José I. fast total. Aus dem niederen Adel stammend, nutzte er seine diktatorischen Vollmachten und drängte den politischen Einfluß des hohen Adels und besonders der Kirche zurück. Die Adelsverschwörung von Tavoras (1758) nahm er zum Vorwand, um die darin verwickelten Jesuiten vertreiben zu lassen (1759); nicht unmaßgeblich beeinflußte er den Beschluß Papst Clemens' XIV. zur Aufhebung des Ordens (1773). Für die Zeitgenossen handelte es sich um den bedeutendsten Triumph der Aufklärung. Im Mittelpunkt der Reformen Pombals standen das Finanzwesen, die Armee, die Förderung von Handel, Manufaktur und Landwirtschaft sowie die Grundschul- und technische Ausbildung. Als ein Erdbeben Lissabon zerstörte (1755), widmete er seine ganze Energie dem raschen Wiederaufbau im Stile des zeittypischen Barockklassizismus. Mit Königin Maria Anna, die als Regentin an die Stelle ihres geistesgestörten Mannes trat (1774), nahte das Ende von Pombals Allmacht. Unter der Herrschaft Marias I., der Tochter Josés, die ebenfalls von der Erbkrankheit betroffen war, trat der Adel zur Gegenoffensive an: Pombal ging 1782 ins Exil, ohne daß es der Adelsfronde gelang, sein Reformwerk völlig zu zerstören.

Bernardo Tanucci

Als Berater und schließlich Erster Minister Karls III. von Spanien in dessen neapolitanischer Zeit (1734–1759) prägte Tanucci zutiefst die Reformpolitik der siebziger Jahre. Als überzeugter Royalist war er – wie Pombal – ein entschiedener Gegner des Jesuitenordens; als Anhänger der Aufklärung galt seine besondere Aufmerksamkeit dem Bildungswesen. Tanuccis Briefwechsel mit seinem Herrscher gehört zu den hervorragendsten Zeugnissen aufgeklärter Regierungspolitik. Der Stern Tanuccis begann unwiderruflich zu sinken, als er mit der Gattin Ferdinands IV., Karoline von Österreich (pikanterweise die Schwester Marie Antoinettes), die als »neue Messalina« ein besonders delikates Kapitel der Sittengeschichte des Ancien Régime schrieb, in Konflikt geriet. Im Jahre 1777 erhielt er seine kommentarlose Entlassung.

Johann Friedrich Struensee

Ungleich weniger glimpflich kam Struensee davon, den es von einer mittleren Arztpraxis in Halle (Saale) auf den Sessel des Ersten Ministers Dänemarks verschlagen hatte. Dabei stand der Zufall durch die doppelte Impotenz an der Staatsspitze Pate: Frederick V., ein notorischer Alkoholiker, sein Nachfolger Kristian VII., geistesgestört und von Struensee in seiner Schlüsselstellung als Leibarzt total beherrscht, dazu die Liaison mit der vernachlässigten Königin Karoline Matilda. Aber Struensee war weder ein Lückenbüßer der Geschichte noch der arrivierte Bürger als Edelmann in Stile Molières. Seine nach dem Sturz in der Haft verfaßte »Apologie« (1772) zielte weniger auf Selbstrechtfertigung als auf die Darlegung eines sorgfältig abgestuften Programms innen- und außenpolitischer Reformen. Unter seiner Regierung prasselten auf Dänemark 1069 Reformdekrete hernieder, pro Tag zwei Dekrete ... Was Friedrich II. an Joseph II. bemängelte, er tue stets den zweiten Schritt vor dem ersten, traf auf Struensee wohl eher zu. Sein reformerischer Übereifer stieß gerade jene Klassen und Schichten vor den Kopf, so das Handelsbürgertum von Kopenhagen, die er zu gewinnen suchte. Struensees Sturz löste einen der größten politischen Prozesse am Vorabend der Revolution von 1789 aus, seine Hinrichtung bewegte die öffentliche Meinung ganz Europas. Es mag zur Unwägbarkeit von Geschichte gehören, daß sowohl die politischen Erben Struensees als auch Pombals trotz aller Bremsversuche und abschwächenden Modifikationen gezwungen waren, den Reformkurs erneut aufzunehmen. Dänemark war das erste europäische Land, das 1788 eine Bauernbefreiung dekretierte und damit einen wesentlichen Grundstein für den »skandinavischen Weg« zum Kapitalismus legte. Aber das schlechte Gewissen der Herrschenden scheint ungebrochen bis in die Gegenwart zu wirken, noch wartet Struensee vergeblich auf ein Denkmal. Und wer heute nach seinem versteckt angebrachten Porträt im königlichen Schloß von Kopenhagen fragt, bringt die Lakaien in arge Verlegenheit.

Erfolg oder Mißerfolg der aufgeklärten Regierungsexperimente hatten nicht nur mit den Fähigkeiten der Herrscher und ihrer Minister, dem Grad der Verhärtung der alten Strukturen, sondern auch mit der Größe der betreffenden Länder und dem Grad ihrer Verwicklung in die internationale Politik zu tun. Es war gewiß kein Zufall, daß der aufgeklärte Absolutismus in Kleinstaaten »am Rande Europas« am weitesten gedieh. Einen besonderen Rang nahmen die italienischen Teilstaaten ein. Neben der bereits genannten Toscana verdienen vor allem Parma, Venedig und die Lombardei Erwähnung; auch der Kirchenstaat konnte sich dem Sog nicht entziehen. Für die Lombardei wurden Verri, Carli und Beccaria zu Symbolfiguren für den bürgerlichen Einfluß auf die Regierung. Im Bereich der deutschen Staaten florierte ein aufgeklärter Absolutismus in Retortenform in Baden, Hannover und in Sachsen-Weimar, das zur politischen Heimat Goethes wurde.

Krise und Scheitern des aufgeklärten Absolutismus

Der aufgeklärte Absolutismus scheiterte – im Großen wie im Kleinen – bereits vor 1789, obwohl die Revolution der Franzosen einer aufgeklärten Systemstabilisierung endgültig den Boden entzog. Auch das exemplarische Dreieck Potsdam (Friedrich II.) – Petersburg (Katharina II.) – Wien (Joseph II.) blieb davon nicht ausgenommen. Friedrich II. respektierte sorgfältigst die Privilegien der eigenen Klasse, und die von Cocceji initiierte Justizreform wurde nach seinem Tode preisgegeben. Krieg und Kriegsfolgen hielten das Land im Würgegriff, den selbst die »hugenottische Transfusion« nicht zu lockern vermochte. Auf den sechs Millionen Einwohnern lastete eine Armee von 200000 Mann. Aus eigener Anschauung schrieb Mirabeau 1788: »Preußen ist kein Staat, der eine Armee besitzt, sondern eine Armee, die den Staat beherrscht.« Und für den besonders kritischen Lessing handelte es sich um »das sklavischste Land Europas«.

Katharina II., Kaiserin von Rußland (1762–1796). Schabkunstblatt von Young nach einem Gemälde von Fedor Iwanowitsch Schubin

Noch deutlicher verkörperte Katharina II., die aus dem Zwerggebilde Anhalt-Zerbst an die Spitze einer Weltmacht gelangt war, die Ambivalenz von Geist und Macht im aufgeklärten Absolutismus. Literarischer Flirt und persönliche Gunst für führende Aufklärer vertrugen sich nahtlos mit der barbarischen Niederschlagung der »Pugatschowtschina«. Ihren »Gnadenbrief« von 1775, der die Adelsfreiheit sanktionierte und die Bauern noch

Nikolai Iwanowitsch Nowikow. Gemälde von Dimitri Grigorjewitsch Lewizki, nach 1770. Staatliche Tretjakow-Galerie, Moskau

Joseph II. Kupferstich nach einem Gemälde von Kysali

stärker in leibeigene Unfreiheit einband, verstand sie unter Berufung auf Montesquieus »Geist der Gesetze« zu begründen. Radistschew, der konsequenteste Kritiker von Selbstherrschaft und bäuerlicher Rechtlosigkeit, endete durch Selbstmord, sein Zeitgenosse Nowikow verließ die Festung Schlüsselburg als gebrochener Mann.

Die eigentliche tragische Figur des aufgeklärten Absolutismus blieb Joseph II. Als sich seine mühselig durch Maria Theresia gebremster Reformflut über den Habsburgischen Landen ergoß, sah sich der ehrgeizige Kaiser sofort in einen Mehrfrontenkonflikt verwickelt: Die multiregionale, multireligiöse, multikulturelle und multilinguale Struktur seines Imperiums entzog sich dem Zugriff einer rational-zentralistischen, dazu mit forcierter Germanisierung verbundenen Politik. Am Ende standen die ständische Revolte der Ungarn und die vom Bürgertum mit geprägte Brabantische Revolution: Adelsopposition, ultramontaner Klerus und aufgeklärtes Bürgertum in einer Koalition der Unvernunft mit verkehrten Fronten. Noch im Moment seines Todes sah sich Joseph II., der bis an die Grenze des Bruchs mit der eigenen Klasse gegangen war, gezwungen, alle Reformen zu widerrufen - mit Ausnahme der Bauernbefreiung, was ihm die fast göttliche, von unzähligen Legenden umwobene Verehrung des einfachen Landmannes einbrachte. Wie tiefgreifend Joseph II. Krisencharakter und Krisenbewußtsein des ausgehenden 18. Jahrhunderts erspürte, bezeugt ein Brief, den er 1781 dem russischen Thronfolger Pawel schrieb: »Ich bin eine der Marionetten, welche die Vorsehung an den Platz stellte, den ich nun einnehme, damit ich meine Zeit abdiene. Sie hat mir nur den Verstand, den Geist und die Eigenschaften gegeben, welche sie mir geben wollte, und sie wird mir nur die Gelegenheiten und Umstände gewähren, die sie für gut hält, um etwas zu sein oder zu scheinen. Und wenn sie genug hat, wird der Vorhang fallen und die Komödie ausgespielt sein, für mich und für alle, die mir vorangegangen sind.«

Signale aus der Neuen Welt

Europa war die Heimstatt der Aufklärung mit ihrer geistigen Negation des Bestehenden, doch der erste Schritt von der philosophischen Theorie zur praktischen gesellschaftlichen Umwälzung erfolgte nicht hier, sondern jenseits des Atlantiks. Erneut ging die Initialzündung von einer im doppelten Sinne des Begriffs – geographisch wie politisch-peripheren Region aus.

Nach dem Ende des Siebenjährigen Krieges erreichten die Beziehungen der 13 Kolonien in Nordamerika zu ihrer englischen Metropole den neuralgischen Punkt. Obwohl zu den Siegern gehörend, litt England unter den finanziellen Folgen der weltweit von Europa bis Asien und Amerika geführten Auseinandersetzung. In den Jahren, da England sich anderweitig gebunden sah, hatten die Kolonien eine faktische Autonomie gewonnen. Nunmehr gingen Krone und Parlament erneut daran, die Kolonien ökonomisch und administrativ in die Zange zu nehmen.

Eine ganze Reihe von Parlamentsgesetzen (Acts) rief die Opposition der Kolonisten auf den Plan. Noch 1763 wurde der Handel mit den Indianern unter Regierungskontrolle gestellt und jeder Landerwerb westlich der Alleghenies untersagt, es folgten rigorose Steuererhöhungen und Importauflagen (»Sugar Act«, 1764; »Stamp Act«, 1765). Mit dem »Declatory Act« von 1766 nahm sich das englische Parlament das Recht, die Kolonialgesetzgebung nach Gutdünken zu ändern. Besondere Empörung löste das Einquartierungsgesetz (1765) aus, das den Kolonisten die verhaßten Rotröcke ins Haus brachte, ein für puritanische Gemüter unvorstellbarer Frevel.

Zur populärsten Losung des Widerstandes wurde die Forderung: »No taxation without representation!« Schon damals hörte in Geldsachen die Gemütlichkeit auf. Auf das Londoner Parlament ging ein Regen von Petitionen und Protesten nieder. Für den Torypremier Lord North, der seit 1770 an der Spitze der Regierung stand, und vor allem für den sehr machtbewußten, neoabsolutistische Ambitionen hegenden König Georg III. schien dagegen der Moment gekommen, ein Exempel zu statuieren. Von nun an war der offene Zusammenstoß nur noch eine Frage der Zeit und des Anlasses.

Anfänge der Opposition – Bostoner Teeparty

Über die Kolonien zog sich ein Netz von sogenannten Korrespondenzkomitees, und an vielen Orten schossen Filialen der Gesellschaft »Söhne der Freiheit« empor, die mit allen Mitteln die antienglische Stimmung anfachten. Allein in der Kolonie Massachusetts entstanden von November 1782 bis Januar 1783 über 80 Komitees. Auf das Konto der Freiheitssöhne ging die »Bostoner Teeparty«: In der Nacht des 16. Dezember 1773 enterte eine als Mohawkindianer verkleidete Gruppe von Kolonisten die Schiffe der Ostindienkompanie im Hafen von Boston und warf deren Teeladungen ins Meer.

Allerdings war die Haltung der Kolonisten im heraufziehenden Konflikt mit London alles andere als einheitlich. Ökonomisch-geographisch gliederten sich die Kolonien in drei voneinander deutlich unterschiedene Regionen: die Nord-, Mittel- und Südkolonien. Während im Norden der einheimische Kapitalismus auf der Grundlage einer freibäuerlichen Siedlungskolonisation, Handwerk, Handel – meist mit Schmuggel identisch – und Manufaktur (Eisenproduktion, Schiffsbau) florierte, dominierte im Süden die Plantagensklaverei; die Mittelkolonien bildeten eine Übergangsregion zwischen den beiden sozial-ökonomischen Polen. Vielfältige Regional- und Sonderinteressen begünstigten einen ausgeprägten Föderalismus. Schon in den fünfziger Jahren des 18. Jahrhunderts schlugen Versuche zu einer administrativen Vereinigung der Kolonien fehl. Auch das

Die Einführung des Stempelsteuergesetzes am 22. März 1765 gab den Anlaß für die nordamerikanische Unabhängigkeitsbewegung. Kupferstich von Daniel Chodowiecki. Staatliche Kunstsammlungen Dresden, Kupferstichkabinett

puritanisch fundierte Demokratieverständnis widerstrebte jeder Tendenz der Zentralisation.

Im Augenblick der Konfrontation mit der Metropole bestimmten drei politische Gruppierungen die Szene: der radikale Flügel der Unabhängigkeitspartei, ein gemäßigter Flügel und die starke Gruppe der englandtreuen Loyalisten. Lange Zeit bestand zwischen den angedeuteten Gruppierungen ein unentschiedenes Kräfteverhältnis.

Während der radikale Flügel kompromißlos auf die Erringung der Unabhängigkeit von der »englischen Tyrannei« zusteuerte, hofften die Gemäßigten noch über längere Zeit auf einen Ausgleich mit der Krone. Mehr als ein Drittel der Bevölkerung aber gehörte zum Lager der Loyalisten. Aus ihnen rekrutierten die Engländer immerhin an die 30000 Mann, was sogar die Nominalstärke der künftigen Kontinentalarmee der Revolutionäre übertraf.

Erster und Zweiter Kontinentalkongreß

Am 5. September 1774 trat in Philadelphia der Erste Kontinentalkongreß von Abgeordneten aller Teilkolonien zusammen, der zwar die Oberhoheit der Krone anerkannte, zugleich aber die Aufhebung der als willkürlich empfundenen Gesetze verlangte. Es war die englische Seite, die diese letzte Chance für ein Kompromiß ausschlug. Im Februar 1775 sah sich Massachusetts, das Zentrum der Rebellion, unter Ausnahmezustand gestellt, gefolgt von einer allgemeinen Blockade über alle Kolonien. Als sich der Zweite Kontinentalkongreß, wiederum in Philadelphia, am 10. Mai 1775 konstituierte, gerieten die Ereignisse schon außer Kontrolle.

Bei Lexington und Concord trafen Milizen (»Minutemen«) und englische Truppen aufeinander (19. April 1775), Massachusetts forderte bewaffneten Beistand, die englische Regierung befahl ihrer Kolonialarmee, für die Respektierung der Gesetze zu sorgen, die in Philadelphia versammelten Patrioten beschlossen die Aufstellung einer Kontinentalarmee.

Beginn des Unabhängigkeitskrieges

Von nun an bildeten Krieg und Revolution eine unauflösbare Einheit. Zugleich nahmen die Ereignisse infolge der Aufspaltung der Kolonisten den Charakter eines Bürgerkrieges an.

An der Spitze der Erhebung gegen England standen Persönlichkeiten, die zu Symbolfiguren revolutionärer Bewegungen ihrer Zeit werden sollten. Zu den berühmtesten und zugleich um-

Thomas Paine

strittensten Ideologen der Revolution gehörte Thomas Paine. Englischer Abstammung und geprägt von harten Jugendjahren, kam er 1774 nach Nordamerika, wo er Unterstützung durch Benjamin Franklin fand. Seine Streitschrift »Common Sense«, (Der gesunde Menschenverstand, 1776), forderte die sofortige Unabhängigkeit für die Kolonien, sie wurde zum Programm der Revolution. In Momenten, da die Sache der Unabhängigkeit auf das Äußerste bedroht schien, richtete Paine die Verzagten durch seine Essays über die amerikanische Krise (»The American Crisis«, 1776–1783) wieder auf. Paine hatte nicht unerheblichen Anteil daran, daß Frankreich auf die Seite der Rebellen trat. Seine radikale Intransigenz, die den Gemäßigten zunehmend verdächtig vorkam, ließ ihn später an der Französischen Revolution teilnehmen. Auf den Angriff Edmund Burkes mit »Reflections on the Revolution in France« (1790) antwortete er in der brillanten Schrift über die Menschenrechte »The Rights of Man« (1791/92). Mit der französischen Staatsbürgerschaft durch die Revolution ausgezeichnet, wurde er Abgeordneter der Legislative. Seine Tragödie bestand darin, daß ihn die englische Regierung als Verräter außer Gesetz stellte, während die Jakobiner in

Thomas Paine. Kupferstich von Johann Friedrich Bolt, 1793. Frontispiz aus: Minerva. Band 7. Berlin, 1793. Sächsische Landesbibliothek Dresden

ihm einen verkappten Agenten vermuteten. Im Gefängnis schrieb er »The Age of Reason« (1794/95). Nach seiner Rückkehr in die USA (1802) sah sich Paine ob seines Radikalismus schwersten Anschuldigungen und gesellschaftlichem Boykott ausgesetzt. In der öffentlichen Meinung galt er als ein Freidenker, Atheist, Feigling und Trunkenbold. Nach seinem Tode wurde ihm sogar der Friedhof verweigert. Niemand kennt mehr die letzte Ruhestatt. So endete Thomas Paine, dessen Wirken einen überragenden Platz in der Geschichte des demokratischen Denkens einnimmt.

Thomas Jefferson

Die zentrale Figur des radikalen Flügels besaß die Revolution ohne Zweifel in Thomas Jefferson, einem der großen Politiker an der Wende vom 18. zum 19. Jahrhundert. Er entstammte einer zutiefst demokratisch gesinnten Grenzerfamilie aus Virginia. Daher rührte seine nie verleugnete Vorliebe für die kleinen Farmer und die Abneigung gegen Großgrundbesitz und Sklaverei. Jefferson genoß eine bemerkenswert umfassende Bildung; er beherrschte Griechisch, Latein, Französisch, Italienisch und Spanisch; ihn interessierten die Naturwissenschaften, und er kannte sich im Recht aus. Seine harmonische Ehe mit Martha Shelton fand die ungeteilte Bewunderung der Freunde und Nachbarn. Nach dem frühen Tode seiner Frau widmete sich Jefferson voller Hingabe der Erziehung der beiden Töchter. Seine große Stunde war gekommen, als ihm die Ausarbeitung der Unabhängigkeitserklärung übertragen wurde. Dazu findet sich in seiner Autobiographie (1829) lediglich der bescheidene Satz: »Der Ausschuß zur Ausarbeitung der Unabhängigkeitserklärung bat mich, einen Entwurf aufzusetzen. Das geschah denn auch . . .«

Allerdings geriet auch Jefferson, später wegen seiner offen geäußerten Sympathien für die Französische Revolution als »Jakobiner« verschrien, in zunehmenden Konflikt mit den Gemäßigten. Er forderte die Einschränkung des Großgrundbesitzes durch Aufhebung des Majorats, den Schutz des kleinen Landeigentums, die Abschaffung von Sklaverei und Sklavenhandel und ein staatliches Bildungssystem, dessen Stufen von der Grundschule bis zur Universität auch den ärmsten Bevölkerungsschichten offenstehen sollten. Aber schon bei der Redaktion der Unabhängigkeitserklärung mußte er erleben, daß alle Passagen über das Verbot der Sklavenarbeit zurückgewiesen wurden. In der erwähnten Autobiographie stellte er resignierend und lapidar fest: ». . . wurde auch der Absatz gestrichen, der die Versklavung der Einwohner Afrikas verurteilte.« Wie stark Jeffersons Denken von Aufklärung und Klassizismus geprägt war, bezeugen seine Entwürfe für das Capitol von Virginia und die Universität in Richmond, als deren erster Rektor er amtierte. Als eigentlicher Begründer des nordamerikanischen Republikanismus und dritter Präsident der USA von 1801 bis 1809 übte Jefferson entscheidenden Einfluß auf die politische Physiognomie seines Landes aus (»Jeffersonian System«). Sich bewußt in die Tradition der Aufklärung stellend, entwarf er für sein Epitaph den folgenden Text: »Hier wurde Thomas Jefferson begraben,

Thomas Jefferson. Stich von Alfred Bryan Hall. Sächsische Landesbibliothek Dresden

Ein-Cent-Münze (Kupfer) der Vereinigten Staaten von Amerika aus dem Jahre 1791. Die Vorderseite zeigt das Porträt des ersten Präsidenten George Washington, die Rückseite das Wappen der Vereinigten Staaten von Amerika. Universitätsbibliothek Leipzig

der Verfasser der Unabhängigkeitserklärung, des Status für die religiöse Freiheit Virginias und der Vater der Universität Virginia.«

George Washington

An die Spitze der Revolution trat als deren politischer und militärischer Führer George Washington, Abkömmling einer kinderreichen, aber gutsituierten Sklavenhalterfamilie aus Virginia. Er schlug zunächst die militärische Laufbahn ein und gewann erste praktische Erfahrungen im Grenzkrieg gegen Franzosen und Indianer. Seine Heirat mit der reichen Witwe Martha Danbridge Custis ließ ihn in die Spitzengruppe der Tabakpflanzer aufrücken; zugleich spürte er in seinen Geschäften intensiv die Auswirkungen der restriktiven Parlamentsgesetze. So wurde er zum führenden Sprecher der virginischen Opposition.

Am 15. Juni 1775 erfolgte seine Ernennung zum Oberbefehlshaber der Kontinentalarmee, die allerdings zu diesem Zeitpunkt lediglich auf dem Papier stand und höchstens in der Phantasie der Kongreßdelegierten existierte. Washington konnte sich zunächst nur auf die zwar hervorragend motivierten, dafür aber wenig trainierten Milizionäre stützen. Über seine militärischen Fähigkeiten läßt sich streiten, da die Patrioten unter seiner Führung zwar wenige Schlachten, am Ende aber den Krieg gewannen. Obwohl von konservativer Grundstimmung, gelang es ihm, die divergierenden Interessen auf das gemeinsame Ziel, die Unabhängigkeit, zu lenken. In dem Maße, wie sich ab 1780 der Sieg über England abzuzeichnen begann, wurde George Washington zur Inkarnation der Unabhängigkeit und genoß eine fast grenzenlose Verehrung. Als Vorsitzender des Verfassungskonvents (Federal Constitutional Convention, 1787) gewann er einen überragenden politischen Einfluß. Einstimmig kürten ihn die Wahlmänner im Jahre des Beginns der Französischen Revolution zum ersten Präsidenten der USA (1789–1797).

Benjamin Franklin

Als vierter im Kreis der Großen aus der Generation von 1775 muß Benjamin Franklin genannt werden. In der Familie eines Bostoner Seifensieders aufgewachsen, ließ er frühzeitig sein Talent zum Autodidakten erkennen. Obwohl er schon mit zehn Jahren die Schule verließ, las er sich wenig später an den Texten von Xenophon, Plutarch und John Locke fest. Seine besondere Neigung galt dem Journalismus, den er von der Pike auf erlernte. Große Popularität gewann er als Herausgeber und Kommentator der »Pennsylvania Gazette« und von »Poor Richard's Almanak«. »Poor Richard« wurde zur Alltagsfigur wie »Jacques Bonhomme« in Frankreich. Franklin heiratete die ihm ergebene Deborah Read, die auch seine unehelichen Kinder in die Familie aufnahm. Seine Kenntnisse in französischer und spanischer Sprache ermöglichten ihm den direkten Zugang zu den Originalquellen der Aufklärung. Auf die Initiative Franklins gingen die Gründung der Philosophischen Gesellschaft und der Universität von Pennsylvania zurück. Sein Werk »Experiments and Observations on Electricity«, 1751–1754 brachte ihm internationale Anerkennung als Naturwissenschaftler.

Franklins schriftstellerisches und rednerisches Talent, dazu sein großes Prestige bestimmten den Kontinentalkongreß, ihn nach Europa zu entsenden, um Frankreich als Alliierten zu gewinnen. Seine Ankunft in schlichter Bürgerkleidung und mit legendärer Bärenfellmütze wurde die Sensation am Hofe von Versailles. Eine Kontrastfigur zu den dekadenten Hofschranzen, lagen dem »Mann aus der Prärie« die adligen Damen zu Füßen. Im Roman »Die Füchse im Weinberg« hat Lion Feuchtwanger die spannungsgeladene Begegnung von Alter und Neuer Welt am Vorabend der Großen Revolution nachgezeichnet.

Franklin scharte einen Kreis von Freunden und Bekannten um sich, die er dank gewinnender Umgangsformen für seine diplomatischen Zwecke einzuspannen wußte. Er verfügte sogar über eine eigene Druckerei, um das ihn interessierende Publikum mit Skandalgeschichten und Hintergrundinformationen zu versorgen. Als es ihm 1778 gelang, die diplomatische Anerkennung der aufständischen Kolonien durch Versailles zu erwirken, brach Englands Plan einer totalen politischen Quarantäne der Rebellion zusammen. Franklins Unterschrift stand unter dem Friedensvertrag von 1783 und unter der Verfassung von 1787.

Verlauf des Krieges

Die militärischen Auseinandersetzungen nahmen einen sehr widersprüchlichen Verlauf. Gegen die Überlegenheit der englischen Rotröcke gelang es den Patrioten, ungeachtet einer Reihe von Niederlagen, das Kräfteverhältnis offen zu halten. Die englische Seite setzte neben der Kolonialarmee die Loyalisten und dazu nochmals 30000 in Deutschland, vornehmlich von Hessen-Kassel, Hessen-Darmstadt und Braunschweig, gekaufte Söldner ein. Unter den aufgeklärten Geistern rief dieser Menschenhandel Protest und Abscheu hervor (Christian Daniel Schubart geißelte in der »Deutschen Chronik« den Soldatenhandel und beeinflußte stark die analogen Passagen in Friedrich Schillers »Kabale und Liebe«, 1784). Auf patriotischer Seite standen während des Krieges etwa 400000 Mann im Feld, ohne daß die effektive Stärke der Kontinentalarmee jemals mehr als 21000 erreichte.

Internationale Konstellation

Eine Vorentscheidung zugunsten der Patrioten zeichnete sich ab, als der Oberbefehlshaber der englischen Nordarmee, John Burgoyne, mit dem Plan scheiterte, die Kolonien in zwei Teile zu spalten. Der Kriegseintritt Frankreichs und Spaniens an der Seite der Aufständischen (»Rache für 1763«), dazu die von Rußland proklamierte bewaffnete Neutralität (1780), der sich weitere Mächte, darunter Preußen, anschlossen, veränderten von Grund auf die internationale Konstellation.

Der entscheidende Schnitt zwischen Kolonie und Metropole erfolgte mit der Annahme der Unabhängigkeitserklärung am

Unabhängigkeitserklärung

4. Juli 1776: »Wir halten es für selbstverständliche Wahrheiten, daß alle Menschen gleich beschaffen sind, daß sie von ihrem Schöpfer mit bestimmten unveräußerlichen Rechten ausgestattet sind, zu denen das Leben, die Freiheit und das Streben nach Glück gehören.« Ein Dokument war aus der Taufe gehoben, das Weltgeschichte machte. Als erster unterzeichnete John Hancock, wohlhabender Kaufmann aus Massachusetts, allerorten als Schmuggler bekannt, großzügiger Förderer der Söhne der Freiheit – Ideal und Interesse in einer Person.

Mit dem Ziel, die Kräfte der Kolonien zu vereinigen, verkündete der Kongreß am 15. November 1777 die Konföderationsartikel, die für die Dauer des Krieges eine lockere Föderation gewährleisteten, jedoch blieben die einzelnen Kolonien bei ihrer Weigerung, den Krieg durch Steuern zu finanzieren – schließlich war ja die Steuerfrage Anlaß der Rebellion gewesen –, was Washington vor schwere Probleme stellte.

Die um die aufständischen Kolonien entstehende Allianz konnte kaum widersprüchlicher sein: einerseits die Hauptmächte des Ancien Régime an der Seite der Rebellen, wider ihre Natur die Sache der Freiheit unterstützend, andererseits der Zustrom von liberalen und fortschrittlichen Persönlichkeiten, von denen nicht wenige in künftigen Revolutionen noch eine Rolle spielen sollten. Zu ihnen gehörten der Marquis de La Fayette, später als »Held zweier Welten« gefeiert, der General Friedrich Wilhelm von Steuben, dessen militärische Karriere noch in der Armee Friedrichs II. begonnen hatte, Thadeusz Kościuszko, künftiger Kopf der polnischen Nationalbewegung, Kazimierz Pułaski, ein zweiter polnischer Patriot, der mit einer persönlichen Empfehlung von Benjamin Franklin in Boston landete.

Sieg von Saratoga

Den militärischen Wendepunkt des Krieges markierte die Niederlage der Engländer unter Burgoyne bei Saratoga am 17. Oktober 1777, dem aber noch sehr kritische Phasen für die Patrioten folgten. Jedoch als im Herbst 1781 die englischen Truppen unter Lord Cornwallis vor den vereinigten amerikanisch-französischen Streitkräften im Ergebnis der Yorktownkampagne kapitulieren mußten, war der Krieg entschieden. Selbst im Londoner Parlament fand die Kriegspartei keine solide Mehrheit mehr. Premier North trat zurück. Im Friedensvertrag von Paris (1783) sah sich England gezwungen, die Unabhängigkeit der USA anzuerkennen. Damit nahmen zugleich das »persönliche Regiment« Georgs III. und der wenig segensreiche Einfluß der »Freunde des Königs« ein Ende. Aber erst die allmählich einsetzende geistige Umnachtung des Monarchen zog unter seine Ambitionen den Schlußstrich.

Das Ende des Krieges zeigte in ungeschminkter Schärfe, daß die Reichen noch reicher und die Armen noch ärmer geworden waren. Die Fassade der nationalen Einheit zerbröckelte, und die sozialen Gegensätze traten deutlich hervor. Farmer, Handwerker und kleine Händler bezahlten die nachrevolutionäre Krise. Ihren Sprecher fanden die von der Revolution Vergessenen und

Aufstand des Daniel Shays

Verlassenen in Daniel Shays, einem Farmer aus der Gegend von Springfield (Massachusetts). Da Proteste und Demonstrationen nichts fruchteten, begann im Dezember 1786 der Aufstand. Zwar leisteten die spärlich bewaffneten Anhänger von Shays bis Februar 1787 tapferen Widerstand, unterlagen aber schließlich der Miliz und den hastig zusammengerufenen Einheiten der Konföderation. Jagd auf Rebellen zu machen galt fast als Sport. Der Aufstand unter Shays erwies sich als Spitze eines Eisberges. In den Jahren von 1784 bis 1788 kam es zu mehr als 150 örtlichen Unruhen. Shays Rebellion hatte eine doppelte Konsequenz: die Korrektur einiger Steuergesetze und der Normen für Schuldprozesse zugunsten der ärmeren Volksklassen, vor allem aber die beschleunigte Ausarbeitung einer Bundesverfassung.

Verfassung von 1787

Der Aufstand von Massachusetts und andere Unruhen verdeutlichten, daß die Konföderation über keine genügenden Vollmachten und Mittel verfügte, um der inneren Konfliktherde umgehend Herr zu werden. So begann, zunächst streng geheim, die Ausarbeitung einer Verfassung. Nach heftigen Auseinandersetzungen im Rahmen des Verfassungskongresses von Philadelphia (25. Mai bis 17. September 1787) nahm schließlich das neue Grundgesetz Gestalt an. Der insgesamt neun Artikel umfassende Text spiegelte sehr konträre Interessenlagen wider: die unterschiedlichen Ansprüche von großen und kleinen Kolonien, den Gegensatz von Zentralismus und Föderalismus und die Unvereinbarkeit von repräsentativer und direkter Demokratie. Nach dem Vorbild von John Locke und Charles de Montesquieu erfolgte eine strikte Gewaltenteilung. Zugleich wurde einem möglichen Primat der Legislative durch die Aufgliederung des Kongresses in Senat und Repräsentantenhaus ein Riegel vorgeschoben. Zu den Nachwirkungen der Shaysrebellion gehörte, daß nach dem Text von Artikel I der Verfassung die Gewalt nicht vom Volke ausging, sondern »in den Händen eines Kongresses der Vereinigten Staaten« lag. Es bedurfte auch erst der Fernwirkungen der Französischen Revolution, um im Dezember 1791 die Grundrechte in Form von zehn Zusatzartikeln (»Bills of Rights«) einzufügen. Eine Aufhebung von Sklaverei und Sklavenhandel erfolgte nicht. Nur drei Kolonien entschlossen sich dazu (Massachusetts, New Hampshire und Rhode Island). In der nicht vollzogenen Lösung der sozialen Frage lag der Keim für eine zweite Revolution.

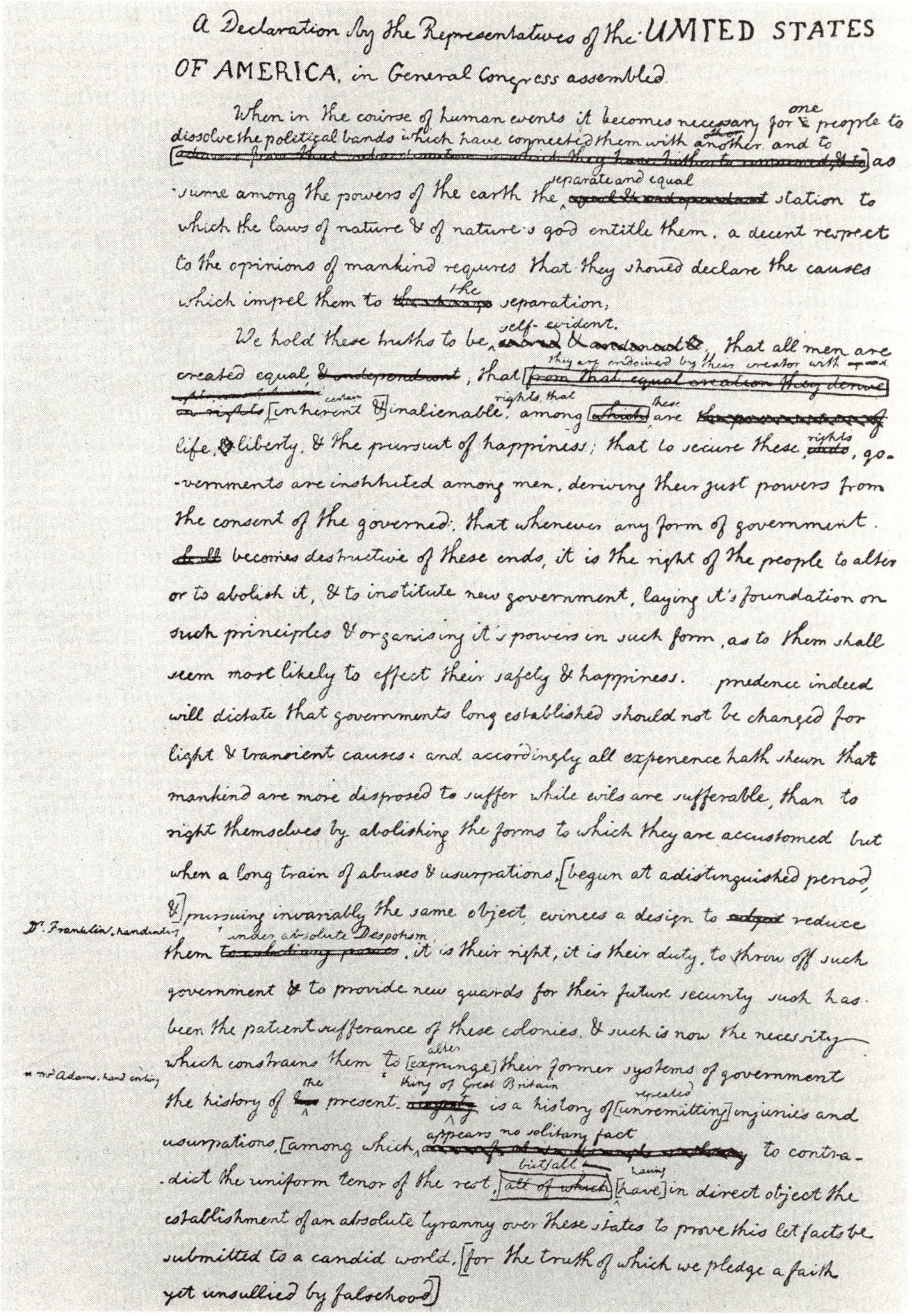
A Declaration by the Representatives of the UNITED STATES OF AMERICA, in General Congress assembled.

When in the course of human events it becomes necessary for one people to dissolve the political bands which have connected them with another, and to [illegible] as-sume among the powers of the earth the separate and equal station to which the laws of nature & of nature's god entitle them, a decent respect to the opinions of mankind requires that they should declare the causes which impel them to the separation.

We hold these truths to be self-evident; that all men are created equal; that they are endowed by their creator with [inherent &] certain inalienable rights; that among these are life, liberty, & the pursuit of happiness; that to secure these rights, go-vernments are instituted among men, deriving their just powers from the consent of the governed; that whenever any form of government becomes destructive of these ends, it is the right of the people to alter or to abolish it, & to institute new government, laying it's foundation on such principles & organising it's powers in such form, as to them shall seem most likely to effect their safety & happiness. prudence indeed will dictate that governments long established should not be changed for light & transient causes: and accordingly all experience hath shewn that mankind are more disposed to suffer while evils are sufferable, than to right themselves by abolishing the forms to which they are accustomed. but when a long train of abuses & usurpations, [begun at a distinguished period &] pursuing invariably the same object, evinces a design to reduce them under absolute Despotism, it is their right, it is their duty, to throw off such government & to provide new guards for their future security. such has been the patient sufferance of these colonies; & such is now the necessity which constrains them to [expunge] alter their former systems of government. the history of the present King of Great Britain is a history of [unremitting] repeated injuries and usurpations, [among which, appears no solitary fact to contra-dict the uniform tenor of the rest, but all [have] having in direct object the establishment of an absolute tyranny over these states. to prove this, let facts be submitted to a candid world, [for the truth of which we pledge a faith yet unsullied by falsehood]

Faksimile des Originalentwurfs der Unabhängigkeitserklärung der Vereinigten Staaten von Amerika. Sie wurde von Thomas Jefferson verfaßt und am 4. Juli 1776 unterzeichnet. Das Original befindet sich im State-Department zu Washington.

»La République«. Terrakottafigur von Joseph Chinard. Musée du Louvre, Paris

6

Die Große Revolution

Die Frage, wann, wo und wie sich jene Widersprüche schürzten, die in ihrer »Totalität der Kollisionen« die Große Revolution der Franzosen hervorbrachten, führt bis in die Zeit der Regierung Ludwigs XIV. von 1643 bis 1715 zurück. Unter dem »Roi

Glanz und Elend des Absolutismus – Ludwig XIV.

Soleil« (Sonnenkönig) stand der französische Absolutismus nach außen wie nach innen im Zenit seiner Macht- und Prachtentfaltung. Im Konzert der europäischen Mächte nahm Frankreich seit dem Ende des Dreißigjährigen Krieges den ersten Rang ein. Die »Prépondérance française« erschien unerschütterlich. Politik, Kunst und Kultur hatten ihr Zentrum noch in Paris, genauer am Hofe von Versailles, denn Ludwig mißtraute seit der Fronde dem rebellischen Geist seiner Hauptstadt. Europas Adelsklasse, aber auch das um sozialen Aufstieg und Bildung bemühte Bürgertum lagen »Louis le Grand« zu Füßen. Man galt als vornehm in dem Maße, wie man sich in Sitte und Sprache französisch gab. Eine solch tiefgreifende Prägung der zeitgenössischen Mentalität und Geschmacksdiktatur war selbst dem spanischen Absolutismus in den besten Zeiten seiner weltumspannenden Herrschaft nicht gelungen. Ihren einzigen ernstzunehmenden Gegner fand die Landmacht Frankreich in der Seemacht England. Der Gegensatz zwischen den beiden Staaten prägte fast alle bedeutenden Konflikte seit der zweiten Hälfte des 17. Jahrhunderts und sollte mit der Großen Revolution in einem weltpolitischen Konflikt von nie gekannter Dimension gipfeln.

Trotz beispielloser Machtfülle, treffend in dem geflügelten Wort »L'Etat c'est moi« zum Ausdruck gebracht, rückten unter Ludwig XIV. – und scharfe Beobachter wie der praktisch auf seinen Amtssitz in Cambrai verbannte Erzbischof Fénelon (»Aventures de Télémaque«, 1699) waren sich dessen sehr wohl bewußt – Schein und Wirklichkeit der spätfeudalen Gesellschaft allmählich auseinander. Die Szene glich eher dem Tanz auf dem Vulkan. Später lautete die zynische Maxime: »Nach uns die Sintflut!«

Ludwigs glanzvolle Regierung zehrte von der Substanz dessen, was die geniale Politik Richelieus und seines Meisterschülers Mazarin an Fundamenten hinterlassen hatte. Noch einmal genoß ein Herrscher das Privileg, von einem Kreis hochtalentierter Minister umgeben zu sein, die das Staatsschiff auf Kurs hielten. Die Seele des Geschäfts war Colbert an der Spitze von Wirtschaft und Finanzen; er prägte die französische Variante des Merkantilismus (Colbertismus). Auf dem Gebiet des Militärwesens, des Festungsbaus und der praktischen Kriegführung ragten Persönlichkeiten wie Le Tellier, Louvois, Vauban, Turenne und der »große« Condé hervor. Im Labyrinth der Diplomatie erwiesen sich Lyonne und Pomponne als unentbehrlich. Nicht nur Armee und Diplomatie, auch Kunst und Kultur (bis hin zu Architektur, Theater, Ballett und Gartenkunst) standen im Dienst des französischen Machtanspruches. Was dem König an Intellekt fehlte, suchte er durch äußeren Pomp wettzumachen. Nicht das Individuum, sondern die Symbolgestalt bildete den Mittelpunkt. Das große Gemälde von Hyacinthe Rigaud (1701) zeigt einen Monarchen, der weniger seine geistigen als seine körperlichen Attribute zur Schau und devoten Verehrung stellt.

Ludwig profitierte in hohem Maße von der Niederlage der Fronde. Sowohl der parlamentarischen als auch der hochadligen Opposition war das Rückgrat gebrochen. Und gerade diese politische Machtkonzentration, verbunden mit einem aufs äußerste getriebenen Prachtaufwand, überblendete die Risse im sozialen und wirtschaftlichen Fundament. Ein Gegengewicht zum Absolutismus, der zunehmend despotische Züge annahm und dessen Gottesgnadentum der Bischof von Meaux, Jacques Bénigne Bossuet, aus der Heiligen Schrift ableitete, existierte im Moment nicht mehr. Die Generalstände sahen sich nach Hause geschickt, den Parlements (Gerichtshöfen) war die Aufmüpfigkeit der Frondezeit gründlich ausgetrieben, die Spitzen des Adels (etwa 5000 Mitglieder in und um Versailles) schienen glücklich, sich bei Hofe finanziell wie körperlich ruinieren zu können, und Teile der Bourgeoisie zogen ihren Gewinn aus dem sich übersteigernden Geltungsbedürfnis von Krone und Hof. Luxusgewerbe (z.B. die Seiden-, Gobelin-, Spiegel-, Möbelmanufakturen) und Kriegsproduktion florierten. Der wachsende Widerspruch zwischen Ausgaben und Einnahmen steigerte die Abhängigkeit der Krone von einflußreichen Finanziers (Samuel Bernard).

Nach dem Schicksal der von Steuern und feudaler Willkür erdrückten Bauern oder der von periodischen Hungersnöten, Epidemien und Obdachlosigkeit heimgesuchten Plebejer der Städte fragte niemand. Während der Gesandte Venedigs über die Feste in Versailles berichtete: »Man kam sich vor wie in einem Traum, wie in einem Zauberreich«, schrieb La Bruyère über das französische Dorf: »Man sieht wilde Tiere, Männchen und Weibchen ... Und in der Tat sind es Menschen. Sie ziehen sich des Nachts in ihre Hütten zurück, wo sie von schwarzem Brot, Wurzeln und Wasser leben.« So wurde die Regierungszeit Ludwigs von einer

Bauernaufstände

ganzen Kette bäuerlicher Aufstände und städtischer Unruhen begleitet. Seinen Höhepunkt erreichte der spontane, am Ende meist von der Armee niedergeschlagene Widerstand in der Erhebung der Camisarden (1702–1705), in der soziale und religiöse Motive (Forderung nach Glaubensfreiheit) ineinander verschmolzen.

Zwischen den Herrscher und seine Ratgeber schoben sich mit zunehmendem Erfolg die Mätressen, deren Einfluß den Um-

Mätressen

fang der moralischen und religiösen Libertinage erkennen läßt. Besondere Bedeutung gewann unter Ludwig zunächst die Marquise de Montespan. Die aus dieser Liaison mit dem König erwachsenen Kinder kamen in die Erziehung der Marquise de Maintenon, die mit Geschick die Gunst der Stunde nutzte, um sich zur mächtigsten Mätresse (und schließlich heimlichen Ehefrau) aufzuschwingen. Ihr Boudoir wurde bald das reale Zentrum der Macht.

Expansions- und Religionspolitik

Nach innen wie nach außen begann das Ancien Régime den Blick für das Machbare zu verlieren. Unter Ludwig XIV. setzte eine neue Welle der Expansionspolitik ein (Devolutionskrieg gegen Spanien; Angriff auf Holland, das sich am Ende wieder nur durch die Öffnung seiner Deiche zu retten vermochte; Reunionskriege zur Erringung der Rheingrenze: 1681 Besetzung Straßburgs). Für Frankreich hatte diese ungebremste Großmachtpolitik zwei fatale Folgen: die eindeutige Überforderung der materiellen (finanziellen) und menschlichen Ressourcen und die Entstehung einer internationalen Koalition, inspiriert von Holland und England, um Frankreich in die Schranken zu weisen. Im Spanischen Erbfolgekrieg (1701–1714) konnte Ludwig zwar den Thron des Pyrenäenlandes für seinen Enkel Philipp erkämpfen, aber die große Hoffnung: »Jetzt gibt es keine Pyrenäen mehr!« erfüllte sich nicht; das bourbonische Frankreich und Spanien blieben getrennt. Frankreichs sieggewohnte Truppen mußten durch die Große Koalition, an deren Spitze Feldherren vom Format Prinz Eugens und des Herzogs von Marlborough standen, schwere Niederlagen einstecken. Die Kompromißverträge von Utrecht und Rastatt (1713/14) garantierten zwar Frankreichs ursprünglichen Besitzstand, aber seine Stellung als alleinbestimmende europäische Vormacht gehörte zunächst der Vergangenheit an.

Zuvor war auf innenpolitischem Gebiet eine verhängnisvolle Entscheidung gefallen. Von der gottesfürchtigen Maintenon be-

Aufhebung des Edikts von Nantes

stärkt, ließ Ludwig XIV. 1685 das »Edikt von Nantes«, das den Hugenotten seit Richelieus Zeiten Religionsfreiheit zugesichert hatte, aufheben. Vor die Alternative Zwangsbekehrung und Drangsalierung durch die Armee (Dragonnaden) oder Flucht gestellt, wählten über 50000 Familien den Weg in das Exil, vorwiegend in Richtung Holland. Der Hugenottenexodus bedeutete einen enormen Verlust an bürgerlicher Wirtschaftskraft und stärkte in der Perspektive die antiabsolutistische Opposition. Mit der Aufhebung des »Edikts von Nantes« war ein Teil der Basis des Interessenbündnisses von Krone und Bourgeoisie zusammengebrochen. Die bürgerliche Klasse, bislang ihren Aufstieg innerhalb und sogar mit Unterstützung des bestehenden Systems vollziehend, begriff instinktiv, daß sich Emanzipation und der aus wirtschaftlicher Potenz erwachsende Anspruch auf Teilhabe an der Macht künftig nur noch gegen das System verwirklichen ließen.

Sonnenuntergang in Versailles

Erste Anzeichen einer historischen Wende zogen herauf. Für den parasitären Hofadel von Versailles bedeutete der Tod Ludwigs XIV. den »Sonnenuntergang«, aber die Masse der Nation, der Versailles jenseits der realen Welt schien, blieb unbeteiligt. Dem Trauerzug, der »das große Zeitalter« zu Grabe trug, wurden Steine hinterhergeworfen ...

In den Nachfolgern des Sonnenkönigs, Ludwig XV. und Ludwig XVI., bestätigte sich das historische Gesetz, daß jede untergehende Gesellschaft die Herrscherpersönlichkeiten hervorbringt, die sie verdient. Beide repräsentierten das Mittelmaß auf dem Thron, waren Spielball der sie umschmeichelnden Kamarilla, unfähig, die schleichende Gefahr zu erkennen oder gar ihr zu begegnen. Vor der Verantwortung des Regierens flüchtete sich Ludwig XV. in die Vielzahl seiner persönlichen Neigungen, unter denen die Jagd und sexuelle Ausschweifungen besonders hervorstachen. Mehr oder weniger fähige Minister (Herzog von Bourbon, Kardinal Fleury, Herzog von Choiseul) und ehrgeizige

Mätressen, wie die von ihrer skrupellosen Mutter gezielt auf den König angesetzte Jeannette Antonia Poisson, die spätere Marquise de Pompadour, oder die Gräfin Du Barry, dazu abenteuerliche Figuren wie die Marquise de Prie, zogen die Fäden einer widersprüchlichen, jeglicher Kohärenz baren Politik. Das staatliche Gesamtinteresse verlor sich in den Intrigen rivalisierender Hofcliquen.

Siebenjähriger Krieg

Im Siebenjährigen Krieg (1756–1763) büßten Frankreichs Armeen den Rest an Prestige ein. Es bezahlte sein »Renversement des alliances« (Umsturz der Bündnisse, d.h. die Annäherung an Habsburg) mit dem Verlust seines Kolonialbesitzes in Nordamerika (Kanada) und in Indien. Voltaires Meinung, mit Kanada sei nur eine »Schneewüste« verlorengegangen, verhieß wenig Trost. Die Autorität der Monarchie war schon so weit gesunken, daß Ludwig XV. eine Straße um Paris herum anlegen ließ, um eine Durchquerung der ihm unheimlich gewordenen Hauptstadt zu vermeiden. Die Nachricht vom Tode des Königs gab der antiabsolutistischen Opposition – schon »wühlte« die Aufklärung – und dem einfachen Volke Anlaß zu Freudenfesten. Krone und Nation drifteten unwiderruflich auseinander.

Krise des Ancien Régime

Die seit langem schwelende Krise brach unter der Regierung Ludwigs XVI. offen hervor. Zum Nerv der Auseinandersetzung an der Spitze – Wiederholung des Schicksals Karls I. von England – wurde die Finanzfrage. Am Vorabend der Revolution betrugen die Ausgaben 629 Millionen Livres, dem standen an Einnahmen 503 Millionen gegenüber; der größte Teil der Einnahmen wurde durch den Schuldendienst (318 Millionen) verschlungen. Frankreichs Staatshaushalt glich dem sprichwörtlichen Faß ohne Boden. Adel und Bourgeoisie wurden auf gleiche Weise, wenn auch aus unterschiedlichen Motiven, durch diese Situation aufgeschreckt: Der Adel befürchtete eine Besteuerung und damit den Verlust seines wichtigsten Privilegs, die Bourgeoisie dagegen mußte, soweit sie dem Staat Gelder geliehen hatte, bangen, in den allgemeinen Ruin hineingezogen zu werden. An der Basis entluden sich die Folgen der Hungersnöte in schweren sozialen Unruhen (»Mehlkrieg«, 1775).

Ludwig XVI. und Marie Antoinette

Ludwig XVI. sah sich durch den Gang der Ereignisse völlig überfordert. Seine Beleibtheit stand in direktem Verhältnis zur Trägheit seines Denkens. Er war kein Sexualprotz wie sein Vorgänger, im Gegenteil, eher der Typ des lammfrommen Familienvaters. Ihm genügten die Jagd und seine Schlosserwerkstatt, um mit sich und der Welt zufrieden zu sein. Die Politik lag ausschließlich in den Händen der Minister, wobei sich als besonders nachteilig für das Ansehen der Monarchie der Einfluß seiner intriganten und bis zum Exzeß verschwendungssüchtigen Frau Marie Antoinette, Tochter Maria Theresias und als »Österreicherin« beargwöhnt, erwies. Marie Antoinette galt zwar als der einzige »Mann« in der königlichen Familie – eine Rolle, die sie bis zur Guillotine durchhielt –, sie sorgte aber auch durch die sogenannte Halsbandaffäre mit Kardinal Rohan dafür, daß das moralische Prestige der Monarchie auf den Nullpunkt sank, woraus die revolutionäre Propaganda bewußt Nutzen zog.

Marie Antoinette, Königin von Frankreich. Kupferstich von Jones, 1793. Staatliche Bücher- und Kupferstichsammlung Greiz

Außenpolitisch schien es, als sei Frankreich mit der Teilnahme am Unabhängigkeitskrieg der 13 Kolonien gegen England die Revanche gelungen. Auf längere Sicht gestaltete sich aber die Bilanz dieses Bündnisses wider die Natur des Ancien Régimes negativ: Die Staatsschuld wuchs um anderthalb Milliarden Livres, und die Vertreter des Adels, die an der Seite der Rebellen gekämpft hatten (La Fayette, Saint-Simon u.a.), bildeten bald den Kern einer »amerikanischen« Reformpartei.

Unter den gegebenen Umständen begriffen selbst die Exponenten des Regimes die Notwendigkeit von Veränderungen. Das Problem bestand allerdings darin, wie dem Bär der Pelz gewaschen werden konnte, ohne ihn naß zu machen. Reformen ja, aber wie weit und zu wessen Lasten? Da die übrigen Klassen und

Reformen wider Willen

Schichten der spätfeudalen Gesellschaft schon an den Rand des Erträglichen oder weit darüber hinaus belastet waren, spitzte sich die Frage auf eine Besteuerung des geistlichen und weltlichen Adels zu, in dessen Händen die Masse des Reichtums lag. Eben an diesem Punkte sollte der Adel der eigenen Monarchie die Gefolgschaft versagen.

In letzter Instanz war die Regierung Ludwigs eine Zeit gescheiterter Reformministerien. Die Kette begann mit dem »Philosophenkabinett« unter Turgot und Malesherbes – beide der gemäßigten Aufklärung verpflichtet –, ihnen folgte der aus dem ketzerischen Genf stammende Bankier Baron Necker, dessen geschönter, nichtsdestotrotz entlarvender Finanzbericht seinen raschen Sturz besiegelte (1781). Sein Nachfolger Calonne versuchte es nochmals durch Anleihen, die aber immer noch ein beträchtliches Defizit übrigließen; er erhöhte die Staatsschuld um 650 Millionen Livres. Insgesamt wuchs sie unter Ludwig XVI. um das Dreifache. Immerhin fand Calonne den Mut zum Offenbarungseid und zur Forderung nach einer Grundsteuer, die unterschiedslos kirchliches, adliges und bürgerliches Besitztum getroffen hätte, was aber nichts anderes bedeutete, als an der traditionellen ständischen Gliederung der Gesellschaft und den Privilegien des Ersten und Zweiten Standes zu rütteln.

Da die Krone, entgegen äußerer Machtvollkommenheit, ihren Willen schon nicht mehr per Dekret durchsetzen konnte, ließ Calonne im Februar 1787 eine »von Hand verlesene« Notabelnversammlung nach Versailles einberufen. Das Ergebnis war Renitenz auf der ganzen Linie: Die Notabeln verweigerten Zugeständnisse ohne Gegenleistungen, und auch Calonne durfte den

Revolte der Privilegierten

Hut nehmen. So begann die »Revolte der Privilegierten« gegen die Krone. Zwar war das noch nicht der Anfang der Revolution, aber es zeichnete sich ein schwerer Konflikt innerhalb der herrschenden Klasse ab, der ihre Auslösung wesentlich beschleunigte. Auf den gescheiterten Calonne folgte der von Marie Antoinette protegierte Erzbischof von Toulouse, Loménie de Brienne. Da auch er sich am Widerstand der Notabeln die Zähne ausbiß, wagte er den Appell an die Parlements, in deren Kreis das Parlement von Paris den Ton angab. Gerade die Parlements bildeten aber Zentren der antiabsolutistischen Opposition, wenn auch nicht im Sinne des Bürgertums, sondern eher des Adels. Königliche Verfügungen erhielten erst dann Gesetzeskraft, wenn sie das Parlement der Hauptstadt registrierte. Durch seine persönliche Anwesenheit (Lit de justice) konnte der Monarch eine Eintragung erzwingen. Für die herrschende Klasse handelte es sich nicht um die Krise des Systems, sondern des regierenden Monarchen. Deshalb war die antiabsolutistische Adelsopposition, in der Hoffnung, dem König Zugeständnisse abzwingen zu können, weder in der Notabelnversammlung noch in den Parlements zum Nachgeben bereit. Es gehört zu den Paradoxien der Geschichte, daß die historische Forderung nach Einberufung der Generalstände (Etats généraux) zur Beratung der geplanten Reformen nicht von der Bourgeoisie, sondern von den Parlements, in denen der Amtsadel die Szene beherrschte, erhoben wurde. Die antiabsolutistische Bewegung gewann in den Provinzen rasch über die Adelsquerelen auch beim Bürgertum an Boden, ihr Schwerpunkt lag in der Dauphiné, die in der »Versammlung von Vizille« (Juli 1788) die spätere Einberufung der Generalstände vorwegnahm. Noch heute ist sie stolz darauf, »die Revolution vor der Revolution« gemacht zu haben.

Die Kapitulation der Krone war perfekt, als Brienne im August 1788 namens des Königs die wichtigsten Reformen widerrief

Einberufung der Generalstände

und für den 1. Mai 1789 die Generalstände nach Versailles einlud. Danach trat auch Brienne zurück, ein Mohr hatte seine Schuldigkeit getan; ihm folgte erneut Necker. Die Selbsttäuschung von Krone und Adel über die Art der Lage konnte kaum größer sein. Für die Adelsopposition handelte es sich um einen Sieg auf der ganzen Linie: widerspenstige Minister gestürzt, die Reformen verhindert, die Parlements wieder in ihre Rechte eingesetzt, die Generalstände und damit die Chance, die Macht der Krone einzuschränken, in Sicht. Anders kalkulierte die Krone: Aus der Not eine Tugend machend, hoffte sie, in den Generalständen klerikale und adlige Opposition mit Hilfe der Vertreter des Dritten Standes bändigen zu können. Worin lag der Denkfehler? Beide Seiten dachten an die Generalstände, wie sie 1614 in die Ferien geschickt worden waren, und an einen Dritten Stand, der sich damals noch als gefügig erwies. Seitdem war aber viel Wasser die Seine hinuntergeflossen. Die einstigen Stadtbürger hatten sich zu einer mächtigen und selbstbewußten Bourgeoisie gemausert, die den Moment für gekommen sah, ihre eigenen Forderungen zu präsentieren, hinter sich die Nation wissend.

Stand und Klasse

Am Ausgang des Ancien Régimes hatte die historische Einteilung der Feudalgesellschaft in drei Stände, Erster Stand – die Geistlichkeit, Zweiter Stand – der weltliche Adel, Dritter Stand – das Stadtbürgertum als Sprecher für den »Rest der Nation«, längst ihren ursprünglichen Sinn verloren. Immer deutlicher zeichneten sich Klasseninteressen und Klassengegensätze innerhalb der einzelnen Stände und über deren juristische Grenzen hinweg ab.

De iure befand sich an der Spitze der Standespyramide der Klerus, der etwa 120000 Angehörige zählte und damit bei einer

Der gefesselte Bauer trägt die drei Stände Klerus, Adel und Beamten. Zeitgenössische allegorische Darstellung

Gesamtbevölkerung von 25 bis 27 Millionen eine verschwindende Minderheit ausmachte. Die Macht des Klerus war ökono-

Geistlichkeit und Adel

misch (Grundbesitz, Zehnt), politisch (Bündnis Krone – Altar) und ideologisch (Rolle der Religion) begründet. Jedoch hob sich eine schmale Schicht des hohen Klerus (an die 1000 Personen, und nur sie zählten zur herrschenden Klasse) kraß von der Masse des niederen Klerus ab. In der Entfaltung von weltlichem Prunk stand der hohe Klerus nicht hinter den Spitzen des weltlichen Adels zurück. Von den 139 Bischöfen am Vorabend der Revolution entstammten alle dem Adel. Nicht wenige lebten bei Hofe und kannten ihren Sprengel nur vom Hörensagen: Aufklärung bedeutete ihnen vor allem moralische Libertinage, um die Präsentation ihrer Mätressen und Konkubinen gleichsam philosophisch zu rechtfertigen. Um so kärglicher gestaltete sich die Existenz des niederen Klerus, der die Sorgen des einfachen Volkes kannte und nicht selten das Elend mit ihm teilte. Hier lag das Reservoir, aus dem die potentiellen Verbündeten des Dritten Standes wie auch die »Curés rouges« der kommenden Revolution erwuchsen.

Die entscheidende Stütze der herrschenden Klasse, der Adel, der mit 350000 Köpfen etwa anderthalb Prozent der Gesamtbevölkerung ausmachte, hielt den Großteil des Reichtums in seinen Händen. Er genoß umfangreiche Privilegien, unter denen die faktische Steuerfreiheit, die Einnahme der bäuerlichen Feudalabgaben und das Monopol auf die führenden Ämter in Staat, Armee und Kirche zu den gewichtigsten gehörten. Seine politischen Machtansprüche gegenüber der Krone hatte er spätestens seit der Fronde begraben müssen. Die Aktionsfähigkeit des Adels bei der Durchsetzung der eigenen Interessen als Klasse litt sichtlich unter der Differenzierung in rivalisierende Schichten oder Fraktionen. Der Hofadel partizipierte am direkten Zugang zum Staatssäckel und genoß die Gunst des Monarchen in Form von Pensionen, Schenkungen, Auszeichnungen. Allerdings kostete das Luxusleben bei Hofe – einschließlich der standesgemäßen Mätressen und Dienstboten – so viel Geld, daß sich die meisten Adligen trotz beträchtlicher Einkünfte total verschuldeten und nicht selten auf Sanierung durch die Heirat mit einer reichen Bürgerlichen setzten.

Vom Glanz des Hofes von Versailles war in der fernen Provinz und auf dem flachen Lande kaum etwas zu sehen. Eine Ausnahme bildeten die Herrensitze des Hochadels, die der Jagd und der Erholung vom höfischen Streß, gelegentlich auch der vergoldeten Verbannung dienten. Die Schlösser entlang der Loire bilden noch heute eine Touristenattraktion. Ungleich bescheidener lebte der Provinz- und Landadel, der zunehmend die Physiognomie einer »Adelsplebs« annahm. Eine Haupteinnahmequelle dieser Kaste bestand in den Feudalabgaben der Bauern. Jedoch verfiel mit der schleichenden Entwertung der Geldrente zugleich das entscheidende ökonomische Fundament des Landadels, in das auch hier der bourgeoise Wucherer einbrach. Für den Bauern war der jeweilige Seigneur die Personifizierung der Feudalausbeutung. Der dem Ruin entgegentreibende, zwischen den prassenden Standesgenossen bei Hofe und einer sich ständig verbreiternden Bourgeoisie auf dem Trocknen sitzende Landadel flüchtete sich in der zweiten Hälfte des 18. Jahrhunderts in eine wachsende Feudalreaktion (Réaction seigneuriale), um durch Berufung auf verbriefte oder vermeintliche Rechte den Bauern das Letzte zu entreißen. Als die Stunde der Abrechnung im Sommer 1789 gekommen war, präsentierten die Bauern mit Sensen, Forken und dem roten Hahn die Rechnung.

Mit der absolutistischen Bürokratie und dem zunehmenden Ämterkauf war aus der Bourgeoisie ein Amtsadel hervorgegangen, der Verwaltung und Justizwesen weitgehend beherrschte und in den widerspenstigen Parlements eine gewichtige Rolle spielte. Obwohl vom Schwertadel stets als Emporkömmlinge geschnitten und nicht selten im Konflikt mit der Krone, hatte dieser Bürgeradel sein Schicksal untrennbar mit dem Ancien Régime verbunden. Jeder Reformansatz wurde für die Noblesse de robe zur Existenzfrage.

Her- und Einkunft, tradierte Rangunterschiede, Nähe oder Abstand zum Hofe, innere Interessenkonflikte mochten noch so ausgeprägt sein, in einem Punkt waren sich der Erste und der Zweite Stand absolut einig: in der Verteidigung ihrer »historisch verbürgten« Privilegien.

Der Dritte Stand

Wie war es um den »Rest der Nation«, der durch den Dritten Stand repräsentiert wurde, bestellt? Seine sozialen Hauptkomponenten bildeten die Bourgeoisie, das Kleinbürgertum, die Vertreter der freien Berufe, die plebejisch-frühproletarischen Elemente in den Städten, vor allem aber die Bauern, die noch 85 Prozent der Gesamtbevölkerung ausmachten. Im Dritten Stand überschnitten sich nicht nur Interessen-, sondern bereits Klassengegensätze. Die Einheit gegen Despotie und Privileg fußte primär auf der Negation des Bestehenden; die Gegensätze innerhalb des Dritten Standes brachen in dem Maße auf, wie sich seine Komponenten ihrer eigenen Interessen bewußt wurden. Am Anfang stand die alle einende elektrisierende Forderung des Abbé Sieyès: »Der Dritte Stand umschließt mithin alles, was zur Nation gehört, und alles, was nicht Dritter Stand ist, kann nicht als Teil der Nation betrachtet werden.« Der Adel sollte »in die fränkischen Wälder zurückgejagt werden«. Am Ende wird Jacques Roux, der führende Kopf der »Wütenden«, die Erkenntnis formulieren: »Die Freiheit ist nichts als leerer Wahn, wenn eine Menschenklasse die andere ungestraft aushungern kann.« Die

Die Bourgeoisie und ihre Fraktionen

führende Kraft im Dritten Stand und der Hegemon der künftigen Revolution war die Bourgeoisie. Ihre Emanzipation und der Aufstieg zur herrschenden Klasse erfolgte mit dem Anspruch, zugleich die Nation und mit ihr die Menschheit zu emanzipieren. Für den historischen Moment fielen »Interesse« (bürgerlicher Machtanspruch) und »Idee« (Befreiung aller Unterdrückten) der Revolution zusammen. Eben darin lag das Wesen der »heroischen Illusion« der Generation von 1789 und 1793. Aus der Nähe betrachtet, nahm sich die Bourgeoisie allerdings weit weniger heroisch aus. Im Grad der Kapitalkonzentration hoben sich Groß- und Mittelbourgeoisie deutlich gegeneinander ab. Während die Spitzen der Bourgeoisie dank ihres ökonomischen Potentials und mannigfacher Monopolrechte dem Ancien Régime nahestanden und sich mit ihm – im wörtlichen Sinne – nicht selten verschwägerten, bekam die mittlere Bourgeoisie das ganze Gewicht der regressiven Wirtschafts- und Steuerpolitik des Absolutismus zu spüren. Nach den Quellen ihrer Einkünfte gliederte sich die bürgerliche Klasse in Renten-, Finanz-, Handels-, Agrar- und Manufakturbourgeoisie, ohne daß sich aber in der Praxis immer klar die Grenzen zwischen den genannten Fraktionen bestimmen ließen. Auf Grund des ständigen Geldhungers von Krone und Adel rückte die Finanzbourgeoisie nahe an den Ersten und Zweiten Stand heran, sie galt als die »Aristokratie« innerhalb der bürgerlichen Klasse. Von ihrem Mäzenatentum hing eine beträchtliche künstlerische und literarische Klientel ab. Im Reichtum auf fast gleicher Höhe standen die Spitzen des Handelskapitals, die ihre größten Revenuen aus dem Kolonialhandel zogen. Zentrum des Kolonial- und zugleich des gesamten Außenhandels Frankreichs war die Karibikinsel Saint-Domingue (später Haiti genannt). In der Produktion des »weißen Goldes« (Zucker) nahm Frankreich dank der 400000 Sklaven auf den westindischen Plantagen den ersten Platz ein. Überdurchschnittlichen Gewinn erbrachte auch der Handel mit Kaffee, Farbstoff (Indigo) und Baumwolle. Handelszentren wie Le Havre, Bordeaux oder Marseille, das Tor zur Levante, kündeten von der Prosperität des französischen Überseekaufmanns.

Vor diesem Hintergrund nahm sich die Manufakturbourgeoisie noch bescheiden aus, obwohl sie die Trägerin der neuen Produktivkräfte und Produktionsverhältnisse war, die am intensivsten auf freie Entfaltung gegen staatliche Reglementierung, lokalen Zunftzwang und Binnenzölle drängten. Textilgewerbe (Baumwollverarbeitung), Steinkohleförderung (Zentrum Anzin mit über 4000 Lohnarbeitern), Metallurgie (vorwiegend in Lothringen), Schiffsbau waren die tempobestimmenden Zweige. Persönlichkeiten wie Baron Dietrich oder Charles de Wendel wurden zu Begründern der ersten Unternehmerdynastien. Über das Verlagssystem erfaßten die Manufakturen der Städte das umliegende Land und trugen durch die Entfaltung des Dorfgewerbes wesentlich zur Aushöhlung des Feudalsystems bei. Es war nur eine Frage der Zeit, bis das Bürgertum im Bewußtsein seines ökonomischen und sozialen Gewichtes die Forderung einer adäquaten Vertretung seiner politischen Interessen, d.h. die entscheidende Machtfrage jeder Revolution, stellte.

Es gehörte zur historischen Mission der Intellektuellen und der übrigen Vertreter der freien Berufe, dieser Forderung Ausdruck zu verleihen und die Sprecher des Dritten Standes hervorzubringen. Richter, Advokaten, Notare, Mediziner, sonstige Akademiker, Schriftsteller, Publizisten (die später aus der Revolution eine Presseorgie machten) und nicht zuletzt die allerorts gefeierten, aber gesellschaftlich verachteten Schauspieler gehörten dazu. Sie bildeten die »geistige Hefe« der Nation, aus ihren Reihen kamen die großen Redner von 1789, wie Camille Desmoulins, deren Losungen im ganzen Lande zündeten.

Geistige Emanzipation

Die Revolution der Tat erwuchs aus der Revolution der Ideen. »Am Anfang stand das Wort«, in brillanter Weise vorgetragen von den Vertretern der Aufklärung. Zum Hauptkriterium des Denkens wurde die Vernunft, ihrer Kritik hatte sich alles zu unterwerfen, das hieß aber in letzter Instanz, der Feudalität und dem Absolutismus ob ihrer Irrationalität – zunächst gedanklich – das Existenzrecht abzusprechen. Immanuel Kant (»Was ist Aufklärung?«, 1784) sah im neuen Denken das Heraustreten der Menschheit aus der selbstverschuldeten Unmündigkeit.

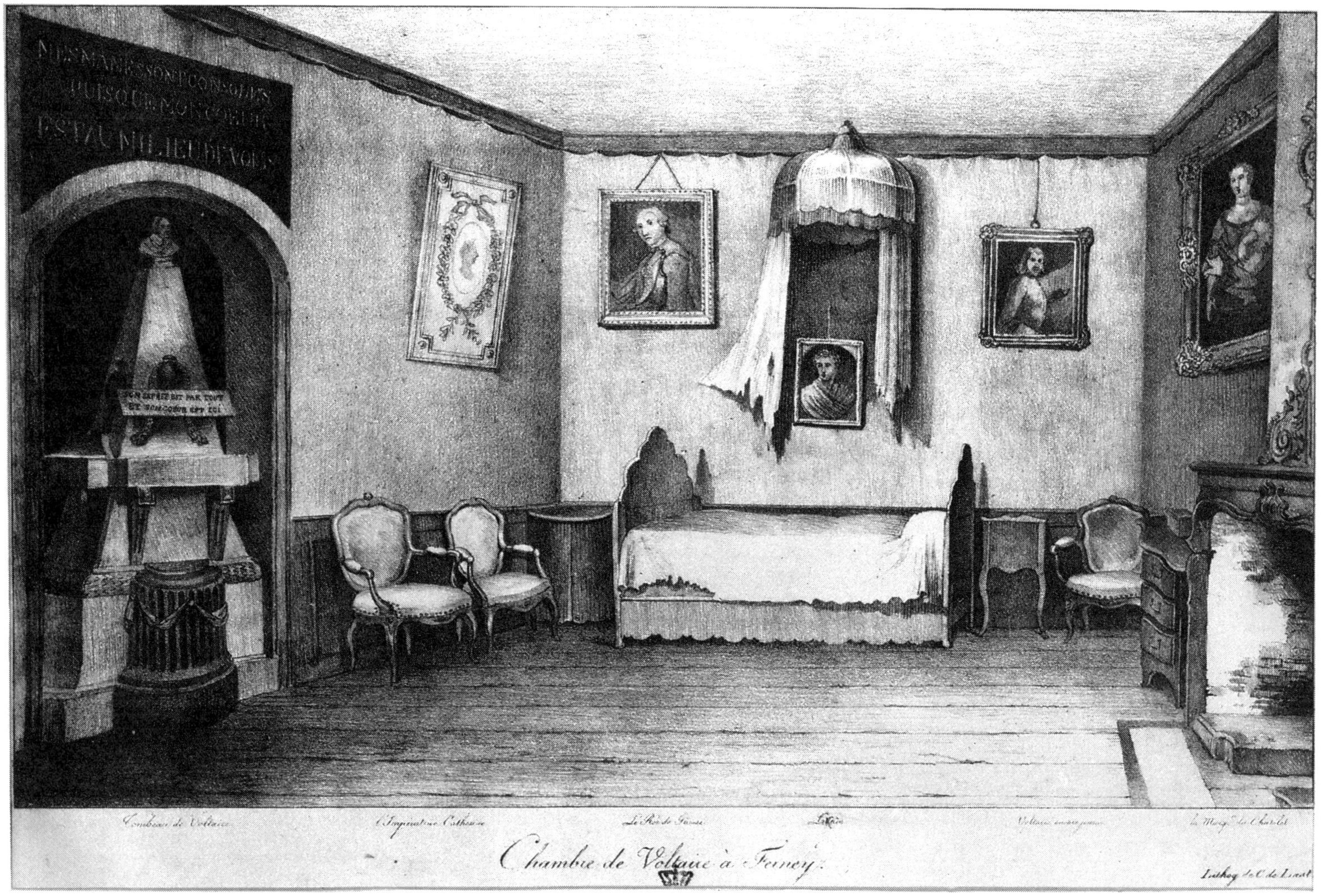

Das Zimmer Voltaires in Ferney. Lithographie von Charles Philibert de Lasteyrie du Sailland. Staatliche Kunstsammlungen Dresden, Kupferstichkabinett

Die »Lumières« – Licht, Wissen, Kenntnis und Erkenntnis – gaben einer ganzen Geistesepoche den Namen »Siècle des Lumières«.

Ihre klassische und reifste Ausprägung hatte die Aufklärung in Frankreich gefunden. Hier bereitete sie den Boden für die große gesellschaftliche Umwälzung, ohne daß jedoch selbst die fortgeschrittensten Aufklärer das eigene Tun schon als »revolutionär« begriffen und bewußt auf eine Revolution hinwirkten. Im Gegenteil, die wenigen großen Aufklärer, die die Revolution der Tat noch erlebten, standen ihr entweder verständnislos gegenüber oder wurden am Ende sogar ihre Opfer (so Abbé Raynal, der Verfasser eines mehrbändigen Bestsellers zur Kolonialgeschichte, oder der Freimaurer und Sensualist Condorcet). Die Frühzeit der französischen Aufklärung, nachhaltig vom philosophisch-staatstheoretischen Denken der niederländischen und englischen Revolution beeinflußt, reicht bis in das 17. Jahrhundert zurück. Zu ihren Gründervätern gehörte Pierre Bayle, dessen wohlweislich in Rotterdam erschienenes »Dictionnaire historique et critique« (1697) auf eine rationalistische und materialistische Systematisierung des Denkens abzielte. Sein Zeitgenosse Fontenelle formulierte mit dem Begriff des Fortschritts ein Grundgesetz der historischen Entwicklung. In der ersten Hälfte des 18. Jahrhunderts trat die französische Aufklärung in ihr Reifestadium. Montesquieu hatte in seinem Hauptwerk »De l'esprit des lois« (1748) das Prinzip der Gewaltenteilung entwickelt. Er sprach im Namen der antiabsolutistischen Adelsopposition, die durch eine Dreiteilung der Gewalten (Legislative, Exekutive, Jurisdiktion) die Allmacht der Krone einschränken wollte: Es war aber schließlich die Bourgeoisie, die aus dieser Idee die Grundlagen des liberal-konstitutionellen Parlamentarismus herleitete.

François Marie Arouet de Voltaire

Auf einmalige Weise manifestierte sich die geistige Macht der Aufklärung in Voltaire (eigentlich François Marie Arouet). Als

Philosoph, Dichter, Schriftsteller, Historiker und Pamphletist wurde er für Frankreich und ganz Europa zur moralischen Institution: die »Sonne der Aufklärung«. Seit Erasmus von Rotterdam hatte niemand das geistige Leben einer Epoche tiefer geprägt. Aber Voltaire fühlte sich nicht nur in der Welt der Ideen zu Hause, er war zugleich ein erfolgreicher Geschäftsmann mit großem Talent zur Spekulation, und seine mathematischen Kenntnisse befähigten ihn, die französische Staatslotterie zu sprengen. Er sah das Ideal im aufgeklärten Herrscher, dem Roi philosophe: der König sollte Philosoph, der Philosoph König sein. Umfangreiche Korrespondenz und persönliche Begegnung verbanden ihn mit den Großen seiner Zeit, unter ihnen Friedrich II. von Preußen und die Zarin Katharina II. Aber schon die Notwendigkeit seines langjährigen englischen Exils oder sein Bruch mit dem Preußenkönig, der Voltaires respektlosen Sarkasmus nicht ertrug, zeigten, wo und wie das kritische Denken an die gesellschaftlichen Schranken stieß.

Als Hauptfeind des menschlichen Fortschritts betrachtete Voltaire die katholische Kirche, ihren geistigen Dogmatismus und ihr parasitäres Dasein. Sein kompromißloses »Ecrasez l'infâme!« fuhr wie ein Blitz in die Debatten um den Zustand der Nation. Die berühmte Feuerbach-These von Karl Marx nahm Voltaire um fast acht Jahrzehnte vorweg: »Der wahre Philosoph denkt, um zu verändern.« Eine Veränderung vermochte sich Voltaire aber nur in bestimmten Grenzen und von oben, durch den aufgeklärten Herrscher, vorzustellen. Im Werk wie im persönlichen Leben Voltaires kam der streng elitäre Charakter der Aufklärung und ihr pädagogischer Anspruch gegenüber den »unwissenden Massen« besonders klar zum Ausdruck. Der Verfasser des »Brutus«, des »Candide« oder des »Essay über Sitten und Geist der Völker« war ein Vorkämpfer gegen Intoleranz, Ungerechtigkeit, Privilegmißbrauch, Standesdünkel, Zensur und Aberglauben, und doch meinte der überzeugte Deist, wenn es Gott nicht gäbe, so müsse man ihn erfinden, um das einfache Volk lenken zu können. Umsichtig seinen Reichtum vermehrend, zog sich Voltaire für die letzten Jahre seines Lebens, inzwischen zu Grundbesitz, Adelstitel und einer florierenden Uhrenmanufaktur gelangt, in das an der Grenze zur Schweiz gelegene Ferney zurück. Dem Zugriff der ihn stets verdächtigenden Zentralgewalt und der großen Schar seiner Neider entrückt, gab Voltaire den Kampf für Gerechtigkeit nicht auf. Im »Fall Calas«, einem skrupellosen Justizmord, setzte er durch eine ganze Serie von Streitschriften (»Abhandlung über die Toleranz«, 1763) die Rehabilitierung der verfemten Familie durch und entlarvte vor der Öffentlichkeit des Landes die moralische Verworfenheit des bestehenden Systems. Das Parlement von Paris quittierte das Engagement Voltaires 1764 mit der feierlichen Verbrennung seines »Dictionnaire philosophique« (Philosophisches Wörterbuch): Inquisition auf französisch! Die Affäre Calas und ähnliche juristische Willkürakte, gegen die Voltaire sein ganzes Prestige (und auch einen Teil seines Vermögens) in die Waagschale warf, veranlaßten den »Weisen von Ferney« zu dem bitteren Verdikt: »Man schämt sich ein Mensch zu sein, wenn man sieht, daß im selben Land Komische Opern aufgeführt werden, an einem anderen Ort der Fanatismus dem Henker das Schwert in die Hand drückt.« Erst in den letzten Monaten seines Lebens durfte Voltaire die ihm »verbotene Stadt« Paris wieder betreten. Jedoch wurde dem »Erzfeind des Glaubens« ein Grab in der Hauptstadt verweigert. Die Revolution holte ihn 1791 als ihren ersten Großen in das Panthéon heim. Aber der Haß der von seiner Idee des Fortschritts in Freiheit und Toleranz Getroffenen verfolgte ihn über den Tod hinaus: 1814 zerrten fanatisierte Konterrevolutionäre seinen Leichnam aus dem Panthéon und vernichteten die sterblichen Reste auf einem Schindanger mit ungelöschtem Kalk . . .

Um die Mitte des 18. Jahrhunderts vollzog sich in der französischen Aufklärung eine bedeutende Wende. Rapide wuchs der Kreis ihrer Anhänger, verbunden mit Tendenzen der Radikalisierung und Demokratisierung des kritischen Denkens.

Physiokraten und Philosophen

Am deutlichsten kam der Ruf nach wirtschaftlichen und politischen Reformen aus dem Kreis der Physiokraten um Quesnay, Dupont de Nemours, Mercier de La Rivière, Turgot und Gournay. Als »die ersten Theoretiker des Kapitalismus in Frankreich« hofften sie, die gesellschaftliche Krise durch den Anschluß des Landes an das fortgeschrittenere England auf reformerischem Wege zu lösen, eine Illusion, die spätestens mit der »Revolte der Privilegierten« an der Borniertheit ihrer eigenen Klasse scheiterte.

Eine besondere Rolle spielte innerhalb der Aufklärung die sogenannte philosophische Fraktion mit einer starken materialistischen Grundströmung. La Mettrie (»Der Mensch als Maschine«), Helvétius (»Über den Geist«), Holbach (»System der Natur«), dazu Condillac waren ihre hervorragenden Repräsentanten. Vor allen anderen prägten der Intellekt, das künstlerische Talent, die Organisationsgabe und die schier unerschöpfliche physische Energie von Denis Diderot Profil und Ansehen der Philosophenpartei. Ihr eigenes wissenschaftliches und literarisches Denkmal setzte sich die aufklärerische Philosophie in der zwischen 1751 und 1772 herausgegebenen »Encyclopédie ou Dictionnaire raisonné des sciences, des arts et des métiers«, zusätzlich flankiert durch ein »Journal encyclopédique«. Wirtschaftliche, geistige und politische Freiheit bildeten die beherrschende gedankliche Triade der Encyclopédie. Allerdings konnte sie sich nur gegen den entschiedenen Widerstand des Hofes, der Kirche – mobilisiert von den Jesuiten –, der Parlements und gegen den päpstlichen Bann durchsetzen. Nicht wenige der anfänglichen Mitstreiter um Diderot, so d'Alembert und Quesnay, ergriffen das Hasenpanier, anderen nahmen Verfolgung und zeitweilige

Verhaftung die Feder aus der Hand. Es gelang schließlich dem selbst der Aufklärung geneigten königlichen Zensor Malesherbes, mit Rückendeckung der ihren Einfluß gegen die Königin demonstrierenden Madame de Pompadour, das stillschweigende Einverständnis zur Publikation durchzusetzen.

Hatten weder Voltaire noch die Physiokraten und Philosophen die magische Grenze gegenüber der Masse der Nation

Jean Jacques Rousseau

überschritten, so nahm mit Jean Jacques Rousseau die demokratische Komponente der Aufklärung Gestalt an. Davon zeugten seine Hauptschriften (»Abhandlungen über den Ursprung und die Grundlagen der Ungleichheit unter den Menschen«, »Die Neue Héloïse«, »Emile«, vor allem jedoch »Der Gesellschaftsvertrag«, 1762). Rousseaus Argumentationskette lautete: kein Eigentum – kein (Un-)Recht – kein Krieg – keine Laster. Die praktische Erfahrung seiner philosophischen und pädagogischen Grundpositionen hatte sich Rousseau auf seinen Wanderungen von der Schweiz über Italien nach Frankreich wahrhaftig »erlaufen«. Von programmatischer Relevanz wurde seine Auffassung vom Gesellschaftsvertrag: Republik als ideale Staatsform, der Staat als Verkörperung der »Volonté générale«, Volkssouveränität an Stelle absolutistischer Willkür, Gleichheit des Eigentums (»weder Arme noch Reiche«) – diese Gedanken gingen in das Fundament der kleinbürgerlichen Demokratie ein und sollten zum Banner des Jakobinismus werden. Die Art und Weise, wie die Ideen Rousseaus das politische Gesicht der Revolution auf ihrem Höhepunkt prägten, ist überzeugender Beweis für die These von Karl Marx, daß die Theorie zur materiellen Gewalt wird, indem sie die Massen ergreift. Vielen Zeitgenossen erschien Rousseau nicht zuletzt ob seiner wenig konventionellen Lebensumstände und -manieren, die uns Lion Feuchtwanger in dem Roman »Narrenweisheit« nahegebracht hat, als Sonderling, heute hieße er Aussteiger. Tatsächlich glich sein persönliches Leben – er übergab eine Handvoll Kinder dem Findelhaus – weniger den gepredigten Postulaten. Voltaire nannte die Auffassungen dieses Sohnes eines Schweizer Uhrmachers und genialen Autodidakten »die Philosophie eines armseligen Lumpen«. Es blieb dagegen Robespierre vorbehalten, in einer großen Rede vor dem Konvent (7. Mai 1794) Rousseau als den geistigen Vater der Revolution und seinen eigenen Lehrer zu würdigen. Eine überzeugendere Demonstration des inneren Widerspruchs in der Aufklärung ist schwerlich vorstellbar.

Radikale Denker

Es gab Denker, die über Rousseau hinaus zu Entwürfen einer utopisch-kommunistischen Idealgesellschaft vorstießen (Morelly in »Code de la nature«, Dom Deschamps, Gabriel Bonnot de Mably oder – erotisch verpackt – Rétif de la Bretonne), ohne jedoch größeren praktischen Einfluß zu erreichen. Dagegen wa-

Jean Jacques Rousseau. Kupferstich von Jean Baptiste Michel, 1765. Staatliche Bücher- und Kupferstichsammlung Greiz

ren andere, von der Aufklärung durchtränkte Schriftsteller und Publizisten bereits mit dem Problem der gesellschaftlichen Verifizierbarkeit ihrer philosophisch-politischen Ansichten konfrontiert: Marat, Brissot, Condorcet und der bereits genannte Abbé Sieyès. Was ursprünglich als ideologische Divergenz erschien, schlug im Moment der Entscheidung in offene Konfrontation von doppelter Natur um: gegen das Ancien Régime, aber auch im Lager der Revolutionäre selbst, und das in dem Maße, wie sich das Reich der Vernunft als das idealisierte Reich der Bourgeoisie entpuppte, »Interesse« und »Idee« auseinanderrückten. Zunächst aber erfüllte die Aufklärung ihre historische Aufgabe: über alle Klassengrenzen hinweg, die »Nation« gegen das Ancien Régime und seine Stützen zusammenzuführen.

Um von der Waffe der Kritik zur Kritik der Waffen voranzuschreiten, bedurfte es der sozialen Eruption von völlig neuer

Qualität. Ihre Dynamik gewannen die Ereignisse, als seit dem Frühjahr 1789 die breite Basis des Dritten Standes in Bewegung geriet. Trotz der Konzentration des neuen Reichtums in Renten-, Finanz-, Handels- und Manufakturkapital bildete die ökonomische Grundlage in Stadt und Land noch immer die einfache Warenproduktion.

Kleinbürgertum

Das städtische Kleinbürgertum, bestehend aus Kleinstunternehmern, Handwerkern unterschiedlichsten Ranges (vom Goldschmied in der Nähe der Tuilerien bis zum Schuster im Vorort St-Antoine), dazu Händler aller Kategorien, Schankwirte, machte etwa zwei Drittel der bürgerlichen Klasse aus. Mit dem traditionellen Zunft- und Gildenzwang versuchte das Kleinbürgertum gegen sozialen Abstieg anzukämpfen, schränkte aber mit den Reglementierungen die eigene Entwicklung ein und verlor den Anschluß an moderne Produktionsmethoden. Zugleich machte sich der Druck der anwachsenden kapitalistischen Konkurrenz bemerkbar, in der Hauptstadt und den großen Hafenstädten noch eher als in der Provinz. Im Verhalten des Kleinbürgertums verschmolzen auf komplizierte Weise zwei Widersprüche: einerseits die Auflehnung gegen die Monopol- und Privilegienwirtschaft des Ancien Régime, andererseits die ersten Keime eines Widerstandes gegen das große bürgerliche Kapital. Die revolutionären Neigungen wuchsen mit dem Grad der sozialen Instabilität. Das Ideal bestand in einer Gesellschaft freier, egalitärer Kleineigentümer, wogegen der Laissez-faire-Kapitalismus der liberalen Großbourgeoisie auf strikte Ablehnung stieß: Demokratisch-egalitäre und liberal-bourgeoise Wirtschafts- und Gesellschaftsvision schlossen einander aus.

Plebejer

Über viele Stufen vollzog sich der Übergang vom Kleinbürgertum zu den städtischen Volksmassen, die ein buntgescheckte Konglomerat darstellten: unzünftige Freimeister, Manufakturarbeiter, die in der Regel über hervorragende handwerkliche Qualitäten verfügten, Gesellen, Lohnarbeiter und Tagelöhner der unterschiedlichsten Kategorien bis hin zur Stadtarmut und dem Heer des Lumpenproletariats – Bettler, Diebe, nicht zu vergessen die Prostituierten beiderlei Geschlechts, deren soziale Hierarchie von der Luxusprostitution bis zur körperlichen Preisgabe in den Elendsquartieren reichte. In seinen »Bildern von Paris« hat Louis Sébastien Mercier auch diese Schattenseiten des Ancien Régime eingefangen. In der Hauptstadt mit ihren 600000 Einwohnern standen sich adliger Luxus, bürgerlicher Wohlstand und plebejische Armut in besonders krasser Weise gegenüber. Am Vorabend der Revolution spitzte sich die Situation durch den Verfall der Reallöhne, der die absolute Verelendung spürbar ansteigen ließ, und die Mißernte von 1788, die den Brotpreis in die Höhe trieb, in dramatischer Weise zu. Der Sturm auf die Manufakturen der Fabrikanten Réveillon und Hanriot vermittelte eine Vorahnung des Kommenden. Die »Journées« der Sansculotten warfen ihre Schatten voraus.

Bauern

In der Bauernschaft, in der die Revolution ihre Massenbasis finden sollte, zeichneten sich bereits die Tendenzen ihrer Auflösung als einheitliche Grundklasse der Feudalgesellschaft ab. Es existierte eine schmale Oberschicht von wohlhabenden Besitzbauern (Laboureurs), die den Kern der künftigen »Dorfbourgeoisie« abgaben. Diese »Coqs de village« beherrschten das Leben der Gemeinde und waren als deren Sprecher anerkannt. Dagegen bestand die Masse der bäuerlichen Bevölkerung aus Kleinbauern (Manouvriers, Zinsbauern), auf denen die Fülle der feudalen Abgaben (Prélèvement féodal) lastete. Das Hauptziel dieser Bauern bestand in der Entfeudalisierung und Arrondierung ihres Grundeigentums. Noch schlechter gestaltete sich die Lage der Dorfarmen vom Halbpächter bis zum Landarbeiter. Sie litten besonders unter dem Zugriff der Seigneurialreaktion auf die Gemeindeländereien und der damit verbundenen kollektiven Weide-, Gewässer- und Holzeinschlagsrechte. Ein typisches Beispiel für die fortgeschrittene Differenzierung bot die Region der Picardie. Hier waren etwa 20 Prozent der Landbevölkerung selbständige Bauern, die Hälfte bestand aus Kleinbauern, und 25 Prozent gehörten bereits dem Landproletariat an. Mit Ausnahme einiger Gebiete, die unter physiokratischem Einfluß zur effektiven Großpacht (Ferme générale) übergingen, verharrte die französische Landwirtschaft meist noch auf dem niedrigen Niveau der Zwei- oder Dreifelderwirtschaft, die den wachsenden Bedarf an Nahrungsmitteln nicht mehr zu decken vermochte, womit periodische Hungersnöte, allgemeiner Mangel und Preisspekulation vorprogrammiert waren. Hauptnahrungsmittel der Bevölkerung in Stadt und Land bildete das Brot, dessen Qualität vom »Pain à la mode« für die Aristokratie bis zum ordinären »Pain bourgeois« und Haferbrot variierte, das zwar als Hundespeise galt, sich aber auch auf dem Tisch der ärmsten Schichten fand.

In der allgemeinen Krise des Ancien Régime am Ausgang der achtziger Jahre flossen die unterschiedlichsten Momente zusammen, die sich angesichts der handlungsunfähig gewordenen Regierung innerhalb weniger Monate zur revolutionären Situation verdichteten: Finanz-, Handels- und Manufakturkrise, Verfall der staatlichen Autorität (Staatskrise), dazu die von der Aufklärung ausgelöste ideologische Vertrauenskrise, während die Unterklassen durch die Versorgungskrise in Bewegung gerieten.

Wahlkampagne

Mit der Einberufung der Generalstände hatte die Krone ein Ventil geöffnet, das sich nicht mehr schließen ließ. Der Versuch, den Überdruck abzulassen, mündete in die gesellschaftliche Explosion. Ganz Frankreich wurde vom Wahlfieber erfaßt. Eine

Zensur bestand faktisch nicht mehr. Pamphlete, Aufrufe (Mirabeau: »Aufruf an die Nation der Provence«, Robespierre: »Aufruf an die Nation des Artois«, Sieyès: »Was ist der Dritte Stand?«, Desmoulins: »Das freie Frankreich«), Presseorgane schossen wie Pilze aus dem Boden. Die vom Monarchen ausdrücklich gebilligten »Cahiers des doléances« (Beschwerdehefte) – immerhin 60000 sind überliefert – dienen als authentische Quellen, aus denen sich die Fülle der Gebrechen des Ancien Régime ablesen läßt. Noch im Vertrauen auf den »guten König« verlangte der Dritte Stand vor allem die Abschaffung von Privilegien und die Gleichheit der Staatsbürger. Zugleich rückte die Forderung der Abstimmung nach Köpfen und nicht nach Ständen (im Verhältnis 1:1:1) in die erste Reihe, da ohne neuen Abstimmungsmodus die Tiers stets mit 2:1 den kürzeren gezogen hätten. Der König, getreu seiner Devise, durch Teilen zu herrschen, kam dem Dritten Stand auf halbem Wege entgegen, indem er die Verdoppelung der Abgeordneten genehmigte, wohlweislich aber die Frage des Abstimmungsmodus offenließ. Trotzdem hatte der Dritte Stand damit einen ersten politischen Erfolg errungen, der seinen Vertretern den Rücken stärkte.

Am 2. Mai 1789 präsentierten sich die Abgesandten der Stände (Erster Stand 291, Zweiter Stand 270 und Dritter Stand 578 Köpfe) vor der Krone: hoher Klerus und Adel in ihren Luxusroben, die »Gemeinen« in demonstrativ-bescheidener dunkler Kleidung. Um die Ansprüche der Tiers rechtzeitig in die Schranken zu weisen, ließ sich Ludwig XVI. nur zu einem Empfang in seinem Schlafzimmer herab . . .

Die Frage »Kopf oder Stand« wurde zur ersten Machtprobe zwischen der Krone und den Tiers. Rasch glitten die Ereignisse der Krone aus der Hand. Auf den Interessenkonflikt innerhalb von Klerus und Adel spekulierend, beschloß der Dritte Stand, von Sieyès und Mirabeau angefeuert, am 10. Juni die Prüfung

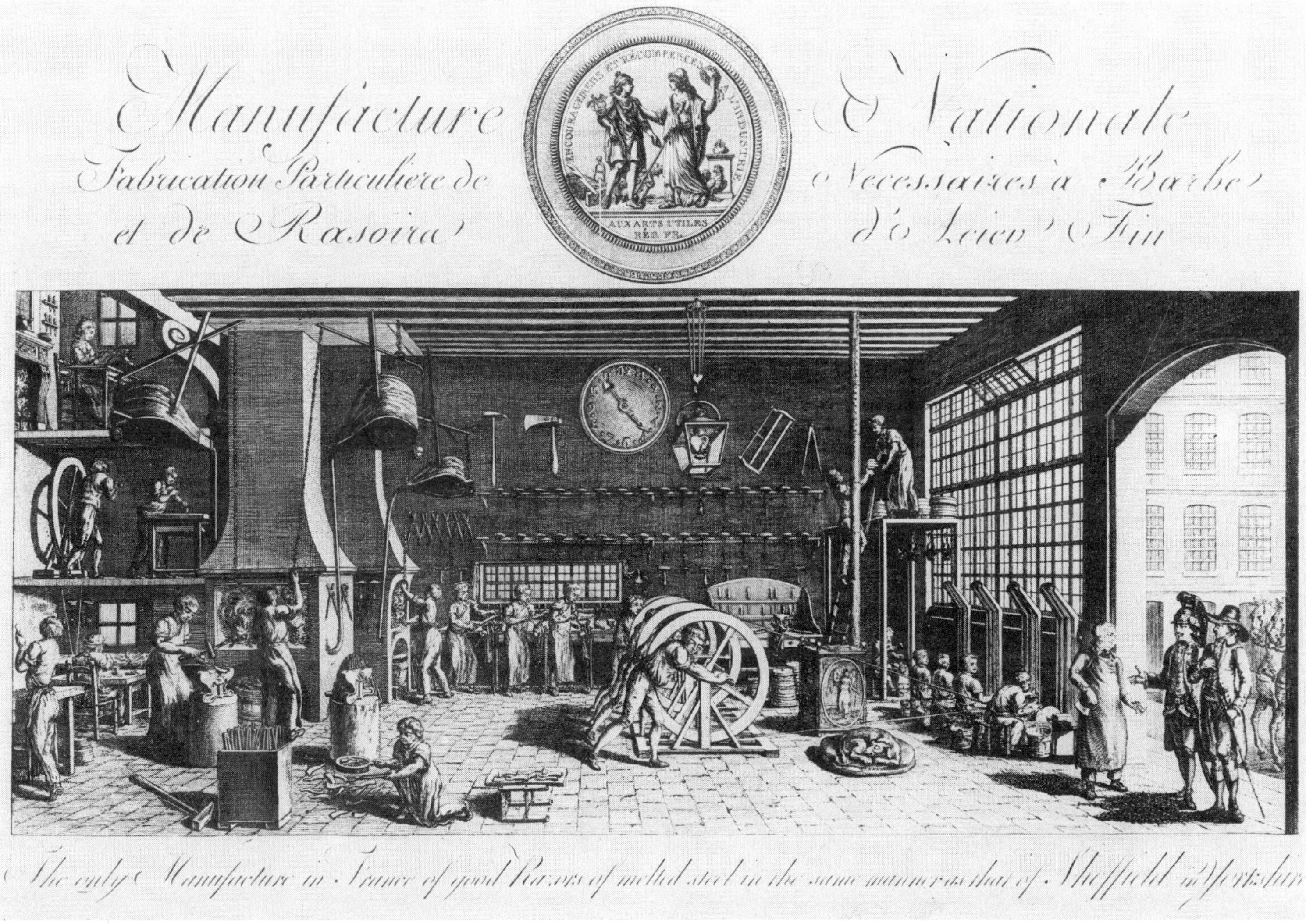

Rasiermesser-Manufaktur. Stich von J. Le Roy, 1783

aller Abgeordnetenmandate. Dieser Forderung, die auf die Konstituierung einer gemeinsamen Versammlung abzielte, gab zunächst der Klerus unter dem Einfluß der aus der niederen Geistlichkeit stammenden Vertreter nach. Aber die Tiers wußten auch die liberale Minderheit (etwa 90 Köpfe) innerhalb des Adels auf ihrer Seite. Die Situation änderte sich von Tag zu Tag, von den Zuschauern aus dem Volk lautstark untermalt: 17. Juni – die »Gemeinen« erklären sich zur Nationalversammlung; 20. Juni – die Krone versucht, die »Gemeinen« durch Schließung ihres Sitzungsraumes handlungsunfähig zu machen; diese antworten am

Schwur im Ballhaus

23. Juni mit dem »Schwur im Ballhaus«, nicht auseinanderzugehen, ehe Frankreich eine Verfassung erhalten habe; am 23. und 24. Juni schließen sich der Erste und Zweite Stand den »Gemeinen« an. Der Dritte Stand hatte seine Hegemonie durchgesetzt. Ohne daß der König es verhindern konnte, erklärten sich die vereinigten Stände am 9. Juli 1789 zur »Assemblée nationale constituante«.

Graf Mirabeau, dessen rednerisches Talent die Abgeordneten hypnotisierte, sah das Ziel erreicht. Er sprach von der »großen«, der »schönen« und der »unblutigen« Revolution. Aber wie die Mehrheit der »Gemeinen«, so erlag auch Mirabeau, dessen Intelligenz nur noch von seiner Häßlichkeit und den kräftezehrenden Ausschweifungen übertroffen wurde, einer verhängnisvollen Illusion. Er glaubte, auf neuer Grundlage König und Nation versöhnen zu können. Allerdings handelte der Adelssproß, der als Deputierter der Tiers nach Versailles kam, nicht ganz selbstlos. Als später das Bestechungsdossier der Krone entdeckt wurde, fand sich auch Mirabeaus Name darauf.

Was die »Gemeinen« als ihren Sieg feierten, war nicht mehr als ein, wenn auch bedeutendes, Vorhutgefecht im Kampf um die Macht. Die Illusion des Triumphes war doppelter Natur: Der König und die intransigente Mehrheit des Adels und des hohen Klerus warteten auf den günstigsten Moment zum Gegenschlag, während gleichzeitig in der Hauptstadt und in weiten Teilen des Landes die Volksbewegung auf die Szene trat.

Sturm auf die Bastille

Gegen den ohnmächtigen Protest der Nationalversammlung ließ der König die Hauptstadt von Truppen umzingeln; am 11. Juli erhielt Necker, der Vertrauensmann der »Gemeinen« im Kabinett, seinen Abschied und mußte das Land fluchtartig verlassen. Dieser Staatsstreich der Krone öffnete vollends die Schleusen: Die entschlossensten Teile des Dritten Standes bildeten eine Bürgermiliz, eine breite Agitationswelle erfaßte die plebejischen Schichten. Am 13. und 14. Juli 1789 bewaffneten sich die Massen auf eigene Faust und stürmten das verhaßte Symbol der Tyrannei, die Bastille. Das war der Beginn der bis dahin größten Revolution.

Was in Paris geschah, wiederholte sich in der Provinz. Teils mit Gewalt, teils durch Rücktritt der alten Autoritäten, teils durch Kompromisse übernahm die Bourgeoisie die Macht und etablierte sich von der Basis aus als herrschende Klasse. Militärisch wurde diese »Munizipalrevolution«, die Frankreichs politische

Munizipalrevolution

Strukturen von unten her erneuerte, durch die Gründung von Nationalgarden flankiert, die aber nur »honetten« Bürgern offenstanden. Von der Stadt griff die Bewegung auf das Land über. Viele Provinzen standen bald im Zeichen von Bauernaufständen: Die »Grande Peur« (Große Furcht) griff wie ein Buschfeuer um sich. Mit den Archiven, in denen die Pflichten der Bauern

»Große Furcht«

festgeschrieben waren, brannten nicht selten auch die Schlösser ihrer Herren; die am meisten verhaßten Seigneurs fielen Massakern zum Opfer. Für die Bourgeoisie begann die Lage prekär zu werden, denn die aufständischen Bauern unterschieden kaum den adligen vom bürgerlichen Ausbeuter. Die Nationalgarden begannen ihre Gewehre gegen die Rebellen auf dem Lande zu richten. Auch die Wirkung auf die herrschende Klasse war nachhaltig, es setzte die erste große Emigrationswelle ein mit einem der Brüder des Königs, dem Grafen von Artois, an der Spitze.

Der Aufstand in Stadt und Land hatte der Bourgeoisie die Macht in die Hände gegeben. Konkret bedeutete »bürgerliche Macht« aber das Bündnis von Großbürgertum und liberalem Adel in Form der Herrschaft der Feuillants. Politisch markierte diese Fraktion gegenüber der radikalen monarchischen Rechten das Zentrum der Nationalversammlung. Die Linie der Feuillants läßt sich in die Formel fassen: Kompromiß mit der Krone, dosierte Reformen auf bürgerlicher Grundlage, Bändigung der Volksbewegung, Stabilisierung und Beendigung der Revolution. Hervorragender Vertreter des großbürgerlich-adlig-liberalen Flügels war der Marquis de La Fayette, dem als Befehlshaber der Nationalgarde mit einer Rente von 120000 Livres die Verteidigung von Krone (dank sehr persönlicher Sympathien für Marie Antoinette) und Eigentum besonders am Herzen lag, dazu kam das berühmte Triumvirat Barnave – Duport – Lameth.

Reformen der Konstituante

In einer Welle von Reformen, die keinen wesentlichen Bereich des gesellschaftlichen Lebens aussparten, veränderte Frankreich sein Gesicht und gewann die Konturen eines bürgerlichen Staates. Noch unter dem unmittelbaren Eindruck der »Großen Furcht« verzichtete der Adel in der Nacht des 4. August auf einige seiner Privilegien; die Kirche gab den Zehnten preis, den die Bauern ohnehin verweigerten. Der Pferdefuß dieser »Orgie des Selbstverzichts« (Walter Markov) zeigte sich in den folgenden Agrardekreten des 5. bis 11. August, die auf eine finanzielle

Die Abgeordneten des Dritten Standes beschlossen am 20. Juni 1789, sich nicht eher zu trennen, bevor sie dem Land eine Verfassung gegeben haben. Der Schwur im Ballhaus. Nach einem Gemälde von Jacques Louis David

Ablösung der essentiellen Feudalrechte durch die Bauern hinausliefen. Allerdings blieb damit die endgültige Lösung der Agrarfrage als soziale Grundfrage der Revolution weiterhin in der Schwebe.

Erklärung der Menschen- und Bürgerrechte

Auf welchen Prinzipien sollte die neue Ordnung, die nicht nur als eine nationale, sondern universale, die ganze Menschheit umfassende Ordnung gedacht war, fußen? Die Antwort gab die am 26. August 1789 verabschiedete »Erklärung der Menschen- und Bürgerrechte« mit dem Auftaktartikel: »Frei und gleich an Rechten werden die Menschen geboren und bleiben es. Die sozialen Unterschiede können sich nur auf das gemeine Wohl gründen.« Von nun an galten Freiheit, Eigentum, Sicherheit und Widerstand gegen Bedrückung als unveräußerliche Menschenrechte. Die Losung Freiheit – Gleichheit – Brüderlichkeit trat aus dem Schatten ihrer freimaurerischen Logenexistenz heraus und wurde – bald die Grenzen des europäischen Kontinents sprengend – zur Leitidee gesellschaftlicher Erneuerung bis weit in das 19. Jahrhundert hinein.

Um den König zur Annahme der neuen Dekrete zu zwingen, bedurfte es der erneuten Aktion des Volkes. Am 5. Oktober zogen Tausende von Demonstranten mit den Frauen von St-Antoine an der Spitze nach Versailles und holten den König in sein »geliebtes Paris«. In den Tuilerien befand er sich künftig unter der Kontrolle der Nationalversammlung, aber noch mehr des wachsamen Volkes der Seine-Metropole. Seit September erschien der von Jean Paul Marat herausgegebene »Ami du peuple« (Volksfreund). Damit verfügten die Volksmassen von Paris über ein publizistisches Sprachrohr, das ihre Interessen kompromißlos vertrat. Das Weiß des bourbonischen Lilienbanners und die Pariser Stadtfarben Rot-Blau verschmolzen zur neuen Nationalflagge, der Trikolore.

Nachdem der König in Verwahrung schien, widmete sich die Nationalversammlung weiter ihrem umfangreichen Reformwerk. Mit dem Prinzip der staatsbürgerlichen Gleichheit verlor der Adel Zug um Zug seine politischen, juristischen und wirtschaftlichen Privilegien. Landwirtschaft, städtisches Gewerbe, Handel, Finanzen und Verkehr wurden von jeglichem feudalen Ballast befreit: Die Gesetze der freien Konkurrenz begannen den Markt zu beherrschen. Stützpfeiler der gesamten Reform waren die Verwaltungs-, Finanz- und Kirchenreform. Als bewußte Ablehnung absolutistischer Machtkonzentration verstanden, fußte Frankreichs neuer Staatsaufbau auf weitestgehender Dezentralisation. Die völlig unüberschaubaren historischen Regionen gingen in den neu gegründeten 83 Departements auf, die sich ihrerseits in Kantone und Gemeinden untergliederten. Damit griff ein Heer bürgerlicher Mandatsträger nach der politischen Macht.

Für die Lösung der Finanzkrise, die ja schließlich die Revolution ausgelöst hatte, fand die Bourgeoisie einen recht eleganten Ausweg. Zu Hauptsteuerformen wurden die Grund-, Haus- und Gewerbesteuer. Damit war jedoch das bankrottverdächtige Staatsdefizit nicht aus der Welt geschafft. Am 10. Oktober 1789 fand der Bischof von Autun, Talleyrand, den Stein der Weisen:

Enteignung der Kirche

Er schlug die Veräußerung des Kirchenbesitzes im Werte von etwa vier Milliarden Livres als »Biens nationaux« (Nationalgüter) vor. Auf dieser Grundlage erfolgte die Vergabe von Assignaten, die zum Erwerb des Grund und Bodens ermächtigten, aber bald als selbständige Währung kursierten. Es waren in der Folge wohlhabende Bourgeois und die bäuerliche Oberschicht, die in den Genuß der versteigerten Nationalgüter kamen. Der Großteil der Bauern ging leer aus, und über die ärmeren Städter brach bald die Inflation herein, die ein Ergebnis des rasch verfallenden Assignatenkurses war.

Auf die ökonomische folgte die politische Entmündigung der Kirche. Der Geistliche wurde fortan vom Staat besoldet, es schloß sich (seit Februar 1790) die Aufhebung der Orden und Klöster an, die Zahl der Bischöfe wurde – analog zu den Departements – auf 83 reduziert, das Prinzip der Wählbarkeit durchgesetzt. Die Umwandlung in eine Nationalkirche fand ihren gesetzlichen Ausdruck in der Forderung an die Priester, den Verfassungseid zu leisten (27. November 1790). Da jedoch der Vatikan unter Pius VI. alle kirchlichen Reformen verwarf, kam es in Frankreich zu einer verhängnisvollen Kirchenspaltung: Verfassungstreue und verfassungsfeindliche Priester (Réfractaires) standen sich unversöhnlich gegenüber. Für die Konterrevolution eröffnete sich ein völlig neues Aktionsfeld, mit der Aussicht auf

Die Freiheit. Kupferstich von François Bonneville, aus: Tableaux des Célèbres Hommes de la Révolution. Paris. o.J.

Gewinnung der im traditionellen religiösen Denken verhafteten Teile des Volkes.

Verfassung von 1791

Die in der Menschenrechtserklärung in leuchtenden Farben ausgemalten Prinzipien der Freiheit und Gleichheit verblaßten zusehends, als es darum ging, die erste Verfassung auszuarbeiten und damit das Werk der Konstituante zu krönen. Die im Verlaufe des Jahres 1791 bestätigte Verfassung nahm in der Praxis wesentliche Positionen der Erklärung der Rechte zurück. Zwar wurde das Einkammersystem gegen den Widerstand der Gemäßigten durchgesetzt, aber der König behielt das suspensive Veto,

Die Kanonen von Paris werden auf den Montmartre gebracht. Kupferstich von Pierre Berthault, aus: Tableaux historiques de la Révolution Française. Paris, 1791. Universitätsbibliothek Leipzig

was die vielberufene »Souveränität der Nation« nicht unwesentlich beschnitt. Das Stimmrecht war fortan an den Besitz von Grund und Boden und eine hohe Direktsteuer gebunden, womit die große Mehrheit leer ausging. Die »gleichen« Staatsbürger sahen sich in drei Kategorien aufgeteilt: die nicht wahlberechtigten »Passivbürger« und die »Aktivbürger«, die ihrerseits wieder die »Elektoren« oder Wahlmänner (etwa 50000) bestimmten. Eine Minderheit von neuen Notabeln entschied also über das Schicksal der Nation. An die Stelle der Aristokratie der Geburt trat die des Geldes. Schon am 18. November 1789 hatte Marat im »Volksfreund« gewarnt: »So wird die Volksvertretung ... das Land in die Hände der Reichen zurückgeben.« Am 1. Oktober 1791 trat die neue Nationalversammlung (Legislative) zusammen, deren Aufgabe es sein sollte, dem provisorischen Gebäude die endgültige Form zu geben und damit den Schlußstrich unter die Revolution zu ziehen.

Die Herrschaft der Feuillants hing von Voraussetzungen und Bedingungen ab, die gegen Ende 1791 und im Frühjahr 1792 dahinschwanden. Das hatte weniger mit dem subjektiven Versagen der »Männer von 1789«, als eher mit der Veränderung der inneren und äußeren Kräftekonstellation zu tun. Eine unerläßliche Vorbedingung für die Stabilität der konstitutionellen Monarchie bestand im Kompromiß mit der Krone und der Adelsopposition; weiterhin galt es, die sich formierende demokratische

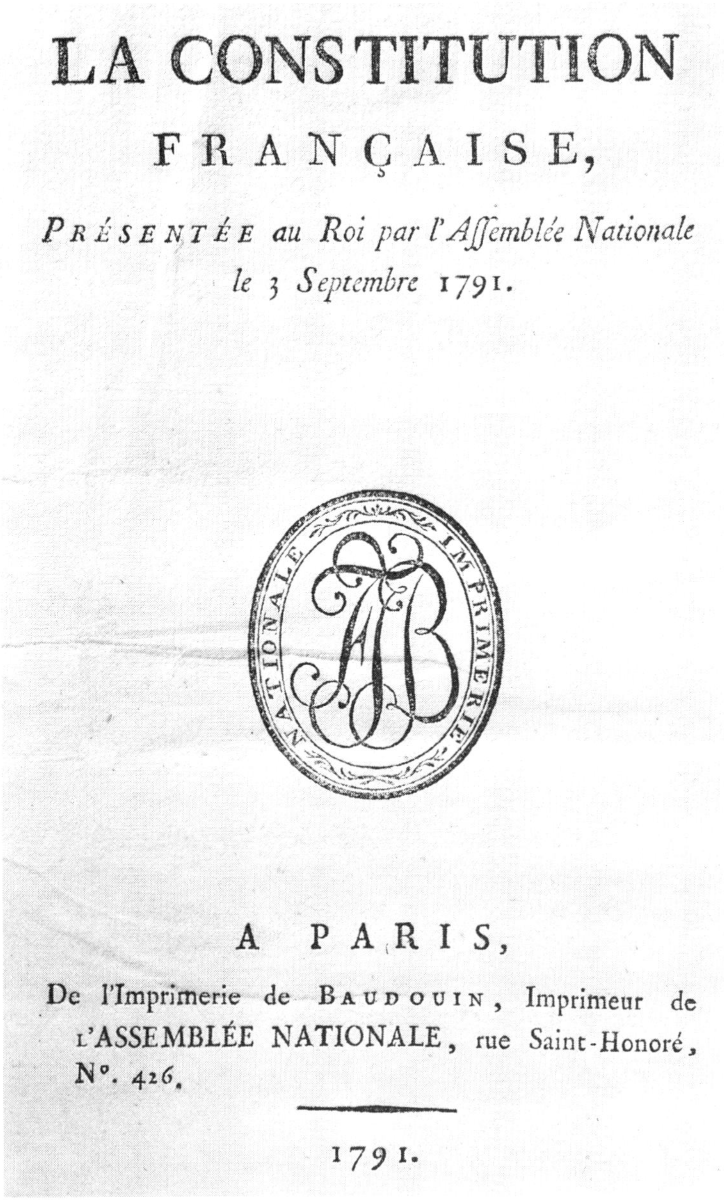
LA CONSTITUTION
FRANÇAISE,
Présentée au Roi par l'Assemblée Nationale le 3 Septembre 1791.

A PARIS,

De l'Imprimerie de BAUDOUIN, Imprimeur de L'ASSEMBLÉE NATIONALE, rue Saint-Honoré, Nº. 426.

1791.

Titelblatt des Erstdruckes der französischen Verfassung vom 3. September 1791. Staatsarchiv Weimar

Linke zu neutralisieren; schließlich mußte jede unkalkulierbare internationale Konfliktsituation vermieden werden, die das labile Gleichgewicht gefährdet hätte. In keinem dieser kardinalen Punkte erfüllten sich die Hoffnungen der Feuillants. Der Versuch, die Revolution auf halbem Wege anzuhalten, mißlang.

Die weiterdrängenden Kräfte artikulierten sich sowohl innerhalb wie außerhalb der Volksvertretung. In der Legislative verkörperten jetzt die Feuillants (264 Abgeordnete) anstelle der ausgeschiedenen Royalisten den rechten Flügel, ihnen stand eine linke Fraktion (136 Abgeordnete) gegenüber, deren führender Kopf der begabte Journalist Brissot war.

Zum Kreis der »Brissotins«, deren bemerkenswerteste Vertreter zumeist aus dem Departement Gironde kamen (seit Lamartines »Histoire des Girondins«, 1847, setzte sich deshalb der Begriff »Girondisten« durch), gehörten auch Vergniaud, Gensonné oder Guadet. Zwischen den beiden Polen der Legislative bestand eine heterogene Gruppe von 345 »Unabhängigen« (besser wohl: Unentschiedenen) mit wechselndem Abstimmungsverhalten.

Brissotins

Auf die Beschleunigung des revolutionären Prozesses gingen entscheidende Impulse von der Basis aus, deren Forderungen zunehmend an Eigenständigkeit gewannen. Auf dem Lande flammten periodisch Bauernunruhen auf, die Forderung nach einem egalitären Agrargesetz (Loi agraire) tauchte auf, adlige wie bürgerliche Grundbesitzer, aber auch bäuerliche Oberschichten einte die Furcht vor den »Bodenteilern«. Das Volk hatte seine Energie mit dem Zug nach Versailles demonstriert. In Paris schossen Volksgesellschaften aus dem Boden, in denen sich die politisch bewußtesten Elemente der Passivbürger vereinigten, ihre Forderungen und ihre Aktionen absprachen.

Publizistik

Die Revolution wurde zur großen Stunde der Publizisten und Journalisten, die mit einer Welle von Zeitungen, Flugblättern und Pamphleten ganz Frankreich, vor allem aber das Herz der Revolution, Paris, überschwemmten. Jede politische Strömung, von den Ultrarechten bis zur radikalen Linken, verfügte über eine eigene Presse. Die großbürgerliche Rechte konnte sich auf den »Moniteur« stützen, unter der linken Presse ragten Marats »Ami du peuple«, Bonnevilles »Bouche de fer« (Eisenmund) und später Héberts »Père Duchesne« (Vater Duchesne) hervor.

Revolutionäre Klubs

Zu Konzentrationspunkten politischer Meinungsbildung der tonangebenden Strömungen wurden die Klubs, die eine Vorform der Parteien darstellten. Mit besonderem Erfolg bediente sich die demokratische Linke des Klubsystems, um eine tragfähige Verbindung zwischen Volksvertretung und Massenbasis der Revolution herzustellen. Aus dem Klub der Cordeliers erscholl zum ersten Mal die Forderung nach einer Republik, der von Claude Fauchet und Nicolas de Bonneville geleitete »Cercle social« vertrat radikal-egalitäre Gesellschaftsvorstellungen. Zu einer für das Schicksal der Revolution entscheidenden historischen Kraft wuchs der Jakobinerklub heran. Ursprünglich nach der regionalen Herkunft der Abgeordneten Bretonischer Klub genannt, wechselte er seinen Tagungssitz in ein ehemaliges Pariser Dominikanerkloster (Jacobins), das ihm den endgültigen Namen gab. Der anfangs profillose und gemäßigte Jakobinerklub radikalisierte seine Position in dem Maße, wie die jeweils

Nach der gescheiterten Flucht Ludwigs XVI. wurde die königliche Familie am 25. Juni 1791 in das schweigende Paris zurückgeführt. Kupferstich von Pierre Berthault, aus: Tableaux historiques de la Révolution Française. Paris, 1791. Universitätsbibliothek Leipzig

rechten Kräfte (zunächst die Feuillants, später die Girondisten) ausscherten. Von besonderer Bedeutung erwies sich, daß der Jakobinerklub nicht auf Paris begrenzt blieb, sondern über ein Netz von Provinzfilialen (Tochterklubs) verfügte, deren Zahl auf dem Höhepunkt seiner Entwicklung über 500 betrug. Die Bedeutung der radikalen Klubs bestand in den Jahren 1790 bis 1793 vor allem in ihrer revolutionären Wachsamkeit angesichts der kompromißlerischen Schaukelpolitik der gemäßigt-liberalen Regierungsmehrheit.

Obwohl die Feuillants in ihrer Nachgiebigkeit gegenüber der Krone bis zum Äußersten gingen, zeigte Ludwig nicht die geringste Neigung zu einem Entgegenkommen. Der König verstand es, die Möglichkeiten des »suspensiven Vetos« optimal auszureizen, um Sand in den politischen Mechanismus zu schütten. Parallel dazu führte der Hof eine Geheimpolitik, die nach innen auf die Korruption von führenden Vertretern der Feuillants (Mirabeau, La Fayette) abzielte und sich nach außen auf die Vorbereitung einer konterrevolutionären Invasion richtete.

Flucht des Königs

Der Schleier zerriß in der Nacht des 21. Juni 1791. Von Hans Axel Graf von Fersen, dem schwedischen Favoriten der trotz

Der Triumph Voltaires am 11. Juli 1791. Die Revolution führt Frankreichs großen Sohn heim, dem der König einst ein Grab in Paris verweigerte. Kupferstich von Pierre Berthault, aus: Tableaux historiques de la Révolution Française. Paris, 1791. Universitätsbibliothek Leipzig

revolutionärer Turbulenzen ungestört ihren intimen Neigungen nachgehenden Marie Antoinette, sorgfältig vorbereitet, begab sich die königliche Familie in Dienstbotenkleidung auf die Flucht. An der Spitze einer Armee wollte Ludwig zurückkehren (»Aufruf an die Nation«), um die alte Herrlichkeit wiederherzustellen. Beim Pferdewechsel in Varennes fand das Abenteuer sein vorzeitiges Ende, einfache Patrioten hatten die Flüchtigen erkannt. Am 25. Juni kehrte Ludwig in das düster schweigende Paris zurück. Das moralische Gewicht der Krone war endgültig verspielt, die Legende vom »guten König« in der Praxis widerlegt, der letzte Schein der Göttlichkeit erloschen.

Die Folgen der Flucht des Königs waren von tiefgreifender Natur. Obwohl die Feuillants versuchten, den »entführten« Monarchen aus der Schußlinie zu nehmen, kamen sie nicht umhin, ihn von der Macht zu »suspendieren«. Die Auseinandersetzung um Varennes führte am 16. Juli zur ersten Spaltung des Jakobinerklubs durch das Ausscheiden der Feuillants. Die Zuspitzung

Massaker auf dem Marsfeld

der Situation erreichte einen Höhepunkt, als die Nationalgarde auf Befehl von La Fayette gegen eine Demonstration auf dem Marsfeld, in der die Forderung nach der Republik erhoben wurde, das gezielte Feuer eröffnete. Die 1790 mit dem »Fest der Föderierten« auf demselben Feld demonstrierte Einheit der Nation zeigte erste Risse. Dafür sorgte auch die sich anschließende Verfolgungskampagne gegen linke Patrioten (Danton, Marat), das Verbot der radikalen Presse und die Schließung der Klubs der Cordeliers. In der Provinz häuften sich die bewaffneten Zusammenstöße zwischen Patrioten und Konterrevolutionären. Inflation, Spekulation, einsetzender Versorgungsmangel führten zu Unruhen der unteren Schichten. Eine neue Welle der Emigration setzte ein. Die Feuillants erkannten durchaus den Ernst der Lage: »Sind wir dabei, die Revolution zu beenden, oder sind wir dabei, sie von neuem zu beginnen?« Mochte die regierende Großbourgeoisie, gestützt auf die Nationalgarde, die Krise im Inneren, wenn auch mühselig genug, noch unter Kontrolle halten, die von außen heraufziehende Krise machte ihre Berechnungen vollends zunichte.

Frieden oder Krieg

Nachdem die europäischen Mächte Frankreichs Revolution mit wachsender Besorgnis betrachtet hatten – nicht zuletzt wegen der Sympathien, teils sogar Unruhen, die sie im eigenen Bereich auslöste – und die konterrevolutionären Zentren in der Emigration (Koblenz, Turin) wie der französische König selbst auf die offene Intervention drängten, trat die Frage Frieden oder Krieg seit Ende 1791 auf die Tagesordnung. Im Streit um die Rechte deutscher Fürsten, die sich im Elsaß und in Lothringen von den Agrardekreten der Nationalversammlung betroffen fühlten, glaubte die Gegenseite über ein beliebig einsetzbares Druckmittel zu verfügen, um Frankreich einschüchtern zu können.

In der Auseinandersetzung um die Kriegsfrage entstand eine Interessenkoalition mit total verkehrten Fronten. Der Hof wollte den Krieg, überzeugt davon, daß Frankreich zum Widerstand unfähig sei, den »kleinen Krieg« verlangte aber auch eine Gruppe der Feuillants um La Fayette und den Kriegsminister Narbonne, den die intelligente Madame de Staël, Tochter von Baron Necker, zu ihrem Geliebten gemacht hatte und schon als »Retter der Nation« gefeiert sah. Der Sinn des »kleinen Krieges« bestand darin, durch einen raschen Erfolg an der Grenze den König endgültig der Botmäßigkeit der Legislative zu unterwerfen und mit Hilfe der siegreichen Armee die Revolution zu bändigen. Bonaparte ante portas? Als eigentliche »Kriegspartei« entpuppten sich aber die Girondisten um Brissot. Bedingungslos vom Sieg über die alten Mächte überzeugt, propagierten sie den Offensivkrieg. Sie wußten um die Popularität eines solchen Krieges und hofften, auf seinen Wogen auf die Höhen der Macht getragen zu werden. Unter dem Jubel seiner Anhänger rief Brissot am 16. Dezember 1791: »Ein Volk, das nach zehn Jahrhunderten Sklaverei seine Freiheit erobert hat, bedarf des Krieges. Dieser Krieg ist notwendig, um die Freiheit zu festigen.«

Nur eine Minderheit wagte es, gegen den Strom des echten wie des falschen Patriotismus zu schwimmen. Ihr führender Kopf war Maximilien Robespierre, Advokat aus Arras, Mitglied des Jakobinerklubs; er gewann in dieser Auseinandersetzung das politische Profil, das sein Schicksal untrennbar mit den Höhepunkten der Revolution verband. Robespierre, der in drei großen Reden vor dem Klub gegen den Krieg Stellung nahm, war keineswegs ein Pazifist. Er setzte andere Prioritäten, ihm kam es darauf an , zuerst den Feind im eigenen Land (»das innere Koblenz«) zu schlagen und dann, über ein stabiles Hinterland verfügend, die Auseinandersetzung mit der äußeren Konterrevolution zu führen. »Beginnt damit, eure Blicke auf die innere Lage zu werfen! Schafft bei euch selbst Ordnung, bevor ihr darangeht, die Freiheit anderswohin zu tragen!« Auch begriff er, daß »bewaffnete Missionare« in fremden Ländern selten auf ungeteilte Sympathie stoßen.

Anfang des Jahres 1792 waren die Würfel auf beiden Seiten gefallen. Preußen und Habsburg hatten sich bereits in der Deklaration von Pillnitz (27. August 1791) für die Verteidigung der »legitimen Rechte« der französischen Krone ausgesprochen; im Februar des Jahres 1792 schlossen beide Mächte ein gegen das revolutionäre Frankreich gerichtetes Bündnis; weitere Kompromißangebote der französischen Seite stießen auf Ablehnung. Um die Initiative nicht aus der Hand zu geben und einer Invasion zuvorzukommen, erklärte die Nationalversammlung am 20. April 1792 dem »König von Ungarn und Böhmen«, d. h. Österreich, den Krieg.

Kriegserklärung

Mit diesem Beschluß fiel eine der folgenschwersten Entscheidungen für Frankreich und Europa. Krieg und Revolution bildeten von nun an eine unauflösbare Einheit. Die meisten der Befürworter des Krieges – an der Spitze die gekrönten Häupter – sollten von ihm verschlungen werden. Er überlebte die Revolution, dauerte bis 1815 und veränderte das politische Gesicht des alten Kontinents von Grund auf, wirkte aber auch weit über die Grenzen Europas hinaus. Mit dem Kriegseintritt Englands, das zur (finanziellen) Seele der antifranzösischen Koalition wurde (erste Koalition), verschmolz der militärisch ausgetragene Systemkonflikt gegen das feudale Alteuropa mit dem erbarmungslosen Konkurrenzkampf der beiden führenden kapitalistischen Mächte an der Schwelle des 19. Jahrhunderts. Strategie, Art und Umfang der Kriegführung, einschließlich der Logistik, gewannen eine völlig neue Dimension. Hatten die kämpfenden Parteien im 18. Jahrhundert zuvor maximal 200 000 Mann in eine Schlacht geworfen, so stieg die Zahl der Mobilisierten und Kämpfenden jetzt auf eine halbe Million. Der Krieg als Massenphänomen war geboren.

Der anfängliche Verlauf des Krieges rechtfertigte die stillen Hoffnungen des Hofes. Viele Offiziere waren desertiert und die

Armee völlig demoralisiert, ohne entschlossene Führung, dazu schlecht bewaffnet und versorgt. Robespierres Warnung: »Nein, ich traue den Generälen nicht!« bestätigte sich auf dramatische

Niederlagen an der Front und innere Krise

Weise. Fast ohne auf Widerstand zu treffen drangen die preußischen und österreichischen Interventen vor. General Dumouriez, Oberbefehlshaber der Armee und militärisches Idol der Girondisten, zeigte sich hilflos. La Fayette hielt die Nationalgarde zusammen, »um die Jakobiner auseinanderzujagen«, statt die Front zu verteidigen. Ludwig, Marie Antoinette und die ganze Kamarilla zählten die Tage bis zu ihrer »Befreiung«. Der König nutzte die Krise, um das girondistische Kabinett unter Jean Marie Roland zu entlassen und die gemäßigten Feuillants wieder an die Spitze zu bringen. La Fayette forderte öffentlich das Verbot des Jakobinerklubs. Für die Rechte wie für die Linke stand der Hauptfeind im eigenen Land – allerdings mit umgekehrten Vorzeichen. Alles deutete darauf hin, daß sich die Revolution im entscheidenden Moment der Bedrohung von außen selbst zerfleischen würde. Allerdings hatten der Hof und die großbürgerlichen Kompromißler die Rechnung ohne die Basis gemacht. Die Rettung in höchster Not kam von der Volksbewegung.

Die Initiative ging auf die entschiedensten Vertreter des Jakobinerklubs über. Robespierre und Brissot begruben zeitweilig ihre fundamentalen Differenzen. Auf jakobinischen Antrag erklärte die Legislative das »Vaterland in Gefahr!«, was Ausnahmezustand und Sondervollmachten gleichkam. Die Gärung erreichte den Höhepunkt, als das von Marie Antoinette inspirierte

Manifest des Herzogs von Braunschweig

»Manifest« des Herzogs von Braunschweig vom 25. Juli 1792 publik wurde, das eine bedingungslose Unterwerfung forderte, den Unbelehrbaren aber »mit Kriegsgericht ohne Hoffnung auf Begnadigung« drohte.

Um die Hauptstadt und das Vaterland zu retten, strömten Zehntausende von Föderierten nach Paris. Die Freiwilligen aus Marseille zogen mit dem Gesang des von Rouget de Lisle komponierten »Liedes der Rheinarmee«: »Allons, enfants de la patrie, le jour de gloire est arrivé!« ein, künftig die »Marseillaise« genannt.

Die Pariser Sektionen und die Föderierten verlangten die Absetzung des Königs. Die Initiative ging auf die revolutionäre Stadtverwaltung (Commune) über, und die entschiedensten Jakobiner um Robespierre, Marat und Danton stellten sich an die

Die zweite Revolution

Spitze der Bewegung, die im Aufstand vom 10. August 1792 kulminierte: Bewaffnete Einheiten der Pariser Sektion stürmten Seite an Seite mit Föderiertenabteilungen die von Schweizer Söldnern verteidigten Tuilerien, den Sitz des Königs.

Diese zweite Revolution besiegelte das Schicksal der Monarchie und der liberalen Kompromißler. Wie von Robespierre gefordert, willigte die Legislative in ihre Auflösung ein, um einem »Nationalkonvent« Platz zu machen. Unmittelbare Sieger des 10. August waren aber weder der um Robespierre gescharte radikale Kern der Jakobiner noch die Passivbürger, die ihr Leben gewagt hatten. Anstelle der entmachteten großbürgerlichen Feuillants übernahmen zunächst die Girondisten, die das republikanisch gesonnene mittlere Bürgertum repräsentierten und ihre soziale Basis zum erheblichen Teil in der Provinz besaßen, die Regierung. Im »Provisorischen Vollzugsrat« gab erneut Roland als Innenminister den Ton an. Allerdings stand er völlig im Schatten seiner hochbegabten Frau, Jeanne Marie (»Manon«), die ihren Salon zum geistigen Zentrum des Girondismus machte. Madame Roland gehörte zu den herausragenden Frauengestalten, von denen es in der Revolution nicht wenige gab. In den Autoren der Aufklärung und der Antike bestens belesen, künstlerisch talentiert, zu scharfsinnigem politischen Urteil fähig, faszinierte sie einen einflußreichen Freundes- und Verehrerkreis. Ihr umfangreicher Briefwechsel vermittelt ein einprägsames Bild von den Kämpfen der Zeit. Schon in den Anfangstagen der Revolution schrieb Madame Roland: ». . . und wenn die Nationalversammlung nicht in aller Form zwei erlauchten Häuptern den Prozeß macht, oder wenn nicht edelmütige Männer nach dem Beispiel des Decius ihnen die Köpfe herunterschlagen, holt euch alle der Teufel.« Zentralfigur der Girondisten blieb Brissot.

Jacques Pierre Brissot de Warville stand frühzeitig unter dem Einfluß von Rousseau. In seinen »Philosophischen Untersuchungen über das Eigentumsrecht und den Diebstahl in Natur und Gesellschaft« (1780) vertrat er die später von Proudhon populär gemachte These »Eigentum ist Diebstahl«. Nach längerem Aufenthalt in England und den USA kehrte er 1789 nach Paris zurück, wo er seine publizistische Begabung mit der Herausgabe des »Le Patriote français« unter Beweis stellte. Seine ersten politischen Sporen verdiente er sich als Mitglied der Stadtverwaltung von Paris. Neben Robespierre, Marat und Danton gehörte er bis 1792 zu den maßgebenden Persönlichkeiten des Jakobinerklubs.

Zwischenspiel der Gironde

Die Regierung der Girondisten erwies sich als eine Regierung auf Zeit, deren geborgtes politisches Prestige einem raschen Verschleiß unterworfen war. In Gestalt der Commune von Paris existierte de facto für den Bereich der Hauptstadt eine revolutionäre Gegenregierung, die sowohl in der Verteidigung als auch auf sozialem Gebiet eigene Maßnahmen ergriff. Im Lager der Revolution zeichneten sich Elemente einer Doppelherrschaft ab. Bald zeigte sich, daß der Vollzugsrat die radikale Linke im eigenen Lager für gefährlicher hielt als die äußere Konterrevolution.

Georges Jacques Danton. Kupferstich von Auguste Sandoz nach einer Zeichnung von François Bonneville. Staatliche Bücher- und Kupferstichsammlung Greiz

Maximilien Marie Isidore Robespierre. Kupferstich von Jean Baptiste Gautier nach einer Zeichnung von François Bonneville. Staatliche Bücher- und Kupferstichsammlung Greiz

Statt patriotischer Einheit herrschten Kompetenzstreit und Machtkampf zwischen Vollzugsrat, Legislative und Commune.

Septemberterror

Am 26. August 1792 erfuhr Paris von der kampflosen Übergabe der Festung Longwy an die Preußen; wenige Tage darauf war Verdun, die letzte Barriere vor der Hauptstadt, von den Interventen umzingelt. Die Commune rief zu den Waffen, zugleich wuchs panikartig die Furcht vor einem aristokratischen Gegenschlag im Inneren. Der spontane Zorn der Volksmassen entlud sich am 2. September: Die Gefängnisse wurden gestürmt und etwa 1100 Häftlinge exekutiert. Danton, in diesen Tagen Justizminister, kam nicht umhin, die »Septembrisaden« nachträglich zu rechtfertigen. Unter dem Druck der Volksbewegung, die für den Moment sogar die Jakobiner überrollte, hatte die Revolution zum ersten Mal die Entschlossenheit demonstriert, in der Verteidigung ihrer Existenz bis an die Grenze des Äußersten zu gehen. Die Losung »Freiheit oder Tod« gewann auf unmißverständliche Weise Wirklichkeit. Schon diese Ansätze von Diktatur ließen die ersten intellektuellen Sympathisanten der Revolution jenseits der Grenzen Frankreichs auf Distanz gehen.

Nolens volens trugen die Maßnahmen der Legislative den Stempel der akuten Krisensituation. Zu den Anordnungen – Entsendung von bevollmächtigten Abgeordneten an die Front und in die Provinzen, Einsetzung von Überwachungskomitees, verschärfte Rechtsprechung – gehörten auch neue Agrardekrete, die den Verkauf von Emigrantengütern und eine Aufteilung der Gemeindeländereien genehmigten. Als »Provinzpartei« hofften die Girondisten, damit die noch immer rebellischen Bauern zu gewinnen und das extrem revolutionäre Paris zu isolieren.

Georges Jaques Danton

Die tödliche Bedrohung von Paris durch die heranrückenden Interventen – schon saß die Regierung Roland auf gepackten

Kanonade von Valmy am 20. September 1792. Lithographie von Hippolyte Bellangé, 1833. Bibliothèque Nationale, Paris

Koffern – wurde zur Sternstunde von Georges Jacques Danton, der auf ideale Weise den Typ des radikal-bürgerlichen Vollblutpolitikers verkörperte. Mit Donnerstimme rief er: »Der Sturm, der geläutet werden wird, ist kein Alarmsignal, er ist das Zeichen zum Angriff auf die Feinde des Vaterlandes. Um sie zu besiegen . . ., bedürfen wir nur Kühnheit, Kühnheit und nochmals Kühnheit, und Frankreich wird gerettet werden.«

Danton, von Beruf ein Advokat, der schon vor der Revolution recht einträglich lebte, war über die Cordeliers zu den Jakobinern gestoßen. Nach eigenem Zeugnis von athletischer Gestalt und mit den »herben Zügen der Freiheit« – sein deformiertes Gesicht war die Folge eines Zusammenstoßes mit einem Stier – ausgestattet, fühlte er sich »stets unwiderruflich der Sache des Volkes zugetan«, die er in klassischen Reden und mit unerschöpflicher Arbeitsenergie verfocht. Seine bedingungslose Ergebenheit für die Revolution hinderte ihn aber nicht, einem Leben als moralisch unorthodoxer Genußmensch nachzugehen, gelegentlich »Ferien von der Revolution« zu machen und sich für deren Finanzierung auch staatlicher Quellen zu bedienen. In dieser Neigung kam er zunehmend den Interessen und der Mentalität der neureichen Revolutionsbourgeoisie entgegen, worin eine der Ursachen für den späteren Bruch mit Robespierre lag.

Der September 1792 wurde noch in anderer Weise zum Schicksalsmonat der Revolution. Am 20. September standen bei Valmy – inzwischen war auch Verdun durch Verrat dem Feind preisgegeben worden – 50000 Franzosen den vom Herzog von Braunschweig befehligten 34000 Interventen gegenüber. Dann

Wende von Valmy

geschah das »Wunder von Valmy«. Die durch Freiwillige verstärkte Linienarmee hielt dem Angriff stand und wich auch nicht der folgenden Kanonade. Vor Valmy erlosch der Mythos von der Unbesiegbarkeit der Truppen, die unter dem Banner Friedrichs II. Preußen groß gemacht hatten. Goethe, den der Herzog als Chronist in seinem Troß mitgenommen hatte, urteilte nachdenklich: »Von hier und heute geht eine neue Epoche der Welt-

Epochenwende:
Mit dem Sturm auf die Bastille im Herzen von Paris am 14. Juli 1789 begann die Große Revolution der Franzosen. Kupferstich von Berthault aus: Tableaux historiques de la Révolution Française. Paris 1791. Universitätsbibliothek Leipzig

Held zweier Welten:
Marie Joseph Paul Mottier, Marquis de La Fayette, Teilnehmer am Unabhängigkeitskampf der USA, avancierte zum Befehlshaber der neuen Bürgerwehr (Nationalgarde). Gemälde von Louis Léopold Boilly. Musée de Versailles

Frankreich spricht für die Völker der Welt:
Am 26. August des Jahres 1789 wurde die Erklärung der Menschen- und Bürgerrechte verkündet. Musée Carnavalet, Paris

Zweite Revolution:
Gegen den Widerstand des Königs, der Royalisten und der ausländischen Interventen trieb die Volksbewegung die Revolution voran. Der Sturm auf die Tuilerien am 10. August 1792. Kupferstich von Isidore Stanislaus Helman, 1793, nach einer Zeichnung von Monnet, 1792. Staatliche Bücher- und Kupferstichsammlung Greiz

Der Citoyen:
Städtisch-plebejische und bäuerliche Bewegungen trugen die Revolution. Der Sänger Chénard in der Kleidung der Sansculotten. Gemälde von Louis Léopold Boilly. Musée Carnavalet, Paris

Kopf und Herz der Revolution:
Die Avantgarde der Revolution hatte ihren Sitz im Klub der Jakobiner. Kupferstich von Malapeau nach Jean Duplessi-Bertaux. Bibliothèque de l'Institut d'Histoire de la Révolution, Paris

Märtyrer der Revolution:
Nur um den Preis des Mordes vermochte die royalistisch-aristokratische Partei den Sprecher des Volkes zum Schweigen zu bringen. Der ermordete Marat. Gemälde von Jacques Louis David, 1793. Musées royaux des Beaux-Arts de Belgique, Brüssel

Freiheitssymbol:
Die Jakobinermütze geht auf die Kopfbedeckung der Phrygier im Gebiet des antiken Kleinasiens zurück; andere Quellen verweisen auf die bäuerliche Kleidung vor der Revolution. Im Jahre 1792 trugen die in Marseille befreiten Galeerensträflinge eine solche Kopfbedeckung. Sie wurde zur Mütze der Jakobiner und zum Sinnbild von Freiheit sowie zum Zeichen der Republik. Musée Carnavalet, Paris

General der Revolution: Neue Talente aus dem Volk befehligten die Armee der Revolution. Bonaparte auf der Brücke von Arcole (am 15. November 1796). Gemälde von Antoine Jean Gros, um 1796. Musée du Louvre, Paris

Wissenschaft und Revolution:
Um den Feind zu besiegen, setzten auch viele Wissenschaftler ihr Talent ein. Monsieur und Madame Lavoisier im Laboratorium. Gemälde von Jacques Louis David, 1786. Metropolitan Museum of Art, New York

Neue Götter:

Das Fest des höchsten Wesens wurde am 20. Prairial des Jahres II gefeiert. Gemälde von Pierre Demachy. Musée Carnavalet, Paris

Revolution und Mode:

Bürgerliches Modeverständnis aus den ersten Revolutionsjahren. Kolorierter Kupferstich aus: Cabinet des Modes. Paris, 1792/93, Heft 24. Staatliche Bücher- und Kupferstichsammlung Greiz

Revolutionsarchitektur:
Inspiriert von den Vorbildern der Antike entstanden Entwürfe für eine gigantisch-heroische Revolutionsarchitektur. Ideenskizze zum Grabmal von Isaac Newton, entworfen von Etienne Louis Boullée. Bibliothèque Nationale, Paris

geschichte aus, und Ihr könnt sagen, Ihr seid dabei gewesen.« Die Interventionstruppen, zusätzlich von der Ruhr gepeinigt und dezimiert, traten den Rückzug an, über Verdun und Longwy wehte wieder die Trikolore. – Einen Tag später, am 21. September,

Nationalkonvent – Ausrufung der Republik

verkündete der Nationalkonvent auf Antrag des Jakobiners Collot d'Herbois die Republik, die sich als »eins und unteilbar« verstand. Und was sollte mit dem ehemaligen König, dem nunmehrigen »Bürger Louis Capet«, geschehen?

Im Konvent standen sich zwei »Parteien« gegenüber, deren konträre Auffassungen die Auseinandersetzung bestimmten: die Girondisten um Brissot und die von Robespierre repräsentierte »Montagne« (Bergpartei), beide zwar noch formal im Jakobinerklub vereinigt, aber zumindest seit dem 10. August eigene Wege gehend. Dazwischen pendelte eine Mehrheit von Abgeordneten, »Marais« (Ebene oder Sumpf) genannt. Eine noch radikalere Position als die »Montagnards« im Konvent nahm die Commune unter ihrem Prokurator Chaumette ein; sie war dem nationalen »Durchschnitt« der Revolution stets eine Stufe voraus. Jede der Gruppen im Konvent, »dem interessantesten und großartigsten Parlament, das je die Welt gesehen« (Wilhelm Blos), verfügte über Persönlichkeiten hervorragenden Formats. Die erste Reihe der Girondisten umfaßte neben den schon genannten Brissot, Vergniaud, Guadet und Gensonné auch Buzot, den wenig glückhaften Liebhaber von Madame Roland, den aufgeklärten Verfassungsschmied Condorcet und Pétion, ehemaliger Bürgermeister von Paris, dazu Isnard und Louvet. Der jakobinische »Berg« um Robespierre brillierte mit Desmoulins, Collot d'Herbois, Billaud-Varenne, dem gelähmten, dafür um so energischeren Couthon, dem Abbé Grégoire, für den Christentum, Republikanismus und Revolution die Dreieinigkeit eines freien Menschen bedeuteten, dem »kosmopolitischen Bankier« und Prediger einer Menschheitsrepublik Anacharsis Cloots, der sich als »persönlicher Feind Gottes« bezeichnete, dazu Fabre d'Eglantine, der Schöpfer der neuen republikanischen Zeitrechnung, und nicht zuletzt Louis Antoine Léon Saint-Just, der zu Beginn der Revolution knapp 22 Lenze zählte und an der Seite Robespierres zum führenden Kopf des jakobinischen Terrors avancierte. An politischen Exoten fehlte es ebensowenig – der Herzog von Orléans schloß sich als »Philippe Egalité« den Jakobinern an.

Jean Paul Marat

Gewissen und Salz der Revolution war Jean Paul Marat. Schon vor 1789 hatten ihn seine mit Ehrgeiz betriebenen naturwissenschaftlichen (medizinischen) und philosophischen Studien mit den Ideen der Aufklärung bekannt gemacht, die vor allem durch seinen langen Aufenthalt in England geprägt wurden; seine brillanten Sprachkenntnisse erregten allgemeine Bewunderung. Montesquieu, Voltaire, Rousseau und Diderot waren seine geistigen Lehrer. Sein radikaler Antiabsolutismus kam in der Schrift »Die Ketten der Sklaverei« (anonym, London 1774) zum Ausdruck. In der Revolution gehörte Marat sowohl den Cordeliers als auch den Jakobinern an. Als »Wächter der Patrioten« bewahrte er sich jedoch eine bemerkenswerte Unabhängigkeit, die ihn zum entschiedensten Interessenvertreter des einfachen Volkes, der Sansculotten, werden ließ. Äußerlich wenig anziehend, von unheilbarer Krankheit gezeichnet, seine Kleidung vernachlässigend, machte er auf seine Gegner einen abstoßenden Eindruck, dessen Spuren noch in der Historiographie der Gegenwart sein umstrittenes Bild prägen. Die Kassandrarufe seines »Ami du peuple«, der einflußreichsten Zeitung während der Revolution, lehrten die Feinde der Revolution das Fürchten und mobilisierten an den entscheidenden Wendepunkten des Kampfes die Volksbewegung. Gegen den »Despotismus der Könige« forderte Marat den »Despotismus der Freiheit«. Feuillants und Girondisten zwangen ihn wiederholt in den Untergrund, ohne seine Stimme zum Verstummen bringen zu können.

Auch der »Sumpf« war keine gesichtslose Masse. Hier saßen Sieyès, der später auf die Frage, was er während der Revolution getan habe, antworten wird: »Ich habe überlebt!«, Barras, Cambacérès und der »Gastrevolutionär« Thomas Paine.

Vor der girondistischen Mehrheit des Konvents türmten sich die Probleme, die zu lösen sie weder fähig noch willens war: die Niederschlagung der inneren Konterrevolution, die vor allem in der Provinz ihr Haupt erhob, die konsequente Abrechnung mit dem König, die Erfüllung der sozialen Forderung der Sansculotten und die Stabilisierung der Lage an der Front. Am deutlichsten zielten die Girondisten jedoch gegen die radikalen Jakobiner um das »neue Triumvirat« Robespierre, Danton und Marat, das sie des Strebens nach Diktatur anklagten. Das aufsässige Paris sollte, als ein Departement unter den übrigen, »auf ein Dreiundachtzigstel seines Einflusses reduziert« werden.

Bruch mit den Girondisten

Am 10. Oktober 1792 kam es zur zweiten Spaltung des Jakobinerklubs. Die führenden Girondisten wurden ausgeschlossen, die übrigen Parteigänger zogen nach. Von nun an gewannen die Jakobiner ihr Profil als führende Kraft der radikalen bürgerlichen Demokratie, gestützt auf die sansculottische Massenbasis der Revolution: Jakobiner mit dem Volke.

Trotz juristisch verbrämter Verzögerungstaktik der Girondisten setzte die Bergpartei den Prozeß gegen Ludwig durch. Das

Prozeß und Tod des Königs

Schicksal des »Bürgers Louis Capet« entschied sich in offener Abstimmung am 17. Dezember 1792 mit 387 gegen 334 Stimmen. Sein Kopf fiel am 21. Januar 1793, vormittags elf Uhr. Für Saint-Just handelte es sich nicht um einen juristischen, sondern

Hinrichtung Ludwigs XVI. Kupferstich von Ludwig Buchhorn nach Johann Christoph Kimpfel. Staatliche Bücher- und Kupferstichsammlung Greiz

politischen Akt: »Ihr habt . . . eine Maßnahme für das öffentliche Wohl zu treffen, eine Tat nationaler Vorsehung zu vollbringen.« Der Tod Ludwigs XVI. endete den Nimbus der Unantastbarkeit des Königtums. Entschlossen hatte die Partei der »Königsmörder« alle Brücken hinter sich abgebrochen. Nach innen wie nach außen war jeder Ausgleich zwischen Revolution und Konterrevolution unmöglich geworden. Wer jetzt noch schwankte, geriet zwischen die Fronten.

Dank erster Erfolge an den Fronten konnten die Girondisten ihr lädiertes Prestige auffrischen. Im Herbst 1792 stießen die Revolutionsarmeen bis Nizza, über die Rheingrenze (Besetzung von Speyer, Worms, Mainz und Frankfurt) und unter Dumouriez bis weit in die österreichischen Niederlande (Belgien) vor. Mit dem Sieg über die Österreicher bei Jemappes (6. November) erzielte

Militärische Offensive

die Revolution ihren ersten großen strategischen Erfolg. In der Auseinandersetzung um die Fortführung des Krieges tauchte erneut der Gedanke der natürlichen Grenzen (Rhein und Pyrenäen) auf; Frankreich sollte sich mit einem Gürtel »freier Schwesterrepubliken« umgeben, die die Möglichkeit eines Anschlusses an die »Republik der Menschenrechte« erhielten. Darin lag der Sinn des am 19. November erlassenen Dekrets, das versprach, allen »Völkern Hilfe zu leisten und Bürger zu verteidigen, . . . um der Sache der Freiheit willen«.

Der Jubel über die Erfolge an den Fronten änderte indes nichts an der wachsenden Misere des Volkes. Horrende Inflation, wachsende Arbeitslosigkeit, akuter Lebensmittelmangel, Wucher, Hortung, schwarzer Markt ließen den einfachen Sansculotten am Sinn der Revolution zweifeln. Am deutlichsten wurde der Unmut unter der städtischen Bevölkerung, besonders

Jacques Roux – die »Enragés«

in Paris, von den »Enragés« (Wütenden) und ihrem führenden Kopf Jacques Roux, dem »roten Vikar« der Sektion Gravilliers, artikuliert. Diese äußerste Linke, von der Marx in der »Heiligen Familie« später schrieb, mit ihr sei die »Idee des neuen Weltzustandes« geboren worden, brachte die politische und die soziale Frage in der Revolution auf einen Nenner. Ihr sozialer Radikalismus in Verbindung mit einer sich in den sansculottischen Sektionen von Paris herausbildenden direkten Demokratie traf nicht nur auf den erbitterten Widerstand der Girondisten, er überforderte sogar den Horizont der Jakobiner um Robespierre. Es waren Persönlichkeiten wie Chaumette, die – etwas unscharf als »linke Jakobiner« apostrophiert – immer wieder zwischen Führung und Basis der Revolution eine vermittelnde Rolle spielten und damit die Einheit des »revolutionären Blocks« in kritischen Momenten retteten. Die »Wütenden« und ihr politischer Führungskern, die »Jacquesroutins«, tangierten mit ihren Forderungen die bürgerliche Klassengrenze der Revolution und griffen mit ihren Vorstellungen bereits über diese hinaus. Es war der Anspruch auf das Noch-nicht-Mögliche, um das Schon-Mögliche unwiderrufbar zu machen. Damit erhielt ihr Handeln ein Moment des Utopischen, das über ihre Zeit auf kommende Klassenkonfrontationen wies. Schwerlich ist es Zufall, daß die doch so porträtfreudige Revolutionszeit von Jacques Roux keine Abbildung hinterlassen hat.

Namens der 48 Sektionen von Paris erklärte Roux im Februar 1792: ». . . wo es kein Brot mehr gibt, gibt es keine Gesetze, keine Freiheit, keine Republik mehr.« Gegen Monatsende brachen in

Ladensturm

Paris schwere Unruhen aus, die im sogenannten Ladensturm ihren Höhepunkt erreichten. Um den Respekt vor dem Eigentum wiederherzustellen, rückten Girondisten und Jakobiner für den Moment enger zusammen. Am 18. März wurde ein Gesetz angenommen, das die Forderung nach egalitärer Bodenaufteilung (die unter den armen Bauern und den Landarbeitern populäre Forderung nach einer »Loi agraire«) mit der Todesstrafe bedrohte. Selbst Marat stimmte dem zu. Aus der Sicht des bürgerlichen Hegemons war nach dem Gesetz »Le Chapelier« von 1791, das den Gesellen und Arbeitern Streikverbot auferlegte, zum zweiten Male die soziale Grenzmarke der Revolution abgesteckt worden. Beide Gesetze überlebten die Revolution.

Im März 1793 verloren die Girondisten endgültig die Initiative. Unter jakobinischem Druck mußten sie der Errichtung eines Revolutionstribunals und danach örtlichen Revolutionskomitees zustimmen. Schwerwiegende Veränderungen vollzogen

Zum Bollwerk der Konterrevolution wurde die Vendée, wo der Kampf gegen die »Republik der Königsmörder« unbarmherzigen Charakter annahm. Mitte März 1793 eroberten die Vendéer mehrere Provinzhauptstädte. Tausende republikanische Bürger starben. Kupferstich von Ludwig Buchhorn. Frontispiz aus: Minerva. Band 1. Berlin, 1795. Sächsische Landesbibliothek Dresden

sich an der Front. Zwar hatte das Gesetz über das »Amalgam« (21. Februar 1793) die Trennung von Linienregimentern und Föderierten aufgehoben, aber die Armeen zeigten infolge schlechter Versorgung, mangelnder Ausrüstung und wenig straffer Führung eindeutig Demoralisierungserscheinungen. In der angekündigten Massenaushebung von 300000 Rekruten fand die adlige Konterrevolution den geeigneten Anlaß, um die Bauern der Vendée Anfang März zur Rebellion zu bringen. Der

Aufstand in der Vendée

in einen erbarmungslosen Bürgerkrieg mit Massakern von beiden Seiten mündende Vendée-Aufstand wurde zum Zentrum der inneren Gefährdung der Revolution. Zur selben Zeit erlitt Dumouriez während einer neuen Offensive die vernichtende Niederlage bei Neerwinden (18. März), gefolgt von einer zweiten bei Leeuven (21. März). Auf die Forderung, sich dem Konvent zu stellen, antwortete Dumouriez mit offenem Verrat und ging auf die Seite der Österreicher über.

Von nun an überstürzten sich die Ereignisse. Die Bergpartei setzte eine verschärfte Gesetzgebung gegen die Emigranten durch, am 5./6. April wurde das erste »Comité de Salut public« (Wohlfahrtsausschuß) eingerichtet, in dem Danton das Sagen hatte. An der Front sollten mit absoluten Vollmachten ausgestattete Abgeordnete (Deputés à mission) nach dem Rechten sehen. Zwangskurs für Assignaten, um die galoppierende Inflation einzudämmen, und ein »Maximum« für die Getreide- und Mehlpreise kamen den sozialen Forderungen der Sansculotten entgegen; den Besitzenden wurde eine Zwangsanleihe angedroht.

Offen klagten die Jakobiner die Girondisten des Verrats an, »namentlich Brissot«. Diese versuchten, alle Besitzenden aus der Lethargie zu reißen: »Euer Eigentum ist bedroht, und ihr schließt die Augen vor dieser Gefahr.« In den Provinzen setzte eine girondistische Gegenbewegung ein, um das revolutionäre Paris zu isolieren. Gegen die radikalsten Sprecher der Sansculotten, Jean François Varlet, Jacques René Hébert und Marat wurde Anklage erhoben.

Auf die rechte Wende der Girondisten antworteten die Jakobiner, gestützt auf die Pariser Sektionen, mit dem Aufstand vom 31. Mai bis 2. Juni 1793. Unter ihrem Befehlshaber François Hanriot zwangen 80000 Nationalgardisten mit feuerbereiten Geschützen die girondistische Mehrheit zur Kapitulation. – Die Revolution trat in eine neue, ihre entscheidende Phase.

Herrschaft der Jakobiner

Die an die Macht gerückten Jakobiner um Robespierre standen vor der tiefsten Krise der Revolution: Von 83 Departements sagten sich 60 von der Zentralregierung los, in den Provinzen liierte sich die »föderalistische« Bewegung der Girondisten mit der aristokratischen Konterrevolution, an der Front wichen die Armeen zurück, auf dem Lande forderten die Bauern ihr Recht auf Boden, die städtischen Sansculotten verlangten die Respektierung ihrer demokratischen und sozialen Ansprüche. Die Jakobiner, radikalste Fraktion der revolutionären Bourgeoisie, erwiesen sich als fähig, im Bündnis mit den Sansculotten – daher: »Jakobiner mit dem Volke« – dieser Krise Herr zu werden. Darin bestand ihr historisches Verdienst.

Agrarreform – Neue Verfassung

Weit davon entfernt, mit der Masse der Bourgeoisie brechen zu wollen, und sich gegen den Diktaturvorwurf der Girondisten zur Wehr setzend, versuchten die Jakobiner allerdings zunächst, die Situation mit parlamentarischen Mitteln zu meistern. Neue Agrardekrete im Juni und Juli 1793, die eine Aufteilung der Emigrantenländereien und der Allmende ermöglichten und alle noch existenten Feudalrechte, ob verbrieft oder nicht, kurzerhand für aufgehoben erklärten, fegten die Reste des »Complexum feudale« hinweg und banden die Masse der Bauern wieder an die Revolution. Am 24. Juni wurde dem Konvent die von Condorcet entworfene neue jakobinische Verfassung vorgelegt, die in Wählerversammlungen mit 1,8 Millionen gegen 17000 Stimmen angenommen wurde. Nicht nur vom Modus der Annahme, sondern auch vom Inhalt her handelte es sich um das bis zum Beginn des 20. Jahrhunderts fortschrittlichste Grundgesetz der neuzeitlichen Weltgeschichte. Allgemeines Wahlrecht (für Männer), Direktwahl, Widerstandsrecht, Recht auf Arbeit, Plebiszit in Grundsatzfragen (Rousseaus »Volonté générale« in Aktion) bildeten die Grundpfeiler der neuen Verfassung.

Mit gnadenloser Entschlossenheit vollzog die Bergpartei die Niederschlagung des aristokratischen und royalistischen Widerstandes in den Provinzen. Nur wenige Zentren der Konterrevolution, wie Lyon oder das den Engländern geöffnete Toulon, vermochten sich über längere Zeit zu halten. Die Ermordung Marats durch die exaltierte Royalistin Charlotte Corday (13. Juli) und die Joseph Chaliers in Lyon (17. Juli) zeigten, daß die Konterrevolution keine Mittel scheute, um die Revolution an der Wurzel zu treffen. Das Schicksal dieser Märtyrer der Revolution wühlte die Patrioten auf. Davids Gemälde »Der Tod des Marat«, eines der großen Werke des spartanisch-klassizistischen Realismus, wirkte auf die Massen von Paris stärker als 1000 revolutionäre Pamphlete und Reden.

Levée en masse

Um die Initiative an den Fronten wiederzugewinnen, verkündete der Konvent am 16. August die allgemeine Wehrpflicht, die »Levée en masse«, die es in der Folge erlaubte, 14 neue Revolutionsarmeen mit über 600000 Mann aus dem Boden zu stampfen, geführt von talentierten Generalen, die meist aus dem einfachen Volke stammten, und unterstützt von einem fast total mobilisierten Hinterland. Die Koordinierung der militärischen Reorganisation oblag Lazare Nicolas Carnot, der als »Organisator des

Louis Antoine Saint-Just. Kupferstich von Eugène Leguay nach Alexandre Lacauchie. Musée Carnavalet, Paris

Sieges« in die Geschichte einging. Zur Seele der Revolution wurde der »Große Wohlfahrtsausschuß des Jahres II«, der in den Monaten Juli/August seine endgültige Gestalt annahm: Revolutionäre vom Format eines Robespierre, Saint-Just, Billaud-Varenne und Collot d'Herbois prägten sein Profil.

Die Jakobiner um Robespierre trafen ihre Entscheidungen nicht nur unter dem Druck der inneren und äußeren Konterrevolution. Immer unüberhörbarer formulierten die Sansculotten von Paris ihre politischen und sozialen Forderungen. An der Spitze der sansculottischen Bewegung standen die Enragés (Roux, Leclerc, Varlet), linke Jakobiner (Chaumette) und der besonders radikal auftretende Jacques René Hébert, dessen Zeitung »Père Duchesne« nach dem Tode Marats zum Hauptorgan der Massenmeinung wurde: (»Vor allem gilt es, Frankreich von allen Verrätern zu säubern, auf allen öffentlichen Plätzen Tribunale zu errichten ...«). Eine »Gesellschaft der revolutionären Republikanerinnen« um Pauline Léon und die populäre Schauspielerin Claire Lacombe verdeutlichte, daß die Revolution längst nicht mehr nur Männersache war; mit eigenen Demonstrationen rückten die revolutionären Frauen vor den Konvent. Das Bild aus der Sicht der Gegenseite: »... Pariser Revolutionsweiber, eine neue Weiberklasse mit der Kokarde an der Haube, die Pike in der Hand, mit Blutdurst im Auge und Branntweingestank im Munde ...« Programmatischen Ausdruck fand das Selbstbewußtsein der Volksbewegung in der »Antwort auf die unverschämte Frage: Wer ist denn eigentlich ein Sansculotte? Ein Sansculotte, Ihr Herrn Schufte, das ist einer, ... der keine Millionen besitzt, ... keine Schlösser, keine Lakaien ... Er ist nützlich, denn er versteht ein Feld zu pflügen, zu schmieden, zu sägen, zu feilen, ein Dach zu decken, Schuhe zu machen ... Ein Sansculotte hat immer seinen Säbel blank, um allen Feinden der Revolution die Ohren abzuschneiden.«

Die Spannung im Verhältnis von Volksbewegung und jakobinischer Revolutionsführung trieb in den Monaten August/September dem Höhepunkt entgegen. Hébert gebärdete sich als der neue Marat. Das von Silvain Maréchal verfaßte »Manifest der Enragés« präsentierte dem Konvent einen ganzen Katalog politischer und sozialer Forderungen. Nicht ohne drohenden Unterton hieß es: »Abgeordnete der Montagne, nein und nochmals

Septemberdemonstration

nein, ihr werdet euer Werk nicht unvollendet lassen.« Die Volksbewegung kulminierte am 5. September 1793 in einer großen Demonstration bis an die Schranken des Konvents. Daß die Bewegung nicht überbrandete, war ein Verdienst Chaumettes. Der Konvent lenkte ein und erfüllte wesentliche Forderungen der Sansculotten: Aufstellung einer (inneren) Revolutionsarmee, um von den renitenten Bauern das für die Versorgung von Paris erforderliche Getreide zu requirieren, Unnachsichtigkeit gegenüber Verdächtigen, Entschädigung für Sansculotten, die an Sektionsversammlungen teilnahmen.

Um die Situation in der Hand zu behalten, verfolgte Robespierre eine doppelte Strategie: Nicht zuletzt unter dem Druck der linken Jakobiner übernahm der Konvent zwar die Forderungen der Sansculotten, sorgte aber mit dem Anspruch, die »Union sacrée« aller Patrioten zu wahren, für die politische Ausschaltung des Führungskerns der Enragés. Am 17. September erging das Gesetz über die Verdächtigen, am 29. September folgte das Allgemeine (Große) Maximum, das Höchstpreise für alle wichtigen Waren, aber auch die Löhne fixierte. An die äußerste Linke gerichtet, warnte zugleich das jakobinische »Journal de la Montagne«: »Volksbewegungen sind nur dann gerecht, wenn die Tyrannei sie notwendig macht ...« Der entscheidende Schlag gegen die Linke wurde mit der Verhaftung von Jacques Roux geführt, der sich im Februar 1794 den Freitod gab. Auch gegen die revolutionären Republikanerinnen erging ein Verdikt. Die Sektionsversammlungen verloren das Recht auf Permanenz. Jetzt verkörperten Chaumette und Hébert die Hoffnungen der desorientierten Sansculotten.

Errichtung der Diktatur

Mit parlamentarischen Methoden vermochte die Bergpartei den konzertierten Aktionen von innerer und äußerer Konterrevolution und der sozialen Krise nicht mehr Herr zu werden. Die Konfrontationslinie lag nicht mehr nur zwischen Revolution und Konterrevolution, »Patriote« und »Ci-devant«, sondern auch im »offenen Krieg der Reichen gegen die Armen« (Pierre Gaspard Chaumette). Die ohnehin schon vollzogenen Ausnahmeschritte erforderten ihre Institutionalisierung in einer Revolutionsregierung neuen Typs.

Auf Antrag von Saint-Just erklärte der Konvent am 10. Oktober 1793 die Regierung Frankreichs für »revolutionär bis zur Wiederherstellung des Friedens«. Von Robespierre auf die Tribüne geschickt, erklärte er: »Die Gesetze sind revolutionär, die sie ausführen, sind es nicht ...« Mit der Annahme des Oktoberdekrets trat an die Stelle der Wahldemokratie das Prinzip der revolutionären Autorität. Gestützt auf den Nationalkonvent, konzentrierte sich die reale Macht im Wohlfahrtsausschuß, flankiert von Sicherheitsausschuß und Revolutionstribunal. Konventionskommissare und örtliche Revolutionskomitees verschafften der revolutionären Macht an der Basis Respekt.

Nach dem Grundsatz von Saint-Just: »Das Volk kann mit seinen Feinden nichts gemein haben als das Schwert«, ging die Re-

La Terreur

volutionsregierung zur »Terreur«, d.h. zur Bekämpfung des Gegners mit revolutionären Gewaltmitteln über. Das System des revolutionären Terrors umfaßte mehrere Ebenen, die sich grob skizziert als politischer, ideologischer und ökonomischer Terror bezeichnen lassen.

Zum politischen Terror: Prominentes Opfer wurde Marie Antoinette, deren Kopf als Symbol der Konterrevolution am 16. Oktober fiel. Ihr folgten am 31. Oktober 21 Girondisten. Selbst »Philippe Egalité« endete am 6. November unter der Guillotine. Die List der Geschichte sorgte dafür, daß sich sein Sohn 1830 die Krone des Bürgerkönigs auf das Haupt setzen konnte. Mit der Führungsriege der Girondisten entschied sich auch das Schicksal von Madame Roland. Aus der Haft schrieb sie ihrem Widerpart Robespierre: »Ich weiß überdies, daß bei der Geburt von Republiken oft Revolutionen ... gerade die Gefahr bringen, Opfer ihres Eifers und des Irrtums ihrer Zeitgenossen zu werden, die ihrem Vaterland am besten gedient haben. Die haben dann als Trost ihr Gewissen und die Geschichte als Rächerin.« Im November neigte Madame Roland ihr Haupt unter das Fallbeil. Ihr Mann, der in der Provinz gegen die Jakobiner kämpfte, machte nach dem Empfang dieser Nachricht seinem Leben ein Ende. Auch Condorcet wurde in den Strudel hineingerissen, seines Schicksals gewiß, nahm er im Gefängnis Gift.

Mit besonderer Härte traf der politische Terror die aufständischen Provinzen. Die Widerständler der Vendée unterlagen dem Standrecht. In Nantes entledigte man sich der realen und vermeintlichen Konterrevolutionäre durch Massenertränkungen in der Loire. Das befreite Marseille galt fortan als »namenlose Gemeinde«, das nach zähem Widerstand eroberte Lyon wurde zum großen Teil auf Weisung des Konvents zerstört, ein Denkmal mit der Inschrift: »Lyon bekämpfte die Freiheit / Lyon ist nicht mehr«, sollte die Erinnerung an das Geschehen wachhalten. Von nun an hieß Lyon die »Befreite Stadt«. Bei der Rückeroberung von Toulon zeichnete sich ein korsischer Artillerieoffizier namens Buonaparte aus.

Der ideologische Terror äußerte sich am deutlichsten in der »Déchristianisation«, (der sogenannten Entchristianisierung). Sie war die logische Folge der Kirchenspaltung von 1791 und der Rolle der Refraktäre als Stütze der Konterrevolution. Vielerorts trat an die Stelle der traditionellen katholischen Gläubigkeit eine neue Religiosität, deren Dreieinigkeit die revolutionären Märtyrer der Freiheit, Marat, Lepelletier, Chalier, verkörperten. Auch der Revolutionskalender brach bewußt mit der christlichen Zeitrechnung. Die Absage an den »Fanatismus« (Brutus statt Christus, »der Tod ist ein ewiger Schlaf«, Umwandlung der Kirchen in Tempel der Vernunft) kulminierte am 10. November 1793 mit einem Fest der Freiheit und der Vernunft in der Kathedrale von Notre-Dame. Eine attraktive Schauspielerin posierte als Göttin der Freiheit.

Robespierre erkannte frühzeitig die in der Entchristianisierung liegende Gefahr: den internationalen Prestigeverlust der Revolution, eine Verhärtung in der Haltung der altreligiös gebundenen Bevölkerungsmehrheit und die im exaltierten Maratkult zum Ausdruck kommende Herausforderung des Konvents. Ende November gelang es, die antichristliche Kampagne einzudämmen, ohne ihrer jedoch völlig Herr zu werden.

Der ökonomische Terror lief auf ein Wirtschaftsdiktat hinaus, das die freie Konkurrenz – und damit das Kerninteresse der Bourgeoisie – nicht unempfindlich traf. Produktion, Handel und Transport unterlagen der Aufsicht des Wohlfahrtsaussschusses: Auf Wucher und Hortung stand die Todesstrafe, die Aktiengesellschaften wurden verboten, in Paris verteilte die Commune Brotkarten, weitere Gemeinden folgten. Diese und andere Maßnahmen bedeuteten keine Absage der Jakobiner an den Wirtschaftsliberalismus (Artikel 17 ihrer Verfassung), sondern wurden als ein aus der Situation geborener Notstandsakt verstanden, eine Wirtschaftsdiktatur auf Zeit. Die Zwiespältigkeit bestand darin, daß die in ihrem Akkumulationsradius beschnittene

Das Innere der als Remise für die Armee verwendeten Dominikanerkirche in Lyon. Lithographie von Jean Baptiste Arnoult nach François Bellay de Lyon. Staatliche Museen zu Berlin, Kupferstichkabinett und Sammlung der Zeichnungen

Bourgeoisie auf Distanz ging, ohne daß die Maßnahmen andererseits ausreichten, die Lage der städtischen Sansculotten durchgreifend zu bessern. Die bürgerliche und die sansculottische Stütze der Jakobinerherrschaft zeigten erste Verschleißerscheinungen; von Mal zu Mal wurde es schwerer, die aufbrechende Interessendivergenz zwischen Führung und Basis zu überbrücken.

In nicht weniger starkem Maße als bei den Feuillants und den Girondisten hing die Autorität der Revolutionsregierung von ihrer Fähigkeit ab, den Sieg an den Fronten zu organisieren.

Organisation des Sieges

Durch eine in der Geschichte bis dahin beispiellose Mobilisierung des Hinterlandes (einschließlich der Naturwissenschaften) wurden die Voraussetzungen dafür geschaffen, eine Armee von über 600000 Mann auf die Beine zu stellen. Die zum erheblichen Teil aus neuen Kadern bestehende Führung der Armee unterlag der strengen politischen Kontrolle durch Konvent und Wohlfahrtsausschuß. Hoche, Jourdan, Kléber, Marceau, Pichegru schlugen eine neue Seite der Kriegsgeschichte auf. Besiegten Generalen drohte die Guillotine. Die Niederschlagung der Hauptkontingente der inneren Konterrevolution begünstigte die Wende an der äußeren Front. Sowohl gegen Belgien (Schlacht von Wattignies, 15. Oktober 1793) als auch gegen Rhein und Mosel, dazu in Richtung Savoyen und an der Pyrenäengrenze wurden die Truppen der I. Koalition zurückgeworfen. Die unmittelbare Invasionsgefahr war bis Ende 1793 beseitigt. Das Prestige von Konvent und Regierung schien unangetastet. – Und doch trog der Schein.

Beginnende Krise des Jakobinismus

In der Konfrontation mit dem äußeren Feind hatte die Revolution zwar Boden gewonnen, aber keineswegs die Schlacht endgültig für sich entschieden. Im Inneren brach angesichts der relativen Stabilisierung der offene Konflikt um die Frage aus, wie sich das weitere Schicksal der Revolution gestalten sollte. Es zeichnete sich in der Bergpartei des Konvents wie im Jakobinerklub selbst eine deutliche Tendenz zur Fraktionsbildung ab. Die sogenannte Verschwörung des Auslandes, die auf dem Verdacht beruhte, daß ausländische Agenten sich radikaler Elemente bedienten, um die Republik zu ruinieren, und der Skandal um die Auflösung der Indienkompagnie und um die damit verbundene

Citras und Ultras

Korruptionsaffäre brachten eine erste Zerreißprobe. Als ungleich folgenschwerer erwies sich indes die Formierung eines gemäßigten Flügels (»Citras«), dessen politischer Kopf Danton und dessen publizistisches Sprachrohr der vom unverwüstlichen Desmoulins redigierte »Le vieux Cordelier« (Der alte Cordelier) waren. Die Citras hatten zwei Hauptinteressen im Blick: die »Normalisierung« der Revolution nach innen (d. h. vor allem Abbau des Terrors in seinen verschiedenen Erscheinungsformen, vordergründig mit dem Argument, die etwa 20000 »Verdächtigen« freizulassen) und ein Kompromiß mit England nach außen. Danton und die »Dantonisten« begriffen sehr wohl, daß Fortführung des Krieges und soziale Radikalisierung der Revolution ein siamesisches Zwillingspaar darstellten.

Nach links begann sich eine Gruppe von Ultras, geschart um Hébert und seinen »Père Duchesne« (deshalb nicht ganz exakt als »Hébertisten« bezeichnet), abzusondern, die das Erbe Marats einklagte und sich als Interessenvertreterin der Sansculotten fühlte. Hébert setzte auf eine kompromißlose Verschärfung des Terrors, dessen Hauptinstrument »la sainte guillotine« (die heilige Guillotine) sein sollte. Das radikale Vokabular Héberts, durchsetzt von populären Kraftausdrücken (»jean-foutre«), die jeder Sansculotte verstand, verfehlte nicht die Wirkung auf jene Volksschichten, deren soziale Ansprüche bisher unerfüllt blieben.

Das robespierristische Zentrum erkannte die Gefahren der voranschreitenden Fraktionierung in der politisch-sozialen Konstellation: »Die Revolutionsregierung muß zwischen zwei Klippen hindurchsegeln, . . . zwischen dem Moderantismus und dem Exzeß . . .« (Robespierre). Um die soziale Erosion der Revolution aufzufangen, erließ der Konvent auf Initiative des Wohl-

Ventôse-Dekrete

fahrtsausschusses die Ventôse-Dekrete (Februar/März 1794), zu deren wichtigsten Punkten die finanzielle Unterstützung verarmter Patrioten, eine Verschärfung des Maximums und die Beschlagnahme des Eigentums von Verdächtigen gehörten. Es war Saint-Just, der in einer großen Rede die Dekrete begründete und dabei offen auf die inneren Widersprüche der Revolution verwies: »Der Reichtum befindet sich in den Händen einer ziemlich großen Zahl von Feinden der Revolution, und die Lebensbedürfnisse bringen das arbeitende Volk in Abhängigkeit von seinen Feinden.« Dem stand drohend Héberts Ankündigung gegenüber: »Zittert, Feinde des Vaterlandes, . . . ihr wollt den Aufstand, ja, verdammtnochmal, wir werden noch einen machen, aber das wird der letzte sein; das Volk wird sich einmal in Massen erheben, aber das wird sein, um euch zu vernichten.« Das hieß aber nichts weniger, als von ultralinks gegen das robespierristische Zentrum die Machtfrage zu stellen.

Der Wohlfahrtsausschuß zögerte keinen Moment: Hébert und andere Repräsentanten aus dem Kreis der Cordeliers wurden

Hinrichtung der Hébertisten und Dantonisten

verhaftet und am 24. März 1794 auf die Guillotine geschickt. Die Tragik der Entscheidung bestand nicht allein im persönlichen Schicksal der Betroffenen. Es war zugleich ein Schritt, der auf das Unverständnis der sich nun führungslos fühlenden Sansculotten stieß. Mißtrauen, Indifferenz und Revolutionsmüdigkeit breiteten sich rasch aus. Am deutlichsten begriff diesen Wandel Saint-Just: »La révolution est glacée« (Die Revolution ist vereist).

Nach dem demonstrativen Schlag gegen Links witterten Danton und seine Parteigänger Morgenluft; sie erlagen der irrigen Vorstellung, von jetzt ab werde sich die Revolution »mäßigen«. Statt dessen verfügte der Wohlfahrtsausschuß die Verhaftung von Danton, Desmoulins und weiteren Citras. Ihre Häupter fielen am 5. April 1794. Danton wußte um die Gefahr, weigerte sich jedoch zu fliehen: »Kann man das Vaterland an den Schuhsohlen mitnehmen?« Er verteidigte sich ebenso laut wie brillant, es bedurfte eines juristischen Winkelzuges, um ihm das Wort zu entziehen. Danton starb herausfordernd, wie er gelebt hatte. Seinem Henker befahl er: »Du wirst meinen Kopf dem Volke zeigen, er ist dieser Mühe wert!« Mit Danton endete die Hoffnung der gemäßigten bürgerlichen Mehrheit, die Revolution in die Bahnen der Normalität zu lenken und zu beenden. Im Gegenteil, die Robespierristen nutzten die Chance, um sich weiterer mißliebiger Rechter und Linker (darunter auch Chaumette) zu entledigen.

Die Widersprüchlichkeit in der praktischen Politik des robespierristischen Zentrums wurde immer deutlicher; gegensätzliche Optionen überkreuzten sich. Im Frühjahr 1794 nahm der Wohlfahrtsausschuß wesentliche Elemente der Wirtschaftslenkung zurück, zu wenige, um Bourgeois und wohlhabende Bauern zufriedenzustellen, zu viele, um die sozialen Hoffnungen der ausgezehrten Sansculotten noch zu erfüllen. Was an sozialer Basis – sowohl gegenüber der Bourgeoisie als auch gegenüber der Volksbewegung – unwiderruflich verlorenging, versuchten die Jakobiner ideologisch und politisch zu kompensieren.

Die Revolution entnahm ihre Leitbilder der Antike; die Art, sie zu rezipieren, änderte sich mit dem Charakter und den Zielsetzungen der jeweils regierenden Revolutionspartei. Die Repräsentanten der bürgerlichen Heroenzeit »fanden«, wie Karl Marx formulierte, »in den klassischen strengen Überlieferungen der römischen Republik die Ideale und die Kunstformen, die Selbsttäuschungen, deren sie bedurften, um den bürgerlich begrenzten Inhalt ihrer Kämpfe sich selbst zu verbergen und ihre Leidenschaften auf der Höhe der großen historischen Tragödie zu halten«.

Kult des Höchsten Wesens

Robespierres zentrales Motiv für die Erneuerung des Menschen bestand in der Tugend (la vertu). Der großangelegte Versuch, der Revolution eine eigene geistige Grundlage zu geben, mündete in den »Kult des Höchsten Wesens«. Schon am 7. Mai 1794, im Ringen gegen Citras und Ultras, hatte Robespierre den »Bericht über die politische Moral« vorgetragen, der den Konvent zu der Erklärung veranlaßte: »Das französische Volk anerkennt das Höchste Wesen und die Unsterblichkeit der Seele.« In der Idee des Höchsten Wesens beschwor Robespierre die »Union sacrée« der Nation, sie richtete sich gegen den Materialismus und Libertinismus der Aufklärung – längst war die Büste des Helvétius im Jakobinerklub zerschlagen worden –, den Atheismus der Dechristianisatoren ebenso wie gegen den altreligiösen Fanatismus katholischer Provenienz. Also ein ideologischer Rundumschlag? Wohl eher der gigantische, aber schon im Ansatz zum Scheitern verurteilte Versuch, die Nation zu einem Zeitpunkt auf eine geistige Formel einzuschwören, da die aufbrechenden Klassen- und Interessengegensätze das patriotische Lager heillos fraktionierten. An die Stelle realer Politik trat ein alles überbrückender Mythos.

Nach einem sorgfältig von David ausgeklügelten Szenarium fand am 8. Juni 1794 (nach dem Revolutionskalender der 20. Prairial) das Fest des Höchsten Wesens statt. Ganz Paris versank in einem Fahnenmeer, alle Bürger trugen das patriotische Blau-Weiß-Rot. Eine Artilleriesalve leitete um 8 Uhr morgens

Das Relief aus dem 19. Jahrhundert zeigt die Hauptrepräsentanten der französischen Wissenschaft, so auch Gaspard Monge, der die Revolution begeistert begrüßte und in der Folgezeit mit anderen Wissenschaftlern die Pulver- und Gewehrherstellung zur Ausrüstung der Revolutionsarmee organisierte.

die Zeremonie ein. Vor den Tuilerien empfing Robespierre eine Fackel, um feierlich die Symbole des Atheismus in Flammen aufgehen zu lassen. Unter Trommelwirbel bewegten sich die Massen nach dem Marsfeld, wo sich auf einem Hügel ein Freiheitsbaum, flankiert von einer Freiheitsstatue, erhob. Es wurden die Marseillaise intoniert und eine getragene Hymne auf das Höchste Wesen. Am Ende erklang ein vieltausendfaches »Vive la République!« Doch welch ein Unterschied zum Fest der Föderierten von 1790: damals das spontane Bekenntnis der einheitlichen Nation unter dem Motto »Freiheit – Gleichheit – Brüderlichkeit«, jetzt der von Regierungsseite verordnete Pomp und Jubel, der mit einer Flucht in die Mystik und in die Moral das brüchig gewordene Gefühl revolutionärer Kollektivität wiederherzustellen suchte. Spürte Robespierre den Anfang vom Ende? Als er in sein Heim im Hause des Tischlers Duplay zurückkehrte, sagte er: »Sie werden mich nicht mehr lange sehen.«

So begann sich allmählich der Lebenszyklus des Mannes zu schließen, der die Seele der Revolution war. Bis in die Gegenwart schwankt das historische Urteil zwischen der Parteien Gunst und Haß. Düsterer dürfte nur das Bild des Marat gemalt worden

L'Incorruptible

sein, des Mannes, der Robespierre den Beinamen »L'Incorruptible« (Der Unbestechliche) gab. Als Robespierre 1789 in die Nationalversammlung einzog, tat er diesen Schritt in der Gewißheit, sein »Leben der Wahrheit geopfert zu haben«. Wie alle anderen kam Robespierre nicht als fertiger Revolutionär nach Versailles und Paris, er wuchs mit der Revolution, die er am Ende verkörperte. Eine schwere, durch Armut geprägte Jugend hatte ihn gelehrt, daß nur Fleiß, Disziplin und Hingabe zum Ziele führten. Als Stipendiat des berühmten Gymnasiums »Louis le Grand« brillierte er durch hervorragende Leistungen. Rousseaus Prinzipien prägten den jungen Advokaten zutiefst, trotzdem erfolgte seine Wende zum Republikaner erst im Verlaufe der Revolution. War er wirklich der kalte, verschlossene, abweisende, von keiner menschlichen Wärme erfüllte Politiker, wie ihn seine Gegner über den Tod hinaus beschrieben? Selbst die Tatsache, daß er nicht die stürmischen Lebensläufe eines Mirabeau und eines Danton aufweisen konnte, wurde ihm als penetrante Tugendhaftigkeit und vermeintliche Impotenz angerechnet. Die Akribie, mit der er seine Reden vorbereitete und vortrug, galt als trockene Gefühllosigkeit, eine Art Buchhalter der Revolution. Tatsächlich hatte Robespierre kaum ein Privatleben. Für ihn waren Revolution und Politik allgegenwärtig. Trotzdem gab es Stunden der Ruhe und Besinnung im Hause des Tischlermeisters Maurice Duplay. Mit dessen Tochter Eléonore ging Robespierre eine Verlobung ein; er liebte den anregenden Spaziergang mit Freunden, pflegte seine Belesenheit und fand Ruhe beim Klavierspiel seines Freundes Buonarroti. Robespierre lebte für die Interessen des Volkes, ohne ihm demagogisch zu schmeicheln. Obwohl er die neue Gesellschaft aus der Taufe hob, hing er der Mode der vergehenden Zeit an. Der Gedanke an Kompromisse lag ihm fern, wie in der Politik so im persönlichen Leben.

Eine neue Welle gelungener oder gescheiterter Attentate gab dem Wohlfahrtsausschuß Veranlassung, die Terrorgesetze zu verschärfen. Mit dem Prairialgesetz (10. Juni 1794) setzte »La

La Grande Terreur

Grande Terreur« (Der Große Schrecken) ein. Von nun an gab es nur noch Todesurteil oder Freispruch; Verdächtige unterschiedlichster Motivation wurden im »Amalgam« abgeurteilt; eine Verteidigung existierte faktisch nicht mehr; fast alle Prozesse zog das zentrale Revolutionstribunal an sich; der Terror begann sich zu bürokratisieren. Die Zahl der Hinrichtungen stieg sprunghaft: Vom März 1793 bis zum 10. Juni 1794 gab es in Paris 1251 Hinrichtungen, von da ab bis zum 27. Juli (dem 9. Thermidor) waren es 1376.

Sinn und Umfang des Terrors bilden bis heute einen der Hauptstreitpunkte der Revolutionsgeschichtsschreibung. Von den etwa 40000 Opfern entstammten 83 Prozent dem Dritten Stand, 31 Prozent davon waren Sansculotten. Nicht der Adel (8,5 Prozent), nicht der Klerus (6 Prozent), sondern der Dritte Stand bezahlte den Preis für »seine« Revolution.

Dieser Prozeß, in dem das robespierristische Zentrum völlig den Boden unter den Füßen verlor und der Selbstauflösung entgegentrieb, verlief äußerst widerspruchsvoll. Zunächst fand die Konzentration aller Energien im Wohlfahrtsausschuß – und das hieß vor allem in den Händen von Robespierre, Saint-Just, Collot d'Herbois – ihre Rechtfertigung durch eine neue Offensive an den Fronten. Die gut ausgerüstete, reorganisierte, diszipliniert geführte, patriotisch motivierte und auf eine neue Strategie (massierte, artilleriegestützte Angriffsoperationen) orientierte Armee riß im Sommer 1794 an allen Fronten die Initiative an

Fleurus

sich. Mit dem Sieg von Fleurus (26. Juni) lag der Weg nach Belgien frei, an der Pyrenäenfront gelang der Durchbruch bis San Sebastián. Spanien war kapitulationsreif, die Koalition wankte. Selbst zur See behaupteten sich die Franzosen gegen die Engländer und konnten die Blockade durchbrechen.

Wenn aber der Sieg an den Fronten schon greifbar nahe schien, welchen Sinn hatte dann noch der geübte Terror? Mehr und mehr erschien Robespierre seinen Gegnern als »Tyrann«. Wer würde der Brutus sein?

Während Wohlfahrts- und Sicherheitsausschuß immer öfter in Kompetenzstreit gerieten, Robespierre den verhängnisvollen Fehler beging, sich zeitweilig aus dem Wohlfahrtsausschuß zurückzuziehen, um mit gewohnter Akribie seine Verteidigung gegen obstruse Verleumdungen vorzubereiten, formierte sich eine Koalition von Revolutionsgegnern verschiedenster Couleur: Bourgeois, die sich in ihrer Profitrate durch den jakobinischen Dirigismus beschnitten sahen, Ultrarevolutionäre, deren Exzessen in der Provinz das Handwerk gelegt worden war, Vertreter des »Sumpfes«, die fürchteten, bei einer weiteren Zuspitzung der Konflikte in die Schußlinie zu geraten. Das eigentliche Gefahrenmoment bestand jedoch in der sichtlich anwachsenden Indifferenz der Sansculotten gegenüber der Revolutionsregierung. Robespierre, am 26. Juli 1794 – dem 8. Thermidor – in den Wohlfahrtsausschuß zurückgekehrt, kündigte eine Generalabrechnung an. Jetzt schritten die Konspirateure im Bewußtsein des Alles oder Nichts (»Morgen sind wir Sieger oder Leichen!«) zur Tat.

9. Thermidor

In gespannter Atmosphäre der sich gegenseitig belauernden Kontrahenten begann am späten Vormittag des 9. Thermidor die Sitzung des Konvents. Als Saint-Just im Auftrage Robespierres zur großen Anklage anheben wollte, wurde er von der Opposition niedergeschrien. Ein bislang farb- und namenloser Abgeordneter stellte den Antrag auf Verhaftung Robespierres; Couthon und Saint-Just kamen ebenfalls auf die Liste. Robespierres Bruder und der Abgeordnete Lebas baten um die Ehre, deren Schicksal teilen zu dürfen. Als der »Unbestechliche« aus dem Saal gezerrt wurde, rief er: »Die Republik ist verloren, die Verbrecher triumphieren!«

Es gelang der Commune, die Gefangenen dem Konvent zu entreißen. Aber weder deren Führer noch die Robespierristen nutzten die Gunst der Stunde. In erschütternder Unentschlossenheit handelten sie zu spät und zu inkonsequent. Der große Revolutionshistoriker Albert Mathiez über den Untergang Robespierres und der Seinen: »Ein lehrreiches Beispiel für die Grenzen des menschlichen Willens im Kampf mit dem Widerstand der Dinge.« Während Tausende von Sansculotten vergeblich auf das Signal zum Angriff auf den Konvent warteten und sich schließlich entmutigt zerstreuten, sammelte die Opposition die Nationalgarde der wohlhabenden Stadtbezirke und besetzte die Commune. Robespierres Versuch, sich durch Selbstmord der zweiten Verhaftung zu entziehen, schlug fehl.

Ohne Urteil bestiegen mit Robespierre, Saint-Just und Couthon weitere 16 ihrer Anhänger die Guillotine, am 11. Thermidor folgten nochmals 71 »Schreckensmänner«. In völliger Verkennung der Situation begleiteten Sansculotten ihre einstigen Ideale auf dem Weg zur Richtstätte mit dem Ruf: »Zum Henker mit dem Maximum!«

Zunehmend bewegte sich die Revolution in absteigender Linie, an deren Ende die institutionalisierte Herrschaft der Großbourgeoisie stand, die dem Citoyen den Fuß in den Nacken setzte.

Mit den 9. Thermidor war unwiderruflich das Ende der »heroischen Illusion« gekommen. Was als »Republik der Gleichheit« gedacht war, enthüllte sich von Etappe zu Etappe deutlicher als die Macht der Bourgeoisie »sans phrase«, mochte sie für propagandistische Zwecke noch so allegorisch, wie in den Gravuren von Lethière, verklärt sein.

Abbau und Rücklauf der Revolution erfolgten in vier Etappen, die fast das Gegenbild zur Entwicklung der Jahre 1789 bis 1794 darstellten: Thermidorkonvent, Direktorium, Konsulat, Kaiserreich.

Die historische Uhr schien zurückgestellt. Stand am Ende nicht mit Napoleon ein neuer Absolutismus anstelle des alten? Sahen sich nicht die Volksmassen ihrer Hoffnungen auf Gleichberechtigung, staatsbürgerliche Würde und bescheidenen Wohlstand beraubt? Wurde die im Namen der Freiheit durch Europa getragene Trikolore nicht zunehmend ein Symbol der Fremdherrschaft? Nicht wenige Thermidorianer erlagen dem Irrtum, mit dem Sturz des »Tyrannen« die Revolution zu retten. In Wirklichkeit hatte sich eine irreversible Wende vollzogen: Der tendenziellen Entmachtung der Demokratie entsprach die Institutionalisierung der großbürgerlichen Macht. Zwischen revolutionärer Demokratie und bürgerlichem Herrschaftsanspruch gab es fortan keinen Ausgleich.

Konvent der Sieger

Mit dem Anspruch, die Tyrannei an der Wurzel zu treffen, wurde der jakobinische Staat rigoros abgebaut. Faktisch ging die politische Gewalt an den »Sumpf« über, dessen Maßnahmen grundsätzlich gegen links zielten. Symbolischer Ausdruck des sich vollziehenden Umschwungs war die Entfernung der sterblichen Überreste Marats und anderer Revolutionäre aus dem Panthéon. Mit dem Maximum fiel bald die gesamte Wirtschaftsdiktatur einer ungebremsten Liberalisierung zum Opfer. Inflation, Spekulation, krasser Preisanstieg für Grundnahrungsmittel (Brot!) trafen die plebejischen Schichten in voller Härte. Möglichkeiten, sich in Sektions- oder Volksgesellschaften zu artikulieren, gab es längst nicht mehr, auch die rebellische Commune war gezähmt. Die spartanische Moral der Robespierristen ging in einer Welle bourgeoiser Lebensgier unter; eine frenetische »Jeunesse dorée« tanzte auf den Gräbern Gerichteter und imitierte deren Guillotinierung durch ruckartiges Zurückwerfen des Kopfes. Alle Symbole der Revolution wurden in den Schmutz getreten.

Die letzten Journées:

Der verzweifelte Versuch, dieser Entwicklung Einhalt zu gebieten, kam von der Basis. Unter der Losung »Brot und die Verfassung von 93« und mit der Forderung, die revolutionäre Commune und die Volksgesellschaften wiederherzustellen, erhoben sich am 12. Germinal (1. April 1795) die sansculottischen Vorstädte und Sektionen von Paris. Jedoch bekam die bürgerliche Nationalgarde den Aufstand rasch in den Griff; zugleich wurde die Gelegenheit genutzt, um mit den Resten der Bergpartei aufzuräumen. Von den sansculottischen Zentren St-Antoine und St-Marceau ging am 1. Prairial (20. Mai) erneut das Signal zum Marsch gegen den Konvent aus. Die Aufständischen waren faktisch Herr der Lage, blieben jedoch führungslos. Bis zum 23. Mai hatten Nationalgarde und – zum ersten Mal seit 1789 – Teile der Armee die Lage wieder unter Kontrolle. Damit scheiterte der letzte Versuch der Volksbewegung, den Rücklauf der Revolution zu stoppen. Der bürgerliche Gegenschlag war gnadenlos: 36 Aufständische mußten die Guillotine besteigen, über 3000 weitere trafen die verschiedensten Strafmaßnahmen. In der Provinz begann sich der weiße Terror zu entfalten, die Ci-devants witterten Morgenluft.

Die durch Germinal- und Prairialaufstand erschreckte Bourgeoisie ging nun daran, ihrer Herrschaft eine Form zu geben, die einerseits die Prinzipien von 93 für immer verbannte (Boissy d'Anglas: »Die absolute Gleichheit ist ein Hirngespinst«), zugleich aber die aristokratische Reaktion in die Schranken weisen sollte. Diesem Ziel diente die im September 1795 durch »Plebiszit« (bei 50 Prozent Stimmenthaltungen) angenommene Direktorialverfassung. Nach dem Vorbild von 1791 kehrten Aktivbürger und Wahlmänner (30 000) auf der Grundlage eines hohen Zensus wieder. Die Legislative (»Gesetzgebender Körper«) bestand aus einem Zweikammernsystem (Rat der Alten, Rat der Fünfhundert), die Exekutive wurde von einem fünfköpfigen Direktorium gebildet.

Direktorium

Die problematische Schlußbilanz des Konvents, der sich am 26. Oktober auflöste, wies lediglich zwei Pluspunkte auf. Fast wider Willen erntete er die Früchte der jakobinischen »Levée en masse«. Schon an der Jahreswende 1794/95 waren die französischen Armeen an Rhein und Mosel zur Offensive angetreten, erneut hatten sie die Niederlande besetzt, in Spanien wurde die Ebrolinie erreicht. Endgültig löste sich die I. Koalition auf, als Preußen den Frieden von Basel (5. April 1795) schloß, um freie Hand für die Dritte Teilung Polens zu bekommen; es folgte Spanien, nachdem zuvor die Niederlande als »Batavische Republik« ein Satellitenstaat Frankreichs geworden waren.

Ihre eigenen Möglichkeiten überschätzend, wagte die monarchistische Rechte am 13. Vendémiaire (5. Oktober 1795) einen Aufstand. Bei seiner Niederschlagung durch massiven Artillerieeinsatz führte der schon genannte junge Revolutionsgeneral Buonaparte den Befehl . . .

Barras und Buonaparte

Die Idee des Direktoriums als Herrschaft der Mitte erwies sich als unrealisierbar. Innere Konterrevolution, die Unwägbarkeiten der Frontlage, dazu eine Wiederbelebung der linken Opposition manövrierten das Direktorium in eine Zwangslage, die ihm in letzter Instanz nur einen Ausweg ließ: den Appell an die bewaffnete Gewalt – die Armee. Militärisches und politisches Prestige der Armee verbanden sich aber immer enger mit der Person Buonapartes. Der skrupellose und machtbesessene Barras, Graf, »Königsmörder«, Mann des »Großen Schreckens«, Thermidorverschwörer, jetzt führender Kopf des Direktoriums und der ungekrönte König der Republik, wußte, warum er seinen ehrgeizigen Protegé, der sich bald Bonaparte nannte, auf den desolaten italienischen Kriegsschauplatz abschob. Aber die Rechnung ging nicht auf. Bonaparte machte aus französischsprechenden Privaträubern eine disziplinierte Armee und sorgte dafür, daß in und von Italien aus die strategischen Entscheidungen gegen die Österreicher fielen (»Hier werdet ihr Ehre, Kriegsruhm und Reichtümer ernten!«) und seine Person im Gerangel um die Macht nicht mehr übersehen werden konnte. Der Jünger übertraf bald den Meister.

Die royalistische Konterrevolution bediente sich im Kampf gegen das Direktorium einer Doppelstrategie: In direkter militärischer Konfrontation versuchten die Erben der Vendée, die von

Niederlage der Chouans

Georges Cadoudal geführten Chouans, ihre Ziele durchzusetzen. Sie scheiterten im Frühjahr 1796 an der Offensive der Republikaner unter General Lazare Hoche. Seitdem setzte die aristokratische Rechte – nicht ohne Erfolg, wie sich bald zeigen sollte – auf die parlamentarische Maulwurfsarbeit.

Trotz Germinal- und Prairialniederlage ließen die Bemühungen entschlossener Anhänger der Revolution um die Verteidigung der Errungenschaften von 1793 nicht nach. Sie fanden ihre Zuflucht im radikal-demokratisch orientierten Panthéonklub, zu dessen Mitgliedern Babeuf gehörte, der mit seiner Zeitung »Le tribun du peuple« (Volkstribun) und noch mehr mit dem von Sylvain Maréchal verfaßten »Manifest der Plebejer« (November 1795) Aufsehen und Verdacht erregte.

Babeuf und die Verschwörung der Gleichen

An seine Auffassungen vor 1789 anknüpfend und um die praktischen Erfahrungen der Revolutionszeit bereichert, stieß François Noël Babeuf, der sich den programmatischen Vornamen Gracchus gab, über den Egalitarismus der »Bodenteiler« zu einem, wenn auch noch rohen, utopischen Kommunismus nach den Prinzipien der Güterteilung vor. Babeuf beließ es nicht bei der theoretischen Spekulation, wie so mancher, der die Revolution mit utopischer Träumerei durchlebte. Gemeinsam mit dem Italiener Buonarroti gründete er die »Verschwörung der Gleichen«. Sie verfügte über ein umfassendes politisches, soziales und ökonomisches Aktionsprogramm plebejisch-frühproletarischen Charakters. Zentraler Gedanke war die Errichtung einer Volksdiktatur im Ergebnis einer neuen Revolution (»die andere und letzte«), allerdings vorerst gestützt auf eine konspirative Minderheit. Ihr Führungsinstrument besaß die Verschwörung in einem Aufstandskomitee. Es war ein leichtes, die isolierten Konspirateure durch Verrat auffliegen zu lassen (10. Mai 1796). Immerhin blieb die Ungewißheit über das Verhalten der Pariser Sansculotten so groß, daß Prozeß und Hinrichtung von Babeuf und seinem Mitstreiter Darthé in der Provinz stattfanden (27. Mai 1797).

Was dem Direktorium Episode schien, bildete den Grundstein einer neuen Bewegung, die in nicht allzuferner Zukunft die bürgerliche Ordnung vor die Schranken fordern sollte. Am Vorabend seines Todes schrieb Babeuf an einen Freund: »Eines Tages, wenn die Verfolgung nachgelassen hat, wenn die guten Menschen ihre Meinung vielleicht so offen sagen dürfen, daß sie ein paar Blumen auf unser Grab werfen, und wenn man aufs neue darüber nachdenken wird, wie man dem Menschengeschlecht zu dem Glück verhelfen kann, für das wir gekämpft haben, dann magst Du diese Papiere durchblättern und um meiner Ehre willen allen Anhängern der Gleichheit diese Sammlung vorlegen, die alles enthält, was die Verdorbenen von heute meine Träume nennen.«

Die prekäre Lage für die »Herrschaft der Mitte« zeigte sich jedes Mal besonders auffällig, wenn das Direktorium um seiner Legitimierung willen Wahlen riskierte. Im Frühjahr 1797 ergaben die Wahlen einen eindeutigen Sieg der Royalisten, den die Direktoren post festum nur mit Hilfe der Generale Hoche und Bonaparte »korrigieren« konnten. Mit diesem Staatsstreich des 18. Fructidor (4. September 1797) war jedoch ein verhängnisvoller Präzedenzfall gesetzt. Auf den ersten folgte bald der zweite Streich: Am 11. Mai 1798 (22. Floréal) wurden erneut Abgeordnete per Dektret, diesmal vorwiegend linke, aus dem Gesetzgebenden Körper entfernt. Nach den Teilwahlen vom März 1799 folgte der dritte Streich vom 30. Prairial (18. Juni), diesmal aber zugunsten der verbliebenen Jakobiner, die aus der prekären Lage an den Fronten (Bildung der II. Koalition 1798) und der neu aufflammenden Chouanerie Nutzen zogen. Ihr Anspruch, das Vaterland in Gefahr zu erklären, ließ die Geister von 1793 wieder auferstehen. Um so lauter erhob sich dagegen die Forderung nach einer »starken Exekutive«. Eben diese Aufgabe vermochte das in sich zerstrittene Direktorium nicht zu erfüllen. Mit den für das Frühjahr 1800 anstehenden Wahlen drohte die Ungewißheit weiter zu wachsen.

Inzwischen verfolgte Sieyès den Plan eines Staatsstreiches neuer Art, der an die Stelle des handlungsunfähigen Direktoriums den »starken Mann« setzen sollte. Und dieser konnte nur aus dem Kreis der siegreichen Generale kommen. Als aussichtsreichster Anwärter erwies sich Bonaparte, der seine in Ägypten durch die englische Flotte blockierte Armee rechtzeitig im Stich gelassen hatte, um in den Machtkampf eingreifen zu können. Es war der Berufsintrigant Talleyrand, der Bonaparte in die Spur setzte – eine Begegnung, die eine Haßfreundschaft besonderer Art begründete.

18. Brumaire

Die Entscheidung fiel am 18. und 19. Brumaire (9./10. November 1799). Von der Armee im abgelegenen St-Cloud umstellt und von den widerspenstigsten Vertretern gereinigt, erklärten der Rat der Alten und der Rat der Fünfhundert das Direktorium für aufgelöst. An seine Stelle trat das dreiköpfige Konsulat (Bonaparte, Sieyès, Ducos), dessen neue Verfassung des Jahres VII

Vom Jakobinergeneral zum Kaiser

jedoch total auf die Person des »Ersten Konsuls«, Bonaparte, zugeschnitten war, der sein Amt zunächst »auf Lebenszeit« (1802) verlängern und sich schließlich (1804) – durch das Feigenblatt eines Plebiszits gedeckt – zum »Kaiser der Franzosen« krönen ließ.

Die Revolution gehörte der Vergangenheit an. Nach Bonapartes eigener Lesart: »Wir haben den Roman der Revolution beendet; man muß ihre Geschichte beginnen und sehen, was an Wirklichem und Möglichem es in der Anwendung ihrer Grundsätze gibt.«

Der schon den Zeitgenossen kometenhaft erschienene Aufstieg Bonapartes widerspiegelt am Beispiel einer großen historischen Persönlichkeit die wechselnden Schicksale der Revolution. Mit Hoche, Jourdan, Kléber, Marceau, Moreau, Murat, Ney oder Pichegru gehörte Bonaparte zu jener einmaligen Generation begabter Militärs, die das revolutionäre Frankreich zur militärischen Großmacht werden ließ, fähig, ein Vierteljahrhundert Krieg in Permanenz durchzuhalten. Im Unterschied zum anglophilen Gegenclan der Paoli auf Korsika optierten die Buonaparte für den soeben vollzogenen Anschluß an Frankreich. Bonaparte, am 15. August 1769 in Ajaccio geboren, hatte die Energie seiner Mutter Laetitia, aber wohl auch deren Familiensinn geerbt. Die Ansprüche seiner zahlreichen Geschwister brachten ihn noch als Kaiser in arge Verlegenheit. Seine militärische Ausbildung, die vor allem sein mathematisches Talent aufblitzen ließ, schloß der »kleine Korse mit dem straffen Haar« als Sechzehnjähriger 1785 mit Auszeichnung und dem Grad des Unterleutnants der Artillerie ab. Die beginnende Revolution fand in ihm einen loyalen Parteigänger, ja noch mehr: »Ich bin Jakobiner gewesen«, lautete das Selbstbekenntnis. Seine literarische Jugendsünde »Le souper de Beaucaire« (1793) gab davon in Dialogform Zeugnis. Aus der Anonymität trat der inzwischen zum General der Konventsarmee Avancierte bei der Wiedereroberung von Toulon hervor, wo sich seine »Batterie der Männer ohne Furcht« besonders auszeichnete. Er genoß die Wertschätzung Robespierres, wurde sogar am 9. Thermidor als Tyrannenfreund für kurze Zeit festgesetzt. Was ihn am Ende aber über die Fährnisse der Revolution und ihre Nachwehen hinwegrettete, war die Gunst des unverwüstlichen Barras. Ihm verdankte er die Verbindung mit Joséphine de Beauharnais, nach Michel Vovelle einer »schönen, ein wenig müden Kreolin, immer verführerisch, eine Halbkönigin des Direktoriums«, und den Zugang zu den Pariser Salons, in denen um die Macht gespielt und konspiriert wurde. Sein Bild in der Öffentlichkeit änderte sich über Nacht mit den Siegen in Italien. Der auffällig klein geratene, schon leichten Bauchansatz zeigende, scheue, wenig gesprächige, unsicher und fast provinziell wirkende Offizier verwandelte sich in einen Mann mit der »Statur eines antiken Helden«. Die großen Künstler der Revolution, unter ihnen Jacques Louis David, entdeckten Bonaparte und schufen jenes Image, das die Erinnerung an ihn bis in die Gegenwart bestimmt.

Der Funke springt über

Seit der Einberufung der Generalstände nach Versailles durch Ludwig XVI. konzentrierte sich das Interesse der Öffentlichkeit Europas auf die Vorgänge in Frankreich. Der politische Umbruch in der stärksten kontinentalen Feudalmacht und die Konstituierung einer neuen Gesellschaft ließen die Leitideen von 1789 sich rasch über die Grenzen hinaus ausbreiten. Was für die einen die Hoffnung auf den Sieg der Vernunft im eigenen Lande nährte, wurde für die Kräfte der Beharrung zur existentiellen Herausforderung und zum Motiv des kompromißlosen Widerstandes. Die beispielgebende und mobilisierende Wirkung der Ereignisse in Frankreich selbst fand ihre Ergänzung durch die Folgen der militärischen Konfrontation, denn wo die Trikolore gehißt wurde, schlug ein Stück Revolution Wurzeln. Anhänger und Gegner der Revolution begriffen auf ihre Weise, Zeuge einer Epochenwende zu sein. Von nun an gab es im Bewußtsein der Zeitgenossen eine Geschichte vor und nach 1789. »Galliens Freiheit«, wie Klopstock schrieb, bewegte, erregte, einte und trennte die Gemüter. Es vollzog sich eine Polarisierung des politischen Denkens und Handelns, deren Frontenbildungen bis weit in das 19. Jahrhundert hineinreichten und im historischen Denken bis heute nicht abgetragen sind. Jedoch gingen intellektuelle Sympathie und revolutionäre Tat nicht immer zusammen. Die Auseinandersetzung um die Revolution begann sich rasch zu komplizieren. Der ungebrochene Enthusiasmus des Anfangs wich Schritt um Schritt der kritisch-wertenden Distanz und schlug nicht selten in offene Ablehnung um. Nur eine Minderheit radikaler Demokraten – von den alten Gewalten als »Jakobiner« denunziert und verfolgt – behielt und verteidigte den Glauben an die Revolution. Daß sich das strahlende Panorama verdunkelte, hatte mannigfache Ursachen. Da war vor allem der Widerspruch zwischen Idee und Tat bei Denkern und Dichtern, die sich nicht auf eine selbstbewußte Bürgerklasse englischer oder französischer Statur stützen konnten. Die Flucht vor der Misere im eigenen Land erhob den Gedanken der Revolution dichterisch und philosophisch in eine heile Welt der ästhetischen Harmonie. Auf die Blütenträume des aufgeklärt-abstrakten Humanitätsideals legte sich der Rauhreif des alltäglichen Überlebenskampfes der Revolution. Dieses Klima begünstigte das Aufkommen der konservativ-restaurativen Gegenstimmen in der Debatte um die Revolution, gestützt und forciert durch die staatliche Repressionspolitik. Verwirrung und Desillusionierung blieben aber auch den entschiedenen Parteigängern der Revolution nicht erspart: die antidemokratische Wende unter Thermidor und Direktorium, das Zurückschrumpfen der sozialen auf die formaljuristische Gleichheit, das Parvenühafte der sich frenetisch auslebenden neuen Klasse und am Ende der Cäsarismus Napoleons mit dem bedingungslosen Vorherrschaftsanspruch der »Grande Nation«. Es bedurfte gewiß eines übermenschlichen Vertrauens in den Sinn der Geschichte, um die Ideale von 1789 durch den Schleier imperialer Verfremdung zu erkennen und an ihre Überlebenskraft zu glauben.

Die aufgeklärten Weltbürger

Unmittelbar reagierte die kosmopolitisch denkende und aufklärerisch geprägte Intelligenz. Über Jahrzehnte Gedachtes, Debattiertes und Gelehrtes schien Wirklichkeit geworden: die menschheitsbefreiende Rolle der neuen Ideen. Die Vorgänge in Paris, der geistigen Hauptstadt dieser Elite, wurden kommentiert, propagiert, in Verse gefaßt, besungen, in Grafik und auf Leinwand gebannt. So schrieb Johann Wilhelm von Archenholz 1792: »Wenn ich sage, daß ich mich über die französische Revolution gefreut habe, so sage ich nicht mehr, als was die aufgeklärten Weltbürger ... gesagt haben.« Der aufgeklärte Geist schwelgte im Hochgefühl der heroischen Illusion. Nach französischer Manier wurden allerorts Freiheitsbäume gepflanzt – über Europa hinaus bis in das ferne Indien ... Über Paris ergoß sich eine Welle von Freiheitspilgern, die vor der einstigen Zwingburg des Absolutismus dem Genius loci ihre Reverenz erwiesen: die Deutschen Georg Forster und die Brüder von Humboldt, aus Polen Tadeusz Kościuszko, der russische Schriftsteller Karamsin, der englische Dichter Wordsworth und der Autor des »Common sense«, Thomas Paine, Italiens Dramatiker Alfieri; aus Venezuela trieb es Francisco de Miranda, den führenden Kopf der kreolischen Opposition gegen die spanische Kolonialherrschaft, nach Frankreich. Nicht wenige, die aus den europäischen Ländern und aus Übersee nach Paris kamen, stellten sich in die Reihen der Revolution und teilten fürderhin deren Schicksal, im Guten wie im Bösen.

Spanien – Portugal

Die konkreten Ausdrucksformen der Wirkung der Revolution spiegelten in mehr oder minder zugespitzter Form den Zustand der betroffenen Länder wider. An Frankreichs südwestlicher Flanke existierten mit Spanien und Portugal zwei Staaten, deren herrschende Klasse ihre schon vollzogene Absage an die aufgeklärte Reformpolitik durch die ausbrechende Revolution nachträglich voll bestätigt sah. In Spanien prägte »Floridablancas Große Furcht« (Richard Herr) die Szene. Entlang der Pyrenäen ging ein Vorhang nieder, um das Land (und seine, die ersten ernsten Zeichen der Unbotmäßigkeit zeigenden Kolonien in Mittel- und Südamerika) gegen die revolutionäre Infektion abzuschotten. Klerus und Inquisition führten den Kampf gegen den in Frankreich herrschenden Antichrist mit der Inbrunst mittelalterlicher Kreuzzugsmentalität. Auch über Portugal brach erneut die Herrschaft klerikaler Dunkelmänner herein, nachdem für die geistesgestörte Königin Maria I. ihr Sohn João 1792 die Regentschaft übernommen hatte. In Spanien brachte allein der Versuch, eine nationale Reformpolitik nach dem Beispiel der Konstituante ins Auge zu fassen, den Vorwurf des »Afrancesado« (Französlings) ein.

Vom Drama der »Afrancesados«, die am Ende fast alle an der offiziellen Intoleranz scheiterten, zeugt auf beredte Weise das Schicksal von Pablo de Olavide, der zu den entschiedensten Vertretern der Aufklärung in Spanien gehörte und dessen früh ausgeprägte Neigung, eigene Wege zu gehen und unorthodox zu handeln, ihn in ständigen Konflikt mit den gewachsenen Autoritäten brachte. Seine Stellung als Mitglied der Audiencia von Lima, der Hauptstadt des Vizekönigreichs Peru, mußte er aufgeben, da er die anvertrauten Gelder für den Wiederaufbau einer durch Erdbeben zerstörten Kirche in den Neubau eines Theaters, das ihm für die Hebung der Allgemeinkultur wichtiger erschien, investierte. In Madrid ermöglichte ihm die Heirat mit einer reichen Grundbesitzerswitwe, sein Haus in eine Stätte der Begegnung mit den aufgeklärten Geistern der Zeit zu verwandeln; er genoß und nutzte die Protektion des Ersten Ministers Karls III., des Grafen von Aranda. Begeisterung und Verdacht – je nach Standpunkt – erregte sein »Plan general de estudios« von

»Subir y bajar« (Aufsteigen und Fallen). Im Zentrum der Karikatur steht der Günstling der spanischen Königin María Luisa, der »Friedensfürst« Manuel Godoy. Radierung von Francisco de Goya, Blatt 15 aus der Folge »Los Caprichos« 1797–1799. Staatliche Kunstsammlungen Dresden, Kupferstichkabinett

1768, in dem er eine radikale Bildungsreform zugunsten der Naturwissenschaften bei Hintanstellung der Theologie vorschlug. Mit Enthusiasmus förderte er die Binnenkolonisation der Sierra Morena, jedoch litt sein Prestige durch die Machenschaften des bayerischen Abenteurers Johann Kaspar von Thurriegel, der für hohe Kopfprämien meist ungeeignete Kolonisten angeworben hatte. Seine freizügigen Auffassungen in religiösen Fragen brachten Olavide vor die Inquisition, die ihn 1778 durch ein geheimes »autillo« zu acht Jahren Freiheitsentzug verurteilte. Trotz versuchter Geheimhaltung erregte der Prozeß internationales Aufsehen; er war Ausdruck der konservativen Verfinsterung in den letzten Regierungsjahren Karls III. Nach gelungener Flucht (1780) wurde Olavide in Frankreich von den großen Philosophen feierlich empfangen und geehrt: Marmontel würdigte ihn in Versen vor der Académie, Diderot schrieb seine Biographie, und der Jakobinerkonvent erklärte ihn zum Ehrenbürger. Olavide galt als Musteropfer von Despotie und Inquisition, was ihn aber am Ende nicht davor bewahrte, als verdächtiger Ausländer ins Gefängnis zu kommen, das er erst nach dem 9. Thermidor verlassen konnte. Ohne das Erbe der Aufklärung zu verleugnen, suchte Olavide in den letzten Jahren seines Lebens den Ausgleich mit dem Christentum. Er hinterließ eine Schrift mit dem Titel »El evangelio en triunfo« (1798) und bat im Testament, für sein Seelenheil 400 Messen zu lesen.

Die Revolution war in Spanien nicht nur der aufgeklärten Elite ein Begriff. »Sogar die Huren fragen Dich über Robespierre und Barère«, schrieb ein Zeitgenosse. Im Februar 1795 flog die von Juan Picornell y Gomila geleitete »San-Blas-Verschwörung« auf. Picornell mußte nach Südamerika in die Verbannung gehen, wo er in Venezuela gemeinsam mit Gual und España 1797 einen republikanischen Aufstand vorbereitete, dessen Anhänger sich »Sansculotten« (Descamisados) nannten, eine »Amerikanische Carmagnole« komponierten und die Jakobinerverfassung propagierten. Vergeblich versuchten die französischen Jakobiner von Bayonne aus ihre revolutionäre Propaganda nach Spanien zu tragen. Wer mit ihnen sympathisierte, mußte aus dem Lande fliehen. Zum Kreis der Emigranten gehörte José Marchena, der im Frühjahr 1792, knapp der Inquisition entronnen, um Aufnahme in den Tochterklub von Bayonne bat: »Ich komme aus dem Land der Sklaverei, dem Lande des religiösen und zivilen Despotismus . . . Ich komme in das Land der Freiheit.« Spaniens Versuch, auf Kosten der Revolution aus der Situation Vorteile zu ziehen, endete kläglich. Nachdem die unattraktive, dafür um so liebeshungrigere Gattin Karls IV., María Luisa von Parma, ihren Geliebten, Manuel de Godoy, einen skrupellosen ehrgeizigen Leibgardisten aus niederem Adel, zum Ersten Minister erhoben hatte, lancierte dieser Spanien an der Seite der I. Koalition in den Krieg gegen Frankreich. Selbst aus der militärischen Pleite (Frieden von Basel) wußte der Günstling der Königin noch Kapital zu schlagen; er ließ sich zum »Príncipe de la Paz« (Friedensfürsten) ernennen. Mit einer Schwenkung um 180 Grad schloß Spanien nun ein Bündnis mit Frankreich (Vertrag von San Ildefonso, 19. August 1796), das aber die spanischen Kolonien dem Angriff Englands öffnete, ohne verhindern zu können, daß Spanien ab 1807/08 zu den prominentesten Opfern der napoleonischen Expansionspolitik zählte.

Belgien und die Niederlande

Beide Regionen lagen in der traditionellen Expansionslinie Frankreichs und bildeten einen entscheidenden Vorposten im säkularen Konflikt mit England. Im Falle Belgiens (d. h. der österreichischen Niederlande) traf die Nachricht vom Sturm auf

Die Aufpflanzung des Freiheitsbaumes in Venedig am 4. Juni 1797. Civici Musei Veneziani d'Arte e di Storia, Venedig

die Bastille in eine von der Opposition gegen die Reformpolitik Josephs II. (Aufhebung des Brabanter Statuts) aufgeheizte Atmosphäre. Der Aufstand der lokalen Milizen vertrieb die schwachen österreichischen Kontingente. Allerdings brach das antiösterreichische Lager rasch auseinander; der bürgerliche Flügel der ständischen Opposition (»Vonckisten«) wurde von den klerikalkonservativen Kräften (»Staatisten«) aus dem Rennen geworfen. Das Ergebnis des inneren Zwistes bestand in der Wiederherstellung der österreichischen Herrschaft, jedoch nur auf Zeit, da Belgien bald einen der Hauptschauplätze des Revolutionskrieges abgab. Die unter den Patrioten noch umstrittene Frage, ob Anschluß an die »Republik der Menschenrechte« oder Eigenstaatlichkeit auf republikanischer Grundlage, entschied sich bis 1797 in völlig unerwarteter Weise: durch die Annexion unter dem Direktorium. Das verbliebene holländische »Vorfeld« nahm bald den Status einer Schwesterrepublik (»Batavische Republik«) an. Bonaparte sah die ganze Angelegenheit ungleich großzügiger, für ihn handelte es sich bei beiden Gebieten um »eine Anschwemmung französischer Flüsse«.

Italien

Besonders nachhaltig reagierte das von der Aufklärung am meisten geprägte, dafür aber politisch um so ohnmächtigere Italien. Noch bevor Metternich es so formulierte, war Italien kein politischer, sondern nur »ein geographischer Begriff«. Die Soldaten der Revolution wurden als Befreier erwartet, patriotische Dichter besangen die ersehnte nationale Einheit, revolutionäre Studenten gingen in den Aufstand (Padua, Turin). Zu den führenden Patrioten gehörte Filippo Buonarroti, der im Sinne der Visionen utopisch-egalitärer Denker der Aufklärung für eine gesamtnationale Revolution wirkte, deren Ausgangspunkt Piemont und die Lombardei sein sollten; zunächst geriet jedoch Buonarroti in den Sog der Verfolgung Babeufs und seiner Mitstreiter. Als die Revolutionstruppen unter Bonaparte im Zuge seiner berühmten Italienkampagne (1796/97) nach Piemont vorstießen und Viktor Amadeus II. zu einem Separatfrieden zwangen, brach ein Aufstand los, der jedoch zum Entsetzen der Franzosenfreunde niedergeschlagen wurde, ohne daß die von Bonaparte geführte Armee helfend eingegriffen hätte. Für den ehrgeizigen General war Italien schon kein Objekt einer Befreiungsmission mehr, sondern bereits Faustpfand im Machtpoker des Direktoriums. Nicht durch die revolutionäre Aktion der Patrioten, sondern per Dekret der Eroberer entstanden bis 1799 die Cisalpinische, Ligurische, Römische und Parthenopäische Republik, deren en masse nach Paris beorderte Kunstschätze noch heute zum Grundstock des weltberühmten Louvre gehören. Obwohl im französischen Einflußbereich bürgerliche Reformen durchgeführt wurden, die – vor allem im Norden Italiens – das Feudalsystem an der Wurzel trafen, erfüllten weder das Direktorium noch der Kaiser, der sich 1805 die eiserne Krone der Langobarden auf das Haupt setzte, die Hoffnungen der italienischen Patrioten nach nationaler Einheit.

Unter den Zuschauern der Zeremonie befand sich ein junger Aristokrat aus Venezuela, der in diesem Moment begriff, daß sein großes Vorbild daranging, die Revolution zu verraten. Noch unter dem Eindruck des Erlebten legte er auf dem Monte Sacro bei Rom den Schwur ab, den Kontinent seiner Geburt von spanischer Kolonialherrschaft zu befreien und den Prinzipien von 1789 jenseits des Atlantiks eine neue Heimat zu geben. Sein Name war Simón Bolívar.

Rasch begann die Stimmung umzuschlagen; in Piemont entstand die geheime »Gesellschaft der Strahlen«, die sich gegen Österreich und die französischen Okkupanten richtete. Ihre Aushebung durch General Grouchy wurde nach Paris als »Sieg über die Anarchie« gemeldet. Zwischen den italienischen »Jakobinern«, die das erste Kapitel des Kampfes um die nationale Wiedergeburt (Risorgimento) schrieben, und den Testamentsvollstreckern der Großen Revolution gab es keine Gemeinsamkeit mehr.

Schweiz

In der Schweiz bot die Revolution jenseits der Grenze den demokratischen Gruppen, die schon seit der zweiten Hälfte des 18. Jahrhunderts gegen die Herrschaft der aristokratisch-patrizischen Oberklassen und die überkommenen Machtstrukturen ankämpften, die Gelegenheit, in die Offensive zu gehen. Bauern und Stadtbürgertum standen Seite an Seite. Johann Kaspar Lavater, konsequenter Rousseau-Anhänger und als Schriftsteller einer der Anreger des deutschen »Sturm und Drang«, dazu der Pädagoge Johann Heinrich Pestalozzi verhalfen der revolutionären Partei zu ihrem ideologisch-programmatischen Profil; von Paris aus wirkte das »Helvetische Komitee« unter Frédéric César de la Harpe und Peter Ochs. Das Direktorium nutzte die Krisenlage 1798 für ein militärisches Eingreifen, dessen Ergebnis in der Proklamierung einer »Helvetischen Republik« bestand, die nach französischem Muster in Departements (23) eingeteilt war, über eine Abgeordnetenkammer sowie einen Senat verfügte und von einem fünfköpfigen Direktorium regiert wurde. Die eingeleiteten Reformen vermochten zwar nicht den traditionellen Föderalismus zu überwinden, brachten aber die Kantone weiter auf dem Weg der bürgerlichen Umwälzung voran.

Aus der aristokratisch regierten Stadtrepublik Genua entstand im Jahre 1797 die Ligurische Republik. Die Abbildung zeigt eine Münze dieser Republik von 1798. Universitätsbibliothek Leipzig

Deutsche Territorien

So dringend das unter dem schütteren Dach des »Heiligen Römischen Reiches« subsumierte Konglomerat von über 300 »Subjekten« des Völkerrechts einer Revolution bedurft hätte, so wenig existierten – analog zu Italien – die Bedingungen dafür. Intellektuelle Sympathie und revolutionäre Aktion klafften in der Hei-

Nach dem Einmarsch der französischen Truppen in die Schweiz wurde die Helvetische Republik gegründet. Sie bestand von 1798 bis 1803. Die Abbildung zeigt eine 32-Franken-Münze der Republik aus dem Jahre 1800. Privatbesitz

mat der »klassischen deutschen Philosophie« besonders weit auseinander. Alle führenden Köpfe des geistigen Lebens standen wie ein Mann auf der Seite der Revolution: Kant, Herder, Wieland, Klopstock, Fichte, Hegel ... Ode auf Ode widmete Friedrich Klopstock dem neuen Frankreich. »Frankreich schuf sich frei. Des Jahrhunderts edelste Tat«, jubelte er 1789, aber schon 1792 war in dem Gedicht »Die Jakobiner« die Rede von der »Riesenschlang«, deren »Geiferbiß« die Freiheit in den Staub stürze. Plebejischer Radikalismus vertrug sich nicht mit der Idealwelt der deutschen Aufklärer und Klassiker. Sehr früh und noch stärker als Friedrich Schiller, der mit der ihm erst verspätet zugestellten Urkunde über die Ehrenbürgerschaft der Revolution recht wenig anzufangen wußte, distanzierte sich Johann Wolfgang Goethe, der mit seinem Grunderlebnis Italien die Wende vom »Sturm und Drang« zum klassizistischen Humanismus vollzogen hatte (und um diese Zeit wohl schon mehr mit Christiane Vulpius als mit der Revolution beschäftigt war). Goethe sah die Revolution als »die gräßlichste Erfüllung«, und aus dieser Sicht erwuchsen die kritischen Urteile in den »Venezianischen Epigrammen« (1790), in den »Aufgeregten« (1793), den mit Schiller verfaßten »Xenien« (1796) oder in »Hermann und Dorothea« (1796/97). Klopstocks Klage: »Jene goldene Zeit verging bald ...« (1796) bezeugte fast paradigmatisch, daß die Mehrheit der aufgeklärt-liberal und reformerisch gesinnten Philosophen und Schriftsteller die Spannung zwischen Ideal und Wirklichkeit des gesellschaftlichen Umbruchs, das rauhe Klima einer welthistorischen Entscheidungssituation nicht zu ertragen vermochten. Die Grundfragen der Großen Revolution traten zurück hinter unverbindlich-abstrakte, der Realität wenig entsprechende literarisch-philosophische Debatten (Claus Trä-

Johann Wolfgang Goethe. Aquarell von Johann Heinrich Meyer. Nationale Forschungs- und Gedenkstätten der klassischen deutschen Literatur, Weimar

Friedrich Gottlieb Klopstock. Schabkunstblatt von Louis Juel, 1800. Staatliche Kunstsammlungen Dresden, Kupferstichkabinett

ger). Erst aus der zeitlichen Distanz, da die »Greuel« der Revolution den Schrecken des Unmittelbaren verloren hatten, gewann auch bei Goethe das sachliche Urteil wieder die Oberhand: »Es ist wahr, ich konnte kein Freund der Französischen Revolution sein, denn ihre Greuel standen mir zu nahe und empörten mich täglich und stündlich. Auch konnte ich nicht gleichgültig dabei sein, daß man in Deutschland *künstlicherweise* ähnliche Szenen herbeizuführen trachtete, die in Frankreich Folge einer großen Notwendigkeit waren ...« (Gespräche mit Eckermann, 4. Januar 1824). Auch Georg Friedrich Hegel bekannte sich zur weltverändernden Wirkung der Revolution, die er als »Morgenröthe« und »herrlichen Sonnenaufgang« begriff, damit manifestierend, daß der »Taumel«, mit dem er und seine Mitschüler im Tübinger Seminar (Schlegel, Hölderlin) die Revolution begrüßt hatten, nicht der Fata Morgana einer Pubertätsrebellion entsprungen war: »Alle denkenden Wesen« – so schrieb er in seiner »Philosophie der Geschichte« – »haben diese Epoche mitgefeiert. Eine erhabene Rührung hat in jener Zeit geherrscht, ein Enthusiasmus des Geistes hat die Welt durchschauert.« Hegel hielt daran fest, indem er Jahr für Jahr den 14. Juli feierte. Ungeachtet der bewußten Distanz zur realen Revolution, die das Verhalten führender Persönlichkeiten in Philosophie, Literatur und Publizistik bestimmte, sollte nicht übersehen werden, daß die universale Dimension der bürgerlichen Emanzipation auf einer Revolutionstriade fußte, zu der neben der grundlegenden politisch-sozialen Umwälzung in Frankreich und der parallelen industriellen Umwälzung in England auch die philosophische Revolution, mündend in die klassische deutsche Philosophie, gehörte.

Fernab der literarischen Salons, Gelehrtenzirkel und streitbaren Publizistik gewann das Echo der Revolution an der Basis spontane, wenn auch meist regional isolierte Gestalt. Nach dem französischen Vorbild setzten die Bauern des Elsaß ihre Variante der »Großen Furcht« in Szene und verweigerten Abgaben wie Frondienste; eine Welle von Unruhen verlief entlang des Rheins, die auch Städte (Köln) nicht aussparte. Aus dieser spontan-amorphen Vielfalt von Protestbekundungen ragte der kursächsische Bauernaufstand vom Herbst 1790 mit etwa 2000 Teilnehmern hervor; es bedurfte massiven Militäreinsatzes, um wieder der Lage Herr zu werden. Kaum weniger dramatisch verlief die Erhebung der schlesischen Weber im Frühjahr 1793 (nach offiziellen Angaben 20000 Aufständische), die vergeblich auf französische Hilfe hofften.

Mainzer Republik

Ein eigenes Kapitel deutscher Revolutionsgeschichte stellte die Errichtung der Mainzer Republik dar. Als im Oktober 1792 die französischen Truppen unter General Custine das kurfürstlich-bischöfliche Mainz besetzten, hoben die zuvor schon aktiven Demokraten die »Gesellschaft der Freunde der Gleichheit und Freiheit« aus der Taufe, zu deren führender Persönlichkeit Georg Forster aufrückte. Sofort erfolgte die Kontaktaufnahme mit dem jakobinischen Mutterklub in Paris. Unter dem Druck der Mainzer Demokraten leitete der zögerliche Exaristokrat Custine bürgerliche Reformen ein und ermöglichte Wahlen zu einer provisorischen Regierung. Aus ihnen ging der »Rheinisch-deutsche Nationalkonvent« hervor, die erste demokratische Regierung auf deutschem Boden. Da ihre Existenz nur in Anlehnung an Frankreich und unter dem Schild der Revolutionsarmee von Dauer sein konnte, erfolgte der Beschluß zur Vereinigung mit Frankreich, ein aus der kosmopolitischen Grundhaltung der führenden Revolutionäre logischer Schritt. Das Vorhaben scheiterte mit der Rückeroberung von Mainz durch die Preußen am 23. Juli 1793. Forster erlebte den Untergang seines politischen Werkes in Paris, wo er einen schweren Tod fand. Er hinterließ mit der Schrift »Parisische Umrisse« ein Vermächtnis, das Frankreichs Revolution mit unbeirrbarer Konsequenz verteidigte, getreu seiner am 13. Januar 1793 bei der Aufrichtung des Freiheitsbaumes gesprochenen Worte: »... mögen die Tyrannen über dem Rheine erzittern ...« Als General Hoche im Herbst 1794 erneut das linke Rheinufer besetzte, begannen die Demokraten den Kampf um eine cisrhenanische Republik. Jedoch vollzog das Direktorium mit dem Anspruch, die »natürlichen Grenzen« zu sichern, den Anschluß der linksrheinischen Gebiete an Frankreich; als Konsul sanktionierte Bonaparte diesen Schritt 1802 staatsrechtlich. Unter diesen Voraussetzungen wurden die rheinischen Gebiete der bürgerlichen Umwälzung in einer Weise teilhaftig, die in den kommenden Jahrzehnten die rheinische Bourgeoisie zur führenden Kraft der nationalen Bewegung in Deutschland aufsteigen ließ.

Analog zu den anderen europäischen Ländern hatte das militärische Ausgreifen unter dem Direktorium, vor allem aber die Expansionspolitik des Kaiserreiches für die deutschen Territorien eine zwiespältige Konsequenz. In den Anfangsjahren bedeutete die französische Okkupation, trotz Preisgabe der Souveränität, einen historischen Fortschritt dank der eingeleiteten Reformen, die wesentliche Elemente der alten Feudalordnung beseitigten, die Rechtsgleichheit durchsetzten, ohne jedoch die Adelsherrschaft und damit das Machtmonopol der Grundbesitzer im Kern anzutasten. Durch den »Reichsdeputationshauptschluß« von 1803 verschwanden die Grenzen von 112 geistlichen Fürstentümern und weltlichen Herrschaften von der Landkarte sowie die Vorrechte von fast allen Reichsstädten. Es entstanden neue Mittelstaaten – die Modernisierung blieb auf halbem Wege stecken. Im nachfolgend gebildeten Rheinbund (1806) besaß Napoleon eine Basis für sein Hegemonialsystem über Deutschland und Mitteleuropa. Zum Modellstaat avancierte das 1807 geschaffene Königreich Westfalen unter der Herrschaft von Napoleons Bruder Jérôme (»König Lustick«), das als quasi-konstitutionelles Gegenstück zu den verbliebenen altfeudalen Herr-

Flugblatt gegen die Franzosenfreunde in Mainz von 1793, aus: Die Okkupation von Frankfurt und Mainz durch die Franzosen unter General Custine im ersten Koalitionskrieg 1792/93. Museum für Geschichte der Stadt Leipzig

schaftsgebilden gedacht war und seine Wirkung nicht verfehlte. Allerdings wurde der historische Moment, da Napoleons Stern am hellsten strahlte (Niederlage Preußens in der Doppelschlacht von Jena und Auerstedt am 14. Oktober 1806, Einzug in Berlin und Verkündung der Kontinentalsperre), zu jenem Wendepunkt, der die Kräfte für den künftigen Befreiungskrieg freisetzte. Zugleich legten die Reformen, unter Karl Reichsfreiherr vom und zum Stein begonnen und unter Karl August Fürst von Hardenberg fortgesetzt, die Grundlagen für eine Entwicklung, die Preußen Schritt um Schritt auf dem Weg der Reform in das bürgerliche Zeitalter führte.

Polen

Ungleich schwerer, aber trotzdem unübersehbar zündete der Funke der Ideen von 1789 und 1793 auch in den Ländern Ost- und Südosteuropas, in denen noch ein in seinen Strukturen weitgehend intaktes Feudalsystem herrschte und nicht einmal Ansätze einer bürgerlichen Mittelklasse vorhanden waren. In Polen gewann die patriotische Bewegung an Boden, die sich gegen die »Adelsanarchie« und die Vorherrschaft der Teilungsmächte Rußland, Österreich und Preußen wandte. Die mit Unterstützung König Stanisław Poniatowskis unter der Hand ausgearbeitete Verfassung vom 3. Mai 1791 beseitigte das Liberum veto, führte ein Zweikammersystem ein und setzte an die Stelle der Wahl- eine Erbmonarchie. Das Vorbild der französischen Reformen lag offen zutage. Rußlands Intervention machte die Pläne der Patrioten zunichte; das Ergebnis bestand in der Zweiten Teilung des Landes. Der demokratische Flügel der Patrioten aber gab Polen nicht verloren. Seine führenden Köpfe, Hugo Kollontoj und Tadeusz Kościuszko, kannten die Große Revolution aus der Erfahrung ihrer Emigrantenzeit. Kollontoj faszinierte – wie später Bolívar – die Vision eines »universellen Krieges der Völker gegen die Tyrannen«, und Kościuszko, bereits Ehrenbürger der Revolution, präsentierte Anfang 1793 in Paris ein Memorandum über die Errichtung einer Republik in Polen. Es entstanden »jakobinische« Aktionszentren in Krakau und Wilna, Warschau folgte mit der Gründung eines »Jakobinerklubs«. Diese Kräfte bildeten das Rückgrat für den Nationalaufstand, den Kościuszko am 24. März 1794 in Krakau auslöste. Vergeblich setzte er auf eine »Levée en masse« der Bauern, da der Adel (Magnaten und Schlachta) nicht daran dachte, seine abhängigen Bauern freizugeben. Unter der Losung »Das Vaterland ist in Gefahr« brachten die Patrioten eine Streitkraft von 70000 Mann auf die Beine, die sich mit einer überlegenen russischen und preußischen Armee konfrontiert sah, denen bald die Österreicher zur Seite traten. Trotz dieses ungleichen Kräfteverhälnisses hielt sich Warschau (20000 Polen gegen 40000 Russen und Preußen) zwei Monate. Am 10. Oktober fiel in der Schlacht von Maciejowice Kościuszko dem Gegner in die Hände, am 4. November durchbrachen die

Polens Nationalheld Tadeusz Kościuszko. Lithographie von G. F. Schröter, um 1800. Museum und Kunstsammlung Schloß Hinterglauchau, Glauchau

Truppen Suworows die Verteidigungslinie von Warschau. Die grausame Rache der Sieger traf die Verteidiger wie große Teile der Bevölkerung ohne Unterschied. Der heroische Versuch zur Schaffung eines freien Polen mündete in die Dritte Teilung des Landes (24. Oktober 1795), das so zwar für den Moment von der Landkarte, aber nicht aus der Geschichte getilgt werden konnte.

Österreich–Ungarn

Für die Länder der Habsburger Monarchie brachte die Revolution das Ende des Josephinismus und der mit ihm verbundenen Hoffnungen in den Reihen der aufgeklärten Staatsbürokratie, des städtischen Bürgertums und vor allem der Bauernschaft. Hatte schon Josephs Nachfolger, Leopold II., wesentliche Reformpositionen geräumt, so setzte unter Franz II., der 1792 die Regierung übernahm, die offene Reaktion ein. Am Vermächtnis Josephs II. festzuhalten bedeutete, in die Opposition zu gehen. Sie fand ihren radikalsten Ausdruck in der Entstehung konspirativer Gruppen, deren Profil bürgerlich-liberal bis demokratisch-egalitär (so Franz Hebenstreit in seinem Revolutionsepos »Homo hominibus«) reichte. Die besondere Brisanz dieser »jakobinischen« Aktivitäten in allen Regionen der Monarchie lag in der engen Verbindung von nationaler und sozialer Frage. Zu einem Zentrum der antiabsolutistischen Opposition, die sich bewußt am Beispiel Frankreichs orientierte, wurde neben Wien das notorisch widerspenstige Ungarn. Der von Intellektuellen (Hajnóczy, Szentmarjay, Pál Öz) artikulierte Protest erfaßte auch Teile des ungarischen Adels. Ihr Haupt fanden die radikalen, aber amorphen Widerstandsbekundungen in Ignác Martinovics. Er verfügte über das Talent, der Opposition programmatisches Profil und feste organisatorische Struktur zu geben.

Jakobiner an der Donau

Martinovics, Franziskanermönch, Feldkaplan, Titularabt und Professor der Naturgeschichte an der Universität Lemberg, gehörte zum Kreis der intransigenten Josephiner; in einer Streitschrift forderte er den Kaiser auf, die Vorherrschaft von Adel und Klerus zu brechen. Unter Leopold II. verdingte er sich jedoch als Polizeispitzel gegen die revolutionären Umtriebe in Ungarn. Sein Kontakt zu József Hajnóczy und anderen radikal gesinnten Intellektuellen in Buda und Pest führte zu einem völligen Sinneswandel und dem Entschluß, sich an die Spitze der antihabsburgischen Bewegung zu stellen. In einem offenen Brief an Franz II. verteidigte er die Revolution und begann mit dem Aufbau einer zweigeteilten Geheimorganisation: die »Gesellschaft der Reformer« zielte auf die Gewinnung der unzufriedenen Adligen, derweil die »Gesellschaft für Freiheit und Gleichheit« die demokratisch-radikale Intelligenz um sich scharte. Bald umfaßten beide Gesellschaften etwa 300 Mitglieder, vorwiegend aus adligen Kreisen. Für jedes der beiden konspirativen Zentren, deren Zellen bis in die Provinz reichten, entwarf Martinovics ein eigenes Programm (»Katechismus«). Daß es sich um »Jakobiner ohne Volk« handelte, macht das Fehlen präziser Vorstellungen zum Kardinalthema Bauernbefreiung deutlich. Die Aufdeckung des Wiener Jakobinerkreises um Riedel und Hebenstreit besiegelte auch das Schicksal der »Jakobinerverschwörung« in Ungarn. Martinovics erleichterte die Arbeit der Geheimpolizei, indem er freimütig die Namen aller Mitverschwörer preisgab – vielleicht in der Hoffnung, seinen Kopf zu retten. Die Rechnung ging nicht auf: Im Mai und Juni 1795 wurde an Martinovics und weiteren sechs ungarischen Patrioten das Todesurteil vollstreckt. Viele »vom Jakobinismus verführte« Adlige machten ihren Flirt mit der Revolution ungeschehen und beugten wieder ihr Haupt vor dem Absolutismus Franz' II.

Rußland

Im naiven Vertrauen auf das Bekenntnis Katharinas II. zur Aufklärung glaubten Literaten und für Reformen aufgeschlossene Adlige in Rußland, daß auch für ihr Land eine neue Epoche angebrochen sei. In vielen Salons von St. Petersburg und Moskau wurde die Nachricht vom Sturm auf die Bastille mit Illuminationen gefeiert. Nowikow, Krylow, Kretschetow, Karamsin und vor allem Radistschew und der unter seinem Einfluß stehende Kreis hielten mit ihrer Sympathie nicht hinterm Berge. Radistschew rühmte die Revolution in seiner Ode »Freiheit« (1790), und aus gleichem Anlaß schrieb Karamsin, die Revolu-

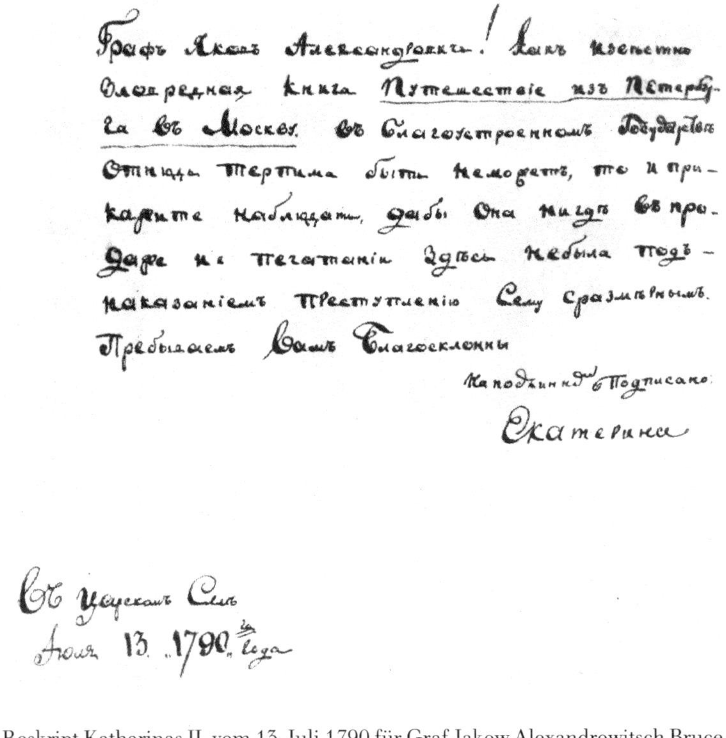
Графъ Яковъ Александровичь! Какъ известно
вредная книга Путешествие изъ Петербурга въ Москву въ благоустроенномъ государстве
отнюдь терпима быть неможетъ, то и прикажите наблюдать, дабы она нигде въ продаже и печатании здесь небыла подъ наказаниемъ преступлению сему сразмернымъ.
Пребываемъ вамъ благосклонны
На подлинномъ подписано:
Екатерина

Въ Царскомъ Селе
Июля 13. 1790 года

Reskript Katharinas II. vom 13. Juli 1790 für Graf Jakow Alexandrowitsch Bruce über das Verbot von Radistschews Werk »Reise von Petersburg nach Moskau«

Alexander Nikolajewitsch Radistschew. Gemälde eines unbekannten Künstlers, Ende 18. Jahrhundert. Staatliches Historisches Museum, Moskau

tion in Frankreich ». . . bestimme das Schicksal der Menschen für eine lange Reihe von Jahrhunderten . . .«. Nowikow sah die Dinge in Erinnerung an den Pugatschowaufstand zwar etwas distanzierter, blieb aber seiner liberal-aufgeklärten Grundhaltung treu.

Mit der von Radistschew verfaßten Schrift »Reise von Petersburg nach Moskau« (die auch die genannte Freiheitsode enthielt), erreichte die offene Kritik an Selbstherrschaft, Leibeigenschaft und Sklaverei ihren Höhepunkt; damit erwies sich die Toleranz- und Schmerzgrenze der Herrscherin als überschritten. Todesurteil, Festungshaft waren die gängige Antwort an den Geist der Insubordination, zuweilen großzügig durch die »Gnade« lebenslanger Verbannung gemildert. Im Vergleich zu ihrem Nachfolger an der Regierung, Paul I., nahm sich Katharina aber noch »liberal« aus. Der ehrgeizige Herrscher, der über drei Jahrzehnte vergeblich gegen seine Mutter intrigiert hatte, errichtete, gestützt auf seinen noch traurige Berühmtheit erlangenden Vertrauten Araktschejew, ein Regime der politischen und geistigen Unterdrückung, wie es Rußland zuvor kaum gekannt hatte. In der Presse durften selbst Begriffe wie »Bürger« und »Gesellschaft« nicht mehr erscheinen; der Adel erhielt 400000 Kronbauern »geschenkt«; rebellierende Bauern starben als Opfer gnadenloser militärischer Massaker. Zeitgenossen bezeichneten das Regime Pauls I. als »Zarstwo stracha« (Schrekkensherrschaft). Trotzdem erwiesen sich die Ideen der Revolution von 1789 als unaustilgbar; sie nährten eine oppositionelle Grundstimmung, die die späteren Dekabristenaufstände vorbereiten half.

England

Es verdeutlicht die außergewöhnliche politische und soziale Sprengwirkung der Revolution, daß sie nicht nur die altfeudalen Staaten einer Zerreißprobe unterwarf, die sie auf Dauer nicht zu überstehen vermochten, sondern auch die gesellschaftliche Polarisierung in jenen Ländern vorantrieb, die ihre Revolution bereits hinter sich gebracht hatten. Während – wie schon dargestellt – die Niederlande gleichsam ad hoc in das Magnetfeld der Revolution gerieten, entspann sich auf der Kanalgegenseite eine anhaltende Auseinandersetzung von weitreichenden Folgen. Schon seit Ausgang der sechziger Jahre des 18. Jahrhunderts zeigte die politische Stabilität Englands ernste Risse: Die »Letters of Junius« (Juniusbriefe, 1769–1772 anonym im »Daily Advertiser« erschienen) unterzogen Krone und Regierung einer vernichtenden Kritik. Hohe Wellen schlug die wiederholte Annullierung der Wahl des Radikalen John Wilkes, den die »Königsfreunde« wegen »Beleidigung der Krone« aus dem Unterhaus drängten. Im Juni 1780 kulminierte der Streit um Gesetze für die Bekenner des katholischen Glaubens in Unruhen, die London für drei Tage in ein Chaos stürzten (»Lord George Gordon riots«).

So fielen die Nachrichten aus Frankreich auf äußerst fruchtbaren Boden. Mochte die Regierung die Sympathiebekundungen von Publizisten, Dichtern, Philosophen und Wissenschaftlern – unter ihnen Sheridan, Shelley, Coleridge, Bentham, Price und Priestley – noch als Ausdruck der Meinungs- und Pressefreiheit tolerieren, ganz anders verhielt es sich dann, wenn die revolutionären Ideen in der politischen Praxis Fuß zu fassen drohten.

Die von Thomas Hardy, einem Schuhmachergesellen, in London aufgebaute »Korrespondenzgesellschaft« streckte ihre Fühler bis nach Schottland aus und zählte nicht weniger als 20000 Mitglieder. Ihr Versuch, einen »Konvent« einzuberufen, wurde jedoch mit Polizeigewalt unterbunden; ein besonderes Gesetz gegen subversive Verbindungen (»Traitorous Correspondence Bill«) und die Aufhebung der Habeas-Corpus-Akte, eines der bedeutendsten Vermächtnisse der eigenen Revolution, boten die Möglichkeit, gegen Hardy, Horn Tooke, Thelwall und andere Oppositionelle gerichtlich vorzugehen.

Irland

Noch ernster gestaltete sich die Lage in Irland, wo die 1791 gegründeten »United Irishmen« den Kampf um nationale Unabhängigkeit aufnahmen. Der Versuch Frankreichs, durch Expeditionskorps Hilfe zu leisten (z. B. unter General Hoche im Dezember 1796), scheiterte völlig; ebenso negativ endete der Aufstand vom Sommer 1798 (Niederlage bei Vinegar Hill, 21. Juni). Um den irischen Widerstand endgültig zu brechen, beschloß das Parlament die Zwangsvereinigung mit Irland (»United Kingdom«, 1. Januar 1801).

Englands herrschende Klasse führte einen Zweifrontenkrieg: nach innen gegen die demokratische Opposition und nach außen gegen den aufsteigenden kapitalistischen Konkurrenten. Seit Februar 1793 bis zu Napoleons Niederlage bei Waterloo bildete England die Hauptstütze der antifranzösischen Koalition. Aus England kam auch das Hauptwerk der ideologischen Auseinandersetzung mit der Revolution: Edmund Burkes »Betrachtungen über die Französische Revolution« (1790), das die Standardargumentation für die gesamte nachfolgende konterrevolutionäre Literaturschwemme lieferte.

Edmund Burke nahm schon vor der Revolution eine zwiespältige Haltung ein. Seine ersten philosophischen und historischen Veröffentlichungen kennzeichneten ihn als einen Gegner der Aufklärung, als jedoch Georg II. neoabsolutistische Gelüste zeigte, trat er an die Spitze der liberalen Whigs und engagierte sich als Mitglied des Kabinetts Rockingham entschieden gegen die Übergriffe der Krone und die Methoden der englischen Kolonialpolitik in Indien. Er beeindruckte das Parlament durch seine Rhetorik, galt als ebenso fleißiger wie brillanter Briefschreiber (7000 Briefe an 1200 Adressaten) und duldete in seiner Nähe keine Frauen. In seinen »Betrachtungen« vollzog er den Wechsel zu einer ausgeprägt konservativen Position, getragen von der Besorgnis, die Revolution könne auf England übergreifen. Die organische Entwicklung von Staat und Gesellschaft verteidigend, weshalb ihn Georg von Below den »Vater der politischen Romantik« nannte, verwarf Burke das historische Recht auf Revolution mit den Worten: »Ein Land ist nicht ein unbeschriebenes Blatt, auf das jeder nach seinem Belieben kritzeln kann.« Die postwendenden brillanten Antworten von Thomas Paine (»Die Menschenrechte«) und William Godwin (»Untersuchung über politische Gerechtigkeit«) lösten eine der historisch bedeutsamsten politischen Polemiken für und wider die Revolution aus. Die bleibende Bedeutung von Burkes Schrift besteht darin, die wesentlichen ideologischen Fundamente des europäischen Konservatismus gelegt zu haben; ihre Wirkung reicht bis in die unmittelbare Gegenwart.

Bilanz der Widersprüche

Was blieb von der Revolution, nachdem sie ihre Sturm- und Drangjahre hinter sich gelassen hatte, die Ideale von der Wirklichkeit eingeholt worden waren, ihre Helden – gestürzt, gerichtet, in die innere und äußere Verbannung getrieben – ihrer Sünden von gestern schamhaft abschworen? Wie verhielt sich die Poesie der großen Jahre zur Prosa ihrer dauerhaften Ergebnisse? Hatte doch Robespierre der großen Vision Ausdruck gegeben: »Möge das einst unter den Ländern der Sklaverei berühmte Frankreich den Ruhm aller freien Völker, die existiert haben, in den Schatten stellen und zum Vorbild der Nationen, zum Schrecken der Unterdrücker, zum Trost der Unterdrückten, zur Zierde des Universums werden und daß wir, unser Werk mit unserem Blut besiegelnd, wenigstens die Morgenröte einer universalen Glückseligkeit heraufziehen sehen.« (17. Pluviôse des Jahres II – 5. Februar 1794). – Gewiß wäre es vermessen, das Bleibende an den Gipfelpunkten der heroischen Selbsttäuschung zu messen. Aber auch in ihren Widersprüchen kann die Bilanz der Revolution vor der Geschichte bestehen.

Als Bonaparte mit dem Staatsstreich vom 18. Brumaire des Jahres VIII den Schlußstrich unter das große Drama zog, zeichneten sich die Konturen der neuen Gesellschaft deutlich ab, schienen ihre Fundamente untilgbar verankert. Was folgte, hieß Ausbau, Festigung, Konsolidierung.

Adel im Untergang

Mit der Revolution hatte die Aristokratie ihre Funktion als herrschende Klasse eingebüßt, an ihre Stelle trat – zum ersten Mal in der neuzeitlichen Revolutionsgeschichte – die »reine« Bourgeoisherrschaft. Im Unterschied zu den vorangegangenen Revolutionen der Niederlande, Englands und der USA stand am Ende kein Klassenkompromiß. Der Aristokratie ging die Totalität ihrer Privilegien verloren, dazu gehörten die Aufhebung aller Feudalabgaben, einschließlich des Zehnten, die Beseitigung der herrschaftlichen Rechtsprechung, des Majorats, des Erbadels und aller sonstigen Adelstitel. Ausdruck der politischen Entmachtung war der Ausschluß von allen öffentlichen Ämtern (allerdings nicht so total, wie Sieyès es wiederholt gefordert hatte). Die politische Entmündigung fand ihre ökonomische Ergänzung durch die Reduzierung des Großgrundbesitzes als Folge der Enteignung der Kirchen- und der Emigrantenländereien. Auch die Gemeindeländereien, die sich der Adel am Ausgang des Ancien Régime angeeignet hatte, mußten wieder zurückgegeben werden. Der Untergang der Aristokratie als herrschende Klasse innerhalb nur weniger Jahre bedeutete einen bis dahin in der Geschichte einmaligen gesellschaftlichen Umbruch. Für das Département du Nord errechnete Georges Lefebvre die folgenden Veränderungen: Das Kirchengut (1789 bei 20 Prozent) verschwand völlig, das adlige Grundeigentum ging bis 1802 von 22 auf 12 Prozent zurück, der bürgerliche Besitz stieg von 16 auf 28 Prozent und der bäuerliche Anteil von 30 auf 42 Prozent. Vom Ruin der Adelsklasse blieb auch die Noblesse de robe nicht verschont, da an die Stelle von Ämterkauf und Erbanspruch das Wahlprinzip trat und die meisten der Institutionen, die der Robenadel besetzt hielt, durch die Revolution abgeschafft worden waren. Es gilt allerdings, den Begriff des »Ruins« der Adelsklasse in einem entscheidenden Punkt zu relativieren: Zwar wurde das aristokratische Machtmonopol radikal gebrochen, da jedoch ein erheblicher Teil des Großgrundbesitzes die Agrarrevolution unangefochten überlebte, behielt der Altadel auf dem Lande nicht unbeträchtliche ökonomische Positionen, wenn auch nunmehr unter bürgerlichen Eigentumsverhältnissen und Marktbeziehungen. Hinzu kam die Tatsache, daß es den seit 1802 zurückkehrenden Emigranten gelang, einen nicht unerheblichen Teil ihrer Güter wieder in die Hand zu bekommen, was nicht weniger bedeutete, als die latente Tendenz zu einer Rekonzentration des ehemaligen Adelsbesitzes.

Die neue Klasse

Frankreichs neue herrschende Klasse war die Bourgeoisie, sie hatte die Revolution geführt, sich in der Macht etabliert und zog nun den entscheidenden Gewinn aus der gesellschaftlichen Umwälzung. Allerdings glich die Bourgeoisie, die im Sommer des Jahres 1789 in die Revolution eingetreten war, nur wenig jener Bourgeoisie, die hinter den Ereignissen vom Spätherbst 1799 stand. Kaum weniger radikal als die Aristokratie, wenn auch mit anderem Ergebnis, durchlief sie in der Revolution eine soziale Metamorphose. Teile der Bourgeoisie »d'Ancien Régime« traf das Schicksal der Adelsklasse, und sie gingen mit der alten Ordnung unter oder sahen sich an den Rand gedrängt. Bürgerliche Grundbesitzer, die mit dem Boden die Feudaltitel erworben hatten, büßten ihre Existenzgrundlage ein, die Inflation entwertete Geldanlagen in Hypotheken und öffentliche Schuldverschreibungen, wodurch die Rentenbourgeoisie schwer in Mitleidenschaft gezogen wurde, die Spitzen der Finanzbourgeoisie verloren mit der Generalsteuerpacht eine ihrer Hauptprofitquellen, für die im Kolonialgeschäft engagierte Handelsbourgeoisie hatten die Sklavenrevolution auf Haiti, der permanente Seekrieg mit England und die spätere Kontinentalsperre katastrophale Folgen. Renommierte Handelshäuser in Nantes und anderen Hafenstädten gingen in Konkurs.

Die Kehrseite der Medaille bestand im Aufstieg einer neuen Bourgeoisie, die ihren Reichtum der erfolgreichen Spekulation mit Nationalgütern und den Kriegsgewinnen verdankte. Unter dem Direktorium schossen »Gesellschaften« (Compagnies) für die verschiedensten Zwecke aus dem Boden und beuteten die Staatsfinanzen in skrupelloser Weise aus. Collot finanzierte den Italienkrieg Bonapartes, Simons versorgte die Marine, Ouvrard, Lanchère und Bodin stockten ihr Kapital auf ähnliche Weise auf;

Pariser Börse, errichtet ab 1808 nach Plänen von Alexandre Théodore Brongniart. Kupferstich von Barrière d. Ä.

neue Bankiers (Perrégaux und Récamier) machten von sich reden. Die »Nouveaux riches« repräsentierten die wohl abenteuerlichste Etappe in der Entwicklung des französischen Kapitalismus, es war eine Zeit der Umwertung aller Werte, der horrenden Gewinne und der totalen Verluste, wer sich heute an der Spitze befand, konnte morgen schon vergessen sein. Im Zentrum dieses Karussells der unbegrenzten Möglichkeiten stand unter dem Direktorat Paul Jean de Barras, selbst Prototyp des Neureichen und Bezugsperson für jeden, der den Zugriff zu den Springquellen des Kapitals und der Macht nicht verpassen wollte.

Wesentlich schleppender formierte sich die industrielle Bourgeoisie in einer noch von Klein- und Mittelunternehmen geprägten gewerblichen Produktion. Textilgewerbe und Bergbau (Kohle- und Erzförderung) waren die Hauptbetätigungszweige, ökonomisch einträglich, wenn auch gesellschaftlich nur zögernd anerkannt. Zu den herausragenden Repräsentanten des neuen industriellen Kapitals gehörten Bauwens in Passy und mit Ablegern im okkupierten Belgien, Claude Périer, genannt »Milord« der Dauphiné, der die berühmte Ständeversammlung von Vizille finanziert hatte, über Assignatenspekulation die Kohlengruben von Anzin in die Hand bekam, dazu eine Finanzdynastie aufbaute, die bis in die Zeit der Julimonarchie hinein die große Politik beeinflußte, weiter La Chauvetière in Bordeaux oder Richard und Lenoir in Paris; schließlich Christoph Philipp Oberkampf, deutscher Abstammung, Pionier der Baumwollverarbeitung und Herr über die Seelen des Tals von Jouy-en-Josas. Innerhalb der Bourgeoisie hob sich die Oberschicht (»Notabeln«), die den eigentlichen Kern der »Aristokratie des Geldes« ausmachte, nicht nur im Reichtum, sondern auch in den politischen Interessen deutlich von der Mittelbourgeoisie ab, die in bescheidenerem Maße akkumulierte.

Der Abstand der großen Bourgeoisie von der »eigenen« Revolution wuchs in dem Maße, wie das Empire sich mühte, den Ludergeruch seiner plebejischen Herkunft loszuwerden. Zwei

Schritte markierten dieses Bemühen mit besonderer Deutlichkeit: die Schaffung eines napoleonischen Adels, der nicht nur der neuen Klasse einen pseudoaristokratischen Anstrich verleihen sollte – was bei den rauhen Haudegen nicht wenig Mühe kostete –, sondern auch einer Fusion mit den kooperationsbereiten Elementen der Ci-devants den Weg öffnete, und schließlich die Heirat mit Marie Louise von Österreich, die Napoleon in den Kreis der legitimen Herrscher des Kontinents einführte (1811).

Bauern

Zum Bild des »neuen Frankreich«, das Honoré de Balzac in seiner »Comédie humaine« in die Weltliteratur einführen sollte, gehörten die Bauern, die bis in die zweite Hälfte des 19. Jahrhunderts noch die Bevölkerungsmehrheit stellten, da Frankreich auch nach der Revolution ein Agrarland blieb. Sie zählten – natürlich mit weitem Abstand zur Bourgeoisie – ebenfalls zu den Gewinnern der Revolution, und die Stabilisierung der neuen Ordnung hing auf entscheidende Weise von ihrem Verhalten ab. Charakteristisch für die Lage der Bauernschaft war die von der Revolution vorangetriebene soziale Differenzierung; die Auflösung der Bauernschaft als einheitliche Klasse erhielt neue Anstöße. Für die Bauern erschienen die Ergebnisse der Revolution auffällig unausgeglichen: Allen kam die Beseitigung der weltlichen wie geistlichen Feudallasten zugute, zugleich wuchs das Besitzgefälle zwischen Groß- und Mittelbauern auf der einen und den Kleinbauern und der Landarmut auf der anderen Seite. Im nationalen Durchschnitt verdreifachte sich die Zahl der Bauern, die im Jahr über 200 Francs verdienten, zugleich wuchs die Zahl derjenigen, die mit weniger als 40 Francs auskommen mußten, von 57 auf 66 Prozent. Die Revolution hatte das flache Land in Bewegung gebracht, trotzdem brachen sich neue Produktionsmethoden und die Überwindung der traditionellen Lebensformen nur langsam Bahn. Angesichts der Vorherrschaft des Parzellenbauern blieb die moderne, auf intensiver Investition, fortgeschrittener Technik und neuen Anbaumethoden fußende Großraumwirtschaft englischen Typs noch für Jahrzehnte die Ausnahme von der Regel. Auch der hohe Blutzoll, den gerade die bäuerlichen Familien für die Armeen des Direktoriums, des Konsulats und vor allem des Kaiserreiches (»Menschenfresser« – Ogre – Napoleon!) leisten mußten, hinterließ seine Spuren. Ausdruck für die sozialen Spannungen im Dorf war der bis weit in das 19. Jahrhundert anhaltende Streit um die Gemeindeländereien (Weide, Wald, Gewässernutzung): Während die Besitzbauern auf deren Aufteilung drängten, um sich zu »arrondieren«, verteidigte die arme Bauernschaft dieses Relikt der aus dem Mittelalter stammenden Kollektivrechte als die einzige noch verbliebene Garantie gegen eine totale soziale Abschreibung der Ärmsten. Es war also keine Übertreibung, wenn Georges Lefebvre, der die Lage der Bauern in der Revolutionszeit (»Les paysans du Nord«, 1924) als erster umfassend studierte, die Ergebnisse der Agrarrevolution, trotz der radikalen Strukturveränderungen, in ihrer Langzeitwirkung letztlich als »konservativ« bezeichnete.

Städtische Volksmassen

Ohne Zweifel bezahlten die städtisch-plebejischen Volksmassen den höchsten Preis für die Revolution, materiell und physisch. Von der städtischen Sansculotterie gingen alle großen Journées aus, sie war eben deshalb das Hauptopfer des großbürgerlichen Rückschlages seit dem 9. Thermidor. Unter den Jakobinern hatte der Wirtschaftsdirigismus dem sozialen Ruin der Sansculotten noch gewisse Grenzen gesetzt, und solange die Revolution lebte, lebte Hoffnung auf eine Erfüllung der sozialen Forderungen. Diese Hoffnung endete spätestens mit dem Germinal- und Prairialaufstand. Es war vor allem das Gesetz »Le Chapelier« vom 14. Juni 1791, das jede »Koalition« – als angebliche Wiederbelebung der alten Zünfte – und den Streik verbot. Von den Handwerkern gelang nur einer verschwindenden Minderheit der Aufstieg zum industriellen Unternehmer, die Masse verblieb im Rahmen der einfachen Warenproduktion, die trotz Wirtschaftsliberalismus und freier Konkurrenz noch genügend Überlebenschancen hatte. Allmählich schälte sich aus den Sansculotten ein frühes Proletariat heraus, das sich vornehmlich in der Textilproduktion, im Bergbau und in der Metallurgie konzentrierte. Neben dem Gesetz »Le Chapelier« sorgte das unter Napoleon eingeführte »Arbeitsbuch« dafür, die »Hommes du labour« unter Kontrolle zu halten. Die zeitweilige wirtschaftliche Konjunktur infolge der Abschottung gegen die englische Konkurrenz führte zu einem leichten Anstieg der Realeinkommen; um so schlechter gestaltete sich die Lage der Arbeitslosen (z. B. im Bauwesen), die keinerlei soziale Unterstützung erhielten. Sporadisch kam es trotz Verbot zu Streiks und anderen Formen des Widerstandes. In der Regel antwortete der bürgerliche Staat mit der Anwendung seiner Gewaltmittel. Es fehlte darüber hinaus nicht an flexibleren Unternehmern, wie dem genannten Oberkampf, die nicht ohne Erfolg den Versuch unternahmen, einem unkontrollierten Ausbruch des frühproletarischen Protestes durch paternalistische Methoden zu begegnen; dies gelang, da sich die Forderungen der Manufaktur- und Fabrikarbeiter noch ausschließlich auf die ökonomische Sphäre beschränkten.

Der Auflösungsprozeß der Sansculotterie mündete nicht nur in eine Polarisierung zwischen Kleinbürgertum und Proletariat, bei schwankender Zwischenposition der meist perspektivlosen Gesellen, es wuchs ebenso die breite Schicht von Randgruppen: Prostituierte, Kriminelle, Deklassierte der unterschiedlichsten Art. In den unzugänglichen Regionen florierte ein sozial motiviertes Banditenwesen, das sich aus den verschiedensten Quellen nährte: ruinierte Bauern, Arbeitslose, Deserteure, heruntergekommene Adlige bis hin zu aus der Bahn geworfenen Geistlichen und ehemaligen Mönchen. Es dauerte noch Jahrzehnte, ehe das schillernde soziale Konglomerat, das die Revolution an die Oberfläche gespült hatte, die fixen Konturen einer etablierten Klassenstruktur annahm.

Die Revolution konnte sich nicht damit begnügen, den Staat des Ancien Régime zu »verbürgerlichen«, obwohl die Vorlei-

stungen der absoluten Monarchie für das »moderne Frankreich« nicht in Abrede gestellt werden sollen. Etwas anderes ist es, ob man mit Alexis de Tocqueville (»L'ancien régime et la Révolution«, 1856) in der Revolution nicht mehr zu sehen vermochte als den Schlußstein einer schon vor 1789 in die Endphase eingetre-

Amtstracht der Mitglieder des Rates der Fünfhundert unter dem Direktorat. Kolorierter Kupferstich von Labrousse, 1796. Museum für Geschichte der Stadt Leipzig

Code Napoléon. Einband der Originalausgabe von 1804. Bibliothèque Nationale, Paris

tenen Entwicklung. Der mit der Revolution entstandene neue Staat, dessen erster Schöpfungsakt in der am 17. Juni 1789 erfolgten Konstituierung der Nationalversammlung bestand, setzte zunächst an die Stelle des feudalabsolutistischen Zentralismus eine extrem dezentralisierte politische Machtstruktur, die im Ergebnis der Munizipalrevolution von der Basis über die Gemeinden (Communes), Kantone und Departements nach oben aufgebaut wurde. Das Wahlrecht, obwohl durch Zensur und Dreiklassensystem (Passiv-, Aktivbürger, Elektoren) eingegrenzt, ersetzte die von der Krone designierten Würdenträger; das Gottesgnadentum wich dem Prinzip der Volkssouveränität. Aus der Entfeudalisierung und Entabsolutisierung des Staates folgte zwangsläufig dessen radikale Verweltlichung bis hin zur Trennung von Staat und Kirche. Mit dem feudalen Staat endete das Monopol des Katholizismus als Staatsreligion, die freie Ausübung aller Religionen und Kulte – einschließlich des mosaischen, wenn auch mit Einschränkungen – war garantiert.

Parallel dazu begannen sich nun die Konturen eines neuen Rechtssystems abzuzeichnen, obschon dessen Kodifizierung erst nach der Revolution mit dem Code civil erfolgte, den Napoleon als bedeutender denn 40 gewonnene Schlachten ansah. Tatsächlich überlebte das auf römischen Quellen basierende bürgerlich-napoleonische Rechtssystem seinen Schöpfer und strahlte – gültig bis in die Gegenwart – auf große Teile Europas und Amerikas aus. Der Versuch, den Staat zu dezentralisieren, erwies sich als Episode: Auf die revolutionäre Zentralisation der Staatsgewalt unter den Jakobinern folgte am Ende der autoritäre Staat des Empire, gekennzeichnet durch Abschaffung des Wahlprinzips, Aufstellung der Armee durch allgemeine Konskription, Präfektursystem (»Soldaten in Zivil«), die Rücknahme der Trennung von Staat und Kirche (Wiederanerkennung des Katholizismus als »Religion der Mehrheit der Franzosen«). Speziell unter dem Direktorium und dem Kaiserreich rückte eine neue Schicht von designierten Beamten, die meist fachliche Kompetenz mit Geschäftssinn verbanden, in die verschiedenen Ebenen der Macht; sie gehörten nicht nur zu den Stützen des Systems, sondern füllten im günstigsten Fall auch die Reihen der Bourgeoisie auf. Da die Armee grundsätzlich – Ausnahmen wie der Vendémiaire oder 9. Brumaire bestätigen die Regel – ihre äußere Funktion wahrnahm (was sie vom Bonapartismus Napoleons III. unterschied), lag die Aufrechterhaltung der inneren Ordnung in den Händen der allwissenden Polizei, die den politischen Gegner ebenso im Auge behielt wie den kleinen Banditen.

Code civil

Joseph Fouché. Kupferstich von Friedrich Wilhelm Bollinger. Museum der bildenden Künste, Leipzig

Polizeistaat und Vaterland

Für den Aufbau der Polizei bediente sich das Direktorium einer zwielichtigen Person. Polizeiminister wurde Joseph Fouché, dessen Leben mehr als bewegt verlief. Vom strenggläubigen Oratorianer mauserte sich Fouché zum Konventsmitglied. Als »Député à mission« zum Kampf an die innere Front geschickt, tat er sich durch besondere Grausamkeit und extremen Übereifer hervor, was ihm den öffentlichen Tadel Robespierres eintrug. Dank seiner Wendigkeit überstand er den Thermidor und kokettierte gelegentlich sogar mit den »Gleichen« um Babeuf. Seinen Posten als Polizeichef verdankte er Barras; er honorierte diese Gunst, indem er sich den Brumaire-Verschwörern anschloß. Napoleon war mit seiner Arbeit zufrieden, mußte aber bald feststellen, daß der erste Mann der Sicherheit gute Kontakte zu den Bourbonen hatte – für alle Fälle. Immerhin konnte Fouché nach seiner Demission in Italien als Herzog von Otranto residieren. Mit Napoleons Sturz wechselte er sogleich von der Trikolore zum Lilienbanner, bis ihn die Ungnade der neuen Herren 1816 endgültig aus dem Sessel hob. Es gab anscheinend nur eine Konstante in Fouchés Leben, das war die Fürsorge für seine kranke Frau. Als sich Napoleon von Fouché trennte, blieb die Tradition, in Fragen der inneren Sicherheit aus dem Saulus einen Paulus zu machen, unangetastet: Bald residierte im Sessel des Polizeichefs Jean François Eugène Vidocq, der seinen Werdegang vom Erzkriminellen und König der Ausbrecher zum Wächter über das Gesetz selbst in farbigen Memoiren beschrieben hat. Balzac, Eugène Sue und Victor Hugo schätzten Vidocqs Freundschaft und verdankten seinen Informationen viele spannende Episoden in ihren Romanwerken.

Ein bemerkenswertes Stück Kontinuität vom Ancien Régime zur Revolution und über diese hinaus verkörperte die Henkerfamilie der Sansons (1685–1847). Ihr Amt blieb auch unter der Revolutionsregierung erblich und wurde von Napoleon ebenfalls nicht angetastet. Sie dienten weiter den Bourbonen, obwohl Ludwig XVI. seinen Kopf durch einen Sanson verloren hatte. Lediglich das historisch überholte feudale Beil wich der bürgerlich-perfektionierten Guillotine. Der letzte Sanson hinterließ eine Geschichte der »sieben Generationen von Henkern« in sechs Bänden, die ihm allerdings ein talentierter Journalist geschrieben haben soll. Selbst der Vielschreiber Alexandre Dumas kam

Napoleons Stolz: Die Garde stirbt, aber sie ergibt sich nicht. Lithographie von V. Bassus, 1818. Staatliche Museen zu Berlin, Kupferstichkabinett

in den Verdacht der geistigen Vaterschaft; zuvor hatte sich schon Balzac um die Vermarktung der Lebensgeschichte dieser »Dynastie« bemüht.

Für die Generation von 1789 waren »Nation« und »Patrie« Schlüsselbegriffe, die auf das übrige Europa ihre Wirkung nicht verfehlten. Formierung des neuen Staates und der historische Schritt von der feudalen zur modernen, bürgerlichen Nation bildeten eine unauflösbare Einheit. An die Stelle des feudalen trat der freie, sein Schicksal selbstbestimmende Staatsbürger, der Citoyen. Die Anrede »Monsieur« wurde strikt untersagt. Unter den Revolutionären hielt sich der Begriff des »Citoyen« bis in die Mitte des 19. Jahrhunderts, ehe er vom proletarischen »Genossen« abgelöst wurde. Aus der ökonomischen und politischen Einheit erwuchs ein neues Selbstverständnis, das nicht mehr elitären Charakter besaß, sondern sich selbst in den Massen tief verankerte. Das Nationalgefühl fand seinen Ausdruck in einer neuen Symbolik (»Marianne«), in den großen Festen zu den Höhepunkten der Revolution, die – von David sorgsam inszeniert – allerdings schon unter dem Direktorium ihren Massencharakter verloren und zu pompöser Repräsentation erstarrten, im Bekenntnis zur Einheit und Unteilbarkeit. Nur die Anhänger der Revolution hatten ein Vaterland.

Zu einem der bedeutendsten Integrationsfaktoren wurde die Armee. Die Freiwilligen (»Föderierten«) kamen aus allen Regionen des Landes und vereinigten sich schließlich durch »Amalgam« mit den Resten der Linienregimenter des Ancien Régime. Jeder talentierte Bürger, der an der Front sein Leben in die Schanze schlug, trug den »Marschallstab im Tornister«. Am Ende stand die obligatorische Aushebung (Konskription: »Jeder Franzose ist ein Soldat«); allerdings konnte der Besitzbürger einen Ersatzkandidaten stellen, die Gleichheit stieß auch hier auf eine deutliche Grenze. Trotzdem blieb für den Großteil der Franzosen, die sich durch das Zensussystem von der aktiven politischen Willensbildung ausgeschlossen sahen, die Armee das Symbol der Gleichheit, der nationalen Einheit und der gleichen Chance für alle. Selbst die hohe Zahl der Opfer an Toten und Verwundeten konnte diesen Mythos nicht verdunkeln.

Nation und Armee

Kulturrevolution

Der Geist des Bürgertums prägte bereits vor 1789 in erheblichem Maße die Kultur Frankreichs, aber erst mit der Revolution und im Zuge ihrer Institutionalisierung wurden bürgerliche Kultur und Ideologie zur herrschenden, während die höfisch-absolutistische Kultur von der historischen Szene verschwand und selbst unter der bourbonischen Restauration nicht wiedererweckt werden konnte. In der Kulturrevolution überschnitten sich spontane und bewußt gelenkte Initiativen. Viele Symbole der alten Ordnung fielen den Wirren, dem Scherbengericht der ersten Revolutionsjahre zum Opfer. Abbé Grégoire beklagte – sein Begriff machte Geschichte – den »Vandalismus« (vandalisme) der Revolution. Jedoch ebbte diese Welle der absoluten Negation der Vergangenheit rasch ab. Unter Lenoir entstand das »Museum der französischen Denkmäler«, das alles aufnahm, was die erste Zerstörungswelle überstanden hatte, Ausdruck des Bemühens der Bourgeoisie um Wiederaneignung der großen kulturellen Werte ihres Landes. Das Ringen um eine neue, revolutionäre Kultur kulminierte in der Zeit des Jakobinismus. Die Akademien und Universitäten wurden geschlossen, an deren Stelle trat ein neues Bildungswesen, dessen Hauptziel in der Vermittlung »der Elemente der republikanischen Moral« bestand. Für die neuen Lehrbücher galt die Auflage, »sich an den Menschenrechten, der Verfassung und der Darstellung heroischer und tugendhafter Handlungen« zu orientieren. Verlesung und Kommentierung der Menschenrechte und der Verfassung gehörten zu den obligatorischen Ausbildungsinhalten. Religionsunterricht innerhalb der Schule blieb verboten. Die vom Konvent geschaffene Pädagogische Hochschule (L'Ecole normale) bildete in vier Monaten 1300 bürgerliche Neulehrer aus; die allgemeine Schulpflicht, obwohl per Gesetz verankert, konnte nicht durchgesetzt werden. Mit dem Gesetz vom 3. Brumaire des Jahres VII (25. Oktober 1795) nahm das Bildungswesen endgültige Gestalt an; es reichte in vier Stufen von Grundschulen über die Mittel- und Spezialschulen bis zum berühmten »Institut national des sciences et des arts«. Zu den großen Leistungen gehörte die Schaffung der Ecole polytechnique und des Konservatoriums. Aber schon unter den Jakobinern zeichnete sich ein Scheitern des Gleichheitsprinzips ab: Die Grenzen des bürgerlichen Bildungsprivilegs blieben kaum weniger eng als die des aristokratischen.

Bildungswesen

Sprache der Revolution

Ein besonderes Kapitel bildet das Verhältnis von Revolution und Sprache. Die ersten Dekrete der Nationalversammlung wurden in Französisch, daneben in den »übrigen Dialekten« – Bretonisch, Baskisch, Deutsch usw. – veröffentlicht. Schließlich galt als Sprache des Patrioten allein das Französische (». . . der Föderalismus und der Aberglaube sprechen das Niederbretonische; die Emigration und der Haß auf die Republik sprechen Deutsch . . .«). Zugleich veränderte sich die Lexik der Sprache, es entstanden neue Begriffe, alte wurden einem radikalen Bedeutungswandel unterworfen, Wörter aus dem Volksjargon fanden – wofür Héberts »Père Duchesne« sorgte – Eingang in den allgemeinen Sprachgebrauch: Aristocrates, Buveur de sang, Cidevant, Contre-Révolution, Crêtois, Faction, Fanatiques, Honnêtes gens, Mandataire (Vertreter der direkten Demokratie im Gegensatz zum Représentant), Sansculotte, Suspect . . . sind nur wenige Beispiele dafür. »Zentralisierung« und »Politisierung« der Sprache gingen Hand in Hand.

Die Tatsache, daß die Revolution keinen Milton hervorgebracht hat, ist oft als Argument gegen die zäsursetzende Funktion der Revolution in der Kultur angeführt worden. Es kann nicht geleugnet werden, daß die Literatur, das Theater und das revolutionäre Lied sich in erster Linie als patriotische Agitationskunst verstanden. Die dauerhaften Ergebnisse des kulturellen Umbruchs zeigten sich erst in voller Breite seit den zwanziger Jahren des 19. Jahrhunderts in der romantischen wie in der realistischen Literatur. Der neuen Kultur entsprach ein neues Publikum, das die Nation, das ganze Volk umfaßte. Ihren markantesten Ausdruck fand die Demokratisierung der Kultur in der Blüte des engagierten Theaters und des revolutionären Liedes. Kaum ein Ereignis der Revolution, das nicht theatralisch gestaltet oder besungen wurde. Von einem Paria der Feudalgesellschaft avancierte der Schauspieler (und die Schauspielerin!) zum geachteten und verehrten Patrioten. Allein in Paris entstanden während der Revolution über 50 neue Theater (später hielt Napoleon acht für durchaus genügend); ihre Helden waren – so wollte es auch der Konvent – Brutus, die Gracchen, Wilhelm

Tell, »die glorreichen Ereignisse der Revolution und die Tugenden der Verteidiger der Freiheit« – das Theater als moralische Institution im höchsten Sinn des Begriffs. Die Redeorgien der Nationalversammlungen fanden ihre Entsprechung in der Eloquenz der Thalia. Allen hätten die Worte Saint-Justs: »Bronzez la liberté!« als Motto gelten können.

Literatur, Theater, Musik

Jede Revolution hat ihre Lieder, aber kaum eine so viele, so zündende wie die Französische; die thematische Breite reichte von der patriotischen Hymne bis zum Lied vom verfassungstreuen Priester, der nun Frau und Kinder haben durfte. Aus der bäurischen Carmagnole wurde der Nationaltanz um den Freiheitsbaum.

Auf- und Abstieg der Revolution sind ablesbar an der Zahl der Lieder: 1790 sind es 261, unter den Jakobinern steigt die Zahl auf über 700 (1794), bis 1800 versiegt der Strom (25): Der Nation ist das Singen vergangen. Zu einem der berühmtesten Lieder der Revolution, das vor der »Marseillaise« eine Art Nationalhymne darstellte, wurde »Ça ira!«

»Ah, das geht ran, das geht ran, das geht ran,
Die Aristokraten an die Laterne;
Ah, das geht ran, das geht ran, das geht ran,
Die Aristokraten, hängt sie dran!
Und wenn sie alle hängen, marsch,
Haut man ihn'n die Schippe vor den Arsch.
Ah, das geht ran, das geht ran, das geht ran.«

Auch im Lied standen sich Revolution und Konterrevolution unversöhnlich gegenüber. Die Patrioten sangen die »Marseillaise«, und die Gegner antworteten mit »Le réveil du peuple«. Auf geniale Weise flossen Revolution und Musik in den Tonschöpfungen von Etienne Nicolas Méhul, Charles Simon Catel, Luigi Cherubini oder André Ernest Modeste Grétry zusammen. Hymnen, Märsche und eine Revolutionsoper eigenen Stils zeugten vom besonderen »Kunstverständnis einer neuen Epoche« (Georg Knepler), die auch der Musik eine neue Richtung gab. Sie sollte ihre Fortsetzung und Vollendung im Titanenwerk Ludwig van Beethovens finden.

Malerei und Architektur

Ihre dauerhaftesten Denkmäler setzte sich die neue Klasse in der klassizistischen Malerei und Architektur, orientiert an den strengen Idealformen der Antike. Zur Gruppe der großen Talente auf dem Gebiet der Malerei, die neue thematische Inhalte in eine neue Formsprache umsetzte, gehörten David, Gérard, Ingres und Gros. Eine überragende Stellung nahm David ein, der künstlerische Meisterschaft mit praktischer Kulturpolitik verband. Schon vor der Revolution anerkannt (1783 Mitglied der Akademie), stellte David sein Talent bedingungslos in den Dienst der Revolution. Er setzte nicht nur den Heroen der Revolution (Schwur im Ballhaus, Marat, Lepeletier) ein künstlerisches Denkmal, auch das Gesicht der Sansculotterie bannte sein Pinsel auf die Leinwand und bewahrte es so für die Nachwelt. Nach dem 9. Thermidor inhaftiert, rasch amnestiert, schloß sich David dem Aufsteiger Bonaparte an und wurde zum Hofmaler des künftigen Kaisers. In seinen Werken blieb er dem antiken Vorbild treu (Die Sabinerinnen, 1799; Leonidas, 1800–1814), aber das heroische Pathos atmete nicht mehr den Geist der Großen Revolution, es diente jetzt der Verherrlichung des imperialen Machtanspruchs. Auch die Werke seines begabten Schülers Jean Auguste Dominique Ingres, der frühzeitig als Meister klassischer Porträts (Madame Destouches) hervortrat, zeigten zunehmend Elemente akademischer Erstarrung (Die große Odaliske, Die Quelle). In der Bildhauerei verband der Lieblingskünstler der Familie Bonaparte, der Italiener Canova, die klassizistische Form mit der von den neuen Herrschern gewünschten höfischen Eleganz.

Triumphbogen auf der Place de l'Etoile (Ansicht von Westen). Lithographie nach einer Zeichnung von Naunheim, um 1825

Obwohl sich die architektonischen Vorbilder in der neuen Baukunst an der griechisch-römischen Antike und am Erbe der Pharaonen orientierten, stellten sie keine bloße Imitation einer längst vergangenen Epoche dar, sondern zeugten von dem Bemühen, eine eigene Ausdrucksweise zu finden, da auch die Architektur nach Ansicht des Konvents in die Reihe der »Mittel, um die gegenwärtigen Gewohnheiten zu verbessern und sich die

Visionen in Stein

republikanischen Sitten anzueignen«, gehörte. Die Revolution verfügte über eine bemerkenswert große Zahl begabter Architekten, unter denen Etienne Louis Boullée, Claude Nicolas Ledoux und Jean Jacques Lequeu herausragten; Bernard Poyet, Charles de Wailly und Nicolas Marie Gatteaux standen ihnen kaum nach. Sie folgten der die Epoche überfordernden, aus der Aufklärung übernommenen Vorstellung, in der Revolution dem Idealstaat die architektonische Form zu geben und Paris zum Mittelpunkt der befreiten Menschheit zu machen. Diese erregende Utopie neuen Bauens ging mit dem Ende der Revolution unter. Aber die auf dem Reißbrett hinterlassenen Projekte faszinieren noch heute in der Kühnheit ihres geistigen Vorgriffs. Gestaltende Grundelemente der Revolutionsarchitektur sollten die Sphäre (Kugel), der Kegel, die Pyramide und die Säule sein. Boullées Kenotaphion für Newton, sein »Grabmal im ägyptischen Stil« und vor allem der spartanisch-gigantische Entwurf für die künftige Nationalversammlung sind unvergängliche Zeugnisse der heroischen Illusion einer großen Zeit. Unter dem Direktorium und vor allem unter dem Kaiserreich wurden diese Visionen rasch der Vergessenheit anheimgegeben. In meisterhafter Weise prägten Charles Percier und Pierre Fontaine den neuen Empirestil, der zwar seine klassizistische Wurzel nicht verleugnet, aber – vor allem in prunkhafter Innenarchitektur – dem Repräsentationsbedürfnis einer neuen Klasse adäquate Gestalt verlieh. Auch in der Architektur kapitulierte die republikanische Tugend vor dem Machtanspruch der ungetreuen Erben der Revolution.

Gesellschaftliches Leben

Mit dem Ende der Revolution zerfiel das gesellschaftliche Leben Frankreichs in zwei, um Lichtjahre voneinander getrennte Welten. Schon der jakobinische Tugendbegriff war ja nur der kategorische Imperativ einer bewußten Minderheit gewesen, während der »normale« Bourgeois auch im Schatten der Guillotine der »Dolce vita« nicht entraten wollte; aus den Reihen der Revolutionäre gehörte bekanntlich Danton dazu. Mit dem Thermidor und unter dem Direktorium fielen die letzten Schranken; die Lebensgier der neuen Klasse erhielt freien Lauf. Der heute gewonnene, morgen – c'est la vie – vielleicht schon zerronnene Reichtum wurde provokatorisch zur Schau gestellt, ohne Rücksicht darauf, daß die Masse der Bevölkerung in ihren Wohnhöhlen um das tägliche Brot und die nackte Existenz bangte: das Frankreich, wie es Balzac in die Weltliteratur des frühen 19. Jahrhunderts einführte. Neue Prachtstraßen, Luxusgeschäfte, Nobelrestaurants, geleitet von den mit dem Untergang des Adels verwaisten Meisterköchen des Ancien Régime, und Boutiquen im Zentrum, vornehme Residenzen in den westlichen Arrondissements, konzentriertes Elend in den östlichen Faubourgs bestimmten die soziale Geographie der Hauptstadt. In den durch die Enteignung von Kirchengut und »Ehemaligen« freigewordenen Etablissements machten sich jetzt die Parvenüs der neuen Ordnung breit; eine »société des bourgeois phallocrates« (Claude Mazauric) gab den Ton an. Es waren vor allem die

Salons

Salons berühmter Frauen – aus der großen wie aus der halben Welt –, die zu Zentren der Meinungsbildung, des öffentlichen Geschmacks in Modefragen und weitreichenden politischen Entscheidungen wurden; hier gaben sich der Repräsentant der Macht, der ehrgeizige General und der erfolgreiche Spekulant die Hand.

Als die alles überstrahlende Schönheit galt Madame Tallien, geborene Cabarrus, Tochter eines spanischen Bankiers französischer Abstammung. In ihre erste Ehe mit dem Marquis de Fontenay brachte sie ein Vermögen von 500000 Livres ein. Politisch stark interessiert, stand sie in der Revolution La Fayette, Condorcet und Sieyès nahe; die ständige Untreue ihres Gatten zahlte sie ihm mit gleicher Münze heim. Obwohl schon geschieden, fiel sie als Frau eines Ci-devant und unter dem Vorwurf, eine »moderne Du Barry« zu sein, dem Gesetz über die Verdächtigen anheim und kam erst mit dem 9. Thermidor wieder frei. In zweiter Ehe den Namen Tallien führend, nahm sie bald als »Notre-Dame de Thermidor« eine führende Stellung im gesellschaftlichen Leben ein. Sie war die erste, die ihr Haus in einen Salon der Begegnung verwandelte, wo sich die neuen politischen und wirtschaftlichen Größen in Begleitung ihrer jeweiligen Damen trafen. Marquis de Sade, der Madame Talliens lebhaftes und wechselhaftes Privatleben zu beschreiben wagte, wurde vom Ersten Konsul für einige Zeit ins Gefängnis geschickt. Die Tallien galt zugleich als Modekönigin, sie gab der Mode à la Grecque die letzte Vollendung. Um alle Reize zur Geltung zu bringen, wurde der durchsichtige Musselin durch den noch zarteren Tüll ersetzt. Selbst Exbischof Talleyrand stellte fest: »Pompöser kann man sich nicht enthüllen«; im Volksjargon hieß es kurz und bündig »Nacktmode«. Besonders gern präsentierte sich die Tallien als Diana mit halbentblößter Brust in einer Tunika, die knapp über ihren Knien endete. Barras ließ es sich nicht nehmen, ihr einen Ehrenplatz in seiner endlosen Galerie galanter Damen einzuräumen; sie trennte sich von ihm, als sein Stern zu sinken begann. Ebenso rasch begriff sie, daß ihre dritte Ehe mit dem Spekulanten und Finanzier Ouvrard ein Fehler war, da ihr der Konflikt des neuen Gatten mit dem Kaiser die Tore zu den Tuilerien versperrte; dafür brachte ihr eine neue Ehe mit dem niederländischen Grafen Caraman den Rang einer Fürstin von Chimay ein. Bis zu ihrem Tode im Alter von 62 Jahren war sie der charmante Mittelpunkt ihres kleinen Hofes. Sie betrachtete es jedoch als den Fehler ihres Lebens, zugunsten ihrer engen Freundin Joséphine de Beauharnais auf eine Liaison mit Napoleon Bonaparte verzichtet zu haben.

Das Beispiel der Madame Tallien machte Schule; da gab es den Salon von Madame Hamelin, die dank des Vermögens ihres Mannes aus dem Waffenhandel ihren Neigungen ungezügelt nachgehen konnte; auch die attraktive Schauspielerin Mademoiselle Lange scharte ein Feldlager von Bewunderern um sich. Deutlich unterschied sich davon die Atmosphäre im Salon der ebenso schönen wie gebildeten Bankiersgattin Madame Récamier oder der Madame Condorcet, der »letzten philosophischen Gastgeberin«. Selbst die verbliebenen Aristokraten wollten dieser Möglichkeit des gesellschaftlich-politischen Kontaktes nicht entraten, sie trafen sich bei Madame Montesson, der ehemaligen Mätresse des guillotinierten Philippe Egalité.

Kampf der Ideen

Mit besonderer Heftigkeit blieb das Vermächtnis der Großen Revolution auf ideologischem Gebiet umstritten. Erneuerung und Tradition, rationales Denken und Betonung der Gefühlswelt standen, teils programmatisch formuliert, einander gegenüber oder traten in eine widersprüchliche Symbiose. Die aus der Aufklärung übernommene rationalistische Grundströmung behauptet sich am deutlichsten in der naturwissenschaftlichen Forschung, die geniale Leistungen hervorbrachte. Lavoisiers »Traité de chimie« von 1789, die 1796 folgende »Exposition du système du monde« von Laplace, dazu der von Monge verfaßte »Traité de géometrie descriptive« (1799) bildeten drei große Marksteine in der Geschichte der Entwicklung und des Fort-

Der frühere Beruf. Madame Tallien und Josephine Beauharnais tanzen vor Barras. Kupferstich von James Gillray, 1797. Musée de la Révolution français, Vizille

schritts des menschlichen Geistes. Frankreich legte den Grundstein für seine Rolle als eine der Wissenschaftsmächte des 19. Jahrhunderts. Den Kreis der überragenden Wissenschaftler ergänzten Cuvier, Saint-Hilaire, Lamarck, Berthollet. Cuvier machte mit seinen »Leçons d'anatomie comparée« Furore, Lamarck faßte die Erkenntnisse auf dem Gebiet der Entwicklungslehre (»Philosophie zoologique«, 1809) zusammen. Wissenschaft und Politik gingen ein enges und nicht selten fruchtbares Bündnis ein. Als Bonaparte in Ägypten landete (1. Juli 1798), befanden sich unter den auf 400 Schiffen transportierten 55000 Mann 21 Mathematiker, 3 Astronomen, 17 Ingenieure, 28 Geographen, Naturwissenschaftler und sonstige technische Spezialisten, 10 Technologen, 22 Drucker mit einem Vorrat an lateinischen, griechischen und arabischen Lettern, 1 Bildhauer, 15 Sprachwissenschaftler und 10 Schriftsteller. Hätte Englands großer Admiral Nelson die französische Flotte auf der Überfahrt und nicht erst auf der Reede von Abu Kir in den Grund gebohrt, wäre mit ihr die Blüte der französischen Wissenschaft versunken . . .

Die Anhänger des rationalistischen Denkens gruppierten sich um das Publikationsorgan »La Décade philosophique«. Sie galten als die »Ideologen«, und mit ihnen verband sich der Übergang von der Philosophie des 18. Jahrhunderts zum künftigen Positivismus. Obwohl der Begriff des »Ideologen« unter dem Empire rasch den Beigeschmack des Subversiven erhielt, da sich die Intellektuellen nicht so leicht kommandieren ließen wie die Soldaten der Grande Nation, handelte es sich um überzeugte Verteidiger der neuen Ordnung, die gegen »Fanatismus« und religiöse Renaissance auftraten, Rousseaus »Contrat social« systemkonform interpretierten, die »Anarchie« mißbilligten und den Wirtschaftsliberalismus (Jean Baptiste Say) wissenschaftlich begründeten. Das philosophische Vermächtnis der Revolution, getragen vom Glauben an einen unendlichen Fortschritt und an die Vervollkommnungsfähigkeit des Menschen, formulierte Condorcet, der von den Jakobinern unter der Anklage des Girondismus in den Untergrund getriebene »letzte große Enzyklopädist«, in seinem »Esquisse d'un tableau historique des progrès de l'esprit humain« (Abriß über den historischen Fortschritt des menschlichen Geistes, 1794) eines der großen Zeugnisse der Epochenwende.

Gegenströmungen

Die dominierende rationalistische Komponente traf auf eine Gegenströmung, die im Dienst der Konterrevolution stand und mit der Revolution auch das Erbe der Aufklärung verwarf. Ihr entsprach eine Wiederbelebung traditioneller Gläubigkeit, vor allem unter den bäuerlichen Schichten. Schon 1794 formulierte eine Kampfschrift der Emigranten: »Je aufgeklärter die Völker sind, um so unglücklicher sind sie.« Bald zeichnete sich ein Dreigestirn ab, das die ideologischen Fundamente der Restauration

François René Vicomte de Chateaubriand. Lithographie von Hyacinthe Aubry-Lecomte nach Anne Louis Girodet-Trioson, 1823.

legte, lange bevor der bourbonische Legitimismus die Szene beherrschte: Chateaubriand, Joseph de Maistre und der Vicomte

Das konservative Dreigestirn

de Bonald. Bereits in seinem »Essai historique, politique et moral sur les révolutions« (Historischer, politischer und moralischer Essay über die Revolutionen) setzte 1797 Chateaubriand an die Stelle des Fortschrittsbegriffs die »Fatalität der Ereignisse« und »die Kraft des Faktischen«, einen Sinn vermochte Chateaubriand in den Revolutionen nicht zu erkennen. Noch weiter ging Bonald in seiner »Théorie du pouvoir politique et religieux dans la société civile« (Theorie der politischen und religiösen Gewalt in der bürgerlichen Gesellschaft, 1796), die Staat und Gesellschaft wieder auf göttliche Grundlagen zu stellten suchte und dem Individuum – Mittelpunkt der Glückseligkeit in der Revolution – keinerlei Rechte mehr zugestand. In den »Considérations sur la France« (1796) demonstrierte de Maistre den ihm eigenen christlich-aristokratischen Stoizismus: Da nichts komme außer

sprüche an den Tag zu bringen. Diese Erkenntnis, von Napoleon als unerträgliche Herausforderung empfunden, formulierte eine Frau, die ein eigenes Kapitel französischer und europäischer Li-

Madame de Staël

teraturgeschichte schrieb: Madame de Staël-Holstein, Tochter des Genfer Bankiers Necker, in erster Ehe Gattin eines schwedischen Adligen. Schon im Haus ihrer Mutter begegnete sie der aufgeklärten Elite von Raynal bis Buffon und Marmontel. Ihr eigener Salon in der Revolution bildete den bevorzugten Treffpunkt der gemäßigten Royalisten. Mit dem Sturz der Monarchie wurde ihre Situation unhaltbar, sie zog sich auf ihr idyllisches Coppet am Genfer See zurück, ehe der Thermidor ihr Paris wieder öffnete. Dank hoher Protektion – wiederum Barras! – durfte sie ihren Geliebten, Benjamin Constant, der als Autor des »Adolphe« (1816) in die literarische und als führender Kopf der liberalen Opposition gegen das Restaurationsregime in die politische Geschichte einging, in ihren Salon holen. Hier wurden auch Minister gemacht, wie Talleyrand, verantwortlich für »Äußeres«, hätte bezeugen können. Als Gegnerin Napoleons, der ihren Salon gewiß nicht ohne Grund beargwöhnte, mußte sie sich schließlich auf 40 Meilen von Paris fernhalten. Nachdem sie schon mit zwei Frauenromanen (»Delphine«, 1802, und »Corinne«, 1807) ein breites Publikum gewonnen hatte, verarbeitete sie die Erfahrungen zweier Reisen durch Deutschland, die sie nach Frankfurt am Main, Weimar, Berlin und München führten und auf denen sie mit Goethe, Schiller, Fichte und Schlegel zusammentraf, zu ihrem Hauptwerk »Über Deutschland«, das fern jedes Francozentrismus ein weit über die Literatur hinausgreifendes idealisierendes Panorama der deutschen Kultur jener Zeit entwarf und der Romantik in Frankreich zum Durchbruch verhalf. Auf das Idealbild der Madame de Staël antwortete später aus kritischer Sicht ein anderes Genie deutsch-französischer Begegnung, nämlich Heinrich Heine in seinem Werk »Die Romantische Schule« (1833). Napoleon sah in Madame de Staëls Deutschlandvision eine Mißachtung der Glorie Frankreichs und ließ das Buch sofort konfiszieren. Es blieb trotzdem ein Ereignis, da in dieser Konfrontation von Geist und Macht paradigmatisch die Grundtendenzen künftiger Konflikte der neuen Epoche angelegt waren.

Germaine de Staël-Holstein. Kreidezeichnung von Jean Baptiste Isabey

von Gott, war die Revolution sowohl ein fatales Ereignis wie göttlicher Wille; den Ausweg aus der Anarchie könnte Frankreich nur mit einem christlichen Herrscher finden; die Restauration hatte ihren Propheten ante quam.

Es gab aber auch eine aus anderen Quellen und anderen Motiven gespeiste Kritik an der Aufklärung und den neuen Zuständen, die dem Bewußtsein entsprang, daß die Verwirklichung des Fortschritts gerade dazu beigetragen hatte, seine inneren Wider-

Der Wiener Kongreß von 1815. Das Bild zeigt die Diplomaten der verhandelnden Mächte in Schaupose um den österreichischen Staatskanzler Metternich gruppiert. Den Rahmen bilden Medaillons mit den Porträts der regierenden Monarchen der acht Signatarstaaten, Staatswappen und Wappen der bevollmächtigten Diplomaten. Kupferstich von Jean Godefroy nach dem Gemälde von Jean Baptiste Isabey 1814/15. Nationale Forschungs- und Gedenkstätten der klassischen deutschen Literatur, Weimar

7 Im Schatten der Heiligen Allianz

Mit der »Weltminute von Waterloo« (Stefan Zweig) endete die Herrschaft Napoleons. Diesmal unwiderruflich. Für 100 Tage aufgeschreckt, konnten die Sieger in die Ballsäle und an

Von Waterloo nach Wien

die Verhandlungstische von Wien zurückkehren. Alexander I., Zar von Rußland, Clemens Fürst von Metternich, österreichischer Kanzler, der preußische Außenminister Karl August Fürst von Hardenberg und der britische Außenminister Henry Robert Stuart Castlereagh machten sich an die Quadratur des Kreises: die Wiederherstellung des Status quo ante und die Schaffung der Bedingungen, um für die Zukunft jede revolutionäre Erschütterung der alten Ordnung zu verhindern. Das Stichwort dafür lieferte der Vertreter Frankreichs, Charles Maurice de Talleyrand-Périgord. Er pochte auf die Anerkennung des »Legitimitätsprinzips«, das zum Leitgedanken der einsetzenden Restauration avancierte.

Talleyrand

In Talleyrand besaß die mit Ludwig XVIII. wiederhergestellte Bourbonenherrschaft die ohne Zweifel intelligenteste Persönlichkeit zur Wahrnahme ihrer Interessen. Sein Lebenslauf ist die Bilderbuchkarriere an einer Zeitenwende. Geboren 1754, im selben Jahr, da Ludwig XVI. das Licht der Welt erblickte und Rousseau den Essay über die Ursprünge der Ungleichheit schrieb. Im Unterschied zu Ludwig verlor Talleyrand in den kommenden Ereignissen nicht den Kopf. Der Mann, dem die Geschichte die Erkenntnis verdankt, daß nur derjenige die Süße des Lebens kenne, der vor 1789 gelebt habe, und daß ein Diplomat seine Sprache besitze, um die Gedanken zu verbergen, begann als Priester und brachte es bei Beginn der Revolution zum Bischof von Autun. Ihm ging der Ruf eines Lebenskünstlers und Libertins voraus; die Tatsache, daß er hinkte, minderte die Zahl seiner Mätressen nicht. Sein genialer Vorschlag, die Staatsschuld des Ancien Régime durch die Enteignung der Kirchengüter zu begleichen, brachte ihm die ungeteilte Sympathie der mit dem 14. Juli 1789 an die Macht geschwemmten Feuillants ein, aber auch den Bannstrahl Pius' VI. Dank Madame de Staël unter dem Direktorat wieder in die hohe Politik lanciert, liierte er sich rechtzeitig mit Napoleon Bonaparte, der ihn zum Außenminister und Fürsten von Benevent erhob. Mit wachem Blick für das Kommende wechselte Talleyrand insgeheim auf die Gegenseite und gehörte 1814 zu den Initiatoren der Verschwörung, die Napoleon für gestürzt und die Bourbonendynastie für wiederhergestellt erklärten. Ludwig XVIII. dankte diese Permanenz des Verrates, indem er den Fürstentitel bestätigte, ihm das Außenministeramt anvertraute und dazu die Würde eines erblichen Pair von Frankreich nachschob. Die Rechnung dafür erhielt der Sohn Ludwigs, Karl X., denn Talleyrand half 1830, den Bürgerkönig Louis Philippe auf den Thron zu bringen. Fast bis zu seinem Tode spielte der hochbetagte Intrigant eine wichtige Rolle in der französischen Außenpolitik (so bei der Mitwirkung am Neutralitätsstatus von Belgien 1834).

Dank des Legitimitätsprinzips gelang es, Frankreich aus der politischen Schußlinie zu bringen, da die Bourbonen als »Opfer der Revolution« nicht für deren weitere Folgen verantwortlich gemacht werden konnten. Auf diese Weise kam das Land glimpflich davon: Es behielt den Territorialbestand in den Grenzen von 1790, mußte erträgliche Reparationen zahlen, und Teile des Nordens und des Ostens blieben zeitweilig von den Alliierten besetzt.

Metternich

Die zentrale Figur und den Spiritus rector besaß der Wiener Kongreß in Metternich. Die in Wien aus der Taufe gehobene europäische Friedensordnung, die in Wirklichkeit auf einem extrem labilen Konsensus zwischen den Siegermächten beruhte, bildete zum erheblichen Teil sein historisches Werk. Metternichs Weltbild fußte auf der Erkenntnis, daß es für Europa nur eine ernste Angelegenheit gäbe – die Revolution; entsprechend sah er die politischen Kräfte in die Träger des Umsturzes der legalen Ordnung einerseits und in die Garanten des Bestehenden andererseits geteilt. Im Rheingebiet hatte Metternich in seiner Jugend- und Studienzeit die Revolution aus nächster Nähe kennengelernt und seitdem jeglichem aufklärerischen Fortschrittsdrang abgeschworen. Weit davon entfernt, ein doktrinärer Konterrevolutionär zu sein, zeigte Metternich durchaus Gespür für unwiderruflich vollzogene Veränderungen, verstand es jedoch, noch einmal die Kräfte der europäischen Reaktion im Ringen gegen den bürgerlichen Fortschritt zu mobilisieren und den letzten großen Sieg auf Zeit zu erzielen. An der Seite Metternichs wirkte mit Friedrich von Gentz ein ebenso loyaler wie kongenialer Mitarbeiter, der sich nach dem Studium von Edmund Burkes Streitschrift gegen die Große Revolution von einem Bewunderer zu ihrem entschiedenen Gegner bekehrte und zur grauen Eminenz im Schatten seines Herrn aufrückte.

Wiener Schlußakte

Die Neuordnung Europas fand ihren Niederschlag in der Schlußakte des Wiener Kongresses, die am 9. Juni 1815 unterzeichnet wurde und 121 Artikel umfaßte. Sie bestätigte die Hegemoniestellung Rußlands auf dem Kontinent, festigte Österreichs Position in Nord- und Mittelitalien, gab England freie Hand als führende See- und Kolonialmacht und stärkte seinen Einfluß als Mittelmeermacht. Am kompliziertesten erwies sich die Abstimmung der Interessengegensätze zwischen Österreich und Preußen. Der preußische Anspruch auf ganz Sachsen, das bis zum Schluß auf der Seite Napoleons ausgeharrt hatte, führte an den Rand eines Krieges (Talleyrand: »Das Hauptgericht ist zu Ende, zum Dessert gibt es Kanonenkugeln«). Preußen mußte sich mit der Hälfte begnügen und erhielt als Danaergeschenk die Rheinprovinzen.

Die im Befreiungskampf gegen Napoleon geweckten Hoffnungen auf ein einheitliches Deutschland verblaßten zur Konstituierung des Deutschen Bundes, bestehend aus 35 Souveränen und vier Freien Städten. Bemerkenswert bleibt immerhin, daß die von Napoleon mit dem Reichsdeputationshauptschluß von 1803 vollzogene Mediatisierung in ihrem territorialen Grundbestand unangetastet blieb; eine Rückkehr zu den einstigen über 300 Vaterländern erwies sich als unmöglich. Mit der Gründung des Deutschen Bundes steckte der Wiener Kongreß zugleich den politischen Rahmen für den Dualismus zwischen Österreich und Preußen um den Führungsanspruch ab. Damit setzte sich letztmalig das feudal-ständische gegenüber dem nationalen Prinzip durch; vier Beispiele mögen hierfür genügen: die Zwangsvereinigung Belgiens und Luxemburgs mit den Niederlanden zum »Vereinigten Königreich der Niederlande«, die Auslöschung Polens, das in seiner Masse als »Königreich« in Personalunion an Rußland fiel, die erneute politische Parzellierung Italiens und die genannte Gründung des Deutschen Bundes. Aber eben die nationale Frage wurde zum Menetekel der Wiener Kongreßarchitekten.

Heilige Allianz

Auf Veranlassung Alexanders I., der sich unter dem Einfluß der Madame von Krüdener vom aufgeklärt-aristokratischen Liberalismus zum religiösen Mystizismus bekehrt hatte, erhielt das Wiener Kunstgebäude seine höhere Weihe durch die Schaffung der Heiligen Allianz, »vereinigt durch die Bande einer wahren und unauflöslichen Brüderlichkeit« und die »Vorschriften der christlichen Religion«. Ihr gehörten, mit Ausnahme Englands und des Heiligen Stuhls, alle europäischen Herrscher an. Schlußakte und Heilige Allianz bildeten die völkerrechtliche Garantie

Charles Maurice de Talleyrand-Périgord. Kupferstich von Auguste Boucher-Desnoyers nach einem Gemälde von François Gérard. Museum der bildenden Künste, Leipzig

Clemens Wenzel Nepomuk Lothar, Fürst von Metternich. Lithographie nach Friedrich (gen. Franz) Lieder und Alois von Saar. Staatliche Bücher- und Kupferstichsammlung Greiz

des Bestehenden und billigten unter Berufung auf das Legitimitätsprinzip das Recht auf Intervention gegen alle »illegitimen«, durch Revolution entstehenden Regierungen.

Für den zeitweiligen Sieg der Restauration in Europa wirkte ein vielschichtiger Komplex objektiver und subjektiver Ursachen. Es wäre eine zu grobe Vereinfachung der damals gegebenen Situation, wollte man sich die »Ära Metternich«, »das Zeitalter der Heiligen Allianz«, »die Periode der Restauration« – so lauten gängige Urteile in der Historiographie –, lediglich als überdimensionalen Polizeistaat vorstellen, obwohl die physisch-politische Gewalt ohne Zweifel ein zentrales Moment der restaurativen Machtkonsolidierung abgab. Exemplarisch stand dafür das Regime des Grafen Alexej Andrejewitsch Araktschejew, dessen Karriere schon unter Zar Paul I. begonnen hatte, aber erst unter Alexander I. und nach dem Sturz des Reformministers Speranski (1812) die grausamsten Auswüchse zeitigte. Als Alleinvortragendem gelang es Araktschejew, für den sich Politik auf die Dimension eines nationalen Kasernenhofdrills beschränkte, die übrigen Minister zu überspielen. Mit besonderer Brutalität tobte sich die »Araktschejewtschina« in den von ihm verwalteten Militärkolonien aus; jede Soldatenfrau hatte, um Rußlands Stellung als führende Militärmacht zu sichern, pro Jahr ein Kind zu gebären oder zehn Ellen Leinen abzuliefern; auf die bekannt gewordenen Prügel- und Folterstrafen reagierte Alexander I. mit den Worten: »Die Militärkolonien bleiben bestehen, was immer es auch kosten möge, und wenn die Straße von Petersburg nach Tschudowo [etwa 100 km] mit Leichen gepflastert werden müßte.« – In den genannten Kolonien »lebten« fast 400000 Bauern.

Mit Frankreich lag die für den Kampf um den bürgerlichen Fortschritt – auch in seiner gezähmten liberalen Form – entscheidende Macht militärisch und politisch ohnmächtig am Boden; das strategische Übergewicht war auf seiten der feudalkonservativen Mächte mit Rußland als erster kontinentaler Militärmacht. Die eindeutig vom Jakobinismus traumatisierte Bourgeoisie setzte auf Kompromiß und nicht auf eine neue, zum Selbstmord an ihren ökonomischen Interessen führende Konfrontation; die Volksbewegung, ausgeblutet, ausgezehrt, revolutions- und kriegsmüde, enttäuscht und desorientiert, in letzter Instanz führungslos, fiel für die kommenden Jahre als Unruhefaktor aus: ein wichtiger Aspekt für die relative Friedhofsruhe dieser Zeit. Zugunsten der Restauration wirkte ebenso das reale ökonomisch-soziale Kräfteverhältnis: Noch hatten sich die neue Produktionsweise und die bürgerliche Gesellschaft nur in (wenn auch schon wesentlichen) Teilen Europas durchgesetzt; große Gebiete des Ostens, Südens, Südostens und äußersten Westens trugen weiter alle Kennzeichen feudaler Ordnung. Der feudale Großgrundbesitz verfügte über gewichtige ökonomische und soziale Refugien als Grundlage der restaurierten Macht.

Restauratives Denken

Ihre umfassende ideologische Rechtfertigung fand die feudalaristokratische Gegenoffensive in der restaurativen Strömung innerhalb der Romantik, worunter nicht nur deren literarisch-künstlerische Äußerungen, sondern ebenso die Vielfalt von philosophischen, religiösen, staatsrechtlichen, politischen Auffassungen zu verstehen sind. Irrationalismus, Mittelaltermythos, Monarchenkult, Verherrlichung des organischen (evolutionären) Prinzips und nicht selten offener religiöser Fanatismus verteidigten das Bestehende und von der Tradition Überlieferte überzeugend und verketzerten jeden Gedanken an die Revolution gründlichst. Selbst in der progressiven Romantik, die besonders in Deutschland, ausgehend von Jena und Heidelberg, mit Erfolg den Aufstand gegen die literarisch-philosophische Klassik der Goethe-Hegel-Epoche probte, reflektierte sich deutlich die Irritation des Individuums an der im Ergebnis von 1789 aufgebrochenen Widersprüchlichkeit des gesellschaftlichen Fortschritts.

Ohne sich mit den politischen Auswüchsen der Restauration zu identifizieren, begründete Chateaubriand mit seinem politisch-historischen Hauptwerk »Genius des Christentums« (1802) den Ultraroyalismus, zu dessen einflußreichsten Barden auch der erwähnte Vicomte de Bonald gehörte. Mit der Schrift »Über den Papst« (1819) verteidigte Joseph de Maistre den Primat des monarchischen Staates und der Kirche mit dem Papst als oberster Autorität; es handelte sich um die geistige Verankerung des Ultramontanismus und des Dogmas von der Unfehlbarkeit des Papstes. In dieselbe Richtung gingen die Auffassungen des Abbé de Lamennais, der gegen jede Form der Irreligiosität wetterte: »Essai sur l'indifférence en matière de religion« (1817). Die wiederhergestellte Einheit von Thron und Altar fand ihre staatsrechtliche Rechtfertigung durch den Schweizer Karl Ludwig von Haller, dessen Hauptwerk »Restauration der Staatswissenschaften« (1819) den göttlichen Ursprung von Herrschaft und Eigentum verteidigte und im mittelalterlichen Ständestaat das Vorbild der gesellschaftlichen Organisation sah.

Die Dialektik der Epoche nach 1815 entlud sich im Widerspruch und in einer sich überkreuzenden Wirkung von feudalrestaurativer und bürgerlich-progressiver Entwicklungslinie. Die endgültige Überwindung der alten Ordnung in Europa und die völlig neuen Dimensionen in der Globalisierung und Universalisierung des historischen Geschehens, die neue Etappe der »Verdichtung« zur Weltgeschichte basierten letztlich auf der

Doppelrevolution

Wirkung einer Doppelrevolution. So unbestritten die Stellung Frankreichs im Revolutionszyklus des 19. Jahrhunderts mit den weiteren Stationen 1830, 1848, 1870 und 1871 blieb, so läßt sich andererseits der weit über Europa ausgreifende Prozeß der bürgerlichen Umwälzung nicht auf sie reduzieren. Die eigentliche Sprengwirkung lag in der Verbindung der von Frankreich ausgehenden politisch-sozialen Revolution mit der parallel dazu verlaufenden ökonomisch-technologischen Umwälzung, der industriellen Revolution, in England. Während Frankreich mit der Entscheidungsschlacht in der Systemkonfrontation zwischen Ancien Régime und bürgerlichem Gleichheitsanspruch den normativen Ausgangspunkt – für viele Zeitgenossen und die folgenden Generationen das »Modell« – einer neuen politisch-institutionellen und sozialen Ordnung setzte, erreichten in England die modernen Produktivkräfte und Produktionsverhältnisse das Stadium ihrer vollen Reife, und die Bourgeoisie trat im Pionier- und Mutterland des Kapitalismus bereits in die Abschlußphase ihrer Konstituierung als epocheprägende Klasse. Damit verlor der Feudalismus in der Perspektive seine ökonomische, soziale, politisch-institutionelle, ideologische – summarisch: die historische – Existenzgrundlage.

Zwischen Politik und Ökonomie dieser Zeit bestand jedoch kein lineares Kausalverhältnis. Zwar schritt die ökonomische Unterminierung der alten Ordnung trotz mannigfaltiger Hindernisse kontinuierlich voran, doch verlief dagegen die ihr entsprechende politische Entwicklung ungleich widersprüchlicher, geprägt durch einen komplizierten Zyklus von Revolution und Gegenrevolution, Reform und Restauration, Krieg und Krise. Die verschiedenen Ebenen der historisch-gesellschaftlichen Entwicklung verschoben sich nicht selten, es kam zu einer Gleichzeitigkeit des Ungleichzeitigen. Die Träger der alten Ordnung vermochten aus der historischen Defensive heraus durchaus noch Widerstand zu leisten; der Spannungsbogen reichte von der jetzt einsetzenden Restaurationspolitik der Heiligen Allianz bis zu den neoabsolutistischen Experimenten nach der Europäischen Revolution von 1848. Am Ende setzte sich die aus

Revolution oder Reform

der Doppelrevolution resultierende neue Alternative durch: entweder Überwindung durch Revolution oder Anpassung auf dem Wege der Reform. Noch unter der sich voll entfaltenden Restauration begann das Wechselverhältnis von Revolution und Reform den gesellschaftlichen Transformationsprozeß in Europa und über dessen Grenzen hinaus bis nach dem südlichen Amerika, dem Nahen Osten und in das ferne Asien zu prägen, somit der universalen Dimension eines neuen Zeitalters Ausdruck und Gestalt gebend. Schließlich waren es nicht zuletzt die im Kampf gegen Napoleon freigesetzten revolutionären (Vorbild: Spanien) und reformerischen Potenzen (Hauptbeispiel: Preußen), die einen Schatz von Erfahrungswerten angehäuft oder bereits reale Veränderungen bewirkt hatten, die einer wie auch immer gearteten Totalrestauration widerstanden.

Der Gefangene von St. Helena, der mit der Weigerung, ein »Kaiser der Canaille« oder ein »König der Jacquerie« zu sein, schon vor Waterloo das eigene politische Todesurteil unterzeichnet hatte, meinte: »Nichts wird fortan die großen Grundsätze unserer Revolution zerstören oder auslöschen können!« Ein Versuch der Rechtfertigung vor der Geschichte? Selbstkritische Erkenntnis eines Mannes, der das Erbe der Großen Revolution veruntreut hatte? Oder die Sicht eines Visionärs?

Gärung im Deutschen Bund

Zunächst jedoch schien die Rechnung der Sieger des Gestern aufzugehen. Auf dem Kongreß von Aachen (1818) erfolgte die Rehabilitierung des bourbonischen Frankreichs; die europäische Pentarchie war komplett. Trotzdem brodelte es selbst in den Kernländern der Allianz. Ökonomisch kam die preußische Regierung der »auf französisch« verwöhnten rheinischen Bourgeoisie durch die Zollgesetzgebung entgegen, ohne die weitgesteckten nationalen Pläne von Friedrich List (Gründung des Allgemeinen deutschen Gewerbe- und Handelsvereins, 1819) zu

Websaal mit mechanischen Webstühlen und Transmissionsbetrieb. Englische Lithographie, um 1835

erfüllen. Speziell in Süd- und Südwestdeutschland, d. h. in jenen Gebieten, die aus der Rheinbundpolitik Napoleons besonderen Vorteil gezogen hatten, entfaltete sich in Form der »Adressenbewegung« eine Verfassungskampagne, die ungeachtet regionaler Teilerfolge die bürgerlichen Kräfte weiter von der Macht ausgeschlossen ließ. Diese Verfassungskämpfe fanden ihr ideologisches Rückgrat in den zahlreichen »Deutschen Gesellschaften«, »Freundeskreisen« und »Bünden« als einer Plattform für die oppositionellen Intellektuellen. Ihren Höhepunkt erreichte die nationale Bewegung in den Burschenschaften mit den Zentren an den Universitäten Jena (Gründung der Burschenschaft am 12. Juni 1815), Gießen und Heidelberg; in ihnen lebte der Geist der Befreiungskriege, deren revolutionäre und demokratische insurrektionelle Komponente, ungeachtet des repressiven Umweltklimas, weiter. Auf dem in Erinnerung an den 300. Jahrestag der Reformation und den 4. der Völkerschlacht bei Leipzig von den Burschenschaften durchgeführten Wartburgfest (18./19. Oktober 1817) wurde von 500 Studenten und einer Gruppe patriotischer Professoren der Grundsatz verkündet: »Ein Deutschland ist und ein Deutschland soll bleiben.« Gedacht war an ein deutsches Kaiserreich; diejenigen, die eine Republik forderten (die »Unbedingten« oder »Schwarzen«, nach ihrer Tracht so genannt), blieben eine verschwindende Minderheit. Allerdings hatte der gärende, von den Ideen des »Turnvaters« Jahn, Ernst-Moritz Arndts, aber auch Fichtes genährte Patriotismus eine bedenklich deutschtümelnde und romantisch verschwommene Gegenseite; die auf der Wartburg versammelten Studenten übergaben mit den Symbolen der Tyrannei – Zopf, Korporalstock und Schnürbrust – auch den Code Napoléon den Flammen . . .

Die Ermordung des in russischen Diensten stehenden Schriftstellers von »edler Simplizität«, August von Kotzebue, durch den

Burschenschaftsfahne und Burschenschaftsschwert. Zeitgenössische Illustration

»Unbedingten« Karl Ludwig Sand und andere Akte individuellen Terrors boten den geeigneten Vorwand, um durch Annahme der Karlsbader Beschlüsse (August 1819) die sogenannte Demagogenverfolgung in Szene zu setzen, die nicht wenige Vertreter der oppositionellen Intelligenz in die innere oder äußere Emigration (z. B. Ludwig Börne) trieb.

Erste Revolutionswelle

Der erste entscheidende Angriff auf die Heilige Allianz ging von der Peripherie, von Spanien, Portugal, Italien, Griechenland, aus; hinzu trat die Unabhängigkeitsrevolution Mittel- und Südamerikas. Diese »peripheren« Revolutionen wiesen gegenüber der »zentralen« Revolutionsachse eine Reihe von Besonderheiten und aus der Spezifik ihrer Voraussetzungen resultierende Anomalien auf:

— Die Aktionszentren dieser Revolutionen lagen jenseits der ökonomischen und politischen Machtbasis der Allianz; nicht selten handelte es sich um Gebiete, in denen sich sogar die Interessenlinien der Mitgliedsstaaten der Pentarchie indirekt oder offen überschnitten.

— In den von der neuen Revolutionswelle ab 1820 erfaßten Regionen existierten Wirtschafts- und Gesellschaftsstrukturen, die nur in ersten Ansätzen, und dann zumeist deformiert, von kapitalistischen Entwicklungselementen durchdrungen waren.

— Aus der daraus folgenden organischen Schwäche, teilweise sogar fehlenden Existenz der Bourgeoisie als nationale Klasse ergab sich die Führungsschwäche der progressiven Kräfte.

— Das entstehende Hegemonievakuum wurde zumeist durch die Armee ausgefüllt; fast alle Revolutionen begannen durch militärische Aufstände oder hatten den Charakter eines Befreiungskrieges. In der Regel kompensierte die »revolutionäre Initiative« der Armee nicht nur das Fehlen oder die Schwäche eines handlungsfähigen Bürgertums, sondern auch die Unreife der Volksbewegung.

— Infolge der mangelnden Massenbasis reduzierten sich die meisten Revolutionen auf den urbanen Bereich, blieben Stadtrevolutionen, und besaßen einen elitär-konspirativen Charakter, der die Forderungen der bäuerlichen Bevölkerung (Agrarfrage) weitgehend ignorierte.

— Aus der Sicht der Triebkräfte und der ideologischen Grundlagen handelte es sich um liberale Revolutionen, die nur in Ausnahmefällen und -situationen radikal-demokratische Züge annahmen.

Spanien: Restauration und Revolution

Der Ausgangspunkt der Revolutionswelle von 1820 lag in Spanien, das im System der Restauration eine doppelte Sonderstellung einnahm: Es handelte sich um das einzige Land, dessen Befreiungskriege gegen die napoleonische Invasion in eine Revolution hinübergewachsen waren (1808–1814). In Spanien, wo Frankreich seine erste militärische Niederlage einstecken mußte (Kapitulation General Duponts bei Bailén, Juli 1808), begann Napoleons Stern zu sinken. Die bäuerliche Guerrilla erwies sich für die sieggewohnten Heere des Korsen als unbezwingbar. Obwohl Spaniens erste bürgerliche Revolution, gestützt auf die englische Hilfe unter dem Herzog von Wellington, den Krieg gegen Frankreich gewann (Ludwig van Beethoven: »Wellingtons Sieg oder die Schlacht bei Vittoria«, op. 91/1813), scheiterte die Revolution. Sie hinterließ in der Verfassung von Cádiz (19. März 1812) ein am französischen Modell von 1791 orientiertes Grundgesetz, das zum Aktionsprogramm der Revolutionäre der nachnapoleonischen Zeit werden sollte. In tragischer Verkennung der realen Situation umjubelten vom Klerus fanatisierte Volksmengen den in Madrid einziehenden Bourbonensproß als »Redentor« (Erlöser) und skandierten:

»Vivan los cadenas,
Viva la agresión,
Viva el rey Fernando,
Muera la nación.«

(Hoch die Ketten, hoch die Unterdrückung, hoch König Ferdinand, Tod der Nation.)

Spanien war, neben dem Königreich Neapel-Sizilien, das einzige Land, in dem es zu einer ökonomisch-sozialen Restauration kam, während in den übrigen Staaten der Heiligen Allianz die unter französischer Herrschaft vollzogenen Veränderungen in den Eigentumsverhältnissen nolens volens unangetastet blieben. Selbst die Inquisition konnte ihre verhängnisvolle Tätigkeit wieder aufnehmen, um Jagd auf »Liberale« (der Begriff entstand in der ersten Revolution und ging in das allgemeine politische Vokabular ein) zu machen. Auch der durch Pius VII. (Bulle »Sollicitudo omnium ecclesiarum«, 7. August 1814) wiederhergestellte Jesuitenorden fand in Spanien ein fruchtbares Feld; es war derselbe Papst, der Napoleon 1804 in Paris gekrönt hatte (»Man setzte den Heiligen Vater in Trab wie einen Kaplan, den sein Herr rufen läßt, um die Messe abzuhalten«, so Kardinalsekretär Ercole Consolvi), der auf die Okkupation des Kirchenstaates (1809) mit der Exkommunizierung des Korsen antwortete und sich dafür postwendend festgesetzt sah. Spaniens Lage komplizierte sich überdies durch die Verbindung von metropolitaner und kolonialer Revolution: Der Sturz der Bourbonen im Jahre 1808 gab den letzten Anstoß für den Ausbruch der Unabhängigkeitsrevolution in Spanisch-Amerika, mit dem Fortgang dieser Revolution versiegten die finanziellen Quellen der Neuen Welt und verschlossen sich für das Handelsbürgertum deren Märkte. Schon am 16. Dezember 1810 hatte in den Cortes von Cádiz namens der »Americanos« der peruanische Deputierte Dionisio

Spanien unter der Last seiner Traditionen: »Si resucitará?« (Ob sie auferstehen wird?) Radierung von Francisco de Goya, Blatt 80 aus dem Zyklus »Desastres de la guerra«, 1810–1813. Staatliche Kunstsammlungen Dresden, Kupferstichkabinett

Inca Yupanqui warnend erklärt: »Ein Volk, das ein anderes unterdrückt, kann nicht frei sein!«

Vergeblich hatten sich patriotische Generale gegen die erneut heraufziehende Macht des Absolutismus mit spontanen Aufständen zur Wehr gesetzt: Espoz y Mina 1814, Díaz Porlier 1815, Lacy 1817. Die weiterschwelende antifernandinische Opposition fand ihren Rückhalt im Handelsbürgertum (Zentrum Cádiz) und in den liberal engagierten Zwischenschichten: Intellektuelle, einstige Afrancesados, Anhänger und Funktionäre der Cortes-Ära, entmachtete Militärs. Ohne die Möglichkeit, sich publizistisch oder parlamentarisch artikulieren zu können, blieb ihnen als einziges Instrument die Armee, die im Krieg gegen Napoleon eine demokratische Metamorphose durchlaufen hatte (Integration der Guerrilla), und zu den Hauptopfern des weißen Terrors ab 1814 gehörte. Aus ihren Reihen kamen die meisten liberalen Märtyrer. Um den Krieg gegen die »Rebellen« in den amerikanischen Kolonien auf einen Schlag zu beenden, ließ die Krone unweit Cádiz unter dem Kommando von General José Enrique O'Donnell, Conde de La Bisbal, etwa 20000 Mann zur Verschiffung zusammenziehen. Ausstehender Sold, unzumutbare hygienische Verhältnisse, die Nachrichten vom Fiasko des Morillo-Feldzuges in Venezuela, die liberale Grundstimmung vieler Offiziere, dazu die ideelle und materielle Agitation lateinamerikanischer Patrioten und der Freimaurer gegen den aussichtslosen Opfergang jenseits des Atlantiks, am Ende ein die Reihen lichtendes Gelbfieber bereiteten das Klima für den Aufstand unter Rafael del Riego und Antonio Quiroga am 1. Januar 1820, dessen erster Akt in der Proklamation der Verfassung von 1812 bestand.

Rafael del Riego y Núñez

Gemeinsam mit Simón Bolívar und dem griechischen Patrioten Konstantin Rhigas gehörte Riego zu den liberalen Idolen der zwanziger Jahre. Byron bejubelte den Helden von Cabezas, Puschkin widmete ihm Gedichte, die Dekabristen verehrten ihn als ihr Vorbild, und die »Hymne Riegos« von San Miguel und Huerta wurde zur Internationale der Liberalen. Rafael del Riego y Núñez stieg im Unabhängigkeitskrieg von 1808 zum Capitán auf und kam als Gefangener nach Frankreich; zur Zeit des Aufstandes bekleidete er den Rang eines Oberstleutnants. Er war und blieb der militärische Kopf der liberalen Revolution von 1820 bis 1823, jedoch fehlte ihm jegliche politische Durchschlagskraft, was zum tragischen Ausgang der Ereignisse beitrug. Zunächst fand der Januaraufstand nicht das geringste Echo, der Versuch zur Einnahme von Cádiz scheiterte. Riego setzte mit 1500 Mann auf das andalusische Festland über, mit dem Ergebnis, daß sich seine Kolonne nach 47 Tagen, total erschöpft und durch Desertion stark reduziert, auflöste; schon dachte er daran, nach Portugal zu flüchten, da doch alles verloren schien. Aber: »So reif war Spanien für die Revolution, daß selbst falsche Nachrichten genügten, sie hervorzurufen«, schrieb Karl Marx. Im Glauben an den Sieg im Süden erhoben sich die Liberalen des Nordens in Galicien (La Coruña, 21. Februar 1820); von Frankreich kommend, nahm das Partisanengenie Espoz y Mina den Kampf auf. Die ersten verunsicherten Generale, unter ihnen der professionelle Opportunist O'Donnell, bekannten sich zu den Prinzipien von 1812. Wie ein Kartenhaus brach das absolutistische Regime zusammen. Am 9. März schwor Ferdinand VII. auf die Verfassung: »Laßt uns aufrichtig, ich als der Erste, auf der konstitutionellen Bahn vorwärtsschreiten.« Seitdem schossen »die Verfassungsfreunde auf königliche Weisung« (Alberto Gil Novales) wie Spargel aus dem Boden. Sogar offen absolutistische »Revolutions«juntas entstanden, wie z. B. in Zaragoza, um nicht den Liberalen, die mit der ihnen zufallenden Macht wenig anzufangen wußten, das Feld allein zu überlassen.

Was nun einsetzte, war nicht nur die zweite spanische Revolution, der noch drei weitere folgen sollten (1834, 1854, 1868), es war zugleich das erste Trauerspiel in der Geschichte des europäischen Liberalismus. Zunächst sorgte eine zentrale »Junta Provisional« dafür, daß die spontane »Revolution der Straße« eingedämmt wurde.

Liberale, Moderados, Exaltados

Mit der Eröffnung der Cortes am 6. Juli 1820 ernteten die gemäßigten Liberalen (Moderados) um Agustín Argüelles – eine Symbolfigur der Generation von 1812 – die Früchte des Sieges; sie ehrten Ferdinand VII. – in Verkennung des Doppelspiels der Krone – für den vermeintlichen Verfassungseid mit dem Ehrentitel »El Magno« (der Große); Argüelles regierte nach dem Grundsatz: »Unglücklich jene Nation, in der man verbreitet, das Volk sei autorisiert, selbst Gerechtigkeit walten zu lassen! Welche Nation kann mit solchen Prinzipien existieren?« Einen Vorgeschmack hatten schon die Vorkommnisse in Cádiz am 10. März vermittelt: Als die Bevölkerung enthusiastisch die wiederhergestellte Verfassung feierte, schossen königstreue Truppen in die Menge . . . Also, wenn schon Revolution, dann nicht durch, sondern für das Volk. Ein wesentlicher Schachzug bestand darin, Riego mit Ehren zu überhäufen und zugleich politisch zu isolieren. Aus dieser Logik ergab sich, daß die Liberalen – Achillesferse fast aller spanischen Revolutionen – den Kampf nicht gegen, sondern um die Monarchie führten, stets in der vagen Hoffnung, den Gang der Dinge von oben kanalisieren zu können. Im Wesen griff die Reformpolitik der Cortes auf die Gesetze der ersten Revolution zurück: Nationalisierung von Kirchenländereien, Schließung der meisten Klöster, sofortige Aufhebung der Inquisition, Verbot des Jesuitenordens, Halbierung des Zehnten, Verkauf von Kron- und Gemeindeland, Beseitigung des Majorats und der Toten Hand, Rehabilitierung der Afrancesados. Weiter: Auflösung von Gilden und Zünften, Ab-

Rafael del Riego y Núñez. Zeitgenössische Lithographie

Die Invasion französischer Truppen im Jahre 1808 löste die sofortige Erhebung des spanischen Volkes gegen die Fremdherrschaft aus. Von der Guerrilla kontrollierte Gebiete grenzten sich auch durch eigene Münzprägung entschieden von den der französischen Botmäßigkeit unterworfenen Territorien ab. 30 Sueldos (Silber), Notmünze der Insel Mallorca. Universitätsbibliothek Leipzig

schaffung der Binnenzölle, protektionistische Gesetzgebung zugunsten des nationalen Gewerbes ... und Aufbau einer eigenen Bürgergarde (Milicia Nacional). Der Aufbau der Miliz wurde jedoch durch die Auflösung der Armeeinheiten, von denen die Revolution auf der Isla de León ihren Ausgang nahm, auf verhängnisvolle Weise entwertet. Die Revolution entledigte sich ihres entscheidenden militärischen Instruments.

Mit Erfolg setzten die Gegenintrigen des Hofes auf die Differenzierung und Spaltung im liberalen Lager; ja, es gelang sogar, mit dem Marqués de las Amarillas einen engen Vertrauten Ferdinands VII. in die Regierung zu lancieren. Der Hauptriß verlief zwischen Moderados und den doktrinär-liberalen Exaltados, die im Frühjahr 1822 die Mehrheit erzielten; allerdings stellten die auf Eindämmung der Volksbewegung bedachten Moderados mit Francisco de Paula Martínez de la Rosa (»ein mittelmäßiger Poet, aber noch besserer Poet als Politiker«, wie F. G. Bruguera schrieb) weiter die Regierung und neutralisierten so den Erfolg der Exaltados. Erst mit dem Kabinett Evaristo San Miguel errangen die Exaltados die Macht im Staate (5. August 1822) und konnten eine Radikalisierung der Revolution in aufsteigender Linie durchsetzen; aber auch sie versagten in einer entscheidenden Frage: Der Ausgleich mit den aufständischen Kolonien kam nicht zustande, da dieselbe Handelsbourgeoisie, die in der Metropole die Revolution protegierte, zu keinem Verzicht auf ihre kolonialen Privilegien bereit war.

Patriotische Gesellschaften

Der »Puls der Revolution« (Alberto Gil Novales) schlug in den Patriotischen Gesellschaften, die in 164 Orten des Landes existierten; zu den einflußreichsten gehörten die »Amigos de la Libertad« (Café Lorenzini), »San Sebastián de la Corte«. »La Cruz de Malta«. »La Fontana« und die »Sociedad Landaburiana«. Auf der linken Flanke der Revolution schälten sich die Comuneros und die radikal-demokratischen Descamisados (frei übersetzt: Sansculotten) heraus; beide lösten jedoch weder die Bindung an die Freimaurer (Gran Oriente), noch vermochten sie sich gegenüber den Exaltados zu verselbständigen. Ungeachtet der politischen und ideologischen Gegensätze zwischen Moderados, Exaltados, Comuneros und Descamisados besaßen alle Strömungen eine weitgehend gleiche soziale Basis. Die verhängnisvolle Schwäche der Revolution bestand darin, daß die meisten ihrer wohlgemeinten Gesetze auf dem Papier blieben und es nicht gelang, die Bauern zu mobilisieren, die zwar die forcierte Steuerpolitik der Liberalen trugen, aber von der zugunsten von Grundbesitz und Bürgertum durchgeführten Agrarreform ausgeschlossen blieben. Es war die aristokratische Konterrevolution, die diesen Schwachpunkt des liberalen Trienniums erkannte und für ihre Manöver geschickt ausnutzte. Die Moderados zeigten sich unwillig, die Exaltados unfähig, die an vielen Orten, besonders in den Städten, spontan aufkommende Volksbewegung zu führen und damit der Revolution neue Impulse zu geben. Vereinzelte Akte des Terrors, so die Tötung des konterrevolutionären Priesters von Tamajón, Matías Vinuesa, ließen die Liberalen jeglicher Couleur erstarren und zurückweichen. Selbst die Patriotischen Gesellschaften wurden wiederholt verboten; die Revolution demontierte ihre eigenen Grundlagen. Es entstand eine Vakuumsituation, die zunehmend den Bewegungsraum der absolutistischen Gegenpartei vergrößerte.

Offensive der Gegenrevolution

Eine erste konterrevolutionäre Gegenoffensive zeichnete sich mit den Erhebungen in Burgos und Alava (April 1821) ab. Im Frühjahr 1822 befanden sich erhebliche Teile Altkastiliens, Kataloniens und des Baskenlandes unter der Kontrolle gegenrevolutionärer Kräfte. Allerdings scheiterte der Versuch, die Revolution im Zentrum zu treffen (Aufstand der königlichen Garde in Madrid, 2. bis 7. Juni 1822), am Widerstand der Nationalmiliz und der von den Exaltados mobilisierten Massen Madrids. Damals erhob sich zum ersten Mal in der spanischen Geschichte der historische Ruf: »No pasarán!«, aber die Chance, der Revolution die entscheidende Wende zu geben – das hätte die Absetzung des offen des Verrats überführten Königs und die Proklamation der Republik bedeutet –, blieb auf verhängnisvolle Weise ungenutzt. Wie geblendet hielten die Liberalen am Nimbus der Krone fest.

Das politische Verdienst der in die Regierung gerückten Exaltados lag ohne Zweifel darin, die militärischen Kräfte der Konterrevolution an die Peripherie gedrängt zu haben. An der Pyrenäengrenze agierten mit offener Unterstützung Frankreichs die sogenannten Partidas, denen es gelang, mit der Einnahme von Seo de Urgel (21. Juni 1822) und der Konstituierung einer absolutistischen Gegenregierung unter dem Marqués de Mataflorida, dem Erzbischof von Tarragona, Jaime Creux, dem Barón de Ercoles eine bedeutende politisch-strategische Position in die Hand zu bekommen. Wieder brachte der unverwüstliche Espoz y Mina die Rettung: Am 11. Dezember wurde Seo de Urgel befreit, und damit verlor die Gegenseite die letzten Aussichten, die Revolution von innen heraus zu stürzen.

Intervention Frankreichs

Jetzt hatten die Hauptmächte der Heiligen Allianz das Wort. In kluger Einschätzung der Lage warnte Metternich vor einem vorschnellen Eingreifen, um nicht den spanischen Patriotismus anzuheizen. Erst sollte die Revolution beginnen, sich selbst zu zerfleischen, dann konnten die »Retter« handeln. Auf dem Kongreß von Verona im Oktober 1822 kam gegen den Widerstand Englands, das mit den iberischen Liberalen kokettierte und dessen Interessen jetzt Canning, anstelle des am Vorabend des Treffens durch Selbstmord geendeten Castlereagh, wahrnahm, jener historische Beschluß zustande, der Frankreich zur Intervention gegen Spanien freie Hand gab; die gezähmten Bourbonen durften endlich die Krallen zeigen. Unter dem Befehl des Herzogs von Angoulême überschritten am 7. April 1823 die »100 000 Söhne des hl. Ludwig« die Grenze. Die Erwartungen, die die Exaltados an eine Neuauflage des Krieges von 1808 knüpften, zerstoben in wenigen Tagen. Auf furchtbare Weise rächte sich die vollzogene Entmachtung der radikal-militärischen Kräfte, da neben der Rebellenarmee vom Januar 1820 auch das in Madrid formierte »Heilige Bataillon«, die freiwillige Miliz, aufgelöst und die Comuneros gewaltsam unterdrückt worden waren. Passivität der bäuerlichen Massen oder sogar vom Klerus gesteuerte enthusiastische Begeisterung für die Befreier im Zeichen des Kreuzes, Verrat von Generalen, darunter der Held wider Willen von 1820, O'Donnell, beschleunigten das Ende. Trotzdem fehlte es nicht an revolutionärem Heroismus: Quiroga verteidigte eineinhalb Monate La Coruña, El Empecinado (Juan Martínez Díaz), Palarea und der Engländer Wilson organisierten eine effektive Guerrilla, verzweifelten Widerstand leisteten die Verteidiger der Hauptfeste von Cádiz, des Trocadero. Erst im August durfte Riego wieder an die Spitze einer Armee treten. Von einer französischen Übermacht gejagt, brachen seine Abteilungen rasch auseinander; auf der Flucht von Bauern erkannt, fiel er am 15. September in die Hände der Gegner.

Am 1. Oktober 1823 gestatteten die Cortes in der vergeblichen Hoffnung auf einen Kompromißfrieden Ferdinand VII. den Übertritt auf die Seite der Franzosen. Seine erste Amtshandlung: der Widerruf aller ihm »abgezwungenen« Cortesdekrete. Mit Cartagena fiel am 30. November die letzte, von General Torrijos verteidigte Bastion der Revolution; ebensolange hielt sich das »vergessene« Menorca. Es begann Kapitel Zwei des weißen Terrors, der seine Personifizierung in der sinistren und blutrünstigen Figur des königlichen Beichtvaters und Ersten Ministers Victor Damián Sáez fand. Zu dessen prominentesten Opfern gehörte Riego; sein Leben endete am 7. November 1823 auf der Plaza de la Cebada von Madrid – unter dem Beifall nicht weniger, deren Verheißung er gewesen ...

Unabhängig von ihrem Scheitern bestand die historische Bedeutung der spanischen Revolution in der Tatsache, daß sie das entscheidende Kettenglied im politischen Selbstverständnis des spanischen Liberalismus darstellte und daß von dieser Revolution eine breite internationale Wirkung ausging. Am 24. August

Lusitanische Revolution

1820 folgte Portugal dem Beispiel seines Nachbarn: Es erhob sich die Garnison von Porto, nach wenigen Tagen folgte Lissabon; eine provisorische Regierung übernahm die Macht. Soweit das »iberische Revolutionsschema«. Jedoch existierte ein gewichtiger Umstand, der die portugiesische von der spanischen Schwesterrevolution unterschied – der Kampf gegen die englische Vorherrschaft.

Seit dem im Jahre 1703 geschlossenen Methuenvertrag bildete Portugal eine feste Bastion der englischen Interessen im iberischen Raum. Diese traditionelle Einbindung brachte in der Zeit der Französischen Revolution und des napoleonischen Empire das Land in extrem prekäre Beziehungen zu England, Frankreich und Spanien. Mit dem »Orangenkrieg« von 1801 machte Spanien in seiner Eigenschaft als Verbündeter Frankreichs den Versuch, Teile von Portugal zu besetzen; im Vertrag von Fontainebleau (27. Oktober 1807) wurde sogar die Aufteilung Portugals zwischen beiden Ländern festgelegt: Napoleon sah seinen Bruder Louis schon als König von Nordlusitanien, der »Friedensfürst« Godoy gedachte sich im Süden als Herrscher zu etablieren. Das strategische Hauptziel Napoleons bestand jedoch darin, ganz Portugal in die Hand zu bekommen, um eine weitere Lücke im System der Kontinentalsperre zu stopfen.

Im Schatten Napoleons

Im November 1807 stieß eine französische Armee mit General Junot an der Spitze bis Lissabon vor. Unter dem Schutz einer englischen Flotte gelang es der königlichen Familie, bei Mitnahme des gesamten Staatsschatzes, nach Brasilien zu entkommen. Im Auftrag seines Kaisers veröffentlichte Junot daraufhin das lakonische Dekret: »Das Haus Bragança hat aufgehört zu regieren.« Junots Position erwies sich rasch als unhaltbar. Vom Aufstand Madrids gegen die Mameluken Murats (»Dos de Mayo», 1808) beflügelt, erhob sich auch in Portugal eine Volksbewegung, die vom Norden über das ganze Land ausgriff. Unter Führung des späteren Herzogs von Wellington, Sir Arthur Wellesley, landete ein englisches Expeditionskorps und schlug die Franzosen in der Schlacht von Vimeiro am 21. August 1808. Schließlich mußte Murat in Spanien zunächst hinter die Ebrolinie zurückweichen, wodurch Junot abgeschnitten blieb. In der Konvention von Cintra (30. August) willigte Junot in einen Rückzug der französischen Truppen: Wiederholte Anläufe zu einer Rückeroberung Portugals scheiterten. Künftig lag die politische Gewalt in den Händen von Marschall William Carr Beresford, der sich seine

Unter englischer Kuratel

Sporen schon in Ägypten, am Kap und im südlichen Amerika erworben hatte. Er reorganisierte die portugiesische Armee, verwaltete aber im übrigen das Land wie eine besetzte Provinz. Rechtlich handelte es sich um die Wahrnehmung der Regierung im Auftrage von João VI., der noch immer im tropischen Brasilien residierte, was Portugal faktisch in Umkehrung der bisherigen Geschichte eine Art Kolonialstatus bescherte. Anglophobie und Forderung nach Rückkehr des Königs prägten die Haltung der liberalen Opposition. Eine erste Erhebung im Jahre 1817 schlug Beresford mit eiserner Faust nieder. Mit der Revolution von 1820 endete seine Diktatur, die englischen Truppen mußten das Land verlassen.

Pedro I., Kaiser von Brasilien (1822–1831). Stahlstich von Jakob Hyrtl und Franz Stöber nach einem Gemälde von Ramirez. Staatliche Galerie Dessau, Schloß Georgium

Den beginnenden Abfall Brasiliens bereits vor Augen, folgte João im Juli 1821 dem »Ruf« nach Lissabon. Nach spanischem Vorbild nahmen die Cortes am 23. September 1823 eine Verfas-

Verfassung von 1823

sung an, die jedoch die Rechte der Krone erheblich stärker einschränkte und die bürgerlichen Grundrechte eindeutiger garantierte. Wesentliche Privilegien des Adels wurden abgeschafft (ohne die Bauern zu befreien), die Macht der Kirche eingeengt, die Inquisition aufgehoben, auch die Monopolrechte, die ein Teil des Bürgertums genoß, fielen dem Anspruch auf Gleichheit zum Opfer: 1789, 1791 und 1812 in Symbiose. Analog zu Spanien erwiesen sich die Liberalen als unfähig, ihrer Herrschaft eine breite Basis zu geben; die Revolution blieb städtisch-elitär-militärisch. Zweite Analogie: Als sich Pedro I., der Sohn des Königs, am 12. Oktober 1822 zum Kaiser des unabhängigen Brasilien ausrief, lastete die klerikal-aristokratische Reaktion diesen schweren Verlust für Portugals Prestige und Wirtschaft den Liberalen an; sie hätten ein Imperium, das Werk von Generationen, verspielt.

Morgenluft witterte die absolutistische Gegenpartei, als die spanische Revolution der französischen Invasion zu unterliegen begann, sie hatte jetzt den Rücken frei, um ohne Risiko handeln

Der Gegenschlag

zu können. Paradoxerweise vollzog das an der Grenze zu Spanien zusammengezogene Korps den Umsturz: Im Mai 1823 proklamierte die meuternde Armee in Vila Franca die Wiederherstellung der absoluten Krongewalt. An die Spitze der Aufständischen stellte sich Dom Miguel, der zweite Sohn des Königs, Intrigant ersten Ranges, heilloser Ehrgeizling und extremer Ultra. Zwischen Baum und Borke geraten, inszenierte nun João seine »eigene« Gegenrevolution, um beiden Seiten – den Liberalen wie den Ultraabsolutisten – das Wasser abzugraben. Als Miguel seinen Vater festsetzen wollte, floh dieser – wieder einmal – auf ein englisches Kriegsschiff.

Dom Pedro gegen Dom Miguel

Bald wieder an die Macht zurückgekehrt, hob João VI. am 5. Juni 1823 faktisch die Verfassung auf, die Revolution gehörte der Vergangenheit an, der ständig wider den Stachel löckende Miguel mußte auf Kavaliersreise durch Europa gehen, was ihm aber zugleich Zeit und Möglichkeit für neue Intrigen bot. Mit dem Tode Joãos VI. im Jahre 1826 trat der permanente Konflikt in den Reihen der Königspartei in eine neue Phase. Der offizielle Nachfolger, weil der älteste Sohn, Pedro I. von Brasilien, trat seine Thronrechte an seine siebenjährige Tochter Maria da Gloria ab und stattete sie nach englischem Vorbild mit einer parlamentarisch geprägten Verfassung aus. Als unter dem Druck der Heiligen Allianz Pedro die Regentschaft Miguels über Maria II. akzeptieren mußte, läutete Miguel eine neue Runde im Kampf um die Macht ein. Wie anno 1820 standen sich Liberale und Absolutisten im Bürgerkrieg gegenüber, wieder landeten englische Truppen, um den barbarisch verfolgten und dezimierten Anhängern Marias, d.h. der Verfassung, Schutz zu geben. Miguel krönte das Schreckensregime durch seine Proklamation zum König (4. Juli 1828). Maria – das obligatorische Schiff stand unter Segeln – floh nach England. Nur auf den atlantischen Inseln vermochten sich die Liberalen zu behaupten. Die sogenannten Miguelistenkriege erschütterten und verwüsteten das Land bis 1834. Eine Wende zeichnete sich ab, als Pedro seine Kaiserkrone in Brasilien niederlegte (1831), um selbst in die Kämpfe eingreifen zu können, und eine Invasion in die Wege leitete. Am Ende siegten die Liberalen, nicht zuletzt dank zweier Umstände: der englischen Flotte, die unter Admiral Napier die Schiffe der Miguelisten auf Grund schickte, und der massiven Anleihen für die aus einsichtigen Gründen als kreditwürdig befundenen Liberalen. Miguel ging nach der Niederlage von Almoster (18. Februar 1834) in das Exil, im September 1836 zwang eine erneute Militärrebellion in Lissabon die Königin zur Wiedereinführung der Cortesverfassung von 1823, der Zyklus war – für den Moment – geschlossen.

Noch rascher als im benachbarten Portugal zündeten die Losungen der Aufständischen von der Isla de León in Italien. Wenige Tage bevor in Madrid die ersten Cortes zusammentraten, erhob sich im süditalienischen Provinznest Nola eine Gruppe von 150 Soldaten mit dem Priester Minichini und den Offizieren

Carbonari und Napoleoniden

Morelli und Silvati an der Spitze (1. und 2. Juni 1820). Ähnlich wie einst General Ney, der das aus Elba ausgebrochene korsische Ungeheuer in einem Käfig gefangensetzen wollte und dann der Faszination seines Imperators erlag, erging es General Guglielmo Pepe, dem Kommandanten der 3. neapolitanischen Militärdivision; anstatt die Meuterer zu züchtigen, hißte er die blau-schwarz-rote Fahne der Carbonari und folgte dem Appell »Freiheit und Verfassung«. Aus der Rebellion erwuchs die Revolution.

Für eine Revolution in Italien wirkten besondere Umstände. Das Land hatte unter französisch-napoleonischer Herrschaft bei aller Drangsal der Okkupation einen recht umfassenden Vorgeschmack von bürgerlichen Errungenschaften erhalten. Eine intensive Reformpolitik riß wesentliche ökonomische, soziale und institutionelle Schranken des alten Regimes nieder. Bürgerliche und rechtliche Gleichheit gewannen faßbare Realität. Agrarbourgeoisie, liberaler Adel, neue Militärs, eine napoleontreue Bürokratie, aufgeklärte Intellektuelle liierten sich mit der Macht und zogen aus ihr Gewinn; selbst den Bauern brachte die Franzosenzeit die Freiheit der Person (wenn auch nicht des Bodens).

Joachim Murat

Am intensivsten vollzogen sich die Veränderungen im Norden, wo folgerichtig die Wiege der italienischen Jakobiner stand. Mit der Konstituierung des Königreiches Italien schien sich, wenn auch von Napoleons Gnaden, der Traum der nationalen Einheit zu erfüllen. Auf solche Hoffnungen gestützt, konnte es der legendäre Haudegen Joachim Murat, der vom Gastwirtssohn zu einem der begabtesten Generale des Kaisers und zum König von Neapel aufstieg, sogar wagen, die Unabhängigkeit Italiens zu proklamieren (April 1815). Jedoch geriet ihm die erneute Liaison mit Napoleon während der Hundert Tage zum Verhängnis. Der Versuch, von Korsika aus die Macht wiederherzustellen, endete mit seiner Erschießung am 13. Oktober 1815.

Die Restauration stürzte das Land in eine wirtschaftliche und politische Katastrophe. Sein Geschick hing nun in erster Linie von Österreich ab, das die Lombardei und Venetien annektierte, dazu die Herzogtümer Parma, Lucca, Toscana und Modena über Sekundogenituren kontrollierte. Die Regierungsmethoden entsprachen dem Grundsatz des Kaisers im fernen Wien: »Die Lombarden müssen vergessen, daß sie Italiener sind.« Im Kir-

Joachim Murat. Kupferstich von Charles Simon Pradier nach François Gérard. Museum der bildenden Künste, Leipzig

chenstaat zog mit der Rückkehr Pius' VII. das Mittelalter wieder ein. Vorteilhafte Konkordate gaben dem Klerus in allen Teilstaaten einen fast unbegrenzten Einfluß wieder. Ferdinand I., Herrscher im Königreich beider Sizilien (so lautete ab 1816 die offizielle Staatsbezeichnung für Neapel – Sizilien), kehrte gedeckt durch österreichische Bajonette zurück und vergaß von einem Tag auf den anderen – wie sein Alter ego in Madrid – das in den Dekreten von Messina (Mai 1815) abgegebene Versprechen, die Freiheiten und Reformen der Napoleonzeit zu respektieren.

Die Opposition gegen die Kehrtwende zum Status quo ante nährte sich aus zwei Quellen: aus dem großen Kreis derer, die ihrer Vorteile, Privilegien und Aufstiegschancen, die sie den einstigen französischen Herren verdankten, verlustig gegangen waren und derer, die sich nicht selten schwerster Verfolgung ausgesetzt sahen. Murats Schicksal galt allen Napoleoniden als Menetekel. Den tatsächlich revolutionären Kern gegen die Restauration bildeten die Carbonari. Ihren Ursprung besaß die Carbonaria im Süden des Landes, wo sie im Kampf gegen die französische Fremdherrschaft entstanden war; ihre konspirativen Zellen (Venten) reichten bis in den Norden, obwohl hier die »Federazione Italiana« (Italienische Föderation) eine größere Rolle spielte. Verrat an der patriotischen Sache zog grundsätzlich das Todesurteil nach sich. Tonangebend in der Carbonaria waren Intellektuelle, Militärs, kleine und mittlere Besitzbürger, Beamte und sogar liberale Adlige. Vom Volk hatten die Carbonari – vielleicht mit Ausnahme des Südens, wo ihnen niedere Geistliche auch Bauern zuführten – eine abstrakt-mystische Vorstellung. Die Lösung der Agrarfrage, existentielles Problem für die große Mehrheit, spielte in ihrem Programm keine Rolle. Das hatte vorerst wenig mit Plebejerangst zu tun, sondern entsprach der sozialen Mentalität der Schichten und Gruppen, aus denen sich die Carbonaria vorrangig rekrutierte. Von einer Differenzierung oder sogar Konfrontation zwischen Liberalen und Demokraten konnte in dieser Frühphase des italienischen Revolutionszyklus kaum die Rede sein.

Charakter der Revolution

Wie in Spanien, so handelte es sich auch in Italien um eine Revolution militärischen, liberalen, elitären, dynastischen und urbanen Charakters – womit zugleich die Faktoren ihres Scheiterns vorweggenommen sind.

Am 9. Juli besetzte General Pepe, einst Marschall unter Murat, mit 20000 Mann Neapel. Es konstituierte sich eine Provisorische Regierung (Giunta), die dem König den Schwur auf die Verfassung von 1812 abtrotzte. In die Regierungsämter rückten liberale Repräsentanten der Napoleonzeit ein, deren Gesetze und Normen wiederhergestellt wurden. Das Verhängnis bestand aber gerade darin, daß die Liberalen auf die Krone setzten und die Revolution nicht gegen das, sondern mit dem gesalbten Haupt durchführen zu können glaubten; selbst erste Putschversuche der absolutistischen Ultras im Dezember 1820 ließen die Liberalen an der Monarchie nicht irre werden. Diese Haltung resultierte nicht zuletzt aus der Auffassung der Carbonaria, die Macht von innen heraus, durch Eindringen in ihre Zentren, aber nicht durch zähe Arbeit unter den von geistiger Obskuranz geschlagenen Massen, die mit den vom Freimaurertum geliehenen Riten und Symbolen der Carbonari wenig anzufangen wußten, zu gewinnen. Rasch gerieten die Liberalen an die äußerste Grenze, welche die Ziele der Revolution von der Hofintrige, den Revolutionär vom Intriganten trennte. Noch tragischer wirkte die Lokalborniertheit der Akteure. In Sizilien kam eine separatistische Bewegung auf, die den Hauptfeind schon nicht mehr in Wien, sondern in Neapel sah; bald gelang es den Ultras, die sich als superpatriotische Sizilianer gebärdeten, auf solchem Boden erheblichen Einfluß zu gewinnen. Neapel antwortete mit der Entsendung von Truppen, die jeden Widerstand niederkartätschten: In einem Moment, da die äußere Gefahr heraufzog, die österreichische Intervention, zeigte die Revolution im Süden Italiens schon erste Anzeichen innerer Lähmung. Mit der Weigerung, der spontan aufflammenden Bauernbewegung durch

Übereignung ungenutzter Latifundien zu entsprechen, vergaben die Regierenden von Neapel und Palermo die letzte Chance, der Revolution eine Basis im Volke zu geben.

Auf Initiative Metternichs traten von Oktober 1820 bis März 1821 die Repräsentanten der Heiligen Allianz auf den Kongressen von Troppau und Laibach zusammen. Gegen den »Vorbehalt« Englands setzte Österreich im sogenannten Troppauer

Österreichische Intervention

Protokoll das Mandat für die »Wiederherstellung der Ordnung« in Italien durch. Trotzdem erlaubte die neapolitanische Regierung Ferdinand I. die Reise nach Laibach, mit der naiven Auflage, die neue Verfassung vor den Vertretern der Pentarchie zu verteidigen; das hieß aber nichts anderes, als den Bock zum Gärtner zu machen. Schon auf dem Wege nach Laibach ließ der König den Zaren wissen: »Endlich bin ich frei . . .«; sein Auftritt vor Ort gipfelte in der Forderung nach sofortiger »Befreiung« seines Königreiches durch Intervention. Die Bitte blieb nicht ungehört. Im Februar, d.h. noch während der Kongreß tagte, rückten die österreichischen Truppen in das Königreich beider Sizilien ein. Pepes Strategie der Verteidigung anstelle des Angriffs beschleunigte nur die Niederlage: Die Neapolitaner erlagen am 7. März 1821 bei Rieti, am 23. März zogen die Österreicher in Neapel ein.

Piemont-Sardinien

Mit dem Sieg im Süden fiel die Vorentscheidung gegen das zweite revolutionäre Zentrum in Italien: das Königreich Piemont-Sardinien. Hier hatten ebenfalls die Carbonari den Boden vorbereitet. Nachdem sich die Aussichten, über Kontakte mit vermeintlich liberalen Vertretern des Hofes von Turin an das Ziel zu kommen, zerschlagen hatten, folgte am 10. März 1821 ein Militäraufstand in Alessandria, zu einem Zeitpunkt, da Österreich schon den entscheidenden Schlag gegen die Neapolitaner geführt hatte. Die Revolutionäre meinten, einen überwältigenden Erfolg erzielt zu haben, als sie die Abdankung von König Viktor Emanuel zugunsten seines Bruders Karl Felix erreichten (12. März) und in dessen Abwesenheit Karl Albert, Prinz von Carignan, die Regentschaft übernahm. Karl Albert proklamierte die Verfassung von 1812 und gewann damit das ungeteilte Vertrauen der siegestrunkenen Liberalen, das er mit sofortiger Flucht ins gegnerische Lager honorierte (22. März). Noch ehe die Revolutionäre sich der neuen Situation bewußt werden konnten, setzte die konzertierte Offensive der königstreuen und österreichischen Truppen ein: In der Schlacht von Vercelli (8. April 1821) verbluteten die Hoffnungen der piemontesischen Revolution. Wie über den Süden, so senkte sich auch über den Norden die Welle einer erbarmungslosen Verfolgung.

In Troppau und Laibach war es, wenn auch mühselig genug und ohne ein Abdriften Englands verhindern zu können, gelungen, die sichtlich widerstreitenden Interessen der Allianzmächte im Geiste der Abwehr der neu aufflammenden Revolution nochmals auf dem kleinsten Nenner zu einigen. An der seit dem Jahre

Freiheitskampf der Griechen

1821 auf der historischen Tagesordnung stehenden Griechenfrage brach die Allianz jedoch Schritt für Schritt auseinander und mußte ihre eigenen Prinzipien machtpolitischer Pragmatik zum Opfer bringen.

Als Alexandros Ypsilantis am 15. März des Jahres 1821 in der Walachei das Banner des griechischen Unabhängigkeitskampfes entrollte, krönte er das Wirken von Generationen patriotischer Griechen, und es begann das Drama der blutigsten Revolution in der Geschichte des 19. Jahrhunderts. Zu ihren bis in die Gegenwart bewegendsten zeitgenössischen Zeugnissen gehören die Memoiren des Generals Makrygiannis und die naiv-realistischen Schlachtenbilder des Panagiotis Zografos.

Die Geschichte der Griechen unter vierhundertjähriger türkischer Herrschaft war die Geschichte eines zähen, von zahllosen Opfern begleiteten Kampfes um religiös-kulturelle Selbstbe-

Alexandros Fürst Ypsilantis (1792–1828). Anonymer Kupferstich, um 1820

George Gordon Noel Lord Byron. Dem Freiheitskampf der Griechen opferte er ein beträchtliches Vermögen und letztlich sein Leben. Englisches Schabkunstblatt von Charles Turner nach einem Gemälde von Richard Westall. Staatliche Bücher- und Kupferstichsammlung Greiz

hauptung und die Wiedergewinnung politischer Unabhängigkeit. Beide Seiten standen sich in gnadenloser Erbitterung gegenüber. Der Widerstand der bäuerlichen Bevölkerung besaß seinen Rückhalt in einer andauernden Partisanenbewegung (Klephten). Ungleich günstiger gestaltete sich die Lage der sogenannten Fanarioten, der im Stadtteil Fanar von Konstantinopel konzentrierten Kaufleute und Reeder, die vom Schwarzmeer- und Levantehandel profitierten; die Fanarioten bildeten den Kern eines sich seit Ausgang des 18. Jahrhunderts formierenden griechischen Bürgertums. Zum ersten Mal entlud sich die nationale Bewegung der Hellenen während des russisch-türkischen Krieges von 1768 bis 1774. Ihre geistige Stärke gewann die wachsende Ablehnung der Türkenherrschaft aus der Rückbesinnung auf die große antike Tradition, dem Bekenntnis zur Aufklärung und unter der Einwirkung der Französischen Revolution. Das aufkommende Nationalbewußtsein fand seinen Niederschlag im Wirken von Adamantios Koraïs und Konstantinos Rhigas. Rhigas vereinte Wort und Tat, dichterische Vision mit revolutionärer Aktion. Von jakobinischen Ideen ergriffen, gründete Rhigas im Exil den ersten Geheimbund für die Befreiung seiner Heimat, die »Hetaireia« (Häterie); er schuf die »Marseillaise der Griechen«, das Kampflied »Thurii Hymnos« mit der Auftaktzeile: »Auf, Kinder der Hellenen, die Stunde des Ruhmes ist gekommen.« Die Verse des patriotischen Dichters riefen zu entschlossenem Handeln auf:

»Wo weilt jetzt Leonidas
Mit seiner kleinen Schar,
Daß er sieht die Spartaner
Im Kampfe wunderbar.
Ja, tötet, metzelt nieder
Die Türken, Ihr tapferen Krieger!

Sie, die Bewundernswerten,
Die Helden, groß an Zahl,
Sind ja doch unsere Ahnen.
Auf! Laßt sie uns nicht mahnen!
Die Zeit drängt, sie rufen uns wieder,
Ins Feuer, ihr tapferen Krieger.«

Nachdem das »katholische« Österreich des »orthodoxen« Rebellen habhaft werden konnte, lieferte es ihn dem »heidnischen« Sultan Selim II. aus, der Rhigas 1798 erwürgen ließ. Um diese Zeit brandeten aber schon die von der Großen Revolution ausgelösten Wellen an die brüchig werdenden Grundmauern der Hohen Pforte. Von der Revolution aufgeschreckt, steckte Selim (der bald durch die obligate seidene Schnur enden sollte) seine eigenen Reformpläne zurück, womit zugleich die Hellenen die Hoffnung auf eine Erleichterung ihres Schicksals begraben mußten.

Es folgte eine Kette von Ereignissen, die den Ausbruch der künftigen Revolution begünstigten: Napoleons Ägyptenexpedition erwies die Morschheit der türkischen Macht, im Jahre 1800 entstand auf russische Initiative die »Republik der Sieben Vereinigten Inseln«, die Korfu und andere ionische Inseln umfaßte und de facto ein kleines griechisches Staatswesen verkörperte; 1804 erhoben sich die Serben und errangen unter Kara-Djordje die Autonomie, deren endgültige Festigung in einem zweiten Aufstand (1815–1817) dem Fürsten Miloš Obrenović gelang; im nördlichen Griechenland förderte der faktisch unabhängig von der Pforte regierende albanische Ajane Ali Tepelini, seit 1788 Pascha von Janina, der »Löwe« genannt, die griechische Oberschicht in Wirtschaft und Kultur. Diese Tendenzen der Erosion erreichten ihren kritischen Punkt, als am 30. Januar 1821 Tudor Vladimirescu die Bevölkerung der Moldau und Walachei zum Aufstand gegen das türkische Joch aufrief. Alexandros Ypsilantis nutzte die Gunst des Augenblicks und brach im

März mit seinen Anhängern in die aufständischen Gebiete ein. Allerdings scheiterte der Versuch, einen Modus vivendi für die Abgrenzung der Interessen beider Bewegungen zu finden; nach einem fragwürdigen Prozeß ließ Ypsilantis seinen Rivalen Vladimirescu sogar hinrichten. Es bereitete so den Truppen Mahmuds II. wenig Mühe, die getrennt handelnden Rebellen zu schlagen; mit der rumänischen schien auch die griechische Erhebung beendet, noch ehe sie so recht begonnen hatte.

Brüder Ypsilantis

Gemeinsam mit seinem Bruder Demetrios gehörte Alexandros Ypsilantis zu den entscheidenden und zugleich umstrittenen Persönlichkeiten der griechischen Revolution. Er hatte auf russischer Seite 1812 am Krieg gegen Napoleons Große Armee teilgenommen und brachte es als Adjutant Alexanders I. zum Generalmajor. Seit April 1820 stand er an der Spitze der 1814 in Odessa gegründeten Geheimgesellschaft »Philiké Hetaireia«. Ypsilantis, der über beste Beziehungen zum Hof des Zaren, insbesondere zu Außenminister Joannis Kapodistrias, verfügte, rechnete fest (doch zunächst vergeblich) mit der Unterstützung Rußlands für die griechische Sache. Inwieweit er sich für die Ambitionen Rußlands in der orientalischen Frage einspannen ließ, ist bis heute umstritten. Nach der Niederlage vom 19. Juni 1821 floh Ypsilantis nach Österreich, verschwand auf Weisung Metternichs im Kerker und kam erst 1827 auf diplomatische Intervention Rußlands wieder frei.

Anders als im Norden, wo sich die revolutionären Energien zunächst in Rivalenkämpfen erschöpften, fand der am 25. März 1821 in Morea, dem »eigentlichen Griechenland«, ausbrechende Aufstand eine breite Basis im Volke: bei Bauern, Handwerkern, kleinen Händlern, Matrosen, Fischern. Von den Bergen stiegen die Klephten und hielten blutige Ernte unter den türkischen Grundherren und den Beamten der Pforte. Die Türken, zunächst militärisch ohnmächtig, da die degenerierten Janitscharen total versagten, rächten sich, indem sie den vierundachtzigjährigen Patriarchen von Konstantinopel am Eingang seiner Kathedrale aufknüpften und Hunderte von griechischen Kaufleuten massakrierten.

Massaker von Tripolitsa und Chios

Auf Rache folgte Gegenrache: Als die Griechen am 5. Oktober die Festung Tripolitsa eroberten, ließen sie 10000 Türken über die Klinge springen; türkische Gegenbilanz – von den 100000 Bewohnern der Insel Chios starben 98000 unter türkischen Hufen und Krummsäbeln, die meisten der Überlebenden fielen der Sklaverei anheim. Eugène Delacroix hat dem heldischen Kampf der Griechen zwei seiner bedeutendsten historisch-romantischen Gemälde gewidmet, die in fast zeitloser Weise die Leiden der Völker im Ringen um elementare Freiheitsrechte symbolisieren.

Rußlands Neigung, zur »Verteidigung der christlichen Religion« in den Krieg gegen die Türkei einzutreten, scheiterte am Widerstand Metternichs und Castlereaghs, die eine Niederlage der Revolution der möglichen Vormacht Rußlands am Bosporus vorzogen. Die Risse im Gebälk der Pentarchie ließen sich kaum noch kitten, Metternich dachte sogar an eine Intervention zugunsten des Sultans, die Türen des Kongresses von Verona blieben den »Rebellen von Morea« verschlossen. Am 13. Januar 1822 erklärten die aufständischen Griechen in Epidávros ihre Unabhängigkeit, eine liberal-parlamentarische Verfassung sah die Führung des Landes durch ein fünfköpfiges Direktorium vor.

Es waren drei Umstände, die zur tödlichen Bedrohung der erst im Ansatz errungenen Selbständigkeit führten: die türkische Gegenoffensive, die praktische Passivität der Großmächte und der beginnende innere Machtkampf, der in den offenen Bürgerkrieg einmündete.

Türkische Gegenoffensive

Im Februar 1822 gelang es der türkischen Armee, den Pascha von Janina vernichtend zu schlagen. Ali Tepelini wurde ermordet, die Türken hatten jetzt die Hände gegen Morea frei. Auf dem Lande und zur See fanden erbitterte Kämpfe statt. Vor allem die griechischen Seeleute brachten den Türken das Fürchten bei: Im Juni 1822 sprengte der Seemann Kanasis mit zwei Brandern vor Chios das Flaggschiff der Türkenflotte in die Luft... Eine im Juli 1822 einsetzende neue Offensive von 30000 Türken entriß den Griechen einen Großteil des befreiten Gebietes. Jedoch scheiterte die Offensive letztlich am Widerstand der Festung Missolunghi, die sich von Oktober 1822 bis Januar 1823 gegen die unentwegt anrennenden Türken verteidigte.

Um die Revolution endgültig zu ersticken, wandte sich Sultan Mahmud II. an Mehmed Ali, seinen ägyptischen »Vasallen«, der über eine disziplinierte, von Franzosen ausgebildete Armee verfügte.

Auf die Passivität der Allianzmächte reagierte die fortschrittliche Öffentlichkeit Europas mit einer grandiosen Solidaritätsbewegung: Die »Philhellenen« (Griechenfreunde) propagierten die Sache der Griechen, sammelten Geld und Waffen, entsandten Freiwillige. Dichter von Rang und Namen – Béranger, Puschkin, Shelley und Byron – erhoben ihre Stimme für die Freiheit der Griechen. In den Ländern der Restauration wurde das Engagement für die Griechen als Teil des Kampfes um die eigene Emanzipation verstanden. Der erste Aufruf zur Gründung philhellenischer Vereine ging am 1. August 1821 von Leipzig aus.

Der große Sänger der englischen Romantik, Lord Byron, legte die Feder aus der Hand und stellte sich an die Seite der griechischen Revolutionäre. Allerdings gab es auch weniger uneigennützige »Griechenfreunde«. Ein gewisser Lord Elgin nutzte die

Zerstörung der türkischen Flotte durch Admiral Brander vor Tenedos am 10. November 1822. Die griechischen Seeleute von Psasa, Hydra und Spetsä waren der Schrecken der Türken. Nach dem Gemetzel auf Chios hatte der Psariot Kanasis mit weiteren 42 Gefährten gelobt, unter Einsatz des eigenen Lebens Rache zu üben. Bei diesem Angriff wurde das türkische Viceadmiralsschiff zerstört. Detail der Bildtapete »Vues de la Grèce moderne ou combats des Grecs«. Kunstmuseum Schloß Weesenstein

Chance, um den Parthenonfries des Phidias von der Akropolis zu entführen, noch heute Prachtstück des British Museum.

Die innere Tragik der griechischen Revolution bestand in einer fast anarchischen Vielfalt widerstreitender Interessen. Der wesentliche soziale Widerspruch trennte die Bauern und Klephten unter ihrem talentierten Führer Theodoros Koloktronis von den gemäßigten handelsbürgerlichen und grundherrlichen Kreisen; beide »Lager« zerfielen jedoch wieder in regionale Gruppen und persönliche Cliquen. Als die größte Gefahr für die Revolution heraufzog, paralysierten sich die rivalisierenden Gruppen im Bürgerkrieg.

Ibrahim Pascha

Gegen das Versprechen, Kreta und Morea an Mehmed Ali abzutreten, landete dessen Sohn Ibrahim im Februar 1825 an der Küste Moreas und eroberte bis Juni fast das gesamte Gebiet. Neue Massaker, Verschleppung der bäuerlichen Bevölkerung, Taktik der verbrannten Erde kennzeichneten den Weg der ägyptischen Truppen. Erneut stand Missolunghi (Messolóngion) im Brennpunkt des Kampfes, gegen das nun eine ägyptisch-türkische Belagerungsarmee vorging; diesmal mußten die völlig erschöpften, zu Lande und zur See abgeschnittenen Verteidiger am 23. April 1826 aufgeben, die Unterlegenen erlitten das Golgatha der Revolution.

Angesichts der sich vollziehenden internationalen Ausweitung der Griechischen Frage drängte insbesondere Rußland auf eine gemeinsame Position der interessierten Mächte. Im Petersburger Protokoll vom 4. April 1826 einigten sich Rußland und England nach langwierigen Verhandlungen, gegenüber der Hohen Pforte die Autonomie für Griechenland durchzusetzen. Es herrschte eine Art englisch-russischer Wettlauf. Die erste Runde hatten die Engländer unter Außenminister George Canning gewonnen: Durch ein Manifest stellten sich die Griechen unter Englands Schutz (7. August 1825). Andererseits wählte am 14. Februar 1827 die Nationalversammlung von Trizina den ehemaligen russischen Außenminister Kapodistrias zum »Kybernetes« (Präsidenten), was Rußlands Position entschieden stärkte. Zugleich setzte sich die türkische Offensive fort. Am 5. Juni mußte die unter dem englischen Oberst Gordon tapfer verteidigte Akropolis den Türken übergeben werden; Attika fiel wieder unter das Joch der Hohen Pforte. Nun beeilten sich London und Paris mit St. Petersburg ein Abkommen zu schließen, das vom Sultan den sofortigen Waffenstillstand und einen Rückzug der ägyptischen Truppen verlangte (Londoner Vertrag, 6. Juli 1827).

Seeschlacht von Navarino

Da der Sultan und noch weniger Ibrahim Neigung zeigten, die scheinbar greifbare Bändigung der griechischen Revolution, die selbst jetzt noch innere bewaffnete Konflikte unter ihren militärischen Führern austrug, aus der Hand zu geben, blieb der Bruch mit den Allianzmächten unvermeidlich. Am 20. Oktober 1827 traf eine englisch-französisch-russische Flotte vor Navarino auf das Gros der ägyptisch-türkischen Seestreitmacht. Aus kürzester Entfernung wurden die im Hafen manövrierunfähig zusammengeballten Schiffe der Ägypter und Türken durch ein Bombardement der Schiffsartillerie Einheit für Einheit versenkt. Nachdem Rußland im April des folgenden Jahres an die Türken den Krieg erklärt hatte und unter Feldmarschall Diebitsch die Donau und die Balkanpässe zu forcieren begann, sein Kollege Paskewitsch später die asiatische Front eröffnete (gegen Kars und Ezerum), griffen bald die Franzosen mit einem Landungskorps auf Morea ein (August). Unter dem Dreifrontenangriff brach der türkische Widerstand im Sommer 1829 zusammen. Mit der Einnahme von Adrianopel durch die russischen Truppen (20. August 1829) und dem Friedensschluß (14. September) waren der Krieg und damit auch das Schicksal Griechenlands entschieden.

Johannis Graf Kapodistrias. Stahlstich von Friedrich Bolt, 1829. Sächsische Landesbibliothek Dresden

Von nun an bestimmten die Allianzmächte den definitiven Ausgang der griechischen Frage. Das Londoner Protokoll, von England, Rußland und Frankreich am 3. Februar 1830 unter-

Frei und unabhängig

zeichnet, garantierte die Unabhängigkeit Griechenlands, allerdings unter Zurücknahme seiner Grenze fast bis auf die Höhe des Golfs von Korinth. Jeder Protest der griechischen Seite gegen die Preisgabe des nationalen Territoriums blieb ungehört.

Mit dem Freiheitskampf der Griechen hatte im Europa der Heiligen Allianz die erste Revolution gesiegt, waren die Prinzipien der Restauration aus den Angeln gehoben worden und traten die Interessengegensätze innerhalb der Pentarchie offen hervor. Der Bann schien endgültig gebrochen.

Die Dekabristen

Die revolutionäre Bewegung an der westlichen und südlichen Peripherie fand ihre Entsprechung und Ergänzung im Osten Europas. Der Krieg Rußlands gegen Napoleons Große Armee im Jahre 1812 hatte die Truppen des Zaren bis nach Frankreich geführt. Daraus folgte eine Begegnung mit liberalen und demokratischen Prinzipien, den Leitideen von 1789, die im Denken aufgeklärter Offiziere einen tiefen Eindruck hinterließen. Sie hatten den Kontrast zwischen der bürgerlichen Gesellschaft und dem autokratischen System der Leibeigenschaft in der Realität erfahren. 1815 existierten in Rußland zahlreiche Geheimgesellschaften, die sich bis in die zwanziger Jahre kontinuierlich vermehrten. Der Bogen spannte sich vom »Orden der russischen Ritter« bis zur »Gesellschaft der vereinigten Slawen«. Ihre Mitglieder kamen fast ausschließlich aus dem Kreis adliger Offiziere. Es waren auch vorrangig Offiziere, die den Dekabristen angehörten (Pestel, Murawjow, Rylejew, Fürst Trubezkoi, Fürst Wolkonski und viele andere). Wesentliche Anstöße erhielten die Adelsrevolutionäre durch das Vorbild Spaniens, Italiens und insbesondere Griechenlands.

Politisches Programm

Das Verlangen nach Aufhebung der Leibeigenschaft, Beseitigung der Militärkolonien, Abschaffung der ständischen Gliederung, öffentlichen Gerichtsverfahren, Wählbarkeit der lokalen und zentralen Regierungsorgane und Ersetzung der autokratischen Herrschaft des Zaren durch eine konstitutionelle Ordnung – hier teilte sich die Meinung zwischen den Anhängern einer liberalen Monarchie und der Republik – bezeugten den demokratischen Charakter des dekabristischen Aktionsprogramms. Auffällig war die bewußte Ablehnung einer auf die bäuerliche und städtische Bevölkerungsmehrheit gestützten Revolution. Dazu bekannte der Dekabrist Alexander Alexandrowitsch Bestushew: »Mehr als alles andere fürchteten wir eine Revolution des Volkes; denn eine solche kann ihrer Natur nach nur eine blutige sein und sehr lange dauern.« Revolution beschränkte sich für die Dekabristen auf die Erhebung demokratisch gesinnter Militärs.

Nikolaus I., Zar von Rußland (1825–1855). Lithographie nach einer Zeichnung von Franz Krüger. Staatsarchiv Weimar, Außenstelle Altenburg

Die Dekabristen gedachten, das mit dem Tode Alexanders I. am 19. November 1825 entstandene Interregnum – Großfürst Konstantin hatte auf die Nachfolge verzichtet, was aber nicht allgemein bekannt war, stattdessen sollte der dritte Bruder Alexanders, Nikolaus, die Krone übernehmen – für einen Aufstand mit dem Ziel, das Zarentum zu stürzen, zu nutzen.

Am 14. Dezember 1825, dem Tag der Krönung Nikolaus' I., schlugen die Angehörigen der nördlichen Dekabristengesellschaft mit 3000 Anhängern auf dem Senatsplatz von St. Petersburg los. Unter allgemeinem Jubel wurden eine Verfassung verkündet – dem einfachen Soldaten blieb der Unterschied zwischen Konstantin und Konstituzia ohnehin verschlossen – und der Zar für abgesetzt erklärt. Aber bald sahen sich die unentschlossen geführten Aufständischen von Einheiten der Petersburger Garnison umzingelt, die schon den Eid auf Nikolaus I.

abgelegt hatten. Noch am Abend des 14. Dezember brach der Aufstand zusammen. Mit einer Verzögerung von über zwei Wochen erhob sich am 29. Dezember die südliche Vereinigung der Dekabristen. Zwar hielt sich hier der Aufstand über mehrere Tage (bis zum 3. Januar 1826), endete aber ebenso erfolglos.

Niederlage und Vermächtnis

Nikolaus I. führte sich als neuer Zar mit der Verurteilung von 579 Personen ein. In den Mauern der Peter-Pauls-Festung starben am 13. Juli 1826 die fünf führenden Dekabristen am Galgen: Pestel, Rylejew, Kachowski, Bestushew, Murawjow-Apostol. Zahlreiche weitere Teilnehmer der Erhebung kamen in das Gefängnis oder nach Sibirien. Nikolaus I. stand zeit seines Lebens unter dem Trauma des Dekabristenaufstandes und wagte nie, die liberalen Neigungen seines Vorgängers Alexander aufzunehmen. Mit der Niederlage der Dekabristen fiel die erste Generation russischer Revolutionäre, deren geistiges Erbe weit in die demokratischen Bewegungen des 19. Jahrhunderts ausstrahlte.

Globalisierung der Revolution

George Canning, der 1822 die Nachfolge des kongenialen Lord Castlereagh in der Führung der englischen Außenpolitik antrat, prägte den recht stolzen Satz: »Um das Gleichgewicht der alten Welt wiederherzustellen, habe ich die neue ins Leben gerufen.« Chateaubriand, der weniger ob seines Dichterruhmes, denn als Vertrauter Ludwigs XVIII. an die Spitze der französischen Diplomatie getreten war, meinte, wenn sich Amerika republikanisiere, dann seien die europäischen Monarchien verloren, und es müsse befürchtet werden, ein befreites Mittel- und Südamerika exportiere mit seinen Früchten auch die revolutionären Ideen. Gentz, schon skeptisch geworden, äußerte seine »Überzeugung von der Unmöglichkeit, auf dem amerikanischen Kontinent im Sinne der Wiederherstellung des Alten zu wirken«. Metternich schrieb fast flehentlich an den selbsterklärten Kaiser von Brasilien, Pedro I., der durch die eheliche Bindung mit Leopoldine (nach Lady Castlereagh »eine österreichische Jungfrau einem Minotaurus zum Fraß vorgeworfen«) in dynastischer Beziehung zu Habsburg stand: »Ne jacobinisez pas!« Alexander von Humboldt dagegen, den die »Wünsche für die Befreiung des spanischen Amerika« beflügelten, erwartete von einem zwischen Kalifornien und der Tierra del Fuego freien Amerika den »edlen Wettstreit in der Zivilisation, in den Künsten, der Industrie und dem Handel«. Gleich ob Anspruch, Furcht, weiser Sinn für Realität oder Hoffnung – das gemeinsame Element bestand im Wissen um die Globalität der revolutionären Vorgänge und der Unteilbarkeit welthistorischen Geschehens, insbesondere um die dialektische Verbindung von europäischer und amerikanischer Revolution. Die Große Revolution, die mit der Erhebung Haitis den Atlantik übersprungen und in Lateinamerika Wurzeln geschlagen hatte, drohte jetzt via Cádiz nach Europa zurückzukehren. Pedro Ceballos Guerra, dem der ansonsten nachtragende Ferdinand VII. seinen Flirt mit Napoleons Statthalter, José I., verziehen hatte, dozierte namens der spanischen Regierung gegenüber den Allianzmächten: »Die Revolution Amerikas ist die Revolution Europas!«

Haiti

Die Frage nach dem künftigen Schicksal der kolonial unterdrückten Völker gehörte schon zu den großen Themen der Aufklärung. Rousseau hatte den »bon sauvage« als Vorbild für die degenerierte europäische Kultur entdeckt, und der vielgelesene Abbé Raynal schrieb in seinem klassischen Werk »Philosophische und politische Geschichte der Niederlassungen und des Handels der Europäer in den beiden Indien« (1770), das sofort zur Zielscheibe jesuitischer Gegenkritik wurde: »Alles, was sie [die Sklaven] brauchen, ist ein mutiger Führer. Wer wird es sein? Kein Zweifel, eines Tages wird es ihn geben. Er wird kommen und die heilige Fahne der Freiheit aufpflanzen.« Es dauerte exakt 20 Jahre, bis die Geschichte die Antwort gab.

In Frankreichs wichtigster Kolonie, damals Saint-Domingue genannt, lebten am Vorabend von 1789 etwa 40000 Weiße, 28000 meist freigelassene Mulatten und über 400000 Negersklaven. Ketten und Peitsche, Schweiß und Blut bestimmten das Dasein der schwarzen Masse, die den weißen Reichtum der Insel, den Zucker, hervorbrachte. Das für ihre Behandlung gültige Gesetzbuch, der »Code noir« (1685), schien den Fieberphantasien eines Sadisten entsprungen zu sein. Um diese scheinbar festgefügte Gesellschaft des Oben und des Unten nicht ins Wanken zu bringen, hütete sich die Pariser Nationalversammlung, die Erklärung der Menschen- und Bürgerrechte für die Kolonien gelten zu lassen; »Freiheit – Gleichheit – Brüderlichkeit« blieben vorerst ein Privileg der Weißen.

Paradoxerweise zeigte sich der »erste Riß« innerhalb der Front der Weißen selbst. Während die enge Kaste der Plantagenbesitzer und der hohen Kolonialbürokratie, die »grands blancs« (großen Weißen) gegen die Revolution Front machten und sich im Club Massiac, eine Art von »kolonialem Koblenz«, eine starke Lobby zur Wahrnehmung ihrer Interessen schufen, verlangte die weniger begüterte Minderheit der »petits blancs« (kleinen Weißen) eine Erweiterung ihrer Rechte. In diesen Konflikt der herrschenden Minorität stieß ab 1790 die Bewegung der Mulatten, die eine staatsbürgerliche Gleichstellung mit den weißen Herren verlangten, ihrerseits aber keineswegs an die Masse der Negersklaven dachten (ein für die Zukunft der Insel verhängnisvoller Gegensatz).

Als Sprecher der Mulatten versuchte Vincent Ogé noch 1789 vor der Nationalversammlung die Gleichheit der Rechte einzuklagen, und er warnte: ». . . Tausende von Männern können vergeblich den Atlantik überqueren, um uns in unsere einstige Lage zurückzuzwingen.« Schon 1790 erhoben sich, nicht ohne englische Hilfe im Hintergrund, die von Ogé geführten Mulatten. Der isolierte Aufstand scheiterte. Ogé endete, aufs Rad geflochten, in Port-au-Prince. Unter den Zuschauern der als öffentliches Fest inszenierten Todesfolter befanden sich drei Sklaven: Toussaint L'Ouverture, Kutscher eines Plantagenbesitzers, Henri Cristophe, Eigentum eines Schankwirts, und Jean Jacques Dessalines, ein Hafenarbeiter, von seinen Freunden »der Tiger« genannt. Alle drei bestimmten das künftige Schicksal der Insel und den langen Weg zur Freiheit.

Der Sturm bricht los

Angesichts der zögernden Haltung der Nationalversammlung in Paris, des Widerstandes der offen mit England konspirierenden »großen Weißen« und unter dem Einfluß der suggestiven Agitation der Voodoo-Priester entlud sich am 22. August 1791 die gespannte Situation in einem Aufstand der Negersklaven unter Boukman, parallel dazu erhoben sich erneut die Mulatten.

Sklaven auf dem Marsch. Aus: Commerce de l'Amérique par Marseille. Band II. Staatliche Bücher- und Kupferstichsammlung Greiz

François Dominique Toussaint L'Ouverture. Anonyme Radierung, 1803

Plantagen und Herrenhäuser gingen in Flammen auf, über die weiße Bevölkerung brach die Hölle herein. Trotz des Todes von Boukman ließ sich die Revolution der Sklaven nicht mehr aufhalten. Sie fand ihren politischen und militärischen Führer in

Toussaint L'Ouverture

François Dominique Toussaint L'Ouverture, dessen aufgeklärt denkender Besitzer ihm die Möglichkeit zum Erlernen der französischen und lateinischen Sprache und sogar zu einer Grundausbildung als Veterinär gegeben hatte. Mit Geschick verstand es Toussaint, zwischen den 1793 aufbrechenden internationalen Fronten (Frankreich – Spanien – England) zu lavieren. Zunächst trat er für das Versprechen der Sklavenbefreiung auf die Seite der Spanier über, unter deren Herrschaft sich der östliche Inselteil (Santo Domingo) befand. Nachdem eine Streitmacht des Konvents mit 8000 Mann gelandet war und die Kommissare Santhonax, Polverel und Ailhaud die bedingungslose Aufhebung der Sklaverei erklärt hatten, da sie dringend der Hilfe der Mulatten und Sklaven gegen die mit England verbündete Konterrevolution der »großen Weißen« bedurften (Konventsdekret vom 4. Februar 1794), wechselte Toussaint zur Trikolore.

Damit lag die gesamte Macht in Toussaints Händen, obwohl die Oberhoheit Frankreichs formal unangetastet blieb. Mit dem Frieden von Basel (1795) fiel der spanische Ostteil der Insel an Haiti, konnte aber erst bis 1801 den dort stationierten englischen Interventen zur Gänze entrissen werden. Seit 1797/98 verkörperte Toussaint als Vizegouverneur und Oberster Befehlshaber die Unabhängigkeit der Insel; die Verfassung vom 1. Juli 1801 bestimmte Toussaint L'Ouverture als Generalgouverneur auf Lebenszeit.

Toussaints Regierung stand vor schier unlösbaren Aufgaben: Die Verwüstungen des Befreiungskrieges und die Massenflucht der Sklaven stürzten das Land in den totalen Ruin. Um die Wirtschaft wieder in Gang zu bringen, wurden die ehemaligen Sklaven durch »Vertrag« gezwungen, erneut auf den Plantagen zu arbeiten, deren neue Verwalter meist Offiziere der Armee waren; es entstand eine Art von feudal-militärischem Latifundismus. Obwohl die »großen Weißen« den Kampf fortsetzten, bemühte sich Toussaint, liberale Plantagenbesitzer und andere Weiße in seine Regierung aufzunehmen. Auch die Mulatten standen auf der Gegenseite und mußten mit Waffengewalt niedergehalten werden (Mai 1796). Spanien und vor allem England sannen auf Wiedereroberung. Die eigentliche Bedrohung aber ging von Frankreich aus. Ein unabhängiges Haiti paßte nicht in die kolonialen Ambitionen des Ersten Konsuls. Auch wollte Bonaparte »keine Epauletten auf den Schultern eines einzigen Schwarzen lassen«. Oder mit den Worten von Eric Williams: »Bonaparte, der korsische Emporkömmling, der Frankreich gerettet hatte, war wütend über den Negeremporkömmling, der Saint-Domingue gerettet hatte.«

Expedition Leclercs und Toussaints Ende

Im Februar 1802 landeten 20000 Mann unter dem Kommando von General Leclerc, Schwager der Korsen. Toussaint, assistiert von inzwischen erfahrenen Offizieren wie Christophe und Dessalines, widerstand dem Ansturm der Interventen, den Rest besorgte das Gelbfieber, nur 2000 Soldaten überlebten. Was offener Kampf nicht vermochte, sollte nun Verrat erreichen. Toussaint folgte arglos im Juni einer Einladung, wurde in Ketten geschlagen und als Trophäe nach Frankreich geschickt. Bonaparte ließ den Tropenmenschen in ein eisiges Alpengefängnis bringen. Man fand den von Tuberkulose Gezeichneten am 27. April 1803 tot an einem erloschenen Feuer, seine Glieder von Ratten benagt, niemand kennt sein Grab ... Toussaint starb, aber die Revolution lebte weiter, getreu seinen Worten: »Mit meinem Sturz haben sie nur den Stamm des Freiheitsbaumes in Saint-Domingue getroffen. Er wird wieder aus den Wurzeln treiben, die viele und tief sind.«

Leclerc erkannte: »Ich muß hier einen Vernichtungskrieg führen« (17. September 1802). Dieser kostete am Ende das Leben von 50000 Franzosen, unter ihnen Leclerc, den ebenfalls das Gelbfieber dahinraffte. Christophe und Dessalines erfüllten die Prophezeiung Toussaints: Sie führten die erste Sklavenrevolution der Weltgeschichte zum Sieg. Noch stand Napoleons Stern in Europa längst nicht im Zenit, da hatte der Korse vor der Geschichte schon die erste Niederlage hinnehmen müssen. Am 1. Januar 1804 erklärte Dessalines die Unabhängigkeit der Insel unter ihrem ursprünglichen Namen Haiti. Aus der Trikolore wurde das Weiß, Symbol weißer Herrschaft, herausgerissen. Nach dem Willen Dessalines, der sich in Nachahmung seines Erzgegners Napoleon zum Kaiser erheben ließ (Jacques I., 8. Oktober 1804), aber bald durch Mord endete (1806), sollten in Zukunft Schwarz und Rot die Einheit von Negern und Mulatten verkörpern, eine Hoffnung, die unerfüllt blieb, wie das gesamte Vermächtnis der Revolution.

Duplicata.

LIBERTE EGALITE

République d'Hayti

Jean Pierre Boyer Président d'Hayti

A Son Excellence Simon Bolivar, Capitaine Général, & Président de la République de Vénézuela.

Monsieur le Président

Briefkopf des Präsidenten der Republik Haiti, Jean Pierre Boyer, an Simón Bolívar, datiert Port-au-Prince, 15. Dezember 1818. Im Briefkopf ist das Staatswappen der Republik Haiti zu sehen. Universitätsbibliothek Leipzig

Zu den bedeutendsten globalen Folgewirkungen der Großen Revolution gehörte die Unabhängigkeitsbewegung Mittel- und

Krisenzeichen im spanischen Amerika

Südamerikas in den Jahren 1810 bis 1826. Die Vorgänge in Frankreich von 1789 bis in die Zeit des napoleonischen Kaiserreiches bildeten zwar nicht die Ursache für den allgemeinen Aufstand jenseits des Atlantiks, sie gaben jedoch den Anlaß und schufen die fördernden internationalen Bedingungen dafür. Ähnlich wie im Falle Spaniens bedurfte es auch im iberischen Amerika des äußeren Anstoßes, um das älteste und bis dahin größte Kolonialimperium der Weltgeschichte zum Einsturz zu bringen. Es gehörte ohnehin zu den Unwägbarkeiten historischen Geschehens, daß es Spanien – analog zu Portugal – gelang, trotz anhaltender Perioden des Machtverfalls und der wirtschaftlichen Stagnation, ein globalumspannendes Kolonialreich gegen eine übermächtige Konkurrenz, insbesondere von englischer Seite, mit Erfolg aufrechtzuerhalten und zu verteidigen.

Die Voraussetzungen für den Abfall der Kolonien wuchsen im Verlaufe des 18. Jahrhunderts heran und verdichteten sich in dessen letztem Drittel zur Herausbildung einer breiten und antikolonialen Opposition. Die Ursachen für die Revolution ab 1810 ergaben sich aus unterschiedlichsten Elementen: der widersprüchlichen Wirkung der Reformpolitik des aufgeklärten Absolutismus unter Karl III., dem wachsenden und nun auch subjektiv erfaßten Gegensatz zwischen der kreolischen Grundaristokratie und der politisch dominierenden schmalen Oberschicht der Europaspanier, dem Einfluß aufklärerischer Ideen und der damit verbundenen Herausbildung eines eigenen Wertbewußtseins, dem aufbrechenden Widerstand der unterdrückten bäuerlich-indianischen Volksklasse (auf lokaler Ebene auch der Sklaven) und schließlich dem Umsturz der traditionellen Machtverhältnisse im Ergebnis der napoleonischen Invasion gegen Portugal und Spanien.

Der innere Hauptwiderspruch in Spanisch-Amerika lag im beträchtlichen wirtschaftlichen Einfluß der kreolischen Grundaristokratie, in deren Händen sich zugleich der besonders im Vizekönigreich Neu-Spanien (Mexiko) florierende Silberbergbau befand, und des lokalen Handelsbürgertums einerseits und der politischen Ohnmacht dieser Klassen angesichts der alle Schaltstellen der politisch-administrativen Gewalt kontrollierenden Europaspanier, die verächtlich »gachupines« oder »godos« genannt wurden, andererseits. Von den insgesamt bis 1813 amtierenden 170 Vizekönigen waren nur vier kreolischer Herkunft, von 602 Generalkapitänen 16, von 705 Bischöfen 105. Jede Forderung nach politischer Gleichstellung von Kreolen und Spaniern bedeutete, an die Machtfrage zu rühren und damit an die Grundfesten des Kolonialsystems. Dieser Widerspruch akzentuierte sich in entscheidender Weise im Ergebnis der karolinischen Reformen, deren Ziel darin bestand, über eine Modernisierung der veralteten Strukturen und Instrumentarien der Kolonialpolitik die Kolonien für die Metropole ökonomisch wirksamer zu machen und den Grad der Ausbeutung entschieden zu erhöhen.

Silberbergwerk in Mexiko. Silbermünze von Guanajuato mit der Darstellung bergmännischer Arbeiten. Sie wurde anläßlich der Huldigung der Bergleute vor Karl IV. von Spanien 1790 geprägt. Privatsammlung

Reformen Karls III.

Mit besonderer Energie widmete sich Pedro Rodríguez, Conde de Campomanes, einer der begabtesten Reformminister Karls III., dieser Aufgabe. Die Reorganisation der Verwaltungsstrukturen führte zur Gründung neuer Vizekönigreiche (1776 entstand das strategisch wichtige Vizekönigreich Río de la Plata), Generalkapitanien (Chile, Venezuela, Kuba), Kapitanien (besonders zur Grenzverteidigung) und zur Einführung des Intendantursystems nach französischem Vorbild zur besseren finanziellen und juristischen Kontrolle.

Wirtschaftsbelebung und neues Selbstwertgefühl

Am umfassendsten veränderte sich das bisher monopolistisch strangulierte Handelssystem: Das Freihandelsdekret vom 12. Oktober 1778 öffnete 13 spanische und 24 amerikanische Häfen dem direkten Verkehr. Von 1778 bis 1800 wuchs das Handelsvolumen auf das Sechsfache. Trotzdem wußten die spanischen Großkaufleute in den Consulados von Lima und Vera Cruz ihre Vormachtstellung zu behaupten. Neben dem Handel

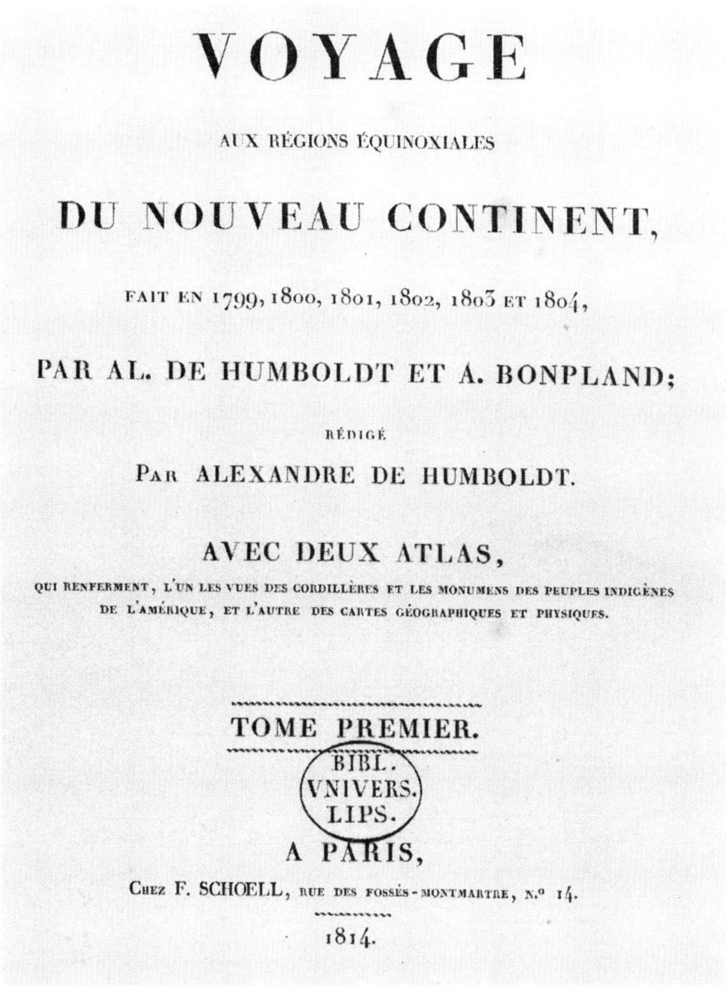

VOYAGE

AUX RÉGIONS ÉQUINOXIALES

DU NOUVEAU CONTINENT,

FAIT EN 1799, 1800, 1801, 1802, 1803 ET 1804,

PAR AL. DE HUMBOLDT ET A. BONPLAND;

RÉDIGÉ

PAR ALEXANDRE DE HUMBOLDT.

AVEC DEUX ATLAS,

QUI RENFERMENT, L'UN LES VUES DES CORDILLÈRES ET LES MONUMENS DES PEUPLES INDIGÈNES DE L'AMÉRIQUE, ET L'AUTRE DES CARTES GÉOGRAPHIQUES ET PHYSIQUES.

TOME PREMIER.

BIBL. VNIVERS. LIPS.

A PARIS,

CHEZ F. SCHOELL, RUE DES FOSSÉS-MONTMARTRE, N.° 14.

1814.

Titelblatt des ersten Bandes der französischen Ausgabe des großen Reiseberichtes, den Alexander von Humboldt über seine Erlebnisse in Südamerika (1799 bis 1804) geschrieben hat, erschienen Paris, 1814

Baumwolle von ihrer Ernte bis zur Verarbeitung zu transportfähigen Ballen sowie die Pflanze in ihrem Aufbau. Aus: Commerce de l'Amérique par Marseille. Band II. Staatliche Bücher- und Kupferstichsammlung Greiz

florierten Bergbau und Agrarproduktion: den Angaben Alexander von Humboldts in seinem berühmten »Versuch über das Vizekönigreich Spanien« zufolge stieg der Wert der mexikanischen Silberproduktion von drei Millionen (1700) auf 20 Millionen Pesos (1796), noch bedeutender aber war, daß die Agrarproduktion dem Bergbau schon gleichkam. Dagegen hemmte die spanische Regierung bewußt jede Entfaltung der gewerblich-manufakturellen Produktion, um die Absatzmöglichkeiten des eigenen Exports zu stabilisieren. Trotzdem existierte in einigen Regionen, so im mexikanischen Puebla und in der Audiencia Quito, eine nicht unbedeutende Baumwollverarbeitung; diese Manufakturen (obrajes) wurden jedoch zumeist durch feudalabhängige und durch Schuldknechtschaft gebundene Arbeitskräfte (peones) betrieben. Frühformen eines indianischen, teils aus freien Sklaven und Mulatten sich rekrutierenden Proletariats existierten im Bergbau und in den Hafenstädten (z. B. in der Salzfleischproduktion von Buenos Aires).

In gewisser Hinsicht bewirkten die bourbonischen Reformen Erwartungen, die von der Krone am entscheidenden Punkt nicht mehr erfüllt werden konnten, zumal unter dem Einfluß der Ereignisse von 1789 die Reformgegner und die offene Reaktion die Oberhand gewannen. Durch administrative Repressalien jeglicher Art, einschließlich des Importverbotes für »subversive« Bücher, sollte jeder Opposition der Boden entzogen werden, aber dafür war es längst zu spät. Aus eigenem Erleben während seiner großen Reise von 1799 bis 1804, die ihn zum »Wiederentdecker« der Neuen Welt werden ließ, bestätigte Humboldt das unter den Kreolen aufkommende Selbstwertgefühl: »Somos americanos« (Wir sind Amerikaner). Daran hatte nicht zuletzt die »neue Philosophie«, die Verbreitung der Aufklärung, wesentlichen Anteil. Dieser Einfluß nährte sich aus den unterschiedlichsten Quellen: Er reichte vom englischen Rationalismus über die großen spanischen Denker (Feijóo und Jovellanos) bis zu den Enzyklopädisten und italienischen, ja sogar deutschen Anregungen. Allerdings blieb das aufgeklärte Denken in Mittel- und Südamerika von einer spezifisch kolonialen Physiognomie geprägt, denn es bestand eine auffällige Diskrepanz zwischen »politischer« und »sozialer« Option: Zwar orientierten sich die oppositionellen Kreolen an den politischen Ideen von 1776 und 1791, doch ohne im mindesten »gegen unten« am sozialen Status quo rühren zu wollen. Hierin zeigte sich der innere Widerspruch der kommenden Revolution an.

Anfänge des antikolonialen Widerstandes

Der antikoloniale Widerstand verdichtete sich in militanten Aktionen und sogar offenen Erhebungen. Schon Ende der zwanziger Jahre des 18. Jahrhunderts erhoben sich unter dem Richter José de Antequera die Kreolen Paraguays. Zwar konnte Antequera gefangengesetzt und nach Lima verbracht werden, jedoch führte sein Werk Fernando de Mompó fort, der nach altspanischem Recht die »Volkssouveränität« forderte. In bewußtem Rückgriff auf die Geschichte nannten sich die Aufständischen »Comuneros«. Von Paraguay griff die Bewegung auf das benachbarte Corrientes über. Aus ähnlichen Motiven, d. h. in erster Linie gegen wachsende Steuerlasten und die Willkür der lokalen Kolonialbürokratie, erhoben sich 1780/81 im Gebiet des heutigen Kolumbien die Comuneros von Charalá, Mogotes, Simacota und Socorro, an deren Spitze die Kreolin Manuela Beltrán eine hervorragende Rolle spielte. Mit etwa 20000 Mann versuchten die Comuneros auf Bogotá vorzurücken, wurden aber vernichtend geschlagen. Ebenso scheiterte im August 1780 ein Aufstandsversuch in Chayanta, im Gebiet des heutigen Bolivien. Fast um dieselbe Zeit flog die »Verschwörung der Drei Antonios« in Chile auf.

Diese und viele andere Anzeichen der schwelenden Unruhe verblaßten vor dem Bauernaufstand in Oberperu (Bolivien) unter Führung des Caciquen José Condorcanqui (Condurkanki),

Tupac Amaru

der sich selbst Tupac Amaru (Feuerschlange) nannte. Als Angehöriger der indianischen Oberschicht (nobleza indígena) den Titel eines Marqués tragend, hatte Tupac Amaru eine Ausbildung im Colegio San Bernardo in Cuzco genossen. Seine Familie führte ihre Abstammung bis auf den letzten Inkaherrscher, Tupac Amaru, zurück, der im 16. Jahrhundert im Kampf gegen die spanischen Eroberer den Tod gefunden hatte. Den unmittelbaren Anlaß des Aufstandes, der sich zur größten Bewegung der indianischen Bauern in der Geschichte Kolonialamerikas ausweitete, gaben die Willkürherrschaft des Kronbeamten Antonio de Arriaga, dessen Steuerdespotie die Indianer niederdrückte, und die gnadenlose Ausbeutung der Indianer in den Bergwerken auf der Grundlage der Zwangsarbeit (Mitasystem). Am 20. November 1780 rückte Tupac Amaru mit 6000 Mann, davon nur 200 mit Flinten bewaffnet, nach Tungasuca und ließ Arriaga öffentlich durch den Strang hinrichten. »Das ist nicht gegen Gott, nicht gegen den König, sondern gegen die schlechten Sitten.« Sofort eingreifende spanische Einheiten wurden von Aufständischen

Erhebung der Indios

bei Sangarara geschlagen. Allmählich verfügte Tupac Amaru über Zehntausende von Anhängern – einige Quellen sprechen von 60000 Mann –, versäumte es aber, die Hauptstadt Oberperus, Cuzco, zu erobern. Auf dem Höhepunkt der Bewegung erstreckte sich das insurgierte Gebiet bis nach Tucumán. Tupac Amaru gab die Hoffnung auf die Einsicht der Spanier nicht auf, seine »Armee« blieb schlecht bewaffnet und wenig diszipliniert, viele Caciquen kämpften auf eigene Faust für ihr eigenes Gebiet, wertvolle Zeit zur Ausnutzung des Überraschungsmoments ging verloren – ein ewiges Dilemma aller Bauernkriege.

In einer konzertierten Aktion brachten die Vizekönige von Peru und Río de la Plata, Jáuregui und Vértiz, unter Marschall José del Valle mit 17000 Mann die bis dahin größte Kolonialarmee für eine Gegenoffensive auf die Beine. Nun standen sich auf beiden Seiten in der Masse Indianer und Mestizen gegenüber. In mehreren Treffen büßte Tupac Amaru die militärische Initiative ein. Als die Spanier im April 1781 seinen Heimatort Tinta besetzten, trugen sie auf Lanzen die Häupter von 67 seiner Mitstreiter voran. Entmutigung und Verrat dezimierten die Aufständischen. Auf der Flucht lieferten Verräter aus den eigenen Reihen Tupac Amaru der Gegenseite aus. Die Rache der spanischen Sieger unter dem neuen Visitador Areche ließ sich an Grausam-

Spaniens Rache

keit kaum noch überbieten: Am 18. Mai 1781 mußte Tupac auf dem Hauptplatz von Cuzco, dem alten Zentrum der Inka, zunächst Zeuge der Hinrichtung seiner Frau, des ältesten Sohnes und weiterer Verwandter werden; da seine Frau und entschlossene Mitstreiterin Micaela Bastidas dem Strick widerstand, hauchte sie ihr Leben unter den Schlägen der beiden Henker auf Brust und Unterleib aus. Seinem Sohn Hipolito rissen die Henker die Zunge heraus, ehe sie ihn erhängten. Dann war die Reihe an Tupac, dessen Todesqualen der jüngste, zwölfjährige, Sohn Fernando aus nächster Nähe erleben mußte: Tupac wurde ebenfalls die Zunge herausgerissen, man band ihm Hände und Füße an vier Pferde, um ihn in Kreuzform nach den vier Himmelsrichtungen auseinanderzureißen. Unter den Zuschauern herrschte totale Stille, nur der Angstschrei des kleinen Fernando stieg gegen den Himmel. Tupacs Körper zerriß nicht, daraufhin daraufhin ordnete Areche die Enthauptung an. Um den letzten Gedanken an Widerstand auszulöschen, wurden sein Kopf und seine Gliedmaßen, ebenso die seiner Frau und der anderen Gerichteten, an den Haupttorten des Aufstandes zur Schau gestellt. Der Rumpf Tupacs wurde verbrannt, seine Asche am Fuße des Picchufelsens den Fluten des Watanay übergeben. Ungeachtet dieser Barbarei im Zeichen des Christengottes, im Zeitalter der Aufklärung und wenige Jahre vor der großen Epochenwende, ging der Widerstand der Unterdrückten weiter – einer der großen historischen Beweise gegen die Theorien von der Passivität der indianischen Rasse. Noch im Aufstand des Mateo García Pumacahua im Jahre 1814 lebte das Erbe Tupac Amarus. Für die kreolische Oberklasse aber vermittelten der Aufstand Tupacs und die Revolution auf Haiti eine traumatisierende Lehre, die ihr künftiges Verhalten zutiefst prägte: die Angst vor der eruptiven Kraft der Volksbewegung.

Das Echo von 1789

In den Kreis der Beispiele jener revolutionären Aktivitäten und Bewegungen, die schon von den Ideen von 1789 getragen wurden, gehörten in Venezuela der Sklavenaufstand von Coro (1795), dessen Anhänger das »Gesetz der Franzosen« forderten, und die genannte radikal-republikanische Konspiration unter Gual und España. In Bogotá übersetzte Antonio Nariño die Erklärung der Menschenrechte, ein Vergehen, das der spanische Vizekönig mit zehn Jahren Verbannung nach Afrika ahnden ließ, der sich Nariño jedoch durch kühne Flucht vom Kerkerschiff entziehen konnte. In Buenos Aires wurde die »Verschwörung der Franzosen« (1795) aufgedeckt.

Es bedurfte gar nicht einer solchen Anhäufung von Verschwörungen, Unruhen und Aufständen, um das heraufziehende Ende der Kolonialherrschaft Spaniens zu erahnen. Kein Geringerer als der Erste Minister Karls III., Conde de Aranda, zog bereits aus der Unabhängigkeitsrevolution der nordamerikanischen Kolonien die Schlußfolgerung, daß dem spanischen Amerika für die Zukunft eine doppelte Gefahr drohe: die Loslösung von Spanien und seine Beherrschung durch die USA. Deshalb schlug Aranda das natürlich von der Krone ignorierte Projekt vor, die Kolonien in drei Königreiche aufzugliedern (Mexiko – Guatemala; Neu-Granada – Venezuela; Peru – Bolivien – Chile – Argentinien), an deren Spitze Mitglieder der Bourbonendynastie thronen sollten.

Neben der inneren Opposition existierte eine im Exil tätige kreolische Gegenströmung buntester Zusammensetzung: Sie reichte von Abkömmlingen wohlhabender Familien bis zu Jesuiten, die nach Vertreibung ihres Ordens aus Amerika (1766) auf Rache sannen. Ihren bedeutendsten »Precursor« (Vorläufer) fand die Unabhängigkeitsrevolution von 1810 in der Person

Francisco de Miranda

Francisco de Mirandas. Dieser erste »Berufsrevolutionär« der Neuzeit entstammte einer geschäftstüchtigen Kaufmannsfamilie – in einer Zeit, da Handel und Schmuggel beinahe identisch waren –, die sich per Ämterkauf einen Platz unter der lokalen venezolanischen Aristokratie, den Mantuanos, erobert hatte. Mit einem gekauften Hauptmannspatent brachte es Miranda im Krieg

Francisco de Miranda. Anonymer Kupferstich, 18. Jahrhundert

Spaniens gegen England zur Unterstützung der Rebellen im Norden bis zum Oberst. Nie geklärte Vorwürfe wegen Schmuggels und anderer Delikte ließen ihn die Flucht in die USA geraten erscheinen, wo er für die Freiheit der spanischen Kolonien zu werben begann. Persönlicher Ehrgeiz, Abenteuerlust, Intrigantentum, revolutionäre Gesinnung, visionäre Vorstellung über ein freies, monarchisches Amerika (»Inkáico«) überkreuzten sich in Mirandas Denken und Tun auf merkwürdige Weise. Nach vergeblichem Warten auf die Hilfe der USA begab sich Miranda nach Europa; er genoß die Gunst der großen Katharina, bereiste Preußen, an dem er nur die Armee schätzte, und erhielt in England eine Pension der Regierung, um für den Fall der Fälle in Reserve gehalten zu werden. Er begeisterte sich für die Ideen von 1789, brachte es in Frankreich an der Seite von Dumouriez zum Revolutionsgeneral, lernte nach der Flucht des girondistischen Idols die jakobinischen Gefängnisse kennen und kam nach seiner Freilassung als glühender Antijakobiner 1798 nach England zurück. Von London zog er Fäden, die in der von ihm gegründeten »Gran Logia Americana« zusammenliefen. Allerdings kontrastierten Idee und Realität in fataler Weise: Als Miranda im Jahre 1806 mit dem Schiff »Leander« eine »kolumbianische Armee« von etwa 300 Mann an der Küste Venezuelas an Land setzen wollte, scheiterte das Unternehmen kläglich, nichts war von patriotischer oder revolutionärer Gesinnung zu spüren.

Nicht in Amerika, sondern in Europa fiel die erste Entscheidung. Napoleons genialer Trick, als Schiedsrichter im unappetitlichen Familienstreit zwischen Karl IV. und dessen Sohn Ferdinand VII. bei den »Verhandlungen« von Bayonne (Mai 1808) deren gegenseitigen Thronverzicht zu erreichen, schuf die »legale« Basis für die Einsetzung seines Bruders, Josés I., zum neuen König Spaniens. Damit verband sich der Anspruch auf Inbesitznahme des amerikanisch-asiatischen Kolonialreiches. Die zugleich begonnene Erhebung der Spanier gegen den Usurpator im Namen Ferdinands VII. verwirrte die Kolonialbehörden. Ein Teil blieb bourbonentreu, andere suchten den Anschluß an die neuen napoleonischen Machthaber, eine dritte Gruppe kokettierte mit der sich jetzt offen hervorwagenden kreolischen Opposition. Desorientierung und aufkommendes Machtvakuum eskalierten zur allgemeinen politischen Krise und revolutionären Situation. Mit dem Anspruch, »die Rechte Ferdinands VII.« zu wahren, formierten sich ab 1808/09 nach kastilischer Rechtstradition und analog zur Entwicklung in Spanien lokale Juntas. Der Umschlag in die Revolution erfolgte im Frühjahr 1810.

Bayonne und die Folgen

Auftakt und Rhythmik der Revolution

Nach den ersten oppositionellen Anläufen der Jahre 1808/09, die alle am Widerstand der Kolonialbürokratie scheiterten, gelang den spanisch-amerikanischen Patrioten der Durchbruch im Jahre 1810 mit der Konstituierung von revolutionären Juntas in Caracas, der »Wiege der Freiheit«, am 19. April, Buenos Aires 25. Mai, Bogotá 20. Juli, Quito 2. August, Mexiko 16. September und Santiago de Chile 18. September. Die Mitglieder dieser Juntas, zumeist durch »Cabildos abiertos« (öffentliche Bürgerversammlungen) gewählt, kamen aus den Kreisen der kreolischen Grundbesitzer, wohlhabenden Kaufleute, privilegierten Handwerker und fanden ihre Sprecher in Advokaten, Professoren, patriotischen Geistlichen und anderen Vertretern freier Berufe. Es schien, als ob Spaniens Kolonialmacht wie unter einem Axthieb auseinanderbrach, niemand ahnte, daß es sich um den Auftakt zu eineinhalb Jahrzehnten Revolution, Krieg und Bürgerkrieg, verbunden mit unsäglichen Opfern, handelte.

Die Ereignisse von 1810 bis 1826 durchliefen einen Dreierrhythmus: Von regionalen Zentren ausgehend, begann sich die Revolution zunehmend zu »kontinentalisieren«, um schließlich wieder stärker die regionalen Spezifika (im Sinne einer Hinwendung zur »Nationalisierung« der Vorgänge) auszuprägen, deren historisches Ergebnis die Auflösung des Kolonialreiches in eigenständige Nationalstaaten darstellte.

Die Notwendigkeit, den Kampf gegen die spanische Kolonialherrschaft in Form eines Befreiungskrieges führen zu müssen, gab den Ereignissen den Charakter einer Revolution in Kriegsform. Revolution und Krieg bildeten eine organische Einheit und erklären die entscheidende Rolle der Armee im Verlaufe der Auseinandersetzung; die Armee, vor allem unter Führung von Simón Bolívar, José Antonio de Sucre und José de San Martín, bündelte am deutlichsten und effektivsten die revolutionären Energien. Politische Hegemonie äußerte sich vorrangig in militärischer Hegemonie. Ähnlich wie in Spanien kompensierte die Armee, insbesondere die Befreiungsarmee Bolívars (Ejército Libertador), sowohl die Schwäche bzw. das Fehlen eines reifen bürgerlichen Führungselements wie auch die nur in wenigen Regionen (wie z. B. in Mexiko) zu eigener Aktion fähige bäuerlich-indianische Volksbewegung.

Klassen und Rassen

Das Verhalten der Klassen, Gruppen und Schichten in der Revolution war extrem widersprüchlich. An der Spitze der kolonialfeudalen Gesellschaftspyramide standen die von Europaspaniern beherrschte Kolonialbürokratie, die Überseekaufleute und die hohe Geistlichkeit, dazu die Führungsschicht der Kolonialarmee. Das kreolische Element dominierte im Großgrundbesitz, dem Bergbau, den manufakturähnlichen Obrajes, dem regionalen Fern- und Lokalhandel, in den freien Berufen, Teilen der Geistlichkeit und im privilegierten Handwerk (Gold- und Silberschmiede). »Nach unten« wuchs der mestizisch-mulattische, indianische und afrikanische Bevölkerungsanteil (nichtprivilegierte Handwerker, tributpflichtige Bauern, Tagelöhner, Gelegenheitsarbeiter, Sklaven der Plantagenzone). Das heißt, die gesellschaftliche Struktur fußte auf einer doppelten Differenzierung: der sozialen und der ethnischen. Nach spanischer Rechtsvorstellung bestand ein Wesensunterschied zwischen der »República de los españoles« und der »República de los indios«. Soziale und ethnische Konfliktebenen überschnitten sich auf vielfältige Weise. Wer genügend Geld besaß, konnte sich die weiße Haut (»Limpieza de sangre«) kaufen. Nicht selten nahmen soziale Auseinandersetzungen den Charakter von Rassenkonfrontation an, das »ethnische« überlagerte das »soziale« Bewußtsein. Klassenkämpfe erschienen als Rassenkämpfe.

Der Kampf gegen die spanische Kolonialherrschaft führte zur Entstehung eines »antikolonialen Blockes« der verschiedenen Klassen und Schichten; er war geprägt vom Primat der äußeren Front. Dieser Primat hob jedoch nicht die inneren sozialen Widersprüche auf, da für die Masse der indianischen Bauern, der Sklaven, Mestizen und Mulatten die an der Spitze der Revolution stehenden Kreolen die eigentlichen Ausbeuter verkörperten. Statt einer Kongruenz von politischer und sozialer Revolution entstand eine Divergenz zwischen den beiden Ebenen der Revolution. Hier lag der Ursprung dafür, warum erhebliche Teile der unteren Volksklassen im Unabhängigkeitskrieg indifferent und passiv blieben, ja sogar auf der Seite der Konterrevolution kämpften. Der royalistische Gegenpart verstand es mit beträchtlichem Erfolg, den Widerspruch im Lager der Patrioten zu eigenen Gunsten zu nutzen.

Einheit der Gegensätze

Die Patrioten differenzierten sich in vier Strömungen, die auf unterschiedliche Weise Charakter und Verlauf der Revolution in ihren progressiven und retardierenden Momenten bestimmten:

— Die radikal-demokratische Strömung, deren Kampf sich sowohl gegen die Herrschaft der Spanier wie auch die einheimischen (kreolischen) Unterdrücker richtete. Diese Einheit von politischer und sozialer Frage fand sich personifiziert im Wirken von Hidalgo und Morelos (für Mexiko), Rodríguez Francia (für Paraguay) und Artigas (für Uruguay); es gehörten zu dieser »Linken« auch die »jakobinischen« Moreno- und Monteagudo-Anhänger von Buenos Aires und der Nariño-Flügel in Kolumbien (Neu-Granada).

— Die republikanisch-liberale Strömung, deren politische Intransigenz das Kompromiß mit der Kolonialgewalt ausschloß. Sie repräsentierte den kreolischen Kern der revolutionären Hegemonie mit führenden Persönlichkeiten wie Bolívar, Sucre, O'Higgins und vermochte in Verbindung mit einem Minimum sozialer Reformen (bedingte Aufhebung der Sklaverei, Beseitigung der Tributpflicht für Indianer, begrenzte Landverteilungen) allmählich eine beträchtliche soziale Basis zu erreichen.

— Die gemäßigt-liberale Strömung, die auf enge politisch-institutionelle Reformen setzte (San Martín), d.h. Erringung der Unabhängigkeit, ohne die privilegierte soziale Position der kreolischen Aristokratie anzutasten. Dieser Strömung neigte ein Großteil der begüterten Kreolen zu, die sich mit dem Fortgang und der Wende der Revolution (1819–1822) in die Entscheidung für oder wider Spanien gezwungen sahen.

— Die konservative Strömung als Ausdruck der offenen, auch um den Preis der Verlängerung der Kolonialherrschaft versuchten Abwehr einer dem kreolisch-aristokratischen Hegemonieanspruch entgegengesetzten Volksbewegung und als Resultat einer Opposition gegen die von der Metropole übergreifende liberale Revolution (Iturbide in Mexiko 1821).

I. und II. Republik in Venezuela

Die Revolution in Caracas begann mit einer fast goldinihaften Geste. Als der spanische Generalkapitän Emperán auf die Frage an den Cabildo: »Wollt Ihr mich als Gouverneur?« die Antwort erhielt: »Wir wollen nicht!«, entgegnete er lapidar: »Ich will auch nicht« und trat zurück. Am 5. Juli 1811 erklärte Venezuela die Unabhängigkeit (I. Republik). Ihr Zentrum besaßen die Anhänger der Independencia in der »Sociedad Patriótica« (Patriotische Gesellschaft), die sich »jakobinisch« gab, ohne es im geringsten zu sein. An die Spitze der Republik trat der aus London herbeigeholte Francisco de Miranda. Mit Miranda (54 Jahre) und Bolívar (27) traten jedoch die Exponenten zweier Generationen auf die Szene, zwischen denen es auf Dauer kein Kompromiß geben konnte: Miranda setzte in erster Linie auf die Hilfe Englands und hatte wenig Vertrauen in die schlecht ausgebildeten und undisziplinierten kreolischen Milizen; in Bolívar sah er einen großsprecherischen und unzuverlässigen Ehrgeizling. Bolívar dagegen glaubte – in totaler Fehleinschätzung der Realitäten –, das Land mit einem Schlag befreien zu können. Faktisch beschränkte sich die »Republik« auf die Küstenstädte, während das weite Hinterland bis zum Orinoco in den Händen der Royalisten blieb. Von hier setzte eine Gegenbewegung ein, die auch erhebliche Teile des Volkes gegen die rebellierenden Grundbesitzer, Pflanzer und Kaufleute mitriß. Anfang des Jahres 1812 landeten von Puerto Rico aus spanische Truppen unter Befehl der Generale Cajigal und Monteverde, denen die Patrioten kaum Widerstand entgegenzusetzen vermochten. Sogar die Natur schien sich gegen sie zu wenden: Am Gründonnerstag (26. März) zerstörte eines der größten Erdbeben in der Geschichte Amerikas die meisten der aufständischen Städte. Viele Priester, mit dem Erzbischof von Caracas an der Spitze, überzeugten die Gläubigen davon, daß es sich um ein Zeichen Gottes handele: »Bekennt Euch zu Eurem König!« Miranda gab die Sache der Freiheit verloren und unterzeichnete die Kapitulation (25. Juli 1812). Es folgte ein dunkles Kapitel: Bolívar und seine Anhänger beschuldigten Miranda der Feigheit und lieferten ihn der spanischen Seite aus; über Puerto Cabello, Puerto Rico wurde Miranda nach Cádiz gebracht, in dessen Kasematten er 1816 verstarb.

Simón Bolívar y Palacios

Von nun an lag die Führung von Krieg und Revolution in den Händen Simón Bolívars, der als »El Libertador« (Befreier) in die Geschichte Südamerikas eingehen sollte. Bolívar, Sproß einer reichen Plantagenbesitzerfamilie, war früh verwaist und galt als Enfant terrible. Seine Erziehung oblag Simón Carreño Rodríguez, einem glühenden Verehrer Rousseaus und Mitverschwörer von Gual und España. Der rasche Tod seiner jungen Frau Teresa warf Bolívar aus seiner gewohnten Lebensbahn: ». . . er brachte mich dazu, dem Wagen des Mars statt dem Pflug der Ceres zu folgen.« Prägend wirkte auf ihn ein Aufenthalt in Europa, besonders in Frankreich, wo er nicht nur als Salonlöwe, heißblütiger Geliebter von Fannie du Villars, leidenschaftlicher Tänzer und Freund der Damen Récamier und Staël Furore machte, sondern auch Alexander von Humboldt und dessen Reisebegleiter Aimé Bonpland traf und fasziniert die Selbstkrönung Napoleons verfolgte. Bonpland hatte Bolívar im Blick, als er sagte: »Die Revolutionen selbst bringen die großen Männer hervor, die würdig sind, sie auszuführen.« Bolívars Selbsturteil lautete: »Ich bin der Mann der Schwierigkeiten.« Eine bessere Charakteristik ist kaum denkbar, denn Bolívars Genie bestand in der Fähigkeit,

Die Sieger von 1815:
Die zeitgenössische französische Druckgrafik zeigt die alliierten Monarchen nach deren Einzug in Paris am 31. März 1815. Von links nach rechts: Alexander I., Ludwig XVIII., Franz I. und Friedrich Wilhelm III. Staatliche Galerie Dessau, Schloß Georgium

Die romantische Fassade:
Die Allegorie zeigt die in der Heiligen Allianz vereinigten drei Monarchen (von links) Friedrich Wilhelm III. von Preußen, Franz I. von Österreich und den Zaren Alexander I. als mittelalterliche Ritter. Die Heilige Allianz. Gemälde von Heinrich Olivier, 1815. Staatliche Galerie Dessau, Schloß Georgium

Neues Weltverständnis in der romantischen Malerei:
Die Lebensstufen (»Utrhiek«). Gemälde von Caspar David Friedrich, um 1834. Museum der bildenden Künste Leipzig

Spanischer Volkskrieg:
In Spanien begann Napoleons Stern zu sinken. Die Erschießung der Aufständischen von Madrid am 3. Mai 1808. Gemälde von Francisco de Goya, 1814. Museo del Prado, Madrid

Sieg der Konterrevolution:
Am 31. August 1823 wurde das Fort Trocadero bei Cádiz durch die unter dem Kommando des Herzogs von Angoulême stehenden französischen Interventionstruppen eingenommen. Stahlstich von Louis Gustave Thibault nach einem Gemälde von Paul Delaroche. Musée National du Château de Versailles

Ein Volk kämpft für Europa:
Der Freiheitskampf der Griechen: Griechen schießen auf flüchtende Türken.

Oberst Favier: Im November 1820 stand er an der Spitze der Griechen bei der Belagerung Athens durch die Türken.

Beide Darstellungen sind Teile der Bildtapete »Vues de la Grèce moderne ou combats des Grecs« nach Entwürfen des Historienmalers Jean Julien Deltil. Kunstmuseum Schloß Weesenstein

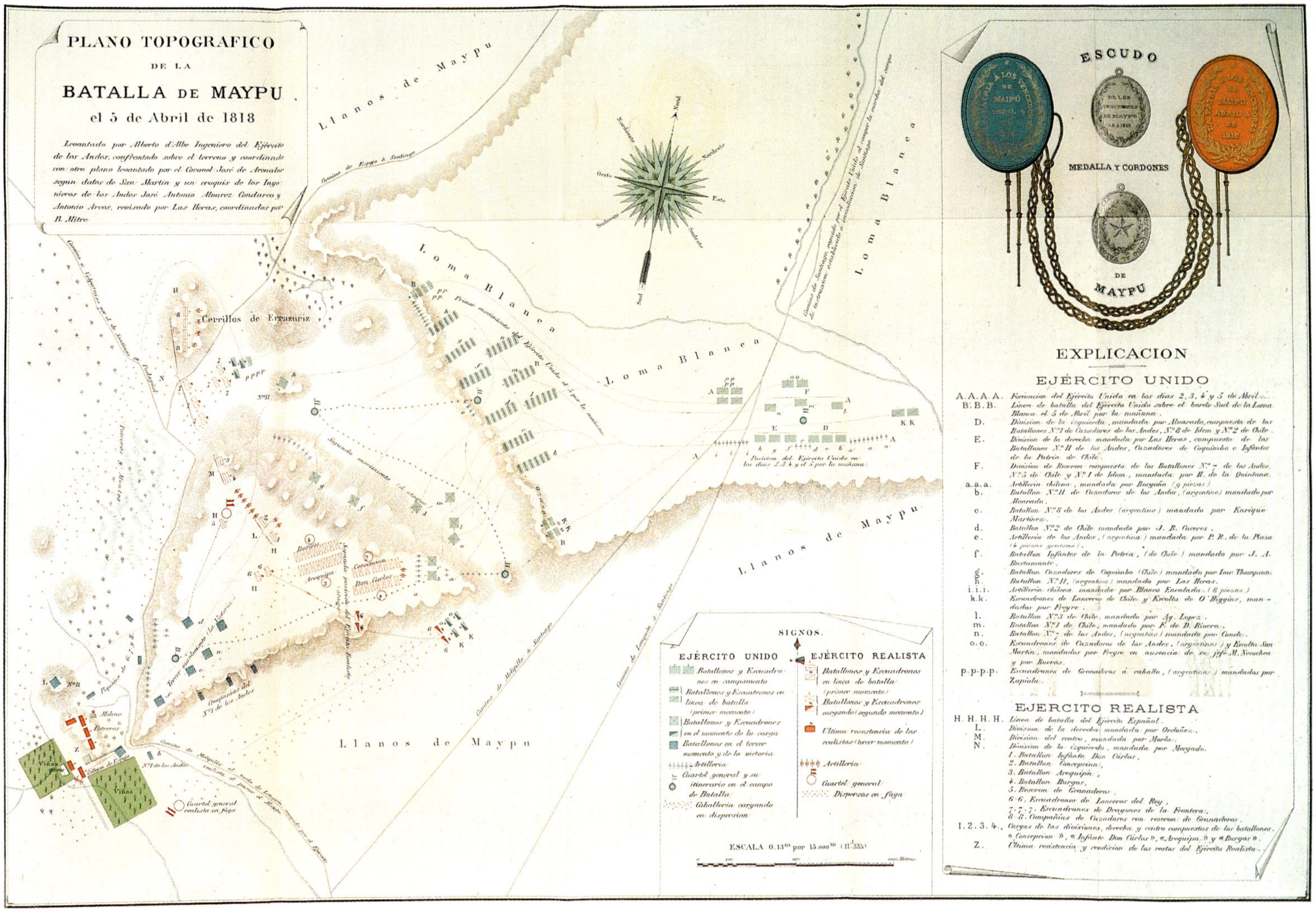

Kunst und nationaler Freiheitskampf:
Europas Öffentlichkeit nahm großen Anteil an dem Befreiungskampf des griechischen Volkes gegen die türkische Herrschaft. Die Eroberung der Insel Chios am 11. April 1822 durch den Kapudan Pascha Kara-Ali und das folgende Massaker unter der griechischen Bevölkerung bildeten den Gegenstand eines Werkes, das zu einem Symbol für Kunst im Dienst der Freiheit wurde. Das Massaker von Chios. Gemälde von Eugène Delacroix, 1824. Musée du Louvre, Paris

Chiles Freiheit:
Plan der Schlacht von Maipu am 5. April 1818, die das Ende der spanischen Herrschaft in Chile brachte.

El Libertador – Der Befreier Südamerikas:
Simón José Antonio Bolívar y Palacios. Gemälde eines unbekannten Künstlers, 1825. Senado de la República de Venezuela, Caracas

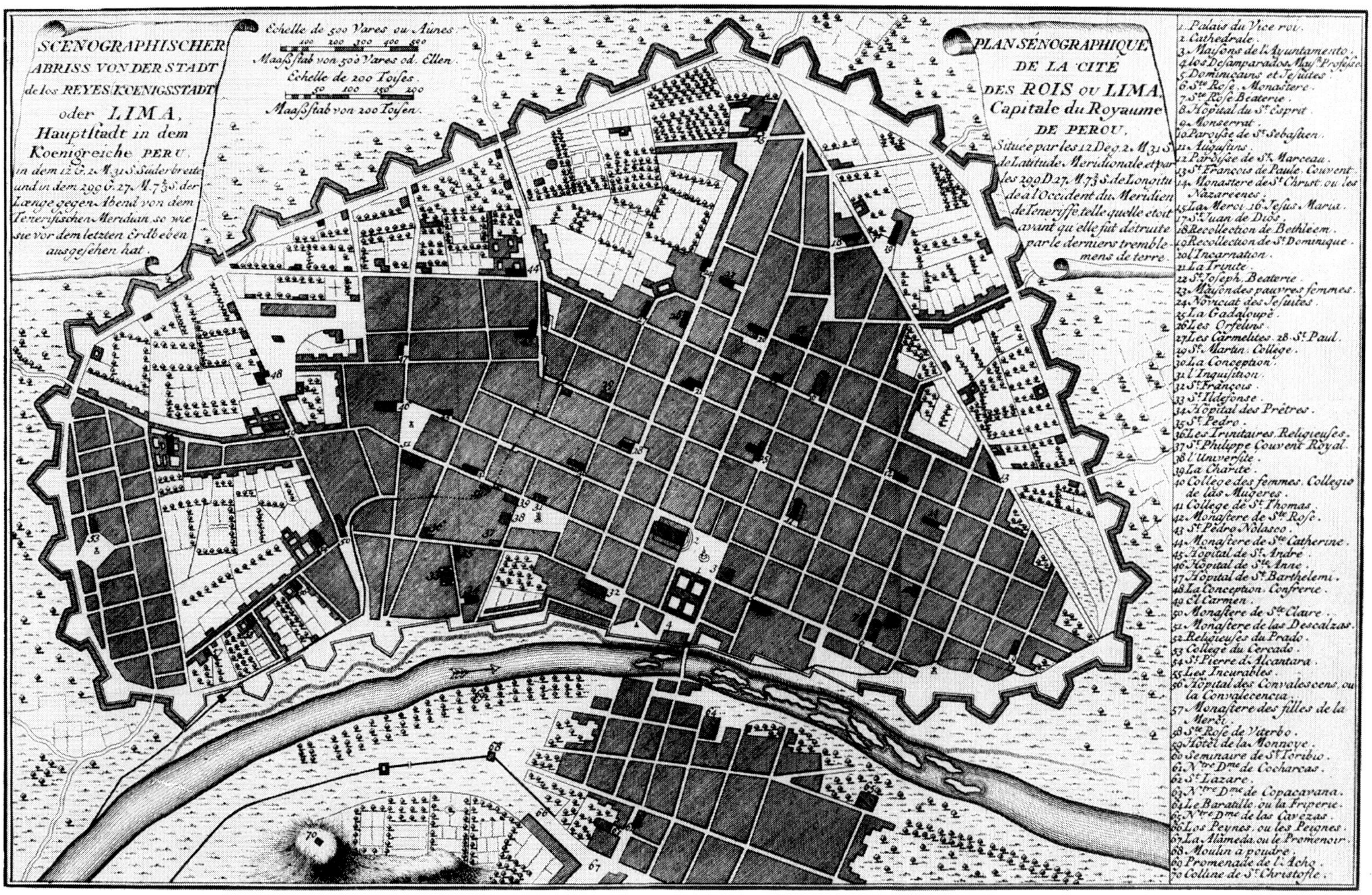

Die Stadt der Könige:
So nannten die Spanier die Hauptstadt des Vizekönigreiches Peru. Plan der Stadt Lima, aus: Voyage historique de l'Amérique. Band 1. Amsterdam; Leipzig, 1752. Staatliche Bücher- und Kupferstichsammlung Greiz

Der zweite Entdecker Amerikas: Alexander von Humboldt am Orinoco. Gemälde von Friedrich Georg Weitsch, 1806. Staatliche Museen zu Berlin, Nationalgalerie

mit der Revolution zu wachsen, aus ihren Fehlern zu lernen, in Momenten, da alles verloren schien, ihr neues Leben einzuhauchen. Er verstand es, über regionale Sonderinteressen hinweg die kontinentale Dimension des Kampfes, der er alles rigoros unterordnete, im Blick zu behalten. Und er war bereit, den Befreiungskrieg bis zur letzten Konsequenz zu führen. So verkörperte er das Gewissen seiner eigenen Klasse, die den Visionen Bolívars widerwillig genug folgte und sich nach getanem Werk seiner rasch zu entledigen suchte. Stets handelte er nach dem Motto: »Unsere Mutter ist die Revolution.«

Neue Offensive

Vom benachbarten Neu-Granada begann Bolívar eine neue Offensive zur Befreiung Venezuelas, die am 6. August 1813 in der Besetzung von Caracas und in der Proklamierung der II. Republik kulminierte. Um den Widerstand der royalistischen Kräfte zu brechen, verkündete Bolívar den »Krieg bis zum Tode« (Guerra a muerte), d. h. den revolutionär-militärischen Terror: »Spanier und Kanarier: Rechnet mit dem Tode . . .! Amerikaner: Rechnet mit dem Leben, auch wenn ihr schuldig seid!« Der von beiden Seiten geführte Vernichtungskrieg verwüstete das ganze Land und kostete einem Drittel der Bevölkerung, darunter einem Großteil der kreolischen Aristokratie, das Leben. Auch die II. Republik endete in einer totalen Niederlage; sie brach unter dem konzentrischen Angriff der Spanier und der von dem Kauf-

Tomás Boves

mann und Schmuggler Tomás Rodríguez, genannt »Boves«, mit Hilfe der »Llaneros« (Viehhirten) der Orinoco-Ebene geschaffenen Guerrilla zusammen (Juni). Die konterrevolutionäre Guerrilla zog eine Blut- und Terrorspur durch das ganze Land; ihr Wüten sparte Frauen und Kinder nicht aus; wo Boves seine schwarze, von Totenköpfen umrahmte Fahne aufpflanzte, herrschte die Stille des Friedhofs. Als sich die geschlagenen Patrioten unter Bolívar zurückziehen mußten, folgten ihnen 20000 Einwohner von Caracas, um der Rache der Sieger zu entgehen.

Von Neu-Granada aus, über das eine neue spanische Intervention unter General Pablo Morillo im Namen des restaurierten Ferdinand VII. hereinbrach (»mehr gewaltsam und blutig als effektiv«, nach dem Urteil eines spanischen Historikers), mußte Bolívar in das Exil nach Jamaica gehen (9. Mai 1815).

Aufstand am Río de la Plata

Die Mai-Revolution von Buenos Aires beendete die Herrschaft des Vizekönigs Cisneros, an dessen Stelle ebenfalls eine Junta trat, die sich sofort in ein ganzes Bündel von Konflikten verwickelt sah: Widerspruch zwischen einem gemäßigten Flügel um Benardino Rivadavia und dem »Jakobiner« Mariano Moreno, der als Sekretär fungierte; Interessengegensatz der Küstenregion zum Hinterland (Unitarismus gegen Föderalismus), Anspruch auf die Wiederinbesitznahme aller zum ehemaligen Vizekönigreich gehörenden Gebiete (Oberperu, Paraguay, Banda Oriental), die noch unter spanischer Herrschaft standen oder schon ihre Selbständigkeit erklärt hatten; Gefahr einer spanischen Gegenoffensive von Oberperu aus und deutliche Expansionsabsichten Portugals von Brasilien her, wo Joaquina Carlota, Tochter Karls IV. von Spanien und Gemahlin Joãos VI. von Portugal, nunmehr anstelle des »gefangenen« Ferdinands VII. Ansprüche geltend machte. Zu den begabtesten Caudillos, die den Kampf im Hinterland faktisch auf eigene Faust führten, gehörte der Grundbesitzer Martín Guëmes, der seine eigenen Vaqueros (Viehhirten) gegen die Spanier ins Feld führte; auf sein Konto kam die Abwehr von sechs spanischen Invasionsversuchen.

Mariano Moreno

Gegen die in Buenos Aires regierende konservative Oligarchie, die lediglich auf eine politisch-institutionelle Ablösung der spanischen Herrschaft abzielte und bereits die Einsetzung eines europäischen Herrschers nichtbourbonischer Provenienz ins Auge faßte, und gegen den retrograden Föderalismus, der die Einheit der Revolution gefährdete, propagierte Moreno (Verehrer Rousseaus, dessen »Contrat social« er übersetzte, und Anhänger Robespierres) den revolutionären Terror. Dessen Prinzipien legte er in seinem ob der Authentizität umstrittenen »Plan de Operaciones« (Maßnahmeplan) nieder. Moreno mußte unter der Anklage, dem »robespierristischen System« anzuhängen, aus der Junta ausscheiden und verstarb 1811 unter ungeklärten Umständen auf der Überfahrt nach England. Das Urteil eines politischen Gegners: »Soviel Wasser war nötig, um soviel Feuer zu löschen.« Patrioten, die Morenos Erbe aufnahmen, wie Bernardo Monteagudo, vermochten an der Entmachtung der Linken nichts mehr zu ändern. Nach dem Scheitern der spanischen Invasionsversuche, ebenso der von Buenos Aires ausgehenden Expansionsabsichten verkündete der Kongreß von Tucumán am 9. Juli 1816 die Unabhängigkeit der »Vereinigten Provinzen des Río de la Plata«.

Artigas und die Banda Oriental

Im Gebiet der »Banda Oriental«, das erst im Verlaufe des 18. Jahrhunderts von den Spaniern als strategischer Vorposten gegen das portugiesische Brasilien kolonisiert worden war, führten die von Gervasio Artigas, einem Viehzüchter, Offizier der Grenzmiliz (»Blandengues«) und Schmuggler, auf dem flachen Land mobilisierten kleinen Grundbesitzer und Gauchos von Anbeginn einen Dreifrontenkrieg gegen die spanische Herrschaft (Zentrum Montevideo), den Machtanspruch von Buenos Aires und die drohende Invasion von Brasilien aus. Die Revolution in der Banda Oriental entwickelte sich zur echten Volksrevolution; ihr demokratischer Charakter fand Ausdruck in einem radikalen Agrarprogramm (»Reglamento« von 1815). Jedoch unterlagen die Patrioten 1816 der übermächtigen portugiesisch-spanischen Okkupation. Artigas ging in das Exil nach Paraguay.

Rodríguez Francia und Paraguay

Ähnlich den »Orientales« mußte Paraguay seine im Mai 1811 errungene Unabhängigkeit gegen dreifache Begehrlichkeit verteidigen. Hier lag seit 1814 die politische Gewalt in den Händen des Advokaten Dr. José Gaspar Rodríguez, zunächst im Range eines Konsuls und ab 1816 als »El Supremo Dictador« auf Lebenszeit. Thomas Carlyle räumte ihm in seiner Heroengalerie einen Ehrenplatz ein, desungeachtet schwankt die Meinung über ihn bis in die Gegenwart zwischen der Würdigung des entschlossenen Revolutionärs und der Verdammung des autoritären Diktators und menschenverachtenden Politikers. Unter den jüngsten Versuchen, sich dieser widerspruchsvollen Persönlichkeit historisch-literarisch zu nähern, ragt der Roman »Yo el Supremo« von Augusto Roa Bastos heraus. In der praktischen Politik knüpfte Francia, der sich diesen Beinamen aus Verehrung für das aufgeklärte und revolutionäre Frankreich selbst gegeben hatte, an Rousseau, Robespierre und Napoleon an. Politische Gegner wurden ohne Pardon eliminiert, das einfache Volk verehrte ihn als den großen Zauberer, er lebte bescheiden und hinterließ bei seinem Tode keinerlei Vermögen. Kirche und kreolische Oberschicht sahen sich ökonomisch und politisch entmachtet, das Land kam in die Hand des indianischen Bauern oder blieb in »Estancias del Pueblo« (Volksgütern) zusammengefaßt. Das obligatorische Bildungssystem reichte bis zur Mittelstufe, eine akademisch gebildete Intelligenz gab es nicht. Angesichts der äußeren Bedrohung führte Francia sein Land in die völlige Isolierung. Das gesamte Leben richtete sich streng nach einem von Francia ausgearbeiteten patriotischen Katechismus. Unter seiner Herrschaft stieg Paraguay zum politisch stabilsten, ökonomisch solidesten und der breiten Masse einen bescheidenen Wohlstand garantierenden Land in Südamerika auf, dessen eigenständige Entwicklung den Nachbarn (Argentinien, Brasilien, Uruguay) stets ein Dorn im Auge blieb. Nach Francias Tode versuchten die politischen Gegner, sich sogar an dessen Gebeinen zu rächen. Mit der Zerstörung seiner Ruhestätte verschwanden seine sterblichen Reste, über deren Verbleib (ob in Asunción oder Buenos Aires) die Historiker bis in die Gegenwart streiten. Noch heute gibt Francia Rätsel auf.

Volksrevolution in Neu-Spanien – Hidalgo y Costilla

Im Unterschied zu den meisten übrigen Zentren der Independencia besaß die Unabhängigkeitsrevolution in Neu-Spanien (Mexiko) eine tiefe Verwurzelung in den indianischen Bauern und im Bergbauproletariat. Am 16. September 1810 proklamierte der kreolische Dorfgeistliche Miguel Hidalgo y Costilla in seiner Pfarrei von Dolores den Aufstand (»Grito de Dolores«). Hidalgos unorthodoxe Denk- und Lebensweise hatte schon

Der Pfarrer Miguel Hidalgo y Costilla rief unter dem Zeichen der Jungfrau von Guadalupe die Mexikaner zum Unabhängigkeitskampf auf. Grafik von José Guadalupe Posada

lange vor der Revolution Verdacht erregt. Er war bestens mit der Aufklärung vertraut, was ihm eine Anklage vor der Inquisition, seinem den weltlichen Freuden aufgeschlossenen Haus den Ruf eines »kleinen Frankreich« und einer Laienschauspielerin des Pfarreitheaters zwei Töchter von ihm einbrachte; ob seiner intellektuellen und rednerischen Gewandtheit nannte man ihn »El Zorro« (den Fuchs). Unter der Losung »Es lebe die Religion!« entrollten die Aufständischen das Banner der von den Indianern besonders verehrten Virgen de Guadalupe gegen die Virgen de los Remedios, die als Heilige Jungfrau der Spanier und Kreolen galt. Der tiefe, unüberbrückbare soziale Widerspruch der Kolonialgesellschaft fand seinen Ausdruck in einer die Massen ergreifenden religiösen Symbolik. Das Ziel des Aufstandes war die politische und soziale Befreiung der ausgebeuteten Klassen:

Das unabhängige Mexiko: Geographisch-statistische und historische Karte, 1824

Unabhängigkeit, Aufhebung des Tributs, Beseitigung der Kronmonopole, der Sklaverei, Wiederherstellung des bäuerlichen Gemeinbesitzes (»Comunidades indígenas«), Konfiskation der spanischen Vermögen. Auf dem Höhepunkt der Bewegung verfügte Hidalgo über eine Streitmacht von 80000 Anhängern; sie stand unter dem militärischen Kommando von Ignacio Allende und Juan Aldana, zwei Offizieren der Kolonialmiliz.

Gegen die Aufständischen, die bald große Teile des Landes, einschließlich der Bergbauzentren (z.B. Guanajuato), beherrschten, bildete sich eine Einheitsfront von Kolonialgewalt, Kirche und kreolischer Aristokratie – eine Koalition aller Besitzenden. Die katholische Kirche inszenierte eine politisch-psychologische Kampagne, um Hidalgo als Fortsetzer der großen Ketzer Wyclif, Hus, Luther und Müntzer und als jakobinischen Blutsäufer und Terroristen zu verleumden; ihre Pamphlete erschienen sogar in Nahuatl, um die indianische Bevölkerung zu erreichen. Als Hauptschwäche der Revolutionäre erwiesen sich nach Verpuffen des Überraschungsmoments das Fehlen einer klaren strategischen Konzeption (Verzicht auf die mögliche Besetzung der Hauptstadt Mexiko), mangelhafte Ausrüstung, ungenügende militärische Disziplin und schwerwiegende Differenzen innerhalb der Revolutionsführung (Gegensatz Hidalgo – Allende); am Ende stand das Auseinanderbrechen der Rebellenarmee. Das Schicksal der mexikanischen Volksrevolution entschied sich am 17. Januar 1811 in der Schlacht von Puente de Calderón. Der Bericht über die Gefangennahme Hidalgos trug den bezeichnenden Titel: »Festnahme des Geistlichen Hidalgo mit dem Generalstab seiner Sansculotten . . .«; der Führungskern der Revolution umfaßte 30 Personen, davon zehn Geistliche. Neben Frankreich war Mexiko das zweite große Land der »roten Priester«. Über Hidalgo und die anderen mitverhafteten Anhänger hieß es lakonisch: »pasados por las armas« (Tod durch Erschießen).

José María Morelos y Pavón

In Puente de Calderón unterlag zwar die Revolution im Zentrum und im Norden des Landes; inzwischen hatte auf Weisung Hidalgos ein anderer Geistlicher, José María Morelos y Pavón, mit beträchtlichem Erfolg den Kampf im Süden aufgenommen. Seine kleineren Einheiten behaupteten sich wesentlich erfolgreicher. Unter Morelos prägte sich die indianisch-sozialrevolutionäre Komponente noch stärker aus. Ein Kongreß, in Chilpancingo setzte Morelos zum Staatsoberhaupt ein und proklamierte die Unabhängigkeit (6. November 1811); ein nachfolgender Kongreß in Apatzingán erließ eine republikanische Verfassung (20. Oktober 1814), deren Grundsätze sowohl den Einfluß der Vertragsideen Rousseaus, bestimmter Prinzipien von 1791 und 1793 wie auch das Vorbild des Cádizer Modells von 1812 erkennen ließen. Schließlich drängte jedoch die Politik flexibler Konzessionen von seiten des Vizekönigs Calleja, so z.B. durch Anerkennung der spanischen Verfassung von 1812, bei gleichzeitig intensiver militärischer Gegenaktion die Aufständischen Zug um Zug in die Niederlage: Am 15. November 1815 unterlag Morelos den spanisch-kreolischen Einheiten unter General Manuel de la Concha. Auf die Frage, was er, Morelos, wohl mit einem gefangenen Gegner getan hätte, antwortete er: »Ich würde ihn erschießen lassen.« Nachdem die Inquisition in der Stadt Mexiko Morelos symbolisch zum Feuertod verurteilt und seiner geistlichen Würden entkleidet hatte, trat die weltliche Gewalt in Aktion: Er fiel am 22. Dezember 1815, nachmittags 15 Uhr, unter den Kugeln eines Pelotons; da er nach der ersten Salve noch lebte, bedurfte es einer zweiten, um ihn physisch auszulöschen. Trotz systematischer Verfolgungen und Repressalien lebte der Widerstand in einer Guerrillabewegung weiter, die ihre bedeutendsten Führer in Cos, Rayón, Terrero, Guerrero und dem aus Spanien ins Exil getriebenen Mina besaß.

Krise und Tiefpunkt

Die große Welle revolutionärer Erhebungen im spanischen Amerika begann in den Jahren 1814/15 zu verebben. Morillo, einst tapfer gegen Napoleon kämpfend, jetzt gnadenloser Unterdrücker der Freiheit Südamerikas, hatte ganze Arbeit geleistet. Nur vereinzelte Restpositionen, so im Orinoco-Gebiet Venezuelas (fernab von den strategisch entscheidenden Küstenstädten), dazu lokale Partisanenaktionen in verschiedenen Regionen ließen erkennen, daß der Geist der Unabhängigkeit weiterlebte. Auch in Chile war 1814 das »Patria vieja« (alte Vaterland) unter dem militärischen Druck der von Peru aus operierenden royalistischen Gegenkräfte sowie am inneren Zwist der Patrioten zugrunde gegangen. Im südlichen Dreieck Buenos Aires – Asunción – Montevideo hielt sich noch die Revolution. Doch schien es sich hier nur um einen Sieg auf Zeit zu handeln: Die Junta von Buenos Aires zerfleischte sich in inneren Fraktionskämpfen. Wie lange konnte Asunción in der Isolierung überleben? Und an Montevideo brandete bald die portugiesische Invasion. Die Ursachen dieses historischen Rückschlages erkannte wohl am deutlichsten Simón Bolívar, der in dem berühmten »Carta de

Brief aus Jamaica

Jamaica« (Brief aus Jamaica, 6. September 1815) das historische Recht Amerikas auf Unabhängigkeit begründete, in aller Offenheit die Schwächen der Revolution bloßlegte und eine weit ausgreifende Vision der künftigen Entwicklung des südlichen Halbkontinents entwarf. Der Kernsatz lautete: »Ein Volk, das seine Freiheit liebt, erringt sie am Ende.«

Worin lagen die kardinalen Schwächen der Revolution, die es zu überwinden galt?

— Die Revolution stützte sich vornehmlich auf die elitäre Minderheit der Kreolen. Dort, wo es zu einer massiven Volksbewegung kam, zog es die herrschende Klasse in spe vor, mit den

Spaniern gemeinsame Sache zu machen. Selbst Bolívar lehnte anfangs »die Revolution der Neger, Freien und Sklaven« ab; er wurde sein Leben lang die Furcht vor einer »Pardocracia« (Herrschaft der Farbigen) nicht los.

— Die regional-lokalen Interessen überwogen das übergeordnete kontinentale Gesamtinteresse. Um Amerika zu befreien, mußte das gesamte Kolonialsystem beseitigt werden, das aber hieß, dessen Hauptbollwerk Peru zu brechen. Diese historische Notwendigkeit begriffen Bolívar und San Martín, der »Befreier des Südens«.

— Um die für das Schicksal der Revolution tödlichen Fraktionskämpfe innerhalb der Patrioten zu beenden oder wenigstens einzudämmen, bedurfte es der energischen Machtausübung, letztlich also einer Diktatur, deren Instrument nur die Armee sein konnte. Bolívar war bereit, diesen Weg – wenn auch nur unter dem Zwang der Umstände – zu gehen: »Die Geschichte wird sagen: Bolívar übernahm die Führung, um seine Mitbürger zu befreien, und als sie frei waren, verließ er sie, damit sie sich durch die Gesetze und nicht durch seinen Willen regierten.« Oder: »Niemals hat ein Kongreß [eine parlamentarische Regierung] eine Republik gerettet.« Nicht im sozial-revolutionären, wohl aber im politisch-militärischen Sinne zeigte Bolívar durchaus jakobinische Entschlossenheit.

— Die Wiederherstellung der alten Ordnung in Spanien erlaubte es Madrid, beträchtliche militärische Kontingente unter Monteverde und Morillo nach den aufständischen Kolonien zu werfen und den wenig erfahrenen und unterlegenen Einheiten der Patrioten die Initiative zu entreißen.

Unabhängig von der noch längere Zeit anhaltenden prekären Situation zeichnete sich ab 1816 eine Wende ab. Die Revolution trat in ihre zweite Phase, die mit dem völligen Zusammenbruch

Die zweite Welle

der spanischen Herrschaft auf dem amerikanischen Festland endete. Für diese Wende spielten innere wie äußere Faktoren eine Rolle. Die Spanier vergaben total die Chance, ihren militärischen Sieg durch eine flexible Kompromißpolitik zu stabilisieren, stattdessen ging im Zuge der Reconquista ein barbarisches Strafregiment über die »befriedeten« Gebiete nieder: Erschießungen, von denen auch patriotische Frauen nicht verschont blieben (z.B. Policarpa Salvarrieta, genannt »Pola« in Kolumbien), Massenverhaftungen, Vertreibung ins Exil, Beschlagnahme des Eigentums von Patrioten, Ausschluß aus öffentlichen Ämtern, geistige und politische Inquisition knebelten die Intelligenz. Unter diesen Bedingungen begriff sogar der abwartende Teil der kreolischen Aristokratie die Notwendigkeit einer Beseitigung des Kolonialregimes. Der konterrevolutionäre Terror trieb den Patrioten neue Anhänger zu. Auch die Hoffnungen der Indianer, Mulatten und Sklaven, die auf royalistischer Seite gekämpft hatten, blieben unerfüllt.

Weiterhin vollzog sich ein wesentlicher Wechsel in der internationalen Szene. England und die USA traten entsprechend ihren kommerziellen und machtpolitischen Sonderinteressen zunächst indirekt, schließlich offen auf die Seite der Aufständischen. Selbst die Allianzmächte lehnten die von Spanien wiederholt geforderte gemeinsame militärische Intervention ab und rieten statt dessen zu einer Politik des Ausgleichs mit den Kreolen und zur Respektierung von deren Forderungen. Der Interventionsplan der Heiligen Allianz, der zur Rechtfertigung der Monroe-Doktrin von 1823 diente, gehört eindeutig in das Reich

Freiwillige aus Europa

der Legende. Überdies strömten nach dem Ende der napoleonischen Kriege zahlreiche demobilisierte Soldaten und Offiziere nach Südamerika, von denen viele, mehr aus Abenteuerlust und großzügigen Versprechungen folgend, denn aus patriotischer Überzeugung, an der Seite der Revolutionäre kämpften. Allein die »Britische Legion«, die für Bolívar stritt, brachte es auf 6000 Mann; hinzu kamen Deutsche, Franzosen, Spanier und Vertreter anderer Nationen, darunter auch nordamerikanische Freibeuter. Nicht selten wurde, z.B. in den Hansestädten, das Geschäft der Werbung mit skrupellosen Mitteln (dienstbare Frauen, Alkohol, Bestechung, Erpressung) betrieben. Das »Anwerbungspatent« eines in Norddeutschland tätigen Agenten hatte den folgenden Wortlaut:

> »Ich unterschriebener bin befollmächtigt, für die Süd-Americanischen Frey-Stat, Leute anzunehmen. Der General en Cheff Bollivar verspricht im Namen des Süd-Americanischen Guvernements jeden Soldaten, nach 5 Jahren 500 Span. Thaler und 50 Acker Land nebst Haus und Hof, oder freien Transport in sein Vaterland zurück . . .«

Wahrlich ein beängstigendes Konglomerat von Individuen, Nationalitäten, Rassen, Ambitionen und Interessen, mit denen Bolívar es zu tun hatte.

Als die zweite Phase der Revolution ihrem Höhepunkt entgegenging, wurde die militärische Widerstandskraft der Spanier zusätzlich durch die liberale Revolution von 1820 bis 1823 paralysiert. Der zeitweilige Waffenstillstand, der den desillusionierten Morillo zur Aufgabe veranlaßte (»Bolívar, das ist die Revolution«), brachte den Patrioten entscheidende Vorteile für die Reorganisation ihres Potentials, während die Kräfte in der Metropole durch die französische Invasion gebunden blieben.

Republik Großkolumbien

Mit dem Vorsatz, die Revolution neu zu beleben und über den ganzen Kontinent zu tragen, landete Bolívar, nach einem gescheiterten Versuch im Frühjahr, im Dezember 1816 mit einem Expeditionskorps, dessen Aufstellung er dem Präsidenten von Haiti, Pétion, verdankte, an der Küste Venezuelas. Unter Umgehung der in den Städten konzentrierten spanischen Kontingente stieß er zu den am Unterlauf des Orinoco agierenden Partisaneneinheiten vor, deren bedeutendster Führer Mariño aber jede Anerkennung des »Jefe supremo« (Obersten Befehlshabers) verweigerte. Innerer und äußerer Widerstand begegneten sich mit größtem Argwohn.

Im Orinoco-Gebiet schuf sich Bolívar die Aktionsbasis (Zentrum Angostura) für eine neue Offensive durch Gewinnung der Llaneros und deren unbestrittenem Haupt José Antonio Páez, ein analphabetischer Mestize und Viehhirte, der es dank der Revolution zum General, Großgrundbesitzer und ersten Präsidenten von Venezuela bringen sollte. Der Preis für das Bündnis mit den Llaneros bestand in der Landverteilung, gleichzeitig erklärte Bolívar neben der Aufhebung des Indianertributs die Freiheit der Sklaven, wenn diese der Patriotenarmee beiträten. Die Independencia sprengte die Enge einer »Stadt«revolution. Der »Befreier« hatte begriffen, daß die Revolution nur mit dem Volke und nicht ohne das Volk siegen konnte.

Ein »Kongreß«, bestehend aus einer Handvoll abenteuerlich aussehender Mitstreiter, bewilligte die von Bolívar geforderten diktatorischen Vollmachten, die er auch gegen die Opposition im eigenen Lager anwandte. Der renitente Mariño entzog sich dem Zugriff durch Flucht, während General Piar am 16. Oktober 1817 erschossen wurde. Für Piar hatte der Sinn der Independencia vor allem in der Emanzipation der Indianer, Neger und Mulatten bestanden, während Bolívar, der in Piar die »Pardocracia« witterte, die antispanische Einheit aller Patrioten um jeden Preis wahren wollte. Das Urteil löste Entsetzen aus, bändigte aber die schwelende Unruhe. Der zweite Kongreß von Angostura wählte am 19. Februar 1819 Bolívar zum Präsidenten der sich zum dritten Mal unabhängig erklärenden Republik Venezuela.

Während Páez zunächst die in Venezuela stationierten Spanier band und in die Defensive drängte, stieß Bolívar, vorwiegend auf englische Freiwillige gestützt, in Richtung des benachbarten Neu-Granada vor, wo sich die kolumbianischen Patrioten unter Francisco de Paula Santander, einem hoffnungsvollen Studenten der Rechte, erhoben hatten. Mit eiserner Energie trieb Bolívar eine Streitmacht von 1300 Mann und 800 Reitern in 4000 Meter Höhe bei Schnee und Eis über die Cordilleren in Richtung Bogotá; in den Abgrund Gestürzte, Erfrorene und Kranke blieben zurück. In der Schlacht an der Brücke von

Boyacá

Boyacá (7. August 1819) wurden die völlig überraschten Spanier geschlagen – der erste strategische Sieg für die Patrioten. In 75 Tagen hatte Bolívars Armee »1600 Kilometer zurückgelegt und eine Nation befreit«. Nach Angostura zurückgekehrt, proklamierte Bolívar am 19. Dezember 1819 die »Republik Groß-Kolumbien«, bestehend aus Venezuela und Kolumbien – der erste große Schritt auf dem Weg zum Sieg der kontinentalen Revolution war getan.

Trotz des ausgehandelten Waffenstillstandes (26. November 1819) nahmen beide Seiten den Kampf bald wieder auf, zumal die mit dem Riego-Aufstand an die Macht gelangte liberale Regierung zwar die »Gleichberechtigung«, aber nicht die Unabhängigkeit der Kolonien anerkennen wollte. In der Schlacht von

Carabobo

Carabobo am 24. Juni 1821 befreite Bolívar endgültig Venezuela. Bejubelt zog er in Caracas ein, seine Forderung auf Verwirklichung der von ihm erlassenen Gesetze über Landverteilung und Freilassung der Sklaven trafen jedoch sofort auf die Ablehnung der lokalen Mantuanos; für sie hatte der »Befreier« mit der Verjagung der Spanier seinen Zweck erfüllt. Aber Bolívar war nicht der Mann, der sich jetzt schon nach getaner Schuldigkeit als Mohr abschieben ließ. Jedoch begleiteten ihn von nun an – neben Verehrung und Vergötterung – Intrigen, Verleumdung, Verdächtigungen, Anschuldigungen, bis hin zu Mordversuchen, die seine verzweifelten Worte kurz vor seinem Tode erklären: »Ich bin das Opfer meiner Verfolger gewesen, die mich an die Türen des Grabes gebracht haben.« Aber noch bewegte sich sein Stern in aufsteigender Linie, politisch-militärisch und im persönlichen Leben.

Befreiung Ekuadors

Gemeinsam mit General Andrés Santa Cruz, der von den Royalisten zu den Patrioten übergewechselt war (später Bolivien diktatorisch regierte und sich sogar zeitweilig Peru einverleibte), schlug Antonio José de Sucre, ohne Zweifel Bolívars genialster und loyalster Mitstreiter, die Spanier in der Audiencia Quito am Fuße des Vulkans Pichincha (24. Mai 1822). Sucre hatte an der Seite Mariños in der ostvenezolanischen Guerrilla gekämpft, seine Familie war den Massakern der Boves-Banden zum Opfer gefallen. Das befreite Ekuador wurde Teil der Republik Groß-

Manuela Sáenz

Kolumbien. Als Bolívar am 16. Juni unter dem obligatorischen Jubel, mit Triumphbogen und von Ehrenjungfrauen begrüßt, in Quito einzog, begegnete er Manuela Sáenz, der Gattin eines dort ansässigen englischen Arztes; sie wurde noch in derselben Nacht die Gefährtin seines Lebens. Unter den nicht wenigen Frauen, die Bolívars Weg kreuzten – bis heute Lieblingsthema psychologisierender Biographen – und um deretwillen er auch schon einmal den Generalstab in den Alkoven verlegte und den Beginn einer militärischen Offensive hinausschob, nahm »Manuelita« den herausragenden Platz ein. Bedingungslose, an die Grenze der erotischen Besessenheit rührende Hingabe verband sich mit wachem politischen Instinkt, außergewöhnlichem persönlichen Mut – auch im Umgang mit dem Degen – und dem Genuß, im Mittelpunkt der Macht zu stehen. Als »Libertadora« hat Manuela ihren großen Geliebten lange überlebt und gegen alle

José de San Martin. Anonyme Lithographie, 1890

Drangsale der Verfolgung und Demütigung sein Andenken hochgehalten. Leider erfüllte sie den Wunsch Bolívars und vernichtete vor ihrem Ableben seine an sie gerichteten Briefe.

Kampf um Peru

Ganz im Sinne der kontinentalen Vision richteten sich nun Bolívars Blicke auf Peru, mit dessen Befreiung sich das Schicksal des südlichen Amerika endgültig entscheiden mußte. »Sterben oder triumphieren in Peru«, hieß die Überzeugung Bolívars. Perus mächtige Verteidigungskraft basierte auf eigenen Grundlagen und hing nicht vom Nachschub spanischer Expeditionstruppen ab. Die einheimische Aristokratie fürchtete einen neuen Tupac Amaru oder Pumacahua mehr denn die spanische Herrschaft. Die Mehrheit der Streitkräfte des Vizekönigs La Serna bestand nicht aus Spaniern, sondern aus Kreolen und dem König verschworenen Indianern. Bereits im »Brief aus Jamaica« hatte Bolívar geschrieben: ». . . das reiche Peru wird nicht die Demokratie tolerieren, noch werden die freien Sklaven und die Menschen gemischten Blutes die Aristokratie tolerieren, weshalb es für Peru schwer sein wird, seine Freiheit wiederzugewinnen.« Nach Peru mußte die Revolution hineingetragen werden, ein für die Zukunft der Region folgenreiches Moment.

José de San Martín

Neben Bolívar war es José de San Martín, der »Befreier des Südens«, der von denselben Überlegungen ausging. San Martín, Sohn einer wohlhabenden kreolischen Familie, kehrte 1812 aus Spanien, wo er gegen Napoleon gekämpft hatte, nach Buenos Aires zurück. Als Mitglied der Lautaro-Loge gewann er mit seinem militärischen zugleich politischen Einfluß, ohne sich jedoch in die zermürbenden Fraktionskämpfe der Junta einzulassen. In Gestalt der »Granaderos« (Grenadiere) schuf sich San Martín eine kleine, aber disziplinierte und gutausgerüstete Armee; ein großer Teil der Soldaten waren für den Kriegsdienst freigelassene Sklaven. Nach sorgfältiger Vorbereitung und faktisch gegen den Willen der hauptstädtischen Junta setzte San Martín seine Andenarmee von Mendoza aus in Marsch, um zunächst Chile und danach Peru zu befreien. Am 18. Januar 1817 erfolgte die heroische Andenüberquerung durch die Pässe von Uspallata und Los Patos. Obwohl dezimiert und entkräftet, schlugen die von San Martín, gemeinsam mit den chilenischen Patrioten Bernardo O'Higgins und Soler geführten Truppen am

Chacabuco und Maipo

12. Februar 1817 die Spanier bei Chacabuco. San Martín lehnte die ihm angetragene Macht ab und ließ statt seiner O'Higgins zum »Director Supremo« Chiles wählen. Am 12. Februar 1818 erklärte Chile seine Unabhängigkeit, die endgültig mit dem Sieg in der Schlacht von Maipo, am 5. April 1818, gesichert war. (Nur im Süden hielten sich noch die Spanier, gegen die ein langandauernder und gnadenloser Vernichtungskrieg – »Guerra a muerte« – geführt werden mußte.)

Der nach dem Erfolg in Chile geplante Angriff auf Peru sollte von der Küstenseite erfolgen, eingedenk des kläglichen Scheiterns aller Versuche, zu Land über Oberperu (Bolivien) vorzudringen. Dazu bedurfte es einer Flotte. O'Higgins übertrug den Oberbefehl »Lord« Cochrane. Dieser englische Kapitän hatte eine abenteuerlich-dubiose Karriere hinter sich. Unter Anklage des Betrugs aus der englischen Marine verstoßen, was aber seinem Ehrgeiz wenig Abbruch tat, begab er sich nach Südamerika (die weiteren Stationen seiner Odyssee führten ihn über Brasilien am Ende auf die Seite der Griechen). Da Chile nur über sieben Schiffe verfügte, strich Cochrane die Küste Perus entlang und raubte sich ein Geschwader zusammen; sein Angriff auf den peruanischen Hafen Callao, wo er den Spaniern das gutbestückte Kriegsschiff »Esmeralda« entführte, machte ihn zur Legende. Im August 1820 stachen San Martín und Cochrane mit über 4000 Mann auf 23 Schiffen in Richtung Peru in See. Am stark befestigten Callao vorbei, stieß San Martín nach Lima vor (9. Juli 1821), dessen Stadtverordnete ihn als »Retter« begrüßten, am 28. Juli die Unabhängigkeit erklärten und ihn zum »Protektor« proklamierten. Jedoch geriet San Martíns Herrschaft bald in eine dreifache Krise: Der ehrgeizige und sich geprellt fühlende Cochrane segelte mit der Flotte nach Chile zurück; durch den geordneten Rückzug des Vizekönigs blieben die royalistische Armee intakt und der Großteil des Landes unter spanischer Kontrolle; zugleich traf die konservative Diktatur San Martíns, bald als argentinisch-chilenische »Fremdherrschaft« empfunden, auf den Widerstand republikanisch gesinnter Offiziere. Seine Position wurde militärisch und politisch wackelig.

Treffen von Guayaquil

Am 25. Juli 1822 kam es in Guayaquil zum historischen Treffen zwischen Simón Bolívar und José de San Martín: Es begegneten sich zwei entgegengesetzte Charaktere, die mit unterschiedlichen Mitteln dasselbe Ziel verfolgten. Was beide unter vier Augen verhandelten, ist bis heute unbekannt. Ohne Zweifel besaß Bolívar die besseren Karten: den stärkeren militärischen Rückhalt, das eigentlich zu Peru gehörende Faustpfand Quito, das Wissen um San Martíns prekäre Lage; Bolívar setzte auf die republikanische, San Martín auf eine monarchisch-autoritäre Lösung. Bolívar hatte keinen Grund, sich San Martín zu beugen, wie dieser nicht gewillt war, sich seinerseits unterzuordnen. War der Kontinent »für die zwei größten Männer Südamerikas, den General San Martín und mich« – so der bescheidene Trinkspruch von Bolívar – zu klein geworden? Trotz einer bis an die Grenzen eines Glaubensstreites verhärteten Historikerdebatte um Guayaquil bleibt nur eines gewiß, das Ergebnis: San Martín kehrte nach Lima zurück und legte vor dem Ersten Verfassungsgebenden Kongreß Perus sein Amt mit der prophetischen Mahnung nieder: »Peruaner: Die Anwesenheit eines siegreichen Militärs . . . ist gefährlich für Staaten, die sich neu konstituieren.« Hatte nicht schon Jacques Roux in der Revolution der Franzosen vor Generalen gewarnt, die sich mit dem Schwert umgürten? Auch in Südamerika Bonaparte ante portas? San Martín nahm nicht nur von Lima, sondern auch von Buenos Aires Abschied, was man ihm als Fahnenflucht auslegte, und ging in das Exil nach Frankreich, wo er in Boulogne-sur-Mer am 17. August 1850 arm und erblindet starb – vergessen von seinem Heimatkontinent, der ihm einen Teil der Freiheit verdankte.

Von Junín nach Ayacucho

Bolívar beauftragte mit der Kampagne gegen Peru seinen begabtesten General, Antonio José de Sucre. Den vordringenden Patrioten kam zugute, daß sich im Lager der Royalisten die gegen La Serna aufbegehrenden absolutistischen Ultras unter Olañeta losgesagt und die vizeköniglichen Truppen einen Kampf

Agustín de Iturbide, Kaiser von Mexiko (1822/23). Stahlstich von Gustav Zumpe. Sächsische Landesbibliothek Dresden

nach zwei Seiten zu führen hatten. Am 6. August 1822 erlitten die Spanier ihre erste große Niederlage bei Junín, wobei die Kavallerie der Patrioten die entscheidende Rolle spielte. In dieser »lautlosen Schlacht« fiel kein Schuß, nur die Lanzen und Degen der Reiter verrichteten ihr tödliches Werk. Im Bewußtsein der historischen Entscheidung trafen vier Monate später auf der Hochebene von Ayacucho 9000 Royalisten und 5000 venezolanische, kolumbianische, argentinische und chilenische Patrioten aufeinander; auf beiden Seiten standen Verwandte, ehemalige Kampfgefährten und Freunde, die vor der Schlacht voneinander Abschied nahmen: die Revolution als Bruderkrieg. In sicherem Abstand lauerten Indianer, um das Hab und Gut der jeweils Unterlegenen zu ergattern. Sucre feuerte seine Truppen an: »Soldaten, von den heutigen Anstrengungen hängt das Schicksal Südamerikas ab . . . Soldaten, vorwärts, die Waffen zum Angriff, Marschtritt der Sieger!« Das »Schicksal« entschied sich in drei Stunden. Mit Spaniens militärischer Glorie erlosch seine Macht auf dem amerikanischen Festland. Auf die Schlacht folgte einen Tag später die bedingungslose Kapitulation durch Vizekönig La Serna. Der in Oberperu verschanzte Olañeta wurde von Sucre im April 1824 geschlagen. Noch bis zum 23. Januar 1826 behaupteten sich die Spanier in der Festung Callao, die Bolívar systematisch aushungern ließ. Auf ein Kapitulationsangebot antwortete der Festungskommandant José Ramón Rodil: »Sollen diejenigen kapitulieren, die sich schlagen lassen! Ich nicht!« Am Ende überlebten noch 400 Royalisten, »die wie Gespenster aussahen«.

Unabhängigkeit Mexikos und Zentralamerikas

Im Vizekönigreich Neu-Spanien löste die liberale Revolution eine besondere Art von Verlegenheit aus. Dieselben Prinzipien, für die Hidalgo und Morelos gekämpft hatten, sollten jetzt der Kolonialbürokratie und den kreolischen Grundbesitzern, wenn auch abgemildert, in der neu proklamierten Verfassung von 1812 oktroyiert werden? Gegen diese liberale Gefahr aus der Metropole reagierte die lokale Reaktion mit dem »Plan de Profesa«, der die Errichtung einer absoluten Monarchie unter Vizekönig Apodaca vorsah. Für den Fall, daß Ferdinand VII. die Flucht aus Spanien gelang oder er gestürzt würde, sollte ihm der Thron von Neu-Spanien freistehen. Agustín de Iturbide, kreolischer Offizier der Kolonialarmee, der sich im Kampf gegen Hidalgo hervorgetan hatte, wußte die ungewisse Lage für die konservative kreolische Aristokratie zu nutzen. Er verständigte sich mit dem Partisanengeneral Vicente Guerrero auf der Grundlage der »drei Garantien«: Anerkennung der katholischen Religion, Union der Spanier und Mexikaner, Unabhängigkeit von Spanien; eine rot-weiß-grüne Nationalflagge symbolisierte diesen »Pacto trigarante«. Mit dem »Grito de Iguala« (Ruf aus Iguala) begann am 24. Februar 1821 die Erhebung. Der neue Vizekönig Juan O'Donojú akzeptierte die Forderungen, Iturbide übernahm die Regierung, und am 4. Februar 1822 trat ein Nationalkongreß zusammen.

Kaiser für ein Jahr

Aber die Pläne Iturbides reichten ungleich weiter. Auf Teile der Armee und käufliche Abgeordnete gestützt, ließ sich Iturbide bereits am 25. Juli 1822 zum Kaiser ausrufen. Das waghalsige Experiment ging schief. Am Beispiel Iturbides bestätigte sich die Erkenntnis Humboldts: »Die wahren Grundlagen der Monarchie sind im Schoße der heutigen Kolonien nirgends zu finden.« Vicente Guerrero betrachtete die Kaiserkrönung als Verrat an der Revolution, und die Nationalversammlung, erst dafür, nun dagegen, beschloß die Absetzung und Verbannung Iturbides (11. Mai 1823). Zum ersten Präsidenten der Republik wurde Miguel Fernández Felix gewählt, wie Guerrero ein ehemaliger Partisanengeneral. Im Glauben, das Schicksal zwingen zu können, kehrte Iturbide nach Mexiko zurück. Gleich nach der Landung wurde er ergriffen und ohne weitere Formalitäten erschossen (19. Juni 1824), ehe noch seine Frau und die beiden Söhne das Schiff verlassen hatten.

Auf Zentralamerika griff die Unabhängigkeitsrevolution von Großkolumbien und Mexiko gleichzeitig über. Während sich Panamá mit Kolumbien verband, schloß sich das restliche Zentralamerika dem »Kaiserreich« Mexiko an und konstituierte sich nach Iturbides Absetzung in einer eigenen Republik (»Vereinigte Provinzen von Zentralamerika«) unter Präsident Manuel José Arce.

Unabhängigkeit Brasiliens

Neben Mexiko stellte Brasilien das zweite Beispiel einer konservativen Revolution dar. Mit der Übersiedlung der Braganças avancierte Rio de Janeiro zur Hauptstadt eines Weltreiches. Obwohl Napoleon schon auf St. Helena saß, ließ João VI., der seine geistesgestörte Regentin-Mutter in ein Kloster verbracht hatte, sich am 16. März 1816 in Rio und nicht in Lissabon zum »portugiesischen« König krönen. Aber die Brasilianer spürten bald auch die Kehrseite der Medaille: Der Hof verschlang viel Geld, und die Steuern stiegen, die besten Posten blieben den arroganten portugiesischen Höflingen vorbehalten; Carlota Jaoquina galt ob ihres wenig reizvollen Aussehens, ihrer Intrigen und Machtgier allgemein als »Hexe«. Während die brasilianischen Plantagenbesitzer murrten, sich jedoch duckten, versuchten radikalere, auf Intelligenz, Bürgertum und unzufriedene Offiziere

Die Republikaner von Pernambuco

gestützte Kräfte zu handeln: Im Jahre 1817 kam es zu einem republikanischen Aufstand in Pernambuco, der jedoch isoliert blieb und mit militärischer Gewalt niedergeschlagen wurde. Immerhin, der König, sein Sohn Pedro und die einheimische Aristokratie waren gewarnt und vergaßen diese Lehre nicht.

Angesichts der voranschreitenden Revolution im spanischen Amerika hing der Gedanke einer Unabhängigkeit in der Luft. Im Moment seiner Rückkehr nach Portugal, begleitet von 3000 Höflingen und unter Mitnahme aller erdenklichen Werte, mahnte João seinen Sohn Pedro: ». . . wenn Brasilien sich lossagen muß, . . . so wäre es mir lieber, Du . . . würdest es nehmen, als irgendein unbekannter Abenteurer.« Angst vor einem brasilianischen Iturbide? Die Forderung der Cortes in Lissabon, daß sich Pedro nach Portugal zu begeben habe, um für seine künftigen Herrscherpflichten »erzogen« zu werden, zwang die Entscheidung früher als gedacht herbei. Zum eigentlichen Architekten der Unabhängigkeit Brasiliens wurde José Bonifácio de Andrada e Silva, ein konservativer und hervorragender Jurist, Politiker und Diplomat. Unter seinem Einfluß sprach Pedro am 9. Januar 1822 das erlösende Wort: »Fico« (Ich bleibe). Vergeblich versuchte die in Rio stationierte portugiesische Garnison seiner habhaft zu werden, um ihn mit Gewalt nach Lissabon zu verbringen, statt dessen mußten die Portugiesen das Schiff besteigen. Von Lissabon wurde gegen ihn und die gesamte Regierung Strafverfolgung wegen Insubordination verfügt. Pedro erhielt die Nachricht durch Kurier am 7. September 1822, als er sich mit seinem Gefolge am Ypirangafluß in der Nähe Rios befand. Seine Gattin Leopoldine hatte dazu den Kommentar geschrieben: »Der Apfel ist reif, pflücke ihn, oder er fault.« Pedro antwortete mit dem »Grito de Ypiranga«: »Unabhängigkeit oder Tod! Wir sind von Portugal getrennt!« Am 1. Dezember 1822 setzte sich Pedro I. die Krone eines »konstitutionellen Kaisers von Brasilien« auf das Haupt. England, das im Handel mit Brasilien die erste Geige spielte, sprach die sofortige Anerkennung aus, und selbst die Allianzmächte mußten angesichts der komplizierten dynastischen Bande und getrieben von der Hoffnung, einen monarchischen »Cordon sanitaire« gegen das republikanische Restamerika zu errichten, den »Rebellenkaiser« tolerieren. Brasilien gewann seine Unabhängigkeit nicht im fünfzehnjährigen Krieg, sondern in wenig mehr als fünfzehn Monaten, ohne Schlacht, aber auch ohne Volk.

Bolívars Ende

Mit Ayacucho und der Befreiung Oberperus hatte Bolívar den Zenit seiner Macht erreicht, die kontinentale Aufgabe der Revolution erfüllt. Nun traten wieder die regionalen Interessen hervor, an der Basis etablierte sich die konservative kreolische Grundaristokratie als herrschende Klasse, Bolívar und seine Anhänger (»Bolívarianos«) gerieten zunehmend in die politische Isolierung, die Befreiungsarmee verlor ihre historische Berechtigung. Bolívar begriff die Aufgliederung des Kolonialimperiums in selbständige Nationalstaaten als historische Notwendigkeit und objektiv begründeten Prozeß: »Es ist eine grandiose Idee, daß die ganze Neue Welt eine einzige Nation bildet, ... aber es ist nicht möglich, denn unterschiedliche Klimata, verschiedene Situationen, entgegengesetzte Interessen, widersprechende Charaktere teilen America«, so schrieb er bereits im »Brief aus Jamaica«. Es ist deshalb historisch ungerechtfertigt, in Bolívar die Galionsfigur für den späteren offiziösen Panamerikanismus zu sehen. Bolívars Streben galt nun folgerichtig einem föderati-

Kongreß von Panama

ven Bündnis der befreiten Staaten. Diese Aufgabe sollte der Völkerkongreß von Panama 1826 verwirklichen. Gestützt auf das befreite Spanisch-Amerika, unter Ausschluß der USA (»von der Vorsehung bestimmt ..., Amerika im Namen der Freiheit mit Elend zu plagen«) und des feindlichen, weil monarchischen Brasilien, glaubte Bolívar, ein »neues Gleichgewicht des Universums« gegen den Machtanspruch Europas und der USA schaffen zu können. Selbst die Möglichkeit eines »universalen Krieges« erwog Bolívar, um die Befreiung aller kolonialunterdrückten Länder zu erreichen. Der Kongreß scheiterte an Querelen zwischen den neuen Staaten: »Der Kongreß von Panama ... wird ein Schatten sein ...«, meinte der von den letzten Hoffnungen verlassene Bolívar.

Obwohl nominell noch immer Präsident Groß-Kolumbiens, ja seit September 1826 sogar Präsident auf Lebenszeit für Peru, schwand seine reale Macht rasch dahin. Von Peru entfernte ihn die Rückkehr nach Bogotá, in Bolivien hatte Sucre alle Mühe, sich gegen eine Welle von Verschwörungen zu behaupten, in Venezuela lag die faktische Gewalt bei Páez, in Quito regierte Flores nach Gutdünken, und in Kolumbien stand Santander, einst in Vertretung Bolívars zum Vizepräsidenten ernannt, jetzt in erbitterter Feindschaft zu seinem ehemaligen Kampfgefährten. In der Individualgeschichte der Independencia gehört der Konflikt Bolívar-Santander, der zugleich die Unvereinbarkeit von kontinentaler Vision und nationalem Pragmatismus zum Ausdruck brachte, zu den großen tragischen Momenten. Zwar riefen Bolívars Anhänger, um ein Zerbrechen der Dreistaatenrepublik zu verhindern, ihn am 13. Juni 1828 zum Diktator aus, aber der »Befreier«, physisch erschöpft, von einer fortschreitenden Tuberkulose gezeichnet und bar einstiger heroischer Illusionen, vermochte die Zügel nicht mehr in der Hand zu halten, der Kreis der »Bolívarianos« verengte sich zunehmend, Überläufer und Opportunisten gewannen die Oberhand.

Sein Wunsch, an seiner Stelle den fünfunddreißigjährigen Sucre zum Präsidenten Groß-Kolumbiens zu wählen, erfüllte sich nicht. Sucre starb von Mörderhand. Auch Bolívar hatte man ein weiteres Mal zu meucheln versucht; er verdankte sein Leben Manuela, die ihm den Weg zur Flucht mit der blanken Waffe deckte.

Tod auf dem Weg ins Exil

Die faktische Auflösung seiner Staatsschöpfung und die allgemeine Anarchie vor Augen, begab sich Simón Bolívar, nicht ohne von Manuela Abschied genommen zu haben, in Richtung Küste, um – den Spuren San Martíns folgend? – in Europa Exil und Ruhe zu finden. Er, der vom Gedanken an seine historische Berufung fast besessen schien, zog in den letzten Wochen seines Lebens eine niederschmetternde Bilanz: (Von den zwanzig Jahren meiner Führung) »kann ich nicht mehr als wenige gewisse Ergebnisse ableiten: Amerika ist für uns unregierbar; wer einer Revolution dient, pflügt im Meer; das einzige, was man in Amerika tun kann, ist auszuwandern; dieses Land wird unweigerlich in die Hände der entfesselten Masse fallen, um dann an kleine Tyrannen aus allen Hautfarben und Rassen zu geraten; [sind wir] verschlungen durch alle Verbrechen und vernichtet durch die Grausamkeit, werden die Europäer nicht [einmal] die Güte haben, uns zu erobern; wenn es möglich ist, daß ein Teil der Welt in das Chaos des Ursprungs zurückfällt, dann wird dies die letzte Periode Amerikas sein ... die ganze Welt wird sich dem Strom der Demagogie hingeben und wehe den Völkern und wehe den Regierungen!«

Am 7. September erklärte der künftige Kaiser Pedro I. die Unabhängigkeit Brasiliens. Unabhängigkeit oder Tod. Gemälde eines unbekannten Künstlers

Unvollendetes Vermächtnis

Simón Bolívar starb am 17. Dezember 1830, früh ein Uhr, auf der Quinta de San Pedro de Alejandrino, dem Besitz eines ... Spaniers. Ironie oder ausgleichende Gerechtigkeit der Geschichte? Sein Werk und die von ihm geborene Idee der kontinentalen Solidarität aller lateinamerikanischen Völker überlebten ihn, nicht dank, sondern trotz der kalten Pracht der zahllosen Denkmäler aus Stein und Erz, mit denen jene Herrschenden, die längst sein Vermächtnis preisgegeben oder es nie verstanden hatten, ihr Gewissen beruhigten.

Aus der Unabhängigkeitsrevolution des spanischen und portugiesischen Amerika erwuchs, ungeachtet ihrer politischen und sozialen Nichtvollendung, eine neue Staatenwelt. Spanien schied damit aus dem Kreis der großen Kolonialmächte, neben der griechischen offenbarte auch die lateinamerikanische Revolution die Krise und den Niedergang der Heiligen Allianz. Der von den Ideen von 1789 geprägte bürgerliche Kosmos erreichte eine neue Dimension. Lateinamerika wurde Teil des bürgerlichen Welt- und Staatensystems, wenn auch um den Preis einer schleichenden indirekten Rekolonisierung im System der internationalen Arbeitsteilung unter der Hegemonie Englands und im Schatten erster Vormachtansprüche der USA. Das Erbe von 1810 blieb unvollendet. José Martí, der große kubanische Revolutionär, nahm es auf mit den Worten: »Was Bolívar nicht vermochte, bleibt in Amerika noch zu tun!«

Aufstand der Seidenweber in Lyon am 21. und 22. November 1831. Zeitgenössischer Stich

8

1830 – Das Jahr der Wende

Es gibt in der Geschichte Revolutionen, deren Protagonisten und Nutznießer eine besondere Eile zeigten, sich von den Ereignissen rasch zu distanzieren, sie vergessen zu machen und ihnen möglichst den revolutionären Charakter abzusprechen. Dieses gestörte Verhältnis zur eigenen Vergangenheit hinterließ dann meist seine Spuren in der Geschichtsschreibung. Frankreichs

Die ungeliebte Revolution

Revolution vom Juli 1830 gehört in diese Kategorie. Ihre Steuermänner vom Format eines La Fayette, Talleyrand, Laffitte, Thiers und Périer forcierten um jeden Preis eine Blockade und Kanalisierung der in den »drei glorreichen Tagen« freigesetzten revolutionären Energien, und die nachfolgenden Historiker sahen die Ereignisse von 1830 meist im Schatten von 1789 oder als Vorspiel von 1848, eben »zwischen zwei Revolutionen«. Erst in jüngster Zeit hat sich das Bewußtsein für die zäsurbildende Wirkung des Jahres 1830 geschärft und zu dessen Neubewertung geführt.

Frankreichs Julirevolution, die zum zweiten Mal die zentrale Stellung dieses Landes im Prozeß der bürgerlichen Umwälzung bestätigte, fiel genau in jene Zeit, da die am Ausgang des 18. Jahrhunderts einsetzende Doppelrevolution voll auf das kontinentale Europa durchzuschlagen begann. Während England, seinen ökonomisch-technologischen Vorsprung ausbauend, die industrielle Revolution zum Abschluß brachte (etwa 1830 bis 1835), setzte sie auf dem Kontinent erst jetzt in der ganzen Breite ein.

Nicht ohne gewisse Berechtigung ist behauptet worden, das 19. Jahrhundert habe für Frankreich mit 1830 begonnen; für andere Länder des Festlandes träfe dies in noch stärkerem Maße zu. Die weitreichenden Folgen dieser Entwicklung bestanden im zunehmenden Zwang zur Anpassung für die in ihrer ökonomischen Macht noch vorwiegend agrarisch verankerten altfeudalen Klassen, der wachsenden Potenz des Bürgertums als des unmittelbaren Nutznießers des wirtschaftlichen Fortschritts und der Herausbildung eines neuen sozialen Gegensatzes, des Widerspruchs von Kapital und Arbeit. Nicht mehr allein die Agrarfrage, sondern in zunehmendem Maße auch die Arbeiterfrage wie 1789 prägte die soziale Dynamik. Damit wurden in den folgenden Revolutionen qualitativ neue Elemente wirksam, die das Verhalten der agierenden Klassen und Schichten auf tiefgreifende Weise beeinflußten und modifizierten. Ab 1830 gewann die bürgerliche Gesellschaft beschleunigt ihre »modernen« Konturen.

Ludwig XVIII.

Als der 1814 im Troß der Alliierten nach Paris heimgeführte Ludwig XVIII. über Frankreich wieder das Bourbonenzepter und das Lilienbanner schwenkte, herrschte selbst im Lager der Sieger stillschweigendes Einverständnis über die Grenzen der Restauration. An eine Wiederherstellung des Absolutismus war nicht zu denken, statt dessen gab die am 14. Juni 1814 mit ausdrücklicher Billigung Alexanders I. erlassene und am Vorbild Englands orientierte »Charte« der wiederhergestellten Monarchie ein konstitutionelles Flair. Das Zweikammersystem mit den erblichen und vom König bestimmten Pairs und den gewählten Deputierten konnte bei einiger Phantasie sogar als Fortsetzung der napoleonischen Verfassung gelten. Allerdings sah die Verteilung der machtpolitischen Gewichte völlig anders aus. Zwar behielt das Bürgertum seine ökonomischen Positionen, auch das mit der Revolution geschaffene bäuerliche Eigentum blieb unangetastet, dafür dominierte aber in Staat, Verwaltung und Armee eindeutig der zurückflutende Altadel. Bis zu einem gewissen Grade vermochte der Adel sogar seine ökonomische Basis zu erweitern, da er sich die noch nicht veräußerten »Biens nationaux« aneignen und durch Rückkauf neuen Bodenbesitz hinzugewinnen konnte. Frankreich blieb weiterhin ein Agrarland, und mehr als zwei Drittel der Bevölkerung lebten und arbeiteten noch auf dem Lande. So basierte die Herrschaft Ludwigs XVIII. auf einem Kompromiß, das ökonomisch, wenn auch mit gewis-

Salbung Karls X. von Frankreich in der Kathedrale zu Reims am 29. Mai 1825. Stahlstich von Claude Marie François Dien nach einem Gemälde von François Pascal Gúard. Musée National du Chateau de Versailles

sen Einschränkungen, die Interessen des Bürgertums tolerierte, politisch aber eindeutig zugunsten des Adels ausschlug. Für die Verankerung dieses neuen Kräfteverhältnisses sorgte das Zensuswahlrecht: Für das aktive Wahlrecht lag die Steuerpflicht bei 300 Franc, für das passive bei 1500; die Zahl der Wähler belief sich auf ganze 96 000, was nicht nur den Ausschluß der unteren Volksschichten, sondern fast der gesamten Mittelschicht bedeutete.

Obwohl Frankreichs wirtschaftliche Entwicklung, in absoluten Zahlen betrachtet, dank des Agrar- und Industrieprotektionismus (Gesetze von 1820 und 1822) erhebliche Fortschritte machte, blieb das Land in den entscheidenden Kennziffern (Kohle-, Stahl-, Textilproduktion; technische Modernisierung der Landwirtschaft) weit hinter England zurück. Im selben Moment, da in England die Freihandelspartei den Agrarprotektionismus unter der populären Losung »Billiges Brot« bekämpfte, erklärte der französische Industrielle Humblot-Conté: »Der hohe Getreidepreis zwingt den Arbeiter, besser und schneller zu arbeiten.« Für eine bestimmte Zeit schuf der kombinierte agrarisch-gewerbliche Protektionismus einen Interessenverbund zwischen Adel und Bourgeoisie. Ein weiteres Element der Schwäche des Bürgertums lag in der geringen Zahl von Großbetrieben. Fabriken wie das metallurgische Zentrum von Fourchambault mit 2400 Arbeitern bildeten die seltene Ausnahme von der Regel. Kapital bedeutete in erster Linie Grundbesitz, Finanzen und Handel, während in der gewerblichen Produktion die kleinbürgerliche Werkstatt (»Atelier«) mit maximal zehn Arbeitern strukturbestimmend blieb.

Karl X. und die Ultras

Unter der Regierung Ludwigs gelang es noch, die extremen Ultras um den Bruder des Königs, den Grafen von Artois, die mit Stolz von sich behaupteten, nichts vergessen und nichts dazugelernt zu haben, im Zaume zu halten. Die Ministerien Richelieu, Desolles und Decazes konnten trotz erbitterten Widerstandes der Unbelehrbaren einen gemäßigt-konservativen Kurs durchhalten. Als jedoch der Herzog von Berry, der letzte Bourbonensproß, am 13. Februar 1820 dem Mordanschlag eines Fanatikers zum Opfer fiel, begann der König dem Druck der Ultras nachzugeben, was nichts anderes hieß, als das labile Kompromiß mit der Bourgeoisie in Frage zu stellen. Bereits die Intervention gegen Spanien feierten die Ultras als ihren großen Sieg. Der endgültige

Bruch vollzog sich, als nach dem Tode Ludwigs die Krone an den Grafen von Artois fiel. Schon die äußeren Umstände der Krönung ließen das Kommende ahnen. Karl X. wurde nach absolutistischer Manier in Reims gesalbt und gekrönt. Obwohl die Jakobiner die legendäre Ampulle mit dem heiligen Öl zerstört und sogar die Stiefel damit geölt hatten, sollen einige Tropfen gerettet worden sein, die sich bis 1824 auf die erforderliche Menge durch ein Wunder vermehrten . . .

Karl X. begann seine Herrschaft mit zwei einschneidenden Gesetzen: Das sogenannte Entschädigungsgesetz vom April 1825 billigte dem Adel die »Emigrantenmilliarde« zu. Da diese Milliarde, die auf die ökonomische Restauration abzielte, zu Lasten der Inhaber von Staatspapieren finanziert werden sollte, berührte das Gesetz unmittelbar die Interessen der Großbourgeoisie und ließ einen Zugriff des Adels sogar auf die veräußerten »Biens nationaux« befürchten. Der Riß zwischen Adel und Bürgertum verbreiterte sich mit dem 1826 erlassenen Sakrilleggesetz, das jede Profanierung religiöser Werte mit dem Tode bestrafte und die politisch-moralische Position der Kirche aufwertete. Einen dritten Schlag führten Karl X. und das ihm hörige Ministerium Villèle mit der Auflösung der Nationalgarde am 30. April 1827, wodurch sich die große Mehrheit des Bürgertums bis hinein in die kleinbürgerlichen Schichten unmittelbar getroffen fühlte.

Jules Auguste Armand Fürst von Polignac. Stahlstich von G. Metzeroth nach Julien, 1829/30

Was allerdings das Bürgertum ungleich mehr aufschreckte, waren die schweren Folgen der von England auf Frankreich ab 1826 übergreifenden Wirtschaftskrise, die sich darüber hinaus mit einer Getreidekrise infolge von Mißernten kombinierte. Schließung von Fabriken und Werkstätten, Zusammenbruch von Handelshäusern, zunehmende Arbeitslosigkeit, Hunger bei Anstieg der Brotpreise um 50 Prozent selbst auf dem Lande schufen eine Atmosphäre der Unruhe und der spontanen Auflehnung. Für die Bourgeoisie und ihre liberalen Sprecher lag die Schuld eindeutig bei der unfähigen Regierung. Es entstanden Geheimgesellschaften; besondere Aktivität zeigten die französischen Carbonari. Die Liberalen kämpften unter dem Motto: »Hilf Dir selbst, dann hilft Dir Gott!« für eine freiere Presse, gegen religiöse Bevormundung und eine Erweiterung des Wahlrechtes. Die »Charte«, von Karl X. ohnehin zunehmend restriktiv gehandhabt, büßte ihre Funktion als Geschäftsgrundlage des Klassenkompromisses ein.

Die Hoffnung der Krone, durch Neuwahlen im November 1827 eine willige Kammer zustande zu bringen, schlug fehl. Liberale und konstitutionelle Monarchisten erhielten die Mehrheit, das Ministerium Villèle mußte gehen, bald auch der nachfolgende Kompromißkandidat Martignac. Im August 1829

Ministerium Polignac

setzte Karl X. Prinz Polignac – »den Ultra der Ultras« – an die Spitze der Regierung. Dieser Schritt bedeutete eine politische Kriegserklärung an die Adresse der liberal-konstitutionellen Oppositionsmehrheit. Während sich die im parlamentarischen Rahmen und über eine agile Presse (»Le National«) artikulierende Bourgeoisie, eifrig von Talleyrand beackert, auf eine dynastische Lösung setzte, also den Wechsel von Bourbon zu Orléans, erhoben sich in den kleinbürgerlichen und proletarischen Schichten spontane Forderungen nach der Republik, das Gespenst des Jakobinismus ging um. Nochmalige Neuwahlen am 16. Mai 1830 endeten wieder mit der Niederlage für die Ultras, und selbst der Griff nach Algerien (Landung am 5. Juli) als Antwort dafür, daß der dortige französische Botschafter vom Dey mit einem Fliegenwedel geohrfeigt worden war, vermochte das Regime nicht mehr zu retten.

Juliordonnanzen

Polignac, der von sich behauptete, ihm erscheine nächtens die Heilige Jungfrau, um seine Politik zu inspirieren, gab seinem

König den denkbar schlechtesten Rat: Mit den fünf »Ordonnanzen« vom 25. Juli 1830 löste die Krone die Kammer auf, beseitigte die Pressefreiheit, schränkte die Zahl der Wahlberechtigten zu Lasten des Bürgertums ein, setzte Neuwahlen fest und schleuste notorische Ultras in entscheidende Funktionen – Fazit: Staatsstreich. Schon am nächsten Tag protestierten von Adolphe Thiers mobilisierte liberale Journalisten: »Es besteht keine Gehorsamspflicht mehr«; in spontanen Kundgebungen standen Bürger und Arbeiter zusammen, »le frac à côté de la blouse«. Der Aufruf der Liberalen zum Widerstand fand ein breites Echo, das aber rasch über die gesetzten Grenzen brandete.

Am 28. Juli gewann die Bewegung in Paris Massencharakter, getragen vom Faubourg St-Antoine und anderen Vorstädten. Handwerker, kleine Händler, Gesellen, Arbeiter bestimmten das Geschehen auf der Straße; an ihrer Seite standen die Studenten der Ecole polytechnique. Es bildeten sich republikanische Aufstandskomitees, die Nationalgarde reorganisierte sich, wie in der Großen Revolution schlug man den Generalmarsch, erste Truppenabteilungen gingen zu den Aufständischen über. Am 29. fielen die Tuilerien, die Sieger hißten die Trikolore, letzten Widerstand leistende Schweizer Söldner landeten in der Seine. Wer gekämpft hatte, war eindeutig. Im »Journal« stand zu lesen: ». . . die Arbeiter haben den Mut der Vendéer«; sogar ein Poet besang »die Kolosse mit männlichen Schultern«. Doch wer besaß die wirkliche Macht?

Die spontan-republikanische Bewegung reichte zwar aus, um Karl X. vom Thron zu stürzen, verfügte indes über keine organisatorischen Voraussetzungen und programmatischen Vorstellungen, was den weiteren Gang der Dinge anbelangte. Zu ihrer Symbolfigur erhob sie La Fayette, der noch vom verblichenen

Am 29. Juli 1830 wurde die Fortführung der Revolution gebremst. Der alte La Fayette übernahm das Kommando der wiederhergestellten Nationalgarde. Die zeitgenössische Darstellung zeigt ihn auf dem Weg zum Stadthaus. Sächsische Landesbibliothek Dresden

Louis Adolphe Thiers. Stahlstich von Carl Mayer, 1829/30

Jacques Laffitte. Stahlstich von Ferdinand Bahmann nach Julien, 1829/30

Ruhm eines Helden zweier Welten zehrte und längst nicht mehr der Mann war, den Präsidenten einer Republik abzugeben. Die

Königsmacher

Entscheidung lag in den Händen des »Triumvirats« Talleyrand, Thiers und Laffitte. Talleyrand gab den dringenden Rat, den Herzog von Orléans an die Spitze der Bewegung zu stellen, um die im Rathaus residierenden Republikaner zu neutralisieren. Eine geschickt gesteuerte Presse ließ Louis Philippe als revolutionären Tugendhelden auferstehen. Frankreichs mächtigster Bankier Jacques Laffitte übermittelte La Fayette die Mahnung, bei 1789 zu verharren, nicht Marat oder Danton zu imitieren. Auf La Fayettes Antwort, Louis Philippe sei doch unbekannt, konterte Laffitte: »Oh, um so besser. Der Himmel bewahre uns vor großen Männern.« Eine theatralische Versöhnungsszene kaschierte La Fayettes Verrat an der republikanischen Sache. Mit wachem Sinn bemerkte Chateaubriand: »Der republikanische Kuß La Fayettes machte einen König.« Selbst der Napoleonbarde Béranger ließ sich in die orléanistische Kampagne einspannen. Am 31. Juli 1830 fiel im Hause Laffittes die Entscheidung, Louis Philippe die Krone anzubieten, am 7. August proklamierte eine »gereinigte« Kammer Louis Philippe zum König der Franzosen: Der Bürgerkönig war geboren oder wie »La Quotidienne«, Sprachrohr der Legitimisten, hämisch bemerkte, »un roi sans culotte«.

Schon eine Woche später (14. August) lag die »neue« Verfassung auf dem Tisch, es handelte sich um die aufpolierte »Charte«: Durch leichte Korrekturen am Vermögenszensus stieg die Zahl der (bürgerlichen) Wähler auf etwa 240 000, die Presse wurde den Maulkorb los, aus Verwaltung, Armee und Flotte mußten die extremsten Ultras ausscheiden, der Klerus verlor das Recht auf Erwerb von Grund und Boden. Von der »Emigrantenmilliarde« sprach niemand mehr. Mit Laffitte übernahm der »König der Bankiers und der Bankier der Könige« das erste Ministerium der Julimonarchie (2. November 1830). Die Machtergreifung durch die Spitzen der Großbourgeoisie – nach

Wappen der französischen Julimonarchie (1830–1848): Von der Trikolore umrahmt und mit dem modifizierten Ordenszeichen der Ehrenlegion geschmückt, fand in das neue Staatssymbol die von Karl X. verletzte Charte Eingang.

Stendhal: »Die Bank ist an der Spitze des Staates« –, verkörpert in der Finanzaristokratie, war endgültig vollzogen.

Aber ließ sich die soziale Revolution auf ebenso leichte Weise nach Hause schicken? Keines der Probleme, die die Massen in Bewegung gebracht hatten, war gelöst. Im Gegenteil, die Situation spitzte sich zu, und ihren Brennpunkt bildete die Stadt der

Menetekel Lyon

Seidenweber, Lyon. Bereits im September 1830 verurteilte die in den Julitagen gegründete »Société des amis du peuple« (Gesellschaft der Volksfreunde) die Herrschaft der »aristocratie bourgeoise«. Der Gesellschaft gehörte der noch junge Auguste Blanqui an, in ihren Reihen nahm er die von Buonarroti propagierte Tradition des Babouvismus auf (»Conspiration pour l'égalité dite de Babeuf«, 1828). Die Arbeiterfrage artikulierte sich auf zweifache Weise: einmal in den utopisch-sozialistischen Theorien von Saint-Simon und Fourier, zum anderen in den spontanen Aktionen der proletarischen Schichten, die erst im Ansatz die Konturen einer neuen Gesellschaftsklasse zeigten und weder über genügende Organisation, eigene Führer noch eine klare politische Plattform verfügten. Beide Ebenen, die theoretisch-utopische und die praktisch-revolutionäre, existierten gleichzeitig, ohne einander zu berühren.

Es gelang weder der Regierung Laffitte noch dem nachfolgenden Kabinett Casimir Périer – ebenfalls ein führender Bankier –, der sozialen Unruhe Herr zu werden. Der aufkommende proletarische Widerstand, noch eng mit der Opposition der Handwerker verbunden, äußerte sich in Maschinenstürmerei, vereinzelten Streiks (trotz des weitergeltenden Gesetzes »Le Chapelier«), der Gründung von Geheimzirkeln und neuen Arbeiter- und Gesellenvereinigungen (»Compagnonnages«), der Verbreitung von Verbänden zur gegenseitigen Unterstützung und dem Aufkommen einer eigenen Presse (»Journal des ouvriers«, »L'Artisan«, »Le Peuple« u.a.), wenn auch oft von kurzer Existenz. Nicht nur in Paris, ebenso in Nantes, St-Etienne, Bordeaux, Limoges oder Le Havre flammten Unruhen auf. Das Zentrum der sozialen Explosion aber lag in Lyon, dessen Seidenproduktion von der Wirtschaftskrise besonders schwer in Mitleidenschaft gezogen wurde. Handweber (40000) wie Besitzer der kleinen »Ateliers« (10000) standen in einer Front gegen die »Négociants«, jene kaufmännischen Unternehmer, die zu stets drückenderen Bedingungen Kredit und Rohstoffe vorschossen. Das für seine Zeit sprichwörtliche Weberelend – Jean Baptiste Monfalcon beschrieb es aus eigener Anschauung in der ersten Geschichte der Lyoner Aufstände (»Histoire des insurrections de Lyon en 1831 et en 1834...«, Lyon 1834) – hatte viele Gesichter: sinkende Reallöhne, überlange Arbeitszeit bis zu 16 Stunden, unhygienische Arbeits- und Lebensbedingungen, Wohnungselend, Frauen- und Kinderarbeit, Krankheiten, wachsende Arbeitslosigkeit.

Die einzige Hoffnung der Weber, der Canuts, bestand in der vertraglichen Fixierung ihrer Löhne, wie sie seit 1789 periodisch erfolgte. Im Bewußtsein des sich anhäufenden Zündstoffs legte der Präfekt des Departements Rhône, Bouvier-Dumolart, gemeinsam mit einer aus je 22 Fabrikanten und Arbeitern bestehenden Kommission im Oktober 1831 einen erhöhten Minimaltarif fest. Die Antwort Périers aber lautete: »Der Tarif ist nicht bindend und kann es nicht sein«, was die Abmachung praktisch hinfällig machte. Daraufhin traten am 21. November 1831 die Weber in den Streik und zogen vom Stadtbezirk Croix-Rousse ins Zentrum. Als die Nationalgarde in die Reihen der geordnet auftretenden Manifestanten schoß, schlug die allgemeine Erregung in den Aufstand um. Nach anhaltenden Kämpfen mußten am 23. November Nationalgarde und herbeigeeilte Regierungstruppen vor den Aufständischen fliehen, über der Stadt wehte die

Die schwarze Fahne

schwarze Fahne mit der Inschrift: »Arbeitend leben oder kämpfend sterben!« Um die öffentliche Ordnung aufrecht zu erhalten, bildeten die Aufständischen einen provisorischen Stab, dessen Mitglieder zumeist die gemäßigten Inhaber der Ateliers waren. Präfekt und Bürgermeister blieben unangetastet.

Der Gegenschlag ließ nicht auf sich warten. Schon am 2. Dezember rückten Regierungstruppen unter dem Herzog von Orléans, dem Sohn Louis Philippes, und Kriegsminister Marschall Soult, der sich von Napoleon zu den Orléanisten gerettet hatte, mit 20000 Soldaten, 6000 Dragonern, 20 Haubitzen und 60 Kanonen in Lyon ein. Die aufständischen Canuts weigerten sich zwar, die Waffen abzugeben, leisteten aber keinen bewaffneten Widerstand. Um das revolutionäre Potential zu entschärfen, mußten etwa 10000 Canuts die Stadt verlassen. Mit dem Ende des Aufstandes erstarb unter den Arbeitern auch der Glaube an den »guten König«, auf dessen Sinn für Gerechtigkeit sie gehofft hatten.

Der Stimmungswandel zeigte sich zunächst in Paris, wo es immerhin des Einsatzes der gesamten Garnison von 25000 Mann bedurfte, um einen republikanischen Aufstand am 25./26. Juli 1832 niederzuschlagen. Inzwischen gärte es in dem scheinbar befriedeten Lyon weiter. Allerdings gewann auch hier die Bewe-

Lyon II

gung, über die engen ökonomischen Grenzen von 1831 hinweg, zunehmend politisches Profil; das galt schon für den Anlaß des neuen Aufstandes. Gegen das Verbot der republikanischen und mutualistischen Vereinigungen, die sich zu einem »Comité d'ensemble« (Vereinigtes Komitee) zusammengeschlossen hatten, und die drakonische Bestrafung von Streikenden brach am 9. April 1834 der zweite Lyoner Aufstand aus. Die Losungen »Republik oder Tod!« und »Freiheit, Gleichheit, Brüderlichkeit oder Tod!« zeugten von der Entschlossenheit der Aufständischen, mit der politischen auch die soziale Ordnung auf neue Grundlagen zu stellen. Statt der schwarzen wehte – wie zuvor in Paris – jetzt die rote Fahne über den Häuptern der Aufständischen. Ohne zu zögern, setzte mit dem Befehl: »Feuer auf jeden, der auf der Straße erscheint«, der Gegenangriff der Regierungstruppen ein, geführt von Offizieren, deren Väter einst im Konvent für den Tod Ludwigs XVI. gestimmt hatten. Die bürgerliche Revolution zeigte ihr zweites Gesicht . . . Drei Tage tobte der Kampf. Die letzten Aufständischen wurden in der Franziskanerkirche mit Artillerie zusammengeschossen. Bilanz der »Pazifizierung«: 301 Tote, davon 170 Canuts und 131 Soldaten. Kaum war Lyon unterlegen, organisierte die radikal-demokratische Geheimgesellschaft der Menschenrechte einen Aufstand in Paris (13./14. April). Unter massivem Artillerieeinsatz stürmten die Truppen der Garnison die Barrikaden im Stadtbezirk Marais; als

Rue Transnonain

die Soldaten in der Rue Transnonain noch auf Widerstand stießen, durchkämmten sie Haus für Haus. Niemand wurde geschont, weder Frauen noch Kinder noch Greise . . . Mehr als 2000 Verhaftete kamen auf persönliche Weisung von Louis Philippe vor Gericht. Hatte Delacroix noch die 1830 das Volk führende Freiheit verherrlichen können, so bedurfte es jetzt der entlarvenden Lithographien Daumiers, um dem Entsetzen Ausdruck zu verleihen. In einem Monsterprozeß, der für das noble Publikum im Palais de Luxembourg wie ein Theaterstück inszeniert wurde, ergingen wahl- und zahllose Urteile über Gefängnis und Verbannung; die Betroffenen kamen aus fast allen Departements des Landes. Der Prozeß gegen die »34er« und ein ganzer Katalog von Ausnahmegesetzen bildeten die Säulen der sich nun konsolidierenden Politik der »rechten Mitte« (juste milieu). Die Revolution war auf die Prinzipien von 1830 zurückgeführt; Louis Philippe konnte die Wiederherstellung von Ordnung und Gesetz verkünden, aber die 1831, 1832 und 1834 gewonnenen Erfahrungen wirkten im Untergrund weiter. Die Ahnung Louis Philippes, der erste und letzte Orléans auf dem Throne zu sein, sollte ihn nicht trügen.

Europäische Dimension

Gegen den Willen ihrer liberalen großbürgerlichen Steuermänner gewann die Julirevolution in doppelter Hinsicht eine europäische Dimension: einmal durch die Reaktion der verbliebenen Allianzmächte auf den Zusammenbruch ihres westlichen Pfeilers, zum anderen durch den neuen Aufschwung der von den Pariser Ereignissen inspirierten national-revolutionären Bewegungen.

Das schon mit der Griechenfrage aus den Angeln gehobene europäische Gleichgewicht brach im Ergebnis der Julirevolution völlig zusammen. Um jeden Verdacht zu zerstreuen, je wieder Ausgangspunkt für neue Revolutionsherde zu sein oder gar die Tradition von 1792 wiederaufzunehmen, erklärte Frankreich eine Politik der Neutralität und Nichtintervention. Zugleich suchte es Anschluß an England als Haltepunkt einer »liberalen Entente«, was ihm die sofortige Anerkennung durch London bescherte. Nikolaus I. erwog indessen den Gedanken einer sofortigen Invasion, mit dem er jedoch weder bei Preußen und noch weniger bei Österreich auf Sympathie stieß. Was die diplomatischen Manöver der Allianzmächte allerdings vollends zunichte machte, war die Welle von nationalen Aufständen und Revolutionen in Belgien, Polen, Italien, den Staaten des Deutschen Bundes und schließlich sogar in Spanien.

Königreich Belgien

Die belgische Opposition gegen die Zwangsunion mit den Niederlanden, von Klerikalen wie Liberalen, selbst von kleinbürgerlich-proletarischen Schichten gemeinsam getragen, ergriff am 25. August 1830 die Gelegenheit zum Aufstand mit dem zunächst begrenzten Ziel einer Autonomie innerhalb des Vereinigten Königreiches. Ein Hauptkonfliktpunkt bestand in der Unterrepräsentanz der Belgier gegenüber den Niederländern in Verwaltung, Armee und Flotte. Auf die gemäßigten Forderungen reagierte die holländische Gegenseite mit dem Einsatz von Truppen, die jedoch nach heftigen Kämpfen (23.–27. September) zurückgeschlagen wurden. In dieser Konfrontation spielte der Widerstand in den proletarischen Vierteln von Brüssel eine besondere Rolle. Es entstand eine provisorische Regierung unter Charles Rogier. Am 4. Oktober 1830 erklärte Belgien seine Unabhängigkeit, die unmittelbare Anerkennung durch England und Frankreich fand. Die darauffolgende Beschießung Antwerpens durch die Holländer verschüttete die letzten Chancen für den Ausgleich zwischen den kämpfenden Parteien. Der spontane Plan des russischen Zaren Nikolaus I., ebenfalls die belgische Revolution durch Intervention niederzuschlagen, fand nicht die Unterstützung Preußens und Österreichs, überdies band der beginnende polnische Nationalaufstand Rußlands militärische Kräfte. Obwohl England und Frankreich auf belgischer Seite standen, entbrannte zwischen beiden Mächten die Auseinandersetzung um die Vormacht. Als die belgische Nationalversammlung, nicht zuletzt unter dem Eindruck der gegen die Holländer im Lande stehenden französischen Truppen, den Herzog von Nemours, zweiter Sohn Louis Philippes, am 3. Februar 1831 zum König wählte, griff Englands energischer Außenminister Lord Palmerston ein, erzwang den Verzicht des französischen Prätendenten und setzte statt dessen die Wahl Leopolds von Sachsen-Coburg, der mit dem englischen Königshaus verwandt war (Onkel der künftigen Königin Victoria), durch. Resignierend bemerkte der düpierte Bürgerkönig, es sei doch besser weise als groß zu sein – »juste milieu« in der Außenpolitik. Sowohl Rußland als auch Österreich und Preußen mußten das für »ewig« neutral erklärte Belgien anerkennen und damit ein weiteres Mal das Prinzip der Legitimität preisgeben.

Polnischer Nationalaufstand

Mitten in die Interventionsabsichten des Zaren fuhr die Nachricht vom Aufstand polnischer Kadetten unter Pjotr Wysocki in Warschau, die einer Mobilmachung in Richtung Westen zuvorkommen wollten. Am 29. November 1830 erfolgte ein Überfall auf das Schloß Belvedère mit dem Ziel, den Großfürsten Konstantin zu töten, gleichzeitig begannen Angriffe auf die russische Garnison, Teile der Zivilbevölkerung griffen mit ein. Nach 24 Stunden beherrschten die Aufständischen das gesamte Stadtzentrum. Die Macht lag »auf der Straße«, wer würde sie aufnehmen? Dieser Aufstand bildete das vorerst letzte Kettenglied einer ganzen Serie antizaristisch-nationaler Verschwörungen. Klarheit des politischen Ziels – Gewinnung der nationalen Unabhängigkeit – kontrastierte mit dem Fehlen eines sozialen Aktionsprogramms: Die Bauern zählten in den Überlegungen der meisten Revolutionäre nicht. In der Aufstandsbewegung zeichneten sich unterschiedliche Strömungen ab, deren kontroverse Standpunkte ein einheitliches und entschlossenes Handeln verhinderten. Generell blieb die Führung des Aufstandes in den Händen von Adligen. An die Spitze der neugeschaffenen Nationalregierung trat Fürst Adam Czartoryski, einflußreicher Exponent der konservativen Magnaten, der auf das Kompromiß mit der Zarenregierung setzte, daneben wirkten liberale Adlige, und es formierte sich eine bürgerlich-intellektuelle Linke, die ihr Zentrum

Die Patriotische Gesellschaft

in der »Patriotischen Gesellschaft« besaß. Tonangebende Vertreter der Linken waren Joachim Lelewel und Maurycy Mochnacki. Trotz ihres radikalen Auftretens gelang es den Linken nicht, den überwiegenden Einfluß der konservativen und gemäßigten Kräfte zu brechen. Ihre Losungen »Republik«, »Recht auf Boden«, »Todesstrafe für Verräter und Spione« fanden kein massives Echo. Ausdruck der nationalen Zerrissenheit war die Tatsache, daß sich unter General Józef Chlopicki, noch ehe die russische Gegenoffensive eingesetzt hatte, eine polnische Konterrevolution organisierte. Chlopicki, einst auf seiten Napoleons kämpfend und eigentlich ein Gegner des Großfürsten Konstantin, glaubte nicht an einen militärischen Sieg der Aufständischen und erklärte sich deshalb zum Diktator, um mit loyalen Teilen der Armee die Revolution zu unterdrücken, gleichzeitig aber Konzessionen des Zaren zu erreichen.

Nachdem der polnische Reichstag die Absetzung Nikolaus' I. am 25. Januar 1831 verkündet und damit Polen de facto für

Fürst Adam Czartoryski. Lithographie von Françoise le Villain, 1832

Am 8. September 1831 mußte sich Warschau den zaristischen Truppen unter General Paskewitsch nach heftigem Kampf »auf Gnade und Ungnade« ergeben.

Tausende Polen traten den Weg in die Verbannung oder Emigration an. Auch die Kinder entgingen der Deportation nicht. Steingravur von F. Sautter, 1834

unabhängig erklärt hatte, trat der Kampf in die entscheidende Phase. Mit 150000 Mann rückte Feldmarschall Diebitsch in Polen ein, die Polen stellten unter Fürst Michael Radziwill 40000 Mann dagegen. Jede Hoffnung auf internationale Hilfe verflog: Österreich nutzte Rußlands Verlegenheiten, um ungestört Italien zu »befrieden«, Preußen erklärte sich »neutral«, England und Frankreich – auf Belgien fixiert – ergingen sich in bloßen Sympathieerklärungen; der in Paris so lautstark propagierte Kreuzzug für die polnischen »Freiheitsritter« fand nur im Blätterwald der Boulevardpresse statt. Von Anbeginn erfüllten Diebitsch und Paskewitsch den Auftrag des Zaren, keinen Stein auf dem anderen zu lassen. Die drohende Gefahr gab den radikalrevolutionären Elementen Auftrieb, es kam zu spontanen Terrorakten: Am 15. August stürmte eine aufgebrachte Menge die Gefängnisse und tötete des Verrats angeklagte Generale und Agenten der Geheimpolizei Konstantins. In aller Hast stattete der Reichstag General Krukowiecki mit diktatorischen Vollmachten zur Rettung des Vaterlandes aus, . . . seine erste Maßnahme bestand in der Hinrichtung von Teilnehmern der Augustunruhen.

Letzte Etappe: Am 6. September 1831 begann der russische Angriff unter Paskewitsch mit 77000 Mann und überlegener Ar-

Sturm auf Warschau

tillerie auf die polnische Hauptstadt. Nach zwei Tagen fiel Warschau. Teile der polnischen Armee überschritten die österreichische und preußische Grenze, die letzten Einheiten legten am 5. Oktober vor preußischen Offizieren die Waffen nieder. Tausende emigrierten vorwiegend in Richtung Frankreich und hielten den Gedanken an Polens nationale Wiedergeburt wach. Die Teilnehmer der »großen Emigration« – Politiker, Generale, Journalisten, Dichter, Künstler, zumeist aus dem Adel – kämpften in Zukunft auf den Barrikaden fast aller europäischen Revolutionen.

Über Frédéric Chopins national-romantische Musik, die ab 1830 die Salons von Paris eroberte, sagte Robert Schumann: »Chopins Werke sind unter Blumen eingesenkte Kanonen.« Einen vergleichbaren Rang nahm in der Dichtung Adam Mickiewicz ein.

Italiens zweite Revolution

Die mit der Julirevolution – nach Metternich »der Durchbruch eines Dammes in Europa« – freigesetzte Flut erreichte Italien im Februar des Jahres 1831. Zentren der Bewegung gegen österreichische Bevormundung, lokale Fürstenwillkür und päpstliche Herrschaft bildeten Bologna, Modena, Parma, dazu die Romagna, die Marken und Umbrien. Obwohl im Verlaufe der neuen Revolution mit ihren alten Repräsentanten (konspirative Carbonari und stets kompromißbereite Liberale, alias die »Generation von 1820«) ein Statut für die »Provincie Unite Italiane« (Vereinigte italienische Provinzen) angenommen wurde, zerfiel die Revolution in regionale Schauplätze, die ob ihrer gegenseitigen Isolierung rasch der inneren Gegenrevolution und den herbeigeeilten Österreichern unterlagen.

Von Paris aus hatten Emigrantenkomitees unter Enrico Misley und Celeste Menotti (Bruder des in Italien konspirierenden Ciro Menotti) die Illusion genährt, Frankreich werde an die Seite der italienischen Patrioten treten. Zwar ermutigte der französische Ministerpräsident Périer die italienischen Liberalen, um Frankreichs Einfluß auf der Apenninenhalbinsel zur Geltung zu bringen, zugleich beruhigte er aber die eigene Kammer, daß Franzosenblut zu wertvoll sei, um für andere Völker vergossen zu werden. Die zwischen dem 5. und 12. Februar zustande gekommenen provisorischen Regierungen, Nationalgarden, Bürgerkommissionen und ähnlichen Institutionen vermochten der Revolution weder eine soziale Basis noch das erforderliche militärische Rückgrat zu geben. Patrioten vom Typ des Generals Zucchi, die auf eine gemeinsame Armee aller insurgierten Gebiete drängten, stießen auf taube Ohren. So erklärte die Lokalregierung Bolognas – schon angesichts des österreichischen Vormarsches –: »Die Angelegenheiten der Modanesen sind nicht die unsrigen . . .« – »Provincie Unite«?

Nach der Einnahme Modenas und Parmas überschritten die Österreicher bereits am 13. März 1831 die Grenzen des Kirchenstaates. Im Dominoprinzip fielen Bologna, Rimini, Ancona . . . Die zugesagte Amnestie gedachte Papst Gregor XVI. keineswegs zu halten, er sann auf bloße Vergeltung, um die Carbonari, in deren Reihen auch Mitglieder der Familie Bonaparte kämpften (so Louis Bonaparte, der spätere Napoleon III., und die Söhne von Louis Bonaparte, dem einstigen König von Holland), auszurotten. Zeitgenössisches Reformdenken, moderne Wissenschaft und Technik – bis hin zu Impfung, Gasbeleuchtung, Eisenbahn und Hängebrücken – galten ihm als Teufelswerk.

Um sein Prestige aufzupolieren und den Rückzug der Österreicher aus dem Kirchenstaat zu erreichen, setzte Frankreich eine Botschafterkonferenz unter Teilnahme Preußens, Rußlands, Österreichs, des Heiligen Stuhls und Sardinien-Piemonts durch (April/Mai 1831). Wien mußte klein beigeben, jedoch kehrten seine Truppen nach erneuten Unruhen im Januar 1832

Italien im Jahre 1831. Zeitgenössische satirische Lithographie von Lemercier nach einer Zeichnung von Luigi Calamatta

auf päpstlichen Wunsch zurück. Frankreich antwortete mit der Landung eines Expeditionskorps in Ancona (Februar 1832).

Weitsichtige italienische Patrioten zogen aus der raschen Niederlage der erneuten Revolution zwei grundlegende Schlüsse: daß Italiens Freiheit nur von innen heraus und nicht mit fremder Hilfe errungen werden müsse und daß sowohl die Carbonaria als auch der Liberalismus der zwanziger Jahre überholt seien. Von nun an war das Hauptziel die Befreiung Italiens von fremder Herrschaft und die nationale Einigung auf republikanischer Grundlage. Beide Aufgaben prägten Programm und Aktion von Buonarrotis »Veri Italiani« (Wahre Italiener) und Mazzinis 1832 aus der Taufe gehobenem »Giovine Italia« (Junges Italien). Das Ringen um Italiens »Risorgimento« trat in ein neues Stadium.

Bewegung im Deutschen Bund

Auf ähnlich diffuse Weise wie in Italien fand die Julirevolution ihr Echo in den Staaten des Deutschen Bundes; in nicht weniger als einem Drittel aller Mitgliedsstaaten kam es zu Unruhen und Aufständen, die in zwei Hauptforderungen gipfelten: einführung von Verfassungen und Gewährung der Pressefreiheit.

Neben dem Beispiel Paris wirkten Belgien und der heldenhafte Kampf der Polen auf Deutschland stimulierend. Als besondere Brennpunkte in der politisch, programmatisch und sozial weitgefächerten Bewegung traten das Königreich Sachsen und das Herzogtum Braunschweig hervor.

Sachsen

In bewaffneten Auseinandersetzungen vom 2. bis 4. September 1830 kam es in Leipzig zum Rückzug der Regierungstruppen und zur Aufstellung einer vom liberalen Bürgertum der Handelsmetropole beherrschten Bürgergarde und einem Akademischen Korps, die ihre Waffen allerdings nicht gegen die Regierung, sondern gegen jene Elemente aus Kleinbürgertum und Proletariat richteten, die nicht begriffen hatten, daß die »Revolution« rechtzeitig vor der Herbstmesse beendet sein mußte. Von Leipzig sprang der Funke auf Dresden und andere wichtige Orte Sachsens über. Allerorts entstanden Bürger- oder Kommunalgarden, aus denen man jedoch bald die radikalen Mitglieder zu entfernen suchte. Der Kampf um eine Verfassung trat, gestützt auf den einflußreichen Dresdner »Bürgerverein«, in den Monaten März und April 1831, sichtlich von den Vorgängen in Polen beflügelt, in die entscheidende Phase. Unter massivem Militäreinsatz wurde der beginnende Aufstand im Keim erstickt; ähnliche Bestrebungen in Leipzig (August) scheiterten auf dieselbe Weise. Trotzdem kam ein Resultat zustande, das die Ansprüche des liberalen Bürgertums zumindest in Grenzen befriedigte: Die Verfassung vom 4. September 1831 führte ein Zweikammer-

Vorder- und Rückseite eines Talers (Silber) für das Königreich Sachsen, geprägt aus Anlaß des Zustandekommens der neuen Verfassung am 4. September 1831. Die Vorderseite der Münze zeigt den sächsischen König Anton sowie den in Folge der Volksbewegung zum Mitregenten ernannten Prinzen Friedrich August. Universitätsbibliothek Leipzig

Erstürmung des Freudenhauses in Leipzig am 4. September 1830. Anonyme Lithographie

Am 7. September 1830 kam es im Herzogtum Braunschweig zu revolutionären Ereignissen, wobei nach der Flucht des Herzogs Karl das Residenzschloß in Flammen aufging.

system ein, das zwar die Vorherrschaft des Adels gewährleistete, dem Besitzbürgertum aber immerhin eine Wahrnehmung seiner Interessen gestattete; dies galt noch mehr für die »Allgemeine Städteordnung« von 1832. Einer der wirtschaftlich bedeutendsten Staaten des Deutschen Bundes tat einen wesentlichen Schritt in Richtung auf ein bürgerliches Gemeinwesen.

Braunschweig

En miniature vollzog das Herzogtum Braunschweig seine »Julirevolution«. Dessen Herrscher, Karl II., verweigerte strikt die Annahme einer Verfassung (»Landschaftsgesetz«). Während Vertreter des Bürgertums, vereint mit liberalen Adligen, an den Herzog appellierten (1. September), brach auf der Straße der offene Aufruhr los (6./7. September). Von der herzoglichen Residenz zeugten nur noch rauchende Trümmer; Karl II. flüchtete nach England. Bürgergarde und Armee sorgten jetzt gemeinsam nach liberalen Normen für »Ruhe und Ordnung«. Um jeder »Anarchie« das Wasser abzugraben, bot das neue Staatsministerium dem Bruder des Vertriebenen, Prinz Wilhelm, die Krone an. Unter eindeutiger Mißachtung des Legitimitätsprinzips erklärte sich Braunschweig am 12. Oktober 1832 zu einem konstitutionell verfaßten Staat; neben dem französischen Bürgerkönig gab es jetzt den deutschen Bürgerherzog, der im Interesse von Großbürgertum und liberalem Adel regierte. Auch in Kurhessen und Hannover gelang es, Verfassungen durchzusetzen.

Die heroische Illusion:
Ein Kunstwerk, das Geschichte gemacht hat. Die Freiheit führt das Volk auf die Barrikaden. Gemälde von Eugène Delacroix, um 1831. Musée du Louvre, Paris

Kehrseite der Verheißung:
Das ministerielle Irrenhaus. Das Blatt, welches im Jahre 1832 in der Zeitschrift »La Caricature« erschien, zeigt 27 der prominentesten Persönlichkeiten der Julimonarchie mit verschiedenen Arten politischer Geisteskrankheiten. Kolorierte Lithographie von Honoré Daumier. Städtische Kunstsammlung Karl-Marx-Stadt

harenton Ministériel.
La Caricature (Journal)
(N°83)
Pl. 166.167.
onomanies des aliénés politiques

Das Volk in Aktion:
Sturm auf das Haus des Polizeichefs Jäger am 4. September 1830. Stich von Georg Emanuel Opiz, 1830. Museum für Geschichte der Stadt Leipzig

Revolution en miniature:
Die Ereignisse in der Haupt- und Residenzstadt des Herzogtums Sachsen-Altenburg waren beispielhaft für den Ausgang vieler lokal begrenzter revolutionärer Erhebungen in Deutschland. Lithographie von Brand nach einer Zeichnung von M. Hubel. Staatsarchiv Weimar, Außenstelle Altenburg

Hambacher Fest

Im Bewußtsein, daß trotz nicht unerheblicher Teilerfolge das große Ziel der Patrioten – die deutsche Einheit – ein weiteres Mal verfehlt worden war, versammelten sich am 27. Mai 1832 unter einer schwarz-rot-goldenen Fahne mit der Inschrift »Deutschlands Wiedergeburt« fast 30000 Menschen zum Hambacher Fest. Auch eine weiß-rote Fahne, Symbol der Solidarität mit Polen, wehte voran. Der Hauptredner des bis dahin größten deutschen Nationalfestes, Johann Georg August Wirth, endete seine mitreißende Ansprache mit den Worten: »Hoch! Dreimal hoch leben die vereinigten Freistaaten Deutschlands! Hoch! Dreimal hoch das konföderierte republikanische Europa!« Nationalbewußtsein und demokratischer Internationalismus brachten das Verständnis für die Unteilbarkeit der Revolution zum Ausdruck und zeugten von der Zäsur, die das Jahr 1830 und seine Folgen für Bewußtsein und Handeln der fortschrittlichen Kräfte darstellten. Schriftsteller wie Ludwig Börne, Heinrich Heine und Georg Büchner sollten zu Kündern dieses neuen Geistes werden.

Mit Eifer versuchte Metternich den »Dammbruch« zu reparieren und aus den Trümmern der Heiligen Allianz einen neuen Damm gegen die Revolution aufzubauen. Das Ergebnis blieb kläglich genug: In den Abkommen von Münchengrätz und Berlin (1833) garantierten sich Rußland, Österreich, Preußen – wieder einmal auf Kosten Polens – den gegenseitigen Besitzstand und vereinbarten gegenseitige Hilfe bei der Unterdrückung

In einigen deutschen Staaten kam es 1830 zur Annahme einer liberalen Verfassung. In Kurhessen war Kurfürst Wilhelm II. am 5. Januar 1831 genötigt, diese zu unterzeichnen. Der Oberbürgermeister von Kassel, Schomburg, mit der Verfassungsurkunde. Stahlstich von Rarkowetz und Stöber. Sächsische Landesbibliothek Dresden

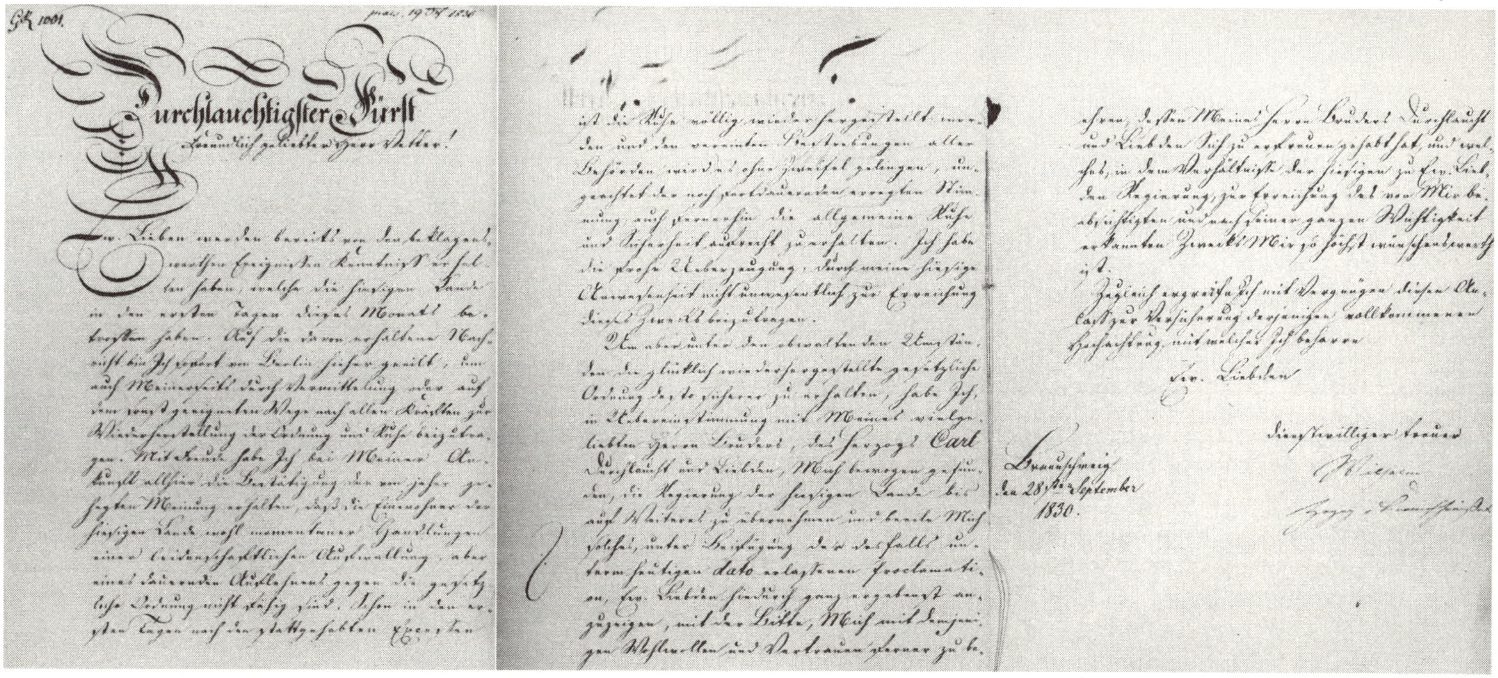

Durchlauchtigster Fürst

Braunschweig den 28ten September 1830.

Nach den revolutionären Ereignissen in Braunschweig richtete der neue Herzog Wilhelm, Bruder des gestürzten Herzogs Karl, ein Schreiben an den Herzog von Sachsen-Altenburg, worin er um seine Anerkennung bat. Staatsarchiv Weimar, Außenstelle Altenburg

neuer Revolutionen. Jedoch blieben die »Ostmächte«, da sich kein anderer Staat den Abkommen anschloß, letztlich isoliert, während die liberale Entente der »Westmächte«, England und Frankreich, das faktische Gegengewicht dazu ausmachte.

Reform und Revolution in Spanien – 1. Karlistenkrieg

In Mittel-, Ost- und Südeuropa schien die Revolution für den Augenblick durch Gewalt oder begrenzte Konzessionen gebändigt, dafür pochte sie jetzt erneut an Spaniens Türen, das in die dritte Etappe seines bürgerlichen Revolutionszyklus eintrat (1833–1843). Im Vergleich zu den vorangegangenen Revolutionen bestanden seit Beginn der dreißiger Jahre günstigere innere wie äußere Bedingungen für eine Weichenstellung Spaniens in Richtung einer bürgerlichen Umwälzung. Als auslösendes Moment der neuen Revolution wirkte der dynastische Konflikt um die Nachfolge des verstorbenen Ferdinand VII. (29. September 1833). Er hatte sich dem Druck seiner ehrgeizigen Gattin María Cristina gebeugt und, unter Umgehung seines Bruders Don Carlos María Isidoro, die eigene Tochter Isabella zur Nachfolgerin bestimmt. Als Regentin führte María Cristina die Regierungsgeschäfte. »Cristinos« und »Carlistas« standen sich unversöhnlich gegenüber; ein mehrjähriger Bürgerkrieg (1. Karlistenkrieg, 1833–1839) war die Folge.

Was äußerlich den Eindruck von inneren dynastischen Querelen zur Respektierung der Thronfolge nach salischem Gesetz vermittelte, war in Wirklichkeit das massive Aufeinandertreffen zweier entgegengesetzter Entwicklungslinien: einer bürgerlich-liberal-reformerischen und einer feudal-klerikal-absolutistischen. Der Karlismus begrenzte sich jedoch nicht nur auf eine schmale Schicht von Unbelehrbaren, sondern erfaßte, nicht zuletzt dank des Einflusses der Kirche, erhebliche Teile der bäuerlichen Bevölkerung, wodurch er eine bedeutende Massenbasis erhielt. María Cristina brachte ein Stück französische Kultur an den spanischen Hof. Die Königinwitwe war alles andere als doktrinär-liberal, aber sie hatte auf die Politik Ferdinands VII. gegen Jesuiten und »Apostólicos« wiederholt mäßigend eingewirkt, was ihr die auf die Monarchie fixierten Liberalen hoch anrechneten. Um ihre Position zu erhalten, mußte María Cristina nun auf die Unterstützung der Liberalen bauen. Sie kam ihnen mit

Estatuto Real

dem Erlaß einer Verfassung »Estatuto Real« (Königliches Statut, 1834) entgegen, das ein Zweikammersystem mit begrenzten Vollmachten einführte und Spanien, nach französischem Vorbild, in 49 Provinzen gliederte. Da das Statut sichtlich hinter der Verfassung von 1812 zurückblieb, spalteten sich die Liberalen nach dem Muster von 1820 in einen gemäßigten (»Moderados«) und einen radikaleren Flügel (»Progresistas«). Internationale Unterstützung erhielt María Cristina durch die Quadrupel-Allianz mit England, Frankreich und Portugal: erste Bewährungsprobe der liberalen Entente. Mit dem Ziel, die Verfassung von 1812 wiederherzustellen, kam es zu Aufständen (teilweise mit schweren antiklerikalen Ausschreitungen) in Kastilien, Galicien, Andalusien und Aragon, an deren Spitze zumeist liberal-progressistische Militärs standen. Dem revolutionären Druck nachgebend, gleichzeitig von der Offensive der Karlisten bedroht, die in Tomás Zumalacárregui, einem erfahrenen Partisanenführer, ihren genialsten und gefürchtetsten Militär besaßen, wandte sich María Cri-

Reformen Mendizábals

stina verstärkt den Liberalen zu. Mit Finanzminister Juan Alvarez Mendizábal (1835), der schließlich Ministerpräsident wurde, bekam ein überzeugter Progressist, dazu der mächtigste Bankier des Landes, die Zügel in die Hand. Die mit seinem Namen verbundenen Reformen legten das Fundament für die bürgerliche Umgestaltung Spaniens, wenngleich in Form eines folgenreichen adlig-bürgerlichen Interessenkompromisses.

Die Ernennung Mendizábals galt als Sensation, hatte sich die Regentin doch für einen Politiker mosaischen Glaubens entschieden. Politik und Geschäft bedeuteten für Mendizábal zwei Seiten derselben Medaille. Als Mitglied der Cádizer Freimaurerloge »Taller Sublime« hatte er engsten Kontakt zu den Aufständischen von 1820 besessen und mußte nach dem Ende des liberalen Trienniums nach London fliehen, wo er den Grundstock seines Kapitals in Handel und Bankwesen legte, wichtige politische Verbindungen knüpfte, die es ihm ermöglichten, den Liberalen Portugals um Maria II. finanziell unter die Arme zu greifen: ein »Macher« des 19. Jahrhunderts. Für Spanien verbindet sich mit seinem Namen eine umfassende Agrarreform durch den Verkauf großer Teile der Kirchenländereien (»Desamortización«), durch die Aufhebung des Majorats und der grundbesitzerlichen Señorialrechte sowie durch die Freigabe von Staats- und Gemeindeländereien (»Desvinculación«). Der in der ersten und zweiten Revolution vorwiegend theoretisch-juristisch erfolgte Angriff auf die feudale Eigentumsbindung des Bodens vollzog sich nunmehr in der Praxis auf breiter Basis. Spanien hörte im Ergebnis dieser Reformen auf, ein traditionell feudalverfaßtes Land zu sein. Der Boden geriet als Ware in Bewegung, allerdings in recht einseitiger Richtung, denn es waren vorwiegend Adel und finanzkräftiges Bürgertum, in deren Hände das zum Verkauf anstehende Land gelangte, während die Bauern und die landarme Bevölkerung leer ausgingen. Somit setzte eine neue Welle agrarischer Besitzkonzentration ein, die zu einer der wichtigsten historischen Voraussetzungen für die Entstehung einer Interessenkoalition zwischen liberalem, d.h. sich verbürgerlichendem, Adel und den Spitzen der spanischen Bourgeoisie wurde. Mendizábal wirkte als Pionier dieses politisch-sozialen Fusionsprozesses. Angesichts des sich verschärfenden Bürgerkrieges setzte Mendizábal eine Verstärkung und bessere Ausrüstung der Armee durch (Aufstellung der »Quinta

Mendizábal« im Umfang von 50000 Mann); auch die Nationalmiliz wurde erweitert. In der Folge sollte sich jedoch erweisen, daß Mendizábal mit der Stärkung der Armee der liberalen Revolution einen Bärendienst erwiesen hatte.

Nicht zuletzt durch die Aufsässigkeit progressistischer Militäreinheiten in Andalusien, Aragon, Katalonien und in Madrid (August 1836), die immer wieder auf das fast zum Mythos stilisierte Grundgesetz von 1812 pochten, sah sich Cristina zum Nachgeben gezwungen; sie akzeptierte die von den Cortes am 27. April 1837 proklamierte neue, stark an den Ideen Benthams

Liberale Verfassung von 1837

orientierte Verfassung, die eine Art Verschmelzung zwischen der »Verfassung von Cádiz« und dem »Königlichen Statut« des Jahres 1834 darstellte. Es blieb beim Zweikammersystem (Senat und Unterhaus), wenngleich mit leicht gesenktem Wahlzensus zugunsten der liberalen Besitzbürger. Eine Stabilisierung der politischen Lage trat nicht ein, da linke Progressisten das Verfassungselaborat wegen der dem Monarchen eingeräumten Vetorechte für unzumutbar ansahen. Die lokalen Aufstände hielten besonders im Gebiet Kataloniens an, das als Pionierregion der kapitalistischen Entwicklung (Textilproduktion) ungleich stärker von sozialen Spannungen geprägt wurde als andere spanische Gebiete. Hier lag das Zentrum einer zwar noch embryonalen, die führenden Liberalen aber doch schon sichtlich irritierenden republikanischen Bewegung (Presseorgan »El Republicano« von Aldón Terras); hinzu kam der grenzüberschreitende Einfluß utopisch-kommunistischer Ideen von Frankreich.

Niederlage der Karlisten

Obwohl die Karlisten erhebliche Teile der Bauern im Bürgerkrieg für ihre Ziele zu gewinnen vermochten, scheiterten sie an den Städten, die allesamt liberale Hochburgen darstellten: Bilbao im Norden, Barcelona im Süden boten Beispiele dafür; im September 1837 scheiterte der Versuch der Karlisten, sich Madrids zu bemächtigen. Faktisch entschied dieses Fiasko den Krieg. Cristina glaubte sich wieder fest im Sattel, so daß sie alle progressistischen Minister feuerte und immer stärker einen rechtsliberalen Kurs verfolgte. Dabei entging ihr allerdings, daß ihre heimliche, deshalb rasch publik gewordene Ehe mit dem stattlichen Leibgardisten Agustín Fernando Muñóz dem Ansehen der Regentschaft wenig zuträglich war. Nachdem im Ergebnis einer intensiv geführten Gegenoffensive die Karlisten zur Aufgabe gezwungen werden konnten (Vertrag von Vergara, 31. August 1839) und damit die innere Hauptgefahr momentan nicht mehr existierte, setzte im liberalen Lager eine scharfe Polarisierung ein, in deren Verlauf die Armee das Zünglein an der Waage abgab. Der Konflikt fand seine beiden tragenden Exponenten in den Generalen Ramón María Narváez und Joaquín Baldomero Fernández Espartero.

Bei ihrem Versuch, die Stellung der Krone (zugunsten der Infantin Isabella) zu stärken, den Ausgleich mit Altadel, Kirche und Karlisten herzustellen – knapp formuliert: die Revolution zu beenden –, setzte María Cristina auf General Narváez, den Sproß einer traditionsreichen Aristokratenfamilie aus Granada. Dem Worte nach gemäßigt-liberal, vertrat Narváez in der Praxis eine autoritär-monarchische Politik, die jede Regung von Opposition mit harter Hand unterdrückte; sein militärisches Prestige fußte auf den Verdiensten im Krieg gegen die Karlisten, die er weniger aus liberaler Überzeugung, denn als Gegner der von ihm verehrten María Cristina bekämpfte.

Die progressistische Gegenpartei besaß ihren Mann in General Espartero, der nach Unterzeichnung des Abkommens von Vergara als der eigentliche Sieger über die Karlisten galt und da-

Diktatur Esparteros

für den Titel eines »Duque de la Victoria« (Herzog des Sieges) einheimste. Espartero hatte sich schon im Krieg gegen Napoleon hervorgetan, stand mit Morillo gegen die südamerikanischen Rebellen, galt als »Ayacucho«, obwohl er an der Schlacht, die Spaniens koloniale Größe begrub, gar nicht teilgenommen hatte, und vergoldete seine plebejische Herkunft durch die Ehe mit der Tochter eines reichen Grundbesitzers aus Logroño. Ihm oblag die Verteidigung Madrids gegen die Karlisten. Gegen soviel Ruhm hatte Narváez – vorerst – wenig in die Waagschale zu werfen und zog es vor, in das Exil nach Frankreich auszuweichen. Eine neue Welle von spontanen Erhebungen, ausgelöst durch den Versuch der Regentin, die Rechte der Munizipien zu beschneiden (Gesetz vom 5. Juni 1840), schwemmte den »Helden von Vergara« förmlich an die Macht: Am 11. Februar 1840 übernahm Espartero die Regierung. Spaniens dritte Revolution stand an einem Wendepunkt. Tatsächlich eröffnete sich die Chance, der Revolution einen neuen Schub zu geben: Espartero und die Progressisten haben sie total verspielt.

Abdankung María Cristinas

Da ihre Position als Regentin sich als unhaltbar erwies, mußte María Cristina abdanken und ins Exil gehen (17. Oktober 1840). Mit praktisch diktatorischen Vollmachten übernahm Espartero die Regentschaft für die Infantin. Alle regressiven Gesetze verfielen der Annullierung, erneute Reformgesetze forcierten die Freigabe von Kirchenländereien, reorganisierten das Finanzwesen, stärkten die lokalen Milizen; allzu verbissene Cristinos verloren ihre Posten. Jedoch stützte sich Espartero dabei weniger auf die Cortes, obwohl die Progressisten bei den Wahlen von 1841 einen haushohen Sieg errangen, er bevorzugte den engen Kreis der »Ayacuchos«, wodurch seine Herrschaft eine vorwiegend militärische und weniger zivil-parlamentarische Basis fand.

Solange es Espartero nur mit dem Widerstand der Cristinos zu tun hatte (Aufstand in Pamplona, Oktober 1841), gelang ihm die

Iberische Unruhen. Seit dem Jahre 1828 tobte im Süden der Pyrenäenhalbinsel ein Bürgerkrieg zwischen Absolutisten und Liberalen. Anonyme Darstellung

Konsolidierung der Macht. Völlig andere Konsequenzen zeitigte die mangelnde Sensibilität der Progressisten für die nationale und soziale Frage. Der Versuch, die regionalen Privilegien (Fueros) der Basken zu beseitigen, schuf einen gefährlichen Unruheherd. In Barcelona kam es im November 1842, gestützt auf das seit 1839 lokal organisierte Textilproletariat und kleinbürgerliche Elemente, zu einem republikanisch-separatistischen Aufstand. Anlaß dazu gab die Furcht, ein Freihandelsvertrag mit England werde das Textilgewerbe, die Existenzgrundlage von 32000 Webern (davon 17000 Kinder), zerstören. Jedes Entgegenkommen ausschlagend, begab sich Espartero selbst an der Spitze einer Armee nach Katalonien, um an dessen rebellischer Hauptstadt, deren historische Uhr gegenüber Madrid immer ein Stück vorauseilte, ein Exempel zu statuieren. Am 3. Dezember ging auf Barcelona ein Artilleriebombardement hernieder, das große Opfer forderte und über 400 Häuser dem Erdboden gleichmachte; 13 Aufständische, öffentlich als Vergeltung erschossen, wurden die ersten Märtyrer des spanischen Republikanismus, eine unbekannte Zahl mußte in die Verbannung gehen.

Der barbarische Racheakt gegen Barcelona läutete das Ende der Herrschaft Esparteros ein; sein Nimbus war gebrochen. Nicht nur die kleine Gruppe der Republikaner, sondern ebenso die Mehrheit der (zivilen) Progressisten wandten sich gegen den einstigen »Retter des Vaterlandes«. Die Zeit arbeitete für die Moderados, die aus der Spaltung des radikal-liberalen Lagers Vorteil zogen. Mit der Auflösung der widerspenstigen Cortes (3. Januar 1843) entzog sich Espartero selbst die Reste parlamentarischer Unterstützung. Im entscheidenden Moment zeigte Espartero ein bemerkenswertes Talent, durch Zögern, mangelnde Entschlossenheit, hilfloses Taktieren seine letzten Anhänger zu demoralisieren. Die im »Orden Militar Español« (Spanischer Militärorden) konzentrierte konservative Opposition handelte dagegen mit aller Entschiedenheit. Narváez, dazu die Generale Concha und Prim – letzterer schon auf dem Wege, eine zentrale Figur der künftigen spanischen Politik zu werden – zwangen Espartero in die Knie. Am 23. Juli 1843 zog General Narváez, Spaniens neuer starker Mann, in Madrid ein, am 30. begab sich Espartero in das Exil nach England. Espartero schien am Ende, aber die Geschichte hatte mit ihm noch etwas vor.

Restauration

Narváez, das bedeutete Restauration, aber jetzt unter Bedingungen, die ungeachtet der konterrevolutionären Wende, die grundsätzlichen Veränderungen, die sich in den Eigentumsverhältnissen vollzogen hatten, irreversibel machten. Alles, was Narváez betrieb – die Rehabilitierung María Cristinas, die Einstellung des Verkaufs von Kirchenland, die Auflösung der Nationalgarde, die restriktive Verfassung von 1844 (faktisch eine Neuauflage des Statuts von 1834) und andere Maßnahmen – bedeutete zwar einen empfindlichen Rückschlag, vermochte indes das liberale Bürgertum aus den in den stürmischen Jahren von 1834 bis 1843 errungenen Positionen nicht mehr zu verdrängen. Trotz aller Ab-, Um- und Nebenwege, zeitlichen Verzögerungen und Deformationen nahm Spanien einen festen Platz im bürgerlichen Revolutionszyklus ein. Als Narváez in Triumphatorpose glaubte, die Revolution gebändigt zu haben, konnte er schwerlich wissen, daß es wieder eine Revolution sein würde, die seinem Wirken ein Ende setzen sollte.

Der Sturm auf das Palais Royal zu Paris am 24. Februar 1848. Zeitgenössische Darstellung

9

Die Europäische Revolution

Ganz im Sinne Metternichs, des nun schon am Ende seines sechsten Lebensjahrzehnts stehenden Architekten der Restauration, schien das aufgewühlte Europa wieder in die Bannmeile des Legitimismus zurückgependelt zu sein. Letzte Bewegungen des Umbruchs von 1830 waren unterdrückt, eingeengt, neutralisiert, in den Untergrund verbannt oder wenigstens an die iberische oder osmanische Peripherie des Kontinents abgedrängt worden. Wenig wies auf eine Wiederbelebung revolutionärer Insubordination.

Vormärzpanorama

Zwar wirkte selbst in den Kernländern der einstigen Heiligen Allianz eine unbelehrbare Minderheit professioneller Konspirateure, aufmüpfiger Journalisten, liberal engagierter Gelehrter, notorisch unbotmäßiger Schriftsteller als Störfaktor, konnte aber durch Zensur, Justiz und geheime Polizei ohne allzu große Schwierigkeiten im Zaum gehalten werden. Das Schicksal der »Göttinger Sieben«, die 1837 gegen den Verfassungsbruch des Königs von Hannover protestiert hatten, bot das makabre Beispiel neubelebter Demagogenverfolgung, es verfehlte seine abschreckende Wirkung nicht. Brüssel, Paris, Südfrankreich und die Schweiz bezeichneten die Fluchtpunkte der deutschen und internationalen politischen Emigration. Nach dem Vorbild der »Giovine Italia« Mazzinis entstanden das »Junge Deutschland« (mit dem literarischen Kleeblatt Gutzkow, Laube, Mundt und Wienberg), das »Junge Österreich«, das seine bekanntesten Vertreter in Anastasius Grün und Nikolaus Lenau besaß und dem Grillparzer nahestand, das »Junge Polen«, »Junge Irland«, die »Junge Schweiz« und das »Junge Spanien«. Der Versuch, daraus ein »Junges Europa« zu formen und dem demokratisch-bürgerlichen Internationalismus eine feste Basis zu geben, blieb ohne nachhaltigen Erfolg.

Sogar das Mutterland des Liberalismus, England, das in der Auseinandersetzung um die Wahlrechtsreform von 1832 fast an den Rand einer Revolution geraten war, hatte im Moment Mühe, die von Freihandelsagitation, proletarischem Chartismus und irischer Frage aufgeheizte Situation unter Kontrolle zu bekom-

men; es bedurfte immerhin 15000 »freiwilliger« Constabler, um 1848 die letzte große Manifestation der Chartisten zu unterdrükken. Mit dem gleichzeitig erfolgenden Eintritt in das »Victorianische Zeitalter« konnte England den aus dem Abschluß der industriellen Revolution resultierenden Vorsprung weiter ausbauen. Als führende Industrie-, Finanz-, Handels-, See- und Kolonialmacht gewann die Insel eine in der Weltgeschichte von keinem anderen Staat je wieder erreichte Monopolstellung. Alle Fäden der Weltwirtschaft liefen an der Londoner Börse zusammen, und von Englands Konjunktur- und Krisenrhythmus hing das Wohl und Wehe der Völker weit über Europas Grenzen hinaus ab. Bereits im Besitz Indiens, stieß England nun in das Herz Asiens, nach China vor: erster Opiumkrieg 1841/42 und Gewinnung von Hongkong.

Idylle des Biedermeier

Das liberale Bürgertum des Kontinents – Frankreich nicht ausgenommen – dachte und handelte in ungleich bescheideneren Dimensionen. Ungeachtet der politischen Rückschläge erweiterte sich sein ökonomischer Spielraum in den dreißiger und vierziger Jahren beträchtlich. Vorrangig auf Gewinn orientiert und weniger auf eine neue Runde im aufreibenden Kampf um die politische Macht, verblaßte die Erinnerung an den einstigen Citoyen bis zur Unkenntlichkeit. Zylinder, schwarzer Gehrock und die – horribile dictu – von den Sansculotten ererbten langen Hosen galten längst nicht mehr als Uniform des Barrikadenkämpfers im Stile der romantischen Verklärung eines Delacroix, sie symbolisierten eher die sittsame Solidität des systemkonformen Biedermeier, das die bestehende für die beste aller Welten hielt; selbst die aufkommende Bartmode erlaubte keinen Schluß auf revolutionäre Gesinnung. Die Damen mit Kunstlocken à la Sévigné und drahtgestützten Ballonärmeln hatten die provozierend hohe Taille der imperialen Griechenmode längst auf das gutbürgerliche Durchschnittsniveau herabgeholt. Die genügsam-unheroische Normalität fand sich überall in Kultur und Kunst: vaterländische Liedertafeln, gepflegte Hausmusik, walzerselige Salon- und Kaffeehausatmosphäre nach Takten von Josef Lanner und Johann Strauß (Vater), in Weinlokale verbannter Weltschmerz, üppige Opernbrillanz eines Gioacchino Rossini, dem musikalischen Verklärer der Restauration, Blütezeit der romantischen Malerei mit der empfindsamen Stille einsamer Landschaften, Sonnenunter- und Mondaufgänge, nostalgischen Porträts. Philiströse Spitzwegmentalität, leicht gemildert durch Ludwig Richter und Moritz von Schwind. Auf religiösem Gebiet verhärteten sich die antiprotestantisch-reformfeindlichen Positionen des Katholizismus. Zum Liberalismus tendierende Katholiken vom Format eines Félicité Robert de Lamennais in Frankreich, dessen Journal »L'Avenir« den Leitspruch »Dieu et liberté« trug, sahen sich von Rom verdammt und zum Bruch mit der Amtskirche gezwungen (»Paroles d'un croyant«, 1834). Unverhüllt spekulierte Rom auf die von Aberglauben durchtränkten Glaubensvorstellungen der Zeitgenossen, wofür die 1844 inszenierten Massenpilgerfahrten von über einer Million Menschen zum »Heiligen Rock von Trier« einen Beweis darstellten.

In der Architektur erfolgte die Rückkehr zu Romanik, Gotik und Renaissance; soweit die Antike Vorbild blieb, konnte sie kaum als Herausforderung und als Künder eines neuen Epocheverständnisses gelten, sondern als Ausfluß von Repräsentationsbedürfnis, in das Adel und etabliertes Bürgertum sich redlich teilten.

Veränderung in Gesellschaft und Bewußtsein

Unter der scheinbar glatten Oberfläche der restaurativen Ruhelage vollzogen sich in den Fundamenten der Gesellschaft folgenreiche Veränderungen. Der weitere Aufstieg des Bürgertums ließ sich zwar politisch bremsen, dagegen war die ökonomische Entwicklung durch rasche Fortschritte und ein partielles Nachgeben der alten Mächte vor den Zwängen der Zeit, nicht zuletzt im Interesse ihrer eigenen Anpassung, gekennzeichnet. In Stenogrammform skizziert, bestand der letztlich entscheidende Konflikt im Ungleichgewicht zwischen der voranschreitenden ökonomisch-sozialen Umwälzung und den historisch tradierten politisch-institutionellen Machtstrukturen. Zu den wesentlichen Merkmalen in der Verschärfung des Ungleichgewichts gehörte die – trotz massiver Auswanderung (die USA erhöhten zwischen 1800 und 1850 ihre Bevölkerung um das Vierfache) – ansteigende demographische Entwicklungskurve Europas von 187 Millionen Einwohnern im Jahre 1800 auf etwa 266 Millionen im Jahre 1850. Eine beträchtliche Rolle spielte dabei die – vor allem in den von der Industrialisierung erfaßten Regionen – zunehmende Lebenserwartung. Die progressive Bevölkerungsentwicklung verband sich mit einer raschen Urbanisierung, obwohl England noch bis 1850 das einzige Land blieb, dessen städtische die agrarische Bevölkerung überflügelte.

Neue Produktionsweisen

Mit dem Übergreifen der industriellen Revolution seit 1830 auf die fortgeschrittensten Regionen des Festlandes (über Frankreich hinaus vornehmlich die Niederlande und Belgien, Preußen, Sachsen, Norditalien, Katalonien) zeichneten sich eine tendenzielle »Entagrarisierung« der Gesellschaft und die Konturen des Maschinenzeitalters ab. Es entstanden die Voraussetzungen für den nach 1850 explosiv einsetzenden Übergang zum Kapitalismus der freien Konkurrenz. Parallel zu den industriell-gewerblichen Veränderungen vollzogen sich einschneidende Fortschritte in der Landwirtschaft: Fruchtwechselfolge, natürliche und künstliche Düngung auf wissenschaftlicher Grundlage (in Deutschland durch Albrecht Thaer und Justus Liebig begründet), Be- und Entwässerung, erste Ansätze zur Technisierung (McCormicks Dreschmaschine). Das Volumen der Agrarproduktion Englands, Deutschlands und Frankreichs lag im Verhältnis von 2:1,8:1. Ein intensiver Straßen- Kanal- und der einsetzende Eisenbahnbau revolutionierten die Kommunikation und Infrastruktur; selbst die transatlantischen Entfernungen begannen mit dem Einsatz der ersten Schraubendampfer zu schrumpfen; das Ende der Windjammerära war abzusehen. In der ersten Hälfte des 19. Jahrhunderts wuchs der internationale Handel um 400 Prozent, es verstärkte sich die internationale Arbeitsteilung und in deren Gefolge der Entwicklungsunterschied zwischen Europa sowie den USA und den Ländern Asiens, Afrikas und Lateinamerikas; es existierte allerdings auch innerhalb Europas ein beträchtliches Gefälle vom Westen nach dem Osten, vom Norden nach dem Süden und von Westeuropa zu den transpyrenäischen Regionen. Ein wesentlicher Anstoß zur Veränderung ging vom Aufschwung der Naturwissenschaften aus, insbesondere die Chemie wirkte am unmittelbarsten auf die Revolutionierung der Produktion ein.

Die neuen Realitäten spiegelten sich auch im gesellschaftlichen Denken: Die Nationalökonomie, zu deren Propheten in der Nachfolge von Adam Smith Thomas Robert Malthus, David Ricardo, John Stuart Mill oder Friedrich David List gehörten, konstituierte sich als neue Wissenschaft. Philosophie, Geschichtsschreibung und Sprachwissenschaften schärften das Verständnis für die Krisensituation und spielten, gemeinsam mit der Literatur, in der Festigung des Nationalbewußtseins der noch feudalabsolutistisch bevormundeten Völker eine außerordentliche Rolle.

Die Entwicklung der in den Monaten Januar und Februar 1848 aufbrechenden Europäischen Revolution nahm einen wellenartigen Verlauf. Kontinentale, nationale und regionale Dyna-

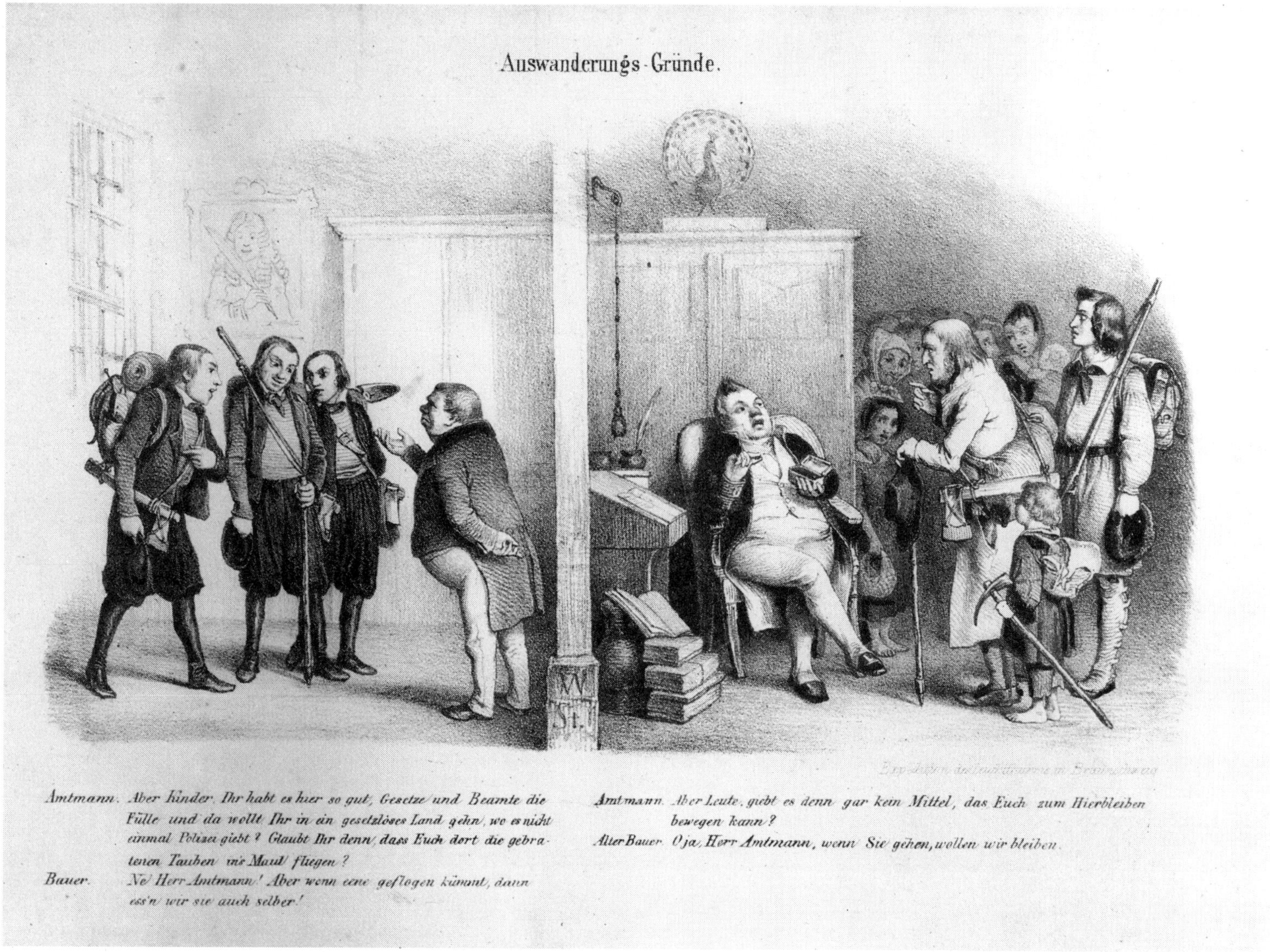

Auswanderungsgründe deutscher Auswanderer um die Mitte des 19. Jahrhunderts. Anonyme Lithographie. Heimatmuseum und Naturalienkabinett Waldenburg

mik flossen ineinander, forcierten den revolutionären Prozeß, wie umgekehrt die Rückschläge in den Hauptentscheidungszentren auf die übrigen Regionen zurückwirkten. Bestimmend

Europäischer Revolutionszyklus

für den Gesamtzyklus der Revolution wurde der Ablauf der Ereignisse in Paris, Wien und Berlin; hier entschied sich in erster und letzter Instanz das Schicksal der Sturmjahre 1848/49.

Nach dem Januarprolog in Süditalien (Palermo) erfolgte der revolutionäre Durchbruch auf dem Kontinent in den Monaten Februar bis April 1848; die Revolution bewegte sich in aufsteigender Linie. Ausgangspunkt und dynamisches Zentrum bildete die französische Februarrevolution.

Typen und Varianten

Die Besonderheit der französischen Revolution bestand darin, daß sie sich auf dem Boden und im Rahmen einer bereits fest etablierten bürgerlichen Gesellschaft vollzog; die Grundfrage der »klassischen« bürgerlichen Revolution – Beseitigung der Feudalität und Durchsetzung bürgerlicher Eigentums- und Machtverhältnisse – war bereits mit der Großen Revolution gelöst worden, die Korrektur des restaurativen Gegenschlages 1830 erfolgt. Auf der historischen Tagesordnung stand die Brechung des Machtmonopols der »traditionellen« Finanzaristokratie zugunsten der »modernen« Industriebourgeoisie, eine Revolution im Kapitalismus für dessen weitere Konsolidierung. Zugleich brach in

Frankreich zum ersten Mal in einer Revolution der Neuzeit der Grundwiderspruch von Kapital und Arbeit in der offenen Konfrontation von Bourgeoisie und Proletariat hervor.

Die Februarrevolution in Paris gab den unmittelbaren Anstoß für die Revolutionen in den deutschen Staaten, den Ländern der Habsburger Monarchie, in Italien, Polen, Rumänien. Neben Frankreich nahm Deutschland in der Europäischen Revolution eine Schlüsselstellung ein, da sich hier die auszufechtenden Widersprüche der Epoche in besonders reifer und dramatischer Weise schürzten. Gemessen an Frankreich befand sich Deutschland – in Abstufungen galt Analoges für andere Schauplätze – »auf der Mitte des Weges«. Die bürgerliche Umwälzung hatte bereits auf reformerischem Wege eingesetzt: In Preußen trugen das Regulierungsedikt von 1811 und die Ablösungsordnung von 1821 zur Durchsetzung kapitalistischer Methoden in der Landwirtschaft (»Preußischer Weg«) bei; weitere Reformen und Initiativen (Gründung des Deutschen Zollvereins, 1834) beschleunigten den wirtschaftlichen Fortschritt. Unter diesen Voraussetzungen bestand die Aufgabe der Revolution schon nicht mehr in der Alternative von 1789 (Feudalismus – Kapitalismus), sondern in der Frage einer reformerischen (konservativen) oder einer revolutionären (demokratischen) Weiterführung und Beendigung der Umwälzung.

Vor allem unter dem Druck spontaner Volkserhebungen gelang es in der Auftaktphase dem liberalen Bürgertum und den national gesinnten Teilen des Adels, wesentliche progressive Machtveränderungen zu erreichen: Sturz lokaler Potentaten, Einsetzung liberaler Kabinette, Verfassungen, Einberufung von Parlamenten, bürgerliche Grundrechte. »Märzerrungenschaften« und »Märzministerien« zeigten die Revolution im Zenit; die adlig-restaurative Reaktion befand sich in der Defensive, ohne jedoch entmachtet zu sein.

Brennpunkt nationale Frage

Außerhalb Frankreichs war der Aufstieg des Bürgertums zur dominierenden Klasse, unabhängig davon, ob es sich um eine Revolution »auf dem Wege zum Kapitalismus« (wie in Deutschland) oder noch um den Typ 1789 mit wesentlich geringeren kapitalistischen Entwicklungsansätzen (wie im größten Teil der Habsburger Monarchie) handelte, eng mit der Lösung der nationalen Frage verbunden. Nationale Frage bedeutete entweder Herstellung eines einheitlichen Nationalstaates oder Beseitigung der Unterdrückung durch eine fremde Macht. In Italien, Polen und Rumänien verschmolzen beide Aspekte untrennbar miteinander. Seinen radikalsten Ausdruck fand das Ringen um nationale Einheit und Freiheit in den Befreiungskriegen Italiens und Ungarns. In der Geschichte des Kampfes um die politische Formierung der modernen Nationen und Nationalstaaten in Europa stellte die Revolution von 1848 die entscheidende Etappe und den Wendepunkt dar.

Mit dem Ende der Auftaktphase zeichnete sich eine Differenzierung innerhalb der revolutionären Kräfte ab. Die in ihren Hauptforderungen zufriedengestellte liberale Bourgeoisie versuchte nun, jede weitere Radikalisierung der Revolution einzudämmen. Die Verteidigung ihrer Hegemonie zielte primär gegen die Linke, während gegenüber Krone und Adel eine Politik der Vereinbarung, des friedlich-reformerischen Ausgleichs die Haltung bestimmte. Damit brachen die Liberalen praktisch aus dem revolutionären Block aus. Zu den Hauptvertretern einer solchen Haltung gehörten Lamartine in Frankreich, Gagern in Deutschland oder Batthyány in Ungarn. Dagegen drängten die kleinbürgerlich-demokratische und die sich formierende proletarische Bewegung auf die politisch-soziale Vertiefung der Revolution: Errichtung der Republik, Recht auf Arbeit, radikale Lösung der Agrarfrage, Gleichberechtigung der Nationalitäten durch Beseitigung aller Formen von Fremdherrschaft, nationaler Abhängigkeit und Unterdrückung.

In der Zeit von April bis August 1848 bestand ein relatives Gleichgewicht zwischen Revolution und Konterrevolution. In einigen Ländern gelang es dem liberalen Bürgertum, seinen Einfluß durch weitere Reformen zu stärken, zugleich zeichneten sich aber die ersten Erfolge der konzertierten konterrevolutionären Gegenoffensive ab (in Polen, Böhmen, Norditalien). Die entscheidende Wende in Richtung auf die absteigende Entwicklung der Europäischen Revolution brachte die Niederschlagung der Pariser Juniinsurrektion (26. Juni 1848), in deren Sog Schritt für Schritt die übrigen Zentren der Revolution hineingezogen wurden.

Zentrum und Peripherie

Im Ergebnis der faktischen Lähmung Frankreichs und der Absage des französischen Bürgertums an die Revolution angesichts der drohenden »sozialen Republik« setzte sich in Deutschland, Österreich und Italien eine regressive Machtverschiebung zugunsten der Adelsreaktion durch. Jedoch traf diese Veränderung im Kräfteverhältnis auf entschiedenen Widerstand der demokratischen Linken und führte im Falle Ungarns und Italiens sogar zu einem erneuten Aufschwung der Revolution. Es gelang indes nicht, die Zentren der Revolution von der Peripherie her zu reaktivieren. Eine weitere strategische Niederlage erlitten die revolutionären Kräfte durch das Scheitern des Wiener Oktoberaufstandes und durch den Staatsstreich in Berlin (November/Dezember 1848). Mit Paris (Wahl Louis Bonapartes zum Präsidenten der Republik, Dezember 1848), Wien und Berlin brachen die Säulen der Revolution zusammen.

Gegen eine Wiederherstellung der konterrevolutionären Macht von Ende 1848 bis Sommer 1849 erfolgte ein erneuter Vorstoß der revolutionären Bewegung an der Peripherie mit der Errichtung der Römischen Republik (Februar–Juni 1849) und dem Befreiungskrieg der Ungarn. In Deutschland kulminierte

Der Sarg Napoleons auf dem Weg zum Invalidendom am 15. Dezember 1840. Auf Vorschlag von Thiers erfolgte die mit großem Pomp in Szene gesetzte Überführung der sterblichen Überreste Napoleons nach Frankreich. Stahlstich von Jean Jacques Outhwaite, 1856

der letzte große Versuch, die Revolution positiv zu wenden, in den bewaffneten Kämpfen um eine Reichsverfassung (Mai–Juli 1849), doch blieben auch sie erfolglos. Im Herbst 1849 beherrschte die großbürgerliche (Frankreich) oder adlige Konterrevolution (Deutschland, Habsburger Monarchie, Italien, Polen) wieder das Feld, allerdings unter Bedingungen, die eine Restauration nach dem Vorbild von 1815 nicht mehr gestatteten.

Anders als 1789 oder 1830 brach das revolutionäre Gewitter von 1848 nicht wie ein Blitz aus heiterem Himmel über die Beteiligten und Betroffenen herein, es wurde vielmehr erwartet, erahnt und sogar vorhergesagt, und im Unterschied zu den vorangegangenen Revolutionen besaßen die Protagonisten der kommenden Ereignisse – Liberale, kleinbürgerliche Demokraten, proletarische Aktivisten – recht klare und voneinander abgehobene Vorstellungen über die zu verfolgenden Ziele. Von allen getroffenen Prognosen über die heraufziehende »Bourgeois-Revolution« erwies sich die von Friedrich Engels unter dem Titel »Die Bewegungen von 1847« vom Januar 1848 als die präziseste. Europas politische Szene war bereits mit Beginn der vierziger Jahre in Bewegung geraten, das Trauma der Juliniederlage hatte seine Wirkung verloren. Schon das Jahr 1840 brachte drei Ereignisse, die auf sehr unterschiedliche Weise für Unruhe sorgen sollten.

Zunächst brach die mit größter Mühe unter der Decke gehaltene orientalische Frage wieder auf und stellte das labile Gleichgewicht in der internationalen Politik auf eine schwere Probe.

Unruhe am Bosporus

Mit dem Vertrag von Hunkjar-Skelessi von 1833 hatte Rußland faktisch die Vorherrschaft über das osmanische Imperium gewonnen. Diese Tatsache lief den Interessen Englands, Frankreichs und Österreichs in dieser Region entschieden zuwider. Als Mehmed Ali, selbstherrlicher Pascha von Ägypten, sich weigerte, den der Hohen Pforte von England und Frankreich 1838 aufgezwungenen Handelsvertrag zu akzeptieren und sein Land der Schwemme von Importwaren zu öffnen, erreichte die englische Regierung unter Lord Palmerston, daß Sultan Mahmud II. dem unbotmäßigen Vasallen den Krieg erklärte (1839). Jedoch erwiesen sich Mehmeds Truppen als überlegen, gelangten in den Besitz der gesamten türkischen Flotte und schlugen die Pforte vernichtend. Um ein Eingreifen Rußlands entsprechend dem bestehenden Bündnis- und Verteidigungsabkommen zugunsten des Sultans und damit den weiteren Ausbau der russischen Macht im Orient zu verhindern, arrangierte Palmerston in der Londoner Konvention vom 15. Juli 1840 eine gemeinsame Garantie der Integrität des osmanischen Imperiums durch England, Rußland, Österreich und Preußen. Dieser Schachzug bedeutete das Ende des russischen Primats am Bosporus, warf Mehmed Ali wieder auf Ägypten zurück und isolierte zugleich das auf ihn orientierte Frankreich, wodurch das außenpolitische Prestige der Julimonarchie einen schweren Schlag erlitt und die antiorléanistische Opposition an Boden gewann. Um ein Haar waren die europäischen Mächte an den Rand eines Krieges um den »kranken Mann am Bosporus« geraten. Zeitlich fiel Frankreichs politische Demütigung mit dem zweiten Versuch von Charles Louis Bonaparte, dem Neffen Napoleons I., zusammen, sich im symbolträchtigen Boulogne (August 1840) zum neuen Kaiser der Franzosen ausrufen zu lassen. Die Presse aller Couleurs verlachte dieses Abenteuer in Elbamanier; doch während der kleine Neffe für einige Zeit hinter Gittern verschwand, was seine noch geringe Popularität erhöhte und ihm den Nimbus eines gescheiterten Helden verlieh, kehrten im Dezember desselben Jahres die Gebeine des großen Onkels von St. Helena nach Paris zurück, und eine nach Hunderttausenden zählende Menge rief: »Vive l'Empereur!« Von nun an hatte der Napoleonmythos seinen Wallfahrtsort.

Liberale Bewegung in Preußen

In kaum geringerer Aufbruchstimmung befand sich Preußen. Die internationale Krise von 1839/40 rückte einen neuen Konflikt mit Frankreich in den Bereich des Wahrscheinlichen, der preußische General Joseph Maria von Radowitz sah seine Truppen schon im Elsaß, in Holland und der Schweiz; das Rheinlied von Nikolaus Becker »Sie sollen ihn nicht haben . . .« wurde zum politischen Volkslied, dicht gefolgt von Max Schnekkenburgers »Wacht am Rhein«; auf der patriotischen Welle ritt auch das wenig später entstandene »Deutschland, Deutschland über alles . . .« von Hoffmann von Fallersleben. Ungleich mehr bewegte das tonangebende liberale Bürgertum der Regierungsantritt von Friedrich Wilhelm IV. am 7. Juni 1840. Der »Romantiker auf dem Thron der Cäsaren«, so lautete ein Ausspruch von David Friedrich Strauß, weckte die Hoffnung auf eine liberale Öffnung der verknöcherten Politik. Erste Reformschritte, reichlich mit Vorschußlorbeeren bedacht (wie die Rehabilitierung von Arndt und Jahn), blieben jedoch schon im Ansatz stecken; vor allem der allgemein erwartete »Vereinigte Landtag« anstelle der separat tagenden Provinzialstände kam nicht zustande. Um so nachdrücklicher pochte das liberale Bürgertum, vor allem der Rheinprovinzen, auf erweiterte und konstitutionell verbriefte Rechte. Um die Frage der Ständevertretung setzte eine Welle politischer Agitation ein, die bis 1847 nicht mehr nachließ. Streitschriften wie »Woher und Wohin?« (1840) von Theodor Heinrich von Schön oder »Vier Fragen, beantwortet von einem Ostpreußen« (1841) von Johann Jacoby bewegten die öffentliche Meinung. Führendes Oppositionsorgan bildete die 1842 gegründete und ein Jahr später schon wieder verbotene »Rheinische Zeitung für Politik, Handel und Gewerbe«, deren Redaktion in den Händen eines begabten jungen Mannes namens Dr. Karl Heinrich Marx lag. Die philosophisch-politische Opposition fand ihre ideologische Heimstatt bei den Junghegelianern um David Friedrich Strauß, Bruno Bauer und Arnold Ruge. In der Literatur trat an die Stelle der erstarrten Klassik Goethescher Prägung eine neue Generation militant-revolutionärer Poeten, unter denen am Vorabend der Revolution Heinrich Heine, August Hoffmann von Fallersleben, Ferdinand Freiligrath, Georg Herwegh und Georg Weerth herausragten.

Schlesischer Weberaufstand

Noch dramatischer, als die anhaltende politische, philosophische und literarische Auseinandersetzung es vermuten ließ, beleuchtete in aller Grellheit der Aufstand der schlesischen Weber im Jahre 1844 die tiefe soziale Krise und das schier unvorstellbare Elend des entstehenden Proletariats. Durch die Konkurrenz der englischen Baumwolle an den Rand ihrer Existenzfähigkeit getrieben, erhoben sich die ausgemergelten Handweber im schlesischen Peterswaldau am 4. und 5. Juni 1844 gegen den Verlegerfabrikanten Zwanziger. Rasch griff die Erhebung auf andere Orte über und konnte nur durch Einsatz des Militärs und drakonische Strafen, wozu das menschenunwürdige öffentliche Auspeitschen gehörte, niedergeschlagen werden. Dieses deutsche Lyon, dem Heinrich Heine ein unvergängliches literarisches Denkmal setzte, bildete allerdings nur die Spitze des Eisberges von zahllosen sozialen Unruhen in den deutschen und den übrigen europäischen Staaten.

Fabrik- und Manufakturarbeiter, kleine Bauern und Landarmut, dazu nicht unerhebliche Teile der Handwerker wurden in ihrer bereits prekären Existenz vor allem durch die Mißernten der Jahre 1845 bis 1847 getroffen, zu deren Hauptursachen die von Irland ausgehende und in ganz Europa grassierende Kartoffelkrankheit gehörte. Infolge des Mangels oder der Unerschwinglichkeit dieses Grundnahrungsmittels erreichten auch die Brotpreise astronomische Höhen mit Steigerungsraten von über 115 Prozent. Die umsichgreifende Hungersnot begünstigte epidemische Mangelkrankheiten (Hungertyphus), vor allem in den

Ferdinand Freiligrath. Gemälde von Johann Peter Hasenclever, 1851. Akademie der Künste der DDR

Armenvierteln der Städte, aber auch in den Zentren des ländlichen Gewerbes (Leinenweberei). Zum erneuten Erdrutsch kam es, als die 1847 in England ausbrechende zyklische Wirtschaftskrise auf das europäische Festland übergriff. Allein in Hamburg machten 1848 128 Handelshäuser bankrott; die Textilproduktion in den deutschen Staaten sank auf die Hälfte; Eisenbahnwerte und andere Aktien verfielen. In Frankreich äußerte sich die Krise im weitgehenden Zusammenbruch des Finanzmarktes und in einer Entwertung der Staatspapiere. Im Habsburger Reich führte die Krise zur totalen Lähmung der ohnehin stagnierenden Wirtschaft. Im Winter 1847/48 zogen Karren durch Wien, um die Verhungerten und Erfrorenen aufzulesen.

Aus dem Zusammentreffen von sozialem Aufruhr und ökonomischer Depression erwuchs eine fast ganz Europa erfassende revolutionäre Atmosphäre, deren Entladung nur noch eines Anlasses bedurfte. Selbst Vertreter der herrschenden Ordnung begriffen die Unvermeidbarkeit von Zugeständnissen, konnten aber in der Leugnung ihrer Macht nicht über den eigenen Schatten springen, um den Aufruhr der kritischen Massen zu verhindern. In Frankreich reagierte das Ministerium Guizot auf die anschwellende Bankettkampagne zur Wahlrechtsreform mit offener Repression; in Deutschland dagegen bequemte sich der preußische König Friedrich Wilhelm IV. zur Einberufung des seit 1840 geforderten »Vereinigten Landtages« für April 1847; in einer der Sitzungen, in denen um die Kalamitäten der Staatsfinanzen gestritten wurde, fiel David Hansemanns berühmter Satz: »In Geldsachen hört die Gemütlichkeit auf . . .«, das liberale Bürgertum forderte für sein gutes Geld konstitutionelle Zugeständnisse. Um die gleiche Zeit kokettierte sogar der Herrscher von Sardinien-Piemont mit dem Gedanken an eine Verfassung; in Wien überlegten die Kreise um die Erzherzogin Sophie, wie man sich des starrsinnigen Greises Metternich entledigen könne, um das Ärgste zu verhüten.

Signal aus Krakau

Das früheste Signal kam aus Polen, genauer formuliert, der Republik Krakau, die den letzten Zipfel polnischer Freiheit verkörperte. Sowohl vom Ausland (Paris) her als auch im Inneren des Landes erfolgte die Vorbereitung des neuen Aufstandes zur Befreiung Polens von russischer, österreichischer und preußischer Fremdherrschaft. In der Führung der Bewegung hatten jetzt demokratische Elemente wie die »Vereinigung der Plebejer« um Walenty Stefański einen wesentlich stärkeren Einfluß als 1830. Jedoch mißlang der Versuch einer gesamtpolnischen Erhebung; im entscheidenden Moment stand Krakau allein: Am 22. Februar 1846 befand sich Krakau in den Händen der Patrioten; es konstituierte sich eine Nationalregierung. Verzweifelt versuchte der führende Kopf der Aufständischen, Edward Dembowski, die Revolution in das Land zu tragen. Jedoch ergab sich die tragische Konstellation, daß der um dieselbe Zeit ausbrechende Aufstand der galizischen Bauern den um seine Rechte und Besitzungen besorgten Adel von jeder revolutionären Initiative fernhielt. Mit dem Tod Dembowskis verlor die Krakauer Revolution den Kopf des Widerstandes; die freie Stadt erlag den einrückenden österreichischen, preußischen und russischen Truppen. Der Anschluß an Habsburg beseitigte das letzte Stück freier polnischer Erde: Der österreichische Kaiser dankte den galizischen Bauern für ihre Treue zum Hause Habsburg, sorgte aber gleichzeitig dafür, daß die traditionellen Untertanenverhältnisse wiederhergestellt wurden.

Schweizer Sonderbundeskrieg

Ungleich nachhaltiger als der Untergang der Republik Krakau bewegten die Vorgänge in der Schweiz die öffentliche Meinung Europas. Freiligrath, dessen Poesie kein bedeutendes politisches Ereignis entging, jubilierte: »Im Hochland fiel der erste Schuß.«

Gefecht bei Seltwyl, 1847. Die im Sonderbund zusammengeschlossenen katholischen Kantone der Schweiz versuchen vergebens, sich gegen die eidgenössischen Truppen durchzusetzen. Zeichnung von Albert Landerer, 1848

Was machte die Ereignisse in der Schweiz zum Prolog der Europäischen Revolution? In den Kantonen wurde eine Entscheidung ausgefochten, die eine scharfe Trennlinie zwischen liberaler und demokratischer Opposition auf der einen Seite und den Anhängern des Status quo auf der anderen zog. Seit dem Wiener Kongreß, der auch die Alpenrepublik »restauriert« hatte, bestanden die Grundprobleme der Schweiz in der Beseitigung der vor allem in den Gebirgskantonen noch bestehenden feudalen Abhängigkeiten und der Überwindung des extremen Föderalismus im Interesse des vor allem in den Kantonen des Nordwestens (Zürich, Bern, Genf u. a.) konzentrierten Bürgertums. Bereits unter dem Einfluß der Julirevolution hatte sich der Widerspruch zwischen liberalen und konservativen Kantonen zugespitzt und sogar in bewaffneten Konflikten entladen. Im Jahre 1845 schlossen sich die sieben katholischen Kantone Uri, Schwyz, Unterwalden, Wallis, Zug, Freiburg und Luzern, die sich außenpolitisch auf Habsburg, Frankreich und den Kirchenstaat stützten, im »Sonderbund« zusammen. Faktisch bedeutete dies die staatliche Auflösung, zumal die Sonderbündler sich weigerten, die Beschlüsse der von den Liberalen beherrschten Tagsatzung, der gemeinsamen Vertretung aller Kantone, anzuerkennen. Dagegen setzten die liberalen Kantone im November 1847 eine bewaffnete Macht von 100000 Mann, die den Sonderbund zur Kapitulation zwang. Nach der Niederlage der klerikalen Kantone und der Vertreibung der bis dato allmächtigen Jesuiten erhielt die Schweiz eine neue Verfassung, die aus dem lockeren Staatenbund einen liberal verfaßten Bundesstaat machte. Ganz im Sinne der einstigen Heiligen Allianz verlangten im Januar 1848 Rußland, Österreich, Preußen und Frankreich eine Respektierung der Festlegungen von 1815. Die

Schweiz wies jede Einmischung in ihre inneren Angelegenheiten ab; das liberale Europa triumphierte, hatten doch gleichzeitig Belgiens Liberale bei den Wahlen von 1847 einen großen Erfolg erzielt. Sein unmittelbares Echo fand »der erste Schuß« in Italien und Frankreich.

Agonie des juste milieu

Mâcon, ein Ort nördlich von Lyon, am 18. Juli 1847: Fast 6000 Gäste waren zusammengeströmt zu Ehren von Alphonse Lamartine, dem berühmten Dichter, bedeutenden Historiker und wohl einflußreichsten liberalen Politiker. Den Anlaß des feierlichen Banketts gab die Veröffentlichung des letzten Bandes seiner »Histoire des Girondins«, einem Werk, das als politisch-literarische Sensation galt. Der Geist von 1789 schwebte über den das gutsituierte Bürgertum repräsentierenden Anwesenden. Und Lamartine prophezeite in einer großen Rede, daß Frankreich vor einer neuen Revolution stehe, nicht so blutig wie 1789, aber nicht weniger umwälzend.

Alphonse Marie Louis Prat de Lamartine. Seine ersten Gedichte »Méditations poétiques« (1820) begründeten seinen Ruhm als Dichter. Als Deputierter der Kammer schloß er sich der Opposition gegen Louis Philippe und Guizot entschieden an, weshalb sein Name im Jahre 1848 außerordentlich populär war. Anonyme Lithographie. Staatliche Bücher- und Kupferstichsammlung Greiz

Lamartine gab damit dem allgemeinen Gefühl von der Unhaltbarkeit der bestehenden Zustände Ausdruck. Die Politik der »rechten Mitte« stagnierte; das Kabinett unter François Guizot – ebenfalls Historiker und Politiker von liberal-konservativem Zuschnitt – versuchte alles zur Erhaltung des Bestehenden: kein Wechsel nach innen, kein Wechsel nach außen, Frieden um jeden Preis, Festhalten am Bewährten. Gerade dem lief aber Frankreichs reale Entwicklung total zuwider. Während sich England schon mit dem stolzen Titel einer »Werkstatt der Welt« schmückte, galt das noch vorwiegend agrarische Frankreich als die große »Getreidefabrik«, obwohl selbst auf diesem Sektor der Rückstand zur Insel beträchtlich genug blieb. Die Finanzkraft des Staates beruhte fast ausschließlich auf der Grundsteuer. Um so stürmischer wurden die Folgen des Wandels der letzten eineinhalb Jahrzehnte empfunden. Zwischen 1830 und 1848 stieg die Zahl der Dampfmaschinen von 600 auf über 4800, die Kohleförderung wuchs um das Fünffache, einen steilen Anstieg verzeichnete die Eisenproduktion, neben der florierenden Textilindustrie gewann die Metallurgie des Nordostens wachsende Bedeutung, die Zahl der Banken vervielfachte sich (auch die ihrer Pleiten); das Eisenbahngesetz von 1842 löste einen niegekannten Spekulationstaumel aus, die Pariser Börse verdoppelte ihren Umsatz. Le Creusot, Anzin, Mulhouse wurden zu Begriffen der einsetzenden Kapitalkonzentration im produktiven Bereich.

Die Krise des Systems bewegte sich um zwei Problemkreise: Dem Anspruch des aufsteigenden Industriebürgertums auf Respektierung seiner politischen Interessen sollte Rechnung getragen und so die in Schieflage geratene Äquivalenz von Ökonomie und Politik nach englischem Beispiel durch eine Wahlrechtsreform korrigiert werden; zugleich beherrschte die »soziale Frage« zunehmend die öffentliche Diskussion, die ihre Substanz aus dem Elend des aufkommenden Proletariats, nicht weniger auch aus der Perspektivlosigkeit der dem Ruin entgegentreibenden Handwerker zog. Auf die Forderung nach Ausweitung und Demokratisierung des Wahlrechts durch Senkung des Vermögenszensus antwortete Guizot zynisch: »Enrichissez-vous« (Bereichert Euch); wer zuwenig besitze, um den für das aktive und passive Wahlrecht erforderlichen gepfefferten Steuersatz aufzubringen, trage selbst Schuld.

Oppositionelle Strömungen

Von jenem einst jugendlichen Helden Louis Philippe auf stolzem Schimmel war nichts mehr übrig. Schwergewichtig, mit aufgedunsenem Gesicht und brauner Perücke gab er ein dankbares Objekt für ätzende Karikaturen ab. Sein gehorsames Sprachrohr Guizot sah sich in der Kammer einer weitgefächerten Opposition gegenüber: Die Legitimisten mit ihrem Organ »La Gazette de France« träumten von einer Rückkehr der Bourbonen, forderten Religionsfreiheit, was nichts anderes als Klerikalisierung bedeutete, und kokettierten sogar mit dem Wahlrecht, ihre Basis im Volk heillos überschätzend. Empfindlicher traf den König und seinen Minister die Spaltung der eigenen Orléanisten: Adolphe Thiers, der klassische »1830er«, führte eine Art von linkem Zentrum, und Odilon Barrot verkörperte die »dynastische Linke«. Beide brillante Redner, gaben sie sich »radikal« im Sinne einer Flexibilisierung des Systems. Blieben noch die kleinbürgerlichen Radikalen um den reichen Advokaten Ledru-Rollin und sein einflußreiches Blatt »La Réforme«. Im liberalen »Le National« und in der radikalen »La Réforme« polarisierte sich das Spektrum der Opposition am Vorabend der Revolution. Ledru-Rollin verstand es, auf die Arbeiter zu wirken, denn er vertrat entschlossen die Republik, und er besaß das Talent, »mit Tränen in den Augen« das schwere Los der Volksklassen zu beklagen.

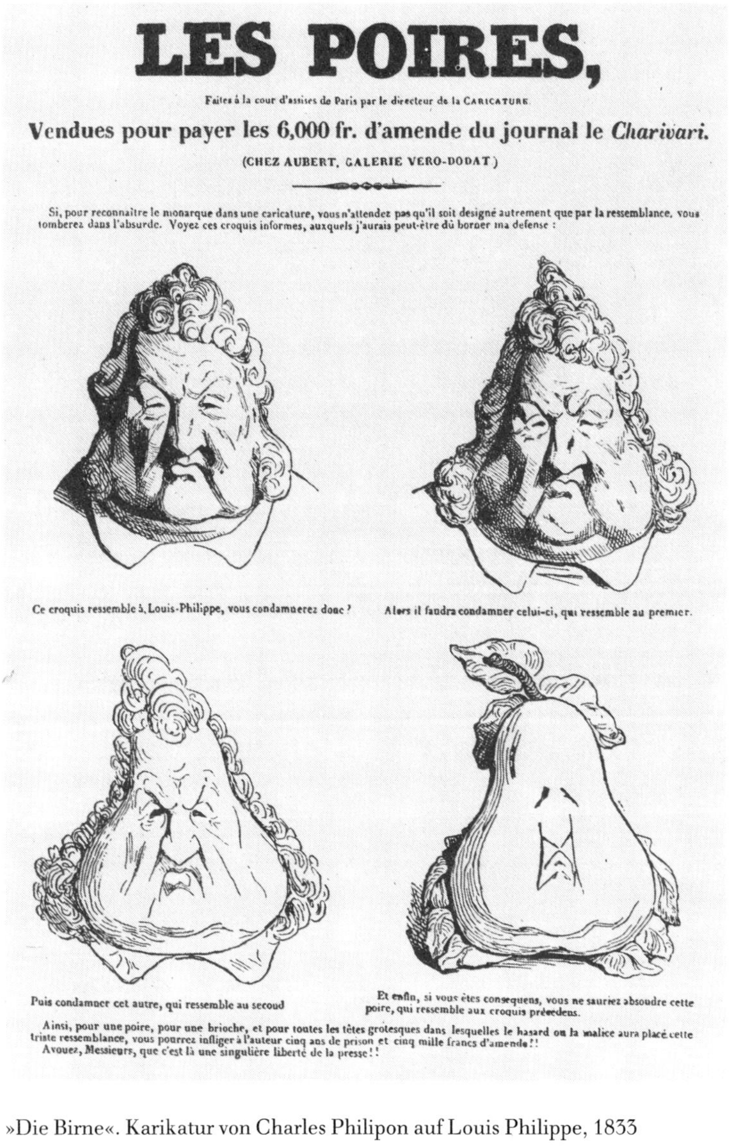

»Die Birne«. Karikatur von Charles Philipon auf Louis Philippe, 1833

Alexandre Auguste Ledru-Rollin. Als junger Advokat veröffentlichte er im Jahre 1832 ein Gutachten gegen den von Louis Philippe nach dem Juniaufstand verhängten Belagerungszustand. In einer ganzen Reihe von Prozessen verteidigte er die Angeklagten. 1844 wurde er in die Deputiertenkammer gewählt. Anonyme Lithographie. Heimatmuseum und Naturalienkabinett Waldenburg

Die unerträgliche Situation der proletarischen Bevölkerung in den großen städtischen Zentren wie Paris, Lyon, Marseille, Bordeaux, Rouen, Lille beschäftigte sogar die Akademie, die 1848

Proletarische Linke

eine umfangreiche Studie über »die soziale Krise« vorlegte. Sensible Dichter, allen voran Victor Hugo, zeichneten ein erschütterndes Bild vom Schicksal der gesellschaftlichen Parias. Es waren aber vor allem die Arbeiter selbst und an ihrer Seite stehende revolutionäre Intellektuelle, die ihre Forderungen anmeldeten, erste Versuche der politischen Organisation unternahmen, eine eigene Presse aufbauten, geheime und halblegale Gesellschaften gründeten und zu spontanen Aktionen, vor allem in lokalen Streiks, schritten. Die vierziger Jahre brachten einen ungewöhnlichen Aufschwung kleinbürgerlich-sozialistischer und proletarisch-kommunistischer Bestrebungen. Aus der Fülle der Namen ragen hervor: Pierre Joseph Proudhon als Vertreter anarcho-pazifistischer Ideen, Louis Blanc, der als Reformsozialist mit der Idee der »Organisation der Arbeit« großen Einfluß hatte,

Etienne Cabet mit seinem christlich motivierten ikarischen Utopismus, Jean Jacques Pillot, Théodore Dézamy und vor allem der unverwüstliche Louis Auguste Blanqui, der mehrere Todesurteile überstand, den größten Teil seines Lebens in Gefängnissen verbrachte und trotzdem ungebrochen blieb. Blanqui war im Unterschied zu anderen Vertretern des utopischen Sozialismus und des Arbeiterkommunismus weniger ein spekulativer Kopf, sondern mehr ein Revolutionär der Tat. In beeindruckender Fülle blühte eine eigenständige Arbeiterpresse: »Fraternité«, »Humanitaire«, »Populaire«, »Egalitaire«, »Communautaire«, »La Liberté«, »Le Travail«, »Presse sociale«, »Propagande«, »L'Atelier«, »Journal du peuple . . .«, schon ihre Titel bedeuteten ein Programm. Dazu kamen die revolutionären Gesellschaften: »Société des saisons«, »Nouvelles saisons«, »Société dissidente«, »Société communiste révolutionnaire«, »Société matérialiste

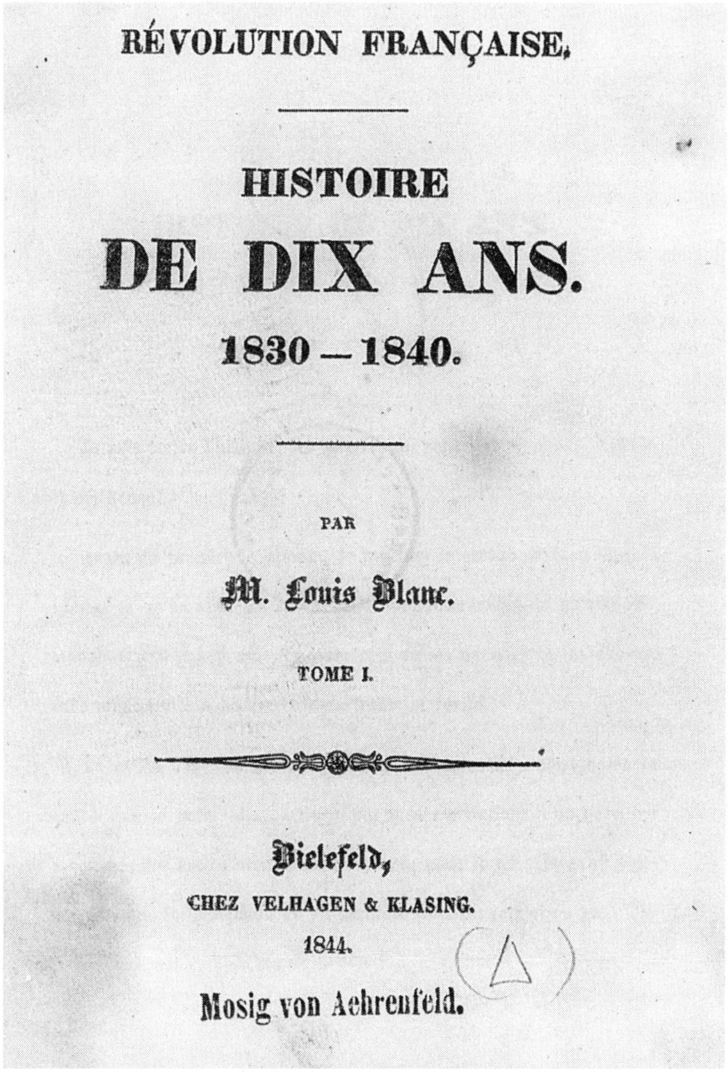
RÉVOLUTION FRANÇAISE.

HISTOIRE

DE DIX ANS.

1830 – 1840.

PAR

M. Louis Blanc.

TOME I.

Bielefeld,

CHEZ VELHAGEN & KLASING.

1844.

Mosig von Aehrenfeld.

»Histoire de dix ans. 1830–1840.« Titelblatt des 1. Bandes der Schrift von Louis Blanc. Bielefeld, 1844

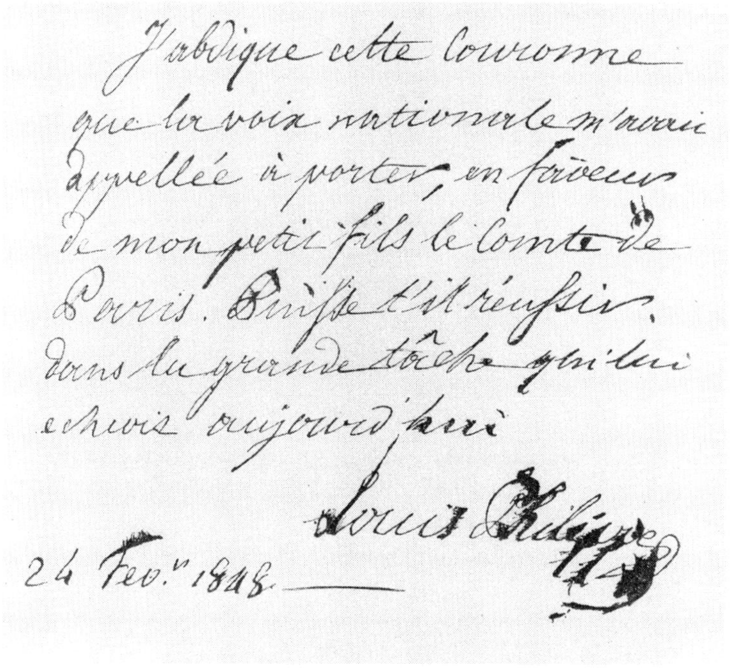
J'abdique cette Couronne que la voix nationale m'avait appellée à porter, en faveur de mon petit fils le Comte de Paris. Puisse t'il réussir dans la grande tâche qui lui échoit aujourd'hui

Louis Philippe

24 Fev.r 1848.

Am 23. Februar 1848 unterzeichnete König Louis Philippe seine Abdankung und verzichtete zugunsten seines Enkels, des Grafen von Paris, auf die Krone. Abdankungsurkunde. Archives Nationales, Paris

communiste . . .«. Dieses eindrucksvolle Panorama, für den liberalen Bürger sicheres Indiz der »roten Gefahr«, zeugte allerdings auch von der verhängnisvollen Aufsplitterung einer noch stark in den Traditionen von 1793 befangenen Bewegung.

Wahlbankette

Das Ringen um eine Demokratisierung des Wahlrechtes und die Kritik an der Korruption führender Repräsentanten der Monarchie fanden ihren Ausdruck in einer Serie von »Wahlbanketten« der verschiedenen politischen Richtungen: Es gab liberale, radikale und sogar kommunistische Bankette. Diese Form der »geselligen Zusammenkunft« erlaubte es, die wiederholten Versammlungs- und Demonstrationsverbote zu umgehen. Auf die angespannte politische Atmosphäre wirkte die Nachricht von der Revolution in Palermo wie ein Fanal, jedoch erst das Verbot eines für den 22. Februar 1848 angesetzten Banketts, zu dem sich Tausende von Teilnehmern eingeschrieben hatten, brachte das Faß zum Überlaufen. Während die liberale Opposition protestierte, ansonsten aber zur »Besonnenheit« mahnte, obwohl die Regierung schon die Verhaftung von 150 mißliebigen Reformanhängern vorbereitete und die Armee in Alarmbereitschaft versetzte, schlugen die Faubourgs des Pariser Ostens los. Handwerker, kleine Kaufleute, Arbeiter, Studenten, linke Intellektuelle demonstrierten unter dem Motto: »Es lebe die Reform! Nieder mit Guizot!« An den strategischen Punkten entstanden Barrikaden. Der König entließ Guizot hastig, das neue Kabinett

Molé beeindruckte zwar die vereinbarungswilligen Liberalen, vermochte aber die entfesselte Massenbewegung nicht mehr zu

Februaraufstand

bändigen. Am 23. Februar standen schon unzählige Barrikaden, Führer der Geheimgesellschaften tauchten aus dem Untergrund auf und sorgten für planvolle Aktionen. Der Polizeichef von Paris verkannte mit seiner Meinung: »Das ist eine Emeute, die man an sich selber kaputtgehen lassen muß«, die Lage total. Über den Barrikaden wehte anstelle der Trikolore die rote Fahne, die ersten Toten der Revolution wurden auf der Place de la Bastille zu Füßen der Freiheitssäule von 1830 aufgebahrt. Louis Philippe blieb kein anderer Weg, als zugunsten seines Sohnes abzudanken; das Projekt einer Regentschaft aber scheiterte, denn die Forderung nach einer Republik stand beherrschend im Raum. Sogar die Liberalen mußten sie für den Moment akzeptieren. Trotzdem bedurfte es einer erneuten Mobilisierung von 200000 Manifestanten unter dem Radikaldemokraten François Vincent

Ausrufung der Republik

Raspail, um deren offizielle Proklamation (24. Februar) durchzusetzen. Zweihundert Tote waren ihr Preis. Eine Republik »im Namen des Volkes« und der »Volkssouveränität«, wie es im »Moniteur« so überschwenglich hieß?

Alle Hoffnungen richteten sich jetzt auf Lamartine, der allerdings seine Macht in der neuen provisorischen Regierung mit gemäßigten und einer Minderheit von radikalen Republikanern (Ledru-Rollin, Flocon) teilen mußte. Ihr gehörten weiter Louis Blanc und der Arbeiter Martin Alexandre Albert an: die unvermeidliche Konzession an die Barrikadenkämpfer. Der kleinbürgerlich-demokratischen und der proletarischen Linken kam es darauf an, dem politischen Umsturz einen klaren sozialen Inhalt zu geben: die soziale Republik.

Trikolore oder rote Fahne

Von der Unvereinbarkeit der Standpunkte zeugte bereits die Auseinandersetzung um die Symbole der neuen Macht. Während die Liberalen an der Trikolore festhielten, forderte die revolutionäre Linke die rote Fahne. Am Ende stand das Kompromiß, die Trikolore mit einer roten Kokarde zu drapieren. Was als Streit um ein Symbol erschien, bedeutete in Wirklichkeit die erste Entscheidung gegen den »Vierten Stand«. Louis Auguste Blanqui, führender Kopf der proletarisch-republikanischen Linken und gemeinsam mit Dézamy Chef der neuen einflußreichen »Société républicaine centrale« erkannte die prinzipielle Bedeutung dieser Auseinandersetzung: »Wir sind nicht mehr im Jahre 1793, wir sind im Jahre 1848! ... Auf den Barrikaden von 1848 hat das Volk die roten Fahnen gehißt, ebenso wie auf den Barrikaden des Juni 1832, des April 1834 und des Mai 1839 ... Man sagt, sie sei eine Blutfahne. Aber rot ist sie nur vom Blut der Märtyrer, das sie zum Banner der Republik erhob ... Arbeiter, es ist eure Fahne, die fällt! Gebt acht! Die Republik wird ihr bald folgen.« – Diese Prognose stellte Blanqui am 26. Februar, noch in den ersten Stunden des allgemeinen Freudentaumels über den Sieg der Revolution.

Die erste offizielle Anerkennung der »sozialen Frage«, der Arbeiterfrage, in der Geschichte der bürgerlichen Revolutionen fand ihren Ausdruck in der Proklamation des »Rechtes auf Arbeit«, eine angesichts der hohen Arbeitslosigkeit vor allem in Paris populäre Forderung. Jetzt schlug der von Louis Blanc formulierte Gedanke der »Organisation der Arbeit« in der Öffentlichkeit Wurzeln. Die provisorische Regierung antwortete auf diesen Anspruch mit einem Doppelbeschluß, der es ihr ermöglichte, das Gesicht zu wahren und zugleich die ersten Schritte einzuleiten, um den proletarischen Einfluß auf den weiteren Gang der Revolution einzugrenzen und schließlich zu eliminieren. Mit der An-

Nationalwerkstätten

sage, die Arbeitslosigkeit zu beheben, verkündete die provisorische Regierung die Errichtung von »Ateliers nationaux« (Nationalwerkstätten). Was die Presse als Sieg der »Organisation der Arbeit« feierte, erwies sich in Wirklichkeit als Beschäftigung »unruhiger« Elemente unter staatlicher Aufsicht nach den Prinzipien einer fast militärischen Disziplin. Arbeiterfreundlichkeit gehörte zum guten Ton: Der Bankier Rothschild spendete 50000 Francs für die Opfer der Februartage; der Erzbischof von Paris, Denis Affre, ließ ein »Domine salvam fac Francorum gentem« (Herr, rette die französische Nation) für die Februarkämpfer zelebrieren. Lamartine hieb in dieselbe Kerbe und verlangte, »ohne Verzögerung das Recht auf Arbeit zu verkünden«. Geistliche predigten von »Christus, dem Arbeiter«, und die Arbeiter tanzten um neu gepflanzte Freiheitsbäume, von generösen Bourgeois freigehalten: die schöne Revolution.

Am Ziel ihrer Wünsche sah sich die proletarische Linke mit dem Beschluß über die Bildung einer Kommission für Arbeiter-

Luxembourgkommission

fragen, nach ihrem pompösen Sitz im Palais bald Luxembourgkommission genannt. Der Pferdefuß dieser Errungenschaft bestand darin, daß Blanc und Albert damit aus der provisorischen Regierung ausschieden, die Arbeiterfrage war aus dem Zentrum der realen Macht verbannt. Weitere Reformmaßnahmen betrafen die Einführung des allgemeinen Wahlrechts für Männer ab 21 Jahre, die Demokratisierung der Presse und die Versammlungsfreiheit, die einen außerordentlichen Aufschwung in der Gründung radikaler Klubs bewirkte, unter denen der »Club des droits de l'homme« eine besonders aufschlußreiche Rolle spielte. Parallel dazu entstanden Klubs der deutschen, polnischen, slawischen, iberischen und italienischen Revolutionäre. Paris avancierte erneut zum Mekka der internationalen Demokratie.

Schier unübersichtlich war die Zahl der aus dem Boden schießenden republikanischen Zeitungen und Wochenschriften. Begabte Redner, passionierte Revolutionäre, Journalisten und Schriftsteller, dazu in der Politik engagierte Dichter wie Lamartine, Barrot, Ledru-Rollin, Falloux, Hugo, Ollivier, Rouher, Simon, Buffet, dazu Barbès, Dézamy, Blanqui, Raspail, George Sand, Sue, schließlich Lamennais, Bastiat, Molinari bis hin zu Blanc und Proudhon schufen eine für Europa wohl einmalige Atmosphäre geistiger Freiheit und politischen Meinungsstreites, in der sich auch die Stimme des Proletariats Gehör verschaffen konnte.

Hinter den Kulissen der allgemeinen Begeisterung über den »Sieg des Volkes«, der Erinnerungen an das große Jahr 1793 weckte, begann die provisorische Regierung mit dem Ausbau der realen Macht. Noch am 25. Februar 1848 erging das Dekret über

Mobilgarde

die Schaffung einer nationalen Mobilgarde im Umfang von 25000 Mann. »La Réforme« und »Le National« philosophierten darüber, ob diese Garde ein soziales Zugeständnis an die jugendlichen Arbeitslosen oder schon der Kern einer Prätorianergarde gegen die republikanische Linke sei; bis zur Beantwortung dieser Frage vergingen nur noch wenige Monate. Eine umfangreiche, geänderte Steuerpolitik sollte die desolaten Staatsfinanzen stabilisieren. Zu den ergriffenen Maßnahmen gehörte die Beauflagung der Grundsteuer – wie angedeutet noch immer Haupteinnahmequelle der Regierung – mit 45 Centimes pro Franc, eine Last, die vor allem die Bauern zu tragen hatten. Der ihnen auferlegte Zwang, die Revolution zu finanzieren, trieb einen verhängnisvollen Keil zwischen die Republik und die Masse der Bauern, insbesondere aber zwischen Arbeiter und Bauern. Vergeblich versuchte die republikanische Linke in Paris, dieses folgenschwere finanzpolitische Manöver zu verhindern.

Um die Situation rasch in die Hand zu bekommen, drängte die provisorische Regierung auf vorgezogene Wahlen für eine Konstituierende Nationalversammlung am 9. April 1848. Dieser Beschluß brachte die ungleich schwächer organisierte republikanische Linke in arge Verlegenheit. Denn von Blanqui über Ledru-Rollin bis Blanc bestand Einverständnis: »Die unmittelbare Wahl zur Nationalversammlung stellt eine Gefahr für die Republik dar. Seit sechzig Jahren spricht allein die Konterrevolution in Frankreich.« (Blanqui). Um vor allem die Bauern aufklären zu können, verlangten die revolutionären Klubs von Paris am 17. März 1848 in einer Demonstration von über 150000 Anhängern die Vertagung der Wahlen; ein neuer Aufstand und die Einsetzung einer radikal-republikanischen Regierung unter Blanc und Ledru-Rollin schien in Reichweite. Das liberale Bürgertum sollte diese Lektion nicht vergessen, zum ersten Mal ertönte der Ruf nach dem starken Mann; der Interessenblock der Februartage begann auseinanderzubrechen. Die Rechnung der gemäßigten Liberalen bei den nun am 23. und 24. April stattfindenden Wahlen ging auf: Bei einer Beteiligung von 84 Prozent, zweifellos Ausdruck der hochgradigen Politisierung der Bevölkerung, wurden 880 Abgeordnete gewählt: die äußerste Rechte (Legitimisten und katholische Konservative) umfaßte etwa 100 Vertreter, die Orléanisten lagen bei knapp 200, die gemäßigt-liberalen Republikaner (»Typ National«) erhielten 500 Sitze, und die Linke brachte es gerade auf 80. Sowohl in den Städten als auch auf dem Lande hatte die radikal-republikanische Linke eindeutig eine Niederlage erlitten, die Revolution begann sich nach rechts zu orientieren; die demokratische Bewegung geriet in die Defensive.

Maiaufstand

Enttäuschung, Verzweiflung über den Wahlausgang, Desorientierung, Erbitterung über restriktive Gesetze entluden sich am 15. Mai 1848 in einer erneuten Massendemonstration und – entgegen der vergeblichen Warnung von Blanqui und Raspail – in dem Versuch, die Konstituante mit Gewalt aufzulösen und eine revolutionäre Regierung einzusetzen. Nationalgardisten und Regierungstruppen sprengten mit dem Ruf: »Es lebe die Nationalversammlung! Nieder mit den Kommunisten!« die Aufständischen auseinander. Lamartine und Ledru-Rollin standen gemeinsam gegen die proletarischen Manifestanten. Die rechte Presse rief nach der Wiedereinführung der Guillotine, während die Regierung die Situation nutzte, um durch über 400 Verhaftungen alle führenden Köpfe der linken Republikaner und der Volksbewegung auszuschalten; damit war die Massenbasis der Revolution führungs- und orientierungslos. Von nun an konnte die liberale Bourgeoisie von der Politik der Neutralisierung und Isolation der Linken zur offenen Unterdrückung schreiten, um die reale Macht auf gemäßigt-liberaler Grundlage zu stabilisieren. Auf das Verbot der revolutionären Klubs (22. Mai) folgte das Gesetz gegen Versammlungen und Demonstrationen (7. Juni). Kein Geringerer als Alexis de Tocqueville wagte die Prophezeiung, es stünde die entscheidende Schlacht – »une grande bataille livrée dans Paris« – bevor. Um mit den »Prätorianern der Revolte« endgültig abzurechnen, wurde diese Schlacht von der Regierung nach wohlüberlegtem Kalkül vorbereitet und inszeniert.

Junischlacht – Wende der Revolution

22. Juni: Die Regierung verfügt nach intensiver Propaganda in der rechts-liberalen, orléanistischen und legitimistisch bourbonischen Presse die Auflösung der Nationalwerkstätten. Die Arbeiter stehen vor der Alternative, in die Provinz zu Erdarbeiten geschickt oder in die Armee gesteckt zu werden. Spontan beginnen Demonstrationen unter den Losungen: »Recht auf Arbeit!« und »Demokratische und soziale Republik!« Ein bemerkenswerter neuer Aspekt besteht darin, daß die bis dahin wenig bedeuten-

Barrikade an der Ecke des Boulevard und der Rue Mazagran in der Nähe der Porte St-Denis zu Paris während der Schlacht am 23. Juni 1848. Zeitgenössische Darstellung

den Bonapartisten, die jetzt erkennen, daß sich die Republik heillos zu diskreditieren beginnt, für die Arbeiter das Wort ergreifen. Der »Napoléon républicain« verbindet geschickt antibürgerliche mit antiparlamentarischen Auffassungen: »Napoléon, rentre dans ton palais. / Napoléon, sois bon républicain« (Napoleon, kehre in deinen Palast zurück. / Napoleon, sei ein guter Republikaner). Und die ersten Demonstranten skandieren nicht nur: »Arbeit oder Brot«, sondern auch: »Nous l'aurons, nous l'aurons! ... Poléon! Poléon« – (Wir werden ihn bekommen! ... Napoleon).

23. Juni: Im plebejisch-proletarischen Osten von Paris, wieder mit dem Faubourg St-Antoine als Herzstück, beginnt der Aufbau der ersten Barrikaden. Bald ist das Gebiet bis ins Zentrum auf die Höhe des Rathauses und des Justizpalastes verbarrikadiert; einige Barrikaden werden mobil installiert und ermöglichen so die flexible Verteidigung. Angesichts dieser Situation überträgt die Regierung dem Kriegsminister, General Eugène Cavaignac, diktatorische Vollmachten. Für ihn, erfahren im Kampf gegen das aufständische Algerien, handelt es sich um keine Polizei-, sondern eine Militäraktion. Es gilt, gegen das aufständische Paris einen Krieg zu führen. Die Zeit eilt, denn die Unruhen greifen auf andere Städte über: Marseille, Lyon, Caen, Le Havre ...

24. Juni: Cavaignac verfügt jetzt über 12000 Mobilgardisten, eine – wie sich bald zeigen sollte – Truppe von Schlächtern, dazu 29000 Soldaten, bestückt mit massiver Artillerie, um die Barrikaden zusammenzuschießen. Erste Angriffe scheitern, die verantwortlichen Kommandeure fordern, ohne Ausnahme, Verstärkung, um die teils haushohen Barrikaden stürmen zu können.

25. Juni: Im Besitz der erforderlichen Verstärkungen, geht Cavaignac zur Offensive über, es gelingen die ersten Einbrüche in die Front der Verteidiger. Er fordert die bedingungslose Kapitulation; der um Vermittlung bemühte Erzbischof von Paris stirbt zwischen den Fronten.

26. Juni: Angesichts der vordringenden Truppen geraten die letzten Bastionen der Aufständischen ins Wanken. Im Faubourg St-Antoine verteidigen sich noch 10000 Arbeiter und Handwerker, sie kämpfen in der vergeblichen Hoffnung auf Hilfe aus der Provinz. Die erschöpften Kämpfer bieten eine ehrenhafte Kapitulation an, Cavaignac besteht auf Unterwerfung. Der Endkampf beginnt, gegen Mittag fällt der Faubourg, letzter Widerstand wird bis zum Nachmittag gebrochen.

Bilanz: Tausende Gewehre fallen in die Hände der Sieger, 25000 Personen werden auf der Stelle verhaftet, mehr als 1500 Aufständische sterben unter den Kugeln der Exekutionskommandos, die Zahl der in den Kämpfen Gefallenen bleibt unbekannt. Mehr als 3000 gehen in die Verbannung. Die vom Alkohol enthemmten Horden der Mobilgarde terrorisieren die »befreiten« Stadtbezirke auf eine Weise, die sich jeder Beschreibung entzieht. Louis Ménard, Journalist und Poet, schreibt in seiner »Hommage aux insurgés«: »Ihr verlaßt vor uns eine verdammte Erde / Wo Gott immer auf der Seite der Stärksten ist / Wo der Arme Sklave ist, wo seine Rasse verfolgt ist, / Wo der Hunger nur einen Ausweg läßt, den Tod.«

Louis Eugène Cavaignac. Sein Vorgehen gegen die Aufständischen brachte ihm den Beinamen »Henker von Paris« ein. Anonyme zeitgenössische Lithographie. Staatliche Bücher- und Kupferstichsammlung Greiz

Die Niederlage der Juniinsurrektion, der ersten offenen Schlacht zwischen Bourgeoisie und Proletariat in der Geschichte, hatte Auswirkungen in zweifacher Richtung:

Für Frankreich bedeutete sie die entscheidende Wende für die II. Republik. Zwar hatten sich die Liberalen der Gruppe Lamartine-National der radikal-demokratischen Opposition und damit der Notwendigkeit sozial-reformerischer Zugeständnisse entledigt. Zugleich verlor die Republik ihre Basis im Volke und wurde zunehmend anfällig für die Machtkämpfe der rivalisierenden Fraktionen.

Für das übrige Europa setzten die Juniereignisse ebenfalls eine einschneidende Zäsur. Mit der offenen Rechtswende der Republik fiel Frankreich als potentieller Verbündeter für die Revolution in den anderen Ländern aus. Das Resultat bestand in der eindeutigen Verschiebung des europäischen Kräfteverhältnisses zugunsten der konterrevolutionären Mächte Preußen, Österreich, Rußland. Die Pariser Junitage brachten die Vorentscheidung über das weitere Schicksal der Europäischen Revolution.

Mit Riesenschritten nahte das Ende der Republik in Frankreich, mochte sich ihre Agonie auch noch drei Jahre hinziehen. Nach der Niederschlagung der Juniinsurrektion trat General Cavaignac, der »Henker von Paris«, an die Spitze der Exekutive. Noch unter den Bedingungen des Belagerungszustandes kam – gegen die Stimmen einer Minderheit um Hugo, Leroux, Proudhon – die Verfassung vom 4. November 1848 zustande, zu deren Hauptmerkmalen die Aufhebung des Rechtes auf Arbeit, eine Einschränkung des Wahlrechtes und umfassende Vollmachten für den Präsidenten gehörten. Der liberale Historiker und Politiker Jules Michelet, durchaus kein Freund der Linken, bemerkte: ». . . die Versammlung hat das Königtum unter der Form einer vierjährigen Präsidentschaft restauriert.« George Sand sprach von »Halbmonarchie«.

Wahlsieg der Bonapartisten

Die Wahlen vom 10. Dezember endeten mit einer ungeheuren Überraschung: Prinz Louis Bonaparte, bislang kaum hervorgetreten, erhielt über 5,3 Millionen Stimmen, während Cavaignac, die Hoffnung der gemäßigten Liberalen, mit etwa 1,8 Millionen weit abgeschlagen endete. Bonaparte verdankte seinen Sieg in erster Linie den Bauern, das Land triumphierte über die Stadt. Jedoch hatte der Neffe Napoleons I. es auch vermocht, sich ein »revolutionäres Image« aufzubauen: als Carbonaro, Verfasser einer Schrift, wie die Armut zu beseitigen sei, und eben als Haupt zweier dilettantischer Aufstandsversuche (1836 und 1840). Geschickt wußte er das Erbe seines großen Ahnen für sich in die Waagschale zu werfen; der Napoleonmythos erfüllte seine Aufgabe. Mit dem erklärten Ziel, die bürgerlichen Liberalen

Louis Bonaparte war der dritte Sohn des älteren Bruders Napoleons I., Louis Bonaparte, und der Hortense Beauharnais. Im Sommer 1848 wurde er als Abgeordneter in die französische Nationalversammlung gewählt. Lithographie von Menut Alophe. Staatliche Bücher- und Kupferstichsammlung Greiz

zu entmachten, setzte der neue Präsident ein Kabinett unter dem Orléanisten Odilon Barrot durch. Im Januar 1849 stimmte die Konstituierende Nationalversammlung unter sanftem Druck der Armee ihrer Selbstauflösung zu. Legitimisten, Orléanisten, Bonapartisten, selbst einige rechte Republikaner bildeten eine »Union électorale«, um als »Partei der Ordnung« die Republik vor den Radikalen »zu retten«. Ganz in ihrem Sinne schlugen die Wahlen zur Legislative vom 13. Mai 1849 gegen die Republik aus: 500 Ordnungspolitikern standen 70 rechte Republikaner und 180 Vertreter der demokratisch-sozialistischen Linken, der »Nouvelle Montagne« (Neuer Berg) gegenüber. Faktisch blieb die Linke um Ledru-Rollin und Félix Pyat die einzige ernstzunehmende Herausforderung für den Mehrheitsblock der Monarchisten, während sich die liberal-bürgerliche Mitte aufzulösen begann.

Die Legislative zerstritt sich sofort in den Grundfragen der Außenpolitik. Entschieden verurteilten die Republikaner um Ledru-Rollin die Intervention gegen die Römische Republik, wurden jedoch erwartungsgemäß überstimmt. Eine von der kleinbürgerlichen Opposition für den 13. Juni 1849 angesetzte

Ende der kleinbürgerlichen Opposition

Demonstration endete unter Schüssen der Armee; nur in Lyon kam es erneut zum Aufstand (15. Juni), der aber ebenfalls mit Gewalt niedergeschlagen wurde. Das totale Versagen der von Ledru-Rollin verkörperten kleinbürgerlich-republikanischen Opposition, die jetzt so allein stand wie die Arbeiter in den Junitagen, bot der Regierung den gewünschten Vorwand, um neue Repressalien gegen die radikalen Kräfte in die Wege zu leiten. Trotzdem erbrachten Nachwahlen zur Legislative im März 1850 erheblichen Stimmengewinn für die linken Gruppen. Dem begegnete die Regierung mit einer Korrektur des Wahlrechtes (Einführung einer dreijährigen Residenzpflicht), die drei Millionen Proletariern, Tagelöhnern, Gesellen u.a. die Stimme entzog; zuvor hatte das »Gesetz Falloux« den Einfluß der Kirche auf den Unterricht gestärkt; am 9. Juni ergingen erneut Gesetze gegen revolutionäre Klubs und öffentliche Demonstrationen. Das Netz der Repression zog sich immer enger zusammen.

Für Louis Bonaparte bestand das entscheidende Problem darin, durch Verfassungsreform eine zweite Amtszeit als Präsident durchzusetzen; der parlamentarische Versuch dazu scheiterte am 15. Juli 1851 an über 100 Gegenstimmen. Im Bewußtsein, daß die inzwischen eingetretene wirtschaftliche Wiederbelebung mit florierender Industrie und steigenden Agrarpreisen in Bürgertum und Bauernschaft die Garantie von Ruhe und Ordnung um jeden Preis populär machte, die linke republikanische Opposition sich in der Defensive befand, die monarchischen Gegner (Legitimisten – Orléanisten) aber hoffnungslos zerstritten waren, wagte Louis Bonaparte den entscheidenden Schritt.

Nach dem Plan seines Halbbruders, des Herzogs von Morny, besetzten in der Nacht zum 2. Dezember 1851 bonapartistische

Staatsstreich vom 2. Dezember

Truppeneinheiten die strategischen Plätze der Hauptstadt, einschließlich des Sitzes der Legislative im Palais Bourbon, und verhafteten widerspenstige Generale und die meisten Vertreter der rechten wie linken Opposition aus den Betten heraus. Um den Unmut der Massen gegen die »Ordnungspartei« abzulenken, stellte Louis Bonaparte das allgemeine Wahlrecht wieder her, die Legislative, »Hort von Verschwörungen«, wurde aufgelöst, oppositionelle Zeitungen stellten »freiwillig« ihr Erscheinen ein. Der Widerstand, organisiert von einem »Comité de résistance«, dem Hugo, Carnot, Favre, Schoelcher und andere renommierte Republikaner angehörten, versagte angesichts einer in den Untergrund abgedrängten proletarischen Bewegung; in der Provinz dagegen hielten sich republikanische Teile der Armee noch bis zum 8. Dezember. Am Ende standen nicht weniger als 10000 Verbannungen ... Aber die soziale Demagogie Louis

Berlin unwidersprechlich zu Tage. Wäre das Ministerium klug und entschlossen genug gewesen, im rechten Augenblicke zurückzutreten und dem Staatsoberhaupte zu erklären, daß nur durch Männer, welche der Neuzeit angehören, der Thron vor den äußersten Gefahren zu retten sei; hätte auch nur ein Mann an der Seite des Königs gestanden, der, mit seinem Vertrauen beehrt, ihm schonungslos den Ab-

Grundsatze der Einheit, der übereinstimmenden Wirksamkeit als seinem belebenden Geiste durchdrungen sein.

Während bei dem immer näher heranbrausenden Sturme die Lenker des Staats, Alle, welche auf seine Geschicke einen nähern oder entferntern, einen unmittelbaren oder mittelbaren Einfluß gehabt hatten, verblüfft, rathlos, unbeholfen dastanden und Kindern gleich bei der Gefahr Geschrei erhoben, Worte verschwendeten, wo Thaten, rasche entscheidende Thaten erforderlich waren; während sie im Nothfall die Forderungen der Zeit mit Kugeln zu beantworten und den Ruf vorlauter Stimmen durch den Donner der Geschütze zu übertäuben drohten, wehte dieser Sturm auch in Berlin belebend und erfrischend an jede empfängliche Brust.

Alle Nachrichten über die fortschreitende Bewegung, die

Große Barrikade vor dem köllnischen Rathhause zn Berlin in der Nacht vom 18.—19. März, gez. von J. Kirchhoff.

grund zu seinen Füßen aufgedeckt hätte; wären die Bürger Berlins, ihre Behörden an der Spitze, vor den König hingetreten, um mit Festigkeit und männlicher Würde das rasche Betreten des einzig möglichen Weges anzudeuten, so hätte jeder Zwiespalt, jedes Blutvergießen vermieden und Preußen nur glanzvoller aus diesem Sturme, der den Staat durchbrauste, hervorgehen können.

Allein dieselbe klägliche Halbheit, dasselbe blinde grundlose Selbstvertrauen, eine unbegreifliche Ueberschätzung der eigenen Kräfte und Mittel, ein gänzliches Verkennen der eigentlichen Natur dieser ganzen großartigen Bewegung und ihrer grenzenlosen Ausdehnung führten den Staat grade wieder in den Abgrund, in dem er im Jahre 1806 versank und zwar zum Wohle Deutschlands, diesmal ohne Hoffnung als eine Besonderheit wieder daraus hervorzugehen. Es müßten die Zeichen der Zeit seltsam täuschen, wenn nicht in der Geschichte Deutschlands jetzt der Augenblick erschienen wäre, wo wir aufhören ein aus widerstrebenden Theilen zusammengesetzter Staatenbund zu sein, und anfangen, ein einiges, großes Volk zu werden. Wie auch immer dieser Körper gegliedert werden möge, er wird von dem

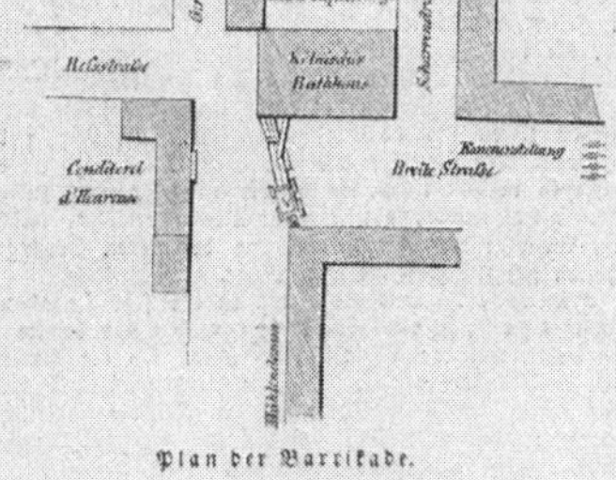

Plan der Barrikade.

leichten Errungenschaften des Volks und die bereitwilligen Zugeständnisse der Regierungen in den kleinern deutschen Staaten wurden förmlich verschlungen; das Selbstgefühl, das Bewußtsein der Männerwürde wurde in Denen geschwellt, die sich dessen bewußt waren, und bei Vielen geweckt, in deren Herzen es für immer geschlummert zu haben schien. Dieses abgestumpfte, oder wie man es nennt, blasirte Wesen der Berliner löste sich gleich einer harten Rinde ab, wie Metallmassen durch elektrische Schläge flüssig werden, und feuriger schlugen die erwärmten Herzen, kräftiger regten sich die Arme. Die Presse suchte, so weit es die strenge Ueberwachung möglich machte, sich freier zu bewegen; die Angelegenheiten des Landes wurden überall besprochen, man versuchte die Wünsche und Forderungen zu formen und die Grenzen zu bestimmen, bis wohin man vorzudringen für nöthig fand.

Solches Streben fand Stütze und Aufmunterung durch die Lebensäußerungen in andern Theilen der Monarchie, die sich in Adressen und durch Abgeordnete an den König wendeten und ihn auf die Bahn schleunigen Fortschritts zu treiben suchten. Auch hier traten wieder die Rheinländer, Schlesier und Ostpreußen am entschiedensten auf, aber die

Am 18. März kam es in Berlin zu Barrikadenkämpfen. In der Leipziger »Illustrirten Zeitung« erschien zur Dokumentation dieser Ereignisse eine Abbildung der großen Barrikade vor dem köllnischen Rathaus. Nach einer Zeichnung von Johann Jakob Kirchhoff

Bonapartes hinterließ ihre Spuren. Das auf seine Weisung enteignete Vermögen der Familie Orléans sollte dem Wohnungsbau für »Arbeiter in den großen Manufakturstädten« zugute kommen, und fast verzückt schrieb Proudhon, »wir sind voll im Sozialismus«; für einen Moment meinte selbst die »Neue Rheinische Zeitung«, in Louis Bonaparte hätten sich die Arbeiter an der bürgerlichen Republik gerächt. Klarer sah da schon der großbürgerliche »Le Constitutionnel« mit der Prophezeiung: »Die großen Geschäfte werden wieder möglich und sogar leichter sein.«

Ein Jahr nach dem Staatsstreich ließ sich Louis Bonaparte als Napoleon III. zum Kaiser der Franzosen ausrufen. Morny, jetzt Innenminister, sorgte für eine Bestätigung des neuen Herrschers durch eine satte plebiszitäre Mehrheit von 7,5 Millionen gegen 640 000 Stimmen.

Unter dem Schutz des Bonapartismus, gestützt auf die Dominanz der Armee, wußte die Bourgeoisie ihre Interessen voll gewahrt, wenn auch um den Preis des Verzichts auf unmittelbare Machtausübung und der totalen Niederlage der Demokratie.

Die Revolution jenseits des Rheins

Der revolutionäre Funke der Pariser Februarereignisse hatte in Windeseile den Rhein überquert und, sich zu einem Buschfeuer ausbreitend, die Staaten des Deutschen Bundes erfaßt. Den Ausgangspunkt der Bewegung bildete der Südwesten, wo die lokalen Potentaten und Autoritäten fast reihenweise stürzten. Das Signal gab eine Erhebung im Großherzogtum Baden am 27. Februar 1848, es folgten Württemberg, Bayern, Nassau, Kurhessen, Sachsen, die meisten thüringischen Kleinstaaten bis Anfang März. Die Unruhen und Demonstrationen verliefen uniform und vorwiegend friedlich. In Petitionen, Deputationen und Aufrufen wurden Verfassungen, Presse- und Vereinsfreiheit, öffentliche Gerichtsbarkeit, Amnestie und andere bürgerliche Grundrechte gefordert. Träger des allgemeinen Aufruhrs waren vor allem das demokratische Kleinbürgertum, die Studenten, Arbeiter und in einigen Regionen auch die Bauern. Die Sprecher der Opposition kamen fast ausschließlich aus dem liberalen Bürgertum. Noch gingen Bourgeois und Plebejer, von heiligem Enthusiasmus gepackt, zusammen; es herrschte die Märzeuphorie, von Karl Marx sarkastisch »allgemeiner Verbrüderungsschwindel« genannt. Unter dem Druck der freigesetzten politischen Energien kam es zu Regierungsumbildungen durch die Aufnahme von Repräsentanten des liberalen Bürgertums: Es entstanden die berühmten »Märzministerien«.

Vorspiel in Bayern

In Bayern besaß die beginnende Revolution eigenes Format. König Ludwig I., devoter Anhänger von Metternich und Wachs in den Händen seiner Jesuiten, hatte durch die Affäre mit der tanzenden Abenteurerin Lola Montez, deren wohlgestalteten Busen er in schlechtgeformten Versen bedichtete, längst den letzten Rest an Prestige eingebüßt. Heinrich Heine schrieb über den »angestammelten König«:

»Herr Ludwig ist ein großer Poet,
Und singt er, so stürzt Apoll
Vor ihm auf die Knie und
Bittet und fleht:
Halt ein, ich werde sonst toll!«

Als die sich allmächtig dünkende Lola die Schließung der Universität durchsetzte, war das Maß überschritten. Nach einem im kräftigsten Gassenjargon mit den demonstrierenden Studenten geführten Streitgespräch im Beisein des entsetzten Monarchen suchte Lola schließlich das Weite; sie verschwand in Richtung Amerika, wo sie wenig glücklich endete. Nun zog es der Monarch vor, zugunsten seines Sohnes Maximilian II. abzudanken; eine fette Zivilliste erleichterte den Entschluß.

Ausschlaggebend für den Sieg der Märzbewegung wurde das Übergreifen auf Wien am 13. und auf Berlin am 18. März 1848: Die Revolution erreichte damit die Zentren der alten Ordnung; die lokalen Aktionen gewannen gesamtnationale Dimensionen.

Berlin, 18. März

Um die Unruhen abzufangen, hatte der preußische König Friedrich Wilhelm IV. schon am 6. März die bisher verweigerte Periodizität des Vereinigten Landtages anerkannt und ihn für den 27. April 1848 einberufen. Das Zugeständnis kam – wie oft in der Geschichte der Revolutionen – zu spät. Am 18. März verkündete der König ein umfassendes Reformprogramm, einschließlich einer liberalen Verfassung, und trat die Flucht nach vorn an: »Der König will, daß Preußen sich an die Spitze der nationalen und liberalen Bewegung stellt . . .«; zur selben Stunde jedoch schoß die Armee in die Reihen der vor dem Schloß versammelten Volksmenge. Nach vierzehnstündigem Kampf mußten die königlichen Elitetruppen weichen: 4000 Barrikadenkämpfer hatten über 14 000 mit Artillerie bestückte Soldaten gesiegt: Heinrich Grasewald und Ernst Zinna, beide Schlossergesellen, taten sich als mutigste Streiter hervor. Von den 230 Opfern gehörten über drei Viertel den unteren Volksschichten an. Am folgenden Tag mußte Friedrich Wilhelm IV. an der Seite des greisen, vom Volke herbeigerufenen Alexander von Humboldt die Toten öffentlich ehren – die bis dahin tiefste Demütigung eines preußischen Monarchen. Der Revolutionsdichter Ferdinand Freiligrath hat diese historische Szene in dem Gedicht »Die Toten an die Lebenden« verewigt. Am 21. März zeigte sich der König mit den Farben Schwarz-Rot-Gold. Ungleich wichtiger war indes, daß zwei führende Repräsentanten der rheinischen Bourgeoisie, Gottfried Ludolf Camphausen und David Justus Ludwig Hansemann, mit der Regierungsbildung beauftragt

Weltsicht des Biedermeier:
Die Überfahrt über die Elbe am Schreckenstein bei Aussig. Gemälde von Ludwig Richter, 1837. Staatliche Kunstsammlungen Dresden, Gemäldegalerie Neue Meister

Modezentrum Paris:
Damen- und Herrenmode. Kolorierter zeitgenössischer Kupferstich von Neubauer. Staatliche Bücher- und Kupferstichsammlung Greiz

Schauplatz von vier Revolutionen:
Den Palast der Tuilerien in Paris stürmten die Volksmassen – wie im Sommer 1792 –, kurz nachdem der gestürzte Louis Philippe seine Abdankung erklärt hatte und aus dem Schloß entkommen war. Der einstige Königspalast stand auch 1870 und 1871 im Brennpunkt revolutionärer Ereignisse. Kolorierte Lithographie von Aubrun, 1857. Staatliches Museum Heidecksburg, Rudolstadt

Chez Aubert & Cie Pl. de la Bourse. Imp. Aubert & Cie

LE GAMIN DE PARIS AUX TUILERIES.

–Cristi!..... comme on·s'enfonce là dedans.

Ende einer Monarchie:

Der Pariser Gassenjunge in den Tuilerien: »Donnerwetter! . . . wie man da hineinsinkt!« Dieser Thronsessel wurde, nachdem die Erstürmer der Tuilerien seinen Samtbezug in Stücke zerrissen und als Trophäe in die Knopflöcher gesteckt hatten, an der Julisäule feierlich verbrannt. Lithographie von Honoré Daumier aus: Le Charivari, 1848. Staatliche Kunstsammlungen Karl-Marx-Stadt

Gesichter der Revolution:

Die Familie auf den Barrikaden. Gemälde von Honoré Daumier, 1848. Národní Galerie, Prag

Das revolutionäre Lied:

Zur Zeit der Februarrevolution erfreute sich das Lied aus der Revolution von 1789 mit dem Refrain »Mourir pour la patrie! C'est le sort le plus beau, le plus digne d'envie« (Für das Vaterland zu sterben, ist das schönste und würdigste Los) großer Beliebtheit. Die in Leipzig erscheinende »Illustrirte Zeitung« publizierte im Jahre 1848 Text und Noten.

Die Opfer mahnen:
Aufbahrung der Märzgefallenen. Unvollendetes Gemälde von Adolph Menzel, 1848. Hamburger Kunsthalle

Revolution im Bild:
Bilderbogen und Dokumente zu den Märzkämpfen in Berlin im Jahre 1848. Nach den ersten Barrikadenkämpfen verlegte die Firma Oehmigke & Riemschneider in Neuruppin kolorierte Heftumschläge, die dem Bedürfnis nach aktueller Information entsprachen. Das abgebildete Freiheitsgedicht verfaßte der in Halle lebende linksliberale Schriftsteller und Literaturhistoriker Robert Prutz 1840. Zentrales Staatsarchiv Potsdam

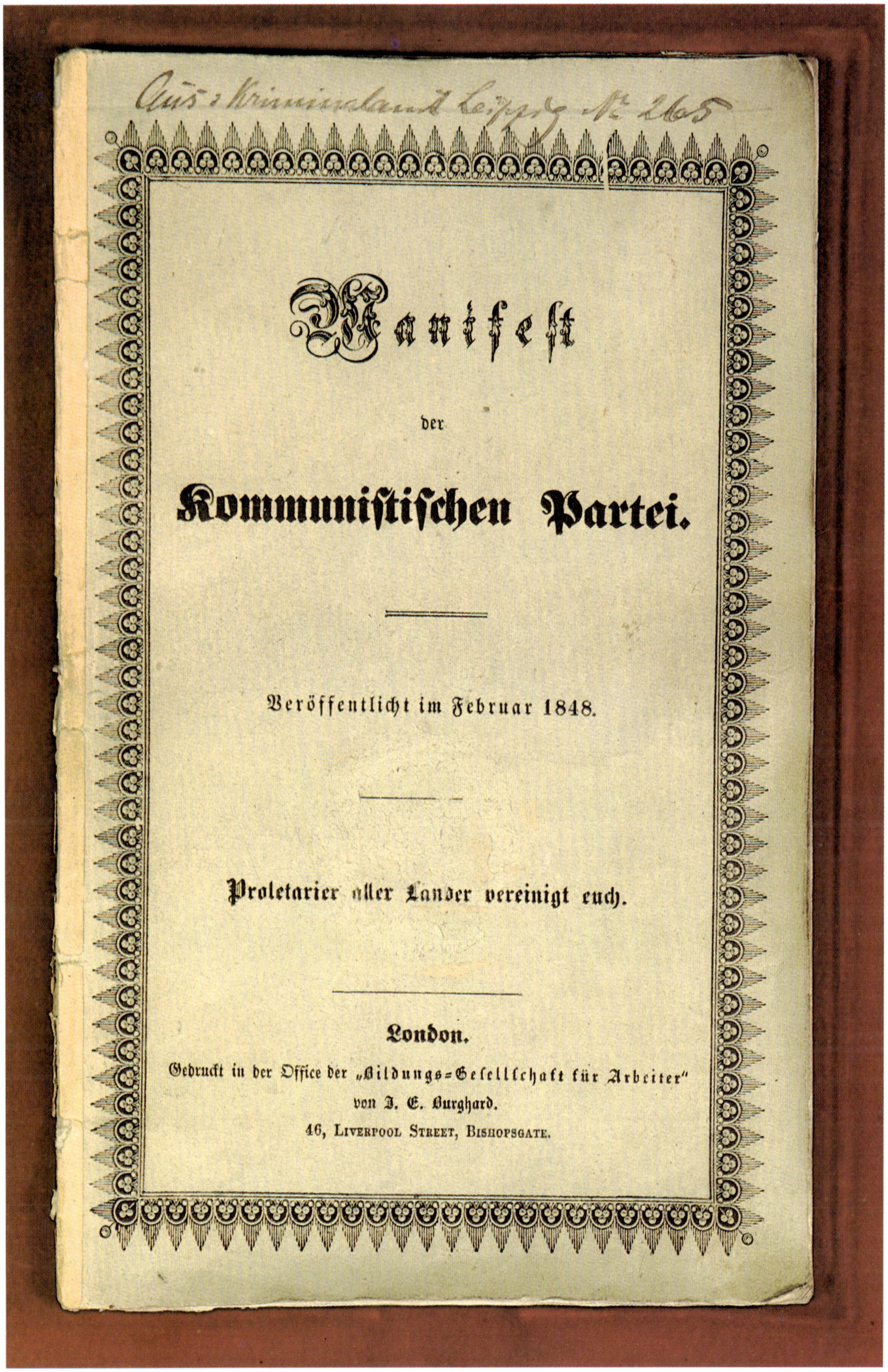

Manifest

der

Kommunistischen Partei.

Veröffentlicht im Februar 1848.

Proletarier aller Länder vereinigt euch.

London.

Gedruckt in der Office der „Bildungs-Gesellschaft für Arbeiter"

von J. E. Burghard.

46, Liverpool Street, Bishopsgate.

Kampfprogramm des Proletariats:

Karl Marx und Friedrich Engels erarbeiteten im Auftrag des Bundes der Kommunisten das Manifest, welches im Februar 1848 im Londoner Verlag der »Bildungsgesellschaft für Arbeiter« erschien. Staatsarchiv Dresden

Eine Hoffnung ohne Zukunft:
Die deutsche Nationalversammlung in der Paulskirche zu Frankfurt am Main. Unter den Abgeordneten sind zu erkennen: Jacob Grimm (Berlin), Bernhard von Lindenau (Altenburg), Arnold Ruge (Leipzig), Robert Blum (Leipzig), Wilhelm Löwe (Calbe an der Saale), Ludwig Uhland (Tübingen), Moritz Hartmann (Böhmen). Heinrich von Gagern (Darmstadt), Heinrich Simon (Breslau), Wilhelm Zimmermann (Stuttgart), Georg Beseler (Greifswald), Karl Mathy (Karlsruhe), Friedrich Ludwig Jahn (Freyburg an der Unstrut), Ernst Moritz Arndt (Bonn); auf der Tribüne befindet sich auch der Künstler, Paul Bürde. Lithographie von E. Meyer nach einer Zeichnung von Paul Bürde. Staatliches Lindenau-Museum, Altenburg

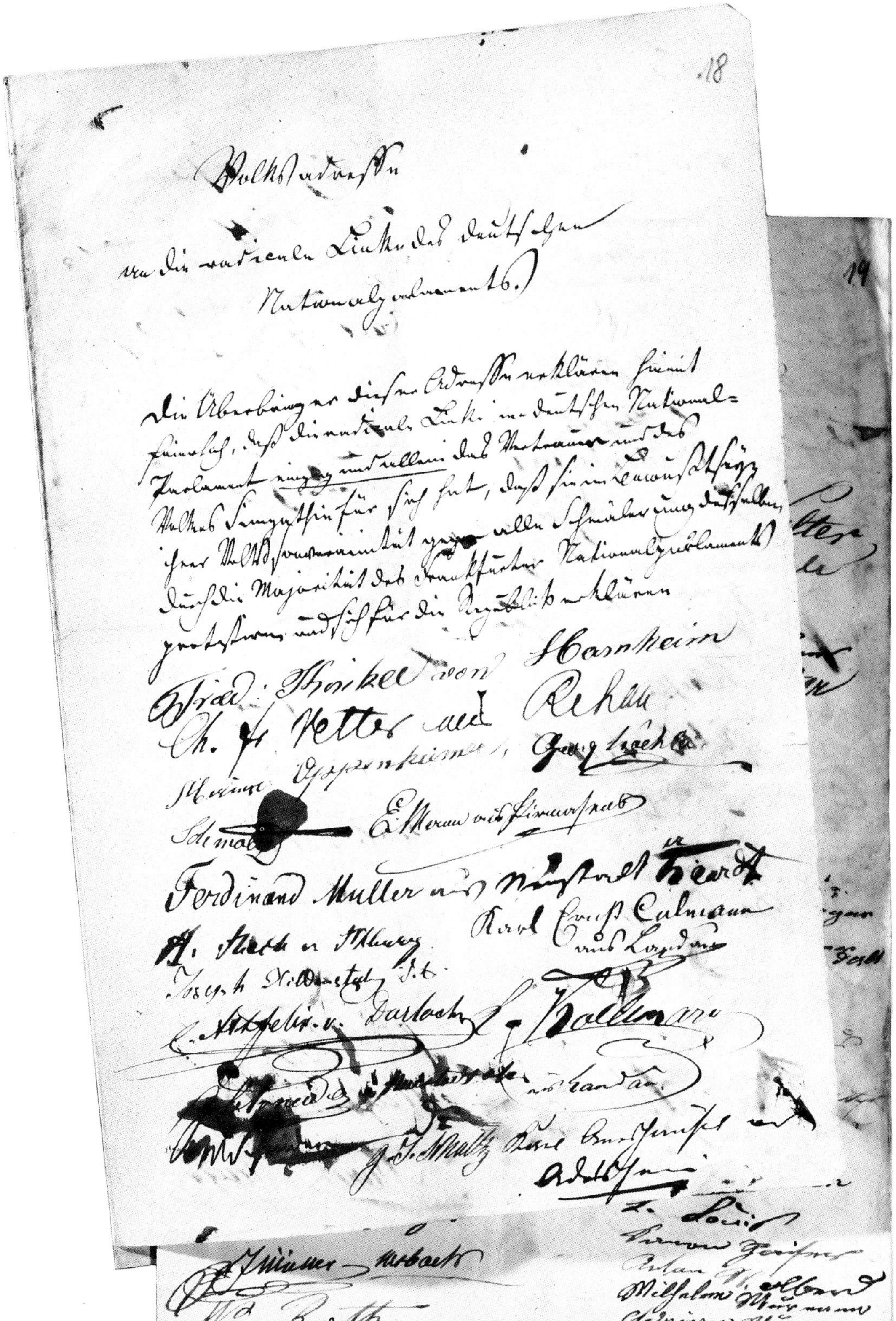

Der Geist von 1848:

Volksadresse an die deutsche Nationalversammlung vom Juni/Juli 1848. Die feierliche Eröffnung der Nationalversammlung am 18. Mai 1848 in der Paulskirche zu Frankfurt am Main weckte im deutschen Volk große Erwartungen, denen das Parlament jedoch kaum gerecht wurde: Die abgebildete Volksadresse von 170 Unterzeichnern stellt eine Vertrauenserklärung für die Linken und ein eindeutiges Bekenntnis zur Souveränität des Volkes, für die deutsche Republik dar. Zentrales Staatsarchiv Potsdam

Um das Schicksal der Revolution:
Patrioten unterschiedlicher Herkunft versuchen, das Schicksal der deutschen Revolution zu wenden. Barrikadenkampf in Dresden zur Zeit des Dresdner Maiaufstandes im Jahre 1849. Gemälde von Julius Scholtz. Institut und Museum für Geschichte der Stadt Dresden

Die letzten Kämpfe:
Im Gefecht bei Wiesenthal am 20. Juni 1849 wurden die Truppen der badisch-pfälzischen Revolutionsarmee unter dem Major von Biedenfeld nach schwerem Kampf durch die Preußen zum Rückzug auf Bruchsal gezwungen. Gemälde von einem unbekannten Künstler. Museum für Deutsche Geschichte, Berlin

Schauplatz Italien:
Nachdem die Revolution Ende März 1848 ganz Oberitalien erfaßt hatte, schlossen sich die Lombardei und Venetien dem Königreich Sardinien an. Die Truppen König Karl Alberts wurden bei Custozza im Juli 1848 durch die Österreicher unter Feldmarschall Radetzky geschlagen. Lithographie von Franz Adam. Staatliche Bücher- und Kupferstichsammlung Greiz

Das Arsenal der Konterrevolution:
Verschiedene Waffengattungen des preußischen Heeres um die Zeit der Revolution von 1848/49

Kampf der Ungarn:
Bei der Erstürmung von Buda und Pest durch die konterrevolutionären Truppen der Österreicher fand der österreichische General Hentzi, ein Urenkel des schweizerischen Demokraten gleichen Namens, am 2. Mai 1849 den Tod. Die Lithographie von Anton Straßgschwandtner zeigt das Ereignis aus der Sicht der Konterrevolution. Staatliche Bücher- und Kupferstichsammlung Greiz

wurden (29. März), ihnen folgte am 25. Juni das ebenfalls großbürgerlich-liberale Ministerium Auerswald-Hansemann. Mit

Ministerium Camphausen-Hansemann

der Regierungsübernahme, die längst nicht die volle Eroberung der Macht bedeutete, da Armee, Staatsapparat, Justiz und Polizei unangetastet blieben, sah sich die liberale Bourgeoisie am Ziel ihrer Wünsche. Von nun an begann sich in der revolutionären Bewegung eine deutliche Differenzierung der politisch-sozialen Strömungen abzuzeichnen.

— Das liberale Bürgertum hielt die Revolution, noch ehe sie sich voll entfaltet hatte, für beendet. Als Zauberformel der großen Politik galt das Wort »Vereinbarung«, mit dem Ziel, alle weiteren Forderungen durch Verhandlungen mit der Krone zu erreichen. Die Märzminister kämpften in zwei Richtungen: verhalten und auf Ausgleich bedacht gegen die adlig-konterrevolutionäre Rechte, rigoros und entschieden gegen die vorandrängende Volksbewegung. Kaum gegründet, begannen die Bürgermilizen gegen »Aufrührer« einzuschreiten.

— Auf das städtische Kleinbürgertum, radikale Intellektuelle und Studenten gestützt, begann sich eine demokratische Partei herauszubilden, die den Kern der revolutionären Bewegung darstellte und weitreichende Forderungen (Volkssouveränität, Republik) mit der Entschlossenheit zu bewaffneten Aktionen verband. Aus ihren Reihen kamen führende Persönlichkeiten und Märtyrer der Revolution wie Robert Blum, Friedrich Hecker oder Gustav von Struve.

— Den linken Flügel der demokratischen Partei bildeten die Arbeiter, obwohl in den deutschen Staaten von der Konstituierung des Proletariats als selbständige Klasse noch keine Rede sein konnte. Ihre entschlossensten Elemente gruppierten sich um den 1847 aus dem Bund der Gerechten hervorgegangenen Bund der Kommunisten, in dessen Auftrag Karl Marx und Friedrich Engels das »Manifest der Kommunistischen Partei« ausarbeiteten. Mit der strategischen Zielsetzung einer Koalition von Proletariat, Bauernschaft und Kleinbürgertum trat der Bund in der Revolution mit den 17 »Forderungen der Kommunistischen Partei in Deutschland« auf, deren erste lautete: »Ganz Deutschland wird zu einer einzigen, unteilbaren Republik erklärt.« Ihr Presseorgan besaß die revolutionäre Linke in der »Neuen Rheinischen Zeitung«, dem bedeutendsten und einflußreichsten Sprachrohr der deutschen Demokratie. Von der wachsenden Reife und dem Selbstbewußtsein des Proletariats zeugten der im April 1848 gegründete »Kölner Arbeiterverein« mit über 5000 Mitgliedern und die auf fast alle deutschen Staaten ausgreifende »Arbeiterverbrüderung« unter Stephan Born, die im Ergebnis des ersten deutschen Arbeiterkongresses in Berlin (23. August bis 3. September 1848) entstand.

Angesichts des weiteren Aufschwungs der demokratischen Bewegung und der sich radikalisierenden Forderungen der proletarischen Elemente verstärkte die Regierung Camphausen-Hansemann ihr Bemühen, die Revolution in die Normen der Legalität zurückzudrängen. Auf ihren Wunsch kehrte schon am 30. März die Armee nach Berlin zurück, und am 22. Mai 1848 trat die aus indirekten Wahlen hervorgegangene Preußische Nationalversammlung zusammen, die Preußen den Zuschnitt einer konstitutionellen Monarchie gab.

Frankfurter Nationalversammlung

Nur wenige Tage zuvor, am 18. Mai, hatte sich in der Paulskirche zu Frankfurt am Main die Deutsche Nationalversammlung, das erste frei gewählte Parlament in der Geschichte des deutschen Volkes, konstituiert. Diese Versammlung, auf die sich alle Hoffnungen zur Herstellung der Einheit der Nation konzentrierten, entstand im Ergebnis langwieriger Auseinandersetzungen. Die Initiative dafür ging weder von Berlin noch Wien, sondern erneut von den Liberalen und kleinbürgerlichen Demokraten des deutschen Südwestens aus. Schon am 12. Februar 1848, noch vor Ausbruch der Revolution, hatte der liberale badische Abgeordnete Friedrich Daniel Bassermann eine deutsche Nationalvertretung gefordert; schließlich berief ein »Siebenerausschuß« am 12. März ein Vorparlament nach Frankfurt ein, das in der Zeit vom 31. März bis 3. April tagte; ein »Fünfzigerausschuß« sollte die Wahl der eigentlichen Nationalversammlung vorbereiten. Statt jedoch den noch bestehenden Bundestag zu entmachten und eine zentrale revolutionäre Autorität durchzusetzen, verfolgten die »Fünfziger« ganz im Sinne liberaler Vereinbarungspolitik den Weg von Verhandlungen. Gegen diese Verzögerungstaktik versuchte eine Gruppe von Demokraten, die Entscheidung im Gewaltstreich herbeizuführen. Unter Friedrich Hecker und Gustav von Struve formierte sich eine revolutio-

Die Badischen Republikaner

näre Vorhut, die am 12. April in Baden die Republik ausrief. Die Bewegung blieb isoliert. Im entscheidenden Treffen von Scheidegg bei Kandern unterlag Hecker am 20. April; eine aus Frankreich heraneilende »Deutsche Legion« unter Georg Herwegh wurde ebenfalls geschlagen. Mit Billigung der Märzminister durfte die konterrevolutionäre Armee ungestraft zuschlagen und sich als Ordnungsfaktor empfehlen.

Art und Umstände, unter denen die Frankfurter Nationalversammlung zusammentrat, verhießen wenig Gutes. Äußerer Pomp, Glockengeläute, Salutschüsse, Ehrengarden, Massenjubel waren nur dazu angetan, die Machtlosigkeit dieser Volksvertretung zu verschleiern. Schon der Ausgang der Wahlen erwies sich als problematisch: Die übergroße Mehrheit der 586 Abgeordneten vertrat das liberale Bürgertum, die demokratische Linke umfaßte etwa 100 Vertreter, befand sich also von Anbeginn in der Minderheit. Die »reine« Bourgeoisie reduzierte sich auf 46 Repräsentanten, ansonsten dominierten im »Honoratiorenparlament« Universitätsprofessoren, Advokaten, Richter, Staatsanwälte, Beamte. Das »Volk« vertraten 20 Handwerker und drei Bauern; ein Arbeitervertreter fehlte (der Jakobinerkonvent von 1793 hatte es immerhin auf zwei gebracht). An der Spitze der Nationalversammlung stand mit dem Freiherrn von Gagern die wohl profilierteste Persönlichkeit des deutschen Liberalismus. Er genoß den Ruhm, als sechzehnjähriger Leutnant bei Waterloo gegen Napoleon gekämpft zu haben, und es gab wenige, die der Brillanz seiner Rhetorik – Zeitgenossen verglichen ihn mit Mirabeau – widerstanden. Gagern sah sein großes Ziel in der Einheit Deutschlands unter einem preußischen Erbkaisertum.

Auch an tragischen Szenen fehlte es nicht: Ernst Moritz Arndt, Freiheitsprediger gegen die napoleonische Fremdherrschaft, stand jetzt auf der rechten Seite, ebenfalls Friedrich Ludwig Jahn; wenn sie, die Helden einer vergangenen Epoche, das Wort ergriffen, wurden sie verlacht.

Die Nationalversammlung setzte sich zwei Ziele: die Ausarbeitung einer deutschen Nationalverfassung und die Schaffung einer »provisorischen Zentralgewalt«, die dem habsburgischen Erzherzog Johann (der nebenbei seinen von Wien nach Innsbruck geflohenen Vater vertrat) als Reichsverweser angetragen wurde. Ihm stand ein in jeder Hinsicht, da ohne Exekutivgewalt, ebenso ohnmächtiges wie pompöses Reichsministerium zur Seite. Größer konnte der Gegensatz von Schein und Wirklichkeit kaum sein, denn die Realgeschichte der Revolution ging an Frankfurt vorbei.

In der Zeit von März bis Juni 1848 bestand zwischen Revolution und Konterrevolution eine spezifische Art von Gleichgewicht. Die revolutionäre Linke ließ sich durchaus noch nicht das Heft aus der Hand nehmen. Das Bemühen um eine wenigstens lockere Einheit aller Demokraten mündete in den ersten Demokratenkongreß in Frankfurt (Juni 1848); revolutionäre Bewegungen in Schlesien und anderen Gebieten Ostelbiens bewiesen, daß auch das bäuerliche Potential an Gewicht gewann (März bis Mai), wenngleich die Armee die Lage rasch wieder unter Kontrolle bekam. Von der Entschlossenheit des Volkes, die Revolution über ihre engen liberal-konstitutionellen Grenzen voranzutreiben, vermittelte der Berliner Zeughaussturm am 14. Juni

Berliner Zeughaussturm

1848 ein dramatisches Bild; allerdings zeigte die rasche Entwaffnung der Aufständischen durch das Militär die erschütternde Unfähigkeit der Demokraten, die sich ihnen aufdrängenden Energien zu nutzen.

Während die heroischen, meist zersplitterten, dazu in der Regel führungslosen Aktionen der Linken ohne konkrete Ergebnisse verpufften, betrieb die liberale Bourgeoisie den Ausbau ihrer Positionen. Im Falle Preußens gelang es, die Mehrheit des Adels – trotz der sich bereits um Ernst Ludwig von Gerlach formierenden Kamarilla, zu der bald auch der »tolle Junker« Otto von Bismarck stieß – auf ein gemäßigt-konstitutionelles Reformprogramm festzulegen.

Die polnische Frage

Wie weit das liberale Bürgertum dazu neigte, das Vermächtnis der Märzkämpfer preiszugeben, zeigte sich in der nationalen Frage. Polens Aufstand von 1831 hatte den deutschen Liberalismus noch in eine Poleneuphorie versetzt; davon war nichts mehr zu spüren, als die Europäische Revolution auf das preußisch beherrschte Großherzogtum Posen übergriff. Als unmittelbares Echo der Berliner Ereignisse erhoben sich die polnischen Patrioten am 20. März 1848. Es entstanden Nationalkomitees und bewaffnete Abteilungen, deren Mannschaftsbestand sich aus Kleinbürgern und Bauern rekrutierte, während die Führung traditionsgemäß in den Händen von Vertretern des niederen Adels (Schlachta) lag. Gemeinsam mit der preußischen Krone hatte der österreichische Kaiser größtes Interesse an der Eindämmung des Aufstandes, der jederzeit auf Galizien übergreifen konnte. Die im Zentralen Nationalkomitee tonangebenden Kräfte sahen den Hauptgegner nicht in Preußen, sondern versuchten, den Aufstand nach Russisch-Polen hineinzutragen, was natürlich den Zarismus auf den Plan rief. Liberale, Adel und Krone Preußens waren weder bereit, den »großen Krieg« gegen Rußland zu wagen, noch Preußisch-Polen die Autonomie zu gewähren. Stattdessen wurden die Polen in der Konvention von Jarosławiec (11. April 1848) zur Auflösung ihrer bewaffneten Einheiten gezwungen. Der Versuch einzelner Gruppen, Widerstand zu leisten, endete am 9. Mai 1848 mit der Kapitulation. Ohnmächtig hatte die Frankfurter Nationalversammlung ansehen müssen, wie preußische Bajonette die polnische Frage »lösten«, ebenso ergebnislos verlief die dreitägige Polendebatte Ende Juli. Zu den wenigen Abgeordneten, die Polens Teilung verdammten, gehörte Robert Blum; außerhalb des Parlaments verteidigte die »Neue Rheinische Zeitung« Polens Freiheit: »Die Herstellung eines demokratischen Polens ist die erste Bedingung der Herstellung eines demokratischen Deutschlands.«

Kampf um Schleswig-Holstein

Auf die erste folgte die zweite Kapitulation. Anlaß gab erneut ein nationales Problem: die schleswig-holsteinische Frage. Gegen altverbrieftes Recht hatte der dänische König Frederik VII. im März 1848 die Einverleibung des Herzogtums Schleswig vollzogen und damit den Grundsatz, daß Schleswig und Holstein »up ewig ungedeelt« blieben, verletzt. Im Gegenzug wurde Schleswig in den Deutschen Bund aufgenommen, was den Casus belli gegen Dänemark bedeutete. Nicht das Nationalparlament, sondern der Bundestag beauftragte Preußen und Hannover mit der »Bundesexekutive«. Ein Krieg schien das geeignete Mittel, der Revolution neuen gesamtdeutschen Schwung zu ge-

Die Leipziger »Illustrirte Zeitung« stellte ihren Lesern im Frühjahr 1848 verschiedene Typen von Volksbewaffnung vor.

ben. Als Rußland diplomatisch intervenierte, um den »abscheulichen und ungerechten« Krieg abzubrechen, löste sich Preußens nationale Mission sofort in Luft auf. Es schloß den Vertrag von Malmö (26. August 1848), der Schleswig und Holstein ihrem Schicksal überließ, und die Nationalversammlung nahm in »Zorn, Scham, Schmerz und Angst« davon Kenntnis – würdig, aber nutzlos.

Mit gewisser Verzögerung, darum nicht weniger gewichtig, schlug die von Paris ausgehende negative Wende der Europäischen Revolution auch in Preußen durch. Nach dem Zeughaussturm war das Ministerium Auerswald-Hansemann an die Regierung gekommen, dem es gelang, eine ganze Reihe liberaler Reformgesetze, auch auf dem Agrarsektor, durchzubringen. Gegen die Konsolidierung der liberal-bürgerlichen Positionen begannen nun Teile des Adels in aller Offenheit mobil zu machen. Am 18. und 19. August 1848 trat in Berlin das »Junkerparlament« zusammen: 400 Vertreter des Adels wandten sich vorrangig gegen die Gesetze zur Entlastung der Bauern und sahen ihre Existenz als herrschende Klasse der Gesellschaft gefährdet. Gleichzeitig schuf sich die Adelsopposition in der »Neuen Preußischen Zeitung«, bald als »Kreuzzeitung« bekannt, ein einflußreiches Organ zur Verbreitung ihrer antiliberalen und antikonstitutionellen Auffassungen; der reaktivierte politische Klerikalismus stützte sich auf über 400 »Pius«vereine. Eine Umgruppierung der Kräfte begann sich abzuzeichnen.

Septemberkrisen

Zur offenen Kraftprobe zwischen Revolution und Konterrevolution weiteten sich die »Septemberkrisen« aus. Sie waren das Resultat der eigenmächtigen preußischen Politik in der schleswig-holsteinischen Frage. Durch ganz Deutschland ging eine Kundgebungswelle, getragen von Demokraten unterschiedlichster Orientierung. In Frankfurt kam es am 16. September zum Aufstand gegen das kapitulantenhafte Verhalten der Nationalversammlung; eine linke Minderheit zeigte sich entschlossen, eine revolutionäre Volksregierung zu bilden. Das Reichsministerium holte preußisches, österreichisches, hessisches, bayerisches und württembergisches Militär herbei, das den Aufstand am 18. September niederschlug. Erneut erhoben sich revolutionäre Gruppen unter Gustav von Struve in Baden, die eine »deutsche Republik« ausriefen, jedoch rasch zersprengt wurden (25. September). Die Revolution geriet eindeutig in die Defensive.

Die Niederlage der österreichischen Revolution im Oktober 1848 ermutigte die preußische Krone, ihrerseits den entscheidenden Gegenschlag zu führen. Nachdem sich bereits im September das Kabinett Auerswald-Hansemann zur Abdankung veranlaßt sah, trat zunächst General Ernst von Pfuel an die Spitze einer neuen Regierung, die den Boden für die Manöver von Krone und Kamarilla vorbereitete, ohne sich jedoch gegen die Liberalen im gewünschten Sinne durchsetzen zu können. Am 8. November 1848 sah sich die konstituierende Versammlung mit einem neuen Ministerium unter der Leitung von Friedrich Wilhelm Graf von Brandenburg konfrontiert. Dieses »Staatsstreichministerium« ließ Berlin unter dem Befehl von General von Wrangel in den Ausnahmezustand versetzen und die Versammlung angesichts der drohenden »Anarchie« nach Brandenburg verlegen. Zwar antworteten die Abgeordneten mit dem Beschluß über einen Steuerstreik (15. November), ohne ihr ruhmloses Ende abwenden zu können: Am 5. Dezember 1848 löste der König dieses lästige Gremium auf, oktroyierte jedoch zugleich eine Verfassung, deren Zugeständnisse die Liberalen besänftigten und damit entschlossenen Widerstand verhinderten.

Trotz der international günstigen Situation seit Jahresbeginn 1849 für eine Gegenoffensive der adlig-absolutistischen Konterrevolution bedurfte es noch schwerer Auseinandersetzungen, um die demokratischen Kräfte endgültig in die Knie zu zwingen. Nach der politischen Kapitulation des liberalen Bürgertums verlief die Konfrontation jetzt unmittelbar zwischen der kleinbürgerlichen und proletarischen Linken einerseits und den adligrestaurativen Kräften andererseits; dadurch gewann die Auseinandersetzung an Schärfe und Erbitterung; die Polarisierung trieb dem Höhepunkt entgegen.

Die demokratische Linke gewann ihr Profil in der Verteidigung der Revolution gegen die preußisch-österreichische Reaktion im beeindruckenden Aufschwung der Arbeiterbewegung, der sich in zahlreichen Kongressen manifestierte, und im Kampf um die Durchsetzung der Reichsverfassung.

Scheinbar unbeeinflußt von den konterrevolutionären Gegenschlägen in Wien und Berlin befaßte sich die Frankfurter Nationalversammlung mit der Ausarbeitung einer deutschen Verfassung. Während über die »Grundrechte des deutschen Volkes« – ein bei allen Inkonsequenzen beeindruckender Katalog an bürgerlichen Forderungen – eine relativ schnelle Einigung erfolgte, zerstritt sich die Versammlung in der Frage, ob die Einheit des Reiches auf »kleindeutscher« oder »großdeutscher« Grundlage zu erfolgen habe. Nur knapp setzten sich die »Kleindeutschen« am 28. März 1849 mit 290 gegen 248 Stimmen durch und beschlossen, dem preußischen König die deutsche Kaiserkrone anzutragen. Wieder einmal ertönten Glockengeläute und Salutschüsse. Was nun folgte, war eine beschämende Farce. Unter Leitung von Eduard von Simson bot am 3. April eine Delegation dem König die Krone an, der Monarch, »tief ergriffen«, lehnte ab. Im internen Kreis gab er seiner Meinung freien Ausdruck, sprach von »Schweineverfassung«, »Hundehalsband«, einem »imaginären Reif aus Dreck und Letten gebacken«, von »Ludergeruch der Revolution«. Auch fürchteten König und Kamarilla sich (noch), Wien zu brüskieren. Krone und Verfassung aber abzulehnen, bedeutete, den Bruch mit der Revolution offiziell zu vollziehen.

Welche Mittel besaß jedoch die Nationalversammlung, um der Reichsverfassung Geltung zu verschaffen? Halb heroisch, halb ohnmächtig appellierten die Abgeordneten, deren Zahl bereits zurückging, an das deutsche Volk und die Regierungen der Bundesstaaten, das Grundgesetz in Kraft zu setzen. Nach dem Auszug der Liberalen noch im Mai verblieb ein Rumpfparlament, das schließlich seinen Sitz nach Stuttgart verlegte.

Reichsverfassungskampagne

Immerhin akzeptierten 28 Regierungen die Verfassung, ein wider Erwarten positives Echo, das jedoch durch die Verweigerung Berlins und Wiens zum Muster ohne Wert wurde. Mit Genugtuung notierte der führende Kopf der Kamarilla, von Gerlach: »Es kommt also endlich zum Krieg gegen die Paulskirche, d. h. gegen die Revolution, das durften wir vor einem Jahr nicht hoffen.« Jetzt ging Gerlachs Wunsch in Erfüllung, die deutsche Revolution konnte »gecavaignact« werden. Allerdings erwies sich diese vaterländische Mission als ungleich schwerer durchführbar als gedacht. Die Mehrheit der Bundesstaaten hatte zwar

Vorder- und Rückseite eines Doppelguldens (Silber) der »constituierenden Versammlung in der Freien Stadt Frankfurt am Main«, geprägt aus Anlaß der Wahl des preußischen Königs Friedrich Wilhelm IV. zum Kaiser der Deutschen. Der König von Preußen lehnte das Angebot, das ihm von einer Deputation der Nationalversammlung unterbreitet wurde, ab, weil es »ohne das freie Einverständnis der gekrönten Häupter« zustande gekommen sei. Universitätsbibliothek Leipzig

Richard Wagner. Anonymer zeitgenössischer Stahlstich. Staatliche Galerie Dessau, Schloß Georgium

Michail Alexandrowitsch Bakunin. Anonyme zeitgenössische Lithographie. Heimatmuseum und Naturalienkabinett Waldenburg.

die Verfassung formal anerkannt, das Volk dagegen griff zu den Waffen, um ihr reale Geltung zu verschaffen. Es begann die Reichsverfassungkampagne, die das letzte, wahrhaft heldenhafte Kapitel der deutschen Revolution schrieb.

Der Kampf um die Durchsetzung der Nationalverfassung legte noch einmal in einem unerwarteten Maße revolutionäre Energien frei. Es gehört zu den tragischen Momenten der deutschen Geschichte, daß diese Bewegung keine zentrale Führung besaß und sich in lokale Aktionen aufsplitterte. Schon am 19. Mai 1849 hatte die revolutionäre Linke mit dem Verbot der »Neuen Rheinischen Zeitung« einen schweren Rückschlag erlitten. Freiligrath schrieb für die letzte, in roten Lettern erschienene Nummer:

»Aus dem Dunkel flog der tötende Schaft,
Aus dem Hinterhalt fielen die Streiche –
Und so liegt nun da in meiner Kraft,
Eine stolze Rebellenleiche!
Auf der Lippe den Trotz und den zuckenden Hohn,
In der Hand den blitzenden Degen,
Noch im Sterben rufend: ›Die Rebellion!‹ –
So bin ich in Ehren erlegen.«

Der bewaffnete Kampf nahm seinen Ausgang von Dresden. Auf die Nachricht, daß König Friedrich August II. um preußische

Dresdner Aufstand

Hilfe gebeten hatte, erhob sich die Bevölkerung der Residenzstadt am 3. Mai 1849. Auf den Barrikaden standen neben Arbeitern, Handwerkern und Studenten auch der Baumeister Gottfried Semper, dessen berühmtes Opernhaus in diesen Tagen in Flammen aufging, der Komponist Richard Wagner, der Musikdirektor August Röckel, die große Sängerin Wilhelmine Schröder-Devrient und der russische Revolutionär Michail Bakunin, der hohes militärisches Talent bewies. Unter Samuel Erdmann Tzschirner entstand eine provisorische Regierung, da der Hof auf Königstein Schutz gesucht hatte. Am 9. Mai brach der Widerstand vor den überlegenen sächsisch-preußischen Truppen zusammen. Von den 3000 Kämpfern führte Stephan Born noch 2000 durch die gegnerischen Reihen; etwas 250 Revolutionäre waren gefallen. Von nun an herrschte Kriegsrecht: Röckel gehörte zu den unzähligen Eingekerkerten, Richard Wagner wurde in Abwesenheit zum Tode verurteilt. Bakunin kam auf die Festung Königstein, wurde den Österreichern überstellt, zweimal zum Tode verurteilt, dann dem Zaren ausgeliefert, der ihn zunächst in die Festung Schlüsselburg verbrachte und später nach Sibirien verbannte, von wo Bakunin eine abenteuerliche Flucht gelang: das Schicksal eines Achtundvierzigers.

Das zweite große Zentrum fand die Reichsverfassungskampagne, unabhängig von spontanen Aktionen an vielen Orten im Rheinland, in Westfalen und Schlesien, im pfälzisch-badischen

Pfälzisch-badischer Aufstand

Aufstand während der Monate Mai und Juni 1849. Kennzeichnend für ihn war der hohe militärische Organisationsgrad. Eine besondere Rolle unter den gebildeten Freischaren spielten das Korps unter Führung von August Willich, dem Friedrich Engels als Adjutant zur Seite stand, die Mannheimer und Karlsruher Arbeiterbataillone, die Hanauer Turner, das Rheinhessische Freikorps, die deutsch-polnische Legion und die von Johann Philipp Becker organisierten Volkswehren. Viele Mitglieder des Bundes der Kommunisten kämpften in den Reihen der Aufständischen; auch der junge Wilhelm Liebknecht und Friedrich Adolph Sorge standen an der Seite der pfälzisch-badischen Revolutionäre. Das Oberkommando oblag dem Polen Ludwik Mierosławski, der 27000 Mann zu einer Armee vereinigte, der größten bewaffneten Macht der deutschen Revolution, zugleich Symbol eines demokratischen Internationalismus mit Kämpfern aus der Schweiz, Frankreich, Ungarn und Polen. Allerdings zeigte sich die von dem Juristen Lorenz Peter Brentano geführte Revolutionsregierung den Aufgaben nicht gewachsen. Unter dem Befehl des »Kartätschenprinzen« Wilhelm, des späteren Kaisers Wilhelm I., rückten die Interventionstruppen in Stärke von 54000 Mann in drei Kolonnen gegen die Verteidiger der Verfassung vor. Trotz ihrer Überlegenheit konnten die konterrevolutio-

Requiem in Rastatt

nären Armeen nur langsam Boden gewinnen. Die letzten Kontingente der Aufständischen leisteten vom 1. bis 23. Juli in der Festung Rastatt Widerstand. Nachdem die entkräfteten Verteidiger die Waffen niedergelegt hatten, erhielten sie weder Brot noch Wasser noch medizinische Hilfe. Sofort begann die Arbeit der Standgerichte, die ohne formales Urteil 19 Gefangene erschießen ließen, 28 zum Tode Verurteilte wurden später zu langen Haftstrafen begnadigt. Johann Ludwig Maximilian Dortu, ehemaliger preußischer Unteroffizier und Adjutant von Philipp Becker, fiel mit den Worten: »Ich sterbe für die Freiheit; schießt gut, Brüder!« Wer nicht hinter Kerkermauern verschwinden mußte, ging in die Emigration. Baden verlor 80000 Menschen, ein Zwanzigstel seiner Bevölkerung . . .

Rastatt wurde zum Requiem der deutschen Revolution. Wenige Soldaten genügten, um zuvor das Stuttgarter Rumpfparlament mit dem Dichter Ludwig Uhland an der Spitze am 18. Juni 1849 auf offener Straße auseinanderzujagen. Ein eifriger Protokollant hielt für die Nachwelt fest: »Die Sitzung ist geschlossen.«

Noch unter dem Eindruck der kaum gebändigten Julirevolution von 1830 hielt es Metternich für angebracht, seinem Kaiser

Ende der Ära Metternich

Franz II. den Erlaß einer Verfassung anzuraten, um den Gegensatz zwischen monarchischem und demokratischem Prinzip auszubalancieren. Der gewählte Zeitpunkt war schwerlich ein Zufall, denn mit Preußens zollpolitischen Initiativen setzte eine Entwicklung ein, die Österreichs Hegemonie über den Deutschen Bund in Frage zu stellen begann. Franz verweigerte sich und hinterließ seinem Sohn Ferdinand I., der 1835 die Regierung übernahm, den Grundsatz: »Regiere und ändere nichts.« Der neue Kaiser glänzte kaum durch besondere Geistesgaben, die Änderungen befürchten ließen, bestand doch seine Freude auf den Thron darin, seinen Heißhunger auf Knödel stillen zu können. Von den Wienern wurde er schlicht »Nandl, der Trottel« genannt, was aber kaum despektierlich gemeint war, sondern ihm fast die Aura eines »Volkskaisers« verlieh. Der in der Historiographie stets etwas holzschnittartig behandelte Herrscher besaß durchaus Eigenheiten, gelegentlich sogar Eigenwillen, die den Hofschranzen der Kamarilla Verlegenheiten bereiteten, so wenn er aus heiterem Himmel eine Amnestie erließ. An der totalen Misere der Monarchie vermochte er natürlich nichts zu ändern. Stillstand und Stillstehen galten in Wien als oberste Prinzipien staatlicher Weisheit. Selbst die seit 1836 existierende Staatskonferenz, eine Art von Ministerrat, funktionierte nicht. Weder Metternich an der Spitze der großen Politik, noch Graf Kolowrat, verantwortlich für Finanzen, vermochten eine einheitliche Politik durchzusetzen. Gegen diesen Zustand der Bewegungslosigkeit opponierte das besonders in Niederösterreich und in Wien konzentrierte liberale Bürgertum, sekundiert von einer unruhigen Intelligenz, die ihr Echo vor allem in studentischen Kreisen fand. Das oppositionelle »Junge Österreich« besaß im »Grenzboten« eine der bestredigierten Emigrantenzeitschriften Europas.

Erste Streiks, Maschinenstürmerei und andere Formen der Unbotmäßigkeit von seiten des entstehenden Proletariats in den Zentren der Manufaktur- und Fabrikproduktion machten deutlich, daß auch Österreich an der Basis seine feudale Physiognomie abzustreifen begann. Die 1817 einsetzende Kette von Hungerdemonstrationen hielt bis zum Vorabend der Revolution an; neben Wien machte vor allem auch Prag Schlagzeilen (soweit die allgegenwärtige Zensur es gestattete). Kennzeichnend für die Mentalität der Herrschenden war die Mahnung des Kaisers an die Leuchten der Wissenschaft: »Ich brauche keine Gelehrten, sondern gute und rechtschaffene Bürger . . . Wer mir dient, muß lehren, was ich befehle . . .« Eine Nuance deutlicher der Polizeichef von Wien: »Ein Volk befindet sich vom Augenblick an, wo es anfängt, Bildung in sich aufzunehmen, im ersten Stadium der Revolution.« So konnte es nicht verwundern, daß post festum sogar Joseph II. in den Verdacht geriet, ein Revolutionär gewesen zu sein und nicht wenige seiner Schriften und Dekrete dem Publikationsverbot unterlagen. Wenn die Mächtigen Furcht vor der eigenen Vergangenheit verspürten, dann vor allem deshalb, weil Österreich infolge seiner extrem labilen Lage durch die Verschmelzung von ökonomischer, sozialer, nationaler und politisch-institutioneller Krise zu den am meisten für eine Revolution prädestinierten Staaten Europas gehörte.

Obwohl die Nachrichten aus Palermo, Frankreich und Mittelitalien die Stimmung schon bis zum Siedepunkt angeheizt hatten, »übersprang« die Revolution zunächst Wien und schlug erst über Ungarn auf das Zentrum der Habsburger Monarchie zurück. Die Eröffnung des niederösterreichischen Landtages am 13. März stand völlig im Zeichen der liberalen Opposition, die zunehmend unter den Druck der vor dem Sitzungsgebäude demonstrierenden Studenten, Handwerker und Arbeiter geriet. Ferdinand I. gab nach, entließ – wieder einmal zu spät – den allseits verhaßten und jetzt zum alleinigen Sündenbock abgestempelten Metternich, der verkleidet in Richtung England aus dem Lande floh. Bürgergarde und der Aufbau einer Akademischen Legion – künftiges militärisches Rückgrat der Revolution – wurden »gnädigst« bewilligt, obwohl die vom Kaiser gewährten weiteren Zugeständnisse äußerst begrenzt ausfielen. Im Unterschied zu den übrigen Staaten des Deutschen Bundes spielten hierbei nicht allein die Schwäche des liberalen Bürgertums oder dessen Angst vor einer kleinbürgerlich-proletarischen Radikalisierung der Revolution eine Rolle, sondern vor allem die Unwägbarkeiten der in allen Teilregionen aufbrechenden nationalen Frage. Immerhin hatten die Tschechen schon am 8. April Wien eine Verfassung abgezwungen, und Mähren, Galizien, Dalmatien und Siebenbürgen waren Schauplätze neuer national-revolutionärer Erhebungen. Das ganze Fundament des Vielvölkerstaates drohte zu bersten.

Märzaufstand in Wien

Im April und Mai gelang es den revolutionären Kräften, die politisch desorientierte und kaum noch handlungsfähige Krone zu neuem Entgegenkommen zu zwingen. Am 23. April veröffentlichte die Regierung einen Verfassungsentwurf für ein Zweikammersystem, den jedoch ein restriktives Wahlgesetz (11. Mai) umgehend stark entwertete. Die inzwischen im »Politschen Zentralkomitee« vereinigte Bürgergarde und die Akademische Legion brachten das Gesetz durch geschlossenen Protest zu Fall. Angesichts der permanenten Unruhe in Wien floh die kaiserliche Kamarilla am 15. Mai 1848 nach Innsbruck unter den Schutz kaisertreuer Truppen; ob Kaiser Ferdinand, der »seine Wiener« nicht verlassen wollte, daran aktiv Anteil hatte oder unter Ausnutzung seiner epileptischen Ohnmachtsanfälle praktisch entführt wurde, blieb umstritten. Zwar bewegte sich mit der Kampfansage der Ultras am 15. Mai und ihrer Entlarvung die Revolution in aufsteigender Linie, aber sie trug bereits alle Zeichen verhängnisvoller Inkonsequenz. Der Versuch zur Ausrufung einer Republik (18. Mai) scheiterte an der trotz aller Enttäuschung noch kaisertreuen Bevölkerung, und das liberale Bürgertum begnügte sich mit der Teilhabe an Ministerien, in denen reformgeneigte, aber auf den Ausgleich mit der Krone hinarbeitende Adelsminister (Pillersdorf, Doblhoff) die Macht besaßen. »Rein« bürgerliche Märzministerien, wie in einigen deutschen Staaten, kannte Österreich nicht. Eine weitere Verschiebung des Kräfteverhältnisses zum Vorteil der demokratischen Kräfte erfolgte nach dem mißlungenen Vorhaben, die Akademische Legion aufzulösen. Im Ergebnis der Wiener »Barrikadentage« vom 26. bis 28. Mai 1848 entstand ein »Komitee für Öffentliche Sicherheit« und damit eine Art von Doppelherrschaft zur Regierung Pillersdorf, ohne daß es jedoch gelang, die Situation in Wien zugunsten der Linken zu klären. Selbst die radikalsten Revolutionäre verwarfen aus Respekt vor der Legalität jeden Gedanken an die Einsetzung einer unabhängigen provisorischen Regierung; niemand dachte daran, die vakant gewordene Macht in die Hände zu nehmen. Diese faktische Pattsituation kam der kaiserlichen Reaktion zugute, die in Innsbruck über ein operatives Aktionszentrum verfügte und mit Geschick die nationale Frage nutzte, um die bürgerlichen Liberalen defensiv zu halten.

Politisches Zentralkomitee

Revolution in Böhmen

Ein zweiter Schwerpunkt der nationalen Bewegung lag in Böhmen, wo am 11. März 1848 in Prag eine Volksversammlung zusammengetreten war, um für Böhmen, Mähren und Schlesien einen gesetzgebenden Landtag und konstitutionelle Rechte zu fordern, denen die Krone entsprechen mußte. Die weitere Entwicklung komplizierte sich nicht nur durch die Gegensätze zwischen dem kleinbürgerlich-radikalen und einem national-liberalen Flügel – eine solche Aufspaltung gehörte ja gleichsam zu den Grundphänomenen jeder bürgerlichen Revolution –, verhängnisvoll wurde es, wenn eine Kraft fehlte, die die Revolution voranzutreiben imstande war. Daß solches in Böhmen nicht geschah, lag vorrangig am slawisch-deutschen Gegensatz: Das überwiegend deutsche Bürgertum Böhmens plädierte für den Anschluß an ein deutsches Kaiserreich, während die von František Palacký geführten tschechischen Patrioten eine »austroslawische« Lösung unter Ausschluß der deutschen Vertreter bevorzugten. Der ursprünglich gemeinsame Nationalausschuß spaltete sich und damit die Revolution; die nationalen Konflikte überlagerten die politisch-sozialen Gemeinsamkeiten im Kampf gegen das historisch überholte Habsburger System.

Getragen von der Illusion einer föderativen Einheit aller slawischen Völker unter kaiserlicher Hoheit, trat am 2. Juni 1848 der Prager Slawenkongreß zusammen. Vorsitzender war wiederum Palacký, der als Historiker bereits in den dreißiger Jahren (»Geschichte Böhmens«, 1839) großen Anteil am Aufschwung eines tschechischen Nationalbewußtseins genommen hatte; in

Prager Slawenkongreß

seinem Sinne bestimmten die tschechischen Liberalen den Kongreß, was den Gegensatz zu den anderen Nationalitäten vertiefen mußte. Tatsächlich spielte der Kongreß der habsburgischen Konterrevolution in die Hände. Die fast unterwürfige Loyalität des Kongresses gegenüber Habsburg hinderte den neu eingesetzten lokalen Befehlshaber Fürst Windischgrätz keineswegs, durch demonstratives Auftreten des österreichischen Militärs die Muskeln spielen zu lassen. Der zufällige Tod seiner Gattin während einer Demonstration und das Umschlagen der Ereignisse

Ein Zentrum der Europäischen Revolution war Prag, wo im Juni 1848 der Slawenkongreß tagte. Vom österreichischen Militär provoziert, entbrannten seit dem 12. Juni heftige Kämpfe in der Hauptstadt Böhmens. Barrikade im Altstädter Brückenturm. Zeitgenössische Illustration

in einen Aufstand als Folge des aggressiven Eingreifens der Armee boten endlich den erwünschten Anlaß, um die Revolution in Prag niederzuschlagen. Mit dem Sieg von Windischgrätz am 17. Juni verband sich zugleich die Errichtung seiner persönlichen Diktatur über die böhmischen Länder; die Konterrevolution hatte mit Erfolg den ersten Gegenschlag geführt, ohne daß sich im »revolutionären« Wien eine Hand gerührt hätte.

Neuer Reichstag

Als am 22. Juli 1848 der neue Reichstag in Wien zusammentrat, standen die Zeichen für den Hof und die Konterrevolution wesentlich besser: die slawische Bewegung gebändigt, die erste Welle der italienischen Revolution niedergeschlagen, die Offensive gegen Ungarn in Vorbereitung. Der Kaiser kehrte aus Innsbruck nach Wien zurück (12. August), damit sein Vertrauen in die Stärke der alten Gewalten demonstrierend. Tatsächlich dominierte im Reichstag eine auf Habsburg fixierte schwarz-gelbe Mehrheit, gestützt von den vorwiegend tschechischen Anhängern des Austroslawismus. Kleine List der Geschichte: Um sich überhaupt zwischen den verschiedenen Nationalitäten verständigen zu können, mußte das Deutsche als Verhandlungssprache akzeptiert werden. Zu den wenig positiven Ergebnissen der pausenlosen Redeschlachten gehörte das Gesetz vom 7. September 1848, das die persönlichen Lasten der Bauern entschädigungslos und die an den Boden gebundenen Rechte (Grundzins, Frondienst) durch Loskauf aufhob. Das Gesetz ging auf die Initiative von Hans Kudlich, Vertreter der radikalen Studenten, zurück, der allerdings die uneingeschränkte Befreiung der Bauern im Blick hatte. Ungeachtet der engen Grenzen dieser Reformmaßnahmen beschritten damit auch die habsburgischen Lande den Weg zur bürgerlichen Umgestaltung in der Landwirtschaft. Dagegen protestierten die Arbeiter im August vergeblich gegen die Senkung ihrer Löhne: divide et impera auch in der sozialen Frage. Zwar solidarisierte sich der Sicherheitsausschuß mit den Forderungen der Arbeiter, tat aber ansonsten kaum etwas, um deren Lage zu verbessern. Als die Arbeiter mit ihren Frauen und Kindern am 21. August demonstrierten, griff die Nationalgarde der gutbürgerlichen Stadtbezirke ein. Das Ergebnis: 300 Tote, darunter nicht wenige mit dem Bajonett niedergemachte Frauen und Kinder.

Zur entscheidenden Kraftprobe und zugleich zum Prolog der endgültigen Niederlage der Revolution wurde der Aufstand vom

Wiener Oktoberaufstand

6. August 1848 in Wien, ausgelöst durch den Befehl, die Truppen gegen das rebellische Ungarn in Marsch zu setzen. Nationalgarde, Akademische Legion, spontan zustrebende Arbeiter, Handwerker und Intellektuelle trugen die Bewegung. Eine radikale Minderheit des Reichstages erklärte sich in Permanenz, Kriegsminister Latour, als Verantwortlicher des Befehls, endete

an der Laterne. Der Hof witterte »Schreckensherrschaft« und flüchtete ein zweites Mal, diesmal nach Olmütz; ihm folgte das gutbetuchte Bürgertum aus Furcht vor der »Pöbelherrschaft«. Der rasch einsetzende Gegenangriff wurde nach Prager Vorbild von Windischgrätz geführt, den die Truppen unter Jellačić verstärkten. Nachdem die Gefahr eines ungarischen Vorstoßes auf Wien gebannt war, konnte Windischgrätz losschlagen. Besonders tat sich der stellvertretende Oberbefehlshaber der Verteidiger, der polnische General Bem, gegen die andrängenden gegnerischen Truppen und ihre Kartätschensalven und Brandgranaten hervor. Nach anhaltenden Straßenkämpfen fiel Wien am 1. November 1848 den konterrevolutionären Truppen in die Hände: Standrecht, Plünderungen, Verhaftungen und Erschießungen der »Rädelsführer« – unter ihnen Cäsar Wenzel Messenhauer, der Befehlshaber in den Aufstandstagen, Alfred J. Becher,

An den Oktoberkämpfen des Jahres 1848 in Wien beteiligte sich auch der Demokrat Robert Blum. Nach der Niederlage wurde er, obwohl als Abgeordneter der deutschen Reichsversammlung immun, am 9. November in der Brigittenau standrechtlich erschossen. Anonymer Stahlstich. Heimatmuseum und Naturalienkabinett Waldenburg

Gegen das revolutionäre Ungarn bot der kroatische Banus Jellačić die Kontingente der Militärgrenze auf. Die Abbildung zeigt einen Grenz-Infanteristen aus der Zeit um 1848. Lithographie von Franz Gerasch. Staatliche Bücher- und Kupferstichsammlung Greiz

Hermann Jellinek und der Abgeordnete der Frankfurter Nationalversammlung Robert Blum.

Statt in Wien tagte der ohnedies bedeutungslos gewordene Reichstag nun in dem Provinznest Kremsier, fernab von revolutionärer Unrast. Österreichs neuer starker Mann hieß Felix Fürst von Schwarzenberg, ein gelehriger Schüler Feldmarschall Radetzkys. Er erreichte am 2. Dezember die Abdankung des total überforderten Ferdinand zugunsten von dessen Neffen Franz Joseph II., der später von sich bekannte, »den letzten europäischen Monarchen von der alten Schule« zu verkörpern. So verhielt es sich in der Tat: Im März 1849 ließ sich der Reichstag nach Hause schicken, die angekündigte Verfassung – historisch bemerkenswert wegen ihrer weitreichenden, aber eben zu spät gekommenen Regelungen zur nationalen Frage – trat nicht in Kraft; angeblich »provisorisch«, in Wirklichkeit auf Dauer gedacht, erhielt der neue Monarch alle Vollmachten. Es begann die Ära des Neoabsolutismus, Habsburgs letzter Versuch, den Lauf der Geschichte aufzuhalten.

Drei Wege zu Italiens Einheit

Aus der Niederlage von 1831 hatte Giuseppe Mazzini die Erkenntnis gewonnen: »L'Italia farà de sè«, daß Italien aus eigener Kraft sich befreien müsse. Diesem Ziel diente das von ihm gegründete »Junge Italien«, das zwar zunächst in der Emigration wirken mußte, bald aber in einigen norditalienischen Städten Wurzeln schlug, besonders in dem nahe Frankreich gelegenen

Genua. Auch das liberale Bürgertum des Nordens begann sich wieder zu Wort zu melden. In Turin entstand 1842 die von Bürgern und progressiven Adligen getragene »Landwirtschaftliche Gesellschaft« als Vereinigung zur Förderung des wirtschaftlichen Fortschritts und Propagierung liberaler Prinzipien. Programmatische Bedeutung erhielt die seit dem Jahreswechsel 1847/48 regelmäßig erscheinende Zeitung »Il Risorgimento«, die ihren führenden Kopf in Camillo di Cavour besaß.

Mit Mazzini und Cavour verfügte die italienische Revolution über herausragende Persönlichkeiten. Um Mazzini scharten sich die sozialen Kräfte, deren Ziel in der einheitlichen italienischen Republik bestand. Ihre Basis besaß diese Bewegung in kleinbürgerlich-intellektuellen Kreisen, patriotischen Militärs und sogar Teilen des niederen Klerus sowie im städtischen Proletariat. Dagegen bestand – trotz der negativen Erfahrungen von 1831 – kaum eine Vorstellung über die Lösung der Agrarfrage, immerhin das Grundproblem für die Masse der italienischen Bevölkerung. Mazzinis Idee der Republik setzte Cavour den Gedanken der dynastischen Vereinigung Italiens unter der Krone von Sardinien-Piemont entgegen, wobei er zugleich auf den Beistand Frankreichs rechnete. Nicht so sehr eine Revolution, sondern ein patriotischer Krieg sollte die italienische Frage lösen.

Giuseppe Mazzini

Mazzini verkörperte in seiner Größe und seinen Grenzen den Prototyp des bürgerlich-idealistischen Revolutionärs. Als Sohn eines Arztes und Universitätsprofessors begann er das Studium der Rechte, widmete sich aber bald ausschließlich der Aufgabe der Befreiung und Einigung Italiens. Bewegt vom schweren Schicksal der gefangengesetzten Revolutionäre von 1821, besonders durch den ganz Europa erschütternden Erlebnisbericht Silvio Pellicos über seine Qualen auf der österreichischen Festung Spielberg (»La mie prigioni«), schloß sich Mazzini den Carbonari an. »Pensiero e azione« – die Einheit von Gedanke und Tat bestimmte sein Handeln. Nationales und internationalistisches Denken prägten Mazzinis Kampf um die Befreiung Italiens. Nach der Niederlage der Revolution von 1831 trieben ihn zweimalige Verurteilungen zum Tode, Gefängnisstrafe und Verbannung in das Exil. In der Revolution von 1848 erreichte Mazzini den Höhepunkt seines Wirkens; zugleich mußte er das Scheitern seiner großen Ideen erleben.

Camillo di Cavour

Sein Gegenspieler Camillo Graf Bensi di Cavour verkörperte den pragmatisch-liberalen Machtpolitiker, der alle Register diplomatischer Finesse zu ziehen verstand, um das gesetzte Ziel, wenn nötig mit autoritär-gewaltsamen Mitteln, zu erreichen. Im Unterschied zur diffusen Basis Mazzinis verfügte Cavour in Gestalt von Sardinien-Piemont über eine solide Machtposition. Als Verwalter seines Gutes Leri besaß er den Ruf eines erfolgreichen

Giuseppe Mazzini, Vorkämpfer für Italiens Einheit. Anonymer Stahlstich

Grundbesitzers, Kaufmanns und Spekulanten und empfahl sich damit als ein hervorragender Vertreter liberaler Interessen. Gegen Absolutismus und Republik plädierte Cavour für die konstitutionell-monarchische Mitte nach englischem Vorbild.

Neben die republikanische und die monarchische Variante zur Lösung der italienischen Frage trat für kurze Zeit eine dritte in Form einer möglichen Föderation der italienischen Teilstaaten unter der päpstlichen Tiara. Diese Hoffnung verband sich mit

Pius IX.

Papst Pius IX., der sein Pontifikat am 16. Juni 1846 antrat, womit der gregorianische Alptraum beendet schien. Pius ging der Ruf liberaler Gesinnung voraus, hatte er doch den nach 1831 als Verschwörer gesuchten Louis Bonaparte gerettet und dessen Mutter Hortense zur Flucht verholfen. Kaum gewählt, verkündete Pius eine Amnestie und führte liberale Reformen ein. Sogar Mazzini lobte den Papst, und Grillparzer widmete ihm ein begeistertes Gedicht.

Die drei in der Öffentlichkeit breit diskutierten Wege zur Einigung Italiens fanden ihre politisch-literarischen Repräsentanten in Cesare Balbo, Massimo d'Azeglio (bald Minister mit Cavour) und Pater Gioberti.

Die Revolution nahm, wie 1821, ihren Ausgang im Süden, dem Armenhaus Italiens. Wirtschaftskrise und Mißernte beleb-

Papst Pius IX. Stahlstich von Carl Mayer, 1848

ten mit der allgemeinen Unzufriedenheit unter den ländlichen Massen zugleich die separatistischen Gelüste des Adels und des Handelsbürgertums auf Sizilien. Am 12. Januar 1848 erhob sich

Signal Palermo

Palermo und zwang die Truppen des Königs beider Sizilien, Ferdinands II., zum Rückzug. Schon nach wenigen Tagen sprang der Funke auf das Festland (Neapel) über. Über das weitere Schicksal der Revolution entschied jedoch der Norden: Es folgte noch im Januar als erste Stadt Genua, während die eigentliche Welle als Echo auf die Februarrevolution in Paris und die Flucht Metternichs aus Wien losbrach. In aller Eile gewährten das Königreich Sardinien-Piemont, das Großherzogtum Toscana und sogar der Kirchenstaat gemäßigt-liberale Verfassungen, die jedoch die Bewegung nicht mehr auffangen konnten. Am weite-

Venedig und Mailand

sten setzten die Patrioten Venedigs ihre Ziele durch; sie errichteten unter Daniele Manin die Republik (17. März); einen Tag später erhob sich Mailand, das nach schweren Kämpfen die Truppen des Feldmarschalls Radetzky aus der Stadt drängte. Jedoch gelang es Radetzky, sich auf das strategisch entscheidende Festungsviereck Mantua, Peschiera, Legnano und Verona zurückzuziehen, so Österreichs Italienarmee intakt zu halten und das nördliche Aufstandsgebiet zu trennen. Sein: »Ich komme wieder!« sollte sich auf furchtbare Weise bestätigen . . .

Im Moment ging es den Liberalen des Nordens darum, die Ereignisse militärisch zu kanalisieren. Auf die Forderung Mailands und den Rat Cavours (»Wehe uns, wenn wir . . . nicht mehr rechtzeitig kommen«) erklärte Karl Albert von Sardinien-Piemont mit einer pompösen »Proklamation an die Völker der

Krieg gegen Österreich

Lombardei und Venetiens« Österreich den Krieg (23. März 1848), andere italienische Staaten schlossen sich an, sogar päpstliche Truppen unter General Durando. Allerdings entdeckte Pius wenige Tage später, daß es unchristlich sei, gegen das katholische Habsburg zu kämpfen – der Beginn seiner konterrevolutionären Wende.

Während in Norditalien »wilder Enthusiasmus, aber wenig Disziplin« herrschten, wie ein Zeitgenosse schrieb, zog sich im Süden das erste Unheil über der Revolution zusammen. Die Eröffnung des Parlaments in Neapel am 15. Mai mündete in den offenen Konflikt mit dem auf Provokation ausgehenden König: Die Schweizer Söldner Ferdinands II. besetzten die Stadt, unterdrückten jeden Versuch des Widerstandes und ließen das entfesselte Lumpenproletariat (Lazzaroni) auf die wehrlose Bevölkerung los. Die nach Norden entsandten Truppen mußten zurückkehren.

Trotzdem schien die Rechnung Karl Alberts, will heißen Cavours, aufzugehen: Die Lombardei, Parma und Modena, sogar Venedig unterstellten sich der Oberhoheit Sardinien-Piemonts. Auf die Weisung Wiens, einen Waffenstillstand auszuhandeln und – von London unter Druck gesetzt – der Lombardei die Unabhängigkeit anzubieten, antwortete Radetzky mit der Sondermission des Fürsten Schwarzenberg, der die Fortsetzung des Krieges und eine Verstärkung der Italienarmee durchsetzte. Radetzky nutzte die Führungsschwächen der Piemontesen (»Schont die feindlichen Generale, sie sind zu nützlich für uns«) und ging aus dem Festungsviereck zur Gegenoffensive über. In

Schlacht von Custozza

der Schlacht von Custozza am 24. Juli unterlag das Gros der piemontesischen Armee, im August mußte Mailand geräumt werden, dessen verzweifelte Einwohner Karl Albert ein ohnmächtiges »Verräter« hinterherriefen. Zum selben Zeitpunkt ließ Ferdinand II., künftig »König Bomba« genannt, durch fünftägigen Beschuß Messina dem Erdboden gleichmachen, so die Ruhe im größten Teil des Südens wiederherstellend.

Custozza und die Folgen (Waffenstillstand vom 9. August) hatten das Versagen der Liberalen in der Revolution deutlich gemacht. Jetzt war es an den radikalen Kräften, die vom Scheitern bedrohte Revolution zu retten und ihr neuen Aufschwung zu verleihen. Den Anfang machten Livorno im September und Florenz

Schlacht bei Novara am 23. März 1849, in welcher die Österreicher unter Feldmarschall Radetzky die Piemontesen besiegten. Zeitgenössische Lithographie

im Oktober 1848, wo es zum ersten Mal radikalen Demokraten gelang, die Macht zu übernehmen. Ihren Höhepunkt erreichte die italienische Revolution in Rom. Hier hatte Pius IX. im September den Grafen Pellegrino De Rossi zum Ersten Minister eingesetzt, der als treuer Schüler von Guizot der wachsenden Radikalisierung Herr werden sollte. Seine Ermordung gab das Signal für einen allgemeinen Aufstand (16. November), der Pius IX. veranlaßte, sich in das neapolitanische Gaeta abzusetzen; es war das letzte Mal, daß ein Papst den Vatikan als Flüchtender verließ. Nach allgemeinen Wahlen zu einer Konstituante fiel am

Römische Republik

9. Februar 1849 die historische Entscheidung: Proklamation der Römischen Republik. Es begann eine fieberhafte Reformpolitik, so die Nationalisierung von Kirchengütern, der Aufbau ziviler Gerichte, Liberalisierung der Wirtschaftspolitik, Aufhebung des Majorats und bestimmter grundherrlicher Steuerrechte. Die erwartete Agrarreform blieb aus, was dazu führte, daß Teile der römischen Bauern von papsttreuen Klerikern gegen die Republik mobil gemacht werden konnten.

Im Wettrennen um die Hegemonie trat Cavour zum zweiten Waffengang gegen die Österreicher an. Das Ergebnis war verheerend : Als Radetzky die Nachricht von der am 13. März 1849 erfolgten Aufkündigung des Waffenstillstandes erhielt, reagierte er knapp: »Ich weiß schon, was Sie mir bringen, und ich danke Ihnen dafür.« Wenige Tage darauf schlug Radetzky die Piemontesen vernichtend bei Novara (23. März). Der König floh Hals über Kopf und setzte seinen Sohn Viktor Emanuel zum neuen Herrscher ein, der – oder genauer gesagt, sein Volk – für das patriotische Abenteuer 65 Millionen Francs an den Wiener Hof zahlen mußte. Vorerst deutete nichts auf die Verwirklichung des Wahlspruchs der Sabauden: »Ich harre meiner Sternstunde.«

Nach der Niederlage von Novara nahte das unwiderrufliche Ende der Revolution in Italien. Am 11. Mai 1849 fiel die Wiege der Revolution, Palermo. In Rom hatte sich angesichts der tödlichen Bedrohung ein revolutionäres Triumvirat mit Mazzini, Armellini und Saffi gebildet (29. März).

Wider Erwarten waren es nicht die Österreicher, sondern die von General Oudinot geführten »republikanischen« Franzosen, die der Römischen Republik den entscheidenden Schlag versetzten. Die am 24. April 1849 gelandete Streitmacht scheiterte zunächst am entschlossenen Widerstand der römischen Patrioten. Bei der Verteidigung der Stadt spielte Giuseppe Garibaldi – einst von Karl Albert in contumaciam zum Tode verurteilt – eine überragende Rolle. Die von ihm geführten Patrioten gingen mit dem Lied: »Rom steigt empor, immer noch die Königin . . .« in den Kampf. Nachdem Oudinot durch Scheinverhandlungen über einen Waffenstillstand, die der spätere Erbauer des Suezkanals,

Joseph Wenzel Graf Radetzky von Radetz, Feldmarschall der österreichischen Armee. Lithographie von Nepomuk Strixner nach einem Gemälde von Wilhelm Richter. Staatliche Bücher- und Kupferstichsammlung Greiz

Ferdinand de Lesseps, führte, genügend Zeit und Verstärkung gewonnen hatte, begann am 3. Juni der entscheidende Angriff: 60 000 Interventen gegen 15 000 Verteidiger. Überlegene französische Artillerie verschonte nicht einmal die Zeugnisse der Antike, selbst im Kapitol und im Forum Romanum schlugen die Granaten ein. Bis zum 30. Juni verteidigte sich Rom, dann gaben Mazzini und Garibaldi die Sache der Republik verloren. Mit 5000 Getreuen versuchte sich Garibaldi nach Norden durchzuschlagen, die meisten seiner Anhänger wurden auf der Stelle getötet – getreu der Weisung, »Die Verteidiger mit dem Bajonett niederzumachen« –, gefangengenommen, versprengt; nur durch ein Wunder konnte sich Garibaldi retten. An seiner Seite blieb die getreue Gefährtin Anita, die aber den Strapazen der Odyssee an der venezianischen Küste erlag.

Letzte Bastion: Venedig

Als letzte Bastion behauptete sich Venedig, das die Österreicher zu Lande und zur See vom 20. Juli bis 28. August 1849 belagerten. Trotz anhaltender Bombardements, Hungersnot, Typhus- und Choleraepidemie lehnte die Stadt eine Kapitulation ab. Erst die Nachricht und die Gewißheit, daß mit der Niederlage der Ungarn bei Világos der Europäischen Revolution das Rückgrat gebrochen war, veranlaßte die Venezianer, die Waffen niederzulegen.

Die Rache der Sieger kannte keine Grenzen, mit dem Segen des Papstes wurde erschossen, geköpft und gehängt. Zu Symbolgestalten der Konterrevolution avancierten auf österreichischer Seite General Haynau, die »Hyäne von Brescia«, und im Süden Ferdinand II., in dessen Kerkern unter unvorstellbaren Bedingungen mehr als 15 000 Gefangene schmachteten. Eine neue Welle der politischen Emigration setzte ein, auch Garibaldi und Mazzini mußten die Heimat verlassen. Garibaldi trieb es fast um die ganze Welt; in Peru traf er Manuela Sáenz, die große Gefährtin Bolívars: Begegnung der Kontinente und der Revolutionen. Ehe Daniele Manin seiner Heimat- und Heldenstadt Venedig den Rücken kehrte, hinterließ er das Vermächtnis: »Ein Volk, das vollbracht und erlitten hat, was unser Volk vollbrachte, litt oder noch leidet, ein solches Volk kann nicht untergehen . . .«

Revolution in Ungarn

Ungarn stand seit 1847 im Zeichen einer neuen Reformdebatte, die sich um zwei Hauptproblemkreise rankte: die innere Erneuerung des Landes durch liberale Gesetze und die Gewinnung einer größeren Autonomie im Habsburger Vielvölkerstaat. Noch hieß es Autonomie, die Revolution setzte die nationale Unabhängigkeit auf die historische Tagesordnung. In der Frage, wie die gesteckten Ziele zu erreichen seien, zeigte sich der Adel, die herrschende Klasse des Landes, die über nicht weniger als 70 Prozent des gesamten Bodens verfügte, gespalten. Ihren einflußreichsten Sprecher besaß die gemäßigte Opposition der Magnaten in Graf István Széchenyi. Eine ungleich radikalere Position bezog Lajos Kossuth, Vertreter des niederen Adels und Anhänger entschiedener Reformen für eine bürgerliche Umgestaltung des Landes. Bereits im Jahre 1844 gründete er den »Verein zum Schutze der nationalen Industrie gegen die Konkurrenz ausländischer Waren«, der die Interessen von patriotischem Adel und entstehendem Bürgertum (mit dem Zentrum Buda und Pest) auf einen Nenner brachte. Über Kossuth hinausgehend formierte sich eine vorwiegend in der Intelligenz verankerte radikal-demokratische Linke, die den Kern der »Märzjugend« bildete: Der Nationaldichter Sándor Petőfi, dazu Mihály Táncsics und Pál Vasvary prägten deren Profil.

Lajos Kossuth, Führer der ungarischen Revolution. Zeitgenössische Lithographie. Staatliche Galerie Dessau, Schloß Georgium

Pester Aufstand

Als unmittelbares Echo auf die Pariser Februarereignisse präsentierte Kossuth am 3. März 1848 eine Adresse an den Kaiser mit der Forderung nach einer autonomen Regierung, erweiterten Freiheiten und der Durchführung einer Agrarreform. Der große Aufbruch erfolgte am 15. März. Als unmittelbare Antwort

Seit August 1848 begann seitens der Wiener »Militärpartei« der konzentrische Druck auf Ungarn. Als Speerspitze diente der zum Oberkommandierenden der kroatischen Streitkräfte ernannte Banus (Statthalter) von Kroatien, Josip Baron von Jellačić; seine Truppen überschritten am 11. September den Grenzfluß Drau. Die daraus folgende Septemberkrise führte zu einer progressiven Differenzierung im Lager der Revolution. An die Stelle der aufgelösten Regierung Batthyány trat ein Landesverteidigungsausschuß (22. September 1848), der den radikalpatriotischen Kräften Einfluß gestattete. Revolution und Krieg flossen von nun an zusammen. Führende Vertreter der Gemäßigten, wie Fürst Esterházy oder Graf Széchényi, wechselten auf die Seite der Kaiserlichen, andere, wie Graf Zichy oder der kaiserliche Bevollmächtigte, wurden durch Richterspruch oder Volksjustiz verurteilt. In der militärischen Konfrontation mit Jellačić bewährte sich die seit Juli aufgebaute Nationalarmee (Honvéd) im Umfang von fast 100 000 Mann, davon zehn Regimenter Husaren. Es gelang, die Kroaten zu schlagen und in Richtung

Sandor Petöfi, ungarischer Nationaldichter. Zeitgenössische Illustration

auf die Wiener Revolution kam es nach der Manifestation in Pest zur Annahme der zwölf Punkte umfassenden »Forderungen der ungarischen Nation« und der Formierung eines Sicherheitsausschusses. Da Österreichs Macht bereits gelähmt war, ging die politische Herrschaft in Ungarn fast reibungslos in die Hände der gemäßigten Adelsliberalen über. Am 17. März bildete sich ein ungarisches Ministerium unter Graf Lajos Batthyány, am 7. April konstituierte sich eine eigene Regierung. Wien blieb nichts übrig, als die gesetzten Fakten zu bestätigen. Die Hegemonie der gemäßigt-adligen Reformpartei hatte für die Revolution verhängnisvolle Konsequenzen: Die Regierung Batthyány unterschätzte die auf Zeitgewinn bedachte Hinhaltepolitik Wiens; in der Agrarfrage blieb sie auf halbem Wege stehen, da die Bauern das Land nur durch Kauf erwerben konnten; obwohl selbst national unterdrückt, wurde dem Unabhängigkeitsanspruch der Nationalitäten auf dem eigenen Territorium (immerhin 60 Prozent der gesamten Bevölkerung) kein Gehör geschenkt. Wien erkannte diese Achillesferse der ungarischen Revolution und schürte mit Geschick die nationalen Rivalitäten.

Josip Jellačić de Buzim kämpfte als Banus von Kroatien und Feldmarschallleutnant gegen die ungarische Revolution. Lithographie von Stubianzká. Staatliche Bücher- und Kupferstichsammlung Greiz

Die Kapitulation der ungarischen Truppen am 13. August 1849 bei Vilagos. Zeitgenössische Lithographie

Wien abzudrängen, ohne daß jedoch die historische Chance, sich mit dem revolutionären Wien zu verbinden und so die österreichische und ungarische Revolution zu synchronisieren, genutzt wurde. Die bis Schwechat vorstoßenden Ungarn unter General Móga blieben passiv, als Windischgrätz den Wiener Oktoberaufstand niederschlug. Mit dem Ende der österreichischen Revolution fiel zugleich die Vorentscheidung für den Ausgang der ungarischen Revolution.

Nachdem Windischgrätz die Hände wieder frei hatte, begann die österreichische Offensive gegen Ungarn . Am 9. Januar 1849 rückten die Österreicher in Buda ein. Regierung und ungarischer Landtag sahen sich gezwungen, nach Debrecen auszuweichen. Unter dem bestimmenden Einfluß der linken Minderheit

Unabhängigkeitserklärung

erklärte am 14. April 1849 Ungarn seine Unabhängigkeit. Kossuth trat als Reichsverweser an die Spitze der Regierung. Dank einer nochmaligen Konzentration aller Kräfte gelang es den Ungarn, einen militärischen Umschwung herbeizuführen: Am 2. Mai wehte die Nationalfahne Ungarns auf der Burg von Buda.

Jedoch täuschte das äußerlich positive Bild. International blieb die Revolution total isoliert, Versuche um eine diplomatische Anerkennung scheiterten. Im Adel bildete sich eine »Friedenspartei«, die gegen Kossuth auf den Ausgleich mit Wien hinarbeitete. Innerhalb der Führung setzte sich die These des Verteidigungskrieges durch, was bedeutete, die Initiative dem Gegner zu überlassen. Erst jetzt, und damit bereits zu spät, ergingen Gesetze zur Befreiung der Bauern und über autonome Rechte der Nationalitäten.

Der Weg nach Világos

Angesichts der erlittenen Rückschläge bat Wien um das Eingreifen Rußlands. Im Mai 1849 drang eine russische Armee unter Paskewitsch in Ungarn ein; eine zweite stieß über Siebenbür gen vor; insgesamt 140 000 Mann. Die Revolution geriet in einen tödlichen Zweifrontenkampf; das militärische Kräfteverhältnis betrug zwei zu eins. Erneute Siege der Österreicher in den Monaten Juni und Juli dienten der »Friedenspartei« dazu, Kossuth unter Druck zu setzen. In dem Moment, wo Einheit des Handelns und eine energische Führung vonnöten gewesen wären, verschärften sich die Gruppen- und Flügelkämpfe in der inzwischen nach Szeged evakuierten Regierung. Kossuth wurde entmachtet, alle Vollmachten gingen an den Oberbefehlshaber der Armee, General Artur Görgey, über, der am 13. August 1849 bei Világos vor dem russischen Feldmarschall Paskewitsch die Kapitulation unterzeichnete. Wie in Italien, so konnte sich der österreichische Befehlshaber Haynau ein zweites Mal in Ungarn austoben. Mit Graf Batthyány fielen am 6. Oktober 13 Generale der ungarischen Armee unter den Kugeln eines österreichischen Hinrichtungskommandos, es folgten über 100 weitere Todesurteile, und mehr als 10000 Personen erhielten Gefängnishaft. Kossuth gelang mit einer Handvoll Getreuen die Flucht auf türkisches Gebiet.

Aufstand am Rande Europas

Einen nicht minder tragischen Verlauf nahm die national-revolutionäre Bewegung der Rumänen im politisch-geographischen Spannungsdreieck der Habsburger Monarchie, des osmanischen Imperiums und Rußlands. Ohne ein nennenswertes Bürgertum und angesichts der herrschenden Stellung der Großgrundbesitzer (Bojaren) lag die Initiative im Ringen um nationale Unabhängigkeit vorrangig in den Händen revolutionärer Intellektueller, von denen nicht wenige ihre Ideen direkt in Frankreich aufgenommen hatten; unter den »Franzosen« stachen Nicolae Bălcescu, Constantin A. Rosetti, Costache Negri und Georghe Brătianu hervor. Bălcescu übertraf, obwohl Sohn eines Bojaren, das Gros seiner Mitstreiter durch die klare Einsicht, daß Rumäniens Revolution nicht nur eine nationale, sondern ebenso eine soziale sein mußte; ihm ging es darum, den Staat auf einem Fundament befreiter Bauern aufzubauen.

Ein besonderer Nachteil für die Revolutionäre bestand in der Dreiteilung des Aktionsgebietes: Trotz des Organischen Reglements von 1834 blieben Moldau und Walachei als zwei autonome Fürstentümer unter türkischer Oberhoheit, während Transsylvanien als Teil Ungarns zur Habsburger Monarchie gehörte. Eine Koordinierung der revolutionären Bewegung zwischen den drei Regionen gelang nicht.

Moldau

Im Gebiet der Moldau blieb der revolutionäre Vorstoß schon in den Anfängen stecken. Eine etwa tausendköpfige Protestversammlung kam am 8. April 1848 in Iaşi zusammen und unterbreitete dem Hospodaren Prinz Mihail Sturdza eine Petition mit 33 Punkten, zu denen u. a. die Forderung nach Aufhebung der Zensur, Schaffung einer Nationalgarde, Amnestie und Wahl einer neuen Landesversammlung gehörten. Bäuerliche Fragen tangierte die Petition nur am Rande. Schon am folgenden Tage ließ der Fürst die Versammlung mit Waffengewalt auseinandertreiben und deren wichtigste Sprecher (unter ihnen Ion Cuza) in Haft setzen. Einer Auslieferung an die Hohe Pforte konnten sich die meisten durch Flucht entziehen.

Wesentlich größere Bedeutung erreichten die Vorkommnisse in der Walachei, wo mit Bălcescu eine radikalere Persönlichkeit an der Spitze stand. Es bildete sich ein Revolutionsausschuß, dem es gelang, einen breiten Aufstand zu entfachen. Am 23. Juni 1848 kam es zur Annahme einer von Bălcescu ausgearbeiteten Verfassung und zur Einsetzung einer Provisorischen Regierung, in der Bălcescu als Innenminister die entscheidende Gewalt in den Händen hatte. Wenige Tage darauf floh Fürst Gheorghe Bibesco aus Bukarest. Trotz des hohen Mobilisierungsgrades der Massen, insbesondere auch der Bauern, versäumte es die revolutionäre Regierung, ihre Macht in erforderlicher Weise zu festigen. Unter türkischem Druck trat die Regierung, in der inzwischen gemäßigte Elemente die Oberhand gewonnen und die Gruppe um Bălcescu ihren Einfluß verloren hatten, zugunsten der Einsetzung eines Statthalters zurück. Trotz aller Konzessionen rückten türkische Truppen in Stärke von über 20 000 Mann ein und besetzten am 25. September 1848 Bukarest. Die massakerähnlichen Ausschreitungen der Türken nahm die russische Regierung zum Anlaß, um ihrerseits Truppen in Bukarest einrücken zu lassen (27. September). So erlag die Revolution in der Walachei einer türkisch-russischen Doppelinvasion. Die letzten revolutionären rumänischen Einheiten unter General Georghe Magheru lösten sich am 10. Oktober 1848 auf.

In Transsylvanien trug die revolutionäre Bewegung von Beginn an den Stempel des Widerspruchs von nationaler und sozialer Frage. Die transsylvanischen Rumänen legten ihre Forderungen in der »Nationalversammlung« von Blasendorf vom 15. bis 17. Mai 1848 dar. Eine weitreichende Nationalpetition verlangte die Gleichberechtigung der Rumänen innerhalb der Habsburger Monarchie, zugleich setzte ein radikaler Flügel die Forderung nach Befreiung der Bauern von Fron und Zehnt durch. Jedoch lehnte der von Ungarn und Siebenbürgen beherrschte Landtag die Begehren der Rumänen ab und gliederte Transsylvanien völlig Ungarn ein. Ein Ausgleich zwischen Bălcescu und Kossuth kam erst im Juli 1849 zustande und damit für eine Rettung der rumänischen und ungarischen Revolution zu spät. Im Gegenteil, nicht wenige rumänische Bauern, die in den ungarischen Grundbesitzern ihren eigentlichen Feind sahen, unterstützten die kaiserlich-österreichischen Truppen.

Das Erbe von 1848

Aus der Sicht der Zeitgenossen bot Europa nach den großen Kämpfen der Jahre 1848/49 ein Panorama der totalen Niederlage. Die Hoffnungen der Völker auf die nationale und soziale Befreiung waren gescheitert: gescheitert an der gnadenlosen Gewalt der Konterrevolution, gescheitert aber auch an den Widersprüchen innerhalb der revolutionären Kräfte selbst, vor allem am Zurückweichen und an der Kompromißpolitik des liberalen Bürgertums. Auf die Märzeuphorie folgten die Pariser Junischlacht, die Niederlage des Oktoberaufstandes in Wien, der Untergang der ungarischen und italienischen Revolution, der Staatsstreich in Preußen, die Kapitulation der Helden von Rastatt. Wahrlich, eine entmutigende Bilanz, die auch das Urteil der Historiker mitgeprägt hat, von denen nicht wenige 1848 nur als ein Jahr der verpaßten Chancen gelten lassen wollten. Unzählige Achtundvierziger – ihre Zahl ging in die Hunderttausende – verließen die ihnen zu eng und unerträglich gewordene Heimat für immer. Die Zahl der Gerichteten, in Gefängnisse Geworfenen, Verbannten und administrativer Drangsalierung der wiederbelebten Restauration Ausgesetzten läßt sich nur erahnen.

Die Niederlage von 1848 bedeutete in mehrfacher Hinsicht eine tiefe Zäsur, einschneidender und folgenschwerer als manche Auswirkungen von 1789 und 1830. Viele Kämpfer resignierten und machten ihren Frieden mit der bestehenden Ordnung. Aber welchen Charakter hatte diese Ordnung? Nachdem sich der Pulverdampf verzogen und der Siegesrausch verflüchtigt hatte, stellte sich heraus, daß die Geschichte ihr Recht forderte und gegen Demokratie, gegen den historischen Fortschritt eben nicht nur Soldaten halfen. Gewiß, die historisch zur Führung der Gesellschaft berufene Bourgeoisie vermochte, von Selbstzweifeln über die eigene Macht geplagt, nicht zum Siege zu kommen. Ihre Resignation und ihr Pessimismus fanden die philosophische Begründung in der Renaissance der Ideen von Arthur Schopenhauer, die zu geistigen Leitbildern einer sich von der Revolution abwendenden Klasse avancierten. Bald florierte auch eine Geschichtsschreibung, deren Staatsvergottung den philosophischen Revolutionsverzicht historisch untermauerte. Selbst im Falle Frankreichs wurde der Erfolg des Industriebürgertums durch die Inthronisierung des Bonapartismus mediatisiert.

Trotzdem konnten die »Sieger« von 1848/49 das Rad der Geschichte nicht mehr in den Schatten der Heiligen Allianz zurückdrehen. Wesentliche Errungenschaften der Revolution – Verfassungen oder ihnen ähnelnde konstitutionelle Zugeständnisse, eine Reihe politischer und sozialer Reformen, vor allem auf dem Gebiet der Bauernbefreiung – wurden nicht nur toleriert, sondern, wie z. B. in Preußen und Österreich, fortgeführt und beendet. Immer deutlicher und gewichtiger wurde für die altherrschenden Klassen der Zwang zur Anpassung an die endgültig unkorrigierbaren ökonomisch-sozialen Realitäten der bürgerlichen Umwälzung. Bald und ganz wider Erwarten sollten sich die neoabsolutistischen Restaurateure als die »Testamentsvollstrekker« der Revolution erweisen. Zwar hatte das Bürgertum die Revolution politisch verloren, seiner weiteren ökonomischen und sozialen Entfaltung konnten jedoch keine Fesseln mehr angelegt werden. Gustav Freytag, gewiß kein Klassiker der deutschen Literatur, hat zu einer Zeit, da in England und Frankreich der Roman bereits ein Instrument ätzender Kapitalismuskritik darstellte, dem demoralisierten deutschen Unternehmer mit »Soll und Haben« (1855) erst einmal ein neues Selbstbewußtsein und eine nationale Mission zu geben versucht.

Obwohl mit 1848/49 die Geschichte des bürgerlichen Revolutionszyklus in Europa ihren Höhepunkt unwiderruflich überschritten hatte und die Revolution – bildlich verstanden – aus Europa »auswanderte«, blieb ein nicht unbeträchtlicher Saldo, der noch des Begleichens harrte, in erster Linie auf dem Gebiet der nationalen Frage. Im Ringen um die nationale Einheit und gegen nationale Unterdrückung lag der eigentliche Sprengstoff der politischen Bewegung der fünfziger und sechziger Jahre; das unbewältigte Erbe von 1848 wurde von neuem eingeklagt.

Nicht zuletzt gehörte zu den großen zäsursetzenden Resultaten der Revolution von 1848 ihre impulsgebende Kraft für die Entwicklung und politisch-organisatorische Verselbständigung der Arbeiterklasse. Viele proletarische Aktionskonzepte sind von dieser großen Revolution auf die Probe gestellt worden: der utopische Arbeiterkommunismus von Cabet, Dézamy und Blanqui bis Weitling, das anarcho-individualistische Konzept von Max Stirner, die reformsozialistische »Organisation der Arbeit« eines Louis Blanc, der friedlich-anarchistische Genossenschaftssozialismus Proudhons, die ökonomistisch-nationalen Prinzipien Stephan Borns bis zu den von Karl Marx und Friedrich Engels erarbeiteten Grundlagen des wissenschaftlichen Sozialismus. Vielleicht ein zu widersprüchliches Bild, um dem Proletariat in der Revolution schon das erforderliche Gewicht zu verschaffen, aber Ausdruck der Geburt einer neuen sozialen Kraft und einer neuen Qualität der gesellschaftlichen Verhältnisse, die für die Zukunft weder Adel noch Bourgeoisie ignorieren konnten.

Die Eröffnung der Londoner Weltausstellung durch Königin Victoria am 1. Mai 1851. Zeitgenössische Illustration

10 Zeit der Testamentsvollstrecker

In der Historiographie zur Geschichte des 19. Jahrhunderts erscheinen die fünfziger und sechziger Jahre zumeist unter dem summarischen Verlegenheitstitel »Reaktion und Fortschritt«, eine gewiß nicht besonders originelle Ortsbestimmung, die fast auf jede Epoche der neuzeitlichen Geschichte zutrifft. Tatsächlich ist es aber nicht ganz einfach, die Vielfalt und Widersprüchlichkeit der Erscheinungen dieser Zeit auf einen Nenner zu bringen.

Das neue Gesicht der Revolution

Ein hervorstechendes Merkmal bestand ohne Zweifel in der außerordentlichen Beschleunigung der ökonomischen Entwicklung nach dem Ende der Wirtschaftskrise von 1846/47. Die im Jahre 1851 in London im Beisein von Königin Victoria eröffnete Weltwirtschaftsausstellung war nicht nur eine Demonstration der industriellen Überlegenheit dieses Landes und Symbol des neuen, »eisernen« Zeitalters, sie brachte die unwiderstehliche Dynamik des Kapitalismus im Zeichen der freien Konkurrenz des ungebundenen Unternehmertums zum Ausdruck. Das bonapartistische Frankreich zögerte nicht, schon 1855 mit einer ähnlichen Veranstaltung Europa und die Welt zu beeindrucken. Stärker als jede politische Agitation der Liberalen und Demokraten öffneten die in London und Paris zu besichtigenden Errungenschaften des bürgerlichen Zeitalters den Blick für den eklatanten Widerspruch zwischen dem allgemeinen ökonomisch-technischen Fortschritt, den unaufhaltsam voranschreitenden Veränderungen in den gesellschaftlichen Strukturen bis hin zur Formierung einer neuen sozialen Klasse, des Proletariats, mit ihrem unüberhörbaren politisch-sozialen Emanzipationsanspruch einerseits und den Versuchen, die untilgbaren Spuren der soeben beendeten Europäischen Revolution durch neorestaurative und neoabsolutistische Herrschaftsformen zu überdecken, andererseits.

Für die alten Mächte konnte jetzt nicht einmal mehr von einem Sieg auf Zeit die Rede sein. Vielmehr bestand das zentrale Problem darin, unter welchen Voraussetzungen, in welchen Formen und mit welchen Konsequenzen die altherrschenden Klassen und ihre Institutionen dem auf die Dauer nicht zu widerstehenden Druck der neuen Umstände nachgaben. Letztlich gab es dafür drei Möglichkeiten oder Wege:

Wege und Formen der Anpassung

— die bewußte Anpassung nach dem Motto Otto von Bismarcks: »Soll Revolution sein, so wollen wir sie lieber machen als erleiden«, was nichts anderes hieß, als den Weg einer Revolution von oben zu beschreiten;
— das erzwungene Nachgeben – die Selbstaufgabe als historische Klasse – im Gefolge einer Revolution von unten nach dem erneuerten Vorbild von 1789 oder 1848;
— die zumeist aus der potentiellen Verbindung beider Varianten resultierende Reformpolitik liberaler oder radikal-demokratischer Prägung.

Es kann deshalb nicht verwundern, daß die folgenden revolutionären Umwälzungen durch eine schier undurchsichtige und verwirrende Vielfalt von Erscheinungen geprägt waren, in denen sowohl das Erbe weitergeführter Erfahrungen von 1789 und 1848, aber auch neue qualitative Elemente zum Ausdruck kamen. Es gehört keineswegs zum allgemeinen Geschichtsverständnis, daß die Jahre von 1850 bis 1871 eine im Zyklus der neuzeitlichen Revolutionen bislang nicht gekannte Verdichtung der revolutionären Prozesse gebracht haben und eben darin eines ihrer Wesensmerkmale bestand. Verdichtung der revolutionären Prozesse in Europa bedeutete zugleich deren forcierte Globalisierung durch den Einschluß Asiens, die neue Etappe von Revolutionen in Lateinamerika und den Abschluß der bürgerlichen Umwälzung in den USA: Weltrevolution des Bürgertums. Beginnend mit der Taiping-Revolution in China bis zum Sturz des Bonapartismus in der Septemberrevolution verging in den zwei Dezennien kein einziges Jahr, in dem nicht zumindest ein bedeutendes revolutionäres Ereignis stattfand. In der Feststellung, der weltweite Sieg des Kapitalismus habe sich in der Permanenz von Revolution und Reform vollzogen, liegt keineswegs eine Übertreibung, sondern die schmucklose Charakterisierung einer epocheprägenden Realität.

Gegenrevolutionäre Welle

Anfang der fünfziger Jahre schien Europa tatsächlich in einer gegenrevolutionären Welle zu versinken. In Frankreich richtete der Bonapartismus Napoleons III. sein Hauptaugenmerk auf die wiedererstarkende proletarische Bewegung; in Österreich herrschte die »Ära Bach«, die keineswegs mehr der Hilfe des kleinlaut aus dem Exil zurückgekehrten greisen Metternich bedurfte; Preußens deutsche Vormachtambitionen fielen der Olmützer Punktation zum Opfer, während der Linken mit dem Kommunistenprozeß zu Köln endgültig der Garaus gemacht werden sollte; in Rußland hatte schon der Schauprozeß gegen die revolutionären Demokraten um Petraschewski eine neue Runde im Kampf gegen die innere Opposition eingeleitet. Für die göttliche Rechtfertigung der gewaltsamen Unterdrückung jeder revolutionären Regung sorgte Papst Pius IX., gestützt auf den im Zenit seines Einflusses stehenden Jesuitenorden und auf die bewußte Förderung eines militanten orthodoxen Irrationalismus.

Um die Revolution als europäisches Phänomen unter Kontrolle zu halten, hätte es einer stabilen internationalen Ordnung, mit anderen Worten, der Wiederauflage der Heiligen Allianz bedurft. Die letzten denkbaren Fundamente einer solchen Allianz der Konterrevolution zerbrachen durch die Interessengegensätze um die erneut auf die internationale Tagesordnung gesetzte

Orientalische Frage und Krimkrieg

orientalische Frage. Unter dem Vorwand, die unterdrückten griechisch-orthodoxen Christen schützen zu müssen, rückten russische Truppen im Juli 1853 in die Donaufürstentümer Moldau und Walachei ein. England und Frankreich, die ihre Balkan- und Orientinteressen bedroht sahen, ermunterten die Hohe Pforte zur Gegenoffensive (Oktober), worauf Rußland offiziell den Krieg erklärte (2. November). Zu Land und zur See wurden die Türken vernichtend geschlagen. Angesichts der drohenden Gefahr für den »kranken Mann am Bosporus« – es ging immerhin um das Schicksal eines strategisch entscheidenden Imperiums vom Balkan bis Nordafrika – traten England und Frankreich im März 1854 in den Krieg ein. Österreich blieb neutral, zwang aber Rußland zur Räumung der Donaufürstentümer. Englische und französische Flotteneinheiten operierten in der Ostsee und im Fernen Osten (Sachalin); jedoch konzentrierten sich die Kampfhandlungen schließlich auf die Halbinsel Krim. Einem Landungskorps von 62000 standen 35000 Verteidiger gegenüber. Trotz einiger Erfolge an der türkischen Front (Einnahme von Kars) entschied der Fall Sewastopols nach elfmonatiger Belagerung im September 1855 den Krieg zuungunsten Rußlands.

Pariser Friedensvertrag

Im Pariser Friedensvertrag vom 18. März 1856 verlor Rußland Südbessarabien, es mußte den neutralen Status des Schwarzen Meeres hinnehmen, und das »Protektorat über die Christen«, wirksamstes diplomatisches Instrument für die Einmischung in türkische Angelegenheiten, ging auf »alle europäischen Staaten« über.

Gründung Rumäniens

Zugleich beschlossen die Siegermächte in Paris die Gründung der »Vereinigten Fürstentümer Moldau und Walachei« unter der Oberhoheit der Pforte. Obwohl beide Fürstentümer trotz der Einheit im Zoll-, Finanz- und Gerichtswesen getrennt bleiben sollten, erfolgte 1859 gegen den Protest der Pariser Signatarmächte der Zusammenschluß unter Fürst Alexandru Ion Cuza zum einheitlichen Staat mit der Bezeichnung Rumänien, der 1861 seine Anerkennung durch die Hohe Pforte fand. Die Gründung Rumäniens stellte einen bedeutenden Erfolg der Balkanvölker im Ringen um nationale Selbständigkeit dar.

Hoffnung Spanien

Mitten in den Krimkrieg platzte die Nachricht von neuen Unruhen auf der Iberischen Halbinsel. Ein weiteres Mal wurde Spanien von einer Revolution erschüttert. Nach einem vergeblichen Militäraufstand im Februar 1854 gelang der progressistischen Opposition in den Monaten Juni und Juli 1854 der entscheidende Schlag: Am 28. Juni erhob sich die Kavallerie unter General Domingo Dulce y Garay. Dank des von Antonio Cánovas y Castillo – zu dieser Zeit noch progressistisch-liberal, ehe er den Schwenk in das konservative Lager vollzog – verfaßten »Manifestes von Manzanares« (7. Juli) erhielt die begrenzte Militärbewegung rasch eine breitere Basis. Vor allem das Versprechen auf Wiederherstellung der aufgelösten Nationalmiliz und Garantie der lokalen Selbstverwaltung zündete. Spontan griff der Aufstand auf andere Landesteile über. Ein Zentrum der Auseinandersetzung bildete Madrid, wo eine zentrale Revolutionsjunta entstand, die faktisch die Regierung übernahm. Espartero, das Idol der vorangegangenen Revolution, tauchte aus Verbannung und Versenkung wieder auf und ließ sich – getragen von Sympathien der Massen, die sich seiner dubiosen Rolle zwischen 1834 und 1843 nicht mehr zu erinnern schienen – an die Spitze der Regierung setzen. Am 31. Juli 1854 ernannte ihn Königin Isabella II. zum Ministerpräsidenten. Würde der Held von gestern die neue Chance der Geschichte zu nutzen verstehen?

Dieser erneute Wechsel in der auf den ersten Blick fast undurchschaubaren politischen Szenerie Spaniens resultierte aus der eklatanten Unfähigkeit der unbelehrbaren Monarchisten

Schlacht bei Sewastopol. Der Fall von Sewastopol im September 1855 besiegelte die Niederlage Rußlands im Krimkrieg gegen die mit England, Frankreich und Sardinien verbündeten Türken. Zeitgenössische Illustration

und der um die Königin konzentrierten Kamarilla, die Situation unter Kontrolle zu halten. Selbst Narváez, der mit eiserner Hand bis 1851 die Regierung geführt hatte, mußte am Ende das Handtuch werfen. Sein Verdienst für die Monarchie bestand nicht zuletzt darin, das Übergreifen der Revolution von 1848 auf Spanien verhindert und lokale Aufstandsherde rigoros ausgelöscht zu haben. Seine Idee aber, die erst dreizehnjährige Isabel für mündig und zur Königin erklären zu lassen (1844), geriet ihm selbst zum Nachteil. Isabella II. schrieb eines der dunkelsten Kapitel der »Chronique scandaleuse« um die Mitte des 19. Jahrhunderts. Ihr orgiastisches Leben übertraf die regste Phantasie. Granden, Generale, Grenadiere – gelegentlich auch Lakaien – hielten ihr Boudoir in Bewegung. Ihre jeweiligen Liebhaber, neben dem offiziellen Gatten, ihrem Vetter Franz d' Assisi, waren Tagesgespräch; das ihrer Mutter María Cristina in der Presse zuerkannte Prädikat, »eine Hure von Format« zu sein, galt für sie nicht minder. Die politischen Ambitionen ihrer Favoriten, einschließlich des ab 1853 amtierenden Ministerpräsidenten, des Conde de San Luis – vor der Fühlungnahme mit der Königin ein farbloser Journalist polnischer Abkunft mit Namen Sartorius –, trieben das Ansehen der Krone und das Land unaufhaltsam in den Ruin.

Unter den Liberalen und Demokraten Europas erweckten die Signale aus Madrid neue Hoffnungen. Auch Karl Marx teilte den allgemeinen Enthusiasmus; er erwartete, daß Madrid wie Palermo im Januar 1848 oder der Schweizer Sonderbundeskrieg von 1847 das Signal für eine neue Europäische Revolution abgäbe. Diese Erwartungen trafen jedoch nicht ein. Schon die Umstände, unter denen die spanische Revolution ablief, ließen die utopischen Visionen rasch vergehen. Spaniens Revolution zeigte sich viel zu sehr mit ihren eigenen Querelen beschäftigt, um auf das übrige Europa überspringen zu können.

Armee und Revolution

Von Anbeginn standen sich zwei Kräfte gegenüber, deren Interessen unvereinbar blieben: die Armee und die spontane Volksbewegung, die allerdings in Teilen der Nationalmiliz eine bedeutende Stütze besaß. Die Armee, um deren Beeinflussung

Espartero mit dem rechtsliberalen General Leopoldo O'Donnell in Konkurrenz lag, hatte eine doppelte Funktion zu erfüllen. Sie fungierte als Schiedsrichterin im Kampf der rivalisierenden bürgerlich-aristokratischen Mächtegruppierungen und mußte – darin lag ihre Hauptaufgabe – die Volksbewegung im Zaume halten. Volksbewegung, das hieß in den beiden Revolutionsjahren die massiv aufflammende Bauernbewegung der Estremadura und Andalusiens und die Herausbildung einer republikanischen Linken, deren Sprecher zwar fast ausschließlich Intellektuelle waren – unter ihnen Estanislao Figueras, künftiger Präsident der Republik von 1873, und Francisco Pí y Margall, ein Gelehrter mit Verständnis für die neue Dimension der sozialen Frage –, die aber rasch ihre Wurzeln im entstehenden Proletariat, vornehmlich Kataloniens mit dem Zentrum Barcelona, schlug.

Unionisten, Progressisten, Republikaner

In den Verfassungsgebenden Cortes, die am 8. November 1854 zusammentraten und im folgenden Jahr das Grundgesetz von 1837 wiederherstellten, ergab sich eine Dreiteilung der politischen Kräfte:

— in den rechten Flügel, die »Liberale Union«, Interessenvertreterin des gemäßigt-liberalen Bürgertums und jener Teile der Aristokratie, die mehr oder minder umfassend von einem Prozeß der Verbürgerlichung erfaßt waren. Ihren Vertrauensmann und Degen besaß dieser Flügel in O'Donnell;

— in den linken Flügel demokratisch-republikanischen Zuschnitts;

— in das von den radikal-liberalen Progressisten getragene und sich auf Espartero stützende Zentrum.

Extrem Rechte oder extrem Linke gewannen keinen nennenswerten Einfluß, jedoch lag die zahlenmäßige Mehrheit bei den Unionisten, was das weitere Schicksal Esparteros und der Revolution erahnen ließ.

Die neue Qualität der Ereignisse bestand darin, daß die Revolution ihren traditionell-dynastischen Charakter verlor. Zwar ging es der Mehrheit des liberalen Bürgertums nicht um die Abschaffung der Monarchie, jedoch drängte sie auf die Entmachtung der Kamarilla und der unter Narváez wieder zurückgekehrten Königinmutter María Cristina. Um eine Verurteilung María Cristinas wegen Unterschlagung von Staatsgeldern und skandalöser Eisenbahnspekulationen zu verhindern, ermöglichte ihr Espartero die Flucht mit Ehreneskorte nach Portugal. Dieser offensichtliche Verrat zeigte, daß Espartero und seine Parteigänger, von denen nicht wenige in das unionistische Lager abzuschwenken begannen, den Rückwärtsgang eingelegt hatten. Um von den Bankiers eine Anleihe zur Sanierung der desolaten Staatsfinanzen zu erhalten, ließ sich Espartero sogar die Einschränkung der Presse- und Versammlungsfreiheit abpressen. Auch die im Februar 1855 erneuerte Agrargesetzgebung

Isabella II., Königin von Spanien (1833–1868). Lithographie von Achille Devéria. Staatliche Bücher- und Kupferstichsammlung Greiz

kam der Rechten zugute. Gegen den erbitterten Widerstand der Königin Isabella, zu deren engsten Vertrauten ihr Beichtvater und eine Nonne als Spielgefährtin gehörten, setzte Espartero den Verkauf weiterer Kirchenländereien durch und verbot den Erwerb neuen Grund und Bodens durch die Kirche. Juristisch setzte sich Espartero damit über das Konkordat von 1851, einen der großen internationalen Erfolge Pius' IX. nach der Niederlage der Europäischen Revolution, hinweg. Da jedoch, wie weiland

Agrardekrete

unter Mendizábal, für die Agrargesetzgebung fiskalische und nicht soziale Überlegungen den Ausschlag gaben, gingen die Bauern in ihrer Masse leer aus. Die Chance, der Revolution eine Basis im Volke zu geben, blieb einmal mehr vertan. Neue Erhebungen der Bauern im Gebiet von Valladolid (Sommer 1856) setzten Sturmzeichen, denen die republikanische Linke zwar enthusiastisch applaudierte, ohne jedoch daraus die Kraft für eine positive Wende der Revolution zu gewinnen.

Truppenschau des Generals Leopoldo O'Donnell über revolutionäre Kontingente bei Canillejas am 28. Juni 1854. Zeitgenössische Illustration

Von der Krone brüskiert, im Parlament ohne genügende Rükkendeckung, dazu nicht bereit, auf die bäuerliche und plebejisch-proletarische Bewegung zu setzen, ließ sich Espartero am 13. Juli 1856 zum Rücktritt zwingen; sein Nachfolger hieß

Niedergang der Revolution

O'Donnell. Die Revolution bestellte ihren eigenen Totengräber. Vergeblich machte jetzt die republikanische Linke, dazu eine kleine Gruppe von Progressisten, mobil, um eine Abberufung O'Donnells zu erzwingen. In Madrid erhob sich die Nationalmiliz. José Muñóz Pucheta, in der Revolution vom Stierkämpfer zum Präsidenten der Polizei avanciert, führte seine Anhänger aus den Armenvierteln in den Kampf. Aber O'Donnell hatte die Armee fest im Griff. Ihn begünstigte zunächst die passive Haltung jener Teile der Nationalgarde, in denen das Besitzbürgertum dominierte. Hinzu trat der überraschende Fakt, daß die katalanischen Weber eine Teilnahme am Kampf verweigerten. Die Arbeiter Barcelonas, enttäuscht über Espartero, forderten die Republik und lehnten es ab, sich für die »Monarchisten in Madrid« zu schlagen. Dieses Beispiel bildete nur ein Vorspiel jener Interessenkollision innerhalb des revolutionären Lagers, die in der folgenden Revolution eine tragische Dimension annehmen sollte.

Das Ende der Revolution nahte unaufhaltbar. Am 17. Juli 1856 befand sich Madrid unter Kontrolle der Armee, am 15. August erging das Dekret über die Auflösung der Nationalmiliz und der gewählten Munizipalitäten, am 2. September lösten sich die Cortes auf; fast zur selben Zeit, da in Paris der Schlußstrich unter den Krimkrieg gezogen wurde, lieferte Spaniens revolutionsabstinentes Bürgertum das Schicksal der Nation erneut den Bajonetten aus. Spaniens revolutionärer Zyklus war unterbrochen, aber noch nicht beendet.

Revolution in Rußland?

Rußlands Niederlage im Krimkrieg hatte die ganze Brüchigkeit des zaristischen Systems entlarvt. Die Rolle als »Gendarm

Europas« war ausgespielt. Durch die eklatante Niederlage brach die schwelende gesellschaftliche Krise, die alle Schichten der Bevölkerung, von den feudalabhängigen Bauern bis zu den Spitzen des herrschenden Adels, erfaßte, offen hervor und zwang die Regierung zum Handeln. Nur zwölf Tage nach dem Pariser Frieden sprach Zar Alexander II. von der Notwendigkeit einer Agrarreform, und diese sollte von oben ausgehen, um den wachsenden Druck der bäuerlichen Bewegung abzufangen. Zunächst erfolgte am 3. Januar 1857 die Berufung eines »Geheimen Komitees für die Bauernfrage«. Schließlich verkündete Alexander II. am 19. Februar 1861 die »Allgemeine Verordnung«, die eine Ablösung der Bauern von ihren feudalen Pflichten durch Bezahlung ermöglichte, zugleich aber einen nicht unbeträchtlichen Teil des bisher von den Bauern bearbeiteten Landes den Grundbesitzern zuschlug. Die Ablösungszahlungen erstreckten sich über 49 Jahre. Der Einspruch der Bauern gegen diese Form ihrer »Befreiung« entlud sich in einer Welle von Massenprotesten in den Jahren 1861 bis 1863. Auch die von revolutionären Demokraten aus den Kreisen der Intelligenz und der Studenten (Herzen, Tschernyschewski, Dobroljubow, Ogarjow und viele andere) getragene revolutionäre Opposition erlebte einen neuen Aufschwung. Die entschiedensten revolutionären Kräfte vereinigten sich in der Geheimorganisation »Semlja i wolja« (Land und Freiheit). Im Jahre 1863 kulminierende Hoffnungen auf eine russische Revolution erfüllten sich nicht. Desungeachtet hatte mit der 1861 eröffneten Reformperiode, die Schritt für Schritt alle Gebiete des gesellschaftlichen Lebens erfaßte, der Eintritt des Landes in den Prozeß der bürgerlichen Umgestaltung begonnen.

Aufschwung der polnischen Nationalbewegung

Die Schwächung Rußlands und die folgenden Auseinandersetzungen über die Notwendigkeit von Reformen gaben der polnischen Nationalbewegung neue Impulse; auch die Fortschritte der italienischen Einigungsbewegung ab 1859 beflügelten die Entschlossenheit der polnischen Patrioten, ihre Heimat aus fremder Bevormundung zu befreien. Ihr Zentrum besaß die neue Bewegung der ausgehenden fünfziger und beginnenden sechziger Jahre im russisch beherrschten Kongreßpolen. Allerdings zeigte sich die patriotische Opposition in doppelter Hinsicht gespalten. Einerseits bestanden wesentliche Unterschiede zwischen der hauptsächlich in Paris konzentrierten Emigration und den in Polen zumeist halblegal oder illegal wirkenden Kräften. Die Emigranten setzten stark auf eine Unterstützung durch England und Frankreich. Beide Mächte geizten zwar nicht mit »moralischer« Unterstützung, ließen jedoch keine Bereitschaft erkennen, wegen der Polenfrage in einen neuen Konflikt mit dem Zaren einzutreten. Von noch schwerwiegenderer Bedeutung war der Interessengegensatz zwischen den »Weißen« und den »Roten« innerhalb der Nationalbewegung.

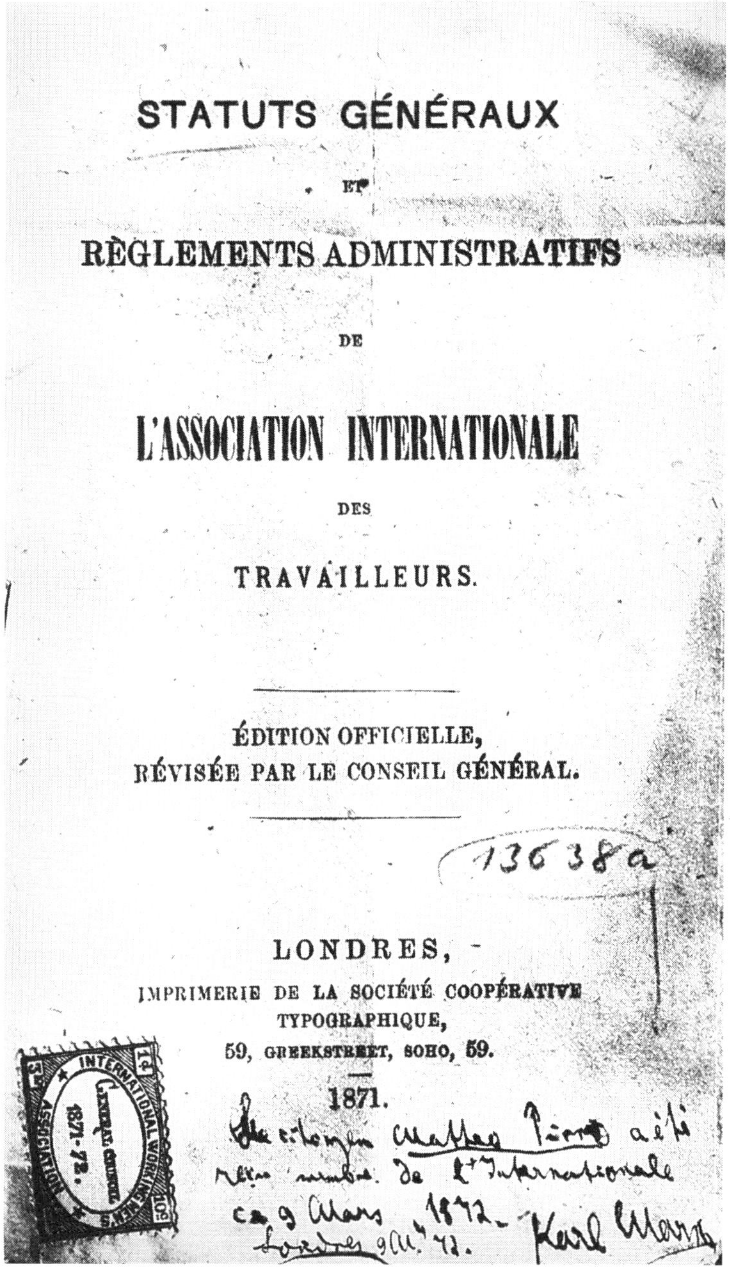
STATUTS GÉNÉRAUX

ET

RÈGLEMENTS ADMINISTRATIFS

DE

L'ASSOCIATION INTERNATIONALE

DES

TRAVAILLEURS.

ÉDITION OFFICIELLE,
RÉVISÉE PAR LE CONSEIL GÉNÉRAL.

13638a

LONDRES,
IMPRIMERIE DE LA SOCIÉTÉ COOPÉRATIVE
TYPOGRAPHIQUE,
59, GREEKSTREET, SOHO, 59.

1871.

Statuten der I. Internationale. Titelblatt der französischen Ausgabe mit Notizen von Karl Marx. London 1871

Die »weiße Partei« stützte sich auf die Mehrheit der polnischen Grundbesitzer und das Bürgertum. Jeder revolutionäre

Weiße Partei und rote Partei

Elan der Aristokratie endete an den Forderungen der Bauern nach Befreiung von feudaler Abhängigkeit. Reformansätze auf diesem Gebiet von seiten Petersburgs machten den »Patriotismus« der Grundbesitzer leicht erpreßbar. In günstigerer Position befand sich das Bürgertum. Kongreßpolen bildete dank entwikkelter Textilproduktion (Zentrum Łódź), expandierender Kohleförderung und Metallurgie (Zentrum Ostoberschlesien) das fortgeschrittenste Wirtschaftsgebiet des russischen Imperiums. Hier hatte bereits die industrielle Revolution eingesetzt. Nicht zuletzt profitierten Handel und Gewerbe von der seit 1851 bestehenden Zollunion mit Rußland.

Die auf der Interessenkoalition von Grundbesitz und Bürgertum fußende »weiße Partei« setzte eher auf Autonomie denn auf Unabhängigkeit und hoffte auf eine Verständigung mit der zaristischen Regierung. Da so die Unabhängigkeit ad calendas graecas vertagt schien, erhielten die »Weißen« vom linken Gegner den Spottnamen »Millenaristen«.

Unterstützung fand die radikale Opposition – die »rote Partei« – vor allem durch die Studenten, teils aus dem Kreis der in Frankreich studierenden Söhne des verarmten Adels, teils konzentriert an der 1857 zugelassenen Medizinischen Akademie

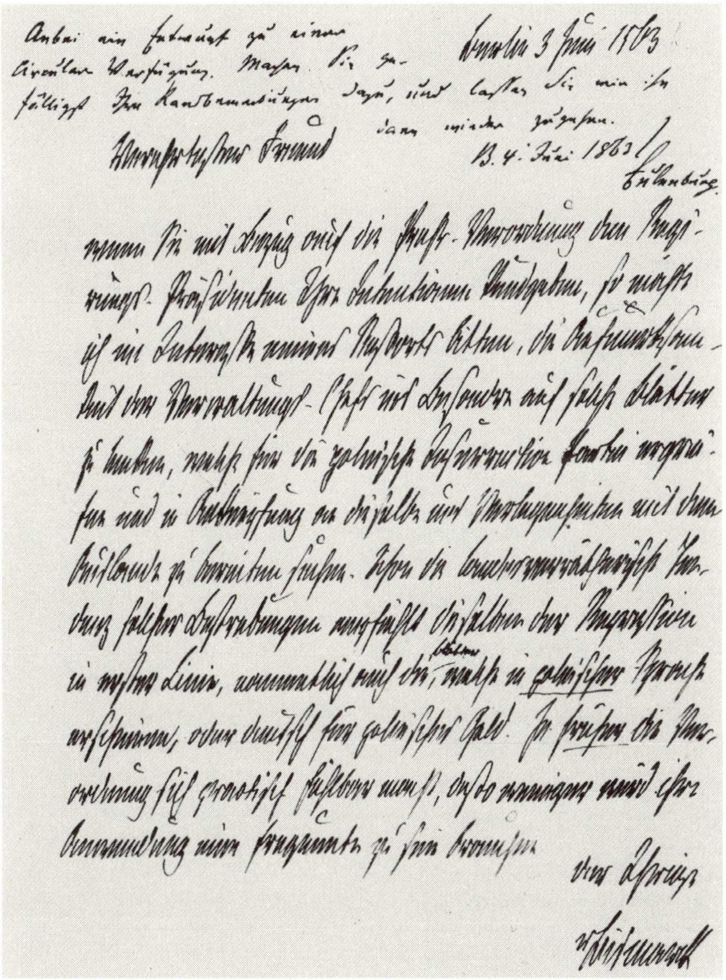

Brief des preußischen Ministerpräsidenten Otto von Bismarck an den Innenminister Graf Friedrich von Eulenburg vom 3. Juni 1863. Er plädiert in diesem Schreiben für drastische Maßnahmen gegen die polnische Presse, die den Januaraufstand von 1863 wohlwollend kommentierte. Zentrales Staatsarchiv Merseburg

und der 1862 wiedereröffneten Universität in Warschau. Die Kontakte der »Roten« reichten bis zu den Garibaldini, aber ebenso zur revolutionären Opposition in Rußland.

Seit 1861 stand Kongreßpolen im Zeichen einer »moralischen Revolution«, geprägt von studentischen Manifestationen, deren Niederschlagung nicht selten Todesopfer forderte. Dagegen versuchten die in der »Bürgervertretung« vereinten Kaufleute und die von der Bauernbefreiung des Jahres 1861 aufgeschreckten Grundbesitzer, die ihre Organisation in der »Agrargesellschaft« besaßen, mäßigend und ausgleichend zu wirken. Es gelang jedoch nicht, der grassierenden bäuerlichen Unruhen – im April/Mai 1861 immerhin über Zehntausende von Zwischenfällen –, der frühproletarischen Widerstandsaktionen – bis hin zur Maschinenstürmerei – vollständig Herr zu werden. Die Atmosphäre lud sich weiter auf. Noch im Oktober 1861 entstand unter Apollo Korzeniowski in Warschau ein Komitee zur Vereinigung aller Geheimgesellschaften. Dieser Schritt richtete sich zugleich gegen den überspannten Autoritätsanspruch der Emigranten, zu deren Sprecher sich Ludwik Mierosławski erklärt hatte. Als Gegengewicht schufen sich die »Weißen« ein geheimes Komitee unter dem Bankier Leopold Kronenberg, das die Schwäche an revolutionärer Gesinnung durch finanzielle Macht kompensierte. Die führende Rolle unter den »Roten« Warschaus oblag Jarosław Dąbrowski, der als Mitglied des russischen Generalstabes enge Verbindung zu gleichgesinnten Offizieren in der zaristischen Armee und zur Geheimorganisation »Land und Freiheit« besaß.

Januaraufstand 1863

Ungeachtet anhaltender Versuche, einen Ausgleich zwischen »Weißen« und »Roten« zu finden, setzte schließlich der radikale Flügel der Patrioten den Beschluß zum bewaffneten Aufstand durch. Am 22. Januar 1863 erfolgte die Proklamierung einer Provisorischen Nationalregierung im Untergrund, an 15 Stellen begann der Angriff auf russische Garnisonen. Es war ein in jeder Hinsicht ungleicher Kampf. Während die polnischen Revolutionäre in Guerrillagruppen von 500 bis 1000 Mann kämpften, setzte Rußland zunächst 100 000, schließlich 300 000 Mann ein. Die »Weißen« verhielten sich abwartend, zumal die Nationalregierung den Pächtern, kleinen Bauern und Landarbeitern die Verteilung von Boden versprochen hatte. Nicht wenige polnische Grundbesitzer begrüßten die russische Hilfe bei der Disziplinierung rebellierender Bauern.

Internationales Echo

Polens Heldenkampf fand ein starkes Echo in ganz Europa. Die Solidarität mit Polen, besonders aktiv geübt von den Arbeiterorganisationen Frankreichs und Englands, gab den entscheidenden Anstoß für die Gründung der Internationalen Arbeiterassoziation in der Londoner St. Martin's Hall am 28. September 1864. Auch die große Diplomatie bemächtigte sich erneut der

INTERNATIONAL

Working Men's Association

INTERN^LE ARBEITER ASSOC^N. ASSOCIATION INTERN^LE DES OUVRIERS. ASSOCI^NE INTERN^LE OPERAI

CARD OF MEMBERSHIP

This is to Certify that Cit. H. Jung was admitted a Member of the above Association in September 1864 and paid as his Annual Subscription for the year 1869 0. 2. 0

R. Shaw Corresponding Secretary for America.

Bernard Cor. Sec. for Belgium | Jules Johannard Italy.

Eugene Dupont France | Anthony Zabicki Poland.

Karl Marx Germany | H. Jung Switzerland.

Will Stepney Treasurer | J. George Eccarius Sec. to Gen. Council.

The emancipation of the working classes must be accomplished by the working classes themselves. the struggle for their emancipation means a struggle for equal rights & duties and the abolition of all class rule. The economical subjection of the man of labour to the monopolizer of the means of labour lies at the bottom of servitude in all its forms of social misery, mental degradation and political dependence. The economical emancipation of the working classes is therefore the great end to which every political movement ought to be subordinate as a means. All efforts aiming at that great end have hitherto failed from the want of solidarity between the manifold divisions of labour in each country and from the absence of a fraternal bond of union between the working classes of different countries. The emancipation of labour is neither a local nor a national, but a social problem embracing all countries in which modern society exists & depending for its solution on the concurrence practical and theoretical of the most advanced countries

L'émancipation des travailleurs doit être l'oeuvre des travailleurs eux mêmes. les efforts des travailleurs pour conquérir leur emancipation ne tendent qu'à établir pour tous des droits et des devoirs egaux et à anéantir la domination de toute classe. L'assujettissement économique du travailleur aux détenteurs des moyens de travail, c'est-à-dire des sources de la vie est la cause première de sa servitude politique, morale, matérielle. L'émancipation économique des travailleurs est conséquemment le grand but auquel tout mouvement politique doit être subordonné comme moyen. Tous les efforts faits jusqu'ici ont echoué faute de solidarité entre les ouvriers des diverses professions dans chaque pays, et d'une union fraternelle entre les travailleurs des diverses contrées. L'émancipation du travail n'étant un problème ni local ni national, mais social, embrasse tous les pays dans lesquels la vie moderne existe et nécessite pour sa solution leur concours théorique et pratique.

Die Emancipation der Arbeiterklasse muss durch die Arbeiterklasse selbst erobert werden, der Kampf fuer die Emancipation der Arbeiterklasse ist kein Kampf fuer neue Klassenvorrechte, sondern fuer die Vernichtung aller Klassenherrschaft. Die oekonomische Unterwerfung des Arbeiters unter den Aneigner der Arbeitsmittel, d. h. der Quellen des Lebens liegt der Knechtschaft in allen ihren Formen zu Grunde, dem socialen Elend der geistigen Verkuemmerung und der politischen Abhaengigkeit. Die oekonomische Emancipation der Arbeiterklasse ist daher das grosse Ziel, dem jede politische Bewegung als Mittel dienen muss. Alle nach diesem Ziel strebenden Versuche sind bisher gescheitert aus Mangel an Einigung unter den verschiedenen Arbeitszweigen jeden Landes und unter der Arbeiterklassen der verschiedenen Laender. Die Emancipation der Arbeiter ist weder eine lokale noch eine nationale sondern eine gesellschaftliche Aufgabe. Sie umfasst alle Laender worin die moderne Gesellschaft besteht. Sie kann nur geloest werden durch das planmaessige Zusammenwirken dieser Laender

Mitgliedskarte der Internationalen Arbeiter-Assoziation für das Jahr 1869. Die Rückseite zeigt ein Zitat aus der Inauguraladresse.

polnischen Frage. Bismarck bot dem Zaren Alexander II. unverzüglich militärische Hilfe an. Dagegen setzte Napoleon III. auf eine antirussische Allianz mit England und Österreich. Mit dem Versprechen eines bewaffneten Eingreifens und des »großen Krieges« bewog der französische Kaiser die »Weißen« zur aktiven Teilnahme, um den Aufstand zu verlängern und Zeit zu gewinnen. Frankreich, damals schon in das problematische Mexikoabenteuer verwickelt, verfügte keineswegs über die Möglichkeit (und Absicht) eines militärischen Vorgehens. In Polen aber setzte ein wechselhaftes Ringen um die Führung des Aufstandes ein. Sowie die »Weißen« über das »Kronenberg-Komitee« die geheime Nationalregierung an sich reißen konnten, torpedierten sie die radikale Agrarpolitik der »Roten«, was aber nichts anderes bedeutete, als die Weiterentwicklung des Aufstandes zu einer auf die bäuerlichen Massen gestützten Revolution zu blockieren. Allein durch Guerrillakrieg war Rußland, trotz lokaler Teilerfolge, nicht zu besiegen. Da aber der »große Krieg« ausblieb, Napoleon III. nicht einmal ein »polnisches Villafranca« zustande brachte, war das Schicksal der aufständischen Patrioten entschieden. Zum Jahresende hatte die russische Übermacht den Widerstand auf das südliche Kongreßpolen eingegrenzt. Unter den letzten Einheiten, die sich, geführt von Romuald Traugutt und General Jozef Hauke-Bossak, noch verteidigten, hielten die russischen Gegner wie auch der furchtbare Winter grausame Ernte. Im April 1864 geriet Traugutt in Gefangenschaft, ihn erwartete der Henker. Der Kampf war zu Ende.

Folgen des Aufstandes

Ein weiteres Mal blieb die Hoffnung auf ein freies Polen unerfüllt. Trotzdem besaß der Aufstand unvergängliche Bedeutung, nicht nur für das Nationalbewußtsein der Polen und die demokratische Öffentlichkeit Europas, sondern ebenso für die weitere Entwicklung des Landes. Petersburg begriff sehr rasch, daß Rußlands Herrschaft nicht nur auf Bajonetten beruhen konnte. Die am 2. März 1864 erlassenen Dekrete der zaristischen Regierung übereigneten den Bauern den von ihnen bearbeiteten Boden; die Grundbesitzer erhielten Entschädigung durch den Staat. Selbst Landarbeiter konnten Parzellen in Besitz nehmen, den Bauern zu Unrecht entzogener Boden sollte den Eigentümern zurückerstattet werden. Von allen Reformgesetzen der sechziger Jahre gingen die für Kongreßpolen erlassenen am weitesten. So paradox es klingt: Die Märzdekrete übernahmen wesentliche agrarpolitische Vorstellungen der »Roten«, akzeptierten die in den Aufstandsgebieten erfolgten Eigentumsveränderungen und wirkten als letzter entscheidender Schlag gegen die bis dahin noch vorhandenen feudalen Strukturen in Wirtschaft und Gesellschaft des Landes.

In den weiteren Umkreis der durch die Nachwehen des Krimkrieges veränderten internationalen Lage gehörte die Neubelebung der italienischen Frage.

Nach der Niederlage der Revolution von 1848 präsentierte sich Italien in mehrfacher Hinsicht als zweigeteilt:

Italien: Diplomatie und Revolution

— Ökonomisch infolge des wachsenden Gegensatzes zwischen dem Norden und dem Süden. Trotz der schweren politischen Rückschläge und der wieder um sich greifenden Tendenzen einer Restauration, von denen allein das Königreich Sardinien-Piemont verschont blieb, kam die bürgerliche Umwälzung im Norden des Landes zügig voran. Als Schrittmacher dafür wirkten die Lombardei, Venetien und eben Sardinien-Piemont. Auf der Höhe des Kirchenstaates und zunehmend in Richtung Süden (des Königreiches beider Sizilien) begann die Einflußzone des »feudalen« und noch eindeutig absolutistisch regierten Italiens. Grundlagen für einen Interessenausgleich zwischen den beiden historischen Regionen existierten kaum.

— Politisch stand das »nichtösterreichische« dem »österreichischen« Italien gegenüber. Das Grundproblem von 1848 – Herstellung der nationalen Einheit und Beseitigung der Fremdherrschaft – bestimmte dringender denn je die historische Tagesordnung. Vor allem die ambitiöse Außenpolitik Frankreichs unter Napoleon III. machte die italienische Frage zu einem Zentralproblem der europäischen Politik.

— Nach der Totalabsage des Vatikans an Liberalismus, Reform und Revolution standen für die Lösung der nationalen Frage in Italien nur noch zwei Optionen offen: die reformerisch-monarchische, wie sie Cavour, gestützt auf Sardinien-Piemont, verfolgte, und die revolutionär-republikanische, für die, wie ehedem, Persönlichkeiten vom Format Mazzinis und Garibaldis eintraten. Für bestimmte Zeit mündeten die beiden Optionen in einen Hegemoniekonflikt zwischen den konkurrierenden Strömungen und in eine Doppelherrschaft der sie tragenden Kräfte. Während Cavour bewußt auf die diplomatisch durch ein Bündnis mit Frankreich und England abgesicherte Revolution von oben setzte, plädierten Mazzini und Garibaldi für die Revolution von unten durch Mobilisierung der Nation für »ein einheitliches, unabhängiges, freies und republikanisches Italien«.

Der historisch-politische Vorteil lag eindeutig auf seiten Cavours, der sich auf eine staatliche Basis und auf einen soliden Interessenblock von liberalem Grundbesitz und aufsteigender Bourgeoisie stützen konnte. Seine 1857 gegründete Società Nazionale arbeitete unter Giuseppe Farina, Daniele Manin und Giorgio Pallavicino bis in den Süden »für das Haus Savoyen, solange das Haus Savoyen in allem, was vernünftig und möglich ist, für die italienische Sache sein wird«. Mazzinisten und Garibaldini dagegen rekrutierten sich aus einem sozialen Konglomerat. Konnten auf Dauer heroische Illusion und selbstlose revolutionäre Aktion das – wie Antonio Gramsci scharfsinnig bemerkte – Fehlen einer »historischen Klasse« ersetzen? Die Sogwirkung der Liberalen reichte bis in die Reihen der republikanischen

Linken; weder Mazzini noch Garibaldi verfügten über ein Gegengewicht zur »Società Nazionale« und unterstützten nolens volens deren patriotische Aktivitäten.

Piemontesische Reformpolitik

Sardinien-Piemont blieb das einzige Gebiet Italiens, das gegen jeden neorestaurativen Druck die Märzverfassung von 1848 beibehielt und damit sein Prestige als Bastion des Liberalismus in einem Meer absolutistisch und halbabsolutistisch regierter Gemeinwesen aufrechterhielt. Schon seit 1850 unter dem Kabinett des Premiers Massimo d'Azeglio übte Cavour entscheidenden Einfluß aus, ehe er am 4. November 1852 erneut offiziell an die Spitze der piemontesischen Politik trat. Gestützt auf das »Connubio« von gemäßigten und progressiven Liberalen, ge-

Italien. Entwurf und Zeichnung von F. von Stülpnagel, 1855

Episode aus dem italienischen Krieg vom Jahre 1859. Zeichnung von Gustave Doré. Staatliche Kunstsammlung Dresden, Kupferstichkabinett

wann die Reformpolitik zügig an Boden. Ihre antiklerikale Komponente, die gegen den weltlichen Machtanspruch Roms zielte – den einzigen ernstzunehmenden Rivalen für eine monarchische Lösung –, äußerte sich in der Aufrechterhaltung des Verbots der Jesuiten, der Aufhebung der geistlichen Gerichtsbarkeit, der Auflösung der Klöster (1855) und der Untersagung des Erwerbs von Grund und Boden durch geistliche Institutionen. Eine moderne Wirtschaftsgesetzgebung förderte die Entwicklung des Bürgertums; zugleich erfolgte auch eine Modernisierung der Armee, die sich in den Tagen der Revolution wenig heroisch geschlagen hatte.

Von der Krim nach Plombières

Mit Geschick nutzte Cavour den 1853 ausgebrochenen Krimkrieg, um an der Seite Frankreichs, Englands und der Türkei gegen Rußland auf leichte Weise politischen Lorbeer zu ernten. Piemont erklärte am 26. Januar 1855 den Krieg, entsandte ein Expeditionskorps von 15000 Mann und nahm als »Siegermacht« auf dem Friedenskongreß von Paris (Februar/März 1856) die Gelegenheit wahr, die italienische Frage in den Vordergrund der europäischen Diplomatie zu rücken. Cavour erhielt dabei die ungeteilte Unterstützung des französischen Außenministers Alexandre Florian Joseph Colonna, Graf Wałewski, der selbst ein Stück nationale Frage verkörperte, denn es handelte sich um den Sproß der Liebesbeziehung zwischen Napoleon I. und der attraktiven polnischen Gräfin Wałewska; das kann aber schwerlich der Grund gewesen sein, warum Henri Danger in seinem Kolossalgemälde die »93 Apostel des Weltfriedens« (von Konfuzius bis zu Alfred Nobel) Wałewski einen Platz im rechten Mittelfeld einräumte.

Vormarsch der Freischaren Garibaldis bei Aspromonte im Jahr 1862. Gemälde von Girolamo Induno, 1863

Auf melodramatische Weise setzte das Attentat des exaltierten Mazzinisten Felice Orsini auf Napoleon III. am 14. Januar 1858 vor der Pariser Oper das Problem der Einheit Italiens in Szene. Der zum Tode verurteilte Attentäter forderte in einem Brief aus dem Gefängnis den Kaiser auf, für die Befreiung und Einheit seiner Heimat einzutreten, und bestieg dann die Guillotine mit dem Ruf »Vive la France!«. Napoleon III. versäumte es nicht, »den letzten Willen« Orsinis über sein Sprachrohr »Moniteur« publik zu machen. In der Pose des Völkerbefreiers ging Napoleon III. im Geheimvertrag von Plombières am 20. Juli 1858 die folgende Verpflichtung gegenüber Cavour ein:

— Im Falle eines »unprovozierten« Krieges Sardinien-Piemonts gegen Österreich würde Frankreich als Bundesgenosse der italienischen Sache mit in den Krieg eintreten.

— Nach der Vertreibung der Österreicher sollte Italien in vier Königreiche gegliedert werden: das durch die Lombardei, Venedig, Parma, Modena und Teile des Kirchenstaates erweiterte Oberitalienische Königreich Piemont, das um die Toscana, Umbrien und die Marken zu schaffende Mittelitalienische Königreich, der stark reduzierte Kirchenstaat um Rom und das in Zukunft von einem Sohn Joachim Murats zu regierende Königreich beider Sizilien.

— Cavour versprach dafür die Abtretung von Savoyen und Nizza (immerhin der Geburtsort Garibaldis) an Frankreich.

Von Plombières nach Solferino

Eine wahrhaft eigenartige Vorstellung von nationaler Einheit, die aber Cavour auf dem Wege der monarchisch gesteuerten Revolution ein wesentliches Stück voranbrachte und die republikanische Linke weiter in die Defensive drängte. Von Cavour sorgsam gesteuert, konnte König Viktor Emanuel »nicht unempfindlich bleiben gegen den aus allen Teilen Italiens zu ihm dringen-

Garibaldi in dem von deutschen Truppen geräumten Dijon am 27. Dezember 1870. Gemälde von Sebastiano De Albertis, 1877

den Schmerzensschrei«. Im April 1859 stand der »unprovozierte Krieg« ins Haus. Am 29. des genannten Monats überschritten österreichische Truppen die piemontesische Grenze, rückten aber so zögernd vor, daß der französische Verbündete rechtzeitig an der Seite der Piemontesen eingreifen konnte.

In ganz Italien löste der Krieg eine Welle des Patriotismus aus, die Agenten der Società Nazionale geschickt auf die piemontesische Mühle lenkten. Spontane Volkserhebungen schlugen die Potentaten der Toscana, Parmas, Modenas und Bolognas in die Flucht; bald griffen die Unruhen auf päpstliches Gebiet über. Doch ehe die mazzinistische Linke daraus Vorteil ziehen konnte, sorgten die örtlichen Liberalen für die Anerkennung der Oberhoheit Viktor Emanuels. Für Napoleon III. begann das italienische Abenteuer aus dem Ruder zu laufen.

Nach der unentschiedenen Schlacht von Magenta (4. Juni) unterlagen die Österreicher bei Solferino am 24. Juni 1859, konnten aber das Gros der Armee, wie einst Radetzky, in das norditalienische Festungsviereck retten. Napoleon hatte den Krieg mit der Losung »Italien frei bis zur Adria!« begonnen. Jetzt entwikkelten sich die Dinge wesentlich anders: Im Alpengebiet gingen von Garibaldi geführte Einheiten zum Volkskrieg auf eigene Faust über, in zahlreichen Teilstaaten griff die Revolution um sich, und würde Österreich zu tief gedemütigt, schien ein Eingreifen Preußens an der Rheingrenze nicht abwegig (»Po und Rhein!«). So schloß Napoleon III. gegen den Willen Cavours den Waffenstillstand von Villafranca, den ein Treffen beider Kaiser besiegelte: Österreich verzichtete auf die Lombardei, die Napoleon den Piemontesen »übergab«, Venedig blieb unter Wiener Kuratel, und ansonsten sollten die gestürzten Potentaten in ihre Herzog- und Fürstentümer zurückkehren. Plombières fiel dem Vergessen anheim, Napoleons Machtgrenzen waren bloßgelegt, Cavour schäumte und dankte ab, behielt aber hinter den Kulissen weiter die Fäden der großen Politik in der Hand. Die »Società Nazionale« sorgte für den Anschluß Modenas, Parmas, Bolognas und der Toscana an Piemont. Nach offizieller Rückkehr Cavours an die Regierung am 20. Januar 1860 bestätigten Plebiszite in erwarteter Höhe den Anschluß. Die Linke glaubte sich erneut ausgetrickst, an die Republik schien niemand zu denken.

Als sich Cavour fast am Ziel sah und die drohende Revolution gebändigt meinte, setzte ein Ereignis das kunstvoll gezimmerte Gebäude der piemontesischen Einheitsdiplomatie schwerster Belastung aus.

Am 4. April 1860 erhoben sich die Mazzinisten in Palermo gegen die Despotie Franz' II. Jedoch drohten die Aufständischen schon zu unterliegen, als am 5. Mai Garibaldi an der Spitze seiner »Rothemden« in Marsala landete und der Volksbewegung neue Energie zuführte. Zum zweiten Male griff Garibaldi, zu diesem Zeitpunkt schon lebende Legende, einschneidend in das Schicksal Italiens ein. Eigentlich hatte er an die Verteidigung seiner Heimatstadt Nizza gegen die Franzosen gedacht, folgte aber jetzt dem Ruf der bedrängten Patrioten im Süden. Cavour konnte diese Ablenkung nur recht sein – vorausgesetzt, es gelang, die Volksbewegung im Süden unter Kontrolle zu bekommen.

Nach dem Sieg von Calatafimi rückten die Garibaldini, die ihre Reihen rasch auffüllten, am 27. Mai 1860 in Palermo ein; es entstand eine provisorische Regierung, und Garibaldi übte die Diktatur – eine nicht ganz unproblematische Einschränkung – »im Namen Viktor Emanuels, Königs von Italien« aus. Von englischen Schiffen gedeckt, setzten die Truppen Garibaldis in Stärke

Garibaldis Zug der Tausend

von 23000 Mann vom 18. bis 20. August auf das Festland über. Garibaldis Marsch auf Neapel, das am 7. September 1860 befreit wurde, glich einem Triumphzug. Franz II. retirierte mit 40000 Soldaten in die Festung Gaeta. Garibaldis Plan bestand darin, jetzt über Rom nach Venetien vorzustoßen, um Italien auf revolutionärer Grundlage zu einigen. Seine Streitmacht von inzwischen 50000 Mann schien unbesiegbar.

An der inneren Schwäche der Mazzinisten und Garibaldini sowie an der Gegendiplomatie Cavours, der eine Revolution um jeden Preis verhindern wollte, scheiterte das ehrgeizige Vorhaben: Der geniale General unterlag dem routinierten Politiker. Trotz ihres militärisch-politischen Triumphzuges versäumte es die republikanische Linke, durch radikale Reformen ihrer Macht eine solide soziale Basis zu geben. Eine Befreiung der Bauern von feudalen Lasten erfolgte nicht oder nur in spärlichen Ansätzen; die revolutionären Truppen tolerierten weder Jacquerie noch Grande Peur. Damit wurde die soziale Frage faktisch der nationalen geopfert; die Bauern gaben das Opfer im Königsspiel ab.

Neue Erhebungen im Kirchenstaat und Ausschreitungen der fanatisch-katholischen »Zuaven« boten schließlich Piemont die gewünschte Gelegenheit zum Krieg, der in letzter Instanz auf einen Wettlauf mit den Garibaldini – direkter ausgedrückt: auf eine verschleierte Gegenoffensive – hinauslief. Am 18. September fand die erste Begegnung der Piemontesen und Garibaldini bei Castelfidardo, schon auf neapolitanischem Boden, statt. Garibaldi sah sich auf zweifache Weise um die Früchte des Sieges gebracht: Plebiszite am 21. und 22. Oktober bestätigten den Anschluß des Südens an die Krone Piemonts (im November folgten die Marken und Umbrien), und am 26. Oktober 1860 mußte er

Garibaldis Abdankung

die Diktatur in die Hände des Monarchen legen und den Oberbefehl an General Della Rocca übergeben. Diese »Begegnung von Teano« empfand Garibaldi als die Schmach seines Lebens, er zog sich verbittert auf seine Insel Cabrera zurück. Einer der großen Mohren der neueren Weltgeschichte hatte seine Schuldigkeit getan, er konnte gehen.

Nachdem durch mehrmonatige Belagerung (November 1860 bis Februar 1861) mit Gaeta das letzte Bollwerk des Südens gefallen war, stand der Ausrufung des Königreiches Italien am 7. März 1861 unter Viktor Emanuel II. nichts mehr im Wege. Die Revolution war beendet und wieder in die monarchischen Geleise zurückgeführt. Cavour erlebte noch den Triumph seiner Politik; er starb am 6. Juni im Alter von 51 Jahren.

Die römische Frage

Der weitere Gang der Dinge änderte nichts an der politischen Bilanz des Risorgimento. Zwar versuchte der ewig unruhige Garibaldi, gestützt auf die nun von ihm gegründete »Gesellschaft zur Befreiung Italiens« den Kirchenstaat zu erobern (»Rom oder den Tod«); sein Vorhaben scheiterte jedoch, denn eine Neuauflage der Volksrevolution gelang nicht. Statt dessen reiften die letzten Früchte der Cavourschen Diplomatie: Im Krieg von 1866 stand Italien an der Seite Preußens und heimste, trotz des Fiaskos in der Seeschlacht bei Lissa, dafür Venedig ein (3. Juli 1866). Übrig blieb noch Rom. Jedes Kompromiß in der nationalen Frage stieß bei Pius IX. auf strikteste Ablehnung. Auf die Forderung Cavours nach einer freien Kirche im freien Staate hatte Pius mit einem stereotypen »Non possumus« geantwortet. Das Beharren auf der weltlichen Macht der Kirche als Papst-König (»Papa-Rè«) verband sich mit einer Verhärtung der diplomatischen Positionen. Am 8. Dezember 1854 erklärte der Papst entgegen der Meinung liberal denkender Theologen die unbefleckte Empfängnis der Maria (»immaculata conceptio«), dem folgte genau zehn Jahre darauf die Enzyklika »Quanta cura« in Verbindung mit dem »Syllabus« (Verzeichnis) der 80 Irrtümer in Religion, Politik und Wissenschaft, die auf eine generelle Verurteilung des Materialismus abzielte; schließlich ließ sich das Vatikanische Konzil von 1869/70 trotz des Widerstandes einer aufgeklärten Minderheit und einer breiten öffentlichen Polemik auf das Dogma von der Unfehlbarkeit des Papstes festlegen.

Noch immer nicht entmutigt, unternahm Garibaldi sowohl im Dezember 1866 als auch im Oktober und im November 1867 wiederholt Versuche zu einer Befreiung Roms. Erst der Rückzug der Franzosen angesichts des drohenden Krieges mit Preußen-Deutschland im August 1870 ermöglichte im September die militärische Eroberung durch die Truppen Viktor Emanuels. Am 2. Oktober erfolgten die offizielle Beseitigung des Kirchenstaates und die Proklamierung Roms zur Hauptstadt des Königreiches. Das wiederum fällige Plebiszit erbrachte 13300 Ja- gegen 1500 Nein-Stimmen. Pius IX. schleuderte auf mittelalterliche Weise gegen Viktor Emanuel den Bann und erklärte sich zum »Gefangenen des Vatikans«, obwohl das Garantiegesetz vom 13. Mai 1871 dem Papst den Rang eines Souveräns, eigenen diplomatischen Dienst, den Vatikan, den Lateran, die Prachtvilla Castel Gandólfo und die nicht ganz unbescheidene Jahresrente von 3,2 Millionen Lire gewährte.

Den wirklichen Helden der Nation wurde eine ungleich weniger noble Behandlung zuteil. Mazzini, der Italien den Gedanken der Einheit, Republik und Demokratie eingegeben hatte, lebte fortan praktisch wie ein Verbannter in der eigenen Heimat. Er verstarb am 10. März 1872 im »Glauben an das ewige Leben«, hatte ihm doch die Wirklichkeit den Glauben an seine Ideale geraubt. Was Garibaldi anging, so meinte das »neue Italien« den unbequemen Revolutionär aus Passion auf Cabrera gut aufgehoben. Es waren die Republikaner Frankreichs, des Landes, dem Garibaldi Leid und Niederlagen verdankte, die ihn in den Tagen des französisch-deutschen Krieges riefen; obwohl durch Rheuma fast unfähig zu gehen oder zu reiten, folgte er dem Ruf in der Überzeugung, in Frankreich die »Weltrepublik« zu verteidigen. Fast aus dem Nichts stampfte er eine Armee von über 50000 Mann aus dem Boden, die im Südosten kämpfte. Trotz aller Intrigen der um ihr Prestige besorgten und von den lockeren Sitten der Garibaldini schockierten französischen Generäle hielt Garibaldi bis zum März 1871 an der Seite der Republik aus. Das französische Volk verstand ihn. Bei der Wahl zur Nationalversammlung erhielt er das vierthöchste Mandat hinter Louis Blanc, Gambetta und Victor Hugo. Da seine Gesundheit kein Verweilen in Frankreich mehr zuließ, gab er sein Mandat zurück. Der Präsident der Versammlung, die bald ihre Aufgabe im Kampf gegen die Commune und nicht in der Verteidigung sehen sollte, verweigerte Garibaldi die Erlaubnis, vor den Abgeordneten ein Wort des Dankes an die französische Republik zu richten. Als er die Versammlung verließ, präsentierten proletarische Nationalgardisten vor ihm das Gewehr.

Dem nach Cabrera Zurückgekehrten trug das Zentralkomitee der Nationalgarde den Oberbefehl über die Streitkräfte der inzwischen proklamierten Commune an; seine schwindenden Kräfte erlaubten keine neue Odyssee. Verbittert sah er sich gezwungen, eine ihm vom italienischen Parlament ausgesetzte Pension anzunehmen, sie »brennt wie ein Nessushemd«, aber die Sorge um die Familie ging am Ende vor. Fortan, bis zu seinem Tode im Jahre 1882, führte er ein total abgeschlossenes Familienleben. Der Name auf einem Granitblock auf Cabrera erinnert an ihn.

Der außereuropäische Revolutionszyklus

Die »Begegnung der Kontinente« – wie inzwischen die Metapher für den die Realität ungleich genauer treffenden Begriff Kolonialismus lautet – erreichte in der Zeit des Kapitalismus der freien Konkurrenz eine neue geographische und strukturelle Dimension. Die damit verbundene neue Qualität in der Verdichtung der Menschheits- zur Weltgeschichte schloß die Tatsache ein, daß die bisher unterschiedliche Entwicklung sich ungleich umfassender als zuvor in einer Unterentwicklung zementierte; daß das auf Subjekt- und Objektfunktion basierende System der internationalen Arbeitsteilung neue Regionen erfaßte und bereits erfaßte noch enger integrierte. Zu den Ergebnissen der Universalisierung bürgerlich-kapitalistischer Entwicklungsgesetze und -tendenzen gehörte – wie bereits betont – die Globalisierung des bürgerlichen Revolutionszyklus: Globalisierung nicht im Sinne der »Wiederholung«, des bloßen Nachvollzugs europäischer Prozesse, sondern die Erweiterung in der Vielfalt und in den Besonderheiten gesellschaftlicher Umwälzung. Für keines der außereuropäischen Gebiete bestanden die Voraussetzungen zum bloßen »Nachholen von 1789«. Vor allem die Dialektik von antikolonial-nationaler und sozialer Umwälzung gab den revolutionären Prozessen in den Ländern Asiens und Lateinamerikas ein unverwechselbares Kolorit und eröffnete ein ganz neues Kapitel in der Geschichte der neuzeitlichen Revolutionen.

Ausdehnung der englischen Macht in Indien

Bis zu Beginn des 19. Jahrhunderts blieb England für Indien eine zwar bedrohliche, geographisch aber noch hauptsächlich auf Bengalen orientierte »Randmacht«. Die Situation veränderte sich innerhalb weniger Jahrzehnte von Grund auf; es begann die systematische Unterwerfung des größten Teiles des Subkontinents. Englands Vordringen, das die weitgehende Zerstörung der traditionellen gesellschaftlichen und politischen Strukturen zur Folge hatte, vollzog sich auf drei Ebenen:

— Ökonomisch durch die Öffnung des indischen Marktes für die Exportprodukte der englischen Industrie, was nichts anderes bedeutete, als die Axt an das Dorfhandwerk und das städtische Gewerbe zu legen. »King Cotton« ruinierte in wenig mehr als einer Generation Indiens gewerbliche Basis und seine eigenen Exportmöglichkeiten. Neben das »irische« trat jetzt das sprichwörtliche »indische Elend.« In der Herrschaft über Indien besaß England einen der entscheidenden Schlüssel für seine industrielle Revolution und die Stellung als Weltmacht um die Jahrhundertmitte.

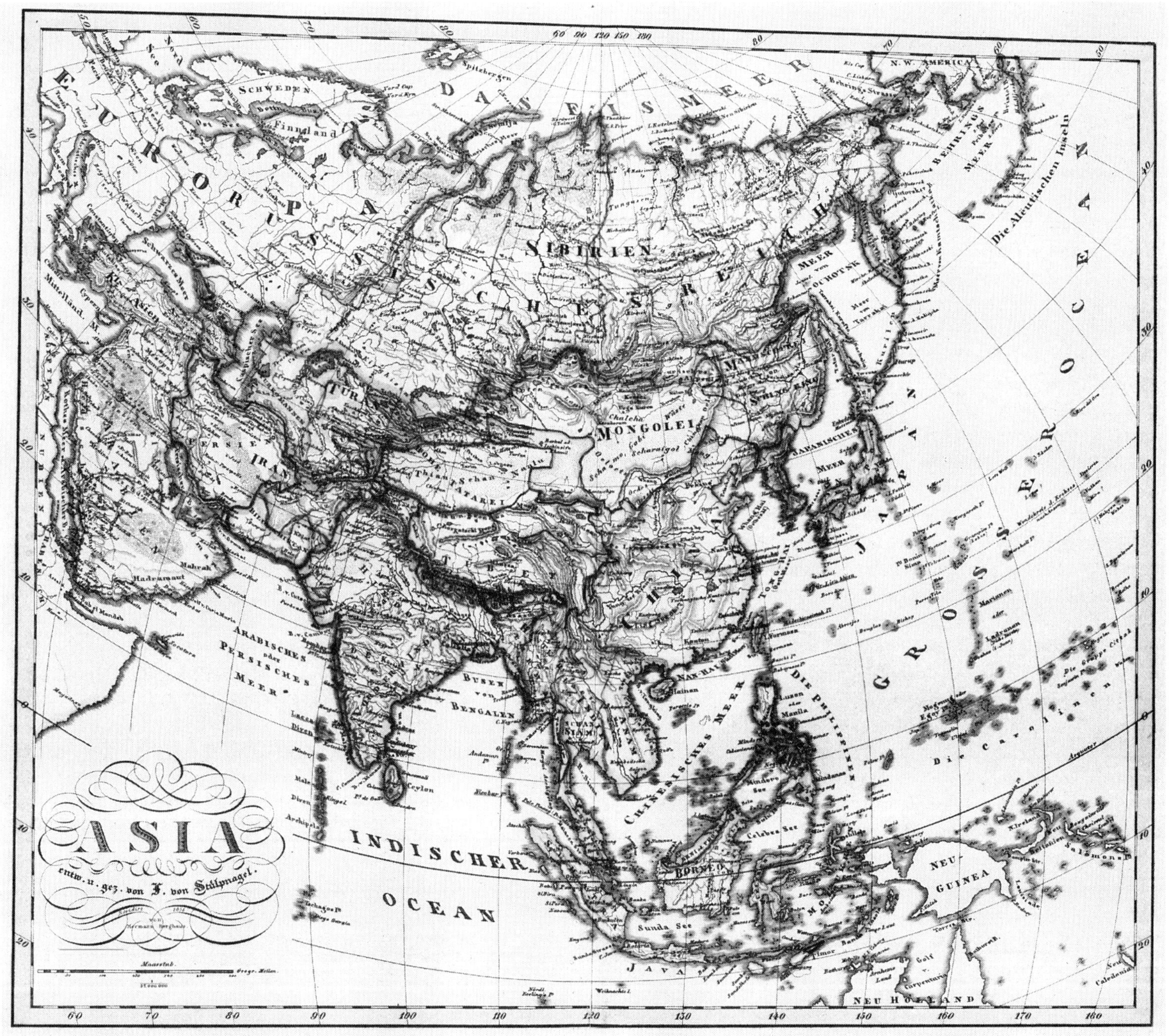

Asien. Entwurf und Zeichnung von F. von Stülpnagel, 1855

— Machtpolitisch fußte Englands wachsender Einfluß auf der militärischen Unterwerfung großer Teile des Subkontinents und auf der Kontrolle über die einst unabhängigen Fürstentümer. Darüber hinaus gestattete das »Heimfall«gesetz, den Grund und Boden der Fürsten einzuziehen, die keinen leiblichen Erben hinterließen. Um die Jahrhundertmitte kontrollierte England unmittelbar mehr als die Hälfte des indischen Territoriums. Über die »freien« Gebiete bestand eine Art von Suzeränitätsverhältnis. Im Ergebnis der umfassenden Etablierung der englischen Macht büßte die traditionsreiche und zuvor faktisch alleinherrschende Ostindienkompanie Schritt für Schritt ihre Privilegien ein, ein folgenschwerer Vorgang, der die Unterwerfung des kommerziellen durch das industrielle Kapital in der Kolonialexpansion symbolisierte.

— Kulturpolitisch-ideologisch durch den Trend zu einer forcierten Anglisierung, um die lokalen Herrscher und die sich formierende Intelligenzschicht an England zu binden. Auf dem Gebiet von Wissenschaft, Kultur und Sprache als Instrument der Herrschaftsausübung standen sich die Traditionalisten (»Orientalisten«), die auf eine allmähliche Verwestlichung Indiens setzten, und die Befürworter einer bedingungslosen kulturellen Angleichung (»Anglizisten«) unversöhnlich gegenüber. Ihren einflußreichsten Sprecher fanden letztere in dem Historiker Lord Macaulay, dessen von wenig Kenntnis der orientalischen Geschichte getrübten Gutachten die Londoner Regierung veranlaßten, das gesamte Bildungswesen für die führenden lokalen Klassen und Schichten nach englischem Modell zu gestalten. Parallel dazu begann eine intensive Missionierungspolitik, der sich die Kompanie aus Sorge um die Gefährdung ihrer Handelsinteressen stets enthalten hatte. Zu den Hauptangriffspunkten des missionarischen Eifers gehörte das Vorgehen gegen die Witwenverbrennung (Satí).

So lag Englands Herrschaft über Indien eine komplizierte Dialektik von zerstörender und erneuernder Funktion zugrunde, die ein spannungsgeladenes Verhältnis zur Folge hatte, das sich in explosiver Weise entlud. Mit den verschiedenen Formen lokalen Widerstandes, einschließlich der muslimischen Wahabitenbewegung in den zwanziger und dreißiger Jahren, wußte die englische Administration fertig zu werden. Eine völlig neue Situation ergab sich jedoch, als die Opposition auf die einheimische Söldnerarmee übergriff und damit ein militärisch-organisatorisches Rückgrat erhielt. Die Verletzung hinduistischer und muslimischer Moralnormen gab den Anlaß für die Erhebung von drei indischen Regimentern in der Garnisonsstadt Mirat am 10. Mai 1857. Es begann der »Große Aufstand«, später von den Engländern abwertend als »Meuterei« (mutiny) bezeichnet.

Der Große Aufstand

Die Aufständischen von Mirat töteten alle ihnen greifbaren Engländer, zogen nach Delhi und zwangen den letzten Vertreter der Mogul-Dynastie, Bahadur Shah II., die allgemeine Erhebung gegen die englische Kolonialherrschaft zu proklamieren. Zu diesem Zeitpunkt befand sich England in einer prekären Situation, da es soeben gegen Afghanistan den kürzeren gezogen hatte und überdies seine Kräfte in Europa auf den Krimkrieg und in Asien auf das von der Taiping-Revolution aufgewühlte

Erschießung der aufständischen Sepoys zu Firospur am 13. Juni 1857.
Zeitgenössische Illustration

China konzentrieren mußte. Auf dem Höhepunkt der Auseinandersetzung, die fast den gesamten Norden erfaßte und zugleich bis in die Zentralregion ausstrahlte, standen 200000 indische Rebellensoldaten etwa 38000 Engländern gegenüber. Von einem Armeeaufstand verwandelte sich die Bewegung rasch in ein Massenphänomen, das deutlich alle Anzeichen eines aufkeimenden Nationalbewußtseins zeigte; politisch blieb die Bewegung aber in den Händen der fürstlich-aristokratischen Führungskräfte. Nach der Bezeichnung der militärisch dominierenden bengalischen Armee ist die Erhebung auch als Sepoy-Aufstand in die Geschichte Indiens eingegangen. Da die Sepoys (Sipahis) zumeist nur über kleinen Landbesitz verfügten, standen sie den Interessen der ruinierten Bauernschaft und den Landarmen nahe. Der Haß gegen die Engländer entlud sich in blutigen Massakern: Die von Nana Sahib zur Kapitulation gezwungene englische Garnison von Kanpur wurde samt Frauen und Kindern brutal vernichtet. Die Engländer ihrerseits unter den Generalen Neill, Wheeler und Havelock bedienten sich der grausamsten Methoden, um den Geist des Widerstandes zu brechen; Galgen und Erschießung galten als die noch harmlosesten Tötungsarten, nicht wenige Gefangene wurden vor die Geschütze gebunden. Als General Havelock Kanpur wiedereroberte, fielen über 10000 Einwohner der Stadt den Siegern zum Opfer.

Der Aufstand erschütterte Englands Herrschaft bis in die Grundfesten. Zeitweilig schien der gesamte Norden des Subkontinents verloren. Jedoch begannen die Rebellen der im Verlaufe des Sommers 1857 einsetzenden englischen Gegenoffensive, die sich zudem auf loyale indische Einheiten stützte, zu erliegen. Zum entscheidenden strategischen Rückschlag führte die Erstürmung Delhis durch die Engländer (14. bis 19. September 1857). Bahadur Shah starb wenige Jahre danach in der Verbannung. In der Schlußphase des Kampfes spielte die zwanzigjährige Witwe des letzten Fürsten von Jhansi, Lakschmi Bai, eine hervorragende Rolle; sie fiel im April 1859 mit der Waffe in der Hand an der Spitze der von ihr geführten Reiterei und wurde selbst von den Engländern »als die beste und tapferste der Rebellenführer« anerkannt; ihre Mitstreiter endeten am Galgen. Einen ihrer bedeutendsten und talentiertesten Feldherren besaßen die Aufständischen in Tantia Topi, dessen Leben ebenfalls im April 1859 endete; ein Verräter lieferte ihn den Engländern und damit dem Tode durch den Strang aus. Mit dem Ende des »Großen Aufstandes« brachen zugleich die historischen Reste des einstigen Mogul-Reiches zusammen.

Folgen der Niederlage

Für Indien brachte die Niederlage einen entscheidenden Einschnitt in seiner historischen Entwicklung. Der letzte große Versuch, die Unterwerfung des Subkontinents unter englische Herrschaft zu verhindern, war trotz unzähliger Opfer gescheitert; die antikoloniale Revolution blieb in ihren Anfängen stecken.

Gerechtigkeit! Die englische satirische Zeitschrift »Punch« forderte 1857 den Einhalt der Massaker unter den wehrlosen indischen Gefangenen.

Taiping-Offiziere. Zeitgenössische Illustration

Gesiegt hatte nicht allein die technisch-militärische Übermacht der Engländer, »der Westen über den Osten«, eine kaum geringere Rolle spielten die inneren Schwächen: die lokale Fixiertheit und defensive Haltung der meisten teilnehmenden Fürsten, die unterschiedliche Interessenlage der am Aufstand beteiligten Klassen und Kasten, die religiös-politischen Differenzen zwischen Hindus und Moslems. Mit der Niederlage ging ein Teil des alten Indiens unter; die Lehren dieses Ereignisses beeinflußten zutiefst die späteren national-revolutionären Bewegungen des Subkontinents. Aber auch die englische Seite begriff, daß die Herrschaft über Indien nicht in herkömmlichen Formen aufrechterhalten werden konnte, und schritt zu grundsätzlichen Veränderungen. Die faktische Alleinherrschaft der Ostindienkompanie fand noch 1858 ihr Ende; Indien erhielt den Status einer Kronkolonie. Die verbliebenen Fürsten bildeten auf Grund der ihnen zugestandenen Besitzgarantie künftig eine solide Stütze der englischen Macht. Es folgte eine intensive Umstrukturierung der Armee durch Erhöhung des englischen Anteils, Trennung von Hindus und Moslems nach dem Grundsatz »divide et impera« und Ausschluß der Inder aus den technischen Bereichen sowie den höheren Offizierschargen. Der Generalgouverneur trug fortan den Titel eines Vizekönigs. Am 1. Januar 1877 nahm Königin Victoria den Titel einer Kaiserin von Indien an. Das Kolonialreich trug jetzt die Fassade eines Empires.

China nach dem ersten Opiumkrieg

Seit der Niederlage Chinas im ersten Opiumkrieg begann sich die schrittweise Verwandlung des bedeutendsten asiatischen Staates in eine Halbkolonie Europas und der USA abzuzeichnen. Besonderes Gewicht gewann der Einfluß Englands. Das Ansehen der regierenden Qing-Dynastie der Mandschus (Manzhou) litt durch die schmähliche Kapitulation in doppelter Hinsicht. Die militärische Unfähigkeit, dem wachsenden fremden Einfluß zu begegnen, war offenbar geworden: Zugleich führte die erforderliche Eintreibung der zugestandenen Entschädigungssummen zu einem Anwachsen der Unzufriedenheit und zur Auflehnung der unteren Volksschichten, insbesondere der Bauern, Handwerker, der plebejischen Elemente in den See- und Flußhäfen, der kleinen Kaufleute und sogar der minderprivilegierten Grundbesitzer. Traditionell konzentrierten sich die oppositionellen Regungen in lokal organisierten Geheimgesellschaften (wie z.B. die Triasgesellschaft oder die Himmel- und Erdegesellschaft). Unter Führung von Hung Xiu-quan entstand im Jahre 1843 der »Verband der Gottesanbeter« (Gesellschaft zur Anbetung des höchsten Herrn), der vergleichbare Geheimgesellschaften an Mitgliederzahl und in regionaler Ausdehnung weit überflügelte. Hung stammte aus einer Bauernfamilie und wirkte als Lehrer. In seinen mystischen Auffassungen verband er

Im Gefolge des 2. Opiumkrieges wurde am 28. Dezember 1857 die Einmillionenstadt Kanton durch das englisch-französische Geschwader unter Admiral Rigault de Gebouilly einem anhaltenden Bombardement unterzogen. Einen Tag später mußte die Stadt kapitulieren. Zeitgenössische Illustration

den Taoismus mit christlichen Einflüssen. Sein stark urchristlich geprägtes Gesellschaftsideal fußte auf der Gleichheit der Güter und Geschlechter.

In einer Situation zahlloser und anhaltender lokaler Unruhen sozialer wie religiöser Motivation begannen Hungs »Gottesanbeter« im Juli 1850 einen allgemeinen Aufstand in Jintian. Die Bewegung konzentrierte sich auf den Osten Chinas und erfaßte auf ihrem Höhepunkt fast ein Viertel des gesamten Landes. Am 11. Januar 1851, dem Geburtstag Hungs, verkündeten die Aufständischen den Sturz der Mandschu-Herrschaft und die Grün-

Das Himmlische Reich der Großen Gerechtigkeit

dung des »Taiping tian guo« (Himmlisches Reich der Großen Gerechtigkeit). Die Taiping-Revolution nahm bis zum Jahre 1853 eine offensive Entwicklung. Ihrem Wesen nach war sie eine bäuerlich-egalitäre Bewegung, gerichtet gegen die Herrschaft der Mandschu, den einheimischen (chinesischen) Großgrundbesitz und den Einfluß fremder Mächte, letzteres Motiv fand seinen Ausdruck im kategorischen Verbot des Opiumhandels. Rechtsungleichheit, Privateigentum, Privilegien jeder Art galten als Satanswerk. Ihre dogmatisch-religiöse Fundamentierung bezog die Bewegung aus den Schriften »Die Erlösung der Welt«, »Die Erweckung der Welt« und »Die Predigt an die Welt«. Das »Bodengesetz der Himmelsdynastie« von 1853 verkündete die Aufhebung des Großgrundbesitzes und die Errichtung einer auf Gütergemeinschaft beruhenden Gesellschaft.

Die Realitäten im Taiping-Staat, dessen Hauptstadt das 1853 eroberte Nanking wurde, stellten sich jedoch anders dar. Unter den Bedingungen der permanenten militärischen Auseinandersetzungen mit den Mandschu-Truppen ließ sich der proklamierte Egalitarismus kaum durchsetzen; nicht wenige Grundbesitzer, die sich der Revolution angeschlossen hatten, genossen Sonderrechte. Als noch schwerwiegender erwies sich, daß die Taiping-Führer bald die traditionellen Machtstrukturen übernahmen (»Kaiser«, »Fürsten«) und sich damit die bäuerlich-feudale Gesellschaft auf neuer Grundlage reproduzierte. Zweifellos verbesserte sich die Lage der Bauern; eine Lösung der Agrarfrage im antifeudal-bürgerlichen Sinne erfolgte jedoch nicht, da die erforderlichen gesellschaftlichen Bedingungen für eine solche Umwälzung der alten Strukturen nicht bestanden.

Rivalitäten der Taiping-Führer

Als ein besonders verhängnisvoller Schwachpunkt der Taiping-Revolution wirkten die innerhalb der Führung aufbrechenden Rivalitäten, die ein Indiz für die wachsende Unvereinbarkeit der bäuerlichen Interessen mit den Machtansprüchen teilnehmender Grundbesitzer und Kaufleute abgaben. Diese Konflikte führten zu blutigen Abrechnungen innerhalb und zwischen den rivalisierenden Gruppen und schwächten langfristig die militärische Kraft und den inneren Zusammenhalt der Revolution.

Trotz der Eroberung Nankings und einer Reihe großer Offensiven (Nord-, West- und Ostfeldzug) gelang es den Revolutionären nicht, die Hauptstadt Peking und damit das Zentrum der Mandschu-Herrschaft einzunehmen. Verstärkt geriet die Taiping-Revolution in die Defensive. Zwar verfügten ihre Armeen über 500000 Mann, die jedoch zumeist schlecht ausgebildete und ungenügend bewaffnete Bauern waren. Moderne Bewaffnung, wie Artillerie, bildete die Ausnahme.

Die Situation für die Revolution verschlechterte sich entscheidend, als die ausländischen Mächte (England, Frankreich, USA) die Politik der »Neutralität« gegenüber dem »Bürgerkrieg« auf-

Zweiter Opiumkrieg

gaben und den zweiten Opiumkrieg von 1856 bis 1860 vom Zaune brachen. Zunächst richtete sich der Hauptschlag der Interventen gegen die Mandschu-Regierung, die sich natürlich in keiner Hinsicht einem Zweifrontenkampf nach innen und nach außen gewachsen sah. Selbst die bewegliche mandschurische Reiterei vermochte gegen die massive Artillerie des englisch-französischen Expeditionskorps nichts auszurichten. Nach der Einnahme wichtiger strategischer Punkte an der Küste drangen die Interventen über Tientsin nach der Hauptstadt Peking vor. Der kaiserliche Sommerpalast, ein künstlerisch-architektonisches Weltwunder, ging in Flammen auf. Für die Chinesen verkörperte dieser Akt die »Barbarei des Westens«. In Europa erhoben einflußreiche Intellektuelle, unter ihnen Victor Hugo, ihre Stimme gegen die Schandtaten im Namen der abendländischen Kultur.

In einer neuen Vertragsserie 1858 und 1860 bauten England und Frankreich, in deren Gefolge wiederum Rußland, ihre Positionen zu Lasten Chinas aus: neue Handelsrechte, Gebietsabtretung, Privilegien für die ausländischen Repräsentanten, Kontributionen in Höhe von 16 Millionen Lian Silber, dazu die Ausdehnung des Opiumhandels, in dessen Ergebnis fast ein Zehntel der Bevölkerung Chinas der Sucht verfiel.

Ab 1860 sah sich die Taiping-Revolution dem Zangengriff der Mandschu-Truppen in Verbindung mit ausländischen Söldnern ausgesetzt, ohne in der Lage zu sein, selbst im Moment der höchsten Bedrohung die Einheit des Handelns wiederherzustellen. Im Gegenteil, für die Verteidigung unentbehrliche Kontingente begannen, den Krieg auf eigene Faust zu führen. Trotz des Einsatzes talentierter Bauerngenerale, wie Li Xiu-cheng und Chen Yü-cheng, ließ sich der Zerfall des Taiping-Staates nicht mehr aufhalten. Eine besonders unrühmliche Rolle spielte die von dem US-Amerikaner Frederick Townsend Ward zusammengetrommelte Söldnerarmee, die den pompösen Namen »Die immer siegreiche Schar« erhielt. Nach dem Tode Wards trat zunächst ein anderer Abenteurer namens Burgevine und schließlich der englische Major Charles George Gordon an die Spitze der gefürchteten Streitmacht; es war derselbe Gordon, der, inzwischen zum General avanciert, im Jahre 1885 sein Leben im Kampf gegen den Mahdi-Aufstand im Sudan einbüßte.

Untergang des Taiping-Staates

Im Mai 1864 schloß sich der Ring um das letzte große Zentrum des Widerstandes, Nanking. Mandschu-Truppen und Söldner setzten am 19. Juli 1864 zum entscheidenden Sturm an. Das Schicksal der besiegten Stadt glich einem Inferno. Mindestens 100000 Verteidiger und Bewohner der Stadt starben im anschließenden Massaker, viele Taiping-Kämpfer warfen sich in die Flammen, um der Gefangennahme zu entgehen, unschätzbare kulturelle Werte fielen der Zerstörung oder der Plünderung zum Opfer, das Haupt der Taiping-Regierung, Hung Xiu-quan, beging Selbstmord. Der Bauerngeneral Li Xiu-cheng geriet in Gefangenschaft. Im Gefängnis schrieb er einen Erlebnisbericht, der zur wichtigsten Quelle über die Taiping-Revolution geworden ist. Nach Vollendung seines Werkes dem Henker übergeben, starb Li Xiu-cheng in Stücke gehauen.

Mit dem Untergang Nankings endete Chinas große Bauernrevolution und mit ihr die Utopie, auf den Grundlagen der alten Ordnung eine Gesellschaft der Gleichheit und Gerechtigkeit schaffen zu können. Durch ihre Verbindung mit dem Kampf gegen die ausländische Bevormundung sprengte die Taiping-Revolution bereits den Rahmen der herkömmlichen Bauernaufstände. Trotz der militärischen Niederlage überlebten die Ideen des »Himmlischen Reiches der Großen Gerechtigkeit«; es war ein Beispiel gegeben, dessen Wirkung sich als unausrottbar erwies. Zunächst führte die »Armee der Fackelträger« den Widerstand auf lokaler Ebene fort, weitere Geheimgesellschaften folgten, nationale und religiöse Minderheiten gerieten in Bewegung und ließen die Mandschu-Herrscher nicht mehr zur Ruhe kommen. Mit der Taiping-Revolution hatte China den Eintritt in den Revolutionszyklus des 19. Jahrhunderts vollzogen und einen entscheidenden Schritt in die »Neuzeit« getan.

Japan am Ausgang des Shogunats

Neben Indien und China bildete Japan um die Mitte des 19. Jahrhunderts den dritten Schwerpunkt der europäischen und nordamerikanischen Politik in Asien. Besonders für die USA rückte Japan als strategische Bastion auf dem Wege des Chinahandels in den Mittelpunkt des Interesses. Mit der Eroberung Kaliforniens und der beginnenden Erschließung des Westens öffnete sich zugleich der Blick in Richtung Asien.

Seit Aufrichtung des Shogunats zu Beginn des 17. Jahrhunderts hatte sich Japan zugleich in die Isolierung gegen alle äußeren Einflüsse (Sakoku) zurückgezogen. Obwohl die religiöse und politische Hoheit mit der Person des Kaisers (Tenno) verbunden blieb, lag die reale Gewalt in den Händen der Shogune aus dem Hause Tokugawa mit dem geographischen Zentrum Edo (dem späteren Tokyo).

In den ersten Jahrzehnten des 19. Jahrhunderts erinnerte nichts mehr an die klassischen Gründergestalten der Tokugawa-Dynastie. Japan gliederte sich in 274 Fürstentümer (Han), an deren Spitze ein Daimyō stand. Nicht wenige dieser Hochadligen, vor allem der Küstengebiete, hatten es verstanden, ihre Unabhängigkeit gegenüber dem Shogun zu behaupten oder wiederzugewinnen. An der traditionellen Ständegliederung der japanischen Gesellschaft hatte sich äußerlich nichts geändert. Der niedere Adel bestand aus den Samurai, die jedoch ihre Stellung als privilegierte Kriegerkaste längst eingebüßt hatten; nicht wenige verdienten ihren Unterhalt als Handwerker, Kaufleute, Lehrer oder Angestellte. Es setzte unter den Samurai eine Deklassierung und soziale Auffächerung ein, die – mit gebotenem Vorbehalt – als Verbürgerlichung, auf jeden Fall als Entfeudalisierung bezeichnet werden könnte. Damit verlor die japanische Feudalgesellschaft eine zentrale soziale Stütze. Kaum weniger radikal veränderte sich die Situation der japanischen Bauern, die noch über 80 Prozent der insgesamt 29 Millionen Einwohner ausmachten. Infolge der allmählichen Ablösung der Arbeits- und Produktenrente durch die Geldrente verwandelten sich viele selbständige Bauern in Pächter und gerieten so in die doppelte Abhängigkeit von städtischen Wucherern und nichtadligen Grundbesitzern (Jinuchi). Trotz der mit großer Intensität betriebenen Landwirtschaft wurde Japan wiederholt von Mißernten und Hungersnöten heimgesucht. Die Geschichte des Shogunats war zum großen Teil eine Geschichte von Bauernaufständen, ihre Zahl wuchs kontinuierlich. In der ersten Jahrhunderthälfte fanden über 500 größere und kleinere Erhebungen statt; sie bildeten ein entscheidendes Krisenelement in der Endphase des Shogunats.

Nach traditionellem Verständnis galten Handwerker und Kaufleute als unterste Stufe der Gesellschaftspyramide. Auch hier bot die Wirklichkeit inzwischen ein total verändertes Bild. Mit der Ausbreitung der Ware-Geld-Beziehung gelang einigen Kaufleuten die Anhäufung von beträchtlichen Geldmitteln; nicht nur Bauern und Samurai, selbst mächtige Daimyō gerieten in finanzielle Abhängigkeit von Kaufleuten. Das Kaufmannskapital besaß sein Zentrum in Osaka. Gemessen an der raschen Geldakkumulation stand die gewerbliche Entwicklung Japans erheblich zurück. Ansätze für eine manufakturelle Produktion (Seide, Baumwolle, Porzellan, Eisenproduktion) beschränkten sich noch weitgehend auf die Küstenregionen. Maschineller Antrieb blieb unbekannt. Ungeachtet aller Hemmnisse und der eindeutigen Rückständigkeit gegenüber Europa und den USA befand sich Japan in einer Phase seiner historischen Entwicklung, die eine Überwindung der Feudalordnung primär aus der inneren Situation heraus erforderlich machte. Äußere Faktoren haben diesen Prozeß außerordentlich beeinflußt und beschleunigt.

Zu keinem Zeitpunkt war die Politik des Sakoku unumstritten. Vor allem die Daimyō der Küsten-Han nahmen eine weniger isolationistische Position ein, nicht nur, weil sie vom Handel profitierten, sondern auch, weil sie die Überlegenheit der westlichen Barbaren erkannten. Der Shogun Ieyoshi, der von 1837 bis 1853 regierte, konnte es sich noch leisten, Dutzende von Befürwortern einer Öffnung ins Gefängnis werfen zu lassen. Bald

Ende des Sakoku

teilte sich in der Frage der Abschließung des Landes die herrschende Klasse in zwei Parteien, und es lag auf der Hand, daß die Gegner des Shoguns ihr Heil in der Wiederherstellung der kaiserlichen Macht sahen.

In immer kürzerer Folge tauchten ab 1818 englische und nordamerikanische Schiffe an Japans Küsten auf, die zumeist mit Waffengewalt abgewiesen wurden. Eine historische Wende bedeutete die Ankerung einer nordamerikanischen Flotte von

Perry-Expedition

vier Schiffen unter Commodore Matthew Galbraith Perry in der Bucht von Edo am 7. Juli 1853. Im Auftrage von Präsident Millard Fillmore verlangte Perry die Öffnung Japans für den Handel der USA. Mit sieben Schiffen kehrte Perry am 12. Februar 1854 zurück, um die Antwort einzuholen: Am 31. März schloß Japan den Vertrag und öffnete zwei Häfen. Auf die USA folgten England, Rußland, Frankreich, die Niederlande und – animiert von Hamburg und Bremen – bald Preußen.

Die Verbindung von innerer Krise und außenpolitischer Ohnmacht leitete das Ende des Shogunats ein, zumal in dieser Zeit, die eine starke Hand erfordert hätte, Shogune an der Spitze der Regierung standen, die mehr durch Haremsskandale als durch persönliche Entschlossenheit für Aufsehen sorgten. Faktisch sah sich der Shogun mit mehreren Konflikten konfrontiert: mit einer wachsenden Zahl von Aufständen der Bauern und städtisch-plebejischen Schichten, mit der offenen Opposition der meisten Daimyō, mit dem wachsenden Druck von außen, der 1863 in der Landung englischer und französischer Truppen in Yokohama eskalierte. Das Kaiserhaus konnte je nach Kräftelage im eigenen Interesse »vermittelnd« eingreifen. Zunächst bediente sich die Opposition der Losung: »Verehrung des Kaisers, Verjagung der Barbaren«, die bald in »Verehrung des Kaisers, Untergang dem Bakufu« (d. h. des Shogunats) umformuliert wurde. »Verjagung der Barbaren« hieß nicht einfach Rückkehr zum Sakoku oder bloßer Fremdenhaß, es ging vielmehr um die Bedingungen der Kontaktaufnahme mit den westlichen Mächten, da nicht wenige führende Persönlichkeiten Japans fürchteten, ihr Land könne das Schicksal Chinas nach dem ersten und zweiten Opiumkrieg teilen.

Am Ende stürzte der letzte Shogun Keiki als Opfer einer bizarren Verknüpfung von widersprüchlichsten Ursachen. Eine neue Mißernte im Jahre 1866 löste Bauernaufstände und städtische Unruhen aus, deren das Shogunats-Heer nicht mehr Herr zu

Mutsuhito, Kaiser von Japan (1868–1912). Stahlstich von August Weger, 1877

werden vermochte; die soziale und politische »Pazifizierung« des Landes hing also mehr und mehr von den selbständig handelnden Daimyō ab. Unter dem Zwang der Umstände ließ das Shogunat dem angestauten Unmut gegen die Ausländer freien Lauf. Es kam zu schweren Konflikten durch die Erstürmung von Gesandtschaften und die Beschießung fremder Schiffe. Gleichzeitig erhoben sich einige Fürstentümer, unter denen die westlichen Han Satsuma und Shoshu eine führende Rolle spielten, gegen den Shogun. Auf die Hinrichtung oder Verbannung von Shogunats-Feinden antwortete die Gegenpartei mit erfolgreichen Mordanschlägen auf die Anhänger des Shoguns.

Rücktritt der letzten Shoguns

In dem Bewußtsein, auf verlorenem Posten zu stehen, erklärte Keiki am 8. November 1867 seinen Rücktritt; die Macht des Shoguns erlosch aber erst endgültig mit der Besetzung Edos durch die Truppen der Han Satsuma und Shoshu. Der Versuch von Tokugawa-Anhängern, Widerstand zu leisten, schlug fehl, selbst als sie auf die Idee verfielen, die Republik auszurufen. Ab 1868 ging Japans Entwicklung einen anderen Weg.

Am 3. Januar 1868 übernahm der sechzehnjährige Kronprinz Mutsuhito unter dem Kaisernamen Meiji die Regierung und erklärte das Shogunat formell für beendet. Von diesem Tage an begann eine Politik politischer, administrativer, sozialer, wirtschaftlicher und militärischer Reformen, die in einem Zeitraum von etwa 20 Jahren (11. Februar 1889 Erlaß einer Verfassung als »Geschenk an das Volk«) das feudale Japan auf bürgerliche Grundlagen stellte und die Voraussetzungen für eine aggressive Großmachtpolitik schuf. Eine Entwicklung, für die England 300 Jahre benötigte, durchlief Japan innerhalb einer Generation. Historisch kann die Summe dieser Veränderungen als eine Revolution von oben bezeichnet werden, da vom Kaiserhaus, seinen Beratern und der Regierung die bestimmenden Impulse ausgingen. Kennzeichnend für die Meiji-Revolution wurde das aktive und lenkende Eingreifen des Staates in die wirtschaftliche und gesellschaftliche Umwälzung. Zu den Hauptergebnissen des »japanischen Weges« gehörten die Brechung des feudalen Machtmonopols und die massiv-explosive Freisetzung der bürgerlichen Klassenkräfte, die jedoch unter den konservativ-imperialen Herrschaftsbedingungen nicht die Hegemonie ausüben konnten. Unterentwicklung der Demokratie im Inneren korrespondierte mit schärfster Aggression nach außen. Von dieser Warte aus betrachtet, handelte es sich um eine unvollendete bürgerliche Revolution.

Revolution von oben und Reformpolitik

Zu den bedeutendsten Reformen der Meiji-Ära gehörte die Aufhebung der traditionellen Standespyramide durch schrittweise Enteignung der Daimyō – beginnend mit dem ehemaligen Herrschaftsbereich der Tokugawa – und der Entprivilegierung der Samurai; entsprechend wuchs das Gewicht des staatlich geförderten Handels- und Industriebürgertums. Nachdem noch 1869 die Daimyō der vier westjapanischen Han ihre Rechte »freiwillig« dem Kaiser zurückgegeben hatten, erfolgten schließlich die Umwandlung aller bestehenden Han in modern verwaltete Präfekturen und ihre Reduzierung von 274 auf letztlich 43. Daimyō wie Samurai erhielten für den Verlust ihrer Renten staatliche Abfindungen; die frühe Einstellung der Zahlungen für die Samurai löste 1877 einen letzten großen Aufstand aus, an dem nicht weniger als 30000 Samurai teilnahmen, von denen nur wenige diesen Versuch, ihr Schicksal zu wenden, überlebten. Mit der Entmachtung der Daimyō und Samurai ging durch ein Reformdekret die Verwandlung der Feudalrente in eine an den Staat abzuführende Grundsteuer einher; dieser Wandel setzte endgültig die Ware-Geld-Beziehung auf dem Lande durch. Unter der Losung »Den Staat bereichern und die Armee stärken!« (Fukoku-Kychei) erfaßte die Modernisierung alle Sektoren des japanischen Lebens. Es entstand sogar eine bis dahin unbekannte Presse. Ungeachtet von gelegentlich extremen und skurrilen Formen der Nachahmung erwies sich Japan als fähig, die westlich-bürgerlichen Einflüsse in eigenständiger Form zu verarbeiten und seine nationale Identität zu wahren.
Neben einer Welle von Studiendelegationen, deren Aufgabe es war, die Errungenschaften des Auslandes aufzunehmen, wirkten in Japan bis 1890 nicht weniger als 3000 offizielle ausländische Regierungsberater. Ausdruck der Nichtvollendung der Revolution war die nach preußisch-deutschem Vorbild von einem deutschen Rechtshistoriker ausgearbeitete halbabsolutistische Verfassung des Jahres 1889, die dem Tenno außerordentliche Rechte, einschließlich des Oberbefehls über die Streitkräfte, einräumte.

Für Asien bestand das gemeinsame Moment im Kampf gegen die Unterwerfung unter die europäisch-nordamerikanische Hegemonie, dagegen bot der amerikanische Kontinent ein ungleich differenzierteres Bild:

— In den USA hatte sich das neben Westeuropa zweite dynamische Zentrum des Kapitalismus herausgebildet; die für dieses Land erneut anstehende revolutionäre Erschütterung erwuchs aus dem Konflikt von zwei, auf die Dauer unvereinbaren Varianten der bürgerlichen Entwicklung.

— Für die Länder des mittel- und südamerikanischen Festlandes stand das Ringen um die Vollendung des Erbes von 1810 auf der historischen Tagesordnung; alle innenpolitischen Auseinandersetzungen und der intensiv einsetzende Prozeß der indirekten Rekolonisation durch das ausländische Kapital – zunächst vornehmlich des englischen – wurzelten in der unvollendet gebliebenen Unabhängigkeitsrevolution. Ein paradigmatisches Beispiel dafür bot Mexiko.

— Darüber hinaus existierten noch die ökonomisch und strategisch außerordentlich bedeutenden kolonialen Restpositionen im karibischen Raum; hier war es der Unabhängigkeitskampf Kubas, der den endgültigen Niedergang des traditionellen Kolonialsystems einläutete.

Zweite Revolution der USA

Wenn jemals Wahlen eine geschichtliche Zäsur gesetzt haben und das Schicksal einer Nation in neue Bahnen lenkten, dann trifft dies auf die Präsidentschaftswahlen des Jahres 1860 in den Vereinigten Staaten von Amerika zu. In letzter Instanz ging es um die Entscheidung zwischen zwei sich unversöhnlich gegenüberstehenden Wirtschafts- und Gesellschaftssystemen. Am 6. November setzte sich Abraham Lincoln, volkstümlich »old Abe«, von seinen Gegnern »Ape« (Affe) genannt, als Kandidat der Republikanischen Partei mit etwas über 1,8 Millionen Stimmen gegen eine Opposition durch, die zwar fast 2,8 Millionen auf sich vereinigte, aber in drei Parteien zerfiel, von denen keine die Republikaner gefährden konnte. Lincoln hatte die Wahlkampagne mit dem Versprechen geführt, eine weitere Ausdehnung der Sklaverei nicht zuzulassen. Darüber hinaus plädierte er für eine Abschaffung der Sklaverei auf der Grundlage staatlicher Entschädigung für die Sklavenhalter. Für die Südstaaten war der Triumph einer solchen Politik eine Existenzfrage. Der Norden dagegen feierte Lincolns Sieg als das langersehnte Ende der Vorherrschaft der »Sklavenbarone« über die Union.

Abraham Lincoln

Lincoln, ein Mann des Volkes, der sich aus den ärmlichen Verhältnissen einer Grenzerfamilie bis an die Spitze des Staates hochgearbeitet hatte, ging als der bedeutendste Politiker seines Landes in die Geschichte ein. Von sich selbst sagte er: »Immerhin konnte ich lesen, schreiben und rechnen. Das war aber auch alles . . . Ich bin ungefähr sechs Fuß vier Zoll groß, bin hager und wiege durchschnittlich einhundertachtzig Pfund; dunkle Gesichtsfarbe, grobes schwarzes Haar und graue Augen – keine anderen Merkmale.« Die anderen Merkmale bestanden darin, daß der junge Lincoln neben seiner schweren körperlichen Arbeit las, was ihm unter die Finger kam, und schließlich als redegewaltiger, mit trockenem Humor begabter Rechtsanwalt auf sich aufmerksam machte. Die Krise des Jahres 1856 führte ihn in die Reihen der neugegründeten Republikanischen Partei. In den berühmt gewordenen Debatten mit dem demokratischen Senator Stephen Arnold Douglas im Jahre 1858 postulierte Lincoln: »Ein in sich selbst geteiltes Haus kann nicht aufrecht bleiben. Ich glaube, diese Regierung kann nicht ständig halbsklaverisch und halbfrei sein.« Sein Amt trat er mit den Worten an: »Mein oberstes Ziel ist es, die Union zu retten und nicht, die Sklaverei zu retten oder zu zerstören.« Um der Einheit der Nation willen tendierte Abraham Lincoln zunächst in der Sklavereifrage noch zu einem Kompromiß. Als es jedoch zum Kriege kam, begriff er – nicht zuletzt unter dem Einfluß radikal-abolitionistisch orientierter Berater –, daß die Aufhebung der Sklaverei zu den unabdingbaren Voraussetzungen für den Sieg der Nordstaaten über die Konföderierten gehörte.

Nord-Süd-Gegensatz

Seit der Unabhängigkeitsrevolution und dem folgenden »zweiten Unabhängigkeitskrieg« gegen England in den Jahren 1812 bis 1814 hatte die Präsidentschaft der Union fast ununterbrochen in den Händen von Vertretern der Südstaaten gelegen. Trotz der politischen Loslösung von England befand sich der Süden als Rohstofflieferant für die englische Textilindustrie weiterhin in einer Art von halbkolonialer Abhängigkeit. In der ersten Hälfte des 19. Jahrhunderts wuchs die Baumwollproduktion in fast atemberaubender Weise: Von 22 Prozent im Jahre 1810 stieg ihr Anteil am Export auf 57 Prozent im Jahre 1860. Parallel dazu stieg die Zahl der auf den Plantagen tätigen Sklaven; sie lag 1790 bei 0,6 Millionen, 1860 bereits bei 4 Millionen.

Gegenüber den Südstaaten repräsentierte das im Norden heranwachsende industrielle Bürgertum ein konkurrierendes, auf freier Lohnarbeit und selbständigem Farmertum beruhendes ökonomisches und soziales System. Hier konzentrierte sich auch der ständig zunehmende Strom europäischer Einwanderer. Die

Abraham Lincoln, der Präsident des Nordens. Stich von Alfred Bryan Hall, 1887

Siegelabdruck mit einem Motiv auf die Sklavenbefreiung. Undatiert. Heimatmuseum und Naturalienkabinett Waldenburg

Front des Nordens gegen die Sklaverei war jedoch keineswegs so geschlossen, wie es den Anschein hatte. Textilfabrikanten und Baumwollhändler profitierten von der Verbindung mit dem Süden; aus ihren Reihen kamen die Vertreter eines Ausgleichs mit dem Süden um jeden Preis (»Copperheads«). Überdies nahm der Süden einen Großteil der nördlichen Getreide- und Fleischproduktion ab.

In der territorialen Expansion der Union überkreuzten sich immer schärfer die Interessen der extensiv betriebenen Plantagenwirtschaft und der Anspruch der weißen Siedler (»Squatters«) auf freien Bodenbesitz. Die Integration der neuen Territorien als »freie« Staaten oder Staaten mit »peculiar institution« (besondere Einrichtung), wie die juristische Umschreibung für Sklaverei hieß, wuchs sich zur ökonomischen und politischen Machtfrage zwischen dem Norden und dem Süden aus. Der im Missourikompromiß vom 3. März 1820 mühselig hergestellte Interessenausgleich wurde vom Süden zunehmend unterlaufen.

Abolitionismus

Im Norden gewann dagegen der Abolitionismus an Boden. Der Aufstand unter Nat Turner (1831) lenkte die Aufmerksamkeit der Öffentlichkeit auf das Schicksal der Negersklaven. 1832 erfolgte die Gründung der »New-England-Antislavery Society«, 1833 die der »American Anti-Slavery Society«. Nach 1840 ermöglichte der geheime »Underground Railroad« zahlreichen Sklaven die Flucht in den Norden.

Eine für den Norden gefährliche Verschiebung des Kräfteverhältnisses erwuchs aus der Annexion von Texas (1845) und der im Ergebnis des Krieges (1846–1848) zugewonnenen mexikanischen Landmasse, die zu einer entscheidenden Stärkung des

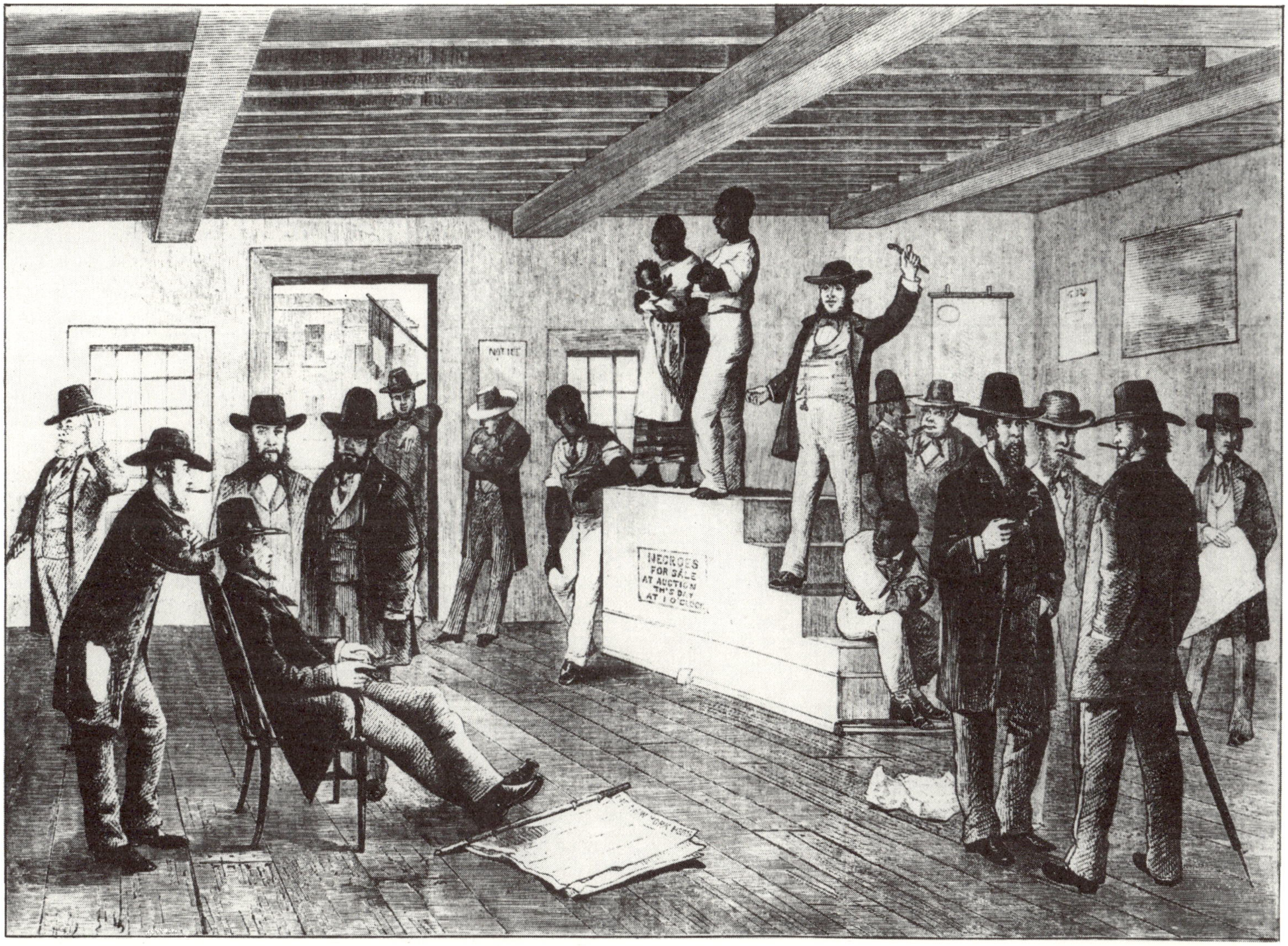

Sklavenauktion in Richmond (Virginia), 1856. Für die riesigen Plantagen der Südstaaten wurden Sklaven als billige Arbeitskräfte versteigert.

Potentials der Südstaaten führten: das »Kompromiß von 1850« nahm von den neuen Territorien lediglich das von freien Goldsuchern überflutete Kalifornien von der Sklaverei aus. Um ihre Territorialmacht noch weiter auszudehnen, betrieben die Südstaaten eine aktive Annexionspolitik gegenüber Kuba; im »Manifest von Ostende« (1854) überraschten die diplomatischen Vertreter der USA in Spanien, Frankreich und England die europäischen Staaten mit dem Anspruch, Kuba wenn nötig mit Gewalt zu erobern. Es waren auch Geldgeber der Südstaaten, die William Walkers 1855 gestarteten abenteuerlichen und mit seiner Exekution geendeten Versuch, Nicaragua zu erobern und dort die Sklaverei einzuführen, großzügig finanzierten. Im Norden wiederum erreichte die Agitation gegen die Sklaverei einen publizistischen Höhepunkt in Harriet Beecher-Stowes Werk »Onkel Toms Hütte« (1851/52), das ungeachtet seines begrenzten literarischen Ranges die Öffentlichkeit aufwühlte und zur Bibel der Abolitionisten avancierte.

Revolutionäre Krise

Ab 1854 verdichteten sich die Spannungen innerhalb der Union zu einer revolutionären Krise. Unter Berufung auf das Prinzip der »popular sovereignty« (Volkssouveränität) versuchten die Südstaaten das Recht jedes einzelnen Bundesstaates auf freie Entscheidung für oder gegen die Sklaverei durchzusetzen; das hieß nichts anderes, als die Aufkündigung des Missourikompromisses, der immerhin eine Ausdehnung der Sklaverei in Richtung Norden verboten und in Richtung Westen eingegrenzt hatte. Die Anerkennung des »Volkssouveränitäts«grundsatzes für Kansas und Nebraska am 30. Mai 1854 hob die bisherige Kompromißpolitik vollends zugunsten des Südens aus den Angeln. Über vier Jahre hinweg kämpften Gegner und Anhänger der Sklaverei im »blutenden Kansas«: Das Vorspiel des großen Bürgerkrieges hatte begonnen. Besondere Empörung löste im Norden das Urteil im Dred-Scott-Prozeß (7. März 1857) aus, das nachträglich das Missourikompromiß juristisch für ungültig erklärte. Die Krise im Nord-Süd-Verhältnis erreichte ihren Höhepunkt mit dem Angriff einer Gruppe entschiedener Sklavereigegner unter Führung des gefürchteten und wortgewaltigen

John Brown

John Brown auf das Bundesarsenal von Harper's Ferry am 19. Oktober 1859. Dieser ebenso kühne wie dilettantische Versuch, einen allgemeinen Sklavenaufstand auszulösen, scheiterte. John Brown endete am Galgen. Von nun an besaßen die Sklavereigegner des Nordens einen Märtyrer, den der einflußreiche Philosoph und Schriftsteller Ralph Waldo Emerson einen »Heiligen« nannte.

Aus der Wahl des »schwarzen Republikaners« und »Hinterwäldlers« Lincoln zogen die Südstaaten den Schluß, daß nur durch eine »Secession« (Trennung) vom Norden ihre Selbständigkeit zu wahren sei. Bereits am 20. Dezember 1860 protestierte Süd-Carolina gegen die Wahl Lincolns. Nach dem Scheitern von zähen Verhandlungen zur Wiederherstellung des Missourikompromisses in modifizierter, die Südstaaten begünstigender Form, erfolgte der offene Bruch. Vertreter von sieben Südstaaten versammelten sich in Montgomery, Alabama, und proklamierten am 4. Februar 1861 die »Confederated States of America« (Konföderierte Staaten von Amerika). Jefferson Davis, ein reicher Pflanzer von Mississippi, dem man bald diktatorische Gelüste nachsagte, übernahm die Präsidentschaft der Konföderation.

Sezession der Südstaaten

Auf die politische Trennung folgte die militärische Konfrontation. Konföderierte Truppen unter General Pierre Gustave Toutant Beauregard zwangen am 13. April 1861 die Besatzung der Bundesfestung Fort Sumter im Hafen von Charleston, Süd-Carolina, nach anhaltendem Artilleriebombardement zur Kapitulation. Damit hatte der Süden den Bürgerkrieg vom Zaune gebrochen. Es begann der bislang blutigste Krieg der neuzeitlichen Geschichte.

Bürgerkrieg

Das Kräfteverhältnis sprach eindeutig gegen die Südstaaten: 23 Millionen Einwohner in 23 Nordstaaten standen elf Staaten des Südens mit einer Bevölkerung von neun Millionen gegenüber, von denen allerdings nur fünf Millionen Weiße waren. Diese teilten sich wiederum in die privilegierte Minderheit der Sklavenhalter (etwa 400 000) und die Masse der »armen Weißen«, von denen nicht wenige mit dem Norden sympathisierten. Auch in materieller Hinsicht zeigte sich der Norden weit überlegen; das galt für seine ökonomische und finanzielle Stärke, die ungleich bessere Infrastruktur (Straßen, Kanäle, Eisenbahnen) und den freien Zugang zur See durch eine überlegene Flotte, die sofort eine Blockade über die Südstaaten verhängte. Dagegen setzten die Südstaaten auf eine Anerkennung durch England und auch Frankreich, das um diese Zeit sein mexikanisches Abenteuer in die Wege leitete. Tatsächlich kokettierten London und Paris mit einem Kriegseintritt auf der Seite der Konföderierten. Bereits am 13. Mai 1861 erfolgte durch England die Anerkennung des Südens als kriegführende Partei, ein direktes militärisches Engagement scheiterte aber nicht zuletzt auch an den massiven Solidaritätsbekundungen der englischen Arbeiter und der demokratischen Öffentlichkeit für den Norden. Der Aufschwung dieser Bewegung spielte eine entscheidende Rolle für die zweite englische Wahlrechtsreform im Jahre 1867. Napoleon III. wiederum bemühte sich vergeblich, Rußland für die Sache des Südens zu gewinnen. Das Petersburger Kabinett stand demonstrativ auf der Seite der Nordstaaten; zwei offizielle Besuche der russischen Flotte stärkten das internationale Ansehen des Nordens.

»Through Train«, der durchgehende Zug von New York nach San Francisco war Sinnbild für die Erschließung des Westens und für die technische Überlegenheit der Nordstaaten.

Warum angesichts dieser für den Süden so negativen inneren und äußeren Konstellation der Krieg über vier Jahre währte, findet seine Erklärung in zwei Umständen: Keine der beiden Seiten hatte sich vorbereitet, und der Norden führte den Krieg zunächst »konstitutionell«, um ein Abfallen der Grenzstaaten zu verhindern, in denen zwar die Sklaverei herrschte, die sich aber trotzdem nicht den Konföderierten angeschlossen hatten. Erst allmählich begann der Krieg unter dem Zwang der Umstände in eine Revolution umzuschlagen. Anfänglich kämpfte der Norden keineswegs unter abolitionistischen Losungen, sondern mit dem Anspruch, die Einheit der Union und damit der Nation wiederherzustellen.

In völliger Verkennung der Situation ließ Lincoln am 15. April 1861 lediglich 75000 Freiwillige für drei Monate (!) aufbieten. Am Ende mobilisierte die nördliche Seite 1,6 Millionen Kombattanten, die südliche Seite etwas über 1 Million. Die technische Überlegenheit des Nordens gab dem Krieg einen neuen, »modernen« Charakter: Im See- und Flußkrieg, vor allem auf dem Mississippi, fanden zum ersten Mal gepanzerte Schiffe ihren Einsatz; die Konföderierten experimentierten dagegen mit Unterseebooten. Das Gefecht zwischen den Schlachtschiffen »Merrimac« (Südflotte) und »Monitor« (Nordflotte) am 9. März 1862 vor Hampton Roads gilt als Geburtsstunde der modernen Seekriegführung. Im Landkrieg spielten die Eisenbahn und der Telegraph eine entscheidende Rolle; für die Lenkung der Artillerie wurden Fesselballons eingesetzt; neben den traditionellen Vorderladern, die der Norden in Europa nach dem Krimkrieg leicht erwerben konnte, kamen schon die ersten Hinterlader aus eigener Produktion auf, wie der aus der Abenteuerliteratur bekannte Henry-Stutzen; auch der sechsschüssige Colt, genannt nach seinem Erfinder Samuel Colt, spielte im Nahkampf eine erhebliche Rolle.

Dank besserer und konzentrierterer militärischer Führung unter General Robert Edward Lee, Sproß einer renommierten Offiziersfamilie, den seine Soldaten vergötterten, erwiesen sich die Konföderierten den zusammengewürfelten Milizen des Nordens im ersten Kriegsjahr überlegen, ohne jedoch trotz einer Reihe von Siegen einen entscheidenden strategischen Erfolg (Scheitern des Angriffs auf die Hauptstadt Washington) zu erreichen. Besonders gefährlich operierte die Reiterei der Konföderierten, deren »Raids« bis weit in das Hinterland des nördlichen Gegners führten. Mit der Verlängerung des Krieges begannen sich jedoch die Reserven des blockierten Südens zunehmend zu erschöpfen, während der Norden durch den Krieg einen wirt-

Nach der Niederlage der Revolution von 1848/49 erreichte die politisch und sozial motivierte Auswanderungswelle nach Übersee einen Höhepunkt. Zeitgenössische Illustration

schaftlichen Boom erlebte, der von einer außerordentlichen Spekulationswelle begleitet wurde. Von den Kriegswirren unbeeindruckt, ging die Einwandererbewegung weiter, was das Auffüllen der Verluste enorm erleichterte: Von den 800000 während des Krieges nach dem Norden Gekommenen dienten nicht weniger als 400000 in der Armee. Unter den Kombattanten deutscher Abstammung zeichneten sich Carl Schurz, Johann Gottfried Kinkel und der proletarische Revolutionär Joseph Weydemeyer aus. Verschiedene Regimenter, wie die in New York aufgestellten »Deutschen Turner« oder das »Ohio-Regiment«, bestanden vollständig aus deutschen Einwanderern.

Die Finanzierung des Krieges erfolgte im Norden durch die Erhöhung der Steuern und Zölle, eine fast unerschöpfliche Quelle, über die der Süden nicht verfügte.

Eine erste Wende der militärischen Lage zugunsten des Nordens erfolgte mit der Schlacht von Antietam am 17. September 1862. Obwohl der übervorsichtig handelnde Oberbefehlshaber

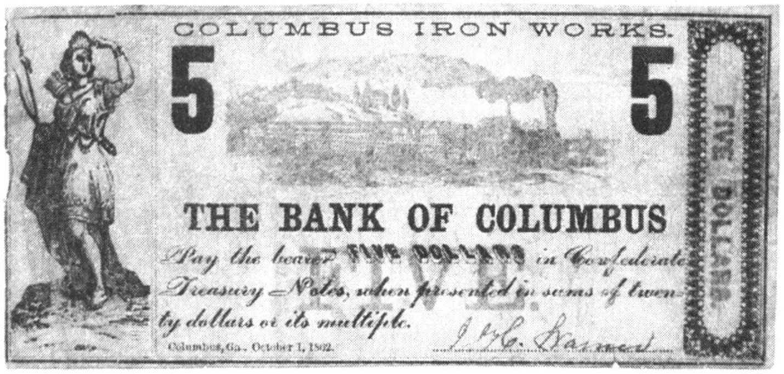

Papiergeld der Konföderierten Südstaaten

der nördlichen »Potomac-Armee«, George Brinton McCellan (»Little Mac«), es versäumte, Lees angeschlagene Truppen über den Potomac zu verfolgen, geriet der Süden zunehmend in die Defensive. Der Krieg verlagerte sich auf das Territorium der Konföderierten, wo die Vernichtungsstrategie der Nordtruppen zu schweren Verwüstungen und hohen Opfern führte.

Sklavenemanzipation

Abraham Lincoln nutzte den moralischen Aufschwung von Antietam für seine historische Proklamation vom 22. September 1862, die alle Sklaven der in Rebellion befindlichen Südstaaten mit Wirkung vom 1. Januar 1863 für frei erklärte. Damit traten Krieg und Revolution in eine neue Phase. Von nun an verbanden sich militärische und soziale Konfrontation untrennbar. Nicht mehr nur die Wiederherstellung der Einheit der Nation und die Brechung der politischen Hegemonie des Südens, sondern die Beseitigung des gesamten, auf der Sklaverei beruhenden ökonomischen und gesellschaftlichen Systems des Südens prägte den Charakter der Auseinandersetzung.

Zunehmend glich der Süden einer belagerten Festung. Im Juli 1863 mußte das Konskriptionsalter auf 45 Jahre heraufgesetzt werden. Jugendliche und Alte (»Wiege und Grab«, höhnte der Norden) bildeten den Bestand neuer Milizen im Hinterland. Die Ausgabe von Papiergeld an Stelle der Metallwährung, die faktisch verschwand, führte zu einer ungebremsten Inflation; in vielen Regionen ging man zum Tausch von Naturalprodukten über; die Armee erhielt das Recht, die benötigten Lebensmittel, Pferde und sonstige Güter zwangsweise zu requirieren. Durch die Blokkade zur See brach der gesamte Baumwollexport und damit die Basis der Wirtschaft zusammen. Im Unterschied zum Norden gingen die Menschenverluste im Süden viel umfangreicher zu Lasten der herrschenden Klasse. Der Kampf um das ökonomische und politische Überleben verband sich mit dem Ringen um die physische Existenz.

Die Schlagkraft der Nordstaaten andererseits litt unter der Unentschlossenheit, Konfusion und den Rivalitäten innerhalb der militärischen Führung. Auf den zu defensiv agierenden McCellan folgte Ambrose Burmide, der wiederum von Joseph Hooker (»Fighting Joe«) abgelöst wurde. Als herausragende Militärs erwiesen sich schließlich Elysses Simpson Grant und William Tecumseh Sherman. Grant hatte zwar wegen Alkoholismus den Dienst quittieren müssen, konnte aber nach Ausbruch des Bürgerkrieges als Brigadegeneral wieder aktiv werden. Er kämpfte mit beträchtlichem Erfolg auf dem westlichen Kriegsschauplatz (Mississippi-Gebiet) und erreichte die Trennung des Südens in zwei voneinander isolierte Regionen. Sherman trat durch seine besonders harte Kriegführung gegen die Truppen und die Zivilbevölkerung hervor; er übte eine spezifische Form des militärischen Terrors, um die Moral des Gegners mit allen ihm geeignet erscheinenden Mitteln zu brechen. Kritikern an

Der Broadway in New York. Stich, um 1870

seiner Kriegführung antwortete er lakonisch: »Krieg ist grausam, und Ihr könnt ihn nicht besser machen.«

Ab Sommer 1863 zeichnete sich der militärische Niedergang der Konföderation ab. Die Entscheidung fiel in der Schlacht von

Schlacht von Gettysburg

Gettysburg. Unter Führung von General Lee griffen 70000 Konföderierte am 1. Juli 1863 eine von George Gordon Meade kommandierte Armee des Nordens in Stärke von 90000 Mann an. Die Schlacht tobte mit wechselndem Erfolg für beide Seiten bis zum 3. Juli. Jedoch gelang es Lee nicht, seinen Gegner aus den gut befestigten Stellungen zu werfen. In der Nacht zum 4. Juli sah sich Lee zum Rückzug gezwungen. Die Truppen des Nordens hatten 23000, die Konföderierten 20000 Mann verloren. Lee mußte über den Potomac zurückgehen. Der kaum weniger erschöpfte Meade ließ die Hauptarmee des Gegners unbehelligt abziehen, was ihm im nachhinein den Vorwurf einbrachte, den Krieg verlängert zu haben.

Im Verlauf des Jahres 1864 setzte sich die militärische Übermacht der Nordstaaten zunehmend durch. Zu den Höhepunkten der anhaltenden Auseinandersetzung gehörte Shermans Kampagne an der Spitze einer Hunderttausend-Mann-Armee durch Georgia und Atlanta. Sherman ließ das am 2. September 1864 von den Konföderierten evakuierte Atlanta dem Erdboden gleichmachen. Seit Anfang 1865 befanden sich die letzten bedeutenden Kontingente der Konföderierten in der Zange zwischen den Armeen Grants und Shermans. Am 3. April mußte sich die Hauptstadt der Konföderierten, Richmond, im Staat Virginia ergeben; von drei Seiten durch Grants Potomac-Armee

Kapitulation des Südens

umzingelt, kapitulierte General Lee mit der Hauptarmee des Südens am 9. April 1865 bei Appomattox Court House.

In verhängnisvoller Weise wurde der Sieg des Nordens überschattet durch das Attentat auf Abraham Lincoln am 14. April. Bei einem Theaterbesuch durchschlug ihm die Kugel eines Südstaatlers den Kopf. Nach 24 Stunden erlag der Präsident der schweren Verwundung.

Noch im Verlauf des April und Mai gaben die verbliebenen Einheiten der Konföderierten auf; als letzter legte General Kirby Smith am 26. Mai die Waffen nieder. Sezessionspräsident Jefferson Davis wurde auf der Flucht ergriffen. Trotz Anklage wegen Verrats kam es zu keinem Prozeß gegen ihn; er konnte später als wohlhabender Privatmann mit seinen Memoiren unter dem Titel »The Rise and Fall of the Confederate Gouvernment« (Aufstieg und Fall der Konföderierten Regierung, 1881) an der Legendenbildung über den »verlorenen Süden« teilhaben.

Die Bilanz des Krieges: Der Norden verlor 360000 Mann, die Zahl der Verwundeten belief sich auf 275000; demgegenüber lagen die Verluste des Südens bei 258000 Toten und 100000 Verwundeten. Nicht die Opfer der militärischen Konfrontation, sondern die des ungenügenden Sanitätswesens, der katastrophalen hygienischen Verhältnisse und der physischen Strapazen machten den größten Teil der Toten aus. Historiker haben überdies errechnet, daß der Krieg etwa zehn Milliarden Dollar gekostet hat; die von Lincoln beabsichtigte Aufhebung der Sklaverei durch Entschädigung hätte weniger als fünf Millionen ausgemacht: eine nicht ganz uninteressante Rechnung zum umstrittenen Thema »Preis des Fortschritts«.

Rekonstruktion

Das Ende des Krieges bedeutete nicht das Ende der Revolution. Jetzt begann die Periode der Rekonstruktion, deren Grundlinien Abraham Lincoln noch im Dezember 1863 festgelegt hatte. »Reconstruction of the South« hieß:
— Wiederaufbau des vom Kriege verwüsteten, ausgebluteten und finanziell total ruinierten Südens;
— Wiedereingliederung der ehemals konföderierten Gebiete in die Union unter der Bedingung, die Verfassung zu respektieren, die durch den 13. Zusatz vom 18. Dezember 1865 das Verbot der Sklaverei enthielt;
— Durchsetzung der Hegemonie des Nordens und damit der industriellen Bourgeoisie über den agrarischen Süden;
— endgültige Lösung der sozialen Frage durch Beseitigung aller vor- und frühkapitalistischen Elemente in Ökonomie und Gesellschaft.

Die Periode der Rekonstruktion endete im Jahr 1877 mit dem Abzug der letzten Bundestruppen aus dem Süden.

Zwei Entwicklungswege

Über den Charakter und die Formen der Rekonstruktion entbrannte eine harte Auseinandersetzung zwischen dem Präsidenten und dem Kongreß. Lincolns Nachfolger Andrew Johnson betrieb eine Politik des raschen Ausgleichs und der Zugeständnisse. Dagegen verlangte eine radikal-republikanische Minderheit des Kongresses, zu deren führenden Sprechern Thaddeus Stevens, Charles Sumner und Frederick Douglas gehörten, eine sozial-revolutionäre Umgestaltung des Südens. Einen Schwerpunkt des Konflikts bildete die Gewährung von Bürgerrechten für die schwarze Bevölkerung. Dieses Ziel konnte mit der Annahme der 14. und 15. Verfassungsergänzung in den Jahren 1868 und 1870 durchgesetzt werden. Dagegen scheiterten die Ansätze zu einer Aufteilung des Großgrundbesitzes in Parzellen von freibäuerlichen Eigentümern. Während sich im Norden mit dem »Homestead-Act« von 1862 der »amerikanische Weg« in der Landwirtschaft durchsetzte, blieb im Süden der Großgrundbesitz weitgehend erhalten. Die ehemaligen Sklavenhalter verwandelten sich in kapitalistisch wirtschaftende Agrarier, die befreiten Sklaven dagegen bildeten fortan das erforderliche Landproletariat. Damit dominierten in der Agrar- und Gesellschaftsstruktur des Südens wesentliche Elemente des reformerisch-konservativen Weges, was in letzter Instanz ein Scheitern der sozialen Revolution signalisierte.

Ku-Klux-Klan

Gegen die Befreiung der Sklaven leistete die Herrenschicht des Südens hartnäckigen Widerstand. Die in den Jahren 1865/1866 angenommenen »Black Codes« führten Formen der Zwangsarbeit ein und hoben faktisch die Freizügigkeit auf. Es entstanden überdies Geheimorganisationen, um die Macht der Weißen mit offenem Terror durchzusetzen. Zu den bekanntesten Organisationen gehörte der Ku-Klux-Klan. Der Klan stützte sich auf Anhänger der Konföderation, deren Ziel in der Aufrechterhaltung der »white Supremacy« (weiße Vorherrschaft) bestand. Durch Einschüchterung und Gewalt sollten die ehemaligen Sklaven an der Wahrnehmung ihres Wahlrechtes gehindert werden. Bereits um 1867 war es dem Klan gelungen, eine Art von geheimer Gegenmacht – das »Invisible Empire of the South« – aufzubauen. Angesichts dieser Gefahr stimmten selbst gemäßigte Vertreter den »Force-Acts« von 1870 bis 1875 zu, um die Respektierung der Bürgerrechte zu erzwingen. Diese vor allem durch die radikalen Republikaner veranlaßten Gesetze bildeten die Basis der »Black Reconstruction«.

Doppelcharakter der Revolution

In ihrem Ergebnis brachte die zweite Revolution die ökonomische und politische Vormacht der nördlichen Industriebourgeoisie, womit zugleich die Voraussetzungen für die Vollendung der industriellen Revolution und den Aufstieg der USA zu einer internationalen Großmacht geschaffen waren. Unvollendet dagegen blieb die soziale Seite der Revolution. Zu den inhumansten Folgen dieser Nichtvollendung gehörte die ungebrochene rassische Diskriminierung der schwarzen Bevölkerung.

In den Jahren des erbitterten Ringens um die ökonomisch-soziale und nationale Einheit der USA flammte an deren Südgrenze, in Mexiko, ein neuer internationaler Krisenherd auf.

Auf dem Weg zu Italiens Einheit:
Südlich des Gardasees standen am 24. Juni 1859 111 000 Franzosen und 50 000 Sardinier den 140 000 Österreichern gegenüber. Ein erfolgreicher Durchbruch der französischen Garde im Zentrum entschied die Schlacht, und der österreichische Kaiser befahl den Rückzug in das Festungsviereck Mantua, Peschiera, Verona, Legnano. Schlacht von Solferino. Gemälde von Anton Straßgschwandtner. Heeresgeschichtliches Museum, Wien

Italiens große Hoffnung:
Giuseppe Garibaldi. Gemälde von Antonio Lonza

Der verlorene Sieg:
Garibaldi legte das Mandat der revolutionären Diktatur zugunsten der Krone nieder. Begegnung zwischen Giuseppe Garibaldi und dem künftigen italienischen König Viktor Emanuel II. bei Cajanello am 26. Oktober 1860. Freskogemälde von Pietro Aldi, 1878. Palazzo Pubblico, Siena

Tradition in Asien:
Anbau und Ernte von Tee durch Bäuerinnen. Landwirtschaftliche Fakultät der Universität Tokio

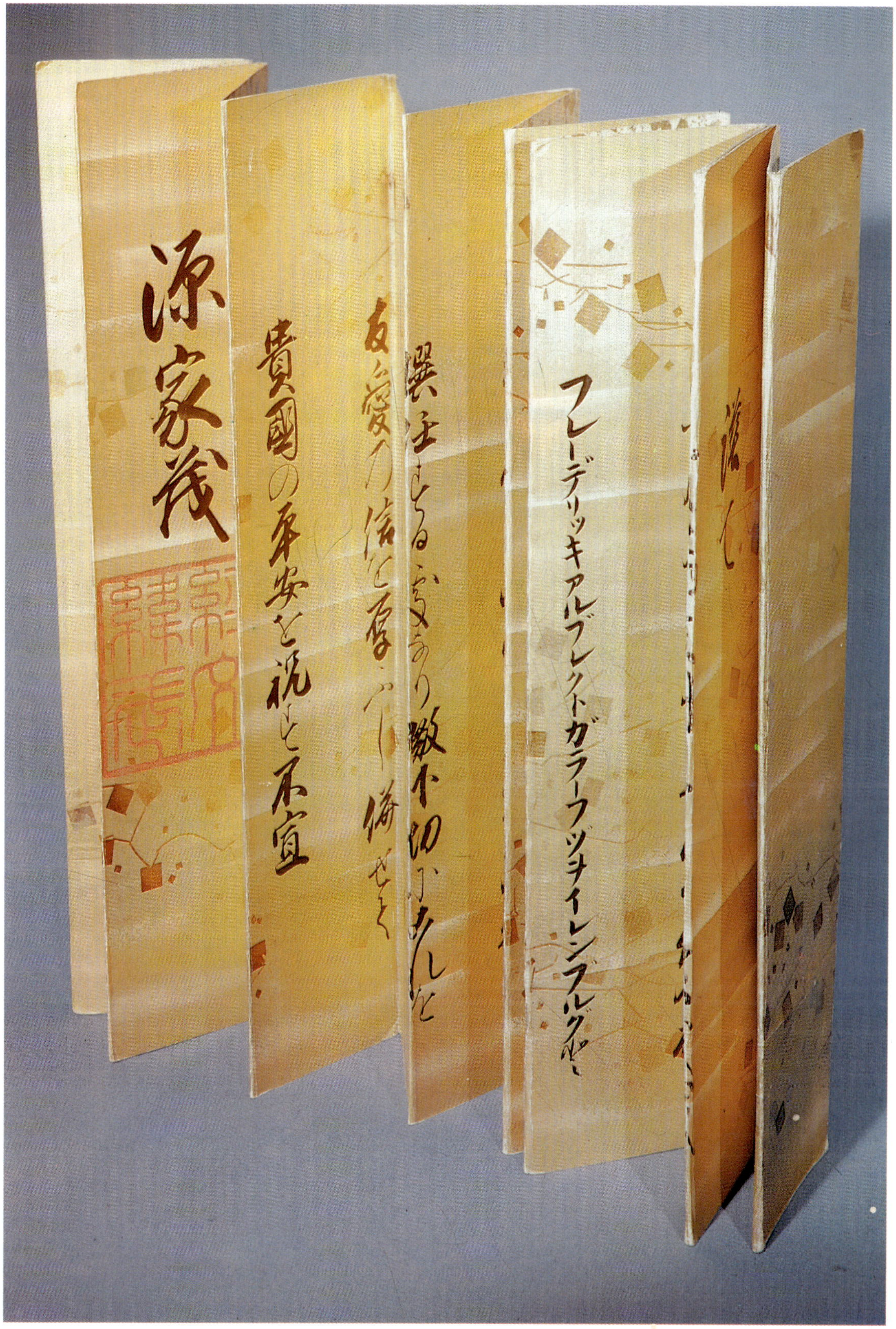

Japan öffnet sich der Welt:
Beglaubigungsschreiben des japanischen Gesandten in Berlin, Shogun Yoshinobu, Dezember 1861. Vergoldete Pappe mit japanischen Schriftzeichen, gefaltet. Zentrales Staatsarchiv Merseburg

Entscheidung gegen den Süden:
In der Schlacht bei Gettysburg (1.–3. Juli 1863) errang die Potomac-Armee der Nordstaaten unter General George Gordon Meade einen Entscheidungssieg über die Konföderierten unter General Robert Edward Lee. Ausschnitt aus dem Panorama von Dominique Philippoteaux. National Military Park, Gettysburg

Ende eines Kaisers:
Mit der Erschießung Maximilians von Mexiko am 19. Juni 1867 brach der vom bonapartistischen Frankreich verfolgte Plan, die Revolution unter Benito Juarez zu unterdrücken und das Land in einen Vasallenstaat zu verwandeln, zusammen. Gemälde von Edouard Manet. Städtische Kunsthalle Mannheim

Das preußisch-österreichische Duell 1866:
Am 3. Juli 1866 kam es bei Sadowa und Benatek zur Entscheidungsschlacht zwischen den drei preußischen Armeen und der österreichischen Nordarmee. Sie endete mit dem Sieg der Preußen, während die österreichischen Truppen unter großen Verlusten auf Königgrätz und Olmütz zurückwichen. Die Sieger gaben dieser Schlacht den Namen »Schlacht bei Königgrätz«. Lithographie von Alexander Bensa. Heeresgeschichtliches Museum, Wien

Die Internationale Arbeiterassoziation:
Der Baseler Kongreß der I. Internationale vom 6. bis 11. September 1869 erhob die Forderung nach Vergesellschaftung von Grund und Boden. Zugleich sprachen sich die Abgeordneten für ein Bündnis mit der Bauernschaft aus.

Urpreuße und Reichsgründer:
Fürst Otto von Bismarck-Schönhausen. Aquarell-Skizze von Adolf Menzel, 1865. Staatliche Museen zu Berlin, Sammlung der Zeichnungen

Auf der Spitze von Bajonetten:
Unter bewußtem Ausschluß des Volkes und mit der Absicht, das besiegte Frankreich erneut zu erniedrigen, erfolgte am 18. Januar 1871 die Gründung des Deutschen Reiches im Spiegelsaal von Versailles. Gemälde von Anton von Werner, 1877. Schloß Friedrichsruh, Berlin (West)

Sprung in die Opulenz:
Das Tempo der Gründerjahre. Auf Dynamik, Wachstum und industriellen Aufschwung in Deutschland hatten nicht zuletzt die Frankreich abgepreßten Reparationen bedeutenden Einfluß. Gemälde von Friedrich Kaiser, 1875. Märkisches Museum, Berlin

Mexiko in der »Ära Santa Anna«

Die aus der Independencia ererbte nationale und soziale Misere Mexikos erreichte im Februar 1848, demselben Monat, in dem sich in Europa die neue Revolution entlud, ihren kaum noch überbietbaren Tiefpunkt. Nach zweijährigem Krieg mit den USA unterzeichnete das Land den Friedensvertrag von Guadalupe-Hidalgo, der durch den Verlust von Texas im Jahre 1836 eine Einbuße von 50 Prozent des nationalen Territoriums nach sich zog. Zu dieser Zeit lag das Staatsruder Mexikos in den Händen von General Antonio López de Santa Anna, einem im

General Antonio López de Santa Anna

negativen Begriffssinn »klassischen« Caudillo des 19. Jahrhunderts. Santa Anna wechselte die politischen Fronten schneller als seine Hemden. In der Konkurrenz mit Hidalgo 1810 zeichnete er sich durch die Höhe seiner Spielschulden aus; 1821 gegen Iturbide geschickt, lief er sofort über und ließ sich von diesem zum Oberst befördern, gleichzeitig erreichte ihn die Ernennung zum Generalleutnant durch den Vizekönig für vermeintliche Verdienste im Kampf gegen Iturbide, der nun seinerseits den neuen Titel Santa Annas bestätigte. Santa Anna dankte das Entgegenkommen, indem er sich an die Spitze der republikanischen Bewegung stellte, die den inzwischen zum Kaiser avancierten Iturbide im März 1823 stürzte. Sarkastisch bezeichneten Historiker Mexikos Geschichte ab 1823 als »Geschichte der Revolutionen Santa Annas« – nicht ganz unbegründet, wenn man bedenkt, daß Santa Anna überdies mit sechs Präsidentschaften zwischen 1833 und 1853 das Land fast diktatorisch beherrschte. Seine Selbstvergottung wuchs ins Grenzenlose. Er verlangte, wie einst der von ihm gestürzte Kaiser, mit »Alteza Serenísima« tituliert und entsprechend geehrt zu werden. Als ihm 1843 ein Bein abgeschossen wurde, ließ er es feierlich durch die Hauptstadt tragen und unter großem Pomp beisetzen; allerdings gruben es seine Gegner bald wieder aus und schleiften es – weit weniger feierlich – durch die Straßen.

Reformkriege

Am 9. August 1855 setzte ein Aufstand der Liberalen dem Treiben Santa Annas ein Ende. In den politischen Kämpfen der Nachemanzipation standen sich Konservative und Liberale als die bestimmenden Interessengruppen gegenüber. Noch weniger scharf als in Europa verlief der Gegensatz konservativ–liberal entlang der Klassengrenze von Grundbesitz und Bürgertum. Es handelte sich eher um Interessenkonflikte zwischen den herrschenden Großgrundbesitzern. Während die Konservativen auf ein enges Bündnis mit der politisch und ökonomisch einflußreichen Kirche bauten und eine starke Zentralgewalt favorisierten, vereinten die Liberalen den antiklerikal und föderalistisch orientierten Teil der Grundbesitzer, dazu die Vertreter der aufgeklärten Intelligenz und des Handelsbürgertums. Das Ringen um Macht und Pfründe wurde auf dem Rücken der entrechteten Masse der indianischen Bauern ausgetragen.

Die Regierungsübernahme durch die Liberalen leitete eine Ära von Reformen ein, an deren Anfang die Ley Lerdo und die Ley Juárez standen. Das von Miguel Lerdo de Tejada eingebrachte Gesetz (»Ley«) verfügte den Verkauf der Kirchenländereien und deren Aufteilung, ein Verfahren, das aus der spanischen Geschichte als »Desamortización« bekannt ist. Vergleichbar waren leider auch die Folgen: Das freigewordene Land fiel ausnahmslos in die Hände von Spekulanten und stärkte die agrarische Besitzkonzentration. Im Ergebnis des Lerdo-Gesetzes kam es auch zur Auflösung der indianischen Gemeindeländereien, wodurch die Pauperisierung auf dem Lande entscheidend beschleunigt wurde. Benito Juárez folgte im November 1855 mit einem Gesetz zur Aufhebung der politisch-juristischen Privilegien von Kirche und Armee, der beiden Säulen konservativer Staatsgewalt. Die Antwort der Konservativen bestand in einem dreijährigen, mit größter Erbitterung und Grausamkeit geführten Bürgerkrieg (1857–1860). Diese »Reformkriege«, an deren Ende der Sieg der Liberalen stand, trugen den Charakter einer bürgerlichen Revolution.

Präsident Juárez

Ihre Symbolfigur fand die mexikanische Revolution in der Person von Benito Juárez, der am 1. Dezember 1857 die Präsidentschaft übernahm. Die Geschichte Lateinamerikas kennt wenige Politiker von der Integrität dieses Mannes. Zapotekischer Abkunft, wuchs Juárez als Waisenkind und Schafsjunge auf, ohne ein Wort Spanisch zu beherrschen. Auf eigene Faust ging er mit zwölf Jahren nach Oaxaca, wo sich ein Franziskanermönch seiner annahm und ihm das Studium der Theologie, Philosophie und der lateinischen Sprache ermöglichte. Wiederum in eigener Entscheidung schlug er die Laufbahn eines Juristen ein und begann sich für die politischen Ziele der Liberalen zu engagieren, was ihm sofort Gefängnis und zeitweilige Verbannung einbrachte. Als Verteidiger der Rechtsansprüche indianischer Gemeinden (»Comunidades«) lernte er das bäuerliche Elend und die furchtbaren Konsequenzen der nicht gelösten Agrarfrage aus der Nähe kennen. Unter Santa Anna erneut in die Emigration gezwungen, schloß sich Benito Juárez dem von den Liberalen im Plan von Ayutla am 1. März 1854 erklärten Aufstand an. In den Übergangsregierungen nach dem Sturz Santa Annas übernahm Juárez verschiedene Ministerposten. Härteste Selbstdisziplin, Genügsamkeit, Verschlossenheit und absolute Zuverlässigkeit gehörten nach dem Urteil von Zeitgenossen zu den hervorstechenden Eigenschaften von Juárez.

Zu Beginn des Krieges befanden sich die Liberalen total in der Defensive. Da die Konservativen den größten Teil des Landes, einschließlich der Hauptstadt, beherrschten, konnte Juárez seine wenig beeindruckende Macht nur als »Presidente ambulante« ausüben. Am 4. Mai 1858 etablierte er sich in Vera Cruz, was seiner Regierung die Kontrolle über Mexikos Zolleinnahmen und Waffennachschub ermöglichte. Selbst der Himmel wandte sich gegen die Liberalen: Pius IX. verurteilte die Verfassung vom 5. Februar 1857, die Bischöfe exkommunizierten Juárez und seine Anhänger, den Käufern von Kirchenland drohte die ewige Verdammnis. Außenpolitisch blieb die Regierung Juárez isoliert, nur die USA erklärten die diplomatische Anerkennung. In der Verbindung von Bürgerkrieg und Revolution verschmolzen viele Gegensätze: Traditionalisten gegen Reformer, Stadt gegen Land, Militärs gegen Zivile, Klerikale gegen Antiklerikale, »Europäer« gegen »Nordamerikaner«, selbst mitten durch die einflußreiche Freimaurerei ging der Riß. Unbeirrt trieb Juárez seine Reformpolitik voran und setzte durch neue Reformgesetze die Trennung von Staat und Kirche, die Gleichheit der Konfessionen, die Zivilehe, die Auflösung von Klöstern und die Nationalisierung von Kirchengut durch. Die Konservativen reagierten darauf, indem sie Gefangene der liberalen Seite ohne formelles Urteil, aber im obligatorischen Beisein eines Priesters, an Ort und Stelle erschossen, die Liberalen antworteten mit derselben Methode, jedoch ohne Priester. Sogar in den katholischen Ländern Europas wurden Mexikos Liberale von Kanzel und Presse verurteilt.

Sieg der Liberalen

Die Liberalen besaßen ihre besten militärischen Führer in den Generalen Juan Alvarez, Jesús Gonzáles Ortega und Santos Degollado. Unter den konservativen Militärs ragte General Miguel Miramón, zugleich Gegenpräsident, hervor; sein vergeblicher Versuch einer Besetzung von Vera Cruz bedeutete das faktische Ende des Krieges. Am 22. Dezember 1860 erlitten Miramóns Einheiten ihre letzte und entscheidende Niederlage. Kurz darauf zog Juárez, in dem für ihn typischen schwarzen Straßenanzug und in einer einfachen Kalesche ohne jeglichen Pomp in die Hauptstadt ein, so als käme er eben von einer Ausfahrt zurück.

Aus dem Sieg der Liberalen erwuchs jedoch Kapitel zwei der mexikanischen Tragödie. Der Bürgerkrieg hatte das Land völlig ausgeblutet. Präsident Juárez sah sich gezwungen, ein Moratorium für die mexikanischen Auslandsschulden zu verkünden. Frankreich, Spanien und England, die sich im Londoner Vertrag vom 31. Oktober 1861 zur »gemeinsamen Verteidigung der legitimen Interessen« zusammengetan hatten, antworteten am 17. Dezember mit einer Intervention in Vera Cruz. Während sich die englischen und spanischen Kontingente nach Kompromiß-

Intervention Frankreichs

verhandlungen mit der mexikanischen Seite im April 1862 wieder zurückgezogen hatten, stießen die französischen Truppen weiter vor und besetzten am 7. Juni 1863 die Hauptstadt Mexiko.

Napoleon III. verfolgte ungleich größere Pläne als seine Alliierten in der Schuldenfrage. Der französische Kaiser übertrug seine Rolle als Befreier und Beschützer der »lateinischen« Nationen, die er in Europa am Beispiel Italiens und Rumäniens exemplifiziert hatte, nun auf Mexiko. In Paris residierte eine einflußreiche, auf die Papstkirche gestützte konservative Lobby, die den vorgeblichen Wunsch der mexikanischen Nation auf Wiederherstellung der Monarchie propagierte. Finanziers witterten ungeahnte Anlagemöglichkeiten in Silberbergwerken, Plantagen und Eisenbahnen; Kaiserin Eugénie zeigte sich begeistert, und ein Schweizer Bankier, Hauptgläubiger der mexikanischen Regierung, bot die finanziellen Sicherheiten an. Für Napoleon schien Mexiko ein zweites Algerien, zugleich konnte er als Restaurator der kirchlichen und monarchischen Gewalt auch das durch seine offensive Italienpolitik gespannte Verhältnis zu Pius IX. normalisieren und eine allgemeine Aufwertung des Bonapartismus nach innen als auch im europäischen Kräftespiel erreichen.

Gestützt auf 30 000 französische Invasoren, richtete eine Marionettenregierung unter General Juan Almonte, der keinen anderen Vorzug besaß, als der uneheliche Sohn des Priesters Morelos und damit eine Frucht der Unabhängigkeitsrevolution von 1810 zu sein, an Napoleon III. die Bitte, für Mexiko einen neuen Monarchen zu benennen. Nach sorgfältiger Suche fiel die Wahl auf Erzherzog Ferdinand Maximilian von Österreich. Gegenüber Wien handelte es sich um eine Versöhnungsgeste für Solferino. Maximilian hatte sich längst damit abgefunden, im Schatten seines Bruders Franz Joseph zu bleiben, tummelte sich auf Auslandsreisen, befehligte ab 1854 die bescheidene österreichische Flotte, bekleidete ab 1857 den Rang eines Generalgouverneurs für Lombardo-Venetien und residierte ansonsten im malerischen Lustschloß Miramar bei Triest. Er begegnete dem Angebot mit verhaltenem Interesse, wogegen seine ebenso phantasiereiche wie ehrgeizige Gattin Charlotte von Belgien die ungehemmte Begeisterung Eugénies teilte.

Maximilian, Kaiser von Mexiko

Am 10. April 1864 wurde Maximilian zum Kaiser von Mexiko ausgerufen. Schon der kühle Empfang bei der Landung in Vera Cruz nach stürmischer Überfahrt im Juni 1864 verhieß wenig Gutes. Während im Schloß Chapultepéc rauschende Feste für die Prominenz aus Armee, Kirche und Grundaristokratie gegeben wurden, tobte in der Weite des Landes der gnadenlose Kampf der Interventen und ihrer mexikanischen Parteigänger gegen die Liberalen. Zeitweilig schien der Sieg der Monarchisten zum Greifen nahe, denn Juárez behauptete nur noch einen Streifen an der Grenze zu den USA entlang des Río Grande um El Paso (heute Ciudad Juárez). Allerdings komplizierte sich trotz militärischer Erfolge Maximilians Lage zusehends. Die reale Macht lag nicht beim Kaiser und seiner »mexikanischen« Regierung, sondern bei General François Achille Bazaine, dem arro-

Die Kathedrale und der zentrale Platz (El Zócalo) in Mexiko-Stadt, 1858

ganten Befehlshaber des französischen Interventionskorps. Vergeblich drängte die Kirche auf die Aufhebung der liberalen Reformgesetze, da Maximilian begriff, daß ein solcher Schritt der Monarchie jeden Kompromiß mit der Gegenseite unmöglich machte. Hinzu trat, daß die USA nach dem Ende des Sezessionskrieges ihren Druck auf Frankreich verstärkten und einen Rückzug der Interventen verlangten. Es war aber vor allem die Verfinsterung der Lage in Europa nach der Schlacht bei Königgrätz, die Napoleon III. zwang, seine Truppen im Februar 1867 zurückzurufen.

Unaufhaltsam nahte das Ende der imperialen Herrlichkeit. Auf 6000 Wallonier und Österreicher, dazu auf die nicht übermäßig zuverlässige konservative Armee gestützt, stemmte sich Maximilian gegen das Unausweichliche. Alle liberalen Gegner wurden zu Rebellen erklärt und fielen damit unter das Standrecht. Trotzdem gewannen die Liberalen rasch an Boden und engten das Kaiser»reich« auf die Hochlandregion um die Hauptstadt ein. Selbst General Miramón, der inzwischen in Berlin preußische Militärstrategie studiert hatte, vermochte nichts mehr zu ändern. Zudem reiste Charlotte, von wachsender Verzweiflung getrieben, hilfesuchend durch Europa, um das nahende Ende ihres Gatten abzuwenden. Napoleon III. wies sie als lästige Person ab, sie selbst glaubte sich von gedungenen Mördern im Auftrage Napoleons verfolgt; der Papst, den sie um Beistand anflehte, ließ sie mit Gewalt aus seinen Gemächern entfernen. In ihrer Mission gescheitert, verfiel Charlotte dem Wahnsinn und endete in einem einsamen Schloß Belgiens.

Mit bemerkenswerter Entschlossenheit lehnte Maximilian das Angebot zur Flucht ab. Anfang Mai 1867 wurde er mit den Resten loyaler Truppen in Querétaro von den Liberalen eingeschlossen; die Stadt fiel am 15. desselben Monats. Im Auftrag von Präsident Juárez verurteilte ein Kriegsrat Maximilian unter der Anklage der Rebellion gegen die Republik Mexiko zum Tode. Gemeinsam mit den Generalen Miramón und Tomás Mejía wurde Maximilian am 19. Juni 1867 erschossen; er starb wenige Tage nach seinem 35. Geburstag.

Doch auch die siegreichen Liberalen vermochten den Teufelskreis der mexikanischen Geschichte nicht zu durchbrechen. Geehrt als »Wohltäter des Vaterlandes«, starb Benito Juárez am 18. Juli 1872, bis zuletzt um die Festigung der republikanisch-liberalen Ordnung bemüht. Seinen Nachfolgern glitt das Erbe des

Auf dem Weg zur neuen Diktatur

großen Mexikaners rasch aus der Hand. Im Jahre 1876 übernahm mit General Porfirio Díaz, der einst für Juárez gekämpft hatte, eine Persönlichkeit die Macht, der es gelang, Mexiko die härteste aller Diktaturen in seiner Geschichte aufzuerlegen.

Bei der Verteidigung seiner kolonialen Macht über Kuba verfügte Spanien über einen gewichtigen Verbündeten – die Angst

Antikoloniale Opposition in Kuba

der Plantagenbesitzer vor einem Aufstand ihrer Sklaven nach dem Vorbild Haitis. Aus Haiti geflohene Pflanzer hatten sich vor allem im Osten der Insel um Santiago de Cuba niedergelassen. In der ersten Hälfte des 19. Jahrhunderts stand die Ökonomie der Insel im Zeichen der Zuckerkonjunktur; das Zentrum der Zuckerproduktion lag im Westteil, wo sich zugleich die Masse der Negersklaven (etwa 300000) befand. Es gab jedoch eine zu-

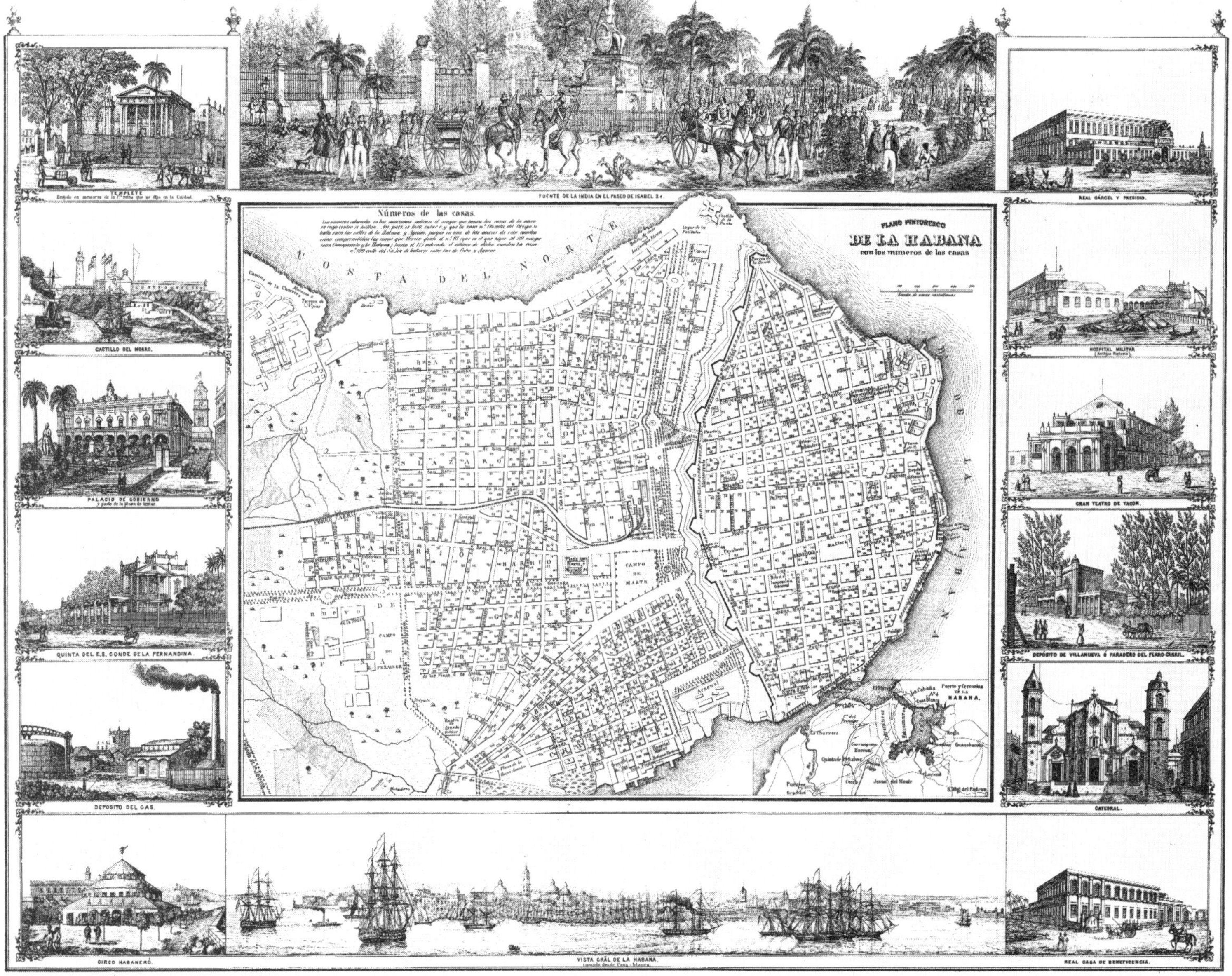

Stadtplan von La Habana. Archivo Nacional de Cuba

Proklamation der I. Kubanischen Republik im Jahre 1869. Zeitgenössische Illustration

nehmende Diskrepanz zwischen der formalen politischen Gewalt Spaniens und der realen ökonomischen Entwicklung. Um 1860 gingen 42 Prozent des kubanischen Zuckerexports bereits in die USA, 25 Prozent nach England, und Spanien bezog lediglich noch 12 Prozent. Spaniens Gewinne resultierten vornehmlich aus den Zöllen, Steuern, Kapitalanlagen und dem Absatz von Textilien, vor allem der katalanischen Produktionszentren. In der Zuckerproduktion zeichnete sich mit den ersten Schritten zur Industriealisierung eine Krise der herkömmlichen Ausbeutungsformen ab; die traditionelle Plantagensklaverei begann sich zu überleben.

Das Bewußtsein der Unhaltbarkeit der Situation angesichts der absoluten Unbeweglichkeit der spanischen Kolonialadministration äußerte sich im Aufkommen oppositioneller Strömungen innerhalb der Pflanzeraristokratie. Um die Zeitung »El Siglo« (Das Jahrhundert), die Francisco de Frías, Conde de Pozos Dulces, herausgab, sammelte sich eine »Reformpartei«, die auf tolerantere Methoden der Kolonialpolitik drängte und eine Zollreform, die Einstellung des Sklavenhandels und eine breitere politische Vertretung Kubas im Rahmen der spanischen Cortes forderte; das Ziel bestand nicht in der Unabhängigkeit, sondern in einer begrenzten Autonomie. In Verbindung mit dem Reformismus gewann der Abolitionismus an Boden. Dagegen setzten die Annexionisten, deren Aktivitäten in den Jahren 1845 bis 1855 den Höhepunkt erreichten, auf den Anschluß an die USA, um auf diese Weise den Fortbestand des Sklavereisystems zu wahren; allerdings befürchteten die Nordstaaten um diese Zeit noch eine Stärkung des Südens.

Die anwachsende Opposition, das Scheitern kolonial-restaurativer Intentionen gegen Mexiko, Chile, Peru und die Dominikanische Republik und das Ende des Sezessionskrieges, das den USA wieder freie Hand für eine offensive Kubapolitik gab, setzten Madrid unter Zugzwang. Im Jahre 1866 trat eine »Junta de Información« zusammen, um Reformen für Kuba zu beraten. Das Ergebnis bestand in einem totalen Fiasko. Spanien, von der Wirtschaftskrise erschüttert und bereits im Zeichen der herannahenden eigenen Revolution stehend, verfügte statt einer Senkung eine Erhöhung der Steuern, verweigerte die Aufhebung der Sklaverei und gewährte der Insel keine erweiterten Rechte. Nun begriffen selbst gemäßigte Repräsentanten der oppositionellen Oligarchie, daß keine Möglichkeit eines friedlichen Ausgleichs mehr bestand. Der Ausbruch der Revolution in Spanien im September 1868 beschleunigte die Entscheidung.

Junta de Información

Die erste Revolution

Ihre geographische und politische Basis besaß die kubanische Revolution im Ostteil der Insel, der einen wesentlich geringeren Sklavenanteil (etwa 60000) aufwies als der Westteil mit seinem Zentrum La Habana. Die Führung der Revolution befand sich in den Händen radikal-abolitionistischer Grundbesitzer. An ihrer Spitze stand Carlos Manuel de Céspedes. Am 10. Oktober 1868 begann der Aufstand. Céspedes verkündete die Losung »Unabhängigkeit oder Tod!« und entließ noch am selben Tage seine Sklaven in die Freiheit. Der in die Geschichte als »La Demajagua« und »Grito de Yara« eingegangene Beginn der kubanischen Revolution löste einen unter kaum vorstellbaren Opfern geführten zehnjährigen Befreiungskrieg aus.

Zunächst standen den kubanischen Revolutionären nur 13000 spanische Soldaten gegenüber. Die Kubaner improvisierten eine eigene Revolutionsarmee, die gefürchteten Mambises, deren Hauptwaffe das Haumesser (Machete) der Zuckerrohrsklaven und Bauern war. Aus den bäuerlich-plebejischen Schichten des Ostens kamen die bedeutendsten militärischen Führer der Revolution, vor allem Máximo Gómez und Antonio Maceo. Gegen die Aufständischen erklärte die spanische Regierung die »Guerra de exterminio« (Vernichtungskrieg).

Ein bedeutender Schritt zur Einheit der Aktion erfolgte durch die Versammlung von Guáimaro, die zur Konstituierung einer Revolutionsregierung unter der Führung von Céspedes und der Proklamation der »Republik in Waffen« führte (11. April 1869). Alles sollte rigoros dem Krieg gegen Spanien untergeordnet werden. Kategorisch erklärte Céspedes: »Was für eine Republik? Erst geht es darum, den Krieg zu führen! Die Republik kommt danach, der Krieg verlangt Einheit der Führung, zentrale Gewalt, die befiehlt und leitet.« Diese klaren Worte kontrastierten mit einer widersprüchlichen Realität. Auseinandersetzungen um die Art der Kriegführung, lokalistische Eigenmächtigkeiten, wachsende Divergenzen zwischen den verschiedenen Flügeln der Revolutionsführung (Reformisten gegen radikal-demokratische Linke), Unklarheiten über die strategische Zielsetzung infolge des Gegensatzes von Annexionisten und Befürwortern der staatlichen Unabhängigkeit schwächten die Geschlossenheit des revolutionären Lagers. Ein nicht unbeträchtlicher Teil der Grundbesitzer rechnete eher mit der Hilfe der USA als mit der Massenbewegung im eigenen Land, die mit der im Dezember 1870 erfolgten Aufhebung der Sklaverei entschieden an Stärke gewann. Aber eben das war der Punkt, woran der Versuch, die Revolution in den Westteil der Insel zu tragen, scheiterte. Radikale Schritte, wie die von Céspedes und Gómez befürwortete Taktik der »Tea incendiaria«, das Abbrennen der Zuckerrohrfelder und Zuckerfabriken, stießen auf den entschiedenen, letztlich erfolgreichen Widerstand der Grundbesitzer.

Spaniens Vernichtungskrieg

Auf der Gegenseite setzten die Spanier den Ausrottungskrieg ohne Abstriche fort. Nach zwei Jahren verfügten sie bereits über 45000 Mann reguläre Truppen, 30000 »Voluntarios« (Freiwillige), die vom spanischen, vorwiegend katalanischen, Bürgertum finanziert wurden und durch besondere Grausamkeit von sich reden machten; hinzu kamen noch 30000 kubanische Soldaten. Auf dem Höhepunkt des Krieges verfügten die Spanier über 250000 Mann gegenüber einer Bevölkerung von reichlich einer Million.

In der Person des Conde de Valmaseda und des Generals Valeriano Weyler standen zwei gnadenlose Militärs an der Spitze der spanischen Gegenoffensive. Die erste und zweite Anweisung für die Kriegführung lauteten, jeden Kubaner ab 15 Jahre, der seine Unschuld nicht beweisen konnte, zu erschießen, jedes Haus ohne weiße Fahne dem Erdboden gleichzumachen. Da die in den Reihen der Mambises kämpfenden Männer nicht so leicht zu greifen waren, hielten sich die spanischen »Rächer« an Alte, Frauen und Kinder. Die Systematik der Ausrottung kannte keine Grenze: In Bijagual starben 21 Frauen und Kinder durch die Bajonette, in Cauto del Paso 40, in Guáimaro weitere 40, in Jiguaní nochmals 30 Frauen und Kinder, in Manzanillo stellte die Soldateska das Blut von erschossenen Bauern in Gefäßen zur Schau, damit es als Abschreckung wirke ... Als sich die spanischen Truppen Bayamó näherten, zogen die Einwohner es vor, ihre Stadt anzuzünden und den Siegern nur die Asche zu überlassen.

Friede von Zanjón

Spaniens erdrückende militärische Überlegenheit, der wachsende Einfluß gemäßigter Kräfte innerhalb der Revolutionsführung und die faktische Entmachtung der radikal-demokratischen Linken (Sturz des Präsidenten Céspedes, Rücktritt des Generals Gómez) führten zum Zusammenbruch der Revolution. Am 10. Februar 1878 kam der Kompromißfrieden von Zanjón zustande. Vergeblich versuchte eine Gruppe von unbeugsamen Revolutionären um Antonio Maceo, die am 15. März den »Protest von Baraguá« gegen Zanjón einlegten, den Kampf fortzuführen. Vereinzelte Widerstandsherde hielten sich noch bis in das Jahr 1880.

Die Revolution brachte für Kuba einschneidende Ergebnisse. Die hohe Zahl der physischen Opfer, politische Emigration und die Folgen der massiven Enteignungen während des Krieges führten zur weitgehenden Beseitigung der Grundbesitzerklasse im Osten der Insel; an ihre Stelle traten bäuerliche Colonos. Spanien mußte die Sklaverei aufheben und die Vertretungsrechte der Insel in den Cortes wiederherstellen. Obwohl die politische Macht formell weiter in den Händen der Metropole lag, geriet Kuba ökonomisch immer stärker in den Sog der USA. Für die künftige Entwicklung wesentlich war die Festigung des in den Kämpfen der Revolution geborenen Nationalbewußtseins. Die Revolution stand zu Beginn unter Führung patriotischer Grundbesitzer, am Ende kämpften kleinbürgerlich-demokratische und bäuerliche Kräfte an der Spitze; darin deutete sich ein historischer Hegemoniewechsel in der revolutionären Bewegung Kubas an. Als der Friede von Zanjón besiegelt wurde, kehrte José Martí, der Genius der kommenden Revolution, mit 25 Jahren von seiner ersten achtjährigen Verbannung in die Heimat zurück.

Eigentlich müßte dem Jahr 1868 in der Revolutionsgeschichte des 19. Jahrhunderts ein besonderer Stellenwert zuerkannt werden, brachte doch die Häufung der Ereignisse auf besonders sinnfällige Weise die Intensität des Prozesses der bürgerlichen Umwälzung und seine globale Dimension zum Ausdruck: Ausbruch der bürgerlich-republikanischen Revolution in Spanien, erste Revolution Kubas in Gestalt des beginnenden Zehnjährigen Krieges, Japans gigantischer Schritt in die Moderne im Ergebnis der Meiji-Revolution. Drei Kontinente, grundverschieden in ihrer Geschichte, aber eins im Ringen um die Perspektive ihrer weiteren Entwicklung. Richten wir den Blick auf Spanien.

Septemberaufstand in Spanien

Das Szenarium schien sich zu wiederholen. Am 18. September 1868 erklärte die spanische Flotte in Cádiz unter dem Befehl von Konteradmiral Juan Bautista Topete y Carballo, einem Offizier rechtsliberaler Orientierung, den Aufstand gegen die Königin Isabella II. und ihre Regierung unter Ministerpräsident Luís González Bravo. Die Situation im Lande war derart angespannt, daß sich die Erhebung in Windeseile über alle Provinzen ausbreitete. Nach der Niederlage königstreuer Resttruppen an der Brücke von Alcolea in Andalusien flüchtete die Königin außer Landes. Die siegreichen Verschwörer zögerten nicht, von »La Gloriosa« (Glorreiche Revolution) zu sprechen.

Trotzdem täuschte die Analogie im äußeren Bild. Die objektiven und subjektiven Bedingungen, unter denen die jetzt einsetzende Revolution ablief, unterschieden sich in vielerlei Hinsicht grundsätzlich von denen der vorangegangenen Eruptionen. Worin bestand das Neue? Ungeachtet ihrer Niederlagen hatten die bisherigen Revolutionen wesentlich dazu beigetragen, die Grundlagen der alten Ordnung aufzubrechen und immer größere Teile der herrschenden Klasse zu Anpassung und Umorientierung zu zwingen. Wenn auch noch eine erdrückende Masse von traditionalistischem Ballast in Wirtschaft, Gesellschaft, Politik und Mentalität einem »Anschluß an Europa« hohe Barrieren entgegensetzte, hatte doch in den vierziger und fünfziger Jahren die bürgerliche Umgestaltung in Spanien festen Fuß gefaßt. Seine dynamischen Zentren besaß der wirtschaftliche Aufschwung in Katalonien und in der Viscaya. Industrie und Bergbau beschäftigten 1861 etwa 230000 Arbeiter bei einer Gesamtbevölkerungszahl von knapp 16 Millionen. Die an den Ausgangsdaten des Landes gemessenen beträchtlichen Fortschritte nahmen sich allerdings gegenüber Frankreich oder gar England mehr als bescheiden aus. Um die Mitte der sechziger Jahre produzierte Spanien jährlich 0,4 Millionen Tonnen Steinkohle und 86000 Tonnen Gußeisen; die vergleichbaren Werte für Frankreich lagen bei etwas über 8 Millionen und 0,9 Millionen, für England bei 81 Millionen und fast 4 Millionen Tonnen. Am Vorabend der Revolution zeigte sich Spanien als ein Land noch vorwiegend agrarischer, stark halbfeudal durchsetzter Struktur mit regional bedeutenden Entwicklungsansätzen der industriellen Revolution. Abgesehen von der allgemeinen Rückständigkeit der kapitalistischen Entwicklung gehörten zu deren Besonderheiten in Spanien der chronische Kapitalmangel – so stützte sich der rasch anwachsende Eisenbahnbau fast ausschließlich auf französische Gelder –, die starke Regionalisierung, die ihren Ausdruck in der zunehmenden Ausprägung des Gegensatzes zwischen Zentrum und Peripherie (»Madrid gegen Barcelona«) fand, und die daraus resultierende Schwäche des Bürgertums als nationale Klasse. Andererseits trat in Katalonien bereits der Widerspruch zwischen Bourgeoisie und Proletariat offen hervor. Die Schärfe der sozialen Frage in dieser Region und die starke Abhängigkeit vom Export, besonders auch in Richtung Kolonien, erklärt die starke konservative Tendenz im Verhalten des ökonomisch potentesten Teils des spanischen Bürgertums. Dem Interesse an einer Beschleunigung der bürgerlichen Umwälzung entsprach ein nicht weniger lebhaftes Interesse an einer Verhinderung radikaler politisch-sozialer Umbrüche. Die auf dem Lande dominierende politische Gewalt des Großgrundbesitzes äußerte sich im lokalen »Caciquismo«, dessen Analyse aus zeitgenössischer Sicht auf klassische Weise durch Joaquín Costa erfolgte. Zur Zeit der Revolution von 1868 war Spanien bereits

Sieg der Aufständischen unter General Francisco Serrano y Domínguez über die königlichen Truppen an der Brücke bei Alcolea am 28. September 1868. Nach der Skizze eines Augenzeugen

»auf dem Wege zum Kapitalismus« erheblich vorangeschritten, weshalb sich im Verlauf der Ereignisse auf komplizierte Weise »alte« und »neue« Widersprüche – die noch nicht gelöste Agrarfrage und der aufbrechende Gegensatz von Kapital und Arbeit – überlagerten. Die gleichzeitig mangelnde Fähigkeit des Bürgertums, die Revolution mit der erforderlichen Entschlossenheit zu führen, bildete eines der Elemente der politischen Labilität, die erneut die Armee zum Zünglein an der Waage werden ließen. Hatte das spanische Bürgertum in früheren Dezennien *noch nicht* die Fähigkeit zur Hegemonie in der historischen Konfrontation mit der alten Gesellschaft besessen, so zeigte es sich jetzt schon *nicht mehr* willens und in der Lage, seiner Aufgabe gerecht zu werden. In diesem Sinne kannte Spanien, wie viele andere Länder und Regionen mit verzögerter und deformierter bürgerlicher Entwicklung, keine dem Vorbild Englands oder Frankreichs gleichkommende »historische Stunde der Bourgeoisie«.

Formierung der Opposition

Die politische Entwicklung Spaniens nach der Niederlage der Revolution von 1854 bis 1856 war in erster Linie durch die faktische Diktatur zweier Generale, die sich in der Regierung abwechselten, geprägt: O'Donnell und Narváez. Es gelang jedoch trotz außenpolitischen Prestigegewinns durch vielfältige koloniale Abenteuer – in Indochina an der Seite Frankreichs, gegen Marokko, durch die zeitweilige Wiederherstellung von Spaniens Macht über die Dominikanische Republik, als Interventionsmacht in Mexiko – keine Stabilisierung der Lage. Im Gegenteil, die genannten Aktivitäten belasteten den ohnehin überforderten Staatshaushalt in unerträglicher Weise. Progressisten, republi-

Nach dem Aufstand der spanischen Flotte am 17. September 1869 erhob sich die Bevölkerung zahlreicher Städte Andalusiens, darunter auch in Sevilla. Zeitgenössische Illustration

kanische Linke und die rasch anwachsende Arbeiterbewegung (1854 Gründung der Gewerkschaftsföderation »Unión de Clases«) bildeten ein Oppositionspotential, das sich trotz härtester Unterdrückungsmaßnahmen nicht mehr eliminieren ließ. Was dem Regime Isabellas II. das Überleben erleichterte, war nicht zuletzt die Distanz, die nicht nur die bürgerlich-liberalen Progressisten, sondern auch Teile der Republikaner gegenüber den revolutionären Aktivitäten der Arbeiter und der Landarmut hielten. In traditioneller Manier setzte die bürgerliche Opposition auf die liberalen Militärs, unter denen General Juan Prim y Prats die herausragende Gestalt abgab.

Prim, der Prototyp des liberalen Militärs, hatte sich seine Sporen im Ersten Karlistenkrieg verdient; in der Revolution von 1834 bis 1843 brachte er es zum Feldmarschall, Graf von Reús und Vizconde del Bruch; als Gouverneur von Puerto Rico hinterließ er durch die grausame Unterdrückung und den von ihm veranlaßten »Codigo negro« düstere Erinnerungen; seine Rigorosität gegen die Rifkabylen honorierte die Krone mit der Ernennung zum Generalleutnant; schließlich stand er, selbst mit einer steinreichen Mexikanerin verheiratet, an der Spitze des spanischen Expeditionskorps gegen die mexikanische Republik unter Benito Juárez; daß er jedoch in kluger Erkenntnis der Lage rechtzeitig darauf verzichtete, den Helden der Reconquista Mexikos zu spielen, verübelten ihm Krone und konservative Rechte. Nachdem er nicht mehr für die Regierung kämpfen konnte, konzentrierte er sich darauf, gegen sie zu konspirieren. Er bereiste halb Europa, um die liberale Opposition auf eine gemeinsame Plattform zu bringen, was im Juli 1867 in einer Geheimkonferenz in Ostende gelang. Besondere Hoffnung setzte Prim auch in die Freimaurer.

Am 3. Oktober 1868 konstituierte sich die von rechten Unionisten und radikal-liberalen Progressisten beherrschte Provisori-

Provisorische Regierung

sche Regierung unter General Francisco Serrano y Domínguez, einer weiteren militärischen Schlüsselfigur in Spaniens Geschichte. Prim übernahm das Amt des Kriegsministers und avancierte zur grauen Eminenz der Regierung. Zu den Hauptpunkten des Regierungsprogramms gehörten erneut die Wiederherstellung der Nationalmiliz, das Versprechen für allgemeine Wahlen, die Garantie für die örtliche Selbstverwaltung, dazu andere bürgerliche Freiheiten einschließlich der Religionsfreiheit – für Spanien durchaus nicht selbstverständlich. Am 11. Februar 1869 traten neue Verfassunggebende Cortes in Madrid zusammen. Mit 104 bei insgesamt 320 Abgeordneten verfügte die republikanisch-demokratische Linke über eine relativ starke Position. Spontane republikanische Erhebungen im Süden des Landes und Streiks in Katalonien ließen die Grenzen der liberalen Macht deutlich werden. Selbst in der Armee kriselte es, da die Regierung die versprochene Abschaffung der Wehrpflicht nicht realisierte.

Monarchie oder Republik?

Seit der Flucht Isabellas II. war Spanien eine Monarchie ohne gekröntes Haupt. Um so größer fiel die Überraschung aus, als die neue Verfassung vom Juni 1869 Spanien wiederum zur erblichen Monarchie erklärte, wofür sogar ein Teil der Linken stimmte. Gegen diesen Beschluß erhob sich eine breite republikanische Aufstandsbewegung, deren Zentrum wiederum im Süden lag. Damit teilte sich Spanien in zwei politische Lager, deren Pole Madrid und Barcelona darstellten. Für den weiteren Verlauf der Ereignisse gewann diese politische Geographie der Revolution folgenschwere Bedeutung.

Es existierte eine eigenartige Pattsituation: Die republikanische Bewegung vermochte sich vorerst nicht durchzusetzen, und

Auf Königssuche

die Regierung hielt verzweifelt nach einem Kandidaten für die Krone Ausschau. Prim, inzwischen seit Juni 1869 Ministerpräsident, übte sich nun als Königsmacher. Die Zahl der Anläufe war eindrucksvoll: Espartero lehnte ab, ebenso der König von Portugal, dasselbe tat der Prinz von Sachsen-Coburg, danach scheiterte das Projekt mit Prinz Leopold von Hohenzollern-Sigmaringen, das Bismarck immerhin den Vorwand für den Krieg gegen Frankreich lieferte; in die engere Wahl kam weiter der Infant Don Enrique, der aber sein Leben im Duell mit dem Herzog von Montpensier, jüngstem Sohn des ehemaligen französischen Königs Louis Philippes und ebenfalls Kandidat auf Prims Liste, einbüßte. Unter der Hand wurde schon der Sohn Isabellas II., Alfons, gehandelt, doch ein wenig zu zeitig, wie sich zeigte. Nachdem die Herzöge von Aosta und Genua ebenfalls abgewinkt hatten, ließ sich endlich der zweite Sohn des italienischen Königs, Amadeo, auf das Risiko ein.

Amadeos Ankunft am 30. Dezember 1870 stand unter keinem guten Stern: Die intransigenten Katholiken verdammten den Sohn eines Königs, der den Papst zum »Gefangenen im Vatikan« gemacht hatte, die Cortes hatten Amadeo mit der nicht gerade überwältigenden Mehrheit von 191 gegen 120 Stimmen gewählt, und was noch verhängnisvoller sein sollte – Amadeo konnte seinen Beschützer Prim nur noch als Opfer eines Attentats am 27. Dezember 1870 auf dem Totenbett begrüßen.

Mit Prim büßte der liberal-konstitutionelle Monarchismus seine wesentliche Stütze ein. Amadeo I. begriff sehr bald die Unhaltbarkeit seiner Position; ein Attentat gegen ihn und seine Familie beschleunigte den Prozeß der Erkenntnis. Am 11. Februar 1873 erklärte er den »Rücktritt von der Krone«; dazu bemerkte Friedrich Engels, damit sei der erste König in den Streik getreten. Amadeo verließ »dieses so noble wie unglückliche Spanien« und konnte sich wieder seiner Lieblingsbeschäftigung, den Frauen zuwenden. Als gestandener Mittvierziger heiratete er in zweiter Ehe Laetitia, die Tochter Jerôme Napoleons – am Ende also doch noch ein Hauch von Weltgeschichte.

Spaniens I. Republik

Noch in derselben Sitzung, in der Amadeos Thronverzicht entgegengenommen wurde, erfolgte die Proklamation der Republik. Da der unerwartete Schritt des Monarchen selbst die Republikaner überraschte, bestand über die praktische Ausgestaltung des neuen Staatswesens keine Klarheit. Während die monarchische Rechte zur Gegenoffensive ansetzte, auf dem Lande die Unruhe der Bauern in einem spontanen Agrarkollektivismus mit dem Ziel der Aufteilung der großen Güter kulminierte und die städtisch-proletarische Opposition sich in Streiks um die Durchsetzung von sozialen Grundforderungen (Zehnstundentag, Verbot der Kinderarbeit, höhere Löhne und verbesserte Arbeitsbedingungen, Recht auf Streik und gewerkschaftliche Vereinigung) entlud, debattierten die Republikaner über die Vorzüge und Nachteile der unitarischen oder föderativen Republik.

Am 8. Juni 1873 traten die neuen Verfassunggebenden Cortes zusammen und erklärten Spanien zu einer »República Federal«. Die Regierung übernahm am 11. Juni der linke Republikaner und Reformsozialist Francisco Pí y Margall, eine der großen historischen Persönlichkeiten des 19. Jahrhunderts. Was Prim für die liberalen Monarchisten war, verkörperte Pí für die radikalen Republikaner. Obwohl überzeugter Föderalist, plädierte er jedoch nach dem Vorbild der USA-Verfassung für eine starke Bundesexekutive. Seine Sozialismusvorstellungen, die ihn in der berühmten Cortesdebatte vom Oktober 1871 bis Januar 1872 über die Erste Internationale in Spanien zur Verteidigung der Sache der Arbeiter und der Commune bewogen, trugen stark utopistischen Charakter und waren von Saint-Simon, Owen und Proudhon entlehnt; er selbst begriff sich als »internationaler Sozialist«.

Innerhalb von 40 Tagen erlag die Regierung Pí einer unauflösbaren Verkettung negativer Faktoren:

— Der Widerstand der extremen monarchischen Rechten mündete seit April 1872 in eine Aufstandsbewegung, die sich im Sommer des Jahres 1873 zum Zweiten Karlistenkrieg ausweitete und große Teile des Landes mit Bürgerkrieg überzog. Auf dem Höhepunkt des Krieges banden 60000 Karlisten etwa 150000 Mann Regierungstruppen.

— Die intransigenten Föderalisten entfachten im Süden Spaniens den Kantonalaufstand. Das Ziel der Kantonalisten bestand in der Errichtung einer extrem föderalistischen Republik auf der Grundlage faktisch unabhängiger Kantone von der Basis her. Diese Bewegung bot dem Anarchismus Bakuninscher Prägung, den Giuseppe Fanelli ab Herbst 1868 im Namen der Ersten Internationale unter den Arbeitern Kataloniens verbreitet hatte, ein ideales Wirkungsfeld und erfaßte große Teile der bäuerlichen und städtisch-proletarischen Bevölkerung mit. Die von Paul Lafargue, dem Schwiegersohn von Karl Marx, gegen die Bakuninisten aufgebaute »Nueva Federación Madrileña« (Neue Madrider Föderation) blieb unbedeutend. Die Republik stand vor der Frage, die Waffen gegen das vom politischen Extremismus mitgerissene Volk zu richten. Pí lehnte ein solches Vorgehen ab.

— Parallel zur Revolution in Spanien hatte sich Kuba erhoben. Die republikanische Regierung konnte sich unter dem Druck der Plantagenaristokratie und der am Kolonialhandel partizipierenden Bourgeoisie, vor allem Kataloniens, nicht zu einer Anerkennung der Unabhängigkeit Kubas entschließen. Im Gegenteil, sie entsandte in wachsendem Maße Kontingente nach der Insel, um die kubanische Revolution zu unterdrücken. Die koloniale Lobby besaß ihr finanzielles und organisatorisches Rückgrat im »Centro Hispano-Ultramarino« und in der »Liga Nacional«, die großzügig Freiwillige finanzierten.

Der Anfang vom Ende

Der Rücktritt der Regierung Pí am 18. Juli 1873 bedeutete die Wende der Revolution. Unter den folgenden Ministerpräsidenten Nicolás Salmerón und Emilio Castelar setzte die totale politische Erosion ein. Im Zweifrontenkrieg gegen Karlisten und Kantonalisten erwies sich die Armee als unentbehrliches Instrument. Mit 80000 Mann begann die Offensive gegen die Kantonalisten. Jetzt wurde den Kantonen der Stolz auf ihre Eigenständigkeit zum Verhängnis. Lediglich Cartagena konnte sich unter dem republikanischen General Juan Contreras bis in den Januar 1874 verteidigen. Nach schwerer Beschießung von der Land- und Seeseite eingenommen, wurden die Führer des Kantons sofort exekutiert, etwa 2500 Kantonalisten gelang die Flucht auf dem Schiff »Numancia« in Richtung Oran.

Castelar, nach dem bildhaften Vergleich eines spanischen Historikers eine Parodie von Thiers mit dem Ziel, eine Monarchie mit Jakobinermütze zu schaffen, nutzte die innere Bedrohung der Republik zur Errichtung einer faktischen Diktatur, wozu auch die rigorose Unterdrückung der Arbeiterbewegung gehörte. Es war jedoch erneut die Armee, die das letzte Wort sprach: Am 2. Januar 1874 jagte General Manuel Pavía y Lacy die Cortes auseinander. Während Pavía vor den Vertretern des diplomatischen Korps höflichst salutierte, trieben seine Soldaten die Abgeordneten zu Paaren. Den Schlußstrich zog am 24. Dezember 1874 General Arsenio Martínez Campos. An der Spitze von 2000 Mann rief er in Sagunto den Sohn von Isabella II. als Alfons XII. zum König von Spanien aus. Der neue Monarch, den die gute Nachricht während einer Galavorstellung in der Oper von Paris erreichte, übernahm die Krone mit sechzehn Jahren. Spanien erlebte erneut eine Restauration, diesmal allerdings unter der Ägide einer konservativen Monarchie, die sich auf den Interessenblock einer Klassenkoalition von Großgrundbesitz und Bürgertum stützte.

Während die Revolution an Europas westlicher Peripherie in ihrer monarchischen, ungleich stärker in ihrer republikanischen Phase die internationale Politik noch in Atem hielt, trat der Prozeß der nationalstaatlichen Einigung Deutschlands in seine Vollendung.

Die deutsche Frage

Die Auseinandersetzungen in der deutschen Frage, das Ringen um die Herstellung der nationalen Einheit im Herzen Europas berührten schwerwiegender als die analogen Vorgänge im ultramontanen Italien das internationale Kräfteverhältnis, bedeutete doch die Schaffung eines einheitlichen Staates an Stelle der über drei Dutzend Souveräne, die Entstehung eines neuen machtpolitischen Zentrums. Der Charakter dieser Macht hing nicht so sehr von der Tatsache der Einheit ab, sondern von der Art des Weges, auf dem sie hergestellt wurde und wer sie trug.

Es gab zwei Wege zur deutschen Einheit: die Revolution von unten, das heißt eine demokratische Lösung im Sinne des von der achtundvierziger Revolution nicht eingelösten Erbes, oder die Revolution von oben im Ergebnis einer konservativ-reformerischen Umwälzung dynastischen Inhalts. Darüber hinaus ging es um den »großdeutschen« oder »kleindeutschen« Charakter eines künftigen Nationalstaates, je nachdem, ob das Habsburger Reich ein- oder ausgeschlossen blieb. Aus dieser Alternative erwuchs eine zunehmende Verschärfung des Hegemoniekonfliktes zwischen Preußen und Österreich. Die »kleindeutsche« Lösung unter der Vorherrschaft Preußens fand ihre einflußreichen intellektuellen Fürsprecher in den Historikern Johann Gustav Droysen, Heinrich von Sybel und allen voran Heinrich von Treitschke. Zeitweilig bildeten die süddeutschen Staaten ein drittes, von Frankreich protegiertes Zentrum zwischen den beiden rivalisierenden Hauptmächten; auf die Dauer erwiesen sich diese Staaten mit Bayern und Württemberg an der Spitze jedoch nicht in der Lage, eine unabhängige Politik zu verfolgen, und gerieten zunehmend in das Fahrwasser Preußens.

Während das politische Leben anhaltend von der Reaktion auf die Revolution von 1848/49 bestimmt blieb, wofür das Dauerministerium des Freiherrn von Manteuffel den personifizierten Ausdruck darstellte, prägten die ökonomischen Realitäten auf entgegengesetzte Weise das Bild. Die im Deutschen Zollverein verbundenen Staaten wiesen ein überdurchschnittliches Wirtschaftswachstum auf. Von 1850 bis zum Ende der sechziger Jahre stiegen die Ausfuhren der Zollvereinsstaaten von 522 Millionen auf fast 2,3 Milliarden Mark, die Einfuhren wuchsen von 545 Millionen auf über 2,5 Milliarden Mark. Die Zahl der preußischen Aktiengesellschaften erhöhte sich in derselben Zeit von 102 auf 295. Für die Steinkohleförderung ergab sich ein Anstieg von etwa fünf auf mehr als 23 Millionen Tonnen; für die Eisenproduktion ist in diesem Zeitraum eine Verfünffachung nachweisbar. Von überragender Bedeutung für die Herausbildung einer Wirtschaftseinheit erwies sich der Aufschwung des Eisenbahnbaus. Im Ergebnis dieser beschleunigten Entfaltung der industriellen Revolution verlagerte sich das ökonomische Kräfteverhältnis eindeutig zugunsten des Bürgertums; zugleich kam mit der Ablösung der Bauern von ihren wesentlichen feudaltraditionellen Verpflichtungen und Abhängigkeiten die Durchsetzung der kapitalistisch-reformerischen Agrarentwicklung (»preußischer Weg«) zum Abschluß. Auf dieser Grundlage entstanden die objektiven Voraussetzungen für die künftige Interessenfusion zwischen Bourgeoisie und Junkerklasse.

Neue Ära

Fast schlagartig änderte sich das politische Klima im Jahre 1858 mit der Ablösung des geisteskranken Königs Friedrich Wilhelm IV. durch die Regentschaft seines Bruders Wilhelm. Trotz dessen sinistrer Rolle in der Revolution von 1848/49 als »Kartätschenprinz« setzten die bürgerlichen Liberalen überschwengliche Hoffnungen in die beginnende Regierung Wilhelms I. und jubelten von einer »Neuen Ära«. Tatsächlich hatte Wilhelm als Förderer des »Preußischen Wochenblattes« für die Verbreitung liberal-konservativer Auffassungen gesorgt, die sich wohltuend vom extremen Konservatismus der »Kreuzzeitung« abhoben. Ihre politisch-organisatorische Plattform fanden die bürgerlichen Liberalen im »Nationalverein«, nach dem Vorbild der italienischen »Società Nazionale« gegründet. Überhaupt löste die italienische Einigungsbewegung in den deutschen Staaten eine überbrandende Welle des Patriotismus aus. Auch die im Jahre 1859 anläßlich des 100. Geburtstages von Friedrich Schiller durchgeführten Gedenkfeiern mündeten in die Forderung nach der Herstellung der deutschen Einheit. Die entschlossensten Befürworter der Einigung Deutschlands träumten einen Krieg gegen das bonapartistische Frankreich.

Preußen zog aus der Niederlage Österreichs im Krieg gegen Sardinien-Piemont und Frankreich weitreichende Schlußfolgerungen. Mit der Aufgabe, die Armee von Grund auf zu erneuern und zu modernisieren – zugleich aber auch die als zu demokratisch empfundene Landwehr auszuschalten –, übernahm General Albert von Roon das Amt des Kriegsministers, an seiner Seite wirkte General Helmuth von Moltke als Chef des Generalstabes. Unter der Leitung der beiden Militärs schuf sich Preußen innerhalb weniger Jahre die modernste und schlagkräftigste Armee unter allen europäischen Staaten. Roon sah zudem in der Armee ein entscheidendes Machtinstrument nach innen: »In dem Prozeß der allgemeinen Zersetzung vermag ich nur noch einen widerstandsfähigen Organismus zu erkennen, die Armee«; sein Ziel bestand darin, »sie unverfault zu halten«.

Vom Heeres- zum Verfassungskonflikt

Sehr wohl wissend, daß die Heeresreform mit der Beseitigung der Landwehr das letzte Zugeständnis aus der Zeit der Befreiungskriege tilgte und die vergrößerte Armee ein Machtinstrument der Krone darstellte, knüpfte die liberale Mehrheit des preußischen Landtages an eine Zusage bestimmte Auflagen, die letztlich in eine Verweigerung mündeten. Die von Gegnern eines Kompromisses mit dem ambitiösen Monarchen 1861 gegründete Deutsche Fortschrittspartei – Fortschritt stand für das Wort »demokratisch«, das als zu radikal empfunden wurde – errang trotz der Behinderung durch das Dreiklassenwahlrecht einen überwältigenden Erfolg, der die Aussichten der Krone zur parlamentarisch abgesegneten Durchsetzung ihrer Ansprüche auf Null reduzierte. Derart an die Wand gedrückt, geriet die Monarchie in eine tiefe Krise. Wilhelm I. ließ schon seine Abdankungsurkunde entwerfen und wollte die Krone seinem als liberal gel-

Otto von Bismarck

tenden Sohn abtreten, da führte die Ernennung Otto von Bismarcks zu einer totalen Neukonstellation der Dinge. Der neue Ministerpräsident übernahm sein Amt am 23. September 1862 und versprach, sich gegen das Parlament auf Biegen und Brechen durchzusetzen, »nicht als konstitutioneller Minister im üblichen Sinne des Wortes, sondern als Euer Majestät Diener«. Die Kampfansage an die Liberalen ließ an Eindeutigkeit nichts zu wünschen übrig: »Nicht auf Preußens Liberalismus sieht Deutschland, sondern auf seine Macht; nicht durch Reden und Majoritätsbeschlüsse werden die großen Fragen der Zeit entschieden – das ist der große Fehler von 1848 und 1849 gewesen –, sondern durch Eisen und Blut.« Dieses Credo bestimmte von nun an die Grundlinie der Politik Preußens. Der Tag, an dem diese Worte fielen, der 30. September 1862, bedeutete für Preußen und Deutschland den Beginn der Revolution von oben.

Bismarck selbst bezeichnete seinen Kurs wenige Jahre darauf als »eine Reform von oben her«, und Treitschke brachte es 1866 auf den Punkt: »Die Revolution, in der wir stehen, kommt von oben.«

Daß die Liberalen Bismarck als potentiellen Diktator verabscheuten, war selbstverständlich. Er stieß aber auch in den eigenen Reihen auf Ablehnung. Friedrich Wilhelm IV. hatte von ihm gemeint: »Nur zu gebrauchen, wenn das Bajonett schrankenlos waltet.« Allerdings entging den Gegnern und Skeptikern, daß Bismarck, ohne Preisgabe seiner konservativen Grundüberzeugung, vor allem in seiner langjährigen Tätigkeit als preußischer Vertreter beim Deutschen Bundestag in Frankfurt sowie als Gesandter in St. Petersburg und Paris eine neue Sicht der Dinge gewonnen hatte. Entschlossen ging der »tolle Junker« über die erstarrten Positionen seines politischen Ziehvaters von 1848, Ludwig Friedrich Leopold von Gerlach, hinweg und schrieb diesem ins Stammbuch: »Wir müssen mit Realitäten wirtschaften und nicht mit Fiktionen.« Realpolitik erschöpfte sich für Bismarck nicht in einer opportunistischen Kompromißlerei um jeden Preis, sondern beruhte auf der flexiblen Durchsetzung der machtpolitischen Interessen seiner Klasse und der Monarchie. Selbst der Begriff der Revolution verlor für Bismarck den einstigen Ludergeruch, wenn der Kanzler es war, der die Spielregeln bestimmte. Wieder an Leopold von Gerlach gewandt, fragte Bismarck: »Wie viele Existenzen gibt es noch in der heutigen politischen Welt, die nicht in revolutionärem Boden wurzeln? Nehmen Sie Spanien, Portugal, Brasilien, alle amerikanischen Republiken, Belgien, Holland, die Schweiz, Griechenland, Schweden . . . England.« War es ein Zufall, daß in dieser illustren Liste der künftige Hauptgegner Frankreich fehlte? Aus seiner Erkenntnis zog er die praktische Nutzanwendung: ». . . und in unserem eigenen staatlichen Leben können wir der Benutzung revolutionärer Unterlagen nicht entgehen.«

Mit Bismarck betrat der bedeutendste Politiker des 19. Jahrhunderts die politische Bühne. In seiner Persönlichkeit konzentrierte sich eine nicht leicht zu entschlüsselnde Einheit von Widersprüchen: der geborene Erzjunker, der überzeugte Konservative und Monarchist, der Gegner des Liberalismus und der heranwachsenden Arbeiterbewegung, der zum lebenden Denkmal gewordene Machtpolitiker, gleichzeitig der klassische Exponent einer Revolution von oben, der in allen Satteln gerechte Diplomat, der Mann der auf den Moment abgepaßten Zugeständnisse, wenn sie der Durchsetzung seiner Absichten dienten, der Schöpfer des Nationalstaates und nicht zuletzt ein Mensch, dessen Gewandtheit, Belesenheit und Bildung, Liebenswürdigkeit und Großzügigkeit die ihn Umgebenden faszinierte.

Nach Ablehnung der Finanzierung einer Heeresreform mit der erdrückenden Mehrheit von 308 gegen elf Stimmen ließ Bismarck die Reorganisation der Armee gegen den Willen der Majorität der Abgeordneten durchführen; das bedeutete den offenen Bruch der Verfassung. Obwohl die öffentliche Meinung geschlossen hinter den Liberalen stand, beschränkten diese ihren Protest fast ausschließlich auf das Parlament. Selbst die radikalliberale Fortschrittspartei schreckte davor zurück, ein Bündnis mit der breiten demokratischen Volksbewegung einzugehen und auf diese Weise den parlamentarischen Kampf zu ergänzen. Die wiederholt gegebenen Chancen zu einem Sturz des verfassungswidrig regierenden Ministerpräsidenten und Außenministers blieben ungenutzt.

Entfaltung der Arbeiterbewegung

Neben den in der Tradition von 1848 stehenden kleinbürgerlich-revolutionären Demokraten, deren politische Hoffnungen sich in einer breiten nationalen Vereinsbewegung (vor allem in den Turner- und Schützenverbänden) artikulierten, begann die sich vom Einfluß des liberalen Bürgertums emanzipierende Ar-

Einlaßkarte für einen der um 1860 in großer Zahl gegründeten Arbeiterbildungsvereine. Staatsarchiv Ludwigsburg

beiterbewegung eine gewichtige Rolle zu spielen. Am 23. Mai 1863 entstand in Leipzig der »Allgemeine Deutsche Arbeiterverein« als erste selbständige proletarische Organisation seit dem Bund der Kommunisten. Das sehr widersprüchliche politisch-programmatische Profil des Vereins wurde durch Ferdinand Lassalle bestimmt. Sektiererische Auffassungen hinderten Lassalle daran, das Bündnis mit dem liberalen Bürgertum und der kleinbürgerlichen Demokratie in der nationalen Frage zu suchen und so die Voraussetzung für eine deutsche Einheit auf demokratischer Grundlage zu schaffen. Stattdessen ging Lassalle auf geheime Verhandlungen mit Bismarck ein, in der vagen Hoffnung, für seine von Proudhon entliehene Idee staatlich geförderter Produktionsgenossenschaften Unterstützung zu fin-

Bundeslied der deutschen Socialdemocratie, Text: Georg Herwegh. Rijksmuseum Stichting, Amsterdam

den. Bismarcks demagogische Meisterschaft war nicht zuletzt daran ablesbar, daß er für den Moment durchaus bereit schien, eine in seinem Sinne kanalisierte Arbeiterbewegung als Gegengewicht zu den rebellierenden Liberalen einzusetzen.

Die Bourgeoisie ihrerseits versuchte nun, den proletarischen Emanzipationsprozeß mit der Gründung des »Verbandes deutscher Arbeitervereine« am 7. Juni 1863 abzufangen. Wider Willen schuf sie jedoch damit eine Plattform, auf der jene Kräfte heranwuchsen, die unter August Bebel und Wilhelm Liebknecht zunächst den Anschluß an die Internationale Arbeiterassoziation und schließlich die Schaffung der Sozialdemokratischen Arbeiterpartei vollzogen. Dank ihrer theoretisch-programmatischen und organisatorischen Verselbständigung begannen die fortgeschrittensten Teile des Proletariats, eine eigene Position in der nationalen Frage zu formulieren. Aus den unterschiedlichsten Gründen erwiesen sich jedoch die in Opposition zu Bismarcks Hegemonialpolitik stehenden Kräfte – von der liberalen Bourgeoisie im Stile der Fortschrittspartei, über die kleinbürgerlich-demokratische Deutsche Volkspartei bis zur Partei und den Gewerkschaftsverbänden der Arbeiterklasse – nicht in der Lage, die demokratische Alternative bei der Konstituierung des einheitlichen Nationalstaates durchzusetzen. Der Versuch, das uneingelöste Vermächtnis von 1848 unter neuen historischen Bedingungen zu erfüllen, scheiterte. Trotz verbaler Opposition gegen die Politik des Ministerpräsidenten beugten sich die Liberalen bald den von ihm geschaffenen Realitäten. Die proletarische Opposition litt vor allem durch die faktische Spaltung der in Entstehung begriffenen Arbeiterbewegung: Während der internationalistisch orientierte Flügel gegen Bismarcks Gewaltpolitik eine unversöhnliche Haltung einnahm, billigten die von den Auffassungen Lassalles geprägten Verbände zunächst weitgehend das kleindeutsch-antiösterreichisch geprägte Hegemoniestreben Preußens.

Krieg gegen Dänemark

Angesichts der erneuten Wahlniederlage im Jahre 1863, die den radikalen und gemäßigten Liberalen weitere Stimmengewinne brachte – Bismarcks Kommentar: »Die Leute sind doch noch viel dümmer, als ich sie mir gedacht hatte« –, konnte nur »eine große auswärtige Verwicklung« die Lage ändern. Diese von Bismarck herbeigesehnte »Verwicklung« ergab sich mit dem Wiederaufleben der schleswig-holsteinischen Frage, nachdem Dänemark erneut den Anschluß der beiden Gebiete verkündet hatte. Ähnlich wie 1848 löste dieser Annexionsversuch eine alle deutschen Staaten erfassende Welle nationaler Empfindungen aus. Angesichts der komplizierten völkerrechtlichen Situation meinte der englische Premier Lord Palmerston, es gäbe wohl kaum jemanden, der sich darin noch auskenne. Bismarck bewies das Gegenteil. Zahlreiche »Schleswig-Holstein-Vereine« schossen aus dem Boden, um einen Volkskrieg im Stile Garibaldis gegen Dänemark vorzubereiten. Indes gelang es Bismarck, diese Volksbewegung zu unterlaufen, indem er im Bundestag den Beschluß einer »Bundesexekutive« durchsetzte, um so dem Krieg einen dynastischen, von oben gesteuerten Charakter zu geben. Nachdem zunächst Truppen Hannovers und Sachsens in Holstein eingerückt waren, griffen preußische und österreichische Truppen am 1. April 1864 ein, besetzten Schleswig und stießen nach Dänemark vor. Das entscheidende militärische Ereignis bestand in der Erstürmung der Düppeler Schanzen, der dänischen Hauptverteidigungsbastion, am 18. April. Im Frieden von Wien (31. Oktober 1864) trat Dänemark die beiden Herzogtümer, dazu Lauenburg, ab. Preußen und Österreich übernahmen gemeinsam die Verwaltung der umstrittenen Region. Damit hatte Bismarck einen Zankapfel in der Hand, den er jederzeit in den Kreis werfen konnte, um die fällige gewaltsame Lösung des Hegemoniekonfliktes mit Österreich in Szene zu setzen. Die von Preußen bewußt vorbereitete, von Österreich nolens volens ins Auge gefaßte Auseinandersetzung wurde nur vorübergehend

Konvention von Gastein

durch die Konvention von Gastein (14. August 1865) aufgeschoben: Um Reibungen zu verhindern, übernahm Österreich die Verwaltung Holsteins, Schleswig fiel unter die Kuratel Preußens. Während Preußen ungebremst auf die Annexion beider Herzogtümer hinarbeitete (Lauenburg hatte es dem Wiener Kabinett abgehandelt), betrieb Österreich deren Vereinigung zu einem Großherzogtum, um das Gewicht der Mittelstaaten gegenüber Preußen zu stärken. Diese Zielsetzung erwies sich als total anachronistisch.

Bismarck bereitete den nächsten Waffengang, der die Entscheidung bringen sollte, mit Umsicht und Meisterschaft vor, die ohne Einschränkung das Prädikat »machiavellistisch« verdienen.

Noch im Sommer 1864 war die Erneuerung des Zollvereins erfolgt, der nun auch die bislang beiseite stehenden süddeutschen Staaten umfaßte. Dieser Schritt bedeutete den ökonomischen Ausschluß Österreichs aus dem Deutschen Bund. In dem Maße, wie die Gesamtheit der Mittel- und Kleinstaaten ökonomisch in den Sog der industriell stärksten Macht geriet, wuchsen die Vorbedingungen für deren nachfolgende politische Unterwerfung. Von der Ausweitung des Zollvereins profitierte die preußische Bourgeoisie erheblich, und Bismarck entging nicht, daß der Erfolg über Dänemark den gewünschten Effekt auch nach innen zeigte.

Diplomatie auf dem Wege zum neuen Krieg

Besondere Sorgfalt widmete Bismarck den diplomatischen Vorbereitungen. Zwischen Berlin und Wien entbrannte ein Wettrennen um die Gunst Napoleons III. Gegen das vage Versprechen territorialer Zugeständnisse an der deutschen Westgrenze – Napoleon III. bedauerte, daß kein »preußisches Savoyen« zur Vergabe freistand – schlug Bismarck die Wiener Konkurrenz, die auf eine Art von Neuauflage des Rheinbundes hinarbeitete, aus dem Rennen und erreichte die wohlwollende Neutralität Frankreichs. Am 8. April 1866 kam das Bündnis mit dem Königreich Italien zustande. Für die Möglichkeit, Österreich in einen Zweifrontenkrieg diesseits wie jenseits der Alpen zu verwickeln, ließ Bismarck gute 120 Millionen Francs springen. Jegliche Skrupel über Bord werfend, zog Bismarck eine Unterstützung der ungarischen Nationalopposition, einen Aufstand in den südslawischen Gebieten der Donaumonarchie und sogar die Hilfe für eine Expedition Garibaldis gegen Dalmatien in das Kalkül. Die Erwägungen über Möglichkeiten und Wege zur Durchsetzung der preußischen Hegemonie kannten faktisch keine Grenzen und schlossen auch bisher Undenkbares nicht mehr aus. Selbst vor einem Eingriff in die international fixierten staatsrechtlichen Grundlagen des Deutschen Bundes schreckte Bismarck nicht zurück. Was Bismarck unter der schon zitierten Devise: »Soll Revolution sein, so wollen wir sie lieber machen als erleiden«, verstand, bewies er mit der Aufforderung vom 9. April 1866, ein deutsches Parlament auf der Grundlage allgemeiner und direkter Wahlen einzuberufen. Dieser Schritt bewies sein bonapartistisches Talent: Die bürgerlich-liberale Opposition sah sich ihres entscheidenden Arguments beraubt, und Österreich, das postwendend protestierte, enthüllte vor aller Öffentlichkeit seinen Unwillen und sein Unvermögen, eine führende Rolle im Ringen um die nationale Einheit zu spielen. In totaler Resignation schrieb Theodor Mommsen an Heinrich Sybel, daß »der Bismarck-Wahnsinn täglich weiter um sich« greife. Die Liberalen waren kopflos, aber nicht weniger ihre doktrinär-konservativen Gegenspieler. Bares Entsetzen sprach aus einem Brief, den Adolph von Kleist an Ludwig von Gerlach (den Bruder des zuvor genannten Gerlach) richtete: »Was sagen Sie zu dieser Wendung von Bismarck? Ausrufung der Volkssouveränität!!! Bildung einer Konstituante!!! . . .« Auch Friedrich Engels gab sich keiner Illusion über die Tragweite des Geschehens hin; er schrieb an Karl Marx: »Also Bismarcks Coup mit dem allgemeinen Wahlrecht ist gemacht, wenn auch ohne seinen Lassalle. Wie es den Anschein hat, wird der deutsche Bürger nach einigem Sträuben darauf eingehen, denn der Bonapartismus ist doch die wahre Religion der modernen Bourgeoisie.« Insgesamt eine gewiß nicht zufällige Übereinstimmung von der konservativen über die liberale bis zur revolutionären Seite in der Bewertung eines der entscheidenden Schritte in Bismarcks Revolution von oben.

Von nun an ging es Schlag auf Schlag. Während schon auf beiden Seiten die Mobilmachung anlief, ergriff Bismarck ein weiteres Mal die politische Initiative: Am 10. Juni 1866 erfolgte der Vorschlag für eine Bundesreform, die einen deutschen Bundesstaat ohne Österreich entstehen lassen sollte. Als Österreich daraufhin die Mobilmachung des Bundesheeres forderte, antwortete das »angegriffene« Preußen mit dem Austritt aus dem Deutschen Bund.

Angesichts des drohenden Bürgerkrieges nahmen die Bestrebungen für die Einigung Deutschlands auf demokratischer

Gegen Krieg, für demokratische Einheit

Grundlage einen Aufschwung, der die Dimensionen des Jahres 1859 weit überschritt; vor allem verschaffte sich die Stimme der unabhängigen Arbeiterbewegung mehr Gehör. Ausgehend vom Süden und Südwesten Deutschlands griff die Bewegung auf andere deutsche Staaten über. In dem von einem bewaffneten Konflikt zwischen Preußen und Österreich besonders bedrohten Sachsen sprach Wilhelm Liebknecht auf Kundgebungen vor bis zu 5000 Teilnehmern. Dagegen hielt die Führung des Allgemeinen Deutschen Arbeitervereins an ihrer bismarckfreundlichen Orientierung fest: Ihr künftiger Präsident, Johann Baptist Schweitzer, unterstützte den Vorschlag Preußens für eine kleindeutsche Bundesreform. Die Mehrheit der Liberalen plädierte für die Neutralität im heraufziehenden Konflikt, was in der Praxis bedeutete, Bismarck freie Hand zu lassen und ein mögliches Bündnis mit der demokratischen und proletarischen Antikriegsbewegung auszuschlagen.

Entgegen der allgemeinen Erwartung, daß Österreich die militärische Überlegenheit besitze, nahmen die Ereignisse einen völlig unerwarteten Verlauf. Die preußische Militärführung unter Roon und Moltke hatte ihre Armee strategisch, waffentechnisch und psychologisch optimal auf den Krieg eingestellt. Im österreichischen Hauptquartier fehlte dagegen eine klare strategische Konzeption; besonders verhängnisvoll wirkte die Überschätzung des norditalienischen Nebenkriegsschauplatzes. Ein nicht unwesentlicher innerer Unsicherheitsfaktor lag im gespannten Verhältnis zu Ungarn. Die preußische Armee verfügte über das moderne Zündnadelgewehr, das eine wesentlich schnellere Schußfolge erlaubte. Dank des dichten Eisenbahnnetzes gelang es, innerhalb von 21 Tagen 197 000 Mann, 55 000 Pferde und 5300 Fahrzeuge über Entfernungen bis zu 650 Kilometer zu transportieren.

Das Jahr 1866

Am 16. Juni 1866 marschierten preußische Truppen in Sachsen, Hannover und Kurhessen ein, die es abgelehnt hatten, dem neuen Bund beizutreten. Gleichzeitig rückten drei preußische Armeen (Moltke: »Getrennt marschieren, vereint schlagen!«) über Sachsen, die Lausitz und Schlesien nach Böhmen vor. Am 3. Juli 1866 stießen die Hauptkontingente der beiden Seiten nordwestlich von Königgrätz aufeinander: 206 000 Österreicher (einschließlich der nach Böhmen abgedrängten sächsischen Armee) standen 221 000 Preußen gegenüber. Die Schlacht endete mit der vernichtenden Niederlage Österreichs. Die österreichisch-sächsische Seite verlor 43 000 Mann, die preußische Seite

3000 Mann. Diesen strategischen Tiefschlag konnte Österreich auch nicht durch die Siege zu Land und auf der See gegen Italien kompensieren.

Unter Vermittlung Frankreichs, dessen Hoffnungen auf einen langen und auszehrenden Krieg rasch zerstoben, kam am 26. Juli 1866 der Vorfrieden von Nikolsburg zustande, dem am 28. August der Friedensvertrag von Prag folgte. Erneut bewies Bismarck seine politisch-diplomatische Überlegenheit und Weitsicht. Um die Österreicher von einer Weiterführung des Krieges, die durchaus denkbar gewesen wäre, abzubringen, wurden die tschechische Bevölkerung zum Aufstand animiert und eine »Ungarische Legion« unter Georg Klapka, Revolutionsgeneral von 1848, aus der Taufe gehoben. Andererseits verhinderte Bismarck, unterstützt von Roon und Moltke, eine übermäßige Demütigung Österreichs, wie sie König Wilhelm I. forderte.

Die Folgen von Königgrätz

Mit dem Prager Frieden akzeptierte Österreich die Auflösung des Deutschen Bundes sowie die Annexion Schleswig-Holsteins, Hannovers, Kurhessens, Nassaus und der Freien Reichsstadt Frankfurt. Ohne Rücksicht auf das Legitimitätsprinzip, durch offenen Rechtsbruch, der drei Herrschern die Krone kostete, erweiterte Bismarck Preußens Staatsgebiet um ein Fünftel. Der Versuch, auch noch Sachsen zu schlucken, scheiterte am Einspruch Frankreichs. Auf dieser Grundlage entstand 1867 der Norddeutsche Bund, dessen am 16. April verabschiedete Verfassung die Vormachtstellung Preußens in Deutschland institutionell fixierte. Die noch unabhängigen süddeutschen Staaten Bayern, Württemberg, Baden und Hessen-Darmstadt wurden über »Schutz- und Trutzbündnisse« und das 1868 errichtete Zollparlament an den Norddeutschen Bund gefesselt.

Der Krieg von 1866 und seine Folgen bildeten das zentrale Moment in der von Bismarck verfolgten Revolution von oben. Ein jahrhundertelanger Hegemoniekonflikt zwischen den Habsburgern und Hohenzollern war beendet. Österreich mußte aus dem Prozeß der Formierung einer einheitlichen deutschen Nation ausscheiden. Preußens militärischer Triumph besiegelte zugleich die Niederlage der demokratischen Alternative im Kampf um die Einheit. Nun bildeten Krone und Armee die tragenden Pfeiler. Was folgte, war Abrundung, Ausbau, Konsolidierung des 1866 Vollzogenen.

Die formelle Kapitulation des bürgerlichen Liberalismus fand am 3. September 1866 mit der Annahme der Indemnitätsvorlage statt: Bismarck anerkannte, gegen die Verfassung verstoßen zu haben, der preußische Landtag billigte nachträglich die Ausgaben der budgetlosen Zeit. Für den historischen Interessenausgleich zwischen liberaler Bourgeoisie und konservativem Junkertum kam dieser Entscheidung eine weitreichende Bedeutung zu. Der Sieg der Konservativen bei den Landtagswahlen vom Juli 1866 und die Spaltung der radikalen Liberalen (Fortschrittspartei) für oder gegen Indemnität bildeten nur die äußeren Kennzeichen der Veränderungen im politischen Kräftespektrum.

Bismarcks Vision, aus dem »Zoll«- ein »Voll«parlament zu machen und so die Gebiete südlich des Mains auf kaltem Wege zu vereinnahmen, ließ sich nicht verwirklichen. Eher war Preußens hegemoniale Umgangsart mit den Gliedstaaten des Norddeutschen Bundes geeignet, die im Süden vorherrschende antipreußische Stimmung zu fördern. Allerdings über- und durchkreuzten sich in der antipreußischen Bewegung konservativ-traditionalistische, liberale und demokratische Tendenzen, die das Zustandekommen einer gemeinsamen Abwehrfront verhinderten. Zum Schlüssel für den weiteren Gang der Dinge wurde so das preußisch-französische Verhältnis.

Preußisch-französischer Gegensatz

Napoleon III., schon seit 1861 innenpolitisch zunehmend instabil, dazu durch das Fiasko in Mexiko seit 1867 auch außenpolitisch gebeutelt, stand unter Erfolgszwang, um ein Überleben des Bonapartismus zu sichern. Es lag im französischen Interesse, eine Einigung Deutschlands unter preußischer Hegemonie zu verhindern. Sollte sie trotzdem zustande kommen, dann um den Preis sichtbarer Konzessionen an Frankreich, die es Napoleon III. erlaubten, als Hüter der »Grandeur« das Gesicht zu wahren. Nachdem Bismarck den Verkauf Luxemburgs durch die Niederlande an Frankreich verhindert (1867) und diese »Luxemburgkrise« in geschickter Weise für die Manipulierung nationaler Stimmungen zu nutzen verstanden hatte, war der Waffengang mit Frankreich nur noch eine Frage des zu inszenierenden Anlasses.

Emser Depesche – Krieg mit Frankreich

Als aus der intensiven Königssuche der spanischen Liberalen durch die Kandidatur des Prinzen Leopold von Hohenzollern-Sigmaringen die Gefahr einer preußisch-deutschen Einschließung Frankreichs aufschien, erzwang die französische Regierung den Rücktritt Leopolds von der Kandidatenliste. Bismarck wußte der folgenden Auseinandersetzung zwischen König Wilhelm I. und dem französischen Botschafter Vincent Graf von Benedetti die notwendige dramatische Form zu geben, die als »Emser Depesche« in die Diplomatie- und Kriegsgeschichte eingegangen ist.

Napoleon III. erfüllte die Erwartung Bismarcks. Am 19. Juli 1870 erklärte das »beleidigte« Frankreich den Krieg. Entsprechend ihren vertraglichen Verpflichtungen traten die süddeutschen Staaten an die Seite Preußens. Rußland, noch immer für Bismarcks Hilfe im kritischen Jahr 1863 dankbar, verhielt sich neutral, ebenso Österreich, auf dessen Beistand Frankreich fest gerechnet hatte. Frankreichs diplomatische Isolierung bildete nur den Auftakt zur nachfolgenden militärischen und politischen Katastrophe. Preußen und seine Verbündeten gingen mit

500 000 Mann in die Offensive, Frankreich verfügte über 300 000. Bereits am 6. August 1870 wurden in den Schlachten von Woerth und Spichern die französischen Armeen unter Mac Mahon und Bazaine zurückgeworfen. In den blutigen Doppelschlachten von Vionville und Mars-la-Tour am 16. August und bei Gravelotte und St -Privat am 18. August erlitt Bazaine eine erneute Niederlage, die ihn zum Rückzug in die Festung Metz

Schlacht von Sedan

zwang. Der Versuch Mac Mahons zum Entsatz der Festung scheiterte durch seine Einschließung im Raum der Festung Sedan. Am 1. September 1870 entbrannte die entscheidende Schlacht des Krieges, die am Vormittag des 2. September mit der Kapitulation der französischen Seite endete. Napoleon III. und mit ihm 83 000 Mann gerieten in Gefangenschaft.

Die Niederlage von Sedan führte zum Sturz des Zweiten Kaiserreiches und zur Ausrufung der Republik am 4. September 1870. Preußen hatte sein Kriegsziel erreicht: Frankreich war militärisch geschlagen, der Bonapartismus gehörte der Geschichte an. Das letzte Hindernis, das der Vollendung der nationalstaatlichen Einigung Deutschlands im Wege stand, existierte nicht mehr. Es bestanden alle Voraussetzungen für einen ehrenhaften Frieden mit der neuen Republik. Die eingeleiteten Verhandlungen scheiterten, da die preußische Seite – anders als bei der weitsichtigen Bescheidung im Jahre 1866 gegenüber Österreich –, über Kriegskontributionen hinaus, auf der Annexion von Elsaß und Lothringen bestand. Damit war jene verhängnisvolle Situation eingetreten, vor der bereits die »Adresse zum Deutsch-Französischen Krieg« des Generalrates der Internationalen Arbeiterassoziation am 23. Juli 1870 gewarnt hatte. Die von Bismarck diktierten Bedingungen waren für die Republik Frankreich unannehmbar. Der Krieg änderte von Grund auf seinen Charakter: Von preußisch-deutscher Seite handelte es sich nun um einen reinen Eroberungskrieg, wogegen die französische Seite einen nationalen Verteidigungskrieg führte. Trotz größter Anstrengungen und lokaler Erfolge konnte Frankreich keine militärische Wende herbeiführen. Am 28. Januar 1871 kapitulierte Paris, es folgten der Waffenstillstand vom 31. Januar und der Präliminarfrieden vom 26. Februar 1871.

Das neue Reich

Nach Sedan brachen die letzten Dämme, und die Staaten südlich der Mainlinie ersuchten um den Anschluß an den Norddeutschen Bund. Mit gewohntem Geschick kam Bismarck den föderalistischen Sonderwünschen der anstehenden Kandidaten weit entgegen. Bayerns Beitritt am 23. November 1870 machte den »Deutschen Bund« perfekt; er umfaßte nunmehr vier Königreiche, sechs Großherzogtümer, fünf Herzogtümer, sieben Fürstentümer, drei Freie Städte. Seine höhere historische Weihe erhielt dieser Verbund mit der Annahme der Bezeichnung »Deutsches Reich«. Die daraus resultierende Inanspruchnahme des Kaisertitels durch Wilhelm I. schuf allerdings erhebliche Komplikationen. Bayerns ambitiöser König Ludwig II. ließ sich die Zustimmung zur Rangerhöhung seines preußischen Rivalen für die nicht ganz unerhebliche Jahresquote von 100 000 Talern »abtrotzen«. Wilhelm I. wiederum, der ein Aufgehen Preußens in Deutschland fürchtete, akzeptierte erst nach heftigen Auseinandersetzungen mit Bismarck den Titel »Deutscher Kaiser« an Stelle eines »Kaisers von Deutschland«.

Kaiserproklamation in Versailles

Mit der Kaiserproklamation im Spiegelsaal von Versailles am 18. Januar 1871 wurde das »Deutsche Reich« offiziell aus der Taufe gehoben; die Umstände, unter denen dies geschah, ließen an Symbolträchtigkeit kaum zu wünschen übrig. Im Herzen Frankreichs vollzogen, sollte dieser Akt den unüberbrückbaren Kontrast zwischen der preußisch-deutschen Herrlichkeit und dem besiegten und erniedrigten Gegner zum Ausdruck bringen: eine für die Geschichte beider Länder einschneidende Handlung. Das monarchisch-aristokratische Milieu unterstrich den reich dynastischen und militärischen Charakter der Proklamation. Paris, das schon einer neuen Revolution entgegenfieberte, wäre für die triumphierenden Okkupanten dagegen ein viel zu heißes Pflaster gewesen. Mit Pinsel und Griffel hat Anton Werner die Szene festgehalten: Fürsten, Generale und Minister in militärischem Pomp – die »Nation«, das »Volk«, fanden keinen Zutritt. Im Gegenteil, August Bebel und Wilhelm Liebknecht, die im Namen der Sozialdemokratischen Arbeiterpartei ihre mahnende Stimme gegen Eroberungskrieg und Annexionspolitik erhoben hatten, mußten zur selben Stunde im Bezirksgerichtsgefängnis von Leipzig einsitzen. Zwei Linien deutscher Geschichte trafen unversöhnlich aufeinander. Sowohl im Holzschnitt wie im Gemälde hat der Künstler – historisch durchaus zu Recht – Bismarck in das Zentrum des Geschehens gerückt. In der Realität des 18. Januars verhielt es sich weitaus prosaischer: Demonstrativ verweigerte der neu gekürte Herrscher seinem Schöpfer den Händedruck, den er den übrigen Statisten der Szene so großzügig spendete. Dazu Bismarck: »Ich hatte . . . das dringende Bedürfnis, eine Bombe zu sein und zu platzen, daß der ganze Bau in Trümmer gegangen wäre.«

Die Proklamation von Versailles zog den Schlußstrich unter die Revolution von oben; Deutschlands bürgerliche Umwälzung fand ihren politisch-institutionellen Abschluß. Die Zukunft sollte zeigen, welche Folgen sich aus der Tatsache ergaben, daß die Konstituierung des Nationalstaates der geringsten demokratischen Substanz entbehrte und statt dessen auf der unheilvollen Symbiose von Preußentum und Militärstaat, Junkertum und großer Bourgeoisie, nationaler Überhebung und Großmachtanspruch ruhte. Mit der Reichsgründung hatte Bismarck den Höhepunkt seiner historischen Mission erreicht, das wirklich die

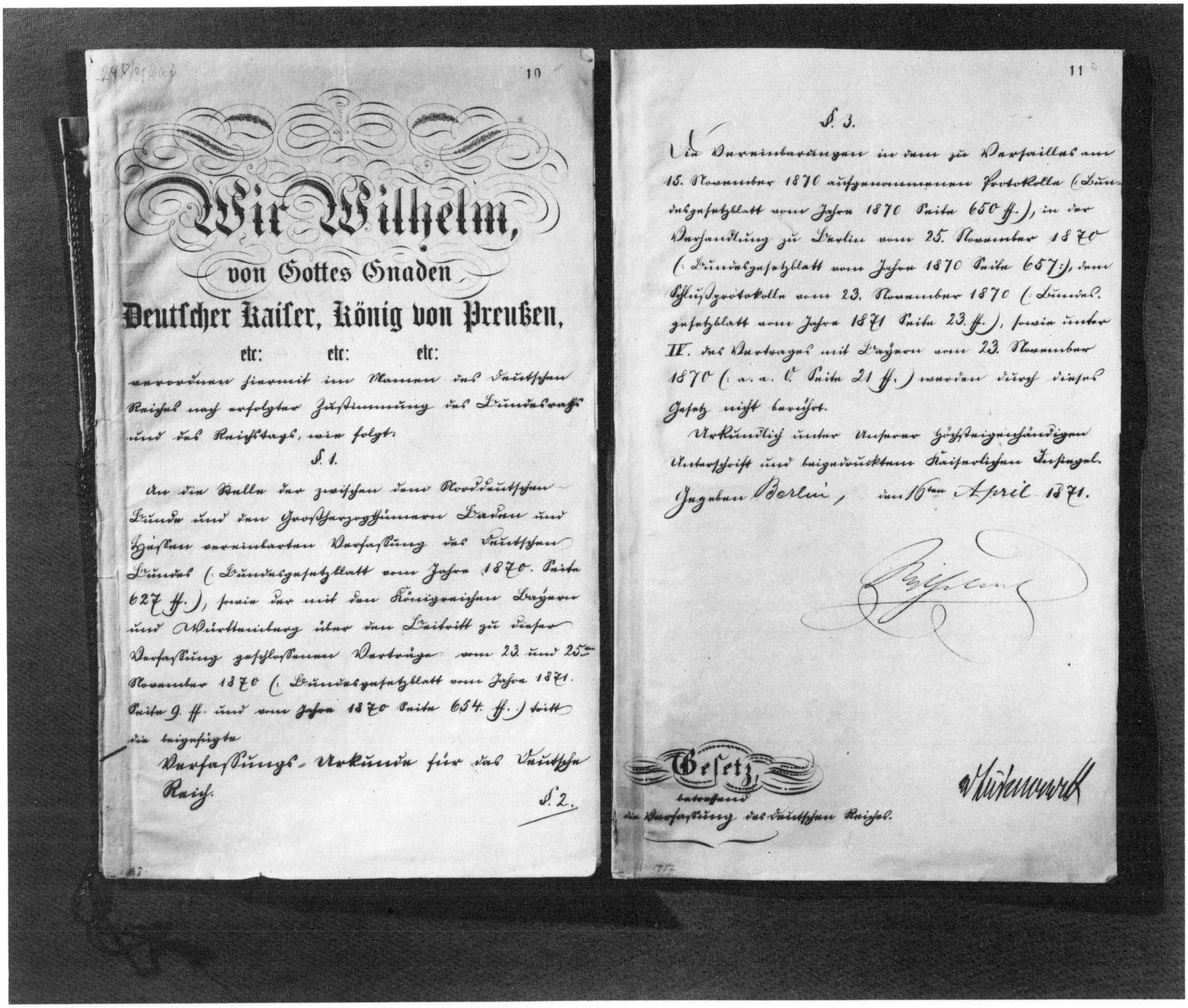
10

Wir Wilhelm,
von Gottes Gnaden
Deutscher Kaiser, König von Preußen,
etc: etc: etc:

verordnen hiermit im Namen des Deutschen Reichs nach erfolgter Zustimmung des Bundesraths und des Reichstags, was folgt:

§. 1.

An die Stelle der zwischen dem Norddeutschen Bunde und den Großherzogthümern Baden und Hessen vereinbarten Verfassung des Deutschen Bundes (Bundesgesetzblatt vom Jahre 1870. Seite 627 ff.), sowie der mit den Königreichen Bayern und Württemberg über den Beitritt zu dieser Verfassung geschlossenen Verträge vom 23. und 25. November 1870 (Bundesgesetzblatt vom Jahre 1871. Seite 9 ff. und vom Jahre 1870 Seite 654 ff.) tritt die beigefügte Verfassungs-Urkunde für das Deutsche Reich.

§. 2.

11

§. 3.

Die Vereinbarungen in dem zu Versailles am 15. November 1870 aufgenommenen Protokolle (Bundesgesetzblatt vom Jahre 1870 Seite 650 ff.), in der Verhandlung zu Berlin vom 25. November 1870 (Bundesgesetzblatt vom Jahre 1870 Seite 657), dem Schlußprotokolle vom 23. November 1870 (Bundesgesetzblatt vom Jahre 1871 Seite 23 ff.), sowie unter IV. des Vertrages mit Bayern vom 23. November 1870 (a. a. O. Seite 21 ff.) werden durch dieses Gesetz nicht berührt.

Urkundlich unter Unserer Höchsteigenhändigen Unterschrift und beigedrucktem Kaiserlichen Insiegel.

Gegeben Berlin, den 16ten April 1871.

Wilhelm

Gesetz betreffend die Verfassung des Deutschen Reichs.

Gesetz über die Verfassung des Deutschen Reiches vom 16. April 1871. Zentrales Staatsarchiv Potsdam

Geschichte Bewegende war getan. Spürte er es selbst, wenn er davon träumte, daß »die Weltgeschichte eine Weile stehen zu bleiben schien«?

Frankreich war in dem Moment, da Bismarck die Geschichte anhalten wollte, schon im Begriff, eine neue Zäsur im welthistorischen Geschehen zu setzen.

Die satirische Darstellung von Gustave Doré konfrontiert zwei Welten im Paris der Jahrhundertmitte: den Typ des feisten Bürgers und den darbenden Pariser Straßenarbeiter.

11

Kein Gott, kein Kaiser noch Tribun

Frankreichs Niederlage im Waffengang gegen Preußen und seine übrigen deutschen Verbündeten bildete nur das letzte Glied in einer Kette von Ursachen, die den Sturz des Bonapartismus herbeiführten. Das Prestige und die Stabilität der Herrschaft Napoleons III. hingen von der Funktionstüchtigkeit der Triade Prosperität – innere Ordnung – internationale Größe ab. Diese drei Bedingungen waren seit Beginn der sechziger Jahre nicht mehr oder nur noch in deutlich abgeschwächter Form gegeben.

Physiognomie des Zweiten Kaiserreiches

Prosperität

Auf wirtschaftlichem Gebiet trat Frankreich unter der Regierung Napoleons III. in das »goldene Zeitalter«. Mochte auch der Anschluß an England nicht gelingen, so erfolgte doch der Aufstieg zur zeitweilig führenden Industriemacht des Festlandes. Obwohl im Landesdurchschnitt weiterhin die Mittel- und Kleinbetriebe strukturbestimmend blieben, entstanden im Kohlebergbau, in der Textilindustrie und der Metallurgie (Eisen- und Stahlproduktion) Unternehmen auf der Basis großer Kapitalkonzentration und mit Tausenden von Arbeitern. Die bedeutendsten Betriebe der Schwerindustrie schlossen sich 1864 im »Comité des forges« (Hüttenkomitee) zusammen. Zur Symbolfigur des Unternehmertyps der imperialen Ära avancierte der Eisenkönig Joseph-Eugène Schneider in Le Creusot. Eine vergleichbare Position im Finanzwesen nahmen die Brüder Emile und Isaac Pereire und ihr Bankinstitut Crédit mobilier ein. Louis Girard charakterisierte treffend: »Sie waren die Spekulanten der Finanz wie Napoleon ein Spekulant der Politik war.«

Ein Kennzeichen des französischen Kapitalismus bestand in der engen Verbindung von Finanzwesen und Industrie; den legendären 200 Familien. Neben dem allmächtigen »Crédit mobilier« sorgten weitere Banken wie der »Crédit Lyonnais« und der »Crédit foncier« für die Finanzierung des industriellen und landwirtschaftlichen Aufschwungs. Als tempobestimmende Konjunkturlokomotive fungierte der Eisenbahnbau, der sich sogar staatlich garantierter Dividenden erfreute. Aber gerade auf diesem Sektor setzte am deutlichsten ab 1860 eine Abflachung der Konjunktur ein.

Pariser Leben

Die ökonomische Opulenz der Bourgeoisie und das Geltungsbedürfnis des zweiten Empire entluden sich in einer bis zum Exzeß getriebenen Bauwut. Durch »Annexions« der umliegenden Gebiete vergrößerte sich Paris auf das Doppelte; seine Bevölkerungszahl erreichte 1,8 Millionen. Besondere Berühmtheit erlangten die unter dem Präfekten Georges Eugène Baron de Haussmann angelegten Prestigeschneisen (»Grands Boulevards«), die nicht nur das architektonische Gesicht der Hauptstadt total erneuerten und großzügige Verkehrslösungen brachten, sondern auch die Bewegungsfähigkeit der Artillerie gegen proletarische Barrikadenbauer garantierten. Die offizielle Architektur des Kaiserreiches erfuhr ihre Prägung durch den eklektizistischen Rückgriff auf die Romanik, Gotik, vor allem die Renaissance; in der Innenarchitektur gab ein barock überladener Neoklassizismus den Ton an. Die ersten Warenhäuser im Stil von »Bon Marché« (1852) vermittelten einer breiten Käuferschicht den Zugang zu einem Luxusangebot völlig neuer Dimension. Paris diktierte die internationale Mode »à la Worth« mit neuentdeckter Krinoline und üppigen Volants. Während die Repräsentanten und Nutznießer des Empire die Luxuslogen der Opéra-Comique frequentierten, schossen für das einfache Volk Gaststätten nach dem Vorbild des riesigen Café du Delta mit dem obligatorischen Angebot von gestrecktem Kaffee, Rotwein minderer Güte, Absinth, Bockbier und Billardspiel aus dem Boden.

Kultur und Kunst

Wie zuvor Versailles für den Absolutismus, so gewann jetzt Paris den Rang eines Weltzentrums für das bürgerliche Zeitalter. In

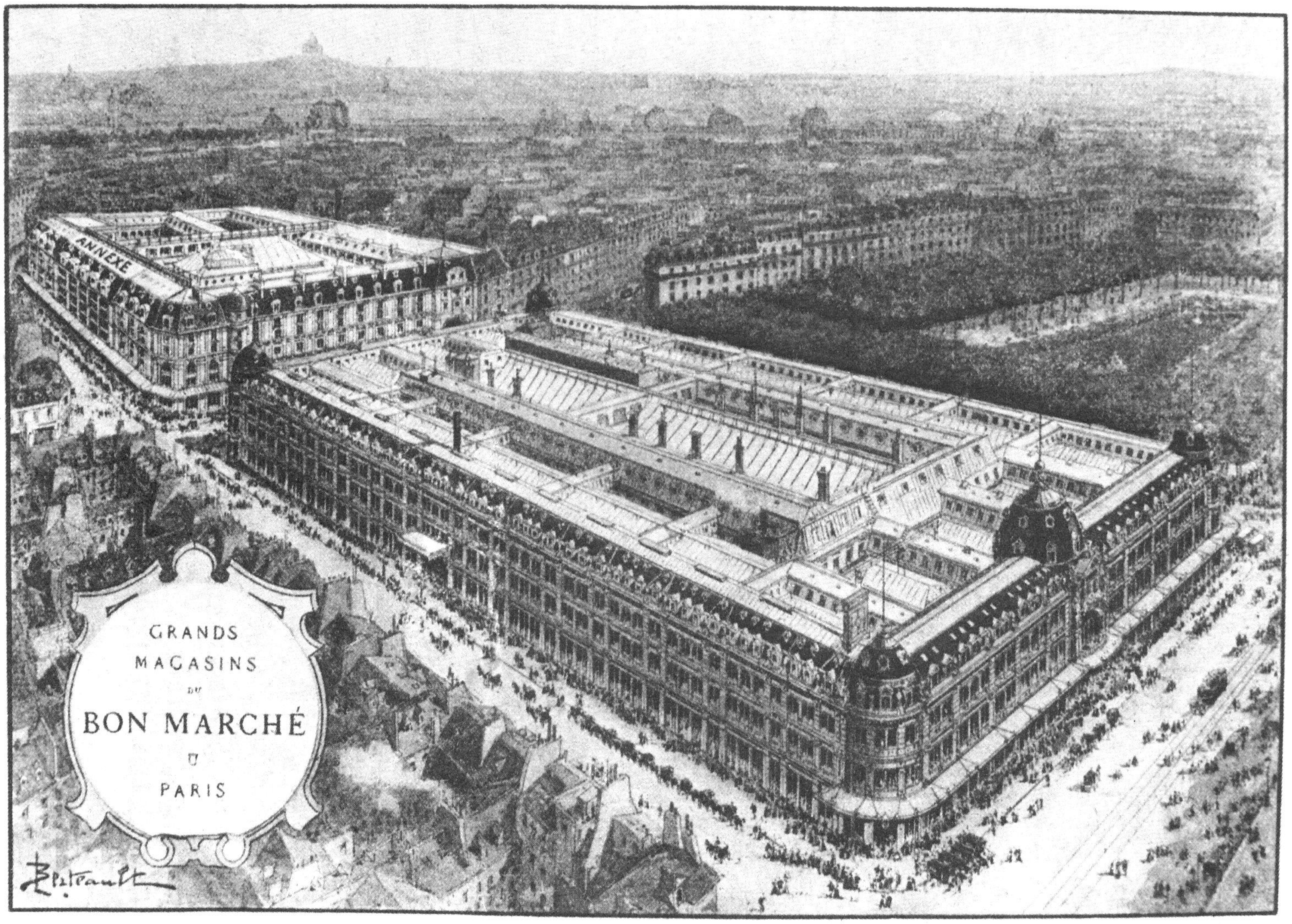

Das Kaufhaus »Bon Marché« in Paris, 1852 von Boncivant und Vidan gegründet, war eines der namhaftesten Warenhäuser Mitte des 19. Jahrhunderts und bot eine breite Palette industriell gefertigter Massenartikel. Zeitgenössische Darstellung

der Literatur glänzten Namen wie Victor Hugo, Gustave Flaubert, Alphonse Daudet, Jules und Edmond Goncourt sowie der junge Emile Zola. Flauberts »Madame Bovary« (1857), der »Renée Mauperin« der Brüder Goncourt (1864) oder die von Zola in 20 Bänden eingefangene »Natur- und Sozialgeschichte« der Familie Rougon-Macquart (ab 1871) zeichneten ein Porträt der bourgeois-imperialen Welt und Halbwelt. In der Malerei und Grafik reflektierten am aggressivsten Honoré Daumier und Gustave Doré das Doppelgesicht der neuen Realität. Gustave Courbet verstand sein Gemälde als »Allégorie réelle«, um die »volle Wahrheit« zu sagen; diese demokratische Grundüberzeugung führte den Künstler an die Seite der Commune. Jean François Millet wandte sich als erster Maler dem arbeitenden Menschen zu. Die Vertreter der Schule von Barbizon dagegen, zu deren hervorragenden Persönlichkeiten Théodore Rousseau und Jean François Millet gehörten, wichen vor dem urbanen Materialismus in leiser Sozialkritik auf das intime ländliche Sujet aus. Mit Edouard Manets skandalumwitterten »Frühstück im Freien« (1863) vollzog sich bereits der Übergang zum Impressionismus, der, ausgehend von Frankreich, die europäische Malerei revolutionierte. Noch in die Zeit des zweiten Empire fielen die Anfänge des größten Bildhauers des 19. Jahrhunderts, François Auguste Rodin, dessen monumentales Werk den Kontrapunkt zu der auf äußere Repräsentanz und Selbstverherrlichung ausgerichteten Denkmalsinvasion setzte. Ihre musikalische Entlarvung fand die Scheinwelt des Empire in der Musik von Jacques Offenbach. Die in den Bouffes-Parisiens aufgeführten Werke der klassischen Operette – »Orpheus in der Unterwelt«, 1858; »Die schöne Helena«, 1864; »Pariser Leben«, 1866 – durchleuchteten und parodierten das bonapartistische Regime in unübertroffener

Weise; dem vom frenetisch-erotischen Cancan mitgerissenen Bürger wurde der Spiegel vorgehalten. Resigniert bemerkten die überfeinerten Goncourts, die Dinge bräuchten nicht mehr delikat und exquisit zu sein, es genüge schon, wenn sie teuer aussähen.

An der Spitze dieser ebenso labilen wie brisanten Mischung von Sein und Schein stand mit Napoleon III. ein Mann von kaum mehr als durchschnittlichem Format, besessen von der Vision, seinem großen Onkel nacheifern zu müssen (was Victor Hugo zu der Metapher »Napoléon le petit« veranlaßte), von fast infantilem Stolz auf die von ihm erfundene, den Karikaturisten ein dankbares Detail bietende Bartform, den Frauen und jeglichen Halbweltexistenzen der hauptstädtischen Salons verfallen, ein passionierter Raucher, dazu in fast extremem Narzismus auf seine Autorität bedacht, am Ende seiner Herrschaft aber schon sichtlich von körperlichem Verfall gezeichnet. Ihm zur Seite – teils auch im Wege – stand mit Eugénie de Montijo eine ebenso schöne wie ehrgeizige Vertreterin des kastilischen Adels, die getreu ihrem iberischen Erbe eine militant-konservative und klerikale Position einnahm, die sich nur schwer in die demagogisch-plebiszitären Züge des Bonapartismus einordnete.

Innere Ordnung: Bourgeois und Proletarier

Die mit dem Plebiszit vom 21. November 1852 durch acht Millionen Stimmen abgesegnete Kaisermacht drängte jede oppositionelle Regung in das Abseits oder in den Untergrund. Legitimisten und Orleanisten spielten im Gesetzgebenden Körper eine untergeordnete Rolle, die bürgerlichen Liberalen der Ordnungspartei unseligen Angedenkens mußten sich bis 1857 mit einem Abgeordneten begnügen. Noch ungünstiger war die Lage der Arbeiter. Obwohl die Nominallöhne unter dem Kaiserreich beträchtlich anstiegen, blieben sie um etwa 30 Prozent hinter der realen Preisentwicklung zurück. Bei einem Arbeitstag von zehn bis zwölf Stunden verdiente ein Konfektionsarbeiter maximal zwei Francs, ein Mechaniker konnte es auf sechs Francs bringen, ein Weber in der Provinz erhielt etwa einen Franc. Um die östlichen und nördlichen Arbeiterviertel von Paris machte die Modernisierung einen großen Bogen. Die Menschen im »Waggon dritter Klasse« – so der Titel einer Zeichnung von Daumier – blieben von der Prosperität weitgehend ausgeschlossen. Noch galt das Gesetz Le Chapelier von 1791, das Streik und gewerkschaftliche Vereinigung verbot. Revolutionäre Aktivitäten begrenzten sich auf die rigoros verfolgten Geheimgesellschaften. Die politisch bewußten Arbeiter hingen entweder dem anarcho-pazifistischen Genossenschaftssozialismus eines Proudhon oder dem radikal-demokratischen Aktionismus Blanquis an. Als 1860 der Freihandelsvertrag mit England geschlossen wurde, sahen nicht nur erhebliche Teile des Bürgertums ihre bislang protektionistisch abgeschirmten Gewinne gefährdet; die ersten Opfer der Überschwemmung mit englischen Waren wurden die Weber infolge der erneut einsetzenden Arbeitslosigkeit. Eine echte Wiederbelebung der Arbeiterbewegung zeichnete sich aber erst mit dem Beginn der sechziger Jahre ab.

Das liberale Kaiserreich

Im Jahre 1861 proklamierte Napoleon III. die Liberalisierung des Kaiserreiches: Der Gesetzgebende Körper erhielt das Recht, über die Thronreden des Monarchen zu diskutieren. Diese »Öffnung« des Empire erfolgte allerdings unter wenig günstigen Bedingungen für Napoleon III. Die wirtschaftliche Konjunktur flaute ab, so daß bald der Bankier James de Rothschild feststellte: »L'Empire, c'est la baisse« (Das Kaiserreich ist der Aktiensturz). Das war als bewußter Kontrapunkt zur einstigen Zauberformel: »L'Empire, c'est la paix« (Das Kaiserreich ist der Frieden) gedacht. Ebenso bewegte sich die außenpolitische Erfolgsserie in absteigender Linie; auf die »Grandeur« fielen erste Schatten. Eine fast sensationelle Neukonstellation deutete sich mit den Wahlen von 1863 an. Die Opposition errang 32 von den insgesamt 282 Abgeordnetensitzen; die republikanische Fraktion mit Thiers an der Spitze umfaßte 17 Vertreter, dazu kamen 15 unabhängige Katholiken, die Napoleons Italienpolitik mißbilligten. In den Wahlen hatte sich das flache Land auf die Seite Napoleons gegen die vorwiegend republikanisch orientierten Städte gestellt: Von 22 Städten über 50000 Einwohner bestätigten nur vier die offiziellen Kandidaten. »Es gibt zwei Völker in Frankreich: die Provinz und Paris«, meinte treffend Hippolyte Taine. Einflußreiche Presseorgane, wie das »Journal des Débats«, die »Revue des deux Mondes«, »Revue de Paris« oder »Le Siècle« gingen gegenüber dem Regime auf Distanz. Mit besonderer Aggressivität attackierte der republikanische Journalist Henri Rochefort in »La Lanterne« den Bonapartismus; eine nicht minder einflußreiche Rolle spielte Prévost-Paradol (»Courrier du dimanche«, »Débats«).

Flucht in die Demagogie

Gegenüber den oppositionell-republikanischen oder antiautoritären, auf eine weitere Öffnung des Kaiserreiches drängenden Gruppierungen der Bourgeoisie, erinnerte sich Napoleon III. an seine sozialistisch eingefärbten Jugendsünden. Ungeachtet der Befürchtung des inzwischen erzkonservativen Politikers François Guizot, daß die Reform eine halbgeöffnete Tür sei, die eines Tages den Revolutionären den Eintritt erlaube, begann Napoleon III. einen Flirt mit der Arbeiterbewegung. Teilnehmer an Streiks wurden begnadigt und Kontakte zu Anhängern des Proudhonismus um den Ziseleur Henri Louis Toulain geknüpft. Die Regierung finanzierte sogar den Besuch einer Arbeiterdelegation zur Weltausstellung nach London (1862); es erfolgte die Aufhebung des Streikverbots (1864). Die paternalistische Rechnung ging allerdings nicht auf. In London trafen sich die französischen Arbeiter mit Führern der englischen Trade-Unions und beschlossen periodische Begegnungen: Der Gedanke einer künftigen Internationale war geboren. Bei den Nachwahlen von 1864 stellten die Pariser Arbeiter ihren ersten Kandidaten auf, und 1865 entstand die französische Sektion der Internationalen Arbeiterassoziation. Auf diese Herausforderung durch das sein Selbstbewußtsein zeigende Proletariat antwortete die Regierung mit einer Prozeßserie, die jede Illusion über die Arbeiterfreundlichkeit des Bonapartismus beseitigte.

Außen- und Expansionspolitik

Beginnend mit dem Krimkrieg versuchte Frankreich unter Napoleon III. eine führende Rolle in der europäischen und internationalen Politik zu spielen. Das Kaiserreich präsentierte sich als Protektor der Völker und der nationalen Unabhängigkeit: für die Türkei gegen Rußlands Machtanspruch, als Befürworter der Selbständigkeit Rumäniens, in Italien an der Seite von Sardinien-Piemont, als Freund eines unabhängigen Polen, als Schutzpatron der antipreußischen Interessen der süddeutschen Staaten. Weit weniger verhüllt zeigte sich das Hegemoniestreben Frankreichs in Gestalt eines Satellitenkaisertums in Mexiko. Besondere Aufmerksamkeit galt dem Bodengewinn in Richtung Rhein; hier fand Napoleon III. jedoch schon ab 1862 seinen Meister in Bismarck, der Frankreich »pour le roi de Prusse« ausmanövrierte. Auf eine Erhöhung der Grandeur zielte auch die intensive Kolonialpolitik Frankreichs in Nordafrika, am Senegal, in Südostasien. Der nach den Plänen von Ferdinand de Lesseps erbaute und 1869 eröffnete Suez-Kanal, ohne Zweifel ein ingenieurtechnisches Meisterwerk, unterstrich Frankreichs Anspruch auf die tonangebende Stellung in der Orientpolitik. Für die zur Eröffnung anwesende Kaiserin Eugénie inszenierte der Khedive ein berauschendes orientalisches Spektakel aus Tausendundeiner Nacht, Giuseppe Verdi komponierte die Festoper »Aida«; wer erinnerte sich da schon an die 20000 Opfer, die der Kanalbau gefordert hatte ...

Ungeachtet aller diplomatischen Finessen führte die aggressiv-expansionistische Politik Frankreich zunehmend in die Isolierung. Im Moment der entscheidenden Konfrontation mit Preußen-Deutschland blieb es in verhängnisvoller Weise auf sich allein gestellt.

Krise des Bonapartismus

Mit dem Jahre 1869 setzte die offene Krise des Systems ein. Der späte und völlig inkonsequente Versuch einer Reorganisation der veralteten Armee endete durch den Tod des Kriegsministers Marschall Niel. Nach einer Serie von Skandalen machten die Gebrüder Pereire Bankrott, ihnen folgte, von Thiers im Parlament bloßgestellt, Haussmann. Zur politischen Katastrophe für das Empire wuchsen sich die Ergebnisse der Wahlen vom Mai 1869 aus: 4338000 Regierungsstimmen standen 3355000 der Opposition entgegen. Nur die Stimmen der Provinz, der Ruraux, hatten eine »Wegwahl« Napoleons III. verhindert. Unter Führung des Ex-Orleanisten Thiers, der seine historischen Studien unterbrach, um wieder Politik zu machen, gewann die liberal-bürgerliche Opposition zusehends an Profil und Gewicht. An die Stelle des bonapartistischen Kabinettschefs Rouher trat Emile Ollivier, das Haupt der »dritten Partei«, die auf eine weitergehende liberale Öffnung des Kaiserreiches drängte, ohne deshalb für die Republik zu plädieren. Doch welchen Wert besaß ein Kaiserreich für Bourgeois vom Format der Rothschild und Schneider, wenn sein Prestige und die reale Macht nach innen und außen auf Null zurückging?

Ministerium Ollivier

Am 2. Januar 1870 trat Ollivier sein Amt an. Zu den Anzeichen der labilen Situation gehörte ein Aufstandsversuch von kleinbürgerlich-radikalen Neojakobinern am 12. Januar als Antwort auf die Ermordung des republikanischen Journalisten Victor Noir durch Pierre Bonaparte, den Neffen des Kaisers. Eugénie hielt die Stellung ihres Gatten selbst für so schwach, daß sie schon die Regentschaft für ihren minderjährigen Sohn betrieb. In Le Creusot ging die Armee massiv gegen Streikende vor. Napoleon III. nahm Zuflucht zum bewährten Mittel des Plebiszits (Mai 1870). Da für oder gegen die Reformen des Kaiserreiches abgestimmt werden sollte, handelte es sich um eine Fangfrage. Noch einmal retteten die Ruraux das Kaiserreich: 7336000 Ja-Stimmen standen 1560000 Nein-Stimmen und 1894000 Enthaltungen entgegen. Paris hatte mehrheitlich gegen das Kaiserreich votiert: Durch die großen Boulevards zogen Arbeiter und Handwerker unter dem Gesang der Marseillaise. Trotzdem erlag Napoleon III. der Illusion, die Alternative Revolution oder Kaiserreich für sich entschieden zu haben. Statt dessen tat er mit der Kriegserklärung an Preußen den letzten Schritt, um die Revolution herbeizuführen.

Septemberrevolution

Nach der Katastrophe von Sedan am 2. September ließ sich Napoleon III., schon sichtlich durch die Symptome seines baldigen physischen Endes gezeichnet, auf das Schloß Wilhelmshöhe in Westfalen, den einstigen Sitz seines Onkels Jérôme, verbringen; die Spalier stehenden Soldaten streckten dem Kaiser die geballte Faust entgegen. In Paris löste die Nachricht von der Niederlage hektische Aktivität aus. Der neue Kabinettschef Cousin-Montauban, Graf von Palikao, ein doktrinärer Bonapartist, hoffte vergeblich auf Siegesmeldungen, um die Monarchie retten zu können. Eugénie verhandelte rastlos um die Regentschaft, ehe sie im Haus ihres nordamerikanischen Zahnarztes Zuflucht suchte. Auf der Place de la Concorde defilierten unter dem Beifall der Menge Einheiten der National- und Munizipalgarde, enthusiastisch, aber ohne Führung. Die Blanquisten ließen sich für den Moment vom nationalen Taumel mitreißen:

Das Gesicht des Vierten Standes:
Arbeiter in einer Fabrik. Lithographie von Frank Brangwyn. Museum der bildenden Künste, Leipzig

Schönheit und Ehrgeiz:
Eugénie Marie Gräfin von Théba und Montijo. Dem spanischen Adel entstammend, heiratete sie im Jahre 1853 den Kaiser der Franzosen, Napoleon III. Anonyme Lithographie. Staatliche Bücher- und Kupferstichsammlung Greiz

Der kleine Neffe des großen Onkels:
Am 2. Dezember 1852 ließ sich Louis Bonaparte als Napoleon III. zum Kaiser der Franzosen proklamieren. Fontainebleau, einst bevorzugter Aufenthalt Napoleons I., erlebte erneut den Prunk imperialer Hofhaltung. Lithographie von C.W. Arldt. Staatliche Bücher- und Kupferstichsammlung Greiz

Geburt einer neuen Kunst:
Das Gemälde »Impression – Aufgehende Sonne« gab dem Impressionismus den Namen. Gemälde von Claude Monet, 1872. Musée Marmottan, Paris

Wacht auf, Verdammte . . .
Aus dem unmittelbaren Erleben des Künstlers in den Tagen der Commune entstand um das Jahr 1871 das Aquarell von Edouard Manet mit dem Titel »Die Barrikade«. Magyar Szépmüvészeti Múzeum, Budapest

Proletarischer Alltag:
Die Wäscherin. Gemälde von Honoré Daumier, 1860 bis 1862. Musée du Louvre, Paris

Communardenschicksal:
In Erwartung eines gnadenlosen Urteils gefangengesetzte Föderierte in der Conciergerie. Lithographie von Gustave Courbet

Unvergessen:
Am 27. und 28. Mai des Jahres 1871 verteidigten sich 200 auf den Friedhof Père Lachaise zurückgedrängte Communarden gegen 5000 Versailler.

»Angesichts des Feindes keine Parteien, keine Schattierungen mehr!«, die führenden Mitglieder der Internationale waren infolge eines erneuten Prozesses (Juni 1870) durch Haft oder Exil vom Schauplatz entfernt.

Wer würde nach der vakant gewordenen Macht greifen? – Ohne formell von Absetzung des Kaisers zu sprechen, wählte der Gesetzgebende Körper einen Regierungsrat. Dieser Versuch, alle Wege für eine monarchistische Lösung (mit oder ohne Napoleon) offenzuhalten, wurde durch die Massen auf der Place de la Concorde vereitelt. Die Demonstranten drangen in das Palais

Proklamation der Republik

Bourbon ein und verlangten die Ausrufung der Republik. Gewiefte Republikaner vom Zuschnitt des Intriganten Jules Favre und des auf sein Ansehen als Volkstribun setzenden Léon Michel Gambetta dirigierten mit Hilfe von Blanquisten und Neojakobinern, die sich in das Jahr 1792 zurückversetzt wähnten, die Massen in das Stadthaus (Hôtel de ville) von Paris. Hier erfolgte die Einsetzung einer Provisorischen Regierung unter General Louis Jules Trochu, Militärgouverneur von Paris, Orleanist, dazu – wie es hieß – »Soldat, Katholik und Bretone«. So entstand im Ergebnis der Septemberrevolution die III. Republik – auf den kleinsten Nenner gebracht: die Herrschaft der Bourgeoisie, ohne Krone, ohne einen Vertreter der revolutionären Demokratie in der Regierung und in erster Linie darauf bedacht, der sozialen Revolution den Weg zu verbauen. In genauer Kenntnis der allgemeinen Stimmung gab sich die neue-alte Macht den Namen »Gouvernement provisoire de la défense nationale« (Provisorische Regierung der nationalen Verteidigung). Wie in anderen Schicksalsstunden Frankreichs erhob Paris erneut den Anspruch, im Namen der Nation zu sprechen und zu handeln.

Commune-Bewegung in den Provinzen

Sehr im Unterschied zur Hauptstadt, wo sich das Volk zunächst ausmanövrieren ließ, und die Revolution in den engen liberal-bürgerlichen Koordinaten erstarrte, verlief der Machtwechsel in einer Reihe von größeren Provinzstädten wesentlich konfliktreicher. Besonders explosiv erwies sich die Lage in jenen Orten, die bereits von der Industrialisierung und ihren sozialen Widersprüchen geprägt waren. Zugleich äußerte sich der Widerstand gegen den exzessiven Zentralismus des Kaiserreiches im Aufkommen einer breiten kommunal-föderalistischen Bewegung.

Commune von Lyon

In Lyon erfolgte die Ausrufung der Republik etliche Stunden früher als in Paris, und an Stelle der Trikolore hißten die Revolutionäre aus den traditionellen Webuervierteln auf dem Stadthaus die rote Fahne. Der Präfekt wurde abgesetzt, die Macht übernahm ein Wohlfahrtsausschuß (»Comité de Salut Public«, C.S.P.). Reminiszenz an 1793 oder Vorbote einer Revolution neuen Typs? Neben dem Kaufmann standen Advokat, Apotheker, Lehrer, Weber und Schuhmacher. Ein Geheimagent der Regierung zählte über 30 Mitglieder der Internationale. Die nachfolgende Geschichtsforschung bestätigte: ». . . die Internationale ist fast immer präsent« (Maurice Moissonnier), d.h. es wuchsen die subjektiven Faktoren heran, um die Grenzen einer bürgerlichen Revolution zu sprengen. Die erste Mitteilung des C.S.P. lautete: »Die Republik ist proklamiert. Frankreich hat sich wie ein Mann erhoben, um aus seinem Schoß die verabscheuungswürdige und korrupte Macht herauszureißen, uns bleibt eine riesige Aufgabe zu erfüllen: die preußischen Armeen zu vertreiben, die unsere Erde überfallen haben.« Die neue Regierung gab sich den Namen »Commune de Lyon« und erklärte ihre Bereitschaft mit Paris »auf gleichberechtigter Basis« zu verhandeln. In wenigen Tagen von der Proklamation der Republik am 4. September bis zur Errichtung der Commune auf der Grundlage von Kommunalwahlen vollzog die neue Lokalgewalt eine Reihe von revolutionär-demokratischen Maßnahmen:

Revolutionäre Maßnahmen

Trennung von Kirche und Staat, Enteignung des Kirchenbesitzes, Aufhebung des Oktroi (Steuer für in die Stadt eingeführte Waren), Beschlagnahme des Eigentums von flüchtigen Bürgern, Heranziehung der Geistlichen zur Wehrpflicht, Aufhebung der Klöster und religiösen Orden, Eröffnung von Nationalwerkstätten, um die Arbeitslosigkeit zu beseitigen, Erarbeitung von Argumentationsmaterialien gegen die konterrevolutionäre Presse, unentgeltliche Rückerstattung der verpfändeten Gegenstände im Wert bis zu 20 Francs (eine für die arme Bevölkerung wichtige Sozialmaßnahme), Verhängung einer Grund- und Vermögenssteuer, Gesetz über die Wahl der Polizeikommissare und die Verhaftung aller Bürgermeister des Departements, die sich weigerten, die Republik anzuerkennen, Aufhebung der Bürgerrechte für Repräsentanten des gestürzten Kaiserreiches, Verbot des Religionsunterrichts, Auferlegung einer Zwangsanleihe in Höhe von 20 Millionen Francs für Verteidigungszwecke. Noch am 15. September, dem Tag der angesetzten Wahlen zur Commune, übernahm Guillaume Chol, ein Schuhmacher und Mitglied der Internationale, das Zentralkommissariat der Polizei. Wenn von einem beträchtlichen Einfluß der Internationale die Rede ist, so bleibt stets zu bedenken, daß es sich in der Regel um Anhänger des proudhonistischen Mehrheitsflügels handelte.

Die in elf Tagen in Lyon errichtete Macht trug progressiv-demokratischen Charakter, insofern sie den konservativen Teil der lokalen Bourgeoisie entmachtete und eine Beteiligung von kleinbürgerlichen Elementen und Proletariern an der Regierung ermöglichte. Der anfänglich bestimmende Einfluß der revolutionären Linken wurde jedoch auf dreifache Weise preisgegeben: Es gelang keine tragfähige Koordinierung der Aktivitäten mit Paris, die revolutionären Kräfte verfügten über keine zentrale Organisation, und die Wahlen am 15. September erbrachten den Sieg einer gemäßigten Mehrheit, die den Aktionsradius der proletarischen und kleinbürgerlichen Kräfte rasch einengte. Die Dominanz der Gemäßigten im Rat der Commune führte auch zu einer Schwächung der Linken im C.S.P.; der Anteil der Arbeiter ging drastisch zurück, dagegen wuchs die Zahl von Vertretern freier Berufe, des Handwerks und der kleinen Unternehmer. Eine am 28. September 1870 gescheiterte Erhebung unter Führung von Michail Bakunin gab den gemäßigt-bürgerlichen Vertretern in der Commune den gewünschten Anlaß, sich noch stärker gegenüber der proletarisch-kleinbürgerlichen Linken abzugrenzen. Als besonders verhängnisvoll erwies sich, daß weder der neugewählte Rat der Commune noch das C.S.P. eine Auflösung der Garnison von Lyon und die alleinige Ausübung der militärischen Gewalt durch die Nationalgarde durchsetzte. Das Kräfteverhältnis zwischen revolutionärer Zivil- und konterrevolutionärer Militärgewalt blieb offen; der neue Befehlshaber der Division, General Mazure, gewann die erforderliche Zeit, um den Sturz der Commune vorzubereiten.

Liga des Südens

Neben Lyon kam es zu analogen Bewegungen in Marseille, Toulouse, Narbonne, St-Etienne, Limoges, Le Creusot und zahlreichen anderen Orten, vornehmlich des Südens. Mit dem Ziel einer Koordinierung dieser Bewegungen, von denen allerdings keine das revolutionäre Profil Lyons erreichte und die zumeist rasch der militärischen Konterrevolution erlagen, entstand die »Liga des Südens«. Dieses Projekt fand die besondere Unterstützung Bakunins und seiner Anhänger, die in der Liga den Vorboten einer kantonalistischen Gesellschaftsorganisation und die Basis für eine Verschmelzung der französischen mit der parallelen spanischen Revolution sahen; das ungleich pragmatischer denkende Handels- und Industriebürgertum des Südens betrachtete die Liga dagegen als Ersatz für die aktionsunfähige Zentralregierung und Interessenvertretung der 15 Departements, die zwischen den Alpen, den Cevennen und dem Mittelmeer eine relativ geschlossene geographisch-ökonomische, vom Krieg kaum berührte Region darstellten.

Niederlage der Provinz

Die Commune-Bewegung in den Provinzen brach mit dem Sieg der Konterrevolution am 30. April 1871 in Lyon zusammen. Von nun an mußte das insurgierte Paris auf sich allein gestellt kämpfen. Aber die Tatsache, daß sich eine große Zahl von Provinzstädten im Aufstand befunden hatte oder von Unruhen erfaßt wurde, zeugte davon, daß die großen Ereignisse in Paris weder einen Zufall noch eine Ausnahme bildeten, sondern Ausdruck der tiefen Krise der *gesamten* französischen Gesellschaft waren.

Das Prestige der Regierung Trochu beruhte auf einem Kredit auf Zeit; er hing davon ab, welche Energien freigesetzt und welche Erfolge im Namen der »nationalen Verteidigung« erzielt wurden. In der Erkenntnis, daß der 4. September nur eine Republik ohne Volk erbracht hatte – Louis Charles Delescluze, ein führender Vertreter der Neojakobiner, stellte resigniert fest: »Wir sind verloren!« –, formierte sich bereits einen Tag später das Zentralkomitee der 20 Arrondissements von Paris. Dieses Zentralkomitee stützte sich vor allem auf die Wachsamkeitskomitees und revolutionären Klubs der proletarisch-kleinbürgerlichen Faubourgs und begann den Charakter einer Gegenmacht zur Regierung Trochu anzunehmen; praktisch bestand innerhalb von Paris eine Doppelherrschaft. In Erinnerung an die avantgardistische Rolle der revolutionären Stadtverwaltung im großen Jahre 1793 wurde die Forderung nach Errichtung einer Commune zunehmend lauter. Für die Masse der Bevölkerung von Paris hatte die Losung »Vive la Commune!«, wie sie Tausende von Demonstranten am 6. und 7. Oktober 1870 angesichts der inzwischen erfolgten Einschließung von Paris durch die preußisch-deutschen Truppen vor dem Stadthaus riefen, eine fast mystische Bedeutung, bezogen auf die Rettung aus sozialer Misere und nationaler Bedrohung.

Paris auf dem Weg zur Commune

Eine Zäsur im Kampf um die Commune bildete der Aufstand der Blanquisten am 31. Oktober 1870. Am 27. Oktober hatte Marschall Bazaine Frankreichs wichtigste Festung, Metz, mit 6000 Offizieren, 187000 Mann und einem intakten Artilleriepark den Preußen übergeben; am 28. Oktober scheiterte ein Ausfall der Garnison von Paris in Richtung Le Bourget. Zugleich drangen Informationen über die geheimen Kontakte von Thiers (Victor Hugo: »der schreckliche Zwerg«) an die Öffentlichkeit. Unter dem Eindruck des offenen Verrats gingen die Blanquisten in den Aufstand, und es gelang ihnen, auch die Neojakobiner (Louis Charles Delescluze, Félix Pyat, Gustave Flourens und andere) mitzureißen. Was sich nicht bewegte, war das Volk, da die Blanquisten durch ihre Putschtaktik über die Köpfe der Massen hinweg handelten. Mit Hilfe der Armee und vor allem der auf ihn eingeschworenen bretonischen Mobilgarde gelang es Trochu, die Situation unter Kontrolle zu bringen. Die allgemeine Desorientierung ausnutzend, ließ sich Trochu seine Macht am 3. November durch ein manipuliertes Plebiszit bestätigen; auch die nachfolgenden Bürgermeisterwahlen schlugen zugunsten der Regierung aus. Blanqui geriet in die Verhaftungswelle und mußte die Zeit der Commune im Gefängnis verbringen.

Aufstand vom 31. Oktober

Mit den Oktoberereignissen hatte die Regierung der nationalen Verteidigung offen die Grenze gegen die Volksbewegung gezogen. Als Hauptgefahr sahen Trochu in Paris und Thiers in

Das Stadthaus von Paris. Auf dessen Vorplatz erfolgte am 18. März 1871 die Proklamation der Commune. Kolorierte Lithographie von Aubrun, 1857

Tours die innere Front – »die soziale Auflösung Frankreichs« –, was ihre Neigung zum Frieden um jeden Preis mit den preußisch-deutschen Invasoren beflügelte. Um die revolutionären Elemente auszubluten, trieb Trochu die Pariser Nationalgarde in eine Serie dilettantisch vorbereiteter und talentlos geführter Ausfälle.

Herbst und Winter forderten von dem belagerten Paris schwerste Opfer: Im Dezember starben an den Folgen der Auszehrung fast 12000 Einwohner, im Januar 1871 fast 20000. Die sich spontan ausbildende revolutionäre Situation ließ sich deutlich an dem in die Geschichte eingegangenen »roten Plakat« der 20 Arrondissements vom 6. Februar 1871 ablesen; es enthielt eine gnadenlose Abrechnung mit der Politik der Regierung und endete mit den Worten: »Allgemeine Requisition, unentgeltliche Lebensmittelverteilung, Massenangriff! Das Urteil über die Strategie und Verwaltung vom 4. September, Erbe des Kaiserreiches, ist gefällt. Platz dem Volk! Platz der Commune!« Mit der Kapitulation von Paris, dem Waffenstillstand und dem folgenden Präliminarfrieden entfielen zwei entscheidende Elemente für die Legitimierung der Regierung: der Anspruch auf Verteidigung der Nation und die Illusion einer demokratischen Vertretung der Mehrheit des Volkes.

Wahl der Nationalversammlung

Die Abneigung gegen die in Paris heraufziehende Revolution fand ihren Ausdruck in der am 8. Februar 1871 gewählten Nationalversammlung. Wie schon unter dem Empire gehabt, bestimmten die Ruraux das Ergebnis. In dem »Krautjunkerparlament«, das am 13. Februar in Bordeaux zusammentrat, dominierten die Monarchisten unterschiedlichster Couleur mit 450 von insgesamt 750 Abgeordneten; die Linke befand sich in einer verschwindenden Minderheit. Victor Hugo schrieb: »Wir sind 50 gegen 700 Reaktionäre aller Schattierungen, vom Jesuiten bis zum Bonapartisten.« Die Versammlung wählte Adolphe Thiers zum Chef der Regierung und damit den Mann, dessen erklärtes Ziel es war, das revolutionäre Paris zu bändigen.

Revolutionäre Krise

Vier Ereignisse brachten in Paris die Stimmung auf den Siedepunkt: Am 1. März 1871, früh 7.30 Uhr, defilierten 30000 Mann der preußisch-deutschen Armeen auf den Champs-Elysées in symbolischer Siegergeste; am 13. März verfielen auf Beschluß der Regierung Thiers die während des Krieges aufgelaufenen Wechsel, eine Maßnahme, die den Ruin von zahllosen kleinen Kaufleuten und Handwerkern nach sich zog; die Masse der Bevölkerung wurde dagegen von der Aufhebung der Mietstundung betroffen; schließlich erfolgte die Einstellung der Besoldung der Nationalgarde, eine Maßnahme, die sich in erster Linie gegen deren proletarische und kleinbürgerliche Mitglieder richtete. Auf diese Politik der sozialen Provokation antworteten 1325 Vertreter der Nationalgarde, die 215 von insgesamt 270 Bataillonen repräsentierten, mit der Wahl eines Zentralkomitees, das sich rasch zum politisch-militärischen Führungsorgan der Linken entwickelte. Die Polarisierung der Kräfte erreichte ein neues Ausmaß.

Es war Thiers selbst, der bewußt den Bruch zwischen Regierung und Nationalgarde herbeiführte. Er begab sich am 17. März nach Paris, um den neuen Militärgouverneur Vinoy zum Losschlagen zu veranlassen. In seinen Memoiren bekannte Thiers später freimütig: »Man diskutierte das Problem einer unerläßlichen und sofortigen Offensive, die zwei Hauptziele haben sollte: die Wiedergewinnung der von den Bataillonen entführten und stark bewachten Kanonen, Waffen und Munitionsvorräte, die Auflösung dieses Komitees und die Verhaftung seiner Mitglieder.«

Der 18. März

Am 18. März 1871, früh fünf Uhr, unter Ausnutzung der Dunkelheit, begann der Versuch von Einheiten der Armee, die auf dem Montmartre stationierten Kanonen der Nationalgarde zu entführen; er scheiterte am Widerstand der wachsamen Anwohner, vor allem der Frauen, und der herbeieilenden Gardisten. Um elf Uhr vormittags hatte Thiers den Kampf verloren. Die Nationalgarde beherrschte das Feld, die Mehrheit der Soldaten hatte sich verbrüdert und die Front gewechselt. Thiers verließ die Stadt so fluchtartig, daß sogar seine Frau und der Diener zurückblieben. Der entlarvte Regierungschef begab sich nach Versailles, wohin sich die Regierung und ihre Truppen inzwischen begeben hatten. Auf Thiers' Flucht folgte der Exodus der Begüterten und der regimetreuen Amtsträger; fast war das werktätige Paris unter sich – fast deshalb, weil die noch vorhandenen Konservativen es nicht versäumten, eine »Vereinigung der Freunde der Ordnung« zu gründen, die gemeinsam mit der rechten Presse sofort eine Konterrevolution zu organisieren versuchte.

Mit dem 18. März 1871 begann die Commune-Revolution im engeren Sinne; es wurden endgültig die Klassengrenzen der Septemberrevolution gesprengt, und eine Macht proletarischen Charakters entstand. Diese historische Ortsbestimmung gilt es allerdings in zweifacher Weise zu relativieren: im Hinblick auf den unausgereiften sozial-strukturellen und politisch-organisatorischen Entwicklungsstand des Proletariats und des nicht unerheblichen Einflusses kleinbürgerlich-demokratischer Kräfte. Es vollzog sich – wie Ernst Engelberg treffend formulierte – eine »frühproletarische Revolution«. Gegen die Thesen, daß es sich um einen bloßen Aufstand, eine der für Frankreich typischen sozialen Rebellionen oder gar um einen Ausbruch von Nationalismus gehandelt habe, sprechen neben der Tatsache einer gesamtnationalen Krise, in der Paris gleichsam die Spitze des revolutionären Eisberges darstellte, das politisch-ideologische Profil und die konkreten Maßnahmen der Commune. Vor allem der letztgenannte Aspekt veranlaßte Karl Marx aus zeitgenössischer Sicht in der Commune »wesentlich eine Regierung der Arbeiterklasse« zu sehen.

Die Commune selbst verstand sich nicht nur als nationalfranzösische Revolutionsregierung, sondern zugleich als territoriale Basis und geistige Heimat der »sozialen Weltrepublik«. In ihren Reihen kämpften Revolutionäre aus Polen, Ungarn, Rußland, Italien; in Deutschland zogen August Bebel und Wilhelm Liebknecht für ihre demonstrative internationalistische Verteidigung der Commune den frenetischen Zorn der konservativ-liberalen Einheitsfront gegen das revolutionäre Paris auf sich. Bismarck sprach schon vor der Commune von »einer ziemlich sozialistischen Gesellschaft« und bekannte später: »Jener Anruf der Commune war ein Lichtstrahl, ... und von diesem Augenblick an habe ich in den sozialdemokratischen Elementen einen Feind erkannt, gegen den der Staat, die Gesellschaft sich im Stand der Notwehr befindet.«

Sowohl Anhänger als auch Gegner der Commune erkannten jeweils auf ihre Weise die mit den Ereignissen in Paris verbundene geschichtliche Wende. Es wäre deshalb auch unfruchtbar, den Streit fortzusetzen, ob es sich noch um den letzten Akt des bürgerlichen Revolutionszyklus oder schon um den ersten Akt des sozialistisch-proletarischen Zyklus gehandelt hat, da die Grenzen zwischen den beiden historischen Grundtypen der Revolution fließend verlaufen, wie 1905 auf höherer Stufe die erste russische Revolution erwies.

Die Erkenntnis, daß etwas Neues entstand, sprach aus den Worten von Auguste Vermorel, der am 24. April 1871 in der Zeitung »Ami du peuple« schrieb: »Die Revolution vom 18. März bedeutete für das Proletariat die Übernahme der politischen Macht, ebenso wie die Revolution von 1789 dies für die Bourgeoisie bewirkt hatte.« Im selben Sinne meinte das »Journal officiel« vom 21. März 1871: »Die Proletarier von Paris ... haben begriffen, ... daß es ihre höchste Pflicht und ihr absolutes

Recht ist, sich zu Herren der eigenen Geschichte zu machen und die Regierungsgewalt zu übernehmen . . .« Die Wirklichkeit sah allerdings nicht ganz so verheißungsvoll aus. Schon am Anfang beging die neue Macht zwei kardinale Fehler: Um den Vorwurf der Usurpation abzuwehren und sich demokratisch zu legitimieren, kündigte das Zentralkomitee Wahlen für die Stadtverwaltung (Commune) an, die künftig die machtausübende Institution darstellen sollte; das bedeutete gefährlichen Zeitverzug angesichts eines Gegners, der mit stillschweigender Duldung Bismarcks und aktiver Hilfe des preußischen Generalstabes den Angriff auf Paris vorbereitete. Noch verhängnisvoller erwies sich der Verzicht auf eine sofortige Offensive gegen Versailles, d. h. zu einem Zeitpunkt, da Thiers den Aufbau der Gegenarmee noch nicht abgeschlossen hatte und die Nationalgarde in Masse und Ausrüstung die Überlegenheit besaß. (Die auf Weisung Bismarcks freigelassenen französischen Kriegsgefangenen trafen erst später in Versailles ein.)

Die Commune – aus den Wahlen vom 26. März hervorgegangen und zwei Tage später im Beisein von 100000 Nationalgardisten und unter dem Jubel einer riesigen Volksmenge im Stadthaus konstituiert – stellte keinen einheitlich handelnden politischen Organismus dar. Zwar dominierten nach dem Auszug der bürgerlichen Vertreter die Arbeiter, Handwerker und Angehörigen der freien Berufe (vorwiegend Journalisten), es stand jedoch eine »Majorité« (Mehrheit) von Neojakobinern und Blanquisten einer »Minorité« (Minderheit) von Proudhonisten gegenüber. Beide Seiten divergierten in Grundfragen der praktischen Politik; dieser Widerspruch wurde auch nicht durch die Tatsache aufgehoben, daß Vertreter sowohl der Mehrheit als auch der Minderheit der Internationalen Arbeiterassoziation angehörten, die vor allem über die von Karl Marx verfaßten »Adressen« des Londoner Generalrates orientierend Einfluß zu nehmen versuchte.

Ein neuer Staatstyp

Der neue Charakter der Staatsmacht äußerte sich weniger in politisch-strategischer und theoretisch-programmatischer Klarheit als vielmehr in den Strukturen und den praktischen Maßnahmen. Die Flucht der bürgerlichen Repräsentanten nach dem 18. März 1871 hatte zum Zusammenbruch der meisten staatlichen Institutionen geführt. Dadurch sah sich die Commune vor die Notwendigkeit gestellt, neue Regierungsorgane zu schaffen, die sich in ihrem sozialen Inhalt und ihrer Arbeitsweise grundsätzlich von den Einrichtungen des bonapartistischen Staates unterschieden.

Dem von Grund auf veränderten Charakter der Macht entsprachen neue Strukturen und Arbeitsweisen. Die Commune stützte sich in ihrer Tätigkeit auf eine Reihe von Kommissionen, die für die wichtigsten Sachgebiete die Verantwortung trugen: Verteidigung, Sicherheit, Finanzen, Justiz, Volksbildung, Arbeit und Handel. Die Kommission für Auswärtiges hatte eine Doppelaufgabe zu erfüllen: die Aufnahme von Verbindungen zu den übrigen Kommunalregierungen, um die Einheit der Nation auf föderativer Grundlage herzustellen, und die Wahrnehmung der Interessen auf internationalem Gebiet. Mit anderen Worten, die Commune verstand sich – wie schon betont – nicht allein als revolutionäres Repräsentativorgan der Bevölkerung von Paris, sondern zugleich als Kern einer neuen Nationalregierung. Da die Kommissionen sowohl gesetzgebende wie vollziehende Vollmacht besaßen, ergab sich daraus die Aufhebung der traditionellen Teilung der Gewalten. Zwei weitere entscheidende Schritte zur Beseitigung des bürgerlichen Staates unternahm die Commune mit der Auflösung des stehenden Heeres und der Polizei. Durch die Wahl der Richter wurde die Rechtsprechung auf eine neue Grundlage gestellt. In bester jakobinischer Tradition erließ

Trennung von Staat und Kirche

die Commune ein Gesetz über die Trennung von Staat und Kirche, das zugleich die Verwandlung des kirchlichen Besitzes in Nationaleigentum, die Entfernung religiöser Symbole aus öffentlichen Einrichtungen und die Säkularisierung des Schulwesens vorsah. Manches erinnerte an die Dechristianisierung des Jahres 1793, und die Konterrevolution versäumte nicht, die aufkommenden Konfliktsituationen zu nutzen. Die Einführung des obligatorischen und kostenlosen Unterrichts stand zwar zur Debatte, kam aber nicht mehr zum Vollzug.

In dem Maler Gustave Courbet gewann die Commune einen Verbündeten, der sich an die Spitze einer demokratischen Kulturpolitik stellte. Seinem Aufruf zur Schaffung einer dem einfachen Volk verbundenen Kultur folgten über 100 Maler, bildende Künstler und Literaten. Schon früh hatte Courbet den arbeitenden Menschen in den Mittelpunkt seiner realistischen Darstellungen gerückt; das 1851 geschaffene Gemälde »Die Steinklopfer« ging 1945 im Dresdener Februarinferno unter. Nach dem Ende der Commune wurde Courbet für den Sturz der Vendômesäule (16. Mai), des erzenen Symbols bonapartistischer Herrschaft, schuldig befunden und mußte in das Schweizer Exil fliehen.

Sozial- und Wirtschaftspolitik

Das besondere Augenmerk der Commune galt der Verbesserung der sozialen Lage des Proletariats, wie überhaupt der unteren Volksschichten: »Das Volk, das von Schwarzbrot lebt, darf mit Recht verlangen, daß man sich um seine Leiden kümmert . . .« (aus dem Sitzungsprotokoll vom 25. April). Die von der Commune in der Zeit ihrer zweiundsiebzigtägigen Existenz getroffenen Maßnahmen auf sozialem und wirtschaftlichem Gebiet können nicht anders als gigantisch bezeichnet werden; sie legen Zeugnis ab von der historischen Vision, die das Handeln der Commune bestimmte. Zu den wichtigsten Initiativen gehör-

Während der ersten Belagerung von Paris erhielt die Mairie der Stadt einen Brief von Gustave Courbet, worin er die Niederreißung der im Jahre 1806 zu Ehren Napoleons I. errichteten Vendôme-Säule forderte. Am 12. April 1871 formulierte die Commune ein Dekret zum Sturz dieses imperialen Symbols. Der Vollzug fand am 16. Mai statt. Der abgebildete Erlaubnisschein zum Betreten des Vendôme-Platzes für den Tag des Sturzes der Säule ist durch eine Symbolik geziert, deren jakobinische Vorbilder unverkennbar sind.

Unentgeltliche Rückgabe gepfändeter Arbeitsgeräte in den Tagen der Commune. Zeitgenössische Darstellung

ten die Verordnungen über die Beschlagnahmung leerstehender Wohnungen, die Senkung und Stundung der Mieten, die Versorgung von Witwen und Waisen der Nationalgardisten, die unentgeltliche Einlösung von Pfandscheinen bis 20 Francs, die Festlegung von Höchstgehältern für Angestellte der Commune und Lehrer, die Aufhebung von Geldstrafen und Lohnabzügen am Arbeitsplatz, die Abschaffung des schon unter Napoleon I. eingeführten Arbeitsbuches, das Verbot der Nachtarbeit für Bäkker (nach dem Urteil eines Zeitgenossen »das einzige wirklich sozialistische Dekret . . .«), die Verbriefung des Rechts auf Arbeit . . . Am 16. April erging das Dekret über die Vergenossenschaftlichung verlassener und stillgelegter Betriebe. Vorgesehen war die sofortige Inbetriebnahme der Werkstätten »durch die kooperative Assoziation der Arbeiter«. Die »endgültige Abtretung an die Arbeitergesellschaften« bedeutete durchaus keine allgemeine Nationalisierung, schuf jedoch die Keimformen neuer, gesellschaftlicher Besitzverhältnisse. Ausdruck der Tatsache, daß die Commune im Widerspruch zum eigenen Interesse nicht an eine umfassende Nationalisierung dachte, war der Respekt gegenüber der Bank von Frankreich und ihren reichen Goldbeständen. Die Bank blieb unbesetzt, und nur zögernd erhielt die Commune die dringend benötigten Finanzen, während die Gegenseite in Versailles reichlich bedacht wurde. Aus dem aufständischen Paris floß der Konterrevolution ein wachsender Geldstrom zu. Diese Tragikomödie läßt erkennen, daß die Commune über ihr eigenes Demokratieverständnis stolperte.

Verhältnis Stadt – Land

Über das Schicksal der Commune entschied auch ihre Fähigkeit, die Verbindung zum übrigen Land zu halten. Am 29. April erfolgte die Veröffentlichung einer »Erklärung an das französische Volk«. Deren Kernsätze lauteten: »Die Anerkennung und die Festigung der Republik als die einzige mit den Rechten des Volkes . . . verträgliche Regierungsform. Die absolute Autonomie aller Communen Frankreichs, die jedem ihre vollen Rechte und jedem Franzosen die freie Entfaltung seiner Anlagen und Fähigkeiten als Mensch, Bürger und Arbeiter sichert.« Diese Erwartung endete allerdings mit der Unterdrückung der kommunalen Revolution in der Provinz. Kaum weniger negativ wirkte der Umstand, daß die Commune, die im wesentlichen eine Stadtregierung darstellte, kein Agrarprogramm formulierte, das die Bauern von den drückenden Zinslasten befreit hätte. Faktisch überließ die Commune die Bauern der Regierung in Versailles. Thiers versäumte es nicht, durch Gemeindewahlen die Front der Ruraux gegen Paris zu stabilisieren. In der Haltung der Commune zeigte sich auch ein Schuß Sektierertum, denn man konnte nicht vergessen, daß es das flache Land gewesen war, das die monarchistische Mehrheit in die Nationalversammlung gewählt hatte.

Die Jeanne d'Arc der Commune

Mit der am 2. April proklamierten Gleichberechtigung von Mann und Frau erschloß sich die Revolution einen entscheidenden Kraftquell. Tausende von Frauen spendeten ihre Energie der Sache der Commune und artikulierten ihre Forderungen in

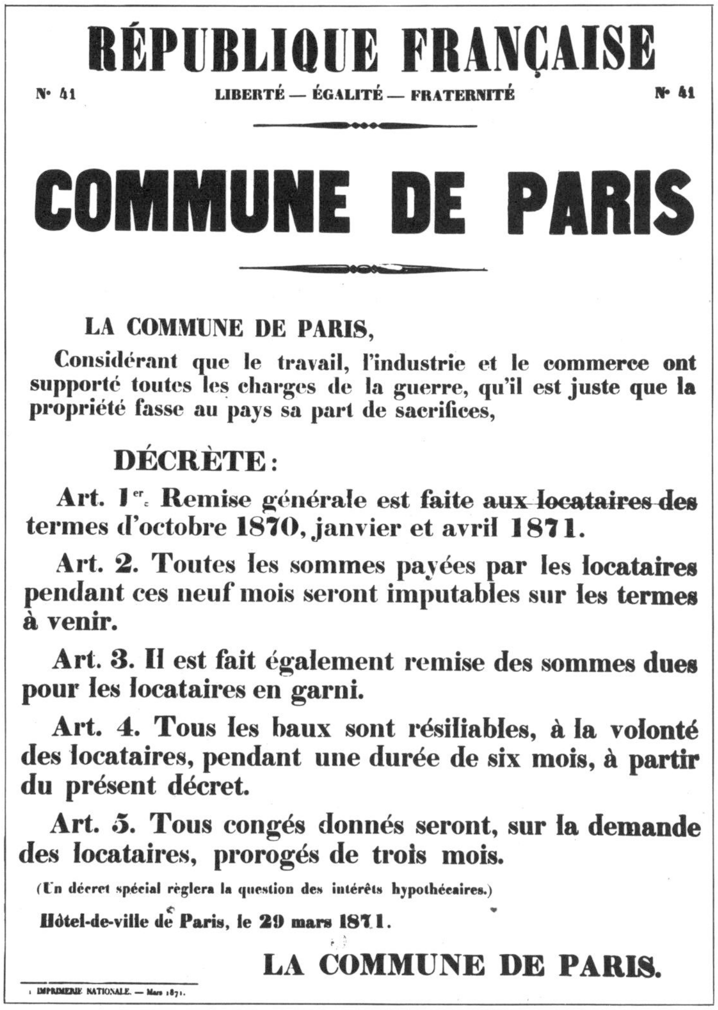

RÉPUBLIQUE FRANÇAISE

N° 41 LIBERTÉ — ÉGALITÉ — FRATERNITÉ N° 41

COMMUNE DE PARIS

LA COMMUNE DE PARIS,

Considérant que le travail, l'industrie et le commerce ont supporté toutes les charges de la guerre, qu'il est juste que la propriété fasse au pays sa part de sacrifices,

DÉCRÈTE:

Art. 1er. Remise générale est faite ~~aux locataires des~~ termes d'octobre 1870, janvier et avril 1871.

Art. 2. Toutes les sommes payées par les locataires pendant ces neuf mois seront imputables sur les termes à venir.

Art. 3. Il est fait également remise des sommes dues pour les locataires en garni.

Art. 4. Tous les baux sont résiliables, à la volonté des locataires, pendant une durée de six mois, à partir du présent décret.

Art. 5. Tous congés donnés seront, sur la demande des locataires, prorogés de trois mois.

(Un décret spécial règlera la question des intérêts hypothécaires.)

Hôtel-de-ville de Paris, le 29 mars 1871.

LA COMMUNE DE PARIS.

IMPRIMERIE NATIONALE. — Mars 1871.

Dekret der Pariser Commune über Mieterlasse und die verbesserte Rechtslage der Mieter vom 24. März 1871

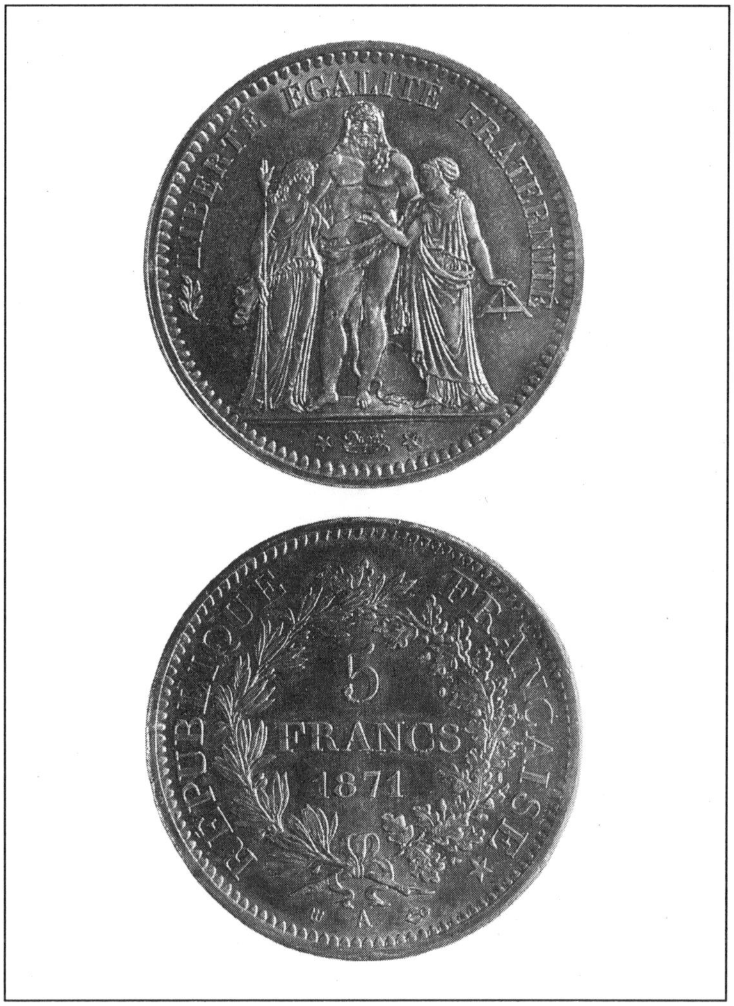

Für diese zur Zeit der Pariser Commune geprägte 5-Franc-Münze (Silber) stand das traditionelle Klischee des Geldstückes Pate. Universitätsbibliothek Leipzig

eigenen Klubs. Eine überragende Rolle spielte Louise Michel, gleichsam die Symbolfigur der einsetzenden Emanzipation; sie stand an der Spitze der »Gesellschaft zur Erkämpfung der Frauenrechte« und war, nach ihrer eigenen Aussage, grenzenlos in die Revolution verliebt. Ein anonymer Journalist sagte von ihr: »Wahrlich, sie hat etwas Jungfräuliches, etwas vom Wesen einer Jeanne d'Arc oder eines Garibaldi an sich, deren Tapferkeit, Geradheit, Einfachheit, Kraft und Güte.« Am Ende gingen viele Frauen mit den Männern in die letzte Schlacht, wissend, daß sie von den Siegern kein Pardon zu erhoffen hatten.

Von den mit der Commune-Revolution freigesetzten Energien sprach die Phalanx hervorragender Persönlichkeiten, die – im buchstäblichen Sinne des Begriffs – Geschichte machten. Zu ihnen gehörten Louis Chalain, Benoît Chalon, Jules Bergeret, Jarosław Dąbrowski, Louis Charles Delescluze, der Barrikadenkämpfer von 1848, Emile Eudes, der Ungar Leo Frankel, der Karl Marx besonders nahestand, Charles Longuet, späterer Schwiegersohn von Marx, Hippolyte Lissagaray, der den erregendsten Tatsachenbericht über die Commune hinterließ,

Führende Persönlichkeiten

Louise Michel, Félix Pyat, ein Revolutionär romantisch-abenteuerlichen Zuschnitts, Elie Reclus, dessen Tagebuchnotizen zu einer der hervorragendsten Quellen zur Geschichte der Commune wurden, Raoul Rigoult, Louis Nathaniël Rossel, Albert Theiß, Edouard Vaillant, Jules Vallès, der das Trauma der Niederlage in den Bekenntnisroman »Jacques Vingtras. Geschichte eines Insurgenten« einbrachte, Louis Eugène Varlin, Walery Wróblewski . . .

In letzter Instanz hing das Überleben der Commune von ihrer militärischen Stärke ab. Vom 18. März bis zum 2. April bestand zwischen Paris und Versailles ein »kalter Frieden«. Zur Zeit ihrer Proklamation verfügte die Commune noch über ein militärisches Übergewicht, die Bedingungen für eine militärische Offensive gegen Versailles waren überaus günstig. Jedoch verhielt

Militär- und Verteidigungspolitik

sich die Commune betont defensiv, wobei auch die Auffassung hineinspielte, daß die Bauern und Arbeiter der anderen Seite nicht auf ihre Brüder schießen würden: ein mehr als verhängnisvoller Irrtum. Trotz begabter Militärs wie Dąbrowski, der im Kampfe fiel, und Wróblewski verfügte die Commune über keine klare strategische Konzeption; es herrschten Kompetenzwirrwarr und ein ungenügender Ausbildungsstand der Nationalgarde im Vergleich zu straff geführten Linientruppen der Versailler. Es gab auch militärische und politische Abenteurer wie General Cluseret, anfänglich Oberbefehlshaber, der sich bald

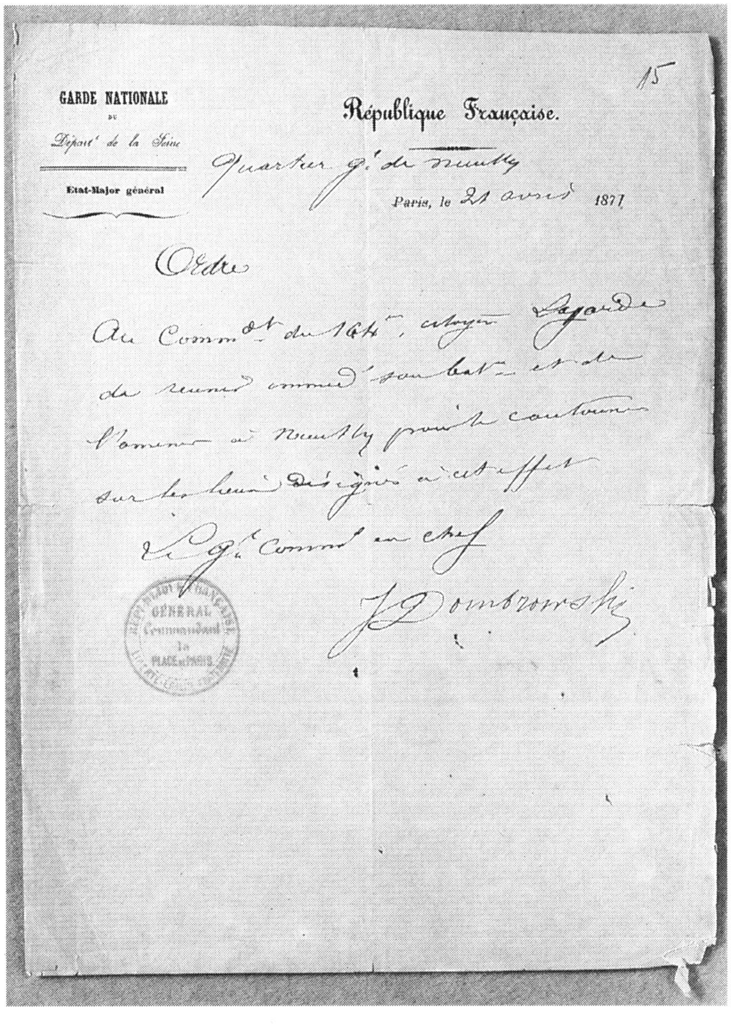
GARDE NATIONALE
DU
Départ' de la Seine
État-Major général

République Française.

Quartier g.al de Neuilly

Paris, le 21 avril 1871

Ordre

Au Comm.dt du 164e, citoyen Lagarde de réunir immed.t son bat.n et de l'amener à Neuilly pour le cantonner sur les lieux désignés à cet effet

Le g.al Comm.t en chef

J. Dombrowski

Marschbefehl des Generalkommandanten von Paris, Jarosław Dąbrowski, an einen Kommandanten der Pariser Nationalgarde vom 21. April 1871. Der am 9. Mai 1871 zum Oberbefehlshaber aller bewaffneten Kräfte der Commune berufene polnische Revolutionär fand am 23. Mai auf den Barrikaden den Tod.

wegen Verrats und Inkompetenz verantworten mußte. Obwohl das Erbe der Großen Revolution allgegenwärtig war – so hatte Blanqui noch im Herbst 1870 die Zeitung »La patrie en danger« (Das Vaterland in Gefahr) herausgegeben, ein anderes Organ, »Père Duchesne«, beschwor den ultraradikalen Geist von Hébert –, konnte sich die Commune nicht zur Errichtung einer revolutionären Diktatur durchringen. Die in letzter Minute als Antwort auf die Greuel der Versailler Truppen durchgeführte Erschießung von 51 Geiseln hatte mit einer Terreur jakobinischen Stils wenig zu tun.

Angriff der Versailler

Am 2. April begannen die ersten Angriffe der Versailler Truppen. Damit hatte Thiers den Bürgerkrieg eingeleitet, den er, trotz der heuchlerischen Versicherung, nur »nach dem Gesetz« zu handeln, als totalen Vernichtungskrieg verstand. Die überlegene Artillerie der Gegenseite schoß Fort um Fort den Weg an den Stadtrand von Paris frei. Nach dem Scheitern eines großen Ausfallversuchs von Einheiten der Nationalgarde gegen die anrükkenden Truppen am folgenden Tage lag die militärische Initiative fortan auf der Seite der Konterrevolution. General Duval und viele seiner gefangengenommenen Mitstreiter waren die ersten Opfer der Versailler Exekutionskommandos. Entkleidet, mit dem Rücken an der Wand, starben sie mit dem Ruf auf den Lippen: »Vive la Commune!« Wie Geier stürzten sich die Henker auf die Habseligkeiten der Erschossenen.

Am 11. April begann die Generaloffensive der Versailler, am 9. Mai fiel mit dem Fort d'Issy eine der wichtigsten Festungen im Verteidigungsgürtel von Paris. Angesichts der rasch voranschreitenden konterrevolutionären Offensive zeigten sich erste Auflösungserscheinungen in den Reihen der Nationalgarde. Es erwies sich als unmöglich, den Kadavergehorsam der alten Armee in wenigen Wochen durch bewußte Selbstdisziplin zu ersetzen. Hören wir das zeitgenössische Zeugnis einer Arbeiterfrau: »Die besten Republikaner vergießen ihr Blut, derweil die Nichtdurchführung der Dekrete es einer Masse gesunder Leute ermöglicht, nicht nur in Ruhe ihren Geschäften nachzugehen, sondern sich sogar über die Kämpfer lustig zu machen.« Schon am 13. April schrieb ein anderer Teilnehmer der Kämpfe: »Zahlreich sind die, welche glauben, sie hätten Besseres zu tun, als in den Reihen der Nationalgarde zu dienen.« Nicht wenige der neu ernannten Offiziere führten ihre Uniformen im Kaffeehaus und nicht auf dem Schlachtfeld aus.

Trotz guten Willens hatte die Commune zunehmend Schwierigkeiten, ihren Dekreten Geltung zu verschaffen. Während der revolutionäre Kern, darunter neben Männern und Frauen ebenso Jugendliche und sogar Kinder, das Leben wagte, begann sich die große Schar der Mitläufer zu verstreuen. Auch die neue Exekutivkommission und der Wohlfahrtsausschuß – eine weitere Reminiszenz an das Jahr 1793 – vermochten dagegen keine

Dämme aufzurichten. Wie sollte auch die schon im März von der Kommission für Arbeit und Handel beschlossene »Propagierung der sozialistischen Lehren« in so kurzer Zeit Wurzeln schlagen? Obwohl die Commune zahlreiche Zeitungen herausbrachte (z.B. »Ami du peuple«, »Le Vengeur«, »La Montagne«, »Le Cri du peuple«, »La Commune«, »L'Affranchi«, »Le Bonnet rouge«, »L'Estafette«), vermochte sie nur schwer gegen die professionelle Rechtspresse anzukommen. Noch folgenschwerer erwies sich, daß im Moment der höchsten Gefahr auch in der Führung der Commune keine Einheit bestand; die Gegensätze zwischen den politischen Gruppierungen – Neojakobiner, Blanquisten, Proudhonisten, letztere wieder in einen rechten und linken Flügel geteilt – nahmen in dramatischer Weise zu; am 15. Mai zog sich die proudhonistische Minderheit sogar aus der Commune in die Stadtbezirke zurück. Vergeblich appellierte der Föderalrat der Internationale, die Einheit der Commune zu wahren. Sie konnte nur auf den Barrikaden wiederhergestellt werden.

»Erst einmal Gewalt, meine Herren, und dann Verständigung! . . .« Federzeichnung von Gustave Doré. In 94 Arbeiten unterzog der Künstler die Repräsentanten der französischen Nationalversammlung einer schonungslosen Kritik. Aus der Folge: Aus Revolutionstagen – Gestalten aus Paris und Versailles im Jahre 1871

Kampf bis zum Ende

Sonntag, der 21. Mai: An diesem Tage gelingt den Versailler Truppen der Einbruch in den inneren Festungsring von Paris an der Porte de St-Cloud. Ein Verräter hat den gegnerischen Truppen den unbewachten Abschnitt signalisiert. Vergeblich versucht General Dąbrowski das Viertel abzuriegeln. So beginnen die Pariser Blutwoche und der Endkampf der Commune.

Montag, der 22. Mai: Der Gegner stößt bis in den Raum der Place de l'Etoile vor. Der gesamte bourgeoise Westen mit den pompösen Villenvierteln am Bois de Boulogne befindet sich unter Kontrolle der Konterrevolution. Thiers verfügt zu diesem Zeitpunkt über 130000 Mann und kann jetzt schon erklären: »Die Sühne wird vollkommen sein . . .« Die Verteidiger müssen zum Bau von Barrikaden übergehen.

Dienstag, der 23. Mai: Noch immer hofft die Commune auf Verbrüderung, während der Gegner schon die Place de l'Opéra und das strategisch hochwichtige Gebiet des Montmartre besetzt und damit die Hälfte der Stadt beherrscht. Allerdings muß der Gegner feststellen, daß die Erbitterung des Widerstandes mit der Annährung an die proletarischen Viertel sichtlich zunimmt. Es wird um jede Straße, um jedes Haus, um Stockwerke und Dächer gekämpft.

Mittwoch, der 24. Mai: Die Commune ist gezwungen ihren Sitz, das Stadthaus, zu räumen, da der Gegner schon bis zum Louvre vorstößt. Mit der Explosion des Palais Luxembourg verliert die Commune ihre strategische Munitionsreserve. Im Sitz des ehemaligen Präfekten Haussmann entbieten die Nationalgardisten dem gefallenen General Dąbrowski den letzten Gruß. Auf Weisung des Sicherheitsausschusses werden die ersten Geiseln erschossen, unter ihnen der Erzbischof von Paris, Darboy. Die Schuld für diese Maßnahme fällt auf die Regierung Thiers zurück, die es abgelehnt hatte, im Austausch gegen den Würdenträger und weitere Gefangene Auguste Blanqui freizugeben. Thiers ist eher an einem Märtyrer gelegen.

Donnerstag, der 25. Mai: Große Teile von Paris sind in eine Feuersbrunst gehüllt. Vom Friedhof Père-Lachaise schießen die Kanonen der Commune in die vom Gegner eroberten Viertel, aber die Munition beginnt auszugehen. Trotz härtesten Widerstandes unter General Wróblewski müssen die Einheiten der Commune bis zur Place de la Bastille zurückweichen. Delescluze, militärischer Oberbefehlshaber der Commune, schreibt an seine Schwester: »Ich will und ich kann nicht Opfer und Spielzeug der triumphierenden Reaktion sein.« In dunkler Kleidung, mit einer roten Schärpe geschmückt, besteigt er die Barrikade an der Place Château d'Eau – eine freiwillige Zielscheibe für den Gegner. Auch diejenigen, die den Leichnam bergen wollen, ereilt der Tod.

Freitag, der 26. Mai: Der Widerstand löst sich in einzelne Zentren auf. Eine Revolutionsregierung besteht nicht mehr. Der letzte Aufruf enthält die fast verzweifelten Worte: »Auf, in den Kampf! . . . Es lebe die Republik!« Selbst die Verwundeten in Hospitälern und Kirchen fallen den Versaillern zum Opfer.

Sonnabend, der 27. Mai: Die Reste der Verteidiger sind auf dem Friedhof Père-Lachaise zusammengedrängt. Zwischen den Grabsteinen tobt ein gnadenloser Nahkampf. An der Friedhofsmauer – der heutigen »Mauer der Föderierten« – bricht der Widerstand zusammen.

Sonntag, der 28. Mai: Ein einziger Kämpfer verteidigt die letzte Barrikade in der Rue Ramponneau. Um elf Uhr gehen ihm die Patronen aus; ihm gelingt die Flucht . . . Zu den bekanntesten Opfern des letzten Tages gehört Eugène Varlin, der mit zahllosen anderen Gefangenen erschossen wird.

Weißer Terror

Die Blutorgie der Sieger endete keineswegs am 28. Mai 1871; die summarischen Erschießungen zogen sich bis weit in den Monat Juni hinein. Oft prägte tragischer Heroismus die gespenstige Szene: Aus einer Gruppe von Nationalgardisten, die auf ihre Erschießung wartete, trat ein Junge hervor und bat den das Exekutionskommando befehlenden Offizier, daß er der Mutter die von seinem Bruder geliehene Taschenuhr bringen dürfe, die sie versetzen könnte, um ihren Hunger zu stillen. Der Offizier willigte ein – vielleicht sogar in der Hoffnung, daß der Junge die Möglichkeit der Flucht nutze. Aber der Nationalgardist kehrte zurück und starb an der Seite seiner Kameraden. – Dagegen galt es für die Damen der wieder in ihre Rechte eingesetzten Bourgeoisie als standesgemäß, der Mißhandlung und Erschießung von Föderierten beizuwohnen; die eingepferchten Gefangenen wurden wie die Tiere im Zoo bestaunt. Der »Siècle« vom 30. Mai schrieb: »Man sieht, wie Frauen, nicht öffentliche Dirnen, sondern Damen der Gesellschaft, die Gefangenen auf ihrem Durchzug beschimpfen und sogar mit ihren Sonnenschirmen schlagen.« Es gab spezielle Lager für Frauen und Kinder; die Kinder wurden gruppenweise in »Besserungsanstalten« geschickt. Da die Gefängnisse nicht ausreichten, dienten Pontons auf den Flüssen als Aufenthalt.

Bis heute liegt die Zahl der Opfer im dunkeln. Schätzungen belaufen sich auf etwa 30 000 Tote; die Stadtverwaltung wies die Kosten für 17 000 Bestattungen aus. Die Verluste der Versailler Seite betrugen 794 Soldaten und 63 Offiziere. Über 36 000 Männer, Frauen und Kinder wurden nach Versailles in die Gefangenschaft getrieben. Bis zum 1. Januar 1875 ergingen mehr als 10 000 Urteile, davon 270 mal die Todesstrafe, die auch acht Frauen traf. Unter den Tausenden, die zu Zwangsarbeit, schwerer und einfacher Deportation, Gefängnis und anderen Strafen verurteilt wurden, befanden sich ebenfalls zahlreiche Frauen.

Trotz alledem!

Trotz der vernichtenden Niederlage der Commune hatte das Proletariat eine Erfahrung von weltgeschichtlicher Dimension gewonnen, die sich für die Zukunft als unaustilgbar erwies. Am 25. Mai 1871, als die Commune noch im Endkampf stand, sagte August Bebel im Deutschen Reichstag: »Meine Herren, und wenn auch im Augenblick Paris unterdrückt ist, dann erinnere ich Sie daran, daß der Kampf in Paris nur ein kleines Vorpostengefecht ist, daß die Hauptsache in Europa uns noch bevorsteht und daß, ehe wenige Jahrzehnte vergehen, der Schlachtruf des Pariser Proletariats: ›Krieg den Palästen, Friede den Hütten, Tod der Not und dem Müßiggang!‹ der Schlachtruf des gesamten europäischen Proletariats werden wird.« Das Protokoll vermerkte an dieser Stelle »Heiterkeit«. Es war nicht das erste und nicht das letzte Mal, daß die Herrschenden sich über den Gang der Geschichte täuschten.

Zum großen Kreis der Verfolgten gehörte auch Eugène Pottier, ein ehemaliger Packer, den es früh zur Poesie zog und der sich von Béranger beflügeln ließ. Auf abenteuerliche Weise gelang ihm die Flucht nach England. Noch im Untergrund begann er den Text für die Marseillaise aller Entrechteten, die »Internationale«, zu Papier zu bringen. Trotz des durchlittenen Infernos ungebrochen, goß Pottier das Vermächtnis der Commune in die Verse:

»Debout! Les damnés de la terre!«
(Wacht auf! Verdammte dieser Erde!)

Bis zum heutigen Tage zeugen zwei Monumente vom unversöhnlichen Gegensatz der beiden Frankreichs in den Tagen der Commune: die auf den Hügeln von Montmartre stehende, von den dankbaren Siegern errichtete Kathedrale von Sacré Cœur, deren erdrückend-abweisende Kolossalarchitektur das übrige Paris zu beherrschen scheint, und auf dem wohl geschichtsträchtigsten Friedhof der Welt, Père-Lachaise, die graue, teilweise in das mild-dunkle Grün des Efeus getauchte »Mauer der Föderierten« mit der schmucklosen Gedenktafel »Aux Morts de la Commune« (Den Toten der Commune), zu deren Füßen nie ein Blumenstrauß fehlt.

Solidaritätskundgebung für die Commune am 16. April 1871 im Londoner Hyde-Park. Zeitgenössische Illustration

Internationale Losung der Arbeiterbewegung »Freiheit, Gleichheit, Brüderlichkeit«. Gedenkblatt zur Feier des 1. Mai von Walter Crane

12

Epilog

Das Jahr 1871 setzte für die Geschichte der Revolution eine tiefe Zäsur. Zum ersten Mal wurden die Grenzmarken bürgerlicher Umwälzung überschritten, es zeichneten sich die Konturen eines neuen, des proletarischen, Revolutionstyps ab. Damit begann eine welthistorische Übergangsperiode, die eine Wachablösung der geschichtsbestimmenden Klassen einleitete. In den Hauptländern hatte die bürgerliche Umwälzung ihre Aufgabe erfüllt: Feudale und andere vorkapitalistische Strukturen waren mehr oder minder radikal getilgt. Die bürgerliche Gesellschaft stand in voller Blüte, dem Reich der Bourgeoisie schienen keine Grenzen gesetzt. Mit der Beseitigung des Bodens, der die großen gesellschaftlichen Eruptionen entlang der zentralen Revolutionsachse Niederlande, England, USA, Frankreich, Deutschland und ihren Verzweigungen hervorgetrieben hatte, erfolgte im Zuge des weltweiten Ausgreifens nicht nur eine Schwerpunktverschiebung in neue Aktionsgebiete, es setzte zugleich eine Veränderung im Charakter und in den Erscheinungsformen der revolutionären Prozesse ein. Während die fortgeschrittenen Länder ab 1871 in eine relativ langanhaltende Phase der Stabilisierung eintraten, entfaltete sich in jenen Gebieten, die infolge des zeitlich-strukturellen Entwicklungsgefälles »historisch verspätet« den Anschluß an die Moderne und dazu nicht selten unter den Bedingungen ökonomischer und politischer Abhängigkeit fanden, ein neuer revolutionärer Zyklus.

Der veränderte Charakter der Revolutionen in Triebkräften und Zielsetzungen, geprägt von den Bedingungen einer neuen historischen Epoche, ließ ein bloßes »Nachholen« der Revolution vom Typ 1789 oder 1848 nicht mehr zu. Vergangenheit ist nicht multiplizierbar. Am deutlichsten zeigt sich der Wandel im Bedingungsgefüge der Revolution in Rußland 1905. Die demokratischen Aufgaben dieser Revolution – Beseitigung der Selbstherrschaft des Zarentums, Errichtung einer parlamentarischen Ordnung, Lösung der drängenden Agrar- und Nationalitätenfrage – überforderten den Horizont eines Bürgertums, das sich bereits in die unmittelbare Konfrontation mit einem militanten Proletariat gestellt sah. So ging das russische Bürgertum in seiner Mehrheit gegenüber der »eigenen« Revolution auf Distanz, und die Hegemonie in den Kämpfen der Jahre 1905 bis 1907 lag, gestützt auf die eruptive Schubkraft der Bauernbewegung, bei der organisierten Vorhut des Proletariats.

Rußland stand am Ende der siebziger Jahre des 19. Jahrhunderts im Zeichen der Volkstümler (Narodniki), deren Bewegung eine erneute revolutionäre Situation auslöste (1879–1882), obwohl sich ihre Erwartungen ebensowenig erfüllten wie anno 1861. Für die Balkanvölker brachte der russisch-türkische Krieg von 1878/79 den Höhepunkt ihrer nationalen Befreiungskämpfe. Die Opposition nationalpatriotischer Offiziere und islamisch-intellektueller Kreise Ägyptens gegen die einheimische Feudaloligarchie und die sich abzeichnende koloniale Unterjochung kulminierte 1879 bis 1882 in der großen Erhebung Urabi Paschas, während sich der wiederum von Ägypten beherrschte Sudan seine Unabhängigkeit in der sozial-religiösen Mahdia der Jahre 1881 bis 1885 zu erzwingen suchte. Auch in Lateinamerika und Asien blieb die Revolution weiter auf der historischen Tagesordnung: Für Brasilien brachte das Jahr 1889 die endgültige Aufhebung der Sklaverei und die Errichtung der Republik, in Chile wurde 1891 der liberale Reformpräsident José Manuel Balmaceda durch die von General Körner geführten Truppen seiner konservativen Gegner gestürzt und in den Selbstmord getrieben, Kuba trat 1895 in den erneuten Unabhängigkeitskrieg und seine zweite Revolution ein. Mit der Gründung des Indischen Nationalkongresses (Bombay, 1885) entstand jene Organisation, die zum historischen Träger des indischen Unabhängigkeitskampfes wurde; in Korea schlugen die von der Idee des sozialen Egalitarismus beflügelten Bauernarmeen der Tonghak und die von ihnen erzwungenen Kabo-Reformen (1894) erste Breschen in das tiefverwurzelte Feudalsystem; die 1897 entstandene Republik der Philippinen fußte auf dem revolutionären Vermächtnis von José Rizal und Andrés Bonifacio. Das entscheidende Signal zum Aufbruch Asiens setzte China mit dem Aufstand der Yhetuan (1895–1901), vor allem aber mit der Revolution von 1911 unter Führung von Sun Zhongshan (Sun Yat-sen). Gerade die Spezifik der nur paradigmatisch angedeuteten revolutionären Prozesse im afroasiatischen und lateinamerikanischen Raum stellen den Historiker vor die Notwendigkeit einer Relativierung – um nicht zu sagen »Enteuropäisierung« – der aus dem klassisch-bürgerlichen Revolutionszyklus gewonnenen Erfahrungen und Wertungen, um sich einer im echten Sinne des Begriffs universalhistorischen Sicht zu öffnen. In Mexiko erreichte mit der Verfassung von Querétaro (1917) die wohl letzte Revolution bürgerlich-demokratischen Zuschnitts ihren Zenit, obschon selbst in diesem Falle der gewählte Begriff nicht ganz unproblematisch ist. Immerhin wurde die soziale Dynamik dieser Revolution, die gemeinsam mit den Erfahrungen der chinesischen Guomindang das Revolutionsverständnis über längere Zeit in Lateinamerika prägte, von einer starken agrarproletarischen und bäuerlich-indianischen Bewegung bestimmt, während sich eine »nationale Bourgeoisie« aus dem Kreis der Revolutionsgenerale und der liberalen Grundbesitzer erst verspätet herauszuschälen begann.

In Rußland dagegen erfolgte der endgültige Durchbruch der proletarischen Revolution und damit die Grundlegung einer neuen Epoche der Weltgeschichte.

Es wäre ein hoffnungsloses Unterfangen, die Vielfalt der Typen und Formen revolutionärer Transformation unter den neuen historischen Bedingungen auf einen Nenner bringen oder auf Analogien zu den Revolutionen vergangener Jahrhunderte einengen zu wollen. Der Vorsatz, aus dem »Modell« von 1789 eine allgemeingültige »Naturgeschichte der Revolution« (Lyford P. Edwards, 1927) oder »Anatomie der Revolution« (Crane Brinton, 1938) abzuleiten, erwies sich eher als schematisch denn fruchtbar. Das hat aber nichts an der Tatsache geändert, daß die als klassisch empfundene Revolution der Franzosen immer wieder auf ihren Erkenntniswert für das Verständnis anderer Revolutionen, wie auch für eine Theorie der Revolution befragt wurde und weiterhin befragt wird. Inzwischen, bis auf die Höhe unseres Jahrhunderts, reichen die möglichen historischen Optionen von der antikolonialen, nationaldemokratischen und der sozial-religiösen Revolution über die antioligarchisch-agrarische und antimonopolistische bis zu den unterschiedlichen Reifestufen, Ausdrucksformen und Annäherungswegen der sozialistischen Revolution. Dem Charakter der Epoche folgend, stehen alle diese Revolutionen, ungeachtet der angedeuteten Vielfalt und ihrer nationalen Besonderheiten, in einem dialektischen Komplementärverhältnis zum geschichtsbestimmenden proletarischen Revolutionstyp.

Mit der wachsenden Intensität, Ballung und gegenseitigen Verzahnung revolutionärer Prozesse im Verlaufe des 19. und noch sichtbarer des 20. Jahrhunderts im Spannungsfeld eines globalen Systemkonfliktes hat das Phänomen Revolution im historischen Bewußtsein einen zentralen Platz gewonnen. Nie zuvor ist über Revolution so angestrengt gedacht, geschrieben und gestritten worden: Verheißung oder Verhängnis, Notwendigkeit oder Zufall, Gesetzmäßigkeit oder Irrweg menschlichen Fortschritts? Ein Jahrhundert wie das unsrige, das in seinem Wesen selbst Revolution – und das im denkbar umfassendsten Sinn – ist, begibt sich immer wieder auf die Suche nach den eigenen Quellen. Da sich von Revolutionen nun einmal nicht in der Vergangenheit reden und schreiben läßt, bewegen die großen historischen Zäsuren im Schicksal der Völker die Gemüter unentwegt. Die Debatte um Revolution blieb zu keinem Zeitpunkt ein Monopol oder Privileg der Historiker; nicht selten hatten sie sogar Mühe, Anschluß an den raschen Meinungsfortschritt (und -umschwung) zu finden.

Für den neuzeitlichen Revolutionszyklus bis zur Wende vom 19. zum 20. Jahrhundert konzentriert sich der Widerstreit der Meinungen um die Große Revolution von 1789. Der 200. Jahrestag des Sturms auf die Bastille hat diese Tatsache erneut bestätigt. Gerade die runden Jahrestage dieser Revolution hatten stets ihr eigenes, Frankreich übergreifendes Schicksal. Im fünften Jahrzehnt ihrer Wiederkehr befand sich Frankreich im Vorhof seiner schon dritten Revolution. Was überdauerte, war die aus 1793 geschöpfte Symbolik der Linken und die Apotheose der großen Revolution in den Werken von Alphonse de Lamartine, Louis Blanc und Jules Michelet als Krönung der schon von der romantischen Historiographie vollzogenen Rehabilitierung (Augustin Thierry, Adolphe Thiers, François Auguste Marie Mignet). Der 100. Jahrestag stand im Zeichen der Gründung der II. Internationale; bewußt nahm das Proletariat die vom Bürgertum preisgegebene Tradition der Jahre 1789 und 1793 auf. Zugleich erfolgte an der Sorbonne die Schaffung des Lehrstuhls für Geschichte der Französischen Revolution, dessen erster Inhaber, Alphonse Aulard, ein Bewunderer von Danton, wurde; die weiteren Kapitel der nunmehr begründeten klassischen Historiographie schrieben dann Albert Mathiez, Georges Lefebvre, die Robespierre und die Jakobiner in den Mittelpunkt der Aufmerksamkeit rückten, und dessen Meisterschüler Albert Marius Soboul, dem das große Verdienst zukommt, die Sansculotten, das werktätige Volk, aus ihrer historischen Anonymität gehoben und einen völlig neuen Zugang für das Verständnis der Rolle von Volksbewegungen in den neuzeitlichen Revolutionen eröffnet zu haben. Die klassische Historiographie gewann zunehmend weltweite Ausstrahlung, sie reichte von Moskau, Odessa und Leningrad bis Leipzig, von Oslo bis Rom und von Tokyo bis Washington.

Wie schon die Revolution selbst, so fand diese progressive Linie im Verständnis der Revolution stets ihre »Gegengeschichte«, angefangen bei ihrem Zeitgenossen Abbé Barruel, der die Weltenwende von 1789 auf das Niveau einer Freimaurerverschwörung herabdrückte. Der konzertierte Aufmarsch gegen die progressiv klassische Historiographie datiert seit den fünfziger Jahren unter dem Stichwort einer Revision des Geschichtsbildes. An Mannigfaltigkeit mangelt es dabei nicht. Über die Französische Revolution zu sprechen, bedeutete immer auch Werturteile zu fällen und Orientierungen für die Gesamtheit der Revolution der Neuzeit und zugleich auch über die revolutionären Prozesse der Gegenwart zu setzen. Zugleich zeigte sich, daß mit »1789« und »1793« das historische Gesamtphänomen Revolution ins Visiergerät. Den ersten Streich führte der englische Historiker Alfred Cobban (1954), der im welthistorischen Übergang von der Feudalität zum Kapitalismus kein revolutionäres Bürgertum auszumachen vermochte und die Revolution zum Mythos erklärte; ihm sekundierte sein Landsmann Perez Zagorin mit der Behauptung, daß Karl Marx die bürgerliche Revolution erfunden habe, um die sozialistische rechtfertigen zu können. Für die in Frankreich in Mode gekommenen Vertreter der »philosophie nouvelle«, eine Spätfolge der revolutionären Krise von 1968, sind die Ideen der Großen Revolution (wie jeder anderen) nur »machtpolitische Lockmittel« oder die bloße Konsequenz der »Macht der Dummheit« – so lauten die Urteile von André Glucksmann.

Für die militantesten Vertreter der »nouvelle droite« dagegen handelte es sich gar nicht um eine Revolution, sondern um »einen nationalen Völkermord« (Pierre Chaunu). So neu sich die Neue Philosophie und die Neue Rechte auch geben, sie verharren letztlich auf den Positionen von Jacob Talmon und Hannah Arendt, die schon vor ihnen in Rousseau, den Jakobinern und dem Radikalismus der Französischen Revolution den Ursprung des sogenannten Totalitarismus des 20. Jahrhunderts auszumachen suchten: 1789 als der große Sündenfall der modernen Weltgeschichte. Einer subtileren Revolutionskritik bedient sich dagegen der wohl einflußreichste Exponent des historischen Revisionismus, François Furet. Für ihn reduziert sich die wahre Revolution auf das Wirken einer aufgeklärten liberalen Elite in den Jahren 1789 bis 1791. Die danach kommenden Ereignisse mit den Höhepunkten von 1793/94 und das aktive Eingreifen der Volksbewegung werden als »dérapage« – Entgleisen und Umkippen der Revolution – bezeichnet. Der immer wieder in die Diskussion geworfene und jetzt verstärkt kultivierte Gedanke einer regressiv-negativen, in Traditionalismus verhafteten Rolle der Volksklassen ist so originell nicht: Ortega y Gasset hat ihn 1934 in dem Werk »Aufstand der Massen« zu einem Leitthema seiner Philosophie gemacht. Auf die zahllosen Versuche »1789« totzusagen und damit generell die Revolution als die große geschichtsumwälzende Kraft zu eliminieren, hat Albert Soboul lapidar und zwingend geantwortet: Das Malheur ihrer Gegner bestehe nun einmal darin, daß die Revolutionen eben doch stattgefunden haben. So widerlegt sich die Negation der Revolutionsgeschichte am deutlichsten in der Stetigkeit ihrer Wiederholung.

In der Streitschrift »Penser la Révolution« (1978) vertrat Furet den Anspruch, daß die Französische Revolution »beendet« sei und einen kalten Gegenstand der Geschichtswissenschaft darstelle, über den sich ohne Leidenschaft diskutieren lasse. Sein eigener Anspruch auf eine neokonservative Revision widerlegte dieses Urteil. Es waren nicht zuletzt die Thesen Furets, die eine neue Runde der Debatte über Revolution einläuteten.

Einen anderen Ansatz, um die Revolution als Wende- und Knotenpunkt gesellschaftlicher Entwicklung einzuebnen und damit ihrer Relevanz zu entkleiden, ergeben die einseitige Orientierung auf Langzeitzyklen und subjektive Epochebestimmungen. Im Lichte der von den »Annales« im Stil von Lucien Febvre und Fernand Braudel bevorzugten Prozeßanalysen zur »longue durée« ökonomisch-sozialer und kulturell-psychologischer Entwicklungstrends reduzieren sich Revolution auf Störfaktoren und Eruptionen sekundärer Größenordnung. Sie büßen damit ihren Rang als Brennpunkt in der Alternativität historischen Geschehens ein. Die auf dem Welthistorikerkongreß in Rom 1955 von Richard R. Palmer und Jacques Godechot aus der Taufe gehobene Theorie der atlantischen Revolution ging von der epocheprägenden Priorität der Nordamerikanischen Revolution aus und ließ die Wende von 1789 in der Summe der Nachfolgerevolutionen untergehen; hinzu trat der Anspruch, den Begriff der demokratischen Revolution allein den Atlantikanliegern zu reservieren. In Frankreich entbrannte um die speziell von Palmer behauptete »Weltrevolution des Westens« (1954) eine heftige Diskussion, in der Marcel Reinhard und Georges Lefebvre die besondere Stellung der Französischen Revolution im welthistorischen Umbruch am Ausgang des 18. Jahrhunderts hervorhoben. Wie die nordamerikanische Historikerin Lynn Hunt in einer jüngst vorgelegten Analyse der Historiographie zur Französischen Revolution bemerkte, führt auch die in Mode kommende neue geschlossene Epochebestimmung von der Aufklärung bis zur Romantik mit Hilfe einer sozial-historischen Semantik zur Einebnung der Revolution.

Vor dem angedeuteten Hintergrund ist nicht leicht zu sagen, was eigentlich überwiegt, die Zahl der Revolutionen in der Geschichte oder das Angebot an Theorien über sie . . .

Ein interessanter Widerspruch in der Diskussion um das Wesen und den historischen Ort der neuzeitlichen Revolutionen besteht nicht zuletzt darin, daß die Anhänger des Revisionismus sich mit der Tatsache konfrontiert sehen, daß die Historiker in vielen Ländern und Regionen (z. B. Italien, Portugal, Lateinamerika) daran gehen, für ihre Geschichte die bürgerliche Revolution verstärkt zu entdecken. Der Begriff »Bürgerliche Revolution« zur Bestimmung revolutionärer Transformationsprozesse der Neuzeit hat längst aufgehört an ein marxistisches Geschichtsverständnis gebunden zu sein. Auf die Frage: »Warum aber schließlich gerade Revolutionsgeschichte?« hat der Nestor der Leipziger Revolutionsforschung, Walter Markov, die Antwort gegeben: »Die Faszination, die von ihr ausgeht, wurzelt im Mitempfinden des Stirb und Werde, aus dem eine Gesellschaft emporsteigt, und das recht zu verstehen, letzte Erfüllung des geschichtlichen Anliegens schlechthin bedeutet« (1974). Den Blick auf das Neue im gesellschaftlichen Werden und Wachsen zu richten, verleiht der Beschäftigung mit Revolutionsgeschichte mehr als die Zuwendung zu anderen in Bedeutung und Dramatik kaum weniger gewichtigen Sujets im besonderen Maße Bekenntnischarakter.

Mit und in der Revolution stellt sich die Frage nach Sinn und Alternative, Möglichkeiten und Grenzen gesellschaftlicher Entwicklung direkt und unverhüllt. Nicht nur die im reißenden Strom der Ereignisse Stehenden, die dem Schicksal in den Rachen greifen (Robespierre: »Solange nicht alles getan ist, ist nichts getan«), auch der aus der Distanz Urteilende ist in die Entscheidung gestellt. Wenn nach einem Wort des italienischen Historikers Benedetto Croce Geschichte immer Zeitgeschichte ist, dann gilt dies für Revolutionsgeschichte auf eine besondere Weise. Revolutionen haben ihre eigene, herausfordernde Sprache, sie bündeln Erfahrung und Erkenntnis in einem Prisma, ihre Geschichte ist Geschichte im Zeitraffer. Wofür es unter »normalen« Bedingungen ganzer Generationen bedurfte, vollzieht sich in einer Revolution auf kürzestem Zeitraum zusammengedrängt. So bilden Revolutionen ein immenses soziales Laboratorium: Alte Gesellschaftssysteme versinken, ihre tragenden Klassen teilen dasselbe Schicksal oder durchlaufen eine radikale Metamorphose; neue Klassen und mit ihnen eine neue Ordnung steigen auf und prägen fortan Gesicht und Lauf des Geschehens; niemand tritt aus einer Revolution so heraus, wie er in sie hineingegangen ist. Auch wird niemandem die Revolution in die Wiege gelegt. Hier sei nochmals an Aimé Bonpland erinnert: »Die Revolutionen selbst bringen die großen Männer hervor« – wir fügen hinzu, auch die Frauen –, »die würdig sind, sie auszuführen.« Revolutionen sind weder fatalistisch über ein Volk hereinbrechende Naturgewalten, noch können sie voluntaristisch herbeigebetet (oder -geredet) werden; wo es – in Vergangenheit wie Gegenwart – versucht worden ist, endete Opfermut in tragischem Fiasko. Vielmehr beruhen radikale gesellschaftliche Umbrüche auf der komplizierten Dialektik in der Reife der objektiven und subjektiven Faktoren; das eine kann das andere nicht ersetzen. Allerdings gewinnt der subjektive Faktor – in der Rolle der Persönlichkeit, in der Aktion avantgardistischer Kräfte, im Eingreifen der Volksbewegung – für das Schicksal einer Revolution besonderes Gewicht. Die Geschichte kennt keine bewußtlosen Revolutionen. Revolution, das heißt Sein und Handeln an den Schnittpunkten der Weltgeschichte. In Abwandlung der Fundamentalthese von René Descartes könnte über jeder Revolution das Motto stehen: »Ich handle, also bin ich!«

Revolutionen sind Totalereignisse der Geschichte, die alle Bereiche des gesellschaftlichen Daseins erfassen. Sie historisch verstehen zu wollen, heißt, sie stets in der Totalität ihrer Erscheinungen und deren gegenseitiger Bedingtheit zu begreifen. Basierend auf der Negation des Bestehenden, gewannen die Revolutionen bis in das 19. Jahrhundert ihre politische und soziale Sprengkraft aus der Bündelung der unterschiedlichen Klassen und Gruppen in einem »revolutionären Block«. Um die divergierenden Interessen für den Moment in den Hintergrund treten zu lassen, bedurfte es der »heroischen Illusion«, die in allen bürgerlichen Revolutionen – am deutlichsten wieder in der Französischen Revolution – eine entscheidende Motivationskraft darstellte. Stets wurden die großen Ideen, gleich ob religiös oder aufklärerisch begründet, nicht als nationale und schon gar nicht als bürgerliche, sondern auf die Emanzipation der Menschheit als Ganzes, mit dem Anspruch, sie aus Unmündigkeit, Abhängigkeit, Rechtlosigkeit und Unterdrückung herauszuführen, gerichtet empfunden. Auf besondere Weise vermittelt die Französische Revolution, daß sich Klasseninteressen in dem Maße am umfassendsten historisch verwirklichen, wie sie Akzeptanz als Allgemeininteressen finden. In diesem Sinne war bürgerliche Revolution eben nicht nur Revolution der Bourgeoisie oder für die Bourgeoisie, obwohl sie dieser Klasse den Weg zur politischen Macht ebnete, sondern das Werk *aller* intervenierenden und den Charakter des Ereignisses prägenden Kräfte. Das Phänomen der Revolution auf die Frage nach dem Optimum für die neue kapitalistische Ökonomik einzuengen oder nur auf die Interessen der neuen Klasse zu fixieren – wie dies z. B. in den sehr anregenden revolutionstheoretischen Arbeiten von Nicos Poulantzas der Fall ist – vermag der historischen Tragweite und Komplexität des vollzogenen gesamtgesellschaftlichen Umbruchs nicht gerecht zu werden. Die am umfassendsten von Walter Markov sezierte »äußerste Linke« in den neuzeitlichen Revolutionen, die mit ihren Ideen und Aktionen über die Grenzen des bürgerlichen Rahmens dieser Revolution hinauswies, bildete ja nicht nur den Reflex eines besserwisserischen Utopismus, sondern erwuchs aus der intuitiven Wahrnahme neuer gesellschaftlicher Antagonismen. Sylvain Maréchal, Mitstreiter von Babeuf und in dessen Auftrag Verfasser des »Manifestes der Gleichen«, schrieb: »Die Französische Revolution ist nur der Vorbote einer anderen, noch viel größeren, viel feierlicheren Revolution, die die letzte sein wird.«

»Jede Zeit baut ihre Pyramiden« – dieser Gedanke von Rolf Hochhuth gilt uneingeschränkt für die großen Revolutionen der Weltgeschichte. Jede Revolution hat ihr eigenes Kapitel utopischen Denkens geschrieben und ihre »Grundrisse einer besseren Welt« (Ernst Bloch) entworfen. Ein Jahrhundert, wie das unsrige, dem gewiß zu Unrecht nachgesagt wird, es gebe der Utopie keinen Raum mehr, mag das Utopische vergangener Zeitenwenden, deren Leitideen und Fundamente bis in unsere Gegenwart hineinreichen, auf besondere Weise faszinieren. Wenn eine Schriftstellerin über die Romantiker, die an den gebrochenen

Illusionen von 1789 scheiterten, das Urteil fällte, sie mußten träumen, um kämpfen zu können, so kehrt sich für die Generationen der großen Revolution das gesetzte Bild um: Aus ihren Kämpfen erwuchsen die Träume der Zukunft. Selbst und vielleicht gerade das, was utopischer Anspruch blieb, verdient bewahrt zu werden. Dieser heroische Ausgriff, Zukunft in Gegenwart zu holen, läßt sich keineswegs als ein jeweiliges Kapitel verlorener Illusionen abbuchen. Aus der Revolution geborene und in der Revolution umkämpfte Utopie umschloß mehr als den Wechsel auf die Zukunft, die zu meistern Sache der Enkel sein sollte (»Aber das hoffe ich für später / in hundert Jahren / Enkel verfahren / so, wie verfuhren ihre Väter«, Lied eines Unbekannten, 1795). Wann hätte es je eine große Revolution, den Schritt in eine neue Epoche der Menschheit gegeben, ohne einen, auch im Praktischen, die Theorie zur materiellen Gewalt werden lassenden utopischen Maximalismus? Klassen, die antreten, Geschichte zu machen, denken und streben immer über sich selbst hinaus ...

Die beeindruckenden Fortschritte in der empirischen Forschung, das außerordentlich verfeinerte theoretische und methodologische Instrumentarium, die Konstituierung der vergleichenden Revolutionsforschung als Spezialdisziplin haben das Wissen um Revolution auf solide Grundlagen gestellt. Desungeachtet warten noch viele Revolutionen der Vergangenheit auf ihre »Entdeckung«, Analyse und »Rehabilitierung«. Das wissenschaftlich fundierte Urteil über Revolution hängt von einer ganzen Problemkette ab: Ursachen, Aufgaben, Triebkräfte, Machtfrage und Hegemonie, Platz der Volksbewegung, Kampfformen und Kampfmethoden, internationale Bedingungen, Ergebnisse und Wirkungen, historischer Ort und Besonderheiten, Einordnung in den Charakter der welthistorischen Epoche – soweit nur einige der wichtigsten Kettenglieder.

Trotz der Ballung des Geschehens ist Revolution kein kurzfristiger Schöpfungsakt, wie der noch oft gebrauchte Begriff des »Sprunges« vermuten läßt. Geschichte umfaßt die Permanenz der menschlichen Entwicklung in der Gesamtheit ihrer Erscheinungen; sie ist niemals Beharrung, sondern stets Bewegung in auf- oder absteigender Linie: »... es gibt keine unbewegliche Geschichte« (Albert Soboul, 1974). Revolution – das heißt eine besondere Qualität, eine besondere Form, ein besonderes Moment historischer Entwicklung. Als Zäsur, Weichenstellung, Knoten- und Wendepunkt der Geschichte erweist sich die Revolution als Ergebnis weit zurückreichender Ursachenkomplexe materiell-ökonomischer, sozialer, politisch-institutioneller und geistig-kultureller Natur, sie bildet zugleich den Ausgangspunkt für die Durchsetzung und die Konsolidierung der neuen Ordnung. Revolution steht nicht »zwischen« zwei Systemen – daher einige nicht ganz unberechtigte Einwände gegen den Begriff Zäsur –, sie wächst aus dem einen hervor und legt den Grund für das neue System (oder einer qualitativ neuen Etappe der Systementwicklung). Folglich steht selbst die radikalste Revolution – für den neuzeitlichen Zyklus machte da auch 1789 keine Ausnahme – im Spannungsverhältnis von Bruch *und* Kontinuität. Keine Revolution setzt eine Stunde Null in der Geschichte. Die Revolution ist selbst Produkt der Geschichte, historisch Gewordenes. Für die neuzeitlichen Revolutionen bürgerlichen Typs bestand die besondere Bedeutung der Dialektik von Bruch und Kontinuität – nicht als abstrakte Gegensätze, sondern funktionale Bezugsgrößen gesehen – vor allem darin, daß sie die Sicht auf jene Elemente öffnet, die über die Präfiguration der revolutionären Umwälzung in Abhängigkeit vom Charakter des Bodens (den »Muttermerkmalen« des Feudalismus), aus dem sie entwuchsen, bestimmten. Zwei Beispiele dafür: Die Klassizität der Französischen Revolution hatte natürlich etwas mit dem klassischen Charakter des Feudalabsolutismus in Frankreich zu tun, und die »Anomalien« im lateinamerikanischen Revolutionszyklus bleiben unverständlich ohne das Wissen um die Spezifik des iberischen Kolonialfeudalismus.

So ist es erforderlich, zwischen der Revolution »im engeren« und »im weiteren« Sinne zu unterscheiden. Die Revolution im engeren Sinne umfaßt die »eigentliche« Revolution, d.h. jenen relativ kurzen historischen Zeitraum, in dem die Grundfrage jeder Revolution – die Machtfrage – entschieden wird. Dagegen verdeutlicht der Begriff der Revolution im weiteren Sinne den ungleich länger andauernden Gesamtprozeß der Durchsetzung und Konsolidierung der neuen Gesellschaftsordnung.

Gerade Revolutionsgeschichte vermittelt am nachhaltigsten die Erkenntnis, daß der Geschichte ein Nicht-abgeschlossensein eigen ist. Nicht nur in die Zukunft, sondern auch in die Vergangenheit ist Geschichte offen. Das beweist die Fülle von neuen Erkenntnissen über scheinbar schon bis ins letzte Detail Gewußtes. Auch Revolutionen wurden und werden »umgeschrieben«; nicht aus Gründen bloßer Opportunität, obwohl Klio davon nicht verschont geblieben ist, sondern ob der Tatsache, daß die Klassen und Generationen stets neue Fragen an ihre eigene Herkunft, ihr Werden und ihren Wandel stellen. Mit dem Fortschritt der Geschichte »wandern« zugleich historisches Denken und historische Wertung. Nicht zuletzt das Wissen um die Wandelbarkeit historischer Wahrheit machte eine Antwort auf die seit der Antike gestellte Frage »Historia docet?« so schwierig. Es sollte niemanden verwundern, daß der Historiker, der dem Gegenstand seines Interesses mit dem gebotenen Respekt begegnet, auf die Frage nach den Lehren der Revolutionen mit Zurückhaltung reagieren wird. Der Umgang mit Erbe und Auftrag von Revolutionen erfolgt zuweilen ebenso großzügig wie tagespolitisch eingefärbt. Sich auf Geschichte zu berufen, erlaubt inzwischen, nicht nur mit, sondern auch von Geschichte zu leben. Revolutionen sind längst kein Buch mit sieben Siegeln mehr, das sich nur dem Berufenen erschließt, sie sind aber auch kein Lehr- und Erfahrungskompendium, das es lediglich auf zuschlagen gilt, um unfehlbare Wegweisung daraus zu gewinnen. Nostradamus hat mit Geschichte im allgemeinen und Revolutionsgeschichte im besonderen nichts zu tun. Revolutionen zeigen, wie Tendenz auf Gegentendenz, Entwicklung auf Gegenentwicklung trifft, woraus resultiert, daß Geschichte stets alternativ verläuft. Und gerade Revolutionsgeschichte muß der Frage nachspüren, warum, unter welchen Bedingungen und mit welchen Konsequenzen eben eine bestimmte und nicht andere, ebenfalls existente, Alternative zur historischen Realität geworden ist.

Revolutionsgeschichte entspricht dem eigentlichen Anliegen historischen Denkens: Mit der Frage nach dem Woher und Wofür auch die des Wohin zu beantworten, Geschichte in Gegenwart zu sehen, Gegenwart als Geschichte nach- und vorzudenken.

August 1988

Anhang

Literaturhinweise

Es wurden in erster Linie Werke zu den im Band behandelten Revolutionen aufgenommen. Dagegen fanden nur ausgewählte revolutionstheoretische Arbeiten Berücksichtigung.

1830 in France/hrsg. von J. M. Merriman. – New York; London, 1975.

Ado, A. V.: Krest'janskoe dviženije vo Francii vo vremja Velikoj buržuaznoj revoljucii konca XVIII veka. – 2. Aufl. – Moskva, 1987.

Aguirre, I. L.: Bolívar. – Caracas, 1974.

Al'perovič, M. S.: Ispanskaja Amerika v bor'be za nezavisimost'. – Moskva, 1971.

Andrews, C. M.: The Colonial Background of the American Revolution: Four Essays in American Colonial History. – New Haven; London, 1971.

Anes, G.: El Antiguo Régimen: los Borbones. – Madrid, 1975.

Anglijskaja buržuaznaja revoljucija XVII veka/hrsg. von E. A. Kosminskij u. J. A. Levickij. – Bd. 1–2. – Moskva, 1954.

Anspruch und Wirklichkeit: Dokumente und Aussagen. Zweihundert Jahre Kampf um Demokratie in den USA. – Berlin, 1976.

Aptheker, H.: The American Revolution 1763–1783. – New York, 1960.

Aptheker, H.: Nat Turner's Slave Rebellion. – New York, 1966.

Archangelskij, S. I.: Krest'janskie dviženija Anglii v 40–50 godach XVII v. – Moskva, 1960.

Arš, A. L.: Kapodistrija i grečeskoe nacional'no-osvoboditel'noe dviženije. – Moskva, 1976.

Ashley, M.: The English Civil War: A concise History. – London, 1980.

Ashton, T. S.: The industrial Revolution 1760–1830. – London, 1948.

Astur, E.: Riego. – Oviedo, 1984.

Atkinson, W. C.: A history of Spain and Portugal. – Harmondsworth/Middlesex, 1960.

Averbuch, R. A.: Revoljucija v Avstrii (1848–1849). – Moskva, 1970.

Aymes, J.-R.: La guerre d'indépendance Espagnole (1808–1814). – Paris; Bruxelles; Montréal, 1973.

Bach, H.: Die nationale Frage in der europäischen Revolution von 1848/49. – In: Rolle und Formen der Volksbewegung im bürgerlichen Revolutionszyklus/hrsg. von M. Kossok. – Berlin, 1976.

Bach, H.: Die Unabhängigkeitsrevolution der Griechen 1821–1833. – In: Revolutionen der Neuzeit 1500–1917/hrsg. von M. Kossok. – Berlin, 1982.

Bailyn, B.: The Ideological Origins of the American Revolution. – Cambridge, 1967.

Bailyn, B.: Lines of Force in recent Writings on the American Sciences. – San Francisco, 1975.

Barg, M. A.: Anglijskaja buržuaznaja revoljucija. – Moskva, 1958.

Barg, M. A.: Kromvel' i ego vremja. – Moskva, 1960.

Barth, W.; Kehring-Korn, M.: Die Philhellenenzeit: Von der Mitte des 18. Jahrhunderts bis zur Ermordung Kapodistrias am 9. 10. 1831. – München, 1960.

Beard, C. A.; Beard, M. R.; Beard, W.: The Beard's New Basic History of the United States. – London, 1960.

Becker, W.: Reformation und Revolution. – Münster, 1974.

Benda, K.: A magyar jakobinusok iratai. – Bd. 1–3. – Budapest, 1952–1957.

Benda, K.: Die mitteleuropäischen Jakobinerbewegungen und die Volksmassen. – In: Rolle und Formen der Volksbewegung im bürgerlichen Revolutionszyklus/hrsg. von M. Kossok. – Berlin, 1976.

Bender, K.-H.: Revolutionen: Die Entstehung des politischen Revolutionsbegriffes in Frankreich zwischen Mittelalter und Aufklärung. – München, 1977.

Berindei, D.: Die sozialen und nationalen Objekte der Rumänischen Revolution von 1848. – In: Rumänien – Blätter der Geschichte. – Bukarest (1978) 2.

Berkelbach van der Sprenkel, W.: Oranje en de vestiging van de Nederlandse staat. – Amsterdam, 1946.

Blickle, P.: Die Revolution von 1525. – München, 1977.

Bloch, E.: Thomas Münzer als Theologe der Revolution. – Berlin, 1960.

Blok, L.: Die Niederländische Revolution und die Absetzung Philipps II. 1581. – In: Jahrbuch für Geschichte des Feudalismus. – Bd. 7. – Berlin, 1983.

Blok, L.: Willem van Oranje herdacht 10 juli 1584 bis 10 juli 1884: herdenken als polemiek. – In: Utrechtse Historische Cahiers. – Utrecht (1984) 2/3.

Bock, H.: Die Illusion der Freiheit: Deutsche Klassenkämpfe zur Zeit der französischen Julirevolution 1830 bis 1831. – Berlin, 1980.

Bolchovitinov, N. N.: Teoretičeskije i istoriografičeskije problemy amerikanskoj revoljucii XVIII v. – Moskva, 1973.

Bolívar y Europa en las crónicas, el pensamiento político y la historiografia; Bd. I: Siglo XIX: Investigación dirigada por Filippi. – Caracas, 1986.

Brandi, K.: Kaiser Karl V.; Bd. 1: Werden und Schicksal einer Persönlichkeit und eines Weltreiches. – 7. Aufl. – München, 1964.

Brendler, G.: Das Täuferreich zu Münster 1534/35. – Berlin, 1966.

Brendler, G.: Von der Hussitenbewegung bis zum Abfall der Niederlande: Zu den Vor- und Frühformen der bürgerlichen Revolution. – In: Jahrbuch für Geschichte. – Bd. 10. – Berlin, 1974.

Brendler, G.: Die Revolution der Niederlande 1566 bis 1579. – In: Revolutionen der Neuzeit 1500 bis 1917/ hrsg. von M. Kossok. – Berlin, 1982.

Brendler, G.: Martin Luther: Theologie und Revolution. – Berlin, 1983.

Brentjes, B., Richter, S., Sonnemann, R.: Geschichte der Technik/hrsg. von R. Sonnemann. – Leipzig, 1978.

Bruguera, F. G.: Histoire contemporaine d'Espagne 1789–1950. – Paris, 1953.

Bruhat, J.: Histoire du mouvement ouvrier Français. – Bd. 1: Des origines à la révolte des canuts. – Paris, 1952.

Bruhat, J.; Dautry, J.; Tersen, E.: Die Pariser Kommune von 1871. – Berlin, 1971.

Die bürgerlich-demokratische Revolution in Deutschland: Studien zu ihrer Geschichte und Wirkung / hrsg. von H. Bartel u. H. Bleiber. – Berlin, 1972.

Causes and consequences of the American Revolution / hrsg. und eingel. von E. Wright. – Chicago, 1966.

Chanjak, P.: Ugnetennye narody avstrijskoj imperii i vengerskaja revoljucija 1848–1849 gg. – Budapest, 1953.

Charous, J.: Nové dokumenty k roku 1848 v Cechách. – Usti n. L., 1973.

China: Schilderungen aus Leben und Geschichte / hrsg. von J. Kürschner. – Berlin, o. J.

Chronological History of Romania. – Bukarest, 1974.

Čistozvonov, A. N.: Čerty obščego i osobenogo v niderlandskoj buržuaznoj revoljucii XVI v. – In: Evropa v srednie veka: ėkonomika, politika, kultura. – Moskva, 1971.

Cole, H.: Fouché: The unprincipled Patriot. – New York, 1971.

Cooper, D.: Talleyrand. – Wiesbaden, 1950.

Cooper, J. F.: The Rise and Fall of the Stuart Monarchy. – In: The New Cambridge: Modern History. – Bd. IV. – London, 1970.

Corti, E. C. Conte: Maximilian und Charlotte von Mexiko: Nach dem bisher unveröffentlichten Geheimarchive des Kaisers Maximilian und sonstigen unbekannten Quellen. – Bd. 1–2. – Zürich; Leipzig; Wien, 1924.

Dautry, J.: Histoire de la révolution de 1848 en France. – Paris, 1948.

Deursen, A. T.; de Schepper, H.: Willem van Oranje: Een strijd voor vrijheid en verdraagzaamheid. – Weesp; Tielt, 1984.

Der deutsche Bauernkrieg 1524/25: Geschichte – Tradition – Lehren / hrsg. von G. Brendler u. A. Laube. – Berlin, 1977.

Deutsche revolutionäre Demokraten: Eine Dokumentation in 6 Bdn./hrsg. von W. Grab. – Stuttgart, 1971 ff.

Dimakis, J.: La presse française face à la chute de Missolonghi et à la bataille navale de Navarin: Recherches sur les sources du philhellénisme français. – Thessaloniki, 1976.

Djakow, W. A.; Miller, I. S.: Revoljuzionnoje dviženije v russkoj armii i vosstanije 1863 g. – Moskva, 1964.

Domin, D.: India in 1857–59: A Study in the Role of the Sikhs in the Peoples Uprising. – Berlin, 1977.

Donnert, E.: Politische Ideologie der russischen Gesellschaft zu Beginn der Regierungszeit Katharinas II. – Berlin, 1976.

Douglass, E. D.: Rebells and Democrats: The Struggle for equal political Rights and majority Rule during the American Revolution. – Chicago, 1965.

Droz, J.: L'Allemagne et la Révolution française. – Paris, 1949.

Duclos, J.: Himmelsstürmer: Die Pariser Kommune als Vorbote einer neuen Welt. – Berlin, 1963.

Dülmen, R. van: Reformation als Revolution. – München, 1977.

Dunn, J.: Moderne Revolutionen: Analyse eines politischen Phänomens. – Stuttgart, 1974.

Efimov, A. V.: SŠA, Puti Razvitija Kapitalisma. – Moskva, 1969.

Ehrenburg, I.: Die Verschwörung der Gleichen: Das Leben des Gracchus Babeuf. – Berlin, 1959.

The Eighteenth-Century Revolution: French or Western? / hrsg. von P. Amann. – Boston, 1965.

Elliott, J. H.: Imperial Spain 1469–1716. – New York, 1966.

Das Ende des maximilianischen Kaiserreichs in Mexiko: Berichte des königlich preußischen Ministerresidenten Anton von Magnus an Bismarck, 1866–1867 / hrsg. von J. Kühn. – Göttingen; Berlin; Frankfurt a. Main; Zürich, 1965.

Engelberg, E.: Deutschland von 1849 bis 1871: Von der Niederlage der bürgerlich-demokratischen Revolution bis zur Reichsgründung. – Berlin, 1962.

Engelberg, E.: Bismarck: Urpreuße und Reichsgründer. – Berlin, 1985.

Engels, F.: Über den Verfall des Feudalismus und das Aufkommen der Bourgeoisie. Marx/Engels Werke. – Bd. 1b. – Berlin, 1985.

Die englische Revolution von 1640 / hrsg. von C. Hill. – Berlin, 1952.

Die Erste Internationale 1864–1870. Teil 1 / hrsg. von I. A. Bach u. a. – Moskau, 1981.

Europäische Kunstgeschichte in Daten. – Dresden, 1984.

Die europäischen Revolutionen von 1848/49. – In: Revolutionen der Neuzeit 1500–1917 / hrsg. von M. Kossok. – Berlin, 1982.

Extramiana, J.: Historia de las Guerras Carlistas. – Bd. I–II. – San Sebastián, 1979–1980.

Fan Won-lan: Neue Geschichte Chinas. – Bd. 1 (1840–1901). – Berlin, 1959.

Fischer, E.: Österreich 1848: Probleme der demokratischen Revolution in Oesterreich. – Wien, 1946.

Foner, P.: History of Labor Movement in the United States. – New York, 1947.

Foner, P.: Handwerker und Lohnarbeiter in der amerikanischen Revolution. – In: Zeitschrift für Geschichtswissenschaft. – Berlin (1976)6.

Fontana, J.: La crisis del Antiguo régimen 1808 bis 1833. – Barcelona, 1979.

Francuskaja buržuaznaja revoljucija 1789–1794 gg. / hrsg. von V. P. Volgin u. E. V. Tarle. – Moskva; Leningrad, 1941.

Französische Aufklärung: Bürgerliche Emanzipation, Literatur und Bewußtseinsbildung. – Leipzig, 1979.

Die französische Revolution im Spiegel der deutschen Literatur / hrsg. von C. Träger u. F. Schaefer. – Leipzig, 1975.

Der Freiheitsbaum: Die Französische Revolution in Schilderungen Goethes und Forsters 1792/93 / hrsg. von G. Jäckel. – Berlin, 1983.

Friedenthal, R.: Luther: Sein Leben und seine Zeit. – München, 1967.

Die frühbürgerliche Revolution in Deutschland / Redaktionsleitung: G. Brendler. – Berlin, 1961.

Furet, F.; Richet, D.: La Révolution française. – Paris, 1973.

Furet, F.: Penser la Révolution française. – Paris, 1978.

Fursenko, A. A.: Amerikanskaja buržuaznaja revoljucija XVIII veka. – Moskva; Leningrad, 1960.

Fursenko, A. A.: Amerikanskaja revoljucija i obrazovanie SŠA. – Leningrad, 1978.

Gardiner, S. R.: History of the Great Civil War (1642–1649). – Bd. 1–4. – London; New York, 1911 ff.

Geschichte der Naturwissenschaften / hrsg. von H. Wußing. – Leipzig, 1983.

Die Geschichte Ungarns. – Budapest, 1971.

Gil Novales, A.: Las sociedades patrióticas (1820 bis 1823): Las libertades de expresión y de reunión en el origen de los partidos políticos. – Bd. 1–2. – Madrid, 1975.

Giurescu, D. C.: Illustrierte Geschichte des rumänischen Volkes. – Bukarest, 1982.

Godechot, J.: La Grande Nation: L'expansion revolutionnaire de la France dans le monde (1789 bis 1799). – Bd. 1–2. – Paris, 1956.

Grab, W.: Norddeutsche Jakobiner: Demokratische Bestrebungen zur Zeit der Französischen Revolution. – Hamburg, 1967.

Gramsci, A.: Il Risorgimento. – Turin, 1949.

Griewank, K.: Der Wiener Kongreß und die europäische Restauration 1814/15. – Leipzig, 1954.

Griewank, K.: Der neuzeitliche Revolutionsbegriff: Entstehung und Entwicklung. – Weimar, 1955.

Groethuysen, B.: Die Entstehung der bürgerlichen Welt- und Lebensanschauung in Frankreich. – Bd. 1–2. – Halle(Saale), 1927–1930.

Grundpositionen der Französischen Aufklärung / hrsg. von W. Krauss. – Bd. 1–2. – Berlin, 1955 bis 1965.

Guichen, E. Vicomte de: La révolution de juillet et l'Europe 1830. – Paris, 1921.

Hackethal, E.: Die Pariser Kommune von 1871. – In: Revolutionen der Neuzeit 1500–1917 / hrsg. von M. Kossok. – Berlin, 1982.

Haraszti, E. H.: Chartism. – Budapest, 1978.

Heine, H.: Geschichte Spaniens in der frühen Neuzeit 1470–1800. – München, 1984.

Hellenism and the first Greek war of liberation (1821–1830): Continuity and change / hrsg. von N. P. Diamandouros; J. P. Anton; J. A. Petropulos; P. Topping. – Thessaloniki, 1976.

Helmert, H.; Usczeck, H.-J.: Bewaffnete Kämpfe in Europa 1848/49. – Berlin, 1973.

Herr, R.: The Eighteenth-Century Revolution in Spain. – Princeton; New Jersey, 1958.

Herring, H.: A History of Latin America from the Beginnings to the Present. – New York, 1956.

Hertling S. J., L.: Geschichte der Katholischen Kirche bis 1740. – Leipzig, 1982.

Heussi, K.: Kompendium der Kirchengeschichte. – Berlin, 1965.

Hill, C.: Puritanism and Revolution: Studies in Interpretation of the English Revolution of the 17th century. – London, 1968.

Hill, C.: God's Englishmen: Oliver Cromwell and the English Revolution. – London, 1970.

Hill, C.: The World turned Upside Down: Radical Ideas during the English Revolution. – New York, 1972.

Hill, C.: Milton and the English revolution. – New York, 1978.

Hill, C.: The Century of Revolution 1603–1714. – London, 1980.

Histoire de Pologne. – Warszawa, 1971.

Historia de Cuba. – La Habana, 1968.

History from Below: Studies in popular protest and popular ideology. – In: Honour of George Rudé / hrsg. von F. Krantz. – Montreal, 1985.

Hobsbawn, E. J.: Europäische Revolutionen 1789 bis 1848. – Zürich, 1962.

Holzapfel, K.: Die Julirevolution von 1830. – In: Revolutionen der Neuzeit 1500–1917 / hrsg. von M. Kossok. – Berlin, 1982.

Hroch, M.; Skýbová, A.: Ecclesia militans: Inquisition im Zeitalter der Gegenreformation. – Leipzig, 1985.

Hunt, L.: Politics, Culture and Class in the French Revolution. – Berkeley; Los Angeles; London, 1984.

Illustrierte Geschichte der deutschen Revolution 1848/49. – Berlin, 1973.

Die internationale Arbeiterbewegung: Fragen der Geschichte und der Theorie. – Bd. 1–2. – Moskau, 1980–1981.

Introducción a la Historia de España. – Barcelona, 1971.

Istorija Diplomatii. – Bd. I. – Moskva, 1959.

Jackson, T. A.: Ireland Her Own: An Outline History of the Irish Struggle for National Freedom and Independence / hrsg. von C. D. Greaves. – Berlin, 1970.

Jacob, L.: Hébert le Père Duchesne, chef des sansculottes. – Paris, 1958.

Jakobiner in Mitteleuropa / hrsg. und eingel. von H. Reinalter. – Innsbruck, 1977.

James, C. L. R.: Die schwarzen Jakobiner: Toussaint L'Ouverture und die San-Domingo-Revolution. – Berlin, 1984.

Jaurès, J.: Histoire socialiste de la Révolution française. – Bd. 1–4. – Paris 1901–1904; neu hrsg. von A. Mathiez in 8 Bdn. – Paris, 1922–1924; von A. Soboul in 7 Bdn. – Paris, 1968–1973.

Jerussalimski, A. S.: Bismarck: Diplomatie und Militarismus. – 2. Aufl. – Berlin, 1983.

Johnson, T. H.; Wish, H.: The Oxford Companion to American History. – New York, 1966.

Junge, H.-C.: Flottenpolitik und Revolution: Die Entstehung der englischen Seemacht während der Herrschaft Cromwells. – Stuttgart, 1980.

Kan, A. S.: Geschichte der skandinavischen Länder (Dänemark, Norwegen, Schweden). – Berlin, 1978.

Karl Marx und die Gründung der I. Internationale: Dokumente und Materialien / hrsg. und eingel. von R. Sperl u. G. Wisotzki. – Berlin, 1964.

Kathe, H.: Oliver Cromwell. – Berlin, 1984.

Kersten, K.: Die deutsche Revolution. – Berlin, 1932.

Keržencev, P. M.: Istorija Parižskoj Kommuny. – Moskva, 1960.

Klassen, P.: Die Grundlagen des aufgeklärten Absolutismus. – Jena, 1929.

Klaveren, I. v.: Europäische Wirtschaftsgeschichte Spaniens im 16. und 17. Jahrhundert. – Stuttgart, 1950.

De kogel door de kerk? De opstand in de Nederlanden en de rol van de Unie van Utrecht. 1559–1609. – Utrecht, 1979.

Konetzke, R.: Das spanische Weltreich: Grundlagen und Entstehung. – München, 1943.

Korr, C. P.: Cromwell and the New Model Foreign Policy. – Berkeley; Los Angeles; London, 1975.

Kossok, M.: Historia de la Santa Alianza y la Emancipación de America Latina. – Buenos Aires, 1968.

Kossok, M.: Der iberische Revolutionszyklus 1789 bis 1830: Bemerkungen zu einem Thema der vergleichenden Revolutionsgeschichte. – In: Studien über die Revolution / hrsg. von M. Kossok. – Berlin, 1969.

Kossok, M.: Probleme der vergleichenden Analyse der lateinamerikanischen Unabhängigkeitsrevolution. – In: Zeitschrift für Geschichtswissenschaft. – Berlin (1977)2.

Kossok, M.: Comuneros und Germanías: Spanien an der Schwelle der frühbürgerlichen Revolution? – In: Zeitschrift für Geschichtswissenschaft. – Berlin (1979)1.

Kossok, M.: Der aufgeklärte Absolutismus in Spanien: Zehn Thesen über Wesen und Funktion. – In: Zeitschrift für Geschichtswissenschaft. – Berlin (1982)2.

Kossok, M.: Simón Bolívar und das historische Schicksal Spanisch-Amerikas. Anläßlich der 200. Wiederkehr seines Geburtstages (24. Juli 1783). – In: Sitzungsberichte der Akademie der Wissenschaften der DDR. Gesellschaftswissenschaften. – Berlin 83 (1984)12/G.

Kossok, M.: Karl Marx und der Begriff der Weltgeschichte. – In: Sitzungsberichte der Akademie der Wissenschaften der DDR. Gesellschaftswissenschaften. – Berlin 84 (1984) 4/G.

Kossok, M.; Markov, W.: L'Espagne et son Empire d'Amérique: Histoire des structures politiques, économiques et sociales 1320–1824. – Paris, 1972.

Koval'skaja, M. I.: Dviženije karbonariev v Italii. 1808–1821. – Moskva, 1971.

Koval'skaja, M. I.: Italija v bor'be za nacional'nuju nezavisimost' i edinstvo. – Moskva, 1981.

Kožokin, E. M.: Franzuskije rabočije: Ot velikoj buržuaznoj revoljucii do revoljucii 1848 goda. – Moskva, 1985.

Krassin, J.: Revolution und sozialer Fortschritt: Kritische Betrachtung der bürgerlichen Konzeptionen von der sozialen Revolution. – Moskau, 1980.

Krauss, W.: Studien zur deutschen und französischen Aufklärung. – Berlin, 1963.

Krauss, W.: Literatur der französischen Aufklärung. – Darmstadt, 1972.

Krauss, W.: Die Aufklärung in Spanien, Portugal und Lateinamerika. – München, 1973.

Krauss, W.: Aufklärung II. Frankreich / hrsg. von R. Geisler. – Berlin; Weimar, 1987.

Kreibich, K.: Die Deutschen und die böhmische Revolution 1848. – Berlin, 1952.

Krivogus, I. M.; Steckevič, S. M.: Abriß der Geschichte der I. und II. Internationale. – Berlin, 1959.

Kropotkin, P. A.: Die Große Französische Revolution 1789–1793. – Bd. 1–2. – Leipzig; Weimar, 1982.

Kuczynski, J.: Die Geschichte der Lage der Arbeiter unter dem Kapitalismus. – Bd. 1–38. – Berlin, 1960–1972.

Kuropjatnik, G. P.: Vtoraja amerikanskaja revoljucija. – Moskva, 1961.

Kuttner, E.: Het hongerjaar 1566. – 2. Aufl. – Amsterdam, 1964.

Kybalová, L.; Herbenová; O.; Lamarová, M.: Das große Bilderlexikon der Mode: Vom Altertum zur Gegenwart. – Prag, 1966.

Land ohne Nachtigall: Deutsche Emigranten in Amerika 1776–1890 / hrsg. von R. Weber. – Berlin, 1981.

Las revoluciones burguesas: Problemas Teóricos. – Barcelona, 1983.

Laube, A.; Steinmetz, M.; Vogler, G.: Illustrierte Geschichte der deutschen frühbürgerlichen Revolution. – Berlin, 1974.

Lavretski, J. G.: Miranda la vida ilustre del Precursor de la Independencia de América Latina. – Caracas, 1974.

Lefebvre, G.: La Révolution française. – Paris, 1951.

Lefebvre, G.: Le Directoire. – Paris, 1971.

Lenin, W. I.: Staat und Revolution. – Berlin, 1986.

Leśnodorski, B.: Polsky Jakobini. – Warszawa, 1960.

Levin, B.: La rebelión de Túpac Amaru y los orígenes de la emancipación Americana. – Buenos Aires, o. J.

Lexikon der französischen Literatur / hrsg. von M. Naumann. – Leipzig, 1987.

Lissagaray, P. L.: Geschichte der Kommune von 1871. – Stuttgart, 1909.

Lucas-Dubreton, J.: Louis-Philippe. – Paris, 1938.

Lunačarskij, A.: Musik und Revolution: Schriften zur Musik. – Leipzig, 1985.

Lynch, J.: The Spanish-American Revolutions (1808–1826). – New York, 1973.

Die Lyoner Arbeiteraufstände 1831 und 1834 / hrsg. u. eingel. von K. Holzapfel. – Berlin, 1984.

Die Mainzer Republik. II. Protokolle des Rheinisch-deutschen Nationalkonvents mit Quellen zu seiner Vorgeschichte / hrsg., eingel., kommentiert u. bearb. von H. Scheel. – Berlin, 1981.

Maiski, I. M.: Neuere Geschichte Spaniens 1808 bis 1917 / hrsg. von M. Kossok. – Berlin, 1961.

Manfred, A. Z.: Velikaja francuskaja buržuaznaja revoljucija XVIII veka (1789–1794). – Moskva, 1956.

Manfred, A. Z.: Marat. – Moskva, 1962.

Manning, B.: The English people and the English revolution 1640–1649. – London, 1976.

Manns, P.; Loose, H. N.: Martin Luther. – Freiburg i. Br.; Basel; Wien, 1982.

Maravall, J. A.: Las Comunidades de Castilla. Una primera revolución moderna. – Madrid, 1970.

Maretzki, H.: Die Kommunarden von Paris. – Berlin, 1961.

Markov, W.: Die Freiheiten des Priesters Roux. – Berlin, 1967.

Markov, W.: Revolution im Zeugenstand. Frankreich 1789–1799. – Bd. 1–2. – Leipzig, 1982.

Markov, W.: Grand Empire. Sitten und Unsitten der Napoleonzeit. – Leipzig, 1984.

Markov, W.; Helmert, H.: Schlachten der Weltgeschichte. – Leipzig, 1977.

Markov, W.; Soboul, A.: 1789: Die Große Revolution der Franzosen. – Berlin, 1979.

Marx, K.: Der achtzehnte Brumaire des Louis Bonaparte. – In: Marx/Engels Gesamtausgabe (= MEGA). – Bd. 10. – Berlin, 1985.

Marx, K.: Klassenkämpfe in Frankreich. – In: MEGA. – Bd. 11. – Berlin, 1977.

Marx, K.; Engels, F.: Die deutsche Ideologie. Marx/Engels Werke. – Bd. 3. – Berlin, 1985.

Marx, K.; Engels, F.: Die heilige Familie. Marx/Engels Werke. – Bd. 2. – Berlin, 1983.

Marx, K.; Engels, F.: Der Verfall des Feudalismus und das Aufkommen der Bourgeoisie. Marx/ Engels Werke. – Bd. 3. – Berlin, 1983.

Maschkin, M.: Die Pariser Kommune 1871: Chronik einer Revolution. – Berlin, 1982.

Massin, J.: Robespierre. – Paris, 1956; deutsch: 2. Ausg. – Berlin, 1972.

Mathiez, A.: La Révolution française. – Bd. 1–3. – Paris, 1922–1927; deutsch: Zürich, 1940; Hamburg, 1950.

Mathiez, A.: Etudes sur Robespierre (1758–1794). – Paris, 1958.

Mazauric, C.: Babeuf et la Conspiration pour l'Egalité. – Paris, 1962.

Mazauric, C.: Sur la Révolution Française: Contributions a l'Histoire de la révolution bourgeoise. – Paris, 1970.

Mazauric, C.: Jacobinisme et Révolution. – Paris, 1984; 2. Aufl. 1988.

Meusel, A.: Thomas Müntzer und seine Zeit. – Berlin, 1952.

Michelet, J.: Geschichte der Französischen Revolution / hrsg. von F. M. Kircheisen. – Bd. 1–5. – Wien; Hamburg; Zürich, 1957.

Mikoletzky, L.: Kaiser Joseph II.: Herrscher zwischen den Zeiten. – Göttingen; Zürich; Frankfurt a. Main, 1979.

Misko, M. W.: Polskoje vostanije 1863 goda. – Moskva, 1962.

Mittenzwei, I.: Über das Problem des aufgeklärten Absolutismus. – In: Zeitschrift für Geschichtswissenschaft. – Berlin (1970)9.

Mittenzwei, I.: Friedrich II. von Preußen: Eine Biographie. – Berlin, 1984.

Moissonnier, M.: La révolte des canuts, Lyon, novembre 1831. – Paris, 1958.

Moissonnier, M.: La première internationale et la commune à Lyon (1865–1871). – Paris, 1972.

Molok, A. I.: Parižskaja Kommuna 1871 goda i ego meždunarodnoje značenije. – Moskva, 1956.

Mouvements populaires et conscience sociale, XVIe – XIXe siécles. – In: Actes du Colloque de Paris 24–26 mai 1984 / recueillis et présentés par J. Nicolas. – Paris, 1985.

Nadal, J.: El fracaso de la revolución industrial en España, 1814–1913. – Barcelona, 1975.

Namazova, A. S.: Bel'gijskaja revoljucija 1830 goda. – Moskva, 1979.

Nečkina, M. N.: Dekabristy. – Moskva, 1982.

Neukirchen, H.: Geusen: Der Freiheitskampf der Niederlande. – Berlin, 1980.

Neukirchen, H.: Seemacht im Spiegel der Geschichte. – Berlin, 1982.

Nieto, J. I. G.: Las comunidades como movimiento antiseñorial: La Formación del bando realista en la guerra civil castellana de 1520–1521. – Barcelona, 1973.

Olaechea, R.; Ferrer Benimeli, J. A.: El conde de Aranda. – Bd. I–II. – Zaragoza, 1978.

Otetea, A.: L'Insurrection de 1821 dans les principautés Danubiennes. – In: Revue roumaine d'histoire. – Bd. 1. – Bucaresti, 1962.

Otto von Bismarck: Dokumente seines Lebens 1815–1898 / hrsg. von H. Wolter. – Leipzig, 1986.

Palmer, R. R.: The Age of the democratic Revolution: A political History of Europe and America. 1760 to 1800. – Bd. 1–2. – Princeton, 1959–1964.

Parker, G.: Der Aufstand der Niederlande: Von der Herrschaft der Spanier zur Gründung der Niederländischen Republik, 1549–1609. – München, 1979.

Il pensiero contemporaneo a cura di G. M. Bravo e S. Rota Ghibaudi. – 2 Bde. – Mailand, 1985.

Pérez, J.: La Révolution des »Comunidades« de Castille (1520–1521). – Bordeaux, 1970.

Pimenova, L. A.: Dvorjanstvo nakanune velikoj francuzkoj revoljucii. – Moskva, 1986.

Pinkney, D.: The French Revolution of 1830. – Princeton, 1972.

Portuondo, F.: Historia de Cuba. – La Habana, 1965.

Priester, E.: Kurze Geschichte Österreichs: Aufstieg und Untergang des Habsburgerreiches. – Wien, 1949.

Raizis, M. B.; Papas, A.: American poets and the Greek revolution 1821–1828: A study in Byronic Philhellenism. – Thessaloniki, o. J.

Reform, Reformation, Revolution / hrsg. von S. Hoyer. – Leipzig, 1980.

Reformation in Europa / hrsg. von O. Thulin. – Leipzig, 1967.

Reinalter, H.: Aufgeklärter Absolutismus und Revolution: Zur Geschichte des Jakobinertums und der frühdemokratischen Bestrebungen in der Habsburgermonarchie. – Wien; Köln; Graz, 1980.

Republiek Aussen Vorsten: Oranje, Opstand, Vrijheid, Geloof / hrsg. von F. Wieringa. – Zutphen, 1984.

Revoljucii 1848/49 gg. / hrsg. von F. W. Potemkin u. A. I. Molok. – Bd. 1–2. – Moskva, 1952.

Revolution und Gesellschaft: Theorie und Praxis der Systemveränderung / hrsg. von T. Schieder. – Freiburg i. Br., 1973.

Revolution und Gesellschaft: Zur Entwicklung des neuzeitlichen Revolutionsbegriffs / hrsg. u. eingel. von H. Reinalter. – Innsbruck, 1980.

Revolutionen der Neuzeit 1500–1917 / hrsg. u. eingel. von M. Kossok. – Vaduz, 1982.

Die Sansculotten von Paris: Dokumente zur Geschichte der Volksbewegung 1793 bis 1794 / hrsg. von W. Markov u. A. Soboul. – Berlin, 1957.

Sarrailh, J.: L'Espagne éclairée de la seconde moitié du XVIII e siècle. – Paris, 1964.

Scheel, H.: Süddeutsche Jakobiner: Klassenkämpfe und republikanische Bestrebungen im deutschen Süden Ende des 18. Jahrhunderts. – 2. Ausg. – Berlin, 1971.

Schilfert, G.: Revolution und Reform in England. – In: Studien zur vergleichenden Revolutionsgeschichte 1500–1917 / hrsg. von M. Kossok. – Berlin, 1974.

Schilfert, G.: Zur Geschichte der Auswirkungen der Niederländischen Revolution auf deutsche Territorien. – In: Zeitschrift für Geschichtswissenschaft. – Berlin (1975)1.

Schilfert, G.: Die nordamerikanische Unabhängigkeitsrevolution 1775–1783. – In: Revolutionen der Neuzeit 1500–1917 / hrsg. von M. Kossok. – Berlin, 1982.

Schiller, F.: Geschichte des Abfalls der Vereinigten Niederlande von der Spanischen Regierung / hrsg. von K.-H. Hahn. – Leipzig, 1979.

Schilling, H.: Der Aufstand der Niederlande: Bürgerliche Revolution oder Elitekonflikt? – In: 200 Jahre amerikanische Revolution und moderne Revolutionsforschung / hrsg. von H.-U. Wehler. Geschichte und Gesellschaft. – Sonderheft 2. – Göttingen, 1976.

Schmidt, W.: Zum historischen Platz der bürgerlich-demokratischen Revolution von 1848/49 in Europa: Ein Beitrag zur historisch-vergleichenden Revolutionsbetrachtung. – In: Evolution und Revolution in der Weltgeschichte. – Berlin, 1976.

Seibt, F.: Revolution in Europa. – München, 1984.

Seidel-Höppner, W.; Höppner, J.: Sozialismus vor Marx: Beiträge zur Theorie und Geschichte des vormarxistischen Sozialismus. – Berlin, 1987.

Simón Bolívar: Discursos, proclamas y epistolario político / hrsg. von M. Hernández Sánchez-Barba. – Madrid, 1975.

Skoopol, T.: States and Social Revolutions: A comparative Analysis of France, Russia, and China. – London; New York; New Rochelle; Melbourne; Sydney, 1979.

Smirin, M. M.: Die Volksreformation des Thomas Müntzer und der große deutsche Bauernkrieg. – Berlin, 1956.

Soboul, A.: Die Große Französische Revolution: Ein Abriß ihrer Geschichte (1789–1799). – Teil 1–2. – Frankfurt a. Main, 1975.

Soboul, A.: Die klassische Geschichtsschreibung der Französischen Revolution: Aktuelle Kontroversen. – In: Rolle und Formen der Volksbewegung im bürgerlichen Revolutionszyklus / hrsg. von M. Kossok. – Berlin, 1976.

Soboul, A.: Comprendre la révolution: Problèmes politiques de la révolution française (1789–1797). – Paris, 1981.

Sobre la guerra de los 10 años 1868–1878 / hrsg. von O. Govea. – La Habana, 1971.

La Société des Jacobins / hrsg. von A. Aulard. – Bd. 1–6. – Paris, 1889–1897.

Spira, G.: Les Journées critiques de la révolution bourgeoise en septembre 1848. – Budapest, 1975.

Štrange, M. M.: Russkoje obščestvo i francuskaja revoljucija. – Moskva, 1956.

Strey, J.; Winkler, G.: Marx und Engels 1848/49: Die Politik und Taktik der »Neuen Rheinischen Zeitung« während der bürgerlich-demokratischen Revolution. – Berlin, 1972.

Suratteau, J. R.: La Révolution française, certitude et controverses. – Paris, 1973.

Tarlé, E.V.: Talleyrand. – Leipzig, 1950.
Tarlé, E.V.:Germinal und Prairial. – Berlin, 1953.
Tarlé, E.V.: Napoleon. – Berlin, 1959.
Tersen, E.: Garibaldi. – Berlin, 1968.
Thompson, E.P.:The Making of the English Working Class. – New York, 1963.
Tocqueville, Alexis de: L'ancien régime et la Révolution / hrsg. von J.-P. Meyer. – Paris, 1967.
Töpfer, B.: Die frühbürgerliche Revolution in den Niederlanden. – In: Zeitschrift für Geschichtswissenschaft. – Sonderheft. – Berlin, 1965.
Touchard, J.: Histoire des idées polítiques. – 2 Bde. – Paris, 1959.
Trevelyan, G.M.: Geschichte Englands. – Bd. 1–2. – München, 1947.
Trevor-Roper, H.R.: The Century 1540 to 1640. – Cambridge, 1953.

Uytven, R. van: What is new Socially and Economically in the Sixteenth-Century Netherlands. – In: Acta Historiae Neerlandicae, VII. – The Hague, 1974.

Valcarcel, C.D.: Túpac Amaru el revolucionario. – Lima, 1970.
Venturi, F.: Roots of Revolution: A History of the Populist and Socialist Movements in Nineteenth Century Russia. – New York, 1966.
Vetter, K.: Wilhelm von Oranien: Eine Biographie. – Berlin, 1987.
450 Jahre Reformation / hrsg. von L. Stern u. M. Steinmetz. – Berlin, 1967.
Vigier, P.: La monarchie de Juillet. – Paris, 1965.
Villain, J.: Die großen 72 Tage: Ein Report über die Pariser Kommunarden. – Berlin, 1975.
Vinot, B.: Saint-Just. – Paris, 1985.
Voegt, H.: Die deutsche jakobinische Literatur und Publizistik 1789–1800. – Berlin, 1955.
Vojna za nezavisimost' i obrazovanie SŠA / pod red. G.N. Sevoest' janova. – Moskva, 1976.
Vojna za nezavisimost' v Latinskoj Amerike (1810–1826). – Moskva, 1964.
Vovelle, M.: La mentalité révolutionnaire: Société et mentalités sous la Révolution française. – Paris, 1985.

Weber, R.: Kleinbürgerliche Demokraten in der deutschen Einheitsbewegung 1863–1866. – Berlin, 1962.
Weber, R.: Die Revolution in Sachsen 1848/49: Entwicklung und Analyse ihrer Triebkräfte. – Berlin, 1970.
Weltwirkung der Reformation: Referate und Diskussionen / hrsg. von M. Steinmetz u. G. Brendler. – Bd. 1–2. – Berlin, 1969.
Williams, E.: Capitalism and Slavery. – New York, 1966.
Williams, E.: From Columbus to Castro: The History of the Caribbean 1492–1969. – New York; Evanston, 1970.
Winstanley, G.: Gleichheit im Reiche der Freiheit: Sozialphilosophische Pamphlete und Traktate / hrsg. von H. Klenner. – Leipzig, 1983.
Winter, E.: Der Josefinismus: Die Geschichte des österreichischen Reformkatholizismus 1740 bis 1848. – Berlin, 1962.
Winter, E.: Frühliberalismus in der Donaumonarchie: Religiöse, nationale und wissenschaftliche Strömungen von 1790–1868. – Berlin, 1968.
Winter, E.: Revolution, Neoabsolutismus und Liberalismus in der Donaumonarchie. – Wien, 1969.
Wittman, T.: Das Goldene Zeitalter der Niederlande. – Leipzig, 1975.
Wohlfeil, R.: Reformation oder frühbürgerliche Revolution. – In: Reformation oder frühbürgerliche Revolution. – München, 1972.
Wolgin, W.P.: Die Gesellschaftstheorien der französischen Aufklärung. – Berlin, 1965.
Woodhouse, C.M.: The Greek War of Independence. – London, 1952.

Zwahr, H.: Bourgeoisie und Proletariat am Beginn der bürgerlichen Umwälzung in Sachsen. Die Septemberereignisse von 1830 und die Anfänge der deutschen Arbeiterbewegung. – In: Zeitschrift für Geschichtswissenschaft. – Berlin (1977)6.
Zwahr, H.: Proletariat und Bourgeoisie in Deutschland: Studien zur Klassendialektik. – Köln, 1980.

Bildnachweis

Archiv für Kunst und Geschichte, Berlin (West) S. 26, 85, 238, 250, 260, 286, 344 li., 362, 363, 382, 383
Beyer, Constantin, Weimar S. 319, 427
Bibliographisches Institut, Leipzig S. 147 re., 233 o., 266, 275, 296, 305
Bibliothèque Nationale, Paris S. 188, 215 re.
Bildarchiv Preußischer Kulturbesitz, Berlin (West) S. 44, 391
Breitenborn, Dieter, Berlin S. 392
Bulloz, J.E., Paris S. 184
Corvina kiadó, Budapest S. 54, 421
Deutsche Staatsbibliothek, Berlin S. 213, 219
Deutsches Buch- und Schriftmuseum, Leipzig S. 39
Dietz Verlag/Ewald, Berlin S. 288, 308 li., 379, 389
Documentation photographique de la Réunion des musées nationaux, Paris S. 94, 115, 139, 289, 420, 422
E.A. Seemann Verlag, Leipzig S. 33
Foto Krause, Leipzig S. 154
Foto-Lauterwasser, Überlingen S. 51
Germanisches Nationalmuseum, Nürnberg S. 79
Giraudon, Paris S. 52/53, 55, 178, 181, 185
Hahn, Matthias, Hohenstein-Ernstthal S. 168
Hauptstaatsarchiv Stuttgart S. 405
Helms, Thomas, Schwerin S. 50
Henkel, Thea, Berlin S. 368 o., 414
Institut für Marxismus-Leninismus beim ZK der SED, Berlin S. 358, 378 o., 430 u. 436
Jütte, Thomas, Leipzig S. 92/93, 100, 267, 298, 306, 312, 355, 360, 366, 367, 368 u., 369, 397, 417
Karpinski, Jürgen, Dresden S. 206 li.
Kleinhempel, Ralph, Hamburg S. 323, Schutzumschlag-Vorderseite
Kossok, Manfred, Leipzig S. 396
Kunsthistorisches Museum, Wien S. 91
Kunstsammlungen der Veste Coburg S. 245 re.
MAS, Barcelona S. 56, 72
Metropolitan Museum of Art, New York S. 186
Militärverlag der DDR, Berlin S. 329
Musée d'Art d'Histoire, Genf S. 134
Musées royaux des Beaux-Arts de Belgique, Brüssel S. 183
Museo del Prado, Madrid S. 96, 256
Museum der bildenden Künste, Leipzig S. 9, 216, 226, 237, 255, 281 re.
Museum für Geschichte der Stadt Dresden S. 328
Národní Galerie, Prag S. 321
National Portrait Gallery, London S. 113
Nationale Forschungs- und Gedenkstätten der klassischen deutschen Literatur, Weimar S. 224
Nationalmuseum Stockholm S. 138
Paul, Prokop, Prag S. 20, 70
Petri, Joachim, Leipzig S. 16, 132, 136, 163, 175, 210 re., 215 li., 227, 287 u., 292 li., 303
Reale Fotografie Giacomelli, Venedig S. 204
Reinhold, Gerhard, Mölkau S. 120, 317
Rijksmuseum Amsterdam S. 95
Rijksmuseum Stichting, Amsterdam S. 406
Sächsische Landesbibliothek, Abt. Deutsche Fotothek, Dresden S. 10, 14, 63, 64, 80, 114, 117, 119, 121, 130, 131, 140, 141, 143, 144, 146, 148, 149, 150 o., 161, 165, 191, 197, 203, 206 re., 221, 223, 229, 231, 241, 242, 258, 259, 261, 271, 272, 276, 279, 280, 281 li., 293 o., 347, 350, 356, 361, 374 o., 375, 412, 431 li.
Scala, Florenz S. 42
Staatliche Galerie Dessau S. 254
Staatliche Museen zu Berlin S. 195, 217, 222, 264, 390
Staatliches Lindenau-Museum/Mende, Altenburg S. 326
Städtische Kunsthalle Mannheim S. 387
Verlagsarchiv S. 6, 8, 12, 13, 19, 21, 24, 25, 32, 35, 41, 43, 45, 47, 49, 61, 68, 73, 74, 78 re., 84, 89, 97, 122, 123 re., 127, 137, 147 re., 170, 176, 205 u., 210 li., 324, 325, 327, 353, 357, 377, 378 u., 381, 384, 385, 386, 388, 411, 432, 435
Volk und Wissen Verlag, Berlin S. 159
Wilsdorf, Hellmut, Dresden S. 247

Alle anderen Reproduktionen fertigte Frau Sylvia M. Plath, Leipzig, an.

Folgende Abbildungen entnahmen wir aus nachstehenden Büchern und Zeitschriften:

America in maps. Leipzig, 1976: S. 13
Appletons' cyclopaedia of American biography. Vol. III. New York, 1887: S. 150 o., 374 o.
Atlas von Amerika. Wismar, 1823: S. 267
Cook, J.A.: Voyage towards the South Pole, and round the world. Vol. II., London, 1777: S. 132
Doré, G.: La ménagerie parisienne. Paris, o.J.: S. 412

Doré, G.: Aus Revolutionstagen. Gestalten aus Paris und Versailles im Jahre 1871. Braunschweig, 1919: S.433
El Museo Universal, Jg. 1858: S.395
El Museo Universal, Jg. 1869: S.401
Friedensalmanach 1803: S.245 re.
Galerie der Zeitgenossen oder authentische Portraits. Hildburghausen, 1829/30: S.279, 281 li., 293 o.
Gothaischer Genealogischer Hof-Calender auf das Jahr 1848: S.343
Gothaischer Genealogischer Hof-Calender auf das Jahr 1877: S.372
Hand-Atlas über alle Teile der Erde, und über das Weltgebäude. Gotha, 1856: S.360, 366
Illustrated Newspaper, Jg. 1865: S.378 o.
Illustrirte Zeitung, Leipzig, Jg. 1848: S.298, 306, 312, 316, 335, 340, 346 li.; – Jg. 1854: S.355, 368 u.; – Jg. 1857: S.367; – Jg. 1858: S.369; – Jg. 1868: S.400; – Jg. 1869: S.397
Journal des dames et des modes. Frankfurt am Main, 1829: S.318
Mitre, B.: Historia de San Martin. Vol. 3. Buenos-Aires, 1890: S.271
Musée de Versailles ou tableaux de l'histoire de France. Paris, 1856: S.303
Paris nouveau et ses environs d'après les photographies. 1857: S.319, 427
Les Polonais et les Polonaises de la révolution du 29 novembre 1830, Paris, 1832: S.284
Philippson, M.: Geschichte der Neueren Zeit. Bd. 1. Berlin, 1910: S.81
Das preußische Heer unter Friedrich Wilhelm IV. Berlin, 1845: S.331
Prutz, H.: Geschichte der Neuesten Zeit. Berlin, o. J.: S.105, 108, 230, 278, 309 re., 342, 430 o., Schutzumschlag-Rückseite
Rühle, O.: Die Revolutionen Europas. Bd. 1. Dresden, 1927: S.108
Soltyk, R.: Polen und seine Helden im letzten Freiheitskampfe. Stuttgart, 1834: S.285
Villain, J.: Die großen 72 Tage. Berlin, 1971: S.424
Vovelle, M.: La Révolution Française. Tome I–V. Paris, 1986: S.154, 179, 182, 187 o., 193
Wappenalmanach der Souverainen Regenten Europas. Rostock, 1824: S.282
Zschaler, J. G.: Geschichte des ereignisvollen Jahres 1849. Dresden, um 1850: S.347

Ortsregister

Die geradstehenden Zahlen verweisen auf Textseiten, die kursiven Zahlen auf Bildunterschriften.

Personenregister

Die geradstehenden Zahlen verweisen auf Textseiten, die kursiven Zahlen auf Bildunterschriften.